国家社科基金
后期资助项目
GUOJIA SHEKE JIJIN HOUQI ZIZHU XIANGMU

企业主流
与新流创新协同演进

理论与实践

Collaborative Evolution of
Enterprises' Mainstream & Newstream Innovation

Theoretical and Empirical Studies

朱　斌等　著

社会科学文献出版社
SOCIAL SCIENCES ACADEMIC PRESS (CHINA)

纳米材料的新方向。科学研究是企业创新的基础。目前，在以优结构、新动力、多挑战为主要特征的经济新常态下，企业从要素驱动向创新驱动发展转变，关系到我国创新驱动发展战略的成功实施。只有企业着眼于民族品牌的主流与新流创新能力提升，我国经济增长方式才能实现转变。因此，在中国经济转型历程中，如何寻求适合中国国情的企业创新道路，是我国学者艰苦探索和研究的重要课题。

《企业主流与新流创新协同演进：理论与实践》针对"企业创新动能转化"的现实问题进行了系统的理论与实证研究。在学术性上，本书遵循理论演进的脉络，系统阐明了主流与新流创新演进的二维、三维和四维理论框架，阐释了主流与新流创新演进生成、变异、选择、协同四个阶段的机理，突破了静态研究范畴，进一步完善了主流与新流创新演进的理论体系；协同度研究、博弈分析、转换研究、系统动力学模拟仿真分析、能力与效率评价以及绩效评价研究，拓展了主流与新流创新协同演进的定量研究范畴，为企业多元创新研究奠定了探索性的工作基础。在应用性上，本书引入的协同度模型、演化博弈模型、转换决策构型、系统动力学模型、耦合协调度模型、基于正态云与模糊认知图的绩效评价模型等量化研究手段，为创新管理者提供了科学的决策依据；主流与新流创新图谱为企业创新管理提供了综合、直观、可视化的辅助决策工具；路径研究为我国企业推进主流与新流创新协同演进提供了更具普适性的经验与启示；主流与新流创新协同演进的政策研究，为政府制定符合实际、有效促进企业主流与新流创新协同演进的政策提供了有益的参考与思路。总体上，本书研究工作颇具特色，进一步丰富和拓展了主流与新流创新理论研究的内容和方法，为创新管理者与创业创新者提供了科学的决策依据和参考借鉴，为进一步推进我国企业创新驱动转型做出了积极贡献。

本书是福州大学经济与管理学院创新与发展研究中心的创新性研究的最新结晶。全书以主流与新流创新演进为主线，理论研究与实证分析并举，务实而不失创新，是一本具有较高学术水平和应用价值的专著。相信该书的出版将使读者受益匪浅，可以激发创业创新的活力，进一步丰富企业创新理论，推进企业创新驱动转型发展。

习近平总书记指出"抓创新就是抓发展，谋创新就是谋未来"。创新是国家和企业发展的必由之路。广大科技工作者要有勇立潮头、敢为天下先的气概，也要有心忧天下、为解决国家重大需求和全国发展大局做贡献的宽广胸襟，立足"十三五"，开创"十四五"，积极投身创新大潮中，为实施创新驱动发展战略、建设创新型国家做出积极贡献。

中国科学院院士、厦门大学化学系教授
2021 年 12 月于厦门大学芙蓉园

前　言

　　科技创新的竞争已成为国际竞争的焦点，实施创新驱动，培育新的经济增长点，抢占国际经济科技制高点，已成为世界发展大趋势。党的十九大提出"创新是引领发展的第一动力，是建设现代化经济体系的战略支撑"。党的十九届四中全会提出"加快建设创新型国家"，"建立以企业为主体、市场为导向、产学研深度融合的技术创新体系"。2014年习近平总书记在上海考察时指出，"谁牵住了科技创新这个牛鼻子，谁走好了科技创新这步先手棋，谁就能占领先机、赢得优势"。在中国科学院第二十次院士大会、中国工程院第十五次院士大会上，习近平总书记阐明了科技创新的引领带动作用，强调要在原始创新上取得新突破，在重要科技领域实现跨越式发展。十三届全国人大四次会议，李克强总理在《2021年政府工作报告》中再次强调"坚持创新在我国现代化建设全局中的核心地位，把科技自立自强作为国家发展的战略支撑"。坚持创新驱动发展是推动我国经济高质量发展的必由之路。企业走上自主创新发展道路，是实现我国经济增长方式从资源驱动型向创新驱动型转变的关键，也是形成并巩固自身核心竞争力，求生存、谋发展、积极适应新时代经济发展的客观需要。面对急剧变化的市场环境，企业无法仅依靠主流创新来支撑持续竞争优势，必须在开展主流创新的同时，积极探索新流创新，在主流中激发新流，由新流建立新的价值体系。通过主流与新流创新协同演进，塑造持续创新流，成为企业创新的重要路径。因此，研究如何推进主流和新流创新协同演进，建立持续创新机制，对我国企业跨越技术陷阱、实现创新层次升级和可持续创新具有重要的理论价值和现实意义。

　　本书在理论研究上，力图解决主流与新流创新演进中的更替与共生、冲突与协同、要素优化配置等理论问题；在实证研究上，引入协同度模型、演化博弈模型、转换决策构型、系统动力学模型、耦合协调度模型、基于正态云与模糊认知图的绩效评价模型等开展实证分析，为深化主流与新流创新研究提供了丰富的研究视角，也为企业创新管理决策提供了多样化的量化方法。

本书的主要观点如下。

第一，主流与新流创新的周期性更替，推进企业创新升级，形成持续的创新流，实现持续创新，从而突破创新困境。新流创新相对主流创新是技术范式的变革。主流与新流转化的条件：主流达到极限，新流突破"新绩效过滤线"。主流与新流的周期性更替催生持续的创新流。主流与新流的转化过程呈现间断性跨越及突破性替代，由此，形成不同的主流与新流创新演进路径：连续性顺轨与间断性跨越相结合的演进路径、渐进性伴生与突破性替代相结合的演进路径。案例研究表明，企业应强化主流创新，积极哺育、催生新流创新；主流与新流创新周期性更替，促进企业创新演化升级；形成持续创新流，助力企业突破创新困境。

第二，主流与新流创新不断打破静态均衡、实现动态协同发展的过程，为企业创新生命的绵延不绝、创新能力的持续提升提供了新动能。主流创新与新流创新的冲突主要表现在资源、组织惯例、价值观和文化方面；主流与新流创新共生演化且运行趋势一致是协同发展的条件；主流与新流创新的冲突强度随企业创新的演进而变化；从主流与新流创新演化发展的某一周期来看，协同度呈"倒 U 形"。纵观企业整体创新历程，主流与新流创新之间协同度越高，创新能力和绩效增长就越显著，企业核心竞争力就越得以持续增强。基于案例分析发现，要把握新流创新启动时机，形成企业主流与新流协同发展；推行二元创新管理，有效协调企业主流与新流创新活动；持续的创新能力和快速反应的市场作为将成为企业的核心竞争力。

第三，优化配置创新要素、促进主流与新流创新协同发展、提高创新能力，为企业主流与新流创新演进提供了新的方向与突破口。受企业内外创新资源限制，主流与新流创新活动必须注重效率与效益。因而，创新要素配置的目标是最大限度地提高主流与新流创新活动的产出效率及创新绩效。企业推动主流与新流创新发展的方向是充分挖掘创新潜力，优化资源配置，提升要素适宜度，确保创新活动达到优化状态；企业可综合采取适应型、协同型和更替型要素配置方式，促进主流与新流创新的协同发展，以最大限度地激发创新能力和实现最优的创新绩效。多案例实证研究发现，推动主流与新流创新四维和谐演进是创新的必然要求；提高要素适宜度是主流与新流创新演进的方向；培育创新能力是主流与新流创新演进的核心；开展协同创新是主流与新流创新演进的关键。

第四，主流与新流创新以要素演进贯穿始终，历经生成、变异、选择、协同四个阶段。生成阶段，主流与新流创新分别采用以"人才支持要素"为主导的单一要素发展模式、以"技术研发要素＋客户需求要素"为主导的创新要素组合模式；变异阶段，主流创新的"客户需求要素＋管理创新要素"作用凸显，新流创新的"企业战略要素＋管理创新要素"发挥引领作用；选择阶段，"人才支持要素＋企业战略要素"变为主导要素，并完成主流与新流的技术转轨；协同阶段，主流创新的"知识创新要素＋管理创新要素"，新流创新的"技术研发要素＋人才支持要素"发挥重要作用，是协同阶段的主导要素。企业必须尊重主流与新流创新发展规律，根据主流与新流创新的特性及其各阶段的特点，制定符合发展规律的创新战略，推动企业主流与新流创新协同演进。

第五，主流创新与新流创新之间是一种辩证的、双向的、互动的关系。正确理解主流创新与新流创新的相互作用，采取有效的定量手段测度主流与新流创新的协同度，是保证二者协同发展的重要前提。研究发现：一方面，主流创新与新流创新呈现周期性的协同与不协同状态；另一方面，企业要想达到追求超额利润的目的，就要在稳定主流创新的基础上推动新流创新，在激发新流创新的同时稳抓主流创新。主流创新与新流创新在沿着各自的技术轨迹发展的过程中，不断地循环着"不协同→协同→不协同"，进而上升到更高层级协同的演化路径。

第六，作为创新的两种方式，主流创新与新流创新协同发展将产生"$1+1>2$"的效应，只有将新流创新与主流创新进行有效组合与匹配，企业技术创新才能取得良好的绩效。主流与新流创新博弈问题的核心是：在有限的企业创新投入情况下，如何在创新发展的不同阶段重点扶持主流创新或新流创新，从而在主流创新组织与新流创新组织个体理性的前提下实现企业的集体理性。研究发现，企业应加强对主流创新与新流创新协同发展问题的关注，充分利用企业内外部创新资源，使企业能以最小的创新投入，实现最优的产品替代和最低的边际成本，从而在竞争激烈的市场中立于不败之地。

第七，主流与新流创新的转换是企业内外部环境条件共同作用的结果，且多种组合形式可令主流与新流创新成功转换。研究发现，主流与新流创新的转换决策是一个动态的、不断修正的过程，企业需要全程保持与内外部环境条件的匹配，通过技术跨越实现战略演进的目标。案例研究表明，企业需要建立目标战略导向机制，平衡二元创新管理活动；建立重点指标监督预警机制，提升管理者动态决策水平；建立优势要素整合机制，因地制宜地开展主流与新流创新转换工作，从而实现企业创新能力和综合竞争力的协同提升及企业整体的跨越式发展。

第八，主流与新流创新动态演进的系统动力学模拟仿真为企业突破创新瓶颈，推动创新规范化、资源分配合理化、创新收益最大化提供了科学的依据和参考。如何在主流与新流创新之间分配创新资源、创新策略何时调整是决策者最关注的问题，提供一种客观的、定量的方法是解决该问题的关键。鉴于主流与新流创新的动态演进是一个复杂系统，具有持续性、动态性和周期性等特点，系统动力学方法是一种行之有效的量化方法。企业实证结果显示，降低主流资源配比有利于提升企业总利润；新流创新资源配置优先度是管理投入＞市场投入＞生产投入＞研发投入；企业需要调整资源配置结构、重新定位主流创新，优化资源投入组合、促进新流稳步提升，拓展资源获取渠道、保障创新持续开展。

第九，主流与新流创新协同演进的图谱为企业主流与新流创新管理提供了综合、直观、可视化辅助决策工具。为了更好地展现主流与新流创新演进的状态和内在关系，本书运用图谱作为描述主流与新流创新演进的表现形式。基于演进的图谱分析，本书发现主流与新流创新演进呈现代际演化加速的规律；企业可以通过推进自我更新、创建独立单元、依托资本延伸等方式，推动主流与新流创新的顺利演进，其中，推进自我更新方式适合中小型企业，创建独立单元、依托资本延伸方式适合大中型企业；在主流与新流创新协同演进过程中，对新流的战略定位有核心强化型、战略补充型和新兴更替型三种，企业需根据内外部环境的变化而调整。

第十，路径依赖会导致主流创新陷入刚性、新流创新受阻，而汇流创新可以同时实现主流创新的不断改进以及新流创新的成功突破。案例研究发现，企业主流与新流创新可遵循三条路径：微创新迭代与跨代式升级相结合的路径、适应性选择与跨代式升级相结合的路径、适应性选择与差异式组合相结合的路径。产品在技术轨迹建立后进入各自的技术循环周期，不同的产品技术发展轨迹决定了企业的市场领域跨度以及产品结果类型的不同。最优路径的选择要结合当下社会制度背景和经济发展状况来考虑。在现阶段，更需要企业在已有产品上持续创新和微创新，并且同时深度开发战略性新兴技术，加快新旧技术的集成和综合应用，在新的市场领域和行业范围内实现跨代式升级。

第十一，为了突破可持续创新的瓶颈，不仅要挖掘潜在技术和新兴市场，实现主流与新流创新更新迭代，还必须提升企业主流与新流创新协同演进的能力与效率，并增强主（新）流创新能力与效率的协调性。企业主流与新流创新协同演进能力与效率评价指标体现了主流创新累积性、主导性的特征，反映了新流创新后发性、伴生性、突破性和不确定性的特点。实证研究表明，一方面，企业应强化主流技术产品与市场之间的转化能力，提高主流产品创新效率，助力企业实现主流创新能力与效率的高度协调；另一方面，企业需要不断加强新流技术创新要素聚集，打造激发新流创新的组织模式，完善新流创新动力机制，加速新流创新孵化，提高新流创新边际产出，推进企业新流创新能力与效率实现高度协调。

第十二，主流与新流二元创新绩效评价指标体系体现企业在不同领域的创新绩效差异问题，提出企业二元创新要素投入和能力培养的侧重点，并以此解决创新绩效提升问题。基于正态云的创新静态绩效评价模型，本书丰富和拓展了创新绩效评价模型，解决了传统绩效评价模型中难以克服的指标模糊性和随机性问题，以及群体专家意见的有效集成问题。主流与新流创新指标间因果关系的模糊认知图进一步明确了指标间的因果关系，并凸显二元创新动态绩效形成的差异性。主流与新流创新静态与动态绩效评价模型能够实现对创新绩效的全过程监控，运用绩效等级隶属度测算二元创新对企业整体创新绩效的贡献度，解决了创新资源在主流与新流领域的配置效果提升问题。

第十三，充分发挥政策导向作用，推动主流与新流创新协同演进，实现可持续创新。基于主流与新流创新协同演进政策需求模型的理论探讨和实证分析，可知创新政策必须对应于企业主流与新流创新的生成、变异、选择和协同演进各阶段特点和影响因素，符合创新发展实际需求，才能真正实现政策供给与需求平衡。创新政策制定与实施，一方面要通过集中解决阶段性突出问题，超越线性叠加的单个政策效应，形成政策合力，促进从企业到行业的创新演进、升级跃迁；另一方面要从选择性产业政策转向普惠性创新政策，构建主流与新流创新政策体系，提供贯穿主流与新流创新协同演进全过程的保障性政策，加速二者的循环交替。

在整个研究过程中，本书力求理论紧密联系实际，在理论研究上，系统阐明主流与新流创新演进的理论框架，阐释主流与新流创新协同演进机理，初步完善主流与新流创新协同演进的理论框架；在实证研究上，注重挖掘我国情境下本土企业主流与新流创新实践案例，总结对我国企业有参考价值的经验与启示；在研究方法上，引入多种量化分析手段，增强对企业主流与新流创新管理活动的指导作用；在政策研究上，开展主流与新流创新政策需求与供给分析，为政府制定、形成切实有效的主流与新流创新政策提供决策参考。

本书受国家社会科学基金后期资助项目（项目编号：17FGL001）的资助。本书的出版凝聚着集体的智慧，是集体劳动的结晶。在本书付梓之际，深感还有许多理论与实际问题尚需进一步探索。由于笔者学识有限，本书在研究与撰写过程中不可避免地存在一些不足之处，敬请国内外同行专家、学者和广大读者批评指正。

朱　斌

2021 年 12 月

目　录

第三篇　企业主流与新流创新协同演进的实证研究

第四篇　企业主流与新流创新协同演进的绩效研究

第五篇　企业主流与新流创新协同演进的政策研究

第一篇

绪论与理论概述

党的十八大明确提出"实施创新驱动发展战略。科技创新是提高社会生产力和综合国力的战略支撑，必须摆在国家发展全局的核心位置。要坚持走中国特色自主创新道路。"随后，中共中央、国务院先后印发了《关于深化体制机制改革加快实施创新驱动发展战略的若干意见》《国家创新驱动发展战略纲要》。党的十九大再次指出"加快建设创新型国家"，"建立以企业为主体、市场为导向、产学研深度融合的技术创新体系"。习近平总书记多次强调，我们要坚持创新是第一动力的理念，实施创新驱动发展战略，完善国家创新体系，加快核心技术自主创新，为经济社会发展打造新引擎。企业是技术创新的主体，是国家科技创新的重要生力军。企业走上自主创新道路，是实施国家创新驱动发展战略、建设创新型国家的关键。但是，中国企业由于自身特点和所处转型经济的特殊环境，很容易步入"创新者的窘境"，陷入"两难困境"，暴露出企业持续创新的"峡谷"与"断层"问题。在此背景下，研究如何推进主流和新流创新协同演进，建立持续创新机制，对我国企业跨越技术陷阱、实现创新层次升级和可持续创新发展，具有十分重要的理论价值和现实意义。

　　本篇首先从技术创新演进和创新流的视角梳理主流与新流创新的思想渊源，并在前人研究的基础上，提出以创新载体、创新目标、知识基础、技术轨道和创新业务收入等为标准来界定与分离企业的主流与新流创新活动，阐释"主流与新流创新"的理论内涵；进而剖析主流与新流创新的特征、表现形式、关键成功因素，开展主流与新流创新的多维比较，为更深入地理解、研究主流与新流创新协同演进奠定理论基础。

第一章 绪论

第一节 研究背景及意义

一 研究背景

全球新一轮科技革命和产业变革加速演进，国际产业分工深入调整，颠覆性技术不断涌现，正在重塑世界竞争格局、改变国家力量对比，创新驱动成为许多国家谋求竞争优势的核心战略（习近平，2013）。特别是2008年国际金融危机爆发后，世界各国纷纷将复苏的希望寄托在即将来临的新科技革命上，进行前瞻谋划和重点部署，争取在新一轮全球科技竞争中抢占先机（滕吉文、赵彬彬，2015）。美国、德国、英国、俄罗斯、日本和韩国等先后发布国家创新战略，寻求在经济危机余波未平的背景下以科技创新提升国家竞争力，加快创新步伐，进而推动经济快速增长。科技创新的竞争已成为国际竞争的一个重要特点；实施创新驱动，培育新的经济增长点，抢占国际经济科技制高点，已成为世界发展大趋势（张丽娟、石超英，2014；黄海霞、陈劲，2015；平力群，2015；王德华、刘戒骄，2015）。

在改革开放30多年来奇迹迭现的中国经济发展中，中国特色的科技创新战略发挥了重要作用（徐崇温，2016）。邓小平、江泽民、胡锦涛、习近平等中央领导多次强调国家战略需求和自主创新的国策。按照"科学技术是第一生产力"，实践"科学发展观"，走"建设创新型国家"之路，是中华文明复兴的必然道路（滕吉文、赵彬彬，2015）。2012年11月，党的十八大明确提出"实施创新驱动发展战略"，强调"科技创新是提高社会生产力和综合国力的战略支撑，必须摆在国家发展全局的核心位置"。2015年3月，中共中央、国务院颁布《关于深化体制机制改革加快实施创新驱动发展战略的若干意见》，指出面对全球新一轮科技革命与产业变革的重大机遇和挑战，面对经济发展新常态下的趋势变化和特点，面对实现"两个一百年"奋斗目标的历史任务和要求，必须深化体制机制改革，加快实施创新驱动发展战略。2016年3月，我国"十三五"规划纲要正式发布，提出要把发展基点放在创新上，以科技创新为核心，以人才发展为支撑，推动科技创新与大众创业、万众创新有机结合，塑造更多依靠创新驱动、更多发挥先发优势的引领型发展。同年5月，习近平在全国科技创新大会、两院院士大会、中国科协第九次全国代表大会上指出，实施创新驱动发展战略，是更好引导我国经济发展新常态、保持我国经济持续健康发展的必然选择。2017年10月，党的十九大进一步提出要"坚定实施创新发展战略"。2019年，党的十九届四中全会再次强调"加快建设创新型国家"，"建立以企业为主体、市场为导向、产学研深度融合的技术创新体系"。

企业是经济的细胞，是实施创新驱动发展战略的主体，也是市场的开拓者和生力军。在决胜全面建成小康社会的时代背景下，只有实现创新驱动代替生产要素驱动，企业才能在未来的竞争中赢得主动（白少君等，2015）。企业强则国家强，企业兴则国家兴，强化企业的创新主体地位是实施国家创新驱动发展战略的关键，其创新能力对提高国家整体竞争力至关重要（张蕾，2013）。必须大力扶持企业创新，支持企业向价值链高端迈进，促进创新要素向企业集聚，增强企业创新能力，加快科技成果转化和产业化，为实施国家创新驱动发展战略、建设创新型国家提供有力支撑（李佐军，2016）。

二　研究意义

企业走上自主创新发展道路，是实现我国经济增长方式从资源驱动型向创新驱动型转变的关键，也是形成并巩固自身核心竞争力，求生存、谋发展、积极适应经济新常态的客观需要（Terziovski，2007；朱斌、吴佳音，2011）。但是，中国企业由于自身特点和所处转型经济的特殊环境，很容易步入两种陷阱。一方面，企业"盲目创新"，不顾自身资源条件限制而过度追求新技术，最后无法承担技术创新的高额成本而破产，踏入"失败陷阱"；另一方面，企业"妄自菲薄"，固守现有成熟产品，最终由于环境变化缺乏适应能力而被淘汰，落入"成功陷阱"（He and

Wong，2004；吴晓波，2007；蒋春燕，2011；谭敏，2014）。企业创新呈现两难，即"不创新等死，创新找死"（李玉刚，2001；董玉华，2005；许小年，2016），从而出现"创新者的窘境"（Christensen，1997）。研究发现，形成企业创新两难问题的重要原因在于企业创新生命周期中存在"技术峡谷"的瓶颈（Moore，2002；Henderson et al.，2015）。由于企业过于依赖特定的技术和产品，未能形成持续的技术创新流，这是企业遭遇技术间断和落入创新陷阱的根源，会导致企业创新产生非连续性与不可持续发展的问题（王大洲、关士续；2000）。相关研究阐明，在动荡复杂的环境中，任何一种创新产生的利润都是暂时的，只有相对高效响应的、多样性的创新流才能使企业产生持续高水平的盈利，因此，企业培育持续创新流的能力比维持其当前竞争优势更加重要（Vincent，2005）。企业创新流本质上是由一系列性质不同的创新活动时空集聚组成的（Benner and Tushman，2003），根据主导技术架构差异，企业创新流可划分为主流创新与新流创新。主流创新主要着眼于现有技术架构下的价值链优化，而新流创新则侧重通过新想法创造新价值、开创新技术体系、建立新技术架构（Kanter，1988）。面对急剧变化的市场环境，企业无法仅依靠主流创新来支撑持续竞争优势，必须在开展主流创新的同时，积极探索新流创新，在主流中激发新流，由新流建立新的价值体系（Lawson and Samson，2001）。通过主流与新流创新协同演进，塑造持续创新流，成为企业创新的重要路径（Greenhalgh and Longland，2005；Artz et al.，2010；Benner and Tushman，2015；Claudy et al.，2016）。因此，在新时代经济转型发展的背景下，研究如何推动主流和新流创新协同演进，建立持续创新机制，对我国企业跨越技术陷阱、实现创新层次升级和可持续创新具有现实应用价值。

目前，国内外对企业主流与新流创新的相关研究正处于起步阶段，尚未形成系统的理论体系。部分学者指出企业必须及时调整创新战略，积极塑造持续创新流，跨越技术间断，避开技术陷阱，从而进入一个更高水平的技术轨道，实现持续创新（王大洲、关士续，2000；夏保华，2001；刘建国，2013）。然而，创新流中的主流与新流是如何演进的？演进特征是什么？演进路径有哪些？在演进过程中，主流与新流如何实现转化，形成源源不断的创新流，以实现持续创新，从而突破创新困境？

在创新过程中主流与新流呈现的分离、冲突、对立成为创新流管理的瓶颈问题（Kanter，1989），那么在主流与新流创新演进的不同创新生命周期阶段，冲突表现在哪些方面？在创新演进中，主流与新流创新的协同度呈现什么样的变化趋势？应如何有效促进主流与新流创新的协同发展，最终形成汇流创新？在创新环境动荡和资源限制下，如何在主流与新流之间优化配置创新要素？要素优化配置的方向和方式是什么？这些都值得研究与探讨。针对现有研究不足，本书将通过文献梳理、理论归纳与演绎、多案例研究、实证研究和定量分析等手段，建立主流与新流创新演进的二维、三维和四维理论模型，阐明理论的演进过程，系统剖析主流与新流创新演进的更替与共生、冲突与协同、要素的优化配置等机理；揭示主流与新流创新协同演进的生成、变异、选择与协同机理；运用定量手段，开展主流与新流创新的协同度研究、博弈分析、转换研究、能力与效率评价；利用系统动力学研究方法，对主流与新流创新演进中创新资源如何在主流与新流创新之间分配以及不同的资源配置会产生如何的企业创新绩效进行建模与仿真；遵循图谱研究的原则和方法，绘制主流与新流创新演进图谱，展现不同行业企业主流与新流创新演进的规律和内在关系；凝练主流与新流创新协同演进路径；进行主流与新流创新绩效评价研究；最后，开展主流与新流创新协同演进的政策研究。本书成果有助于深入剖析并揭示主流与新流创新演进的内在规律与实现路径，进一步丰富和拓展主流与新流创新理论研究的内容和方法，具有理论研究意义。

第二节　国内外研究状况

主流与新流创新隶属于技术创新研究范畴，技术创新演进的相关研究为本书提供了有价值的思路和借鉴；主流与新流创新的思想源于创新流，有必要对创新流研究进展进行梳理；学者已在主流与新流创新研究领域进行了开拓性工作，为本书奠定了一定的理论基础。因此，根据研究问题与研究内容，本节将围绕三个主题进行综述，分别为技术创新演进、创新流以及主流与新流创新的研究成果。

一 技术创新演进研究进展

演进一词源于拉丁语"Evolutio",从广义的角度看,它可以理解为事物发展、进步的过程,也可以理解为前进性变化的结果(盛昭瀚、蒋德鹏,2002)。20世纪80年代以后,人们对技术创新过程的认识逐渐从线性向非线性转变,演化经济学理论被广泛应用到技术创新的研究中。目前,有关技术创新演进的研究主要集中在以下五个方面:技术创新演进的特性、技术创新演进的轨迹与路径、技术创新演进的过程、技术创新模式的演进以及技术创新能力的演进。

(一)技术创新演进的特性

长期以来,学者们对技术创新演进的特性开展了丰富的研究。1982年,Winter和Nelson出版了标志着现代演化经济学正式产生的经典名著《经济变迁的演化理论》。在该书中,他们以企业为研究对象,以企业惯例类比为生物基因,以满意原则替代传统经济学的最大化假设,借助搜寻、创新、模仿、选择机制等概念的生物学隐喻研究方法,构建了企业技术变迁、产业演化和经济增长的一般演化模型,从而发展了一种富有发展前景的演化经济学范式(Winter and Nelson,1982)。Dosi(1982)在其技术创新环境选择模型中提出,企业技术创新的动力来源于环境选择,企业必须发展适应环境的技术,才能使这种技术不被淘汰。Dawkins(1983)对生物进化与技术变迁的类似性进行了深入研究,提出了演化认识论、普适达尔文主义等概念和理论。Silverberg等(1988)以自组织理论和方法为基础,建立动态演化模型,阐述企业间不同能力、期望、策略和选择压力之间的相互作用,阐明了技术创新的行为可变性。Holland(1995)在《隐秩序:适应性造就复杂性》一书中,对复杂适应系统(CAS)的性质做了分析。他认为主体的行为可以看成由一组规则决定,这一组规则就是刺激-反应规则。刺激-反应机制是描述复杂适应系统演化的主要理论之一,为技术创新系统演进研究提供了新的视角。贾根良(1999)归纳了技术创新进化分析框架的三要素:基因类比物、变异和选择过程。Ziman(2000)出版了《作为进化过程的技术创新》一书,进一步阐发了技术创新的进化论思想,用生物进化来隐喻技术发展机制。丁云龙和远德玉(2001)认为技术创新作为复杂性问题,利用非线性方法研究它在不确定性过程中的演进，就是利用演化观框架对技术创新问题进行解读，以期寻求对现实问题的合理性解释。Swanson（2002）指出，创新的投入与产出之间呈现非线性特征，导致了创新演进的复杂性。毛荐其（2006）认为技术创新进化与生物进化有许多类似之处，如新技术的出现都是旧技术遗传、变异的结果，新技术的存活关键是市场的选择，但技术创新进化远比生物进化复杂得多。王耀德（2008）按照技术进化论的观点，指出技术创新是从人类学意义上的能力到社会生产力的过程，既要提高技术适应需求的水平，也要提高社会经济系统对技术的需求水平。张敬文（2013）认为技术创新演进具有不确定性、复杂性、累积性和路径依赖性。杨勇华（2015）对技术创新演进的不确定性和方向性有不同的观点，认为纯粹的技术创新主要是新达尔文式的，具有很大的不确定性，难以预测；而技术创新扩散和增量创新更多具有拉马克性质，带有明显的确定性和方向性，能够预测。Roy（2018）就如何识别相关领先用户（relevant lead users）并发现破坏式创新机会的问题展开研究，认为顾客需求的变化必然导致行业主导技术范式的更替，企业应根据这部分用户的需求主动调整技术、产品的创新发展方向。

从已有研究来看，技术创新演进分析的基本框架主要有达尔文主义和自组织理论。尽管分析框架不一致，但是大部分学者认为技术创新演进具有复杂性、不确定性和路径依赖性，而这些特征也逐步成为技术创新演进研究的重要前提。

（二）技术创新演进的轨迹与路径

作为演进特质的一项重要表征，技术创新演进的轨迹与路径引起了国内外学者的关注。Dosi（1982，1988）提出了"技术范式"（Technological Paradigm）和"技术轨道"（Technological Trajectories）的概念，认为技术轨道是技术演进的路径，是在经济和技术的要素折中过程中，由技术范式所限定的技术进步的轨迹。技术轨道的提出明确了技术在社会经济变迁过程中的重要作用，揭示了技术创新演进的基本规律。David（1985）首次将"路径依赖"概念纳入演化经济学的研究范畴之中。Arthur（1989）运用路径依赖分析方法对技术创新进行了深入分析，认为技术创新演进依赖初始状态，初始状态影响和决定技术创新的发展方向。

Roe（1996）对路径依赖的程度进行了研究，把路径依赖按照强度分为弱型、半强型和强型。Anderson 和 Tushman（1990）提出了"技术生命周期"，认为一个新技术产生于技术的非连续状态，经过技术之间的激烈竞争后产生主导设计范式，并随后进入渐进变革阶段，直到新的技术非连续状态出现为止。Lee 和 Lim（1999）进一步探讨了技术创新的线性和非线性演进轨迹，提出了技术跟随与"蛙跳"模式。Jenkins 和 Floyd（2001）认为技术轨道有三个关键属性：能量、动力和不确定性。其中，能量和动力分别指技术轨道对技术进步的影响力和推动力。傅家骥（2003）认为切换技术轨道需要三类成本："放弃原技术轨道可能造成的损失"、"清理原技术轨道需要的直接费用"和"新技术轨道的进入费用"。和矛和李飞（2006）对行业技术轨道的形成机制进行了模拟，并引入逻辑曲线（S 形曲线）对技术轨道的刚性和突破进行了说明，认为技术轨道的刚性和突破是成本与收益比较的结果。当转换的成本大于转换得到的好处时，技术轨道体现出刚性，它可能是有效率的，也可能是无效率的；而当技术轨道出现突破时，一般是转换的收益超过成本的结果。杨玉秀（2007）基于演化理论，指出技术创新演进的路径不是唯一确定的。原因在于技术创新过程受环境等多种不确定性因素的影响，在临界点上存在多种可供选择的要素组合状态，这为系统的演进方向提供了多种可能。耿楠（2007）针对我国技术引进与创新的状况，阐述了基于产业国际竞争力的技术轨道演进机制。Dolfsma 和 Leydesdorff（2009）建立了一个第三方选择机制，探讨了技术创新演进突破路径锁定的条件。夏若江等（2010）分析了不同行业技术轨道变化频率所导致的创新机会分布的差异性。Martinelli（2012）认为专利文献技术轨道可以反映专利信息流的方向、过程、特点和规律，显示专利之间的引用关系，从而沿着引用路径可以预测技术创新的演进方向。王立宏（2013）指出技术创新演进的路径依赖主要有两个原因：一是技术的转换成本和产业互补性的限制，二是知识的特点和人类的适应性学习能力。张立超和刘怡君（2015）引入能级跃迁理论用于阐释产业技术轨道的演进规律，揭示了技术轨道跃迁的基本动因、主要类型及触发条件，并构建了产业技术轨道演进的能级跃迁过程模型。苏敬勤等（2016）揭示了颠覆性技术创新的演进轨迹，建立了颠覆性技术演进的分析框架，并提出"专利影响因子”这一指标，提高了对颠覆性技术进行早期识别的准确性。Hansen 和 Lema（2019）则将马来西亚和中国的两家后发企业作为研究对象，实证研究了公司内部学习和外部学习等不同学习模式对企业创新能力演化过程的影响，并提出后发企业学习与技术创新能力共演的机制。

上述学者的研究表明，技术创新演进与生物进化过程很类似，会朝着适应环境的方向发展。有关技术创新演进的路径分析日益深入，学者对技术创新的非线性演进轨迹的提出对本书研究具有重要的启示意义。

（三）技术创新演进的过程

Winter 和 Nelson（1982）认为，企业技术创新演进的过程是一个试错的过程，也是一个适应性的学习过程，企业的学习不仅增加了企业技术知识的存量，同时也孕育着大量新技术的产生，为持续的技术创新打下了坚实的基础。张培富和李艳红（2000）将技术创新的自组织进化划分为原有技术范式中的自稳定、新旧技术范式更替时的自重组两个阶段。Olin 和 Shani（2003）在描述技术创新行为的过程中引入了跃迁点（jump point）的理念，认为技术创新演进会经历从旧技术轨道到新技术轨道的跃迁过程，在时间或空间转移中都存在一个跃迁点，它是行业进行技术突破的瓶颈，同样也是实现产业转型升级的关键。陈功玉等（2006）基于进化博弈理论，指出企业技术创新的非线性演进是企业与企业、企业与政府多元进化博弈的结果。Gong（2007）通过非线性的哈罗德－多马经济增长模型阐释了从工艺创新到产品创新的演进过程。郑燕等（2007）借鉴生物进化的“遗传、变异和自然选择”理念，指出企业技术创新遵循“企业创新惯例—创新行为—市场选择”的演进过程，以产生适应市场环境的优良技术，从而促进企业不断进化升级。林云（2008）从演化的视角，将知识特质、技术机会及吸收能力等理论融入技术创新理论，以此来解释复杂的技术创新演进过程。张敬文（2013）认为，技术进步如何发展有赖于技术创新的演进过程。技术创新的不断进行是通过各种技术方案彼此竞争以及与现行技术的竞争实现的，通过竞争，具有适应性的技术才能成为普遍采用的技术，而不适应的技术则被市场逐步淘汰。Levinthal 和 Marino（2015）从进化的角度指出，技术创新演进至少涉及三个问题，即能力问题、多样化问题和选择问题。因此，应充分重视环境、个体差异性以及选择在技术创新演进中的重要影响。李建钢和李秉祥（2015）从创新型企业成长过程出发，分析了创新型企业成长过程中创新演进的阶段特征，指出技术创新演进在创新型企业整个成长过程中起持续及关键作用。张燕航（2015）从纵向演化角度分析了技术创新演进过程，认为技术创新是一个"轨道选择、切入点选择、顺轨创新、跃轨创新、轨道锁定"循环演进的过程。Coccia（2019）整理了衡量技术演化的多种量化方法和数学模型，借鉴生态学中的"寄生"概念，从技术演化和技术间的关系入手，提出可用于技术预测的技术寄生理论（the Theory of Technological Parasitism），认为技术的演化速度取决于其寄生技术的数量和发展速度。

综合上述观点，可见学者主要从生物进化、自组织和博弈论视角研究技术创新演进过程；关于演进过程的渐变性与突变性，大部分学者认为技术创新演进过程是渐变和突变相互交替的过程。

（四）技术创新模式的演进

技术创新模式主要是指在技术创新过程中，技术的产生方式及选择、资源的配置与组织应用的方式。在技术创新过程中，创新模式的演进是技术创新不同模式之间的有规律的变化过程，也是一个不断进步的过程。国内外学者对企业技术创新模式的演进进行了大量且深入的研究。Utterback 和 Abernathy（1975）提出技术创新动态模型（即"一次创新"），把技术创新演进过程分为易变、过渡和定型三个阶段，动态地分析了工艺创新和产品创新的变化规律。Rothwell（1992）认为技术创新模式经历过五个阶段。吴晓波（1995）指出，发展中国家存在"一次创新"和"二次创新"两种技术创新模式，并认为企业从二次创新向一次创新演进的过程可以分为模仿创新、创造性模仿、改进型创新、后二次创新或准一次创新等阶段。Khanna 等（1998）认为企业在技术能力较薄弱的时候采取模仿创新策略，当企业的技术创新能力达到一定水平后，企业要实现技术能力更高的提升，必须通过自主创新的方式，构筑企业自己的创新能力。Blomström 和 Sjöholm（1999）提出"发展门槛"的概念，认为企业只有具备了一定的资源和技术水平，才能选择与此相适应的技术创新模式，即企业选择的技术创新模式要与企业所拥有的资源禀赋和技术发展水平相适应。Iwai（2000）通过分析和总结模仿与创新的演化过程指出，技术创新模式的演进是一个模仿和创新的动态变换过程。

Mukoyama（2003）也认为企业技术创新始于模仿，并通过不断的学习活动和技术积累，逐步演进发展到自主创新。王敏和银路（2008）分析了技术推动型和市场拉动型两种技术创新模式，指出在技术推动型演进过程中，新体系结构不断建立优化并与传统产业中的技术体系结构竞争，最终将取代原有技术体系结构或使原来的体系结构融合到新兴技术的体系结构中；而在市场拉动型演进过程中，新兴技术体系结构的嵌入是对原有技术体系结构的延展和改变。曹素璋等（2009）构建了一个"技术能力、技术创新模式"的梯度演进模型，指出企业技术能力的阶段性变化，导致技术创新模式相应地呈现"低端仿制—模仿创新—自主创新"的阶梯形演进。陈勇星等（2012）通过研究发现，伴随技术能力的提高，企业技术创新模式按照渐进的方式沿着从模仿创新到合作创新再到自主创新的轨迹演进。Gassmann 等（2012）研究发现，激烈的竞争压力、强烈的产品竞争和产品需求，有利于企业从模仿模式向自主创新模式演进。陈月梅和徐康宁（2014）分析了不同技术特性对技术创新模式选择的影响机理，指出技术复杂程度越高，企业越倾向于合作创新；技术隐含性越高，企业采用合作创新或自主创新的倾向性越强；技术不确定性越高，企业越倾向于采用合作创新。黄中伟等（2016）探讨了我国后发企业技术创新模式及技术创新模式选择的影响因素，认为后发企业技术创新模式没有明显的界定标准，技术创新模式不是一成不变的。企业要根据自身的发展阶段及内外部条件的影响综合考虑，选择适宜企业自身长远发展的技术创新模式，以获取竞争优势。Stolyarchuk（2018）归纳总结了技术成果转移模型的演变过程，认为不同时期企业商业模式的改变是导致技术成果转移模型形态发生变化的主要原因。

综合上述研究可以发现，在技术创新模式演进研究领域，学者们已将重心从发达国家转向了发展中国家，并认为发展中国家经历着"从模仿到创新"的模式演进过程；学者们普遍认为企业需要根据自身的发展阶段及内外部条件的影响综合考虑，选择适宜自身长远发展的技术创新模式。

（五）技术创新能力的演进

技术创新能力是企业技术能力的核心。因此，现有文献经常将技术创新能力演进与技术能力演进联系在一起（孙冰，2011）。Fransman 和

King（1984）、魏江（2000）认为，发展中国家的技术能力演进基本经历了一个从技术引进、消化吸收到自主创新的过程。Desai（1984）则认为发展中国家的技术能力存在一个从技术采购能力、复制能力到创新能力的演进过程。赵晓庆和许庆瑞（2002）将技术创新能力的总体演进轨迹与每一种能力的形成过程相结合，提出了技术创新能力演进的螺旋式上升过程模型。宗蕴璋和方文辉（2007）构建了技术创新能力演进过程的一般模型，认为企业技术创新能力经历三个阶段，即模仿、创造性模仿和集成创新、自主创新，并提出企业技术创新能力实现阶段跃迁的条件和特点。Jin和Zedtwitz（2008）指出，发展中国家技术能力的演进是从获取衰退技术、获取成熟技术、获取成长中的技术到获取新兴技术的演化过程。陈力田等（2014）认为，技术创新能力沿着"吸收能力主导—吸收、集成能力为主—吸收、集成和原创能力高水平均衡发展"的轨迹演进。除了技术创新能力演进的规律研究之外，部分学者关注技术创新能力演进的影响因素。Romijn和Albaladejo（2002）基于英国企业的案例研究，指出技术创新能力演进的影响因素有领导者素质、员工技能水平、技术学习、与外部网络的开放度等，其中技术学习是最关键的影响因素。何巨峰和谢卫红（2008）通过实证研究发现，企业技术生态位的有形资源、无形资源、个人能力和组织能力对企业技术创新能力的演进都具有显著作用。在技术引进和技术吸收阶段，个人能力和有形资源最重要；在技术创新阶段，组织能力最重要，个人能力次之。任宗强等（2011）抽象地构建了一个技术创新能力演进的系统动态模型，仿真研究了资源投入与能力动态变化的关系，指出在开放式创新背景下，整合能力是提升技术创新能力的杠杆解。王毅（2011）认为我国企业技术创新能力演进的驱动因素有市场特性、技术特性和企业组织特性，这些因素共同决定了企业技术创新能力演进的起点、速度与深度。刘昌年等（2015）指出，在技术创新能力形成和演进过程中，全球价值链治理模式、企业战略、市场创新、企业吸收能力和技术保护等因素发挥着重要作用。何园和张峥（2016）利用将战略地图方法与系统动力学方法相结合的方法，构建技术创新能力模型，对影响技术创新能力演进的关键因素进行动态模拟研究，认为创新成果转化为知识产权能够有效提高技术能力，政府扶持对技术创新能力演进具有重要作用。刘海兵和许庆瑞

（2018）构建了包含创新战略、创新范式和创新能力三个要素的理论模型，提出从技术追赶到超越、从学习整合到生态构建的企业创新能力演化路径。

已有研究表明，发展中国家技术创新能力的演进是从模仿能力到自主创新能力的演化过程；在企业技术发展的不同阶段，不同影响因素推动技术创新能力演进的作用效果存在差异。

综合上述技术创新演进的相关研究，可以得出如下结论。①技术创新演进具有复杂性、不确定性和路径依赖性的观点已得到大部分学者的认同。②从具体的演进轨迹来看，技术创新的演进路径日益清晰而具体，技术创新非线性演进轨迹的提出对本书的研究具有启示性和建设性意义。③当前技术创新演进的过程研究主要基于生物进化、自组织和博弈论视角；大部分学者认为技术创新演进过程是渐变和突变相互交替的过程。④在技术创新模式和能力演进研究领域，学者们已将重心从发达国家转向发展中国家，并认为无论是技术创新的能力还是模式，发展中国家的演进阶段和过程与发达国家都不一样；与"从模仿到创新"的模式演进过程相对应，发展中国家的技术创新能力经历着"从模仿能力到自主创新能力"的演进过程；学者们普遍认为企业需要根据自身的发展阶段及内外部条件的影响综合考虑，选择适宜自身长远发展的技术创新模式。⑤影响和决定技术创新能力演进的因素很多，但是在演进的不同阶段，各影响因素的作用效果不相同。

二　创新流研究进展

在创新研究领域，由于创新流尚未成为一个达成一致共识的概念。因此，现有创新流研究成果匮乏且繁杂，成果之间关联度相对较低，没有形成一脉相承的内容体系。本书尝试将涉及创新流相关研究的各类文献做个初步梳理，为后续研究在相关概念界定和辨析上奠定基础。将创新流的相关研究成果划分为以下几类：创新流的概念与内涵、创新流的重要性、创新流的类型、创新流的影响因素、创新流的理论模型。

（一）创新流的概念与内涵

在创新相关研究中，国内外部分学者都有提及创新流的概念，但由于研究视角不同，学者们对创新流的概念界定尚未达成共识，表述也有所差异，主要有 innovation flows，innovation streams，sustaining innovation streams 等。Solomou（1998）认为，创新流是基础性创新和渐进式创新的一种集聚。Kanter（1988）根据主导技术架构差异，将企业创新流划分为主流创新与新流创新。主流创新主要着眼于现有技术架构下的价值链优化，而新流创新则注重通过新想法创造新价值、开创新技术体系、建立新技术架构。张军和龚建立（2002）把创新流看成各种不同类型的创新所形成的创新集。Tushman 等（2010）把渐进式、结构式和突变式创新集合称为创新流。刘秋岭等（2010）用创新流表示多种技术规范和行为模式的集合，认为企业技术系统不是简单地适应或者简单地被选择，而是在给定一个创新流的前提下，选择适宜的环境（包括内部环境和外部环境），决定是否采用某一创新范式以及采用的方式。吕玉辉（2010）从生态学的视角，用创新流阐述上下游企业之间的创新互动关系。Brantle 和 Fallah（2011）用创新流描述在复杂知识网络中合作发明者之间的联系。朱斌和吴佳音（2011）认为，企业创新是一个动态的演进过程，从历史长河来看，创新的累积、渐进、继承、延续、涌动和突变汇聚成"创新流"，而"创新流"中呈现"主流创新"与"新流创新"的演化形态。Sauer（2010）、Simon 和 Tellier（2016）认为创新流是由探索式新流创新项目与开发式主流创新项目汇集而成，探索式新流创新是未来导向的活动，而开发式主流创新是对现有知识基础的拓展。

从已有创新流相关研究来看，学者们对创新流的概念尚未形成一致的观点，表述差异较大。Kanter（1988）、Sauer（2010）、朱斌和吴佳音（2011）、Simon 和 Tellier（2016）一致认为创新流中包含主流创新与新流创新，并分别对主流与新流创新进行了初步研究，为本书提供了理论借鉴。

（二）创新流的重要性

学者们对创新流的重要性达成了共识。Tushman 等（2010）强调了企业的成功依赖其驾驭创新流的能力。王大洲和关士续（2001）指出技术创新之所以没有成为企业发展的动力源泉是因为企业过度依赖特定的技术和产品，没有认识到塑造持续的技术创新流对企业的重要性，往往是一个创新产品造就一个企业，而后这个企业就一直靠它打天下，直到该产品衰落，企业也跟着衰落。吴巧生等（2001）指出对于一个企业而言，依靠自身拥有的核心技术，培养自己独立的 R&D 能力，提高技术积累的整体水平，塑造持续的技术创新流，并在此基础上形成以技术创新为基础的核心竞争力，即所谓的"归核化"，是企业生存与发展的必然。Rantisi（2002）从区域创新视角指出，创新流内部的良好互动能促进区域创新系统形成持续创新能力，对不同时期创新流的跟踪能更好地理解宏观经济的周期性波动。夏保华（2003）指出企业持续技术创新首要的一点就是从时间上看，技术创新活动是不断的、持久的，企业始终有一条技术创新流并通过积极地塑造它来参与短期和长期竞争。吴晓波和耿帅（2003）提出创新流的形成能提高产业集群抵御创新风险的能力。徐力行和高伟凯（2007）认为对创新流的分析将有助于提高企业对产业结构变动所需要的技术方向和强度的认识，从而促进产业技术创新政策的实施。Brix 和 Peters（2015）通过企业实证研究指出，对创新流的探索与发展有助于企业短期绩效的改进以及形成较好的长期绩效。

综上所述，无论是从区域、产业还是从企业层面，学者们都认为形成连续创新流有利于塑造持续创新机制，从而为企业赢得持续竞争优势。

（三） 创新流的类型

相关研究将创新流分为技术创新流、产品创新流和产业创新流三种类型。在技术创新流方面，王大洲和关士续（2000）指出国有企业要积极塑造持续技术创新流，以保持源源不断的发展动力。吴巧生等（2001）认为企业要通过持续的技术创新流来提升核心竞争力。夏保华（2003）则强调企业要通过积极地塑造持续创新流来参与短期和长期竞争，要从持续发展角度、从战略高度动态地、系统地计划、组织、领导和控制技术创新流的过程。胡峰和陈勇（2003）认为，在发生重大的技术突破之后，经常伴随一系列后续改进型的技术创新，从而形成一种技术创新流。朱斌和吴佳音（2011）探讨了企业如何在自主创新进程中通过主流与新流创新的兴衰更替，形成技术创新流，以实现持续创新升级。在产品创新流方面，Dunn 和 Harnden（1975）对 196 家加拿大企业新产品创新过程中的营销人员和研发人员的合作情况进行了实证研究，指出产品创新流就是新产品管理工作流程。吴晓波和耿帅（2003）在研究集群创新风险时发现，虽然集群内一代产品的市场衰退将危及集群的生存，但基于集群技术创新的产品创新流将自动化解潜在风险，当一类产品簇走向衰退时，另一类相关产品簇新生，从而使单一产品簇衰退带给集群的风险不复存在。在产业创新流方面，Leoncini 等（1996）对德国和意大利的跨产业创新流进行了比较。徐力行和高伟凯（2007）用产业创新流来表征产业之间的促进和被促进作用，构建了部门间产品嵌入式创新扩散模型，并用该模型探讨了中国制造业内部创新扩散的通道及其特点。Shih（2015）利用改进的 R&D 投入模型，开展不同国家之间产业创新流的比较研究。Soetanto 和 Jack（2016）则以英国、荷兰、挪威的 141 家在孵企业为对象，研究了资源稀缺的小微企业如何同时开展探索式和利用式创新活动的问题。

总结目前有关创新流的文献，发现学者的研究对象集中于技术创新流、产品创新流和产业创新流。其中，产业创新流更多指向产业部门间的创新扩散，与本书研究的主流与新流创新不属于同一研究范畴，而技术创新流和产品创新流的相关研究对本书的参考和借鉴意义更显著。

（四）创新流的影响因素

Tushman 等（2010）认为塑造创新流或者管理创新流需要对组织结构进行调整，建立二元组织结构。二元组织结构是包容多元的、内在不一致的组织结构。这样的组织结构可以达到两个目的：一方面可以保持高效性、一致性和可靠性；另一方面可以进行实验并由此获得发展机会。然而，对于企业家而言，在理论和实践上构建真正的二元组织结构来管理创新流是相当困难的。Lanny（2005）发现已有的创新管理工具很难创造并维持一个可靠的创新流，于是便提出"创新孵化中心"的设想，将其作为形成持续创新流的关键要素。他认为"创新孵化中心"作为创新与企业之间的中介，主要挑战在于四个方面：调整创新、发现核心业务的关联性、降低风险和解决冲突。缪苗（2010）认为，政府政策、外部环境等能对传统中小企业产生重大影响，特别是在全球化趋势下的知识经济时代，对传统行业赋予了新的内涵，企业要实现持续的技术创新流，必须对传统的战略定位、配置资源的组织格局和方式进行变革。李勃昕等（2013）认为企业必须充分重视创新组织、市场环境及竞争环境三者的逻辑关系，将创新流视为三者互动的系统行为。Brix 和 Peters（2015）通过研究发现，创新文化、高层管理者素质以及组织结构都会影响企业对创新流的管理。Roehrich 等（2018）研究了复杂产品系统（CoPS）中的创新流管理问题，认为明确管理动机、试错、克服阻力、内外部合法化是企业创新管理方式、提升管理效率过程中的重点、难点问题。

综上所述，学者普遍认为创新流的产生需要特定的背景或某种条件。此外，创新流的发展受到诸多因素的影响，比较有代表性的影响因素包括战略、组织、市场、竞争等。

（五）创新流的理论模型

Scholz（1990）建立了一种修正的输入输出模型，以确定跨部门创新活动的潜在变化。刘自新（2002）借鉴 A－U 模型描述了创新流的形成过程，认为每次创新浪潮都有其流动、转换、特性阶段，都经历由产品创新率到达顶点，出现主导设计，然后逐渐衰退，紧接着是工艺创新的起伏。在特性阶段，产品创新和工艺创新率都很低，随之，下一次创新浪潮出现，重复上述过程。从长期看，一次次技术创新浪潮形成了连绵不断的创新流，企业应该积极塑造组织文化，引发创新流，推进持续的技术创新过程。郭咸纲（2005）构建了基于创新过程的创新流模型，认为创新过程包含的主要因素有建立创新激励机制，借助创新驱动源的综合力量，以创新者素质为基础，通过理念创新，形成创新创意，然后结合内外部条件，展开创新行动，实施创新目标，再通过不断地评价结果与目标之间的差距去调整创意和激励机制，形成一个创新流的循环系统。徐力行和高伟凯（2007）借鉴了 Leoncini 等（1996）的部门间产品嵌入式 R&D 流模型研究产业创新流。Shih（2015）引入单位价值法（Unit Value Approach）对该模型进行了改进，并进行了跨国比较研究。翟运开（2010）认为供应链企业间对于创新资源和要素的需求促成企业间的共同创新，形成了垂直网络关系，以信息流、创新流等形成紧密合作关系。程开明（2010）借用城市流强度模型，用创新流表示城市创新的对外扩散，对长三角各城市的创新流强度进行综合分析，考察城市规模等级与创新扩散之间的关联性。刘耀彬等（2015）用城市流强度模型分析环鄱阳湖城市规模等级与创新扩散之间的关联，发现创新流强度等级与各城市规模等级基本对应，其创新扩散主要呈现由大城市扩散到次级规模城市、再扩散到小城市的等级扩散模式。

从现有文献发现，学者们构建的创新流相关模型包含投入产出模型、过程模型和创新扩散模型。其中，过程模型初步描述了企业形成持续创新流的过程及特征，投入产出模型聚焦于产业部门间的创新变化，创新扩散模型则偏向于区域层面的创新扩散。

综合上述创新流的相关研究，可以得出如下结论。①由于研究视角不同，学者们对创新流的概念尚未形成一致的观点，表述也有所差异。Kanter（1988）、Sauer（2010）、朱斌和吴佳音（2011）、Simon 和 Tellier（2016）对创新流的界定对本书研究具有参考性。②无论是从区域、产业还是从企业层面，学者们对创新流的重要性达成了共识：创新流有利于塑造持续创新机制。③目前有关创新流的研究主要包括三类：技术创新流、产品创新流和产业创新流。其中，技术创新流和产品创新流的相关研究对本书的借鉴意义更显著。④现有研究普遍认为创新流的产生需要特定的背景或某种条件，影响创新流发展的因素很多，如战略、组织、市场、竞争等。⑤已有研究以理论模型和实证研究为主要手段，构建的创新流模型包含投入产出模型、过程模型、创新扩散模型等，其中创新流过程模型为本书的理论模型构建提供了参考和借鉴。

三 主流与新流创新研究进展

由于主流与新流创新的相关研究起步较晚，目前，国内外学者在这一领域取得的研究成果总体偏少，现有研究主要集中于主流与新流创新的概念及特征、主流与新流创新的联系与冲突、主流与新流创新的开发与管理、主流与新流创新的理论模型、主流与新流创新绩效的影响因素等方面。

（一）主流与新流创新的概念及特征

Kanter（1988，1989）首先提出主流创新（Mainstream Innovation）和新流创新（Newstream Innovation）的概念，认为主流创新是指企业针对那些进行中的、已建立的业务开展的运作，新流创新是指企业培育能产生新收益流的项目的过程。她指出，企业必须一方面要维持主流创新以获取稳定的收益，另一方面要积极探索新流创新以赢得未来。Lawson 和 Samson（2001）指出，主流创新是企业当前成功的关键，是围绕稳定性、效率和效益产生现金流的组织过程；新流创新则是为了应对环境的不确定性和动态性，利用知识开发新产品、新工艺、新系统，以铺垫未来的成功。Terziovski（2007）认为主流创新通过流程创新为组织运作提供必要的稳定性，而新流创新则表现为在动态背景下持续的新产品开发、知识创造和重组。Ireland 和 Webb（2007）、Katila 等（2012）、Ota 等（2013）指出，企业的主流变量包含效率、质量、客户响应和速度，新流是识别顾客并为顾客创造新的价值资源的聚集。主流创新表现在核心业务流的整合，新流创新表现在通过系统的客户整合提供新的商业观点和开发新的客户。Frederiksen 和 Davies（2008）认为主流创新是满足企业当前业务需求的项目，新流创新是旨在开拓新业务机会的创业活动。Jager（2009）则认为主流创新就是针对传统经营业务，包括其产品、项目和组织在内的创新活动；相反地，新流创新是有关"成熟企业开发公司创业计划以激发新思想"的创新活动。朱斌和吴佳音（2011）从技术生命周期角度，将"主流创新"定义为满足市场竞争和企业发展需要，在现阶段主流技术支配下支撑企业主营业务，促成主流技术范式确立、主流技术体系生成的周期性主导技术创新活动；将"新流创新"定义为体现技术发展趋势和技术革新需要，根植于各阶段主流创新中，伴生主流创新实施新技术孕育、积累进而突破性发展，实现各阶段主流创新周期性承接的驱动性新潮技术创新活动。Bood（2012）从业务管理的角度指出，主流创新专注于熟悉业务领域的开发，而新流创新则是对未知商业模式的探索。Knight 和 Harvey（2015）基于知识创新的视角，认为主流创新指的是重复、实施、提炼和有效利用现有的知识，新流创新指的是搜索、发现和创造组织现有业务之外的新知识。此外，Smith 和 Tushman（2005）、Bot（2012）提出了开发性主流创新（Exploitation Mainstream Innovation）和探索性新流创新（Exploration Newstream Innovation）的概念。其中，开发性主流创新关注短期的回报，其任务是基于企业当前市场地位，保持企业优势，具体包括对现有产品组合的渐进式改进、增加其他功能或改善现有功能、提升质量、降低成本等；探索性新流创新则着眼于未来的回报，其任务是为企业发展创造新的市场和机会，具体包括突破性创新、范式的转变、全新产品解决方案以及能适应很激烈的市场竞争。不难发现，其内涵与 Kanter 等人所提出的主流与新流创新基本上一致，因此将其也一并纳入主流与新流创新的研究范畴。

　　综合上述观点，尽管不同学者对主流创新与新流创新的定义存在一些差异，但对其内涵已基本达成共识。第一，主流与新流创新都是针对企业层面的创新活动，主流创新是为满足当前市场和客户的需求开展的创新，新流创新是瞄准未来市场和客户的需求开展的创新。第二，主流创新立足当前事务，反映了对现有价值体系的开发；而新流创新立足于可持续发展，反映了对未来价值体系的探索。第三，主流创新注重短期收益，且回报具有较高的确定性；新流创新关注长期利益，但其回报具有不可预期性。第四，主流创新是重复、实施、提炼和有效利用现有的知识，新流创新是搜索、发现和创造新的知识。

（二）主流与新流创新的联系与冲突

Kanter（1989）、Cohen 和 Levinthal（1990）、Agarwal 和 Selen（2009）研究发现，新流从主流中出现，伴随主流的发展而发展，最终重新融入主流，由此企业实现持续补充并更新其知识库。因此，企业不仅要有效管理主流业务，同时也要积极发展新流业务，为企业的长期发展构建源源不断的创新流（Lawson and Samson，2001；Terziovski，2007；Jager，2009）。Tushman 等（2002，2010）通过对多家国际知名企业的实证研究，指出企业的成功依赖其长期驾驭创新流的能力。Cherniss 和 Caplan（2001）认为新流团队离不开主流部门的有力支持，因为主流部门决定了目标确立、资源分配以及如何将新流项目融入组织。Terziovski（2002）研究发现，新流创新活动带给企业创新系统的产出是不确定的，而主流创新能确保稳定的效率和产出，是新流创新所需资源的主要来源。Ireland 和 Webb（2007）认为在创新活动中，企业不但要对新流探索活动与主流开发活动进行有机的结合，而且要在两类活动之间合理配置资源，为企业的长期发展构建源源不断的创新流。开展新流创新活动是企业缩短与外部领先竞争者技术差距的内在需求（Atoche，2007）。Frederiksen 和 Davies（2008）认为在稳定的行业环境下，管理者倾向于开展主流创新活动，而在动荡的行业环境下，管理者则更愿意导入新流创新活动，从而快速切入新的市场。随着时间的推移，新流项目逐渐成为主流创新的补充，或者被少量的大项目所替代，以便系统利用全公司的资源。朱斌和吴佳音（2011）认为，主流创新与新流创新的演化特征是交替、共生、共进、协同转化，二者是推动企业核心技术动态成长、带动市场价值创造和自主创新层次升级的内在动力。Knight 和 Harvey（2015）则指出，主流创新与新流创新是企业知识创新的两个方面，是并行不悖的两种方式。

在关注主流与新流创新的联系之余，学者们也强调了二者之间的冲突。Kanter（1988，1989）指出新流具有与主流不同的充分和必要条件，新流的操作逻辑经常与主流发生冲突，在绩效标准、可预见性以及对过去的依赖性方面也与主流不同。创新流管理的核心是在主流中管理新流，以缓解两者之间的效益冲突。Fulop（1991）认为在创新诱发问题上也存在一个悖论：新流创新的成功往往与较少的权力和资源高度相关，而高层管理给予越多的资金和关注，主流创新反而越容易停滞。Collins 和 Porras（2008）、Lengacher 等（2013）探讨了企业创新流管理的二元性特征问题，指出创新流管理与维系需要统筹兼顾效率与创新、战术与战略等各种因素，阐明创新流管理的重要问题是解决渐进式创新与非连续性创新的相互冲突，企业应善于利用冲突带来的压力和协同作用，从愿景和战略上将这些二元性和反常需求结合起来，通过澄清企业愿景来协调并整合这些冲突，推进创新流的演进。继此，Benner 和 Tushman（2002，2015）强调，开发性主流创新和探索性新流创新是相互矛盾的。开发性主流创新与效率、聚焦、收敛性思维和缩小差异相联系，而探索性新流创新则与试验、弹性、发散性思维和扩大差异等相联系。这两种创新具有不同的特点，单纯依靠开发性主流创新容易导致企业的核心刚性、惯性思维、能力僵化，从而落入成功陷阱，阻碍企业发展；单纯强化探索性新流创新也容易让企业落入"探索—失败—无回报—再探索"的失败陷阱，风险极高。这两种创新形式对企业的稀缺资源展开了激烈的竞争，在复杂多变的市场环境下，企业必须平衡和协调开发性主流创新与探索性新流创新，以提升创新管理水平。

综上所述，现有研究对于主流与新流的联系有两种观点：一种观点认为主流适用于稳定环境而新流适用于动态环境，另一种观点认为企业需要同时开展主流与新流，后者得到更多学者的认同。此外，越来越多的学者开始关注主流与新流的冲突问题，研究指出二者的冲突主要表现在价值观、资源、管理决策等方面，平衡、协调、协同是解决冲突的主要思想。

（三）主流与新流创新的开发与管理

企业不仅需要有效地管理主流活动，也要开发新流活动来加强创新，这一观点已得到多数学者的认同。Kanter（1989）指出，创新的压力让商业面临一种平衡问题：既要保持主流活动，也要产生新流。特别是在当今，主流业务很容易干涸，企业必须寻找机会在新的方向领先，寻求改善或者转变主流创新。成功的企业开始把促进和培育新流作为企业创新战略的一部分，因此，新流的管理尤显重要。她的研究团队在8个企业中运用8种不同的方法来分析新流的开发与管理，指出新流管理有三个引人注意的特征：不确定性、高强度性和自治性。只有理解主流和新流的不同逻辑并制定出合适的应对措施才能取得成功。外部合作者和联盟是新流创新的重要来源，决策者要学会根据环境的改变而调整管理风格。Buller等（1991）聚焦于创新人员激励问题，认为主流创新人员的特征是具有灵活性、协作性、团队精神和外部管理能力；新流创新人员则对应冒险、创新与创业。因此，在设计薪酬时，对主流创新者强调团队激励，而对新流创新者突出个人回报。Urban和Hippel（1988）、Gulati和Garino（2000）、Terziovski（2007）强调管理者需要跨越组织边界寻找支持产品和流程创新的资源模式。赵玉林（2006）则认为，要想获得创新成功，管理者不仅必须对创新进行管理，而且要对创新流进行管理，体现在影响创新流的核心技术管理和预先主动地变革组织塑造创新流两个方面。Jager（2009）对高科技企业的案例研究发现，通过构建成功的企业创业投资进程，可以有效平衡企业的主流和新流创新。Bot（2012）提出了一种主流创新和新流创新的双向平衡机制，其核心是有序、敏捷、精益的业务管理。Terziovski（2007）以法国的欧洲直升机公司为例，分析了流程创新、客户导向和战略网络这几种整合主流和新流活动的主要机制，阐明了案例分析对创新研究和实践的启示：第一，企业为激发和维持创造性的产出需要将主流和新流创新放在同等重要的位置上；第二，由于主流和新流创新提供互补且相互依存的资源，因此需要加以整合形成汇流创新，强调如果没有主流结构的支持，新流能力不可能刺激创新；第三，需要更为深入的研究来确定主流和新流活动的某种特定配置是否会导致不同的创新产出。Lawson（2015）认为企业的主流活动能够提供必要的资源以发展未来的商业流，新流活动能够创造新的价值。为获得创新，应该以一种综合的方式来管理主流与新流，将二者的能力结合起来开发创造性的商业流，以刺激和维持创造性的产出。Simon和Tellier

（2016）通过企业案例研究，针对主流开发项目与新流探索项目之间的时间冲突，为创新团队和组织提供了一套详细的流程和方法。Chen 等（2018）则从市场需求的角度，研究了消费者对创新阻力（innovation resistance）、政府补贴等要素对新流产品——氢动力摩托车市场扩散情况的影响。

综上分析可以看出，现有研究主要是通过案例研究的方法，探讨主流与新流开发与管理机制，如外部合作联盟、二元创新机制、差异化薪酬激励、创业投资以及项目流程创新等。

（四）主流与新流创新的理论模型

Kanter（1989）初步构建了主流与新流创新的关系模型，包括新流创新、开发活动、主流业务能力、原材料和产出等 5 个要素，认为企业通过主流业务能力将原材料转化为产出，为新流创新提供资源，而新流创新又反过来提升主流业务能力，主流与新流之间不断交互进而形成企业的持续开发活动。Lawson 和 Samson（2001）在 Kanter 关系模型的基础上加入创新能力要素，建立了创新的整合模型，指出企业创新能力整合了主流的效率和新流的创造性，主流创新通过改善当前的产品、工艺、系统以优化现有价值链，新流创新产生新技术、新产品、新市场，二者共同促进企业创新能力的提升和创新绩效的增长。该模型中的企业创新能力由战略远见、治理能力、信息能力、创意管理、组织结构、文化与氛围和技术管理 7 个要素构成。以上两个模型初步梳理了主流与新流之间的相互联系，但不适用于动态环境。Carlos（2007）在整合模型的基础上，加入外部竞争环境、高层管理决策、能力相互作用等要素，建立了创新能力演化模型，认为主流与新流创新是一个周期性循环的过程，企业先产生主流创新，再在外部技术差距背景下催生新流创新，而新流创新在成长后又可能更替为新的主流创新，以此往复循环。由此，在高层支持和外部合作的作用下，企业技术能力不断积累增长，最终实现技术跨越。朱斌和吴佳音（2011）在上述模型的基础上，提出了主流与新流创新的动态演化模型，阐明了主流与新流周期性更替、创新范式不断演变、创新能力不断提升的过程。

从以上分析可以看出，学者们构建的主流与新流创新理论模型呈现递进式发展态势，从关系模型发展到整合模型、能力演化模型以及动态演化模型，阐述了主流与新流创新的内在联系、创新能力的演化以及主流与新流创新的动态演化，彰显了动态演化研究已成为主流与新流创新研究的重要趋势和方向。

（五）主流与新流创新绩效的影响因素

Kanter（1989）提出影响主流与新流创新绩效的关系模型，主要包括新流创新、开发活动、主流业务能力、原材料和产出等要素。Gnyawali和 Grant（1997）从学习型组织构建入手，分析了企业主流业务和新流业务创新团队的心智模式与业务绩效的关系，与主流创新相比，新流创新的团队成员需要摒弃过去的业务惯例、做法与心智模型，开创新体系。而对于主流创新而言，因其主要聚焦于精简流程、提高效率、降低成本、提高质量和减少残次品，所以一旦项目开发团队、公司管理层和主流业务部门确信其产品具有可行性且有生命力，顾客响应好，则无须改变心智模式。Lawson 和 Samson（2001）从动态能力视角探讨了 Kanter（1989）提出的二元创新概念模型，认为这种模型方法可产生有效率的但并非必需的创新企业组织，为此他们重新构建了主流创新、新流创新与创新绩效间的影响关系模型，指出影响企业创新绩效的关键要素包括愿景与战略、资源配置能力、组织智商、创造力与思维管理、组织结构与制度、文化氛围和技术管理。Terziovski（2007）归纳总结了 Kanter（1989）、Lawson 和 Samson（2001）的研究成果，并对法国的欧洲直升机公司的二元创新管理战略变化进行了研究，认为企业战略联盟能够让企业充分挖掘外部创新能力，并在与企业内部创新能力形成合力的基础上对新流创新产生促进作用。因此，他提出建立由关键客户、供应商、竞争者和其他参与者组成的战略联盟网络，以提升新流产品的研发能力。Metz 等（2007）研究指出一些新的有利因素，如电子商务的持续性发展导向和加速的新产品研发可作为二元创新能力开发的潜在贡献因素，对创新绩效产生潜在的影响，尽管该研究指出将电子商务整合到组织战略的公司与其绩效之间有正相关关系。Terziovski（2010）利用澳大利亚 1000 多家公司的调查数据，研究这些企业在主流和新流创新中创新管理活动与创新绩效的关系，发现主流创新绩效主要取决于创新能力、持续性发展导向、领导力和商业战略、学习型组织，而影响新流创新绩效的主要因子是创新能力、领导力和商业战略、新产品研发和知识产权。方金城和朱斌（2016）探讨了不同类型的标杆学习对两种技术创新具有不同的影响与作用机理，认为竞争性标杆学习和功能性标杆学习分别通过以直接影响为主和以间接影响为主的综合作用路径正向促进企业主流技术创新；两类标杆学习对企业新流技术创新的促进效应均通过间接影响路径起作用。许婷和杨建君（2017）基于286家企业调研数据研究企业间信任、合作模式对创新绩效的影响，研究表明，企业间信任对股权式合作、契约式合作均具有显著促进作用，而股权式合作、契约式合作在企业间信任与创新绩效之间具有中介作用，揭示了企业间信任影响技术创新绩效的内在机制。任大帅等（2018）研究了组织创造力和高层管理风格对企业主流与新流创新绩效的影响机理，发现适应型领导直接正向影响向例组织创造力和主流创新，间接正向影响新流创新，有限授权领导直接正向影响变例组织创造力、向例组织创造力以及主流创新。González-Fernández 和 González-Velasco（2018）基于西班牙一组公司的数据研究企业绩效与创新努力之间的关系，研究发现在初创企业或较年轻的企业中，创新努力对企业绩效的影响更大。

　　现有研究主要基于实证分析视角探讨创新整体绩效及其影响因素，缺少对主流与新流创新绩效的探讨。主流创新绩效和新流创新绩效如何评价？二者对企业整体绩效的贡献如何？这些问题都有待于进一步研究。

　　综合上述主流与新流创新的相关研究，可以得出如下结论。①学者对主流创新与新流创新的内涵已基本达成共识。②从主流与新流的联系来看，部分学者认为主流适用于稳定环境，新流适用于动态环境，而更多的学者认为企业需要同时开展主流与新流；主流与新流的冲突也日益成为学者们关注的焦点，冲突主要表现在价值观、资源、管理决策等方面，解决冲突的主要思想是平衡、协调、协同。③在主流与新流的开发与管理研究领域，现有研究普遍是通过案例研究的方法，结合企业实践探讨可行的创新管理机制，如外部合作联盟、二元创新机制、差异化薪酬激励、创业投资、项目流程创新等。④学者们在主流与新流创新模型方面取得了一定的研究成果，阐述了主流与新流创新的内在联系、创新能力的演化以及主流与新流创新的动态演化，显示了主流与新流创新的研究视角由静态发展到动态，为本书的研究指明了方向。⑤现有文献研究侧重于主流与新流创新绩效影响因素分析。本书将基于现有研究成果，在主流和新流创新的研究框架下分别进行主流与新流创新绩效的评价，测算二元创新对企业整体创新绩效的贡献度。

四 文献评述

结合以上对国内外相关研究的文献分析可以看出，相关领域的学者对于技术创新演进、创新流以及主流与新流创新进行了广泛研究，并取得了丰富的研究成果。现有技术创新演进的研究比较成熟，为本书提供了有价值的参考和借鉴。通过塑造创新流，建立持续创新机制的观点已初步得到了学术界的认可。主流与新流创新的研究已不断丰富，主要集中于主流与新流创新的概念及特征、联系与冲突、开发与管理等方面，在理论模型方面也取得了阶段性成果。但是，目前已有研究成果在内容和方法等方面仍存在不足，有待丰富与突破。

第一，现有文献对主流与新流创新演进的研究尚处于起步阶段，虽指出了技术创新能力演进的大致方向，但对演进机理的解释尚不清晰。学者在主流与新流创新模型方面取得了初步研究成果，阐述了如何通过主流与新流创新形成持续的创新流，但缺乏对创新流中主流与新流创新协同演进的路径、规律的系统性分析。由此，本书拟建立以创新生命周期与创新能力为维度的二维理论模型，系统探讨主流与新流创新交融共生、兴衰更替的动态演进规律，进而揭示企业主流与新流创新动态演进的不同路径，进一步深化主流与新流创新演进的理论研究。

第二，冲突日益成为主流与新流创新的焦点问题，现有研究分析了主流与新流创新冲突的表现，提出了平衡、协调、协同的思想，但是对主流与新流创新的协同机理缺乏系统性理论探索，亦未关注到不同生命周期阶段主流与新流创新冲突的差异性。因此，本书拟提出以创新生命周期、创新能力、创新协同度为维度的三维理论模型，在描述主流与新流创新随着创新生命周期交替演变轨迹的基础上，刻画主流与新流创新协同度与创新能力在整个生命周期的变化，阐释主流与新流创新协同演进机理，拓展主流与新流创新演进的研究内容。

第三，已有研究大多忽略了主流与新流创新的资源约束等条件，如能将创新资源要素纳入研究框架，将有利于深入地探析主流与新流创新演进的内在机理。所以，本书拟构建基于"创新生命周期 – 创新要素－创新能力－创新协同度"的四维理论模型，勾勒出主流与新流创新在四维空间的演进轨迹，反映创新要素、创新能力、创新协同度之间的相互关联随创新生命周期演进的基本规律，探析创新要素优化配置的过程和方式，进而完善主流与新流创新的理论框架体系。

第四，由于主流与新流创新研究源于国外，现有研究大多以发达国家的企业为研究对象，缺乏中国情境下企业主流与新流创新的实践探索。鉴于发展中国家与发达国家企业技术创新演进的能力、模式、路径以及影响因素不同，有必要开展中国企业的案例研究，验证主流与新流创新相关理论的适用性。因此，本书拟采用多案例研究的方法，佐证主流与新流创新理论，并结合图谱研究，绘制主流与新流创新演进的图谱，剖析主流与新流创新协同演进的路径，以探寻对中国企业有参考价值的结论与启示。

第五，主流与新流创新演进的研究方法需要突破。现有文献以案例研究和理论模型研究为主，对主流和新流创新的演进大多为定性描述，无法定量分析主流和新流创新演进的协同度、博弈关系、转化点、资源配置以及能力与效率评价。本书拟借鉴创新系统理论、协同理论、博弈论、演化理论、系统动力学和耦合思想，构建主流与新流创新协同度模型、演化博弈模型、转换决策构型、系统动力学模型和耦合协调度模型等，开展企业实证研究，为企业创新管理决策提供量化依据。

第六，目前的创新绩效研究成果仅能测算企业整体的创新绩效，尚无法知晓企业是在传统的主导性技术领域创新绩效高，还是在新颖的创新领域绩效高，在创新资源有限的条件下，无法根据绩效评价结果来优化创新资源的配置方式。为此，本书采用分别进行主流与新流创新绩效评价的方法，测算二元创新对企业整体创新绩效的贡献度来解决这一现实问题。

第三节　研究内容与研究特色

一　研究内容

本书构建了主流与新流创新演进的二维、三维和四维理论，分别探讨主流与新流创新演进的更替与共生、冲突与协同、要素优化配置；根据生物进化和企业进化原理，阐释企业主流与新流创新的生成、变异、选择和协同机理；基于创新系统理论和协同理论，建立主流与新流创新协同度指标体系，构建复合系统协同度模型，测定主流与新流创新的协同度；建立演化博弈模型，分析主流创新和新流创新的博弈关系；建立主流与新流创新转换决策构型，开展转换点测评，分析转换条件；运用系统动力学方法，建构企业主流与新流创新协同演进的动态仿真模型，开展企业模拟仿真；以多案例研究为基础，绘制主流与新流创新协同演进图谱；凝练出适合中国企业主流与新流创新协同演进的路径；建立指标体系和耦合协调度模型，开展主流与新流创新能力与效率评价及其协调性测度；构建主流与新流创新协同演进绩效评价指标体系，进行静态和动态的绩效评价；基于政策需求模型和多层次政策分析，从演进视角提出促进主流与新流创新协同演进的政策。

1. 企业主流与新流创新演进的更替与共生

鉴于国内外学者对如何通过主流与新流创新演进形成持续创新缺乏系统论述，本书基于技术生命周期理论，构建"创新生命周期－创新能力"的二维理论模型，从动态视角分析主流与新流创新的演进过程，研究主流与新流创新的互动规律，探析主流与新流创新周期性更替过程中的共生演化特点，提炼出主流与新流创新演进的路径；通过案例分析，总结和提炼中国企业主流与新流创新演进的规律、路径及管理启示。

2. 企业主流与新流创新演进的冲突与协同

为解决主流与新流创新在管理中的冲突，本书借鉴协同学的观点，在二维理论模型的基础上，增加"创新协同度"这一维度，将其扩展为三维理论模型，分别以创新生命周期、创新能力、创新协同度作为三个维度，在描述主流与新流创新随着创新生命周期交替演变轨迹的基础上，刻画主流与新流创新协同度与创新能力在整个生命周期的变化；通过案例分析，总结和提炼中国企业主流与新流创新协同演进的规律与管理启示。

3. 企业主流与新流创新协同演进的要素优化配置

本书针对主流与新流创新之间如何优化配置创新要素这一问题，遵循理论演进的脉络，进一步将三维理论模型拓展为以创新生命周期、创新要素、创新能力、创新协同度为维度的四维理论模型，绘制主流与新流创新在四维空间的演进轨迹，阐释创新要素、创新能力、创新协同度随创新生命周期演进的基本规律，揭示要素优化配置的过程及方式，进而开展实证研究。

4. 企业主流与新流创新协同演进的机理

结合企业实际，主流与新流创新协同演进是在基础要素支撑和主导要素引领下实现的。创新要素贯穿于主流与新流创新演进的始终，因此，开展企业主流与新流创新要素研究是进行企业主流与新流创新演进研究的必然。由此，本书以历史进程研究为基础，以要素演进贯穿始终，根据生物进化和企业进化原理，阐释企业主流与新流创新的生成、变异、选择和协同机理，进一步完善主流与新流创新演进的理论框架。

5. 企业主流与新流创新的协同度研究

正确理解主流创新与新流创新的相互作用，采取有效的定量手段测度主流与新流创新的协同度，是保证二者协同发展的重要前提。首先，以创新系统理论和协同理论为基础，建立主流与新流创新协同度指标体系；其次，基于协同学的序参量原理和役使原理，构建复合系统协同度模型，分析主流创新与新流创新演变过程中的协同度；最后，对海源机械主流与新流创新的协同度进行实证分析，验证协同度模型的可行性与适用性。

6. 企业主流与新流创新协同演进的博弈分析

主流与新流创新博弈问题的核心是：在有限的企业创新投入情况下，如何在创新发展的不同阶段重点扶持主流创新或新流创新，从而在主流创新组织与新流创新组织个体理性的前提下实现企业的集体理性。考虑到主流与新流创新并非一次性的博弈，双方无法保证完全理性，并且二者会通过相互模仿来调整创新行为，本书建立演化博弈模型来分析主流创新与新流创新的博弈关系，并开展企业实证分析。

7. 企业主流与新流创新协同演进的转换研究

主流与新流创新协同中主流与新流创新的转换是什么？主流与新流创新的转换需要哪些条件？如何制定主流与新流创新的转换决策？围绕上述研究问题，本书从技术演化和创新流管理两个视角展开研究工作：首先，主流与新流创新转换的理论探析；其次，主流与新流创新的转换点测评；再次，主流与新流创新的转换决策条件分析；最后，主流与新流创新的转换决策研究。

8. 企业主流与新流创新协同演进的系统动力学模拟仿真

资源要素居于创新要素中的核心位置，为了深入考察主流与新流创新演进中的资源如何优化分配，本书在主流与新流创新系统演进的规律、路径、特点及创新系统影响因素分析的基础上，利用系统动力学方法，构建企业主流与新流创新演进的动态仿真模型。同时，开展企业实证研究，收集企业实际相关数据资料，借助 Vensim PLE 软件，对企业创新收益的影响因素和创新资源投入组合方案进行模拟仿真分析，继而有针对性地提出资源优化分配的对策建议。

9. 企业主流与新流创新协同演进的图谱分析

为了更好地展现主流与新流创新演进的状态和内在关系，本书将图谱作为描述主流与新流创新演进的表现形式。综合考虑各行业的特性，在多案例研究的基础上，将案例企业每一轮主流与新流创新生命周期的主要技术、代表产品、R&D 平均占比、人均产出等反映主流与新流创新的关键因素绘制成图谱，为企业主流与新流创新管理提供综合、直观、可视化的辅助决策工具。

10. 企业主流与新流创新协同演进的路径分析

两种异质性的创新活动相互伴生、相互促进，在一定的时空下形成汇流创新。本书通过理论演绎法和案例分析法研究主流与新流创新的具体实现途径，在技术创新四象限分析的基础上提出主流创新与新流创新协同演进可能实现的路径组合；继而通过现实的企业案例探索路径的具体实现方式，提取出三条现实可行的主流与新流创新协同演进的路径。

11. 企业主流与新流创新协同演进能力与效率评价研究

本书以"主流与新流创新能力与效率评价及其协调性"为研究主线，首先，构建企业主流与新流创新能力评价指标体系，运用熵值法确定各指标权重，并运用 TOPSIS 法对 16 家企业的主流与新流创新能力进行了实证分析；其次，构建主流和新流创新效率评价指标体系，运用 DEA 交叉效率方法对企业主流与新流创新效率进行实证分析；最后，在实证分析基础上，对企业主（新）流创新能力与效率的耦合协调度进行归类与分析。

12. 企业主流与新流创新协同演进的绩效研究

本书采用理论推理与实证研究相结合的方法，首先，通过理论筛选与实证筛选构建体现二者差异的主流与新流创新静态绩效评价指标体系；其次，构建基于正态云的静态综合绩效评价模型，并对汽车企业进行绩效评价；最后，绘制突现主流与新流创新特征且体现动态绩效评价指标间因果关系的模糊认知图，利用阈值函数和邻接矩阵模拟汽车企业主流与新流创新动态绩效的演化过程，并探讨关键变量对动态绩效的影响机理。

13. 企业主流与新流创新协同演进的政策研究

政府如何充分发挥政策导向作用，推动主流与新流创新协同演进，实现企业持续创新发展成为创新驱动战略的重要方面。基于此，本书首先开展主流与新流创新演进各阶段政策需求分析，探讨创新政策供给及其特征，进而构建主流与新流创新协同演进的政策需求模型；其次，在政策需求模型基础上设计并发放问卷，对回收结果进行统计分析；再次，从多层次视角分析我国现行政策供给情况；最后，从演进视角提出促进主流与新流创新协同演进的政策。

二　研究特色

1. 系统阐明了主流与新流创新演进的理论，构建了主流与新流创新动态演进的理论框架

由二维、三维和四维理论所构成的理论框架，一方面，揭示了以问题为导向的主流与新流创新理论研究的递进式演进过程；另一方面，表征了企业主流与新流创新在不同创新发展阶段下的动态演进过程，阐明了理论研究与实证研究形成同步共振的动态演化规律。根据主流与新流创新演进生成、变异、选择、协同四个阶段的机理研究，突破了静态研究范畴，为企业多元创新研究奠定了探索性的工作基础。

2. 引入新的量化研究方法，为创新管理者提供了科学的决策依据

现有文献以定性研究为主，量化研究缺失。协同度模型、演化博弈模型、转换决策构型、系统动力学模型、耦合协调度模型、基于正态云与模糊认知图的绩效评价模型的构建，为企业管理者掌握主流与新流创新协同度、博弈关系、转换决策、能力与效率的耦合关系、绩效贡献度，

合理分配创新资源提供了定量的分析思路。

3. 绘制企业主流与新流创新协同演进图谱，为图谱研究在企业主流与新流创新领域的应用进行了有益探索

综合考虑各行业的特性，采用多案例研究方法，将 9 家案例企业每一轮主流与新流创新生命周期的主要技术、代表产品、R&D 占比、人均销售额等反映主流与新流创新的关键因素绘制成图谱，更好地展现了主流与新流创新演进的状态和内在关系。基于主流与新流创新协同演进图谱，凝练出主流与新流创新演进的规律、推进方式以及新流创新的战略定位类型，为企业管理主流与新流创新提供了综合、直观、可视化的辅助决策工具。

4. 开展系统动力学模拟仿真，为创新资源分配提供有效的决策依据

以往的主流与新流创新研究多以知识生产和应用的线性模式来概括企业各阶段的创新关系，而非线性模型的系统范式更符合主流与新流创新的实际情况。运用系统动力学方法，构建主流与新流创新协同演进的系统动力学模型，并借助仿真软件对案例企业主流与新流创新系统进行动态模拟仿真，考察企业在不同创新资源或不同策略因素投入时的动态变化行为和趋势，为企业创新管理者合理分配创新资源提供了有效的决策支持。

5. 构建主流与新流创新静态和动态绩效评价体系，为企业资源配置和创新战略的制定提供理论指导

一方面，构建了基于正态云的创新静态绩效综合评价模型，运用绩效等级隶属度测算二元创新对企业整体创新绩效的贡献度，解决了创新资源在主流与新流领域的配置效果提升问题。另一方面，构建突现主流与新流创新特征差异的动态绩效评价指标体系，绘制体现二元创新动态绩效评价指标间因果关系的模糊认知图，改进了邻接矩阵权值的赋权方法，提出了运用中心度理论确定主流与新流创新动态绩效的关键影响因素。

第四节　研究方法与技术路线

一　研究方法

本书总体研究主线为：文献研究→理论模型构建→实证研究→绩效

评价→政策研究。根据研究对象特征及研究内容不同，本书运用的主要理论与方法有以下方面。

第一，借鉴技术生命周期理论及演化分析范式，构建二维理论模型，研究主流与新流创新的周期性更替与共生演化特征；基于协同学理论，在二维理论模型基础上，构建以创新生命周期、创新能力、创新协同度为维度的三维理论模型，阐释主流与新流创新协同演进的条件、过程；基于创新要素理论，将三维理论模型拓展为"创新生命周期－创新要素－创新能力－创新协同度"四维理论模型，借鉴画法几何学的四维空间图形表达方法，绘制主流与新流创新在四维空间的演进轨迹，阐明创新要素优化配置的过程及方式；基于共生理论、协同学理论和演化经济学，剖析主流与新流创新演进的生成、变异、选择和协同机理。借助复合 Logistic 模型和清晰集定性比较分析法，揭示主流与新流创新转换条件。

第二，对孟庆松和韩文秀（1998）提出的整体协同度模型进行了合理的改进，提出主流与新流创新协同度模型，采用演化博弈模型分析主流创新与新流创新之间的博弈关系，据此进行企业实证分析；借鉴科学技术可视化路径图谱的绘制思路，绘制主流与新流产品技术演化阶梯图，进而形成演进图谱；运用系统动力学方法，构建系统动力学模型，运用统计方法、预测技术及其他数学方法对系统动力学模型参数进行设定，并借助系统动力学软件 Vensim PLE 开展企业模拟仿真；建立主流与新流创新能力与效率评价指标体系，构建耦合协调度模型，开展评价分析；通过文献梳理方法、专家意见征询法设计主流与新流创新绩效评价指标体系；综合运用正态云、模糊认知图方法进行定量化实证检验。

二　技术路线

本书具体的技术路线如图 1－1 所示。

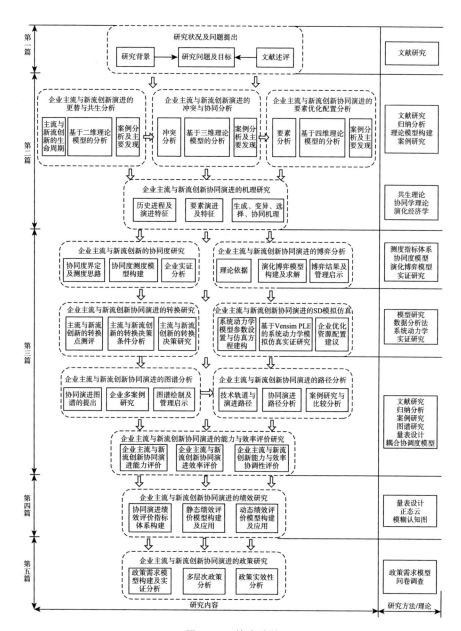

图 1-1 技术路线

第二章　企业主流与新流创新
演进的理论概述

　　全球经济一体化是一个不可抗拒的发展潮流，企业持续、快速、健康的成长是保证整个国民经济可持续协调发展的坚实基础和支撑力量，而创新是企业生存和持续成长的不竭动力和源泉。企业的持续成长表现在企业的持续竞争力和竞争优势，而持续竞争力通过主流创新与新流创新的协同演进来实现。因而，只有通过持续不断的主流创新与新流创新，并保持二者之间协同发展，企业才能在激烈的市场竞争中发展壮大，从而增强其国际竞争力和竞争优势，进而推进我国国民经济可持续协调发展。基于此，本章主要介绍了主流与新流创新的思想源起、概念界定、特征与表现形式、关键成功因素，并对主流创新与新流创新进行了多维比较，为后续章节的研究工作铺垫理论基础。

第一节　企业主流与新流创新的思想
源起和概念界定

一　企业主流与新流创新的思想源起

　　企业主流与新流创新的思想渊源最早可追溯到管理创新经济学家约瑟夫·熊彼特1912年出版的《经济发展理论》，在该书中，熊彼特开创性地提出了"创新思想"，并指出"创新"是经济发展的根本现象，是"创造性破坏"的过程，它不断从内部革新，不断地破坏旧的经济结构，不断地创造新的经济结构（Schumpeter，1934）。此外，熊彼特还强调企业家的职能就是实现创新，而所谓经济发展，是指整个社会不断地实现新组合。熊彼特的创新理论已蕴含创新不断更替、推陈出新的思想端倪。Solomou（1986）运用新熊彼特学派技术创新理论解释Kondratieff（康德拉季耶夫）长波现象，认为经济增长中存在一个由重大创新（major innovation）和微小创新（minor innovation）构成的创新集聚（cluster），其产生是随机的。创新长波是由一系列新技术系统驱动而成的，诸多创新的熊彼特群聚效应可视为创新长波路径形成的力量。由于技术与市场的高度动荡，单一创新所造成的优势都不能持久，要维持竞争优势，企业需要塑造源源不断的创新流（Tushman and Anderson，1986）。企业创新流本质上是由一系列性质不同的创新活动时空集聚组成的（Dunn and Harnden，1975；袁勇志、周可真，2004；Smith and Tushman，2005）。Kanter（1988）根据企业创新活动的价值创造差异，将企业创新流划分为主流与新流，其认为企业创新流管理的核心是如何在主流创新中协同管理好新流创新，以缓解两者之间的效益冲突。就创新战略连续性看，企业创新流管理一方面应最大化主流创新，提升主流业务竞争力；另一方面应积极刺激新流创新以实现企业未来永续经营。为激发和维持创造性的产出，企业需要将主流和新流能力放在同等重要的位置上（Terziovski，2007）。姚志坚等（1999）、Lawson 和 Samson（2001）认为，从长期 A－U 模型看，任何产业均存在一个由创新流构成的技术周期。从这个周期来看，在同一技术轨道内创新过程存在主流创新与新流创新的交替波动。要想获得成功，企业管理者不仅必须对主流创新活动进行管理，而且要对新流创新活动进行管理，这体现在影响新流创新的核心技术管理和预先主动地变革组织以适应新流产品、工艺和流程的变革创新。

二　企业主流与新流创新的概念演进与界定

主流与新流创新概念的提出最早出现于美国哈佛大学教授 Kanter（1988）关于企业创新三个层次（部门、组织和跨组织环境）的研究，其将企业创新流划分为主流创新（主创新流）与新流创新（新创新流），其中将通过新想法创造新价值的项目活动定义为新流创新活动，而将正在进行的或者已建立起来的主营业务的研发活动定义为主流创新活动。Kanter（1989）认为企业创新不但要抓住主流技术领域，而且要兼顾新流技术领域。特别是在当今，主流技术业务很容易干涸，企业必须寻找机会在新的技术方向领先，寻求改善或者转变主流创新。为达到这个目的，企业需要开始新流创新。Kanter 关于企业主流与新流创新的划分主要从企业创新活动的价值创造入手，认为在现有产品业务各环节进行的创新活动都属于主流创新，其仅能实现企业既有价值体系增值，所形成的竞争优势不能持久，且有发展停滞的危险；而新流创新是以新理念探索新技术，开辟发展新业务，创造新价值，它是企业保持生机和永续经营的根本。Kanter 在 1988 年、1989 年、1991 年的一系列研究，为国内外学界从创新流视角开展企业技术创新管理做出了有价值的探索，同时也为后续学者开展企业主流与新流创新相关专题研究提供了一个有益的借鉴。

在 Kanter 团队研究的基础上，Atoche（2007）、Terziovski（2007）、朱斌和吴佳音（2011）等国内外许多学者分别从不同视角对企业主流创新和新流创新的概念进行了界定。为更好地比较研究，下面对国内外有关企业主流与新流创新概念界定的代表性观点进行归纳总结，如表 2 - 1 所示。

表 2 - 1　国内外学者关于主流与新流创新概念的界定

研究学者	主流与新流创新的概念	研究视角
Kanter（1988）	主流创新是在现有产品业务各环节进行的创新活动，其仅能实现企业既有价值体系增值，所形成的竞争优势不能持久，且有发展停滞的危险；而新流创新是以新理念探索新技术，开辟发展新业务，创造新价值，它是企业保持生机和永续经营的根本	业务价值创造
Badguerahanian 和 Abetti（1995）	主流创新是建构在成熟的管理实践和已获认可的组织惯例基础之上；而新流创新则是必须探索新技术，为企业未来业务发展提供合适的新战略、新实践、新业绩衡量和激励系统的试验	实践惯例
Kiernan（1996）	企业主流创新能力主要由产品质量、生产效率、市场响应速度和灵活性所支撑；新流创新主要运用新技术、知识、工艺以及系统创造新的产品、生产过程或服务方式，为顾客创造新的客户价值	创新能力要素
Atoche（2007）	主流创新是面向企业传统业务的各类改善和提升，包括产品、设备和工艺改造与革新；而新流创新则主要以创业创意为目标开发新产品、研制新工艺、发展新构想、开拓新业务	创意创业
Terziovski（2007）	主流创新表现在核心业务流的整合，其主要通过流程创新来提供必要的稳定性，并以此来维持组织功能，主流创新活动的目的包括提高产品质量、提升客户满意度、缩短周期、提高效率等；新流创新是识别顾客并为顾客创造新的价值的资源聚集，其表现在建立系统的客户整合来开发新的商业观点和提供增长的客户价值	创新活动的功能差异

研究学者	主流与新流创新的概念	研究视角
朱斌和吴佳音（2011）、朱斌和陈巧平（2015）	主流创新是具有周期性特征的、满足现实市场竞争和企业发展需要，支撑企业主营业务发展，促成主流技术范式确立和主流技术体系生成的主导性技术创新活动；新流创新是指体现技术市场发展趋势和技术革新需要，孕育于主流创新中，伴生主流创新实施过程而产生的新技术累积与突破性发展，实现各阶段主流创新周期性承接的驱动性新潮技术创新活动	技术范式

纵观国内外学者们对企业主流与新流创新的概念描述，可以发现不同学者对主流与新流创新的概念界定不尽相同，但这些概念也存在相同之处。

第一，所有主流和新流创新的概念界定都是针对企业层面而言的，其中主流创新是按企业现有市场或客户需求为导向的创新，而新流创新则是以企业新兴市场或客户需求开发为目标的创新。

第二，主流创新主要着眼于现有技术体系下的价值链优化，而新流创新则侧重以新想法创建新技术体系，开辟新价值应用。

第三，主流创新用以保证企业当前稳定的业务收益，而新流创新则为企业未来成功寻求机会。

第四，主流和新流创新的技术轨道或范式不一样，所用的工程技术和科学知识也有差异。主流创新是企业对既有知识、能力、技术和范式等的提炼和拓展，而新流创新则是企业在全新技术轨道上对新知识、新技术、新产品和新市场等的探索与开发。

因此，在 Kanter、Terziovski 等学者对主流与新流创新活动进行界定的基础上，本书进一步提出以创新活动载体、创新目标、知识基础、技术轨道和创新业务收入等为标准来界定与分离企业的主流与新流创新活动，认为主流创新是依托于企业主营业务部门（主流项目、主流部门），以提高客户满意度、降低产品或技术创新的投入及成本、提高效率为目的，运用已有的知识和资源，关注既有领域，沿着既定技术轨道的创新活动，其业务收入是企业收入的主要来源；新流创新是依托于企业非主营业务部门（新流项目、新流部门、新流孵化器），以提供新理念、探索新技术、开发新产品和市场为目的，利用新的知识或技术，偏离现有技术轨道的创新活动，其业务收入是企业收入的一种补充。

第二节　主流与新流创新的特征

主流与新流创新均具有演化性的特点，二者的发展都具有演化周期，从萌芽期、成长期进入成熟期，最后步入衰退期，呈现周期性交替发展的趋势。然而，主流与新流创新又各自具有不同的特征。

一　主流创新的特征

主流创新是现阶段的主导创新活动，具有如下特征。

第一，主流创新具有先发性，即主流创新具有先发优势，在当前阶段优于新流创新，是企业当前重点进行并发展迅速的创新活动，主流创新活动的开展能给企业带来效益，是企业收入的重要来源。

第二，主流创新具有主导性，是本阶段的主导技术创新或主导产品创新，能促成主流技术范式确立、主流技术体系生成，引领本轮的技术、产品及工艺创新，不断提高产品质量、提升客户满意度、提高效率等。

第三，主流创新具有渐进性，主导创新模式一旦确立就会带来后续渐进性技术创新、工艺创新、产品创新，是围绕该创新体系所进行的渐进性创新活动，其技术创新轨道是连续而缓慢上升的。

第四，主流创新具有累积性，新流创新突破成为新的主流创新后，新的主流创新活动通过渐进的、持续的创新活动，不断积蓄能量产生巨大的累积性经济效益，逐步发展成为主导技术或主导产品范式。然而，主流创新具有局限性，只能维持企业现有产品的竞争能力，无法保持企业的持续竞争优势。因此，当现有产品在市场上失去地位时，当前阶段的主流创新就会衰退甚至消亡，而新流创新将会取代主流创新，形成持续创新流。

二　新流创新的特征

新流创新是根植于本阶段主流创新，伴生主流创新发展进而突破成为新的主流创新活动，具有如下特征。

第一，新流创新具有后发性，不是现阶段的主打创新活动，相对于主流创新较为弱小，但具有体现创新发展趋势和革新需要的后发优势，是驱动性的潜力创新活动。

第二，新流创新具有伴生性，不能单独存在，是在主流创新成长期就开始孕育并伴生主流创新活动而进行的创新行为，主流创新和新流创新是相对的，企业中不可能只存在新流创新。

第三，新流创新具有持续性，是持续进行的伴生性创新，它不会消亡，在主流衰退期会转化为新的主流创新，以另一种创新的形式而存在，源源不断地为企业创新带来新的理念，注入新的血液。

第四，新流创新具有突破性和革命性，在主流创新发展的衰退期进行技术轨道的跃迁进而突破发展，取代主流创新成为下一阶段的主导创新模式，从而引领新一轮的创新演化过程。

另外，新流创新具有高不确定性、高强度性和自治性。其中，新流的不确定性包括时间、成本的不确定性及最终产品的不确定性，新流创新是一种具有极大不确定性的新潮创新活动，创新结果的成功与否也是无法保证的；新流的高强度性表现在新流创新活动运作的高强度、开发过程知识高的强度、交流与分享的高强度；新流的自治性表现在物理空间的自治，文化的自治，体系、流程的自治。

第三节　主流与新流创新的表现形式

一　主流创新的表现形式

主流创新表现为顺轨型创新和衍生型创新（见图 2-1）。顺轨型创新是指企业沿着既定的技术轨道所进行的"一维"线性创新活动。它是在原有创新技术轨道基础上，通过利用原有知识和技术的方式，不断积累创新技术，提高企业的核心竞争力。在此过程中，改进工艺技术和提高产品性能使得核心技术性能逐步提高。衍生型创新是指企业基于技术平台所进行的平面化的创新活动。衍生型创新所依赖的技术平台是阶段性创新成果的体现，技术平台的主要技术是原有的核心技术，因此，衍生型创新并没有打破原有的技术范式和技术路径。衍生型创新活动体现在以原有技术轨道为基准向四周平面扩展的态势，主要通过改进产品的外观、增加产品的辅助功能等方式来提高顾客的满意度。

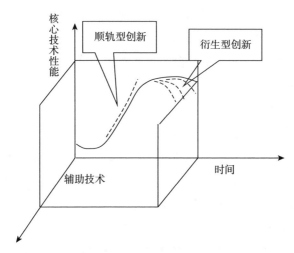

图 2-1   主流创新的顺轨型创新与衍生型创新

二 新流创新的表现形式

新流创新表现为突破性新流创新、破坏性新流创新，是与主流创新在不同技术轨道上的创新活动。新流创新的突破性表现形式是针对技术变革的强度而言的，其是建立在新的科学技术原理之上，产品性能的主要指标发生非线性、大幅度、不连续的技术轨道跃迁。新流创新的破坏性表现形式聚焦于市场领域，基于不同的目标市场和顾客群体开发新产品、新工艺、新市场、新技术。

主流创新与新流创新共生成长的过程也就是渐进性顺轨创新与突破性越轨创新共生、转化、演进与升级的过程。新流创新历经突破性创新的成功，实现技术轨道的跨越，成长为主流技术及主流产品，完成了从技术后发优势向技术先发优势的转变；主流技术、主流产品工艺的渐进性顺轨创新和渐进性衍生创新则形成所在产业的主流技术范式，进而形成主流技术体系。当一项新流创新成功转化为下一阶段的主流创新时，常伴有产品创新、过程创新和组织创新的连锁反应。

第四节　主流与新流创新的关键成功
因素及多维比较

一　主流与新流创新的关键成功因素

自 1970 年 Freeman 等人的 SAPPHO 项目研究以来，国内外许多学者先后对制约企业技术创新的影响因素展开了一系列的研究，如加拿大的 NewProd 项目和美国的斯坦福大学创新项目等（傅家骥，2003；赵玉林，2006）。这些研究项目从最开始的理论研究逐步拓展到企业案例研究以及大样本实证研究，研究对象也从早先的普适性的技术研发管理发展到创新项目管理以及特定类型的技术创新项目组织。由于主流与新流创新研究开始较晚，因而目前关于主流与新流创新影响因素的研究尚不多见，这里根据其概念与特征表现，参照已有相关研究，利用 Zani（1970）提出的关键成功因素法（Critical Success Factors，CSF），提炼总结出制约企业主流与新流创新的主要影响因素。

从国内外学者实证研究看，组织管理、市场、管理者、战略与文化、资源获取能力、资源整合能力是企业技术创新的关键成功因素（Rothwell，1992；池仁勇，2003；赵玉林，2006）。

就企业主流创新而言，其组织管理形式主要为机械式（刚性）组织管理，影响机械式组织管理的成功因素包含结构化管理系统、正式化流程管理、科层制管理；主流创新市场的成败体现在既有市场的拓展，其成功因素包括现有客户依赖、市场调查、主流客户跟踪；主流创新的管理者通常是中庸型管理者，其成功因素有执行性管理决策、管理经验感知、计划维护者和中层管理异质性等；主流创新倡导成长型战略与文化，其成功因素涵盖市场导向、客户型文化或运作型文化、传统继承、集中化战略或成本领先战略等；主流创新资源能力体现为对现有资源的整合，其成功因素包括组织内跨部门合作、知识整合、贸易展示会或产业联盟和供应链依赖等（见图 2-2）。

就企业新流创新而言，其组织管理形式为有机组织管理，影响有机组织管理的成功因素有非/半结构化管理系统、灵活可逆的流程组织、

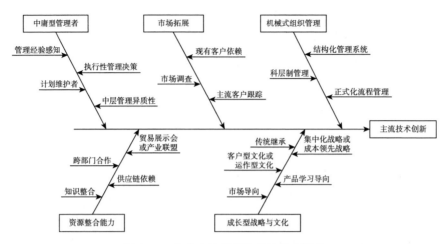

图 2 - 2   企业主流创新的关键成功因素

扁平化管理；在市场开发上，影响新流创新的成功因素有潜在需求挖掘、市场学习和潜在领先客户识别；新流创新的关键发动者是领先型管理者，企业家精神、风险偏好、高层管理同质性和团队型领导是领先型管理者必须具备的成功特质；资源获取能力决定企业新流创新的成败，影响新流创新资源获取能力的成功因素有战略联盟、产学研合作、知识创造和外部技术购买；新流创新战略与文化表现为创业型战略与文化，其成功因素涉及产品型文化、差异化战略、技术学习导向和创业导向（见图 2 - 3）。

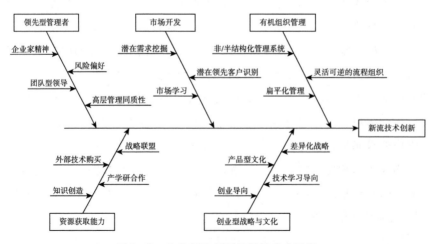

图 2 - 3   企业新流创新的关键成功因素

二　主流与新流创新的多维比较

主流与新流创新是两种不同类型的创新方式。它们在许多方面具有明显的不同，如创新目标、不确定性、技术轨道、创新来源和组织文化等（见表 2－2）。

表 2－2　主流与新流创新的多维比较

维度	主流创新	新流创新
创新目标	维持与加强现有市场地位	改变游戏规则，实现轨道跨越
主要工作	优化现有技术、服务现有顾客	探索新的、潜在的技术，创造新市场
创新结果	原有产品成本的降低和性能的提高	开发新技术、新产品、新工艺
技术创新	现有技术的开发利用	研究探索新技术
不确定性	低	高
技术轨道	线性、连续	发散、不连续、变迁
创新来源	提炼、复制、效率、实施	搜索、变异、柔性、试验、冒险
绩效影响	影响短期收益；回报具有较低不确定性	影响长期绩效；回报具有较高不确定性
组织文化	产出上要求确定性；偏好短期目标	鼓励试验；愿意面对不确定性及风险
组织结构	主流组织	新流组织

主流创新注重短期的回报，是为维持与加强现有市场地位、保持企业的现有市场定位优势而进行的一系列创新活动，包括对现有产品进行渐进性的改进，如增加新的产品特色、改进现有产品性能、提高产品质量、降低成本等。可见，主流创新对现有产品的改变相对较小，能充分发挥已有技术的潜能，并能强化企业的优势，是对现有技术、能力和范式的一种优化和拓展，因而技术不确定性较低，技术轨道是线性的、连续的。随着时间的流逝，主流创新逐渐产生巨大的累积性经济效益，但其只能维持企业现有产品的竞争能力，无法保持持续的竞争优势，当市场上出现携新流创新成果进行竞争的企业对手时，企业就可能丧失在市场中的地位和优势。组织结构形式为主流组织，是进行主流创新的组织结构，致力于企业主流产品及技术的渐进式创新。

新流创新注重间接的或长期的回报，是为了克服主流创新的缺陷、促进企业持续成长而进行的创新活动，包括突破性和颠覆性创新、范式转变、新技术和新产品开发。它建立在一整套不同的科学技术原理之上，能创造新市场，在给企业未来带来巨大利润空间的同时使企业面临较高的风险。组织结构形式为新流组织，是进行新流创新的组织结构，致力于新流产品及技术的突破性开发及跨越式提升。

可以借助 Dosi（1982）的技术轨道的概念来理解主流创新与新流创新的总体区别。当一种区别于主流技术Ⅰ的新技术思想提出以后，从中选择最具发展潜力的技术作为新流技术Ⅰ，不断投入研发，直到产品的主要技术性能指标稳定下来。这时新流技术Ⅰ转化为主流技术Ⅱ，形成创新范式2，并在此范式指导下形成产品主导设计Ⅱ，此时，企业的创新由技术轨道Ⅰ演化为技术轨道Ⅱ，继而出现新流技术Ⅱ。当该新流技术生产的产品在市场上超过主流技术Ⅱ时，主流技术Ⅱ便以衰败告终，新流技术Ⅱ将转化为主流技术Ⅲ，对应创新范式3指导下的主导设计Ⅲ，此时企业的创新由技术轨道Ⅱ演化为技术轨道Ⅲ（见图2-4）。如果企业同时开展技术轨道Ⅱ上的主流创新与技术轨道Ⅲ上的新流创新，就可以保持持续的竞争优势，反之，如果企业仅从事技术轨道Ⅱ的技术研究工作，将面临竞争对手的巨大挑战。

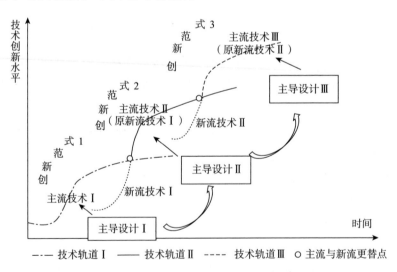

图2-4　主流创新与新流创新的技术轨道演进

本章小结

　　本章梳理了主流与新流创新的思想源起，并在归纳总结相关学者对主流与新流创新概念界定的基础上，进一步提出以创新活动载体、创新目标、知识基础、技术轨道和创新业务收入等为标准来界定与分离企业的主流与新流创新活动。主流创新具有先发性、主导性、渐进性和累积性，新流创新具有后发性、伴生性、持续性、突破性和革命性；从表现形式看，主流创新表现为顺轨型创新和衍生型创新，新流创新表现为突破性新流创新和破坏性新流创新；企业主流创新与新流创新的关键成功因素各不相同；在创新目标、不确定性、技术轨道、创新来源和组织文化等方面，二者存在明显差异。

第二篇

企业主流与新流创新协同演进的理论框架

主流创新与新流创新之间是一种辩证的、双向的、互动的关系。正确理解主流创新与新流创新的相互作用，是促进二者协同演进的重要前提。现有文献在主流与新流创新研究方面阐述了二者的内在联系、创新能力的演化以及动态演化，显示了主流与新流创新的研究视角由静态发展到动态。协同推进主流与新流创新，塑造创新流，建立持续创新机制的观点已得到学者的普遍认可。然而主流与新流创新协同演进呈现什么规律和特点？如何缓解主流与新流创新协同演进中的冲突？主流与新流创新之间如何优化配置创新要素？企业主流与新流创新协同演进的机理是什么？回答这些问题，需要对主流与新流创新协同演进的理论框架进行系统论述。

　　本篇遵循理论演进的脉络，首先，基于技术生命周期理论，建立"创新生命周期–创新能力"的二维理论模型，从动态视角分析主流与新流创新的演进过程，研究主流与新流创新的互动规律，探析主流与新流创新周期性更替过程中的共生演化；其次，借鉴协同学的观点，在二维理论模型的基础上，增加"创新协同度"这一维度，将其扩展为三维理论模型，探讨主流与新流创新演进的冲突与协同；再次，将创新要素纳入研究框架中，进一步拓展形成四维理论模型，分析创新要素、创新能力、创新协同度随创新生命周期演进的基本规律，揭示要素优化配置的过程及方式；最后，根据生物进化和企业进化原理，阐释企业主流与新流创新的生成、变异、选择和协同机理，进而完善主流与新流创新协同演进的理论框架，为进一步深入开展主流与新流创新协同演进的实证研究提供理论依据。

第三章　企业主流与新流创新演进的更替与共生分析

　　Christensen（1997）在《创新者的窘境》中指出："行业龙头企业常常因为破坏性技术的崛起而没落，没落原因并非企业经营不善或赶不上技术速度，反倒是因为他们太擅长于管理，而这恰恰不利于破坏性技术的管理"。他认为一些看似很完美的商业动作，如对主流客户所需、盈利能力最强的产品进行精准投资和技术研发，最终却可能毁掉一个优秀的企业。而暂时遭到主流客户拒绝的、关键的、突破性的技术，往往会逐步演化成主导新市场的破坏性创新。中国企业同样面临"不创新等死，创新找死"的两难问题。由于发展中国家依赖引进国外技术，缺乏新技术研究，因此核心技术仍掌握在发达国家手中，再加上长期不重视基础技术研发，造成了知识断层的局面，未能累积共性通用技术，创新出现断流，无法形成持续创新流，从而使企业创新陷入在破坏性创新的可能失败与继续在竞争市场中挣扎之间选择的两难困境（李仁芳、李建宏，2012；李俊华，2015；Bedford，2015）。研究发现，形成创新窘境或两难困境的重要原因在于企业创新的技术间断现象，即当一种技术接近或者远离其技术极限时，市场上会出现一种或几种更有潜力的新技术。技术间断发生时，新旧技术轨道之间存在技术陷阱，企业在其中越创新越容易死亡。如果企业过于依赖已有的技术和产品，不能及时转向新的技术轨道，一旦新的技术轨道成为行业主导，技术创新流将出现中断，从而导致企业创新产生非连续性与不可持续发展（Moore，2002；Valikangas and Gibbert，2005；刘峰等，2011）。因此，企业必须调整创新战略，积极塑造持续创新流，跨越技术间断，从而进入一个更高水平的技术轨道，以求得生存发展的新机会（王大洲、关士续，2000；夏保华，2001；刘建国，2013）。鉴于此，本章应用技术生命周期理论，构建"创新生命周期—创新能力"的二维理论模型，形成主流与新流创新演进的两种模式，并以独特的视角回答以下问题。

第一，创新流中的主流与新流是如何演进的？演进特征是什么？演进路径有哪些？

第二，在演进过程中，主流与新流如何实现更替与共生，塑造连续不断的创新流，形成持续创新，从而有效突破创新困境？

第一节　主流与新流创新的生命周期

一　技术生命周期的概念

Abernathy 和 Utterback（1978）首次提出技术生命周期的概念，指出技术都会经过"技术创意—技术成熟—技术淘汰"的生命阶段。技术生命周期概念的提出得到了广泛认可，不同学者从各自视角对技术生命周期进行了界定。Tushman 和 Anderson（1986）为分析产业技术的演变和发展，提出了呈现 S 形曲线运动轨迹的技术生命周期理论。他们认为新技术产生于技术非连续状态，当发展到一定阶段时就会被创新打断从而推动产业技术产生质变。Ayres（1988）提出，技术生命周期是指从重大技术突破开辟一个新的技术开发领域起到出现一个技术屏障为止的时间阶段。该阶段的特征是研发投入的边际生产率先是快速增长至顶峰，之后随着该领域的枯竭而持续衰减。李怀祖和刘益（1993）将技术生命周期定义为从技术出现重要发明开始到技术终止的过程。乔治·泰奇（2002）认为技术是按照一定的轨迹变化的，从产生到商业化，技术会随着市场的变化不断地变化和调整。但是任何技术都有极限，一项技术到达极限后便无法进行改进，会被新的更能满足市场的新技术所取代。技术生命周期表示以周期特征性变化的技术演变模式。温桂兵（2005）将技术生命周期界定为单一范式下的技术演化过程，该过程起始于技术的非连续状态，经过与其他技术的激烈竞争后进入主导设计范式阶段，而后产生渐进变革，最后当新的技术非连续状态出现时则意味着该演化过程的结束。吴伟伟等（2012）认为技术生命周期是技术性能特征出现、成长、成熟与衰退的过程。陈收等（2015）指出，技术生命周期是企业在应对环境变化的过程中，随着创新知识资源与技术能力等要素的连续积累，其技术创新呈现阶段性变化。

二　技术生命周期的阶段划分

许多学者为了各自研究分析的需要，陆续给出了技术生命周期的阶段划分。Harvey（1984）提出技术生命周期的六个阶段，分别为技术发展阶段、技术论证阶段、技术开始应用阶段、技术应用成长阶段、技术成熟阶段和技术衰退阶段。Roussel 等（1991）把技术生命周期分成萌芽期、成长期、成熟期和衰退期四个阶段，并认为萌芽期的技术不确定性很大，市场前景很模糊；成长期的技术发展更明确；成熟期是渐进性技术进步的一个阶段；进入衰退期后，技术易被模仿。李怀祖和刘益（1993）从技术绩效增长角度，认为技术生命周期包含四个阶段：初始阶段、发展阶段、成熟阶段和衰退阶段。Khalil（2000）则将技术生命周期分为萌芽期、成长期和成熟期三个阶段。他认为，技术发展到成熟期后会到达极限并衰退，随后被新的技术取代。李正卫（2005）认为技术生命周期可分为四个阶段：导入期、成长期、成熟期和衰退期。王颖（2009）把高新技术企业的技术生命周期分为了种子期、初创期、成长期、成熟期、衰退期、蜕变期或衰亡期六个阶段。武兰芬（2014）认为专利技术遵循萌芽期、发展期、成熟期和淘汰期四个阶段的周期性变化。李丫丫和赵玉林（2016）将技术生命周期分为引入期、成长期、成熟期和衰退期。

三　主流与新流创新生命周期的阶段划分与定义

技术生命周期理论反映了企业利用技术获取竞争优势的过程，对于企业的竞争战略有重要意义。而要破解企业创新过程中的连续性和可持续性问题，就必须充分认识创新发展的阶段性特征，考察主流与新流创新在不同阶段的演进特点，才能做出正确的创新战略选择，从而获得持续竞争优势。因此，本章将以创新生命周期为时间维度，研究主流与新流创新的动态演进，从整体上考量企业创新能力的阶段性变化。目前对技术生命周期的阶段划分没有统一的认识，比较典型的有 Harvey（1984）的六阶段、Roussel 等（1991）的四阶段和 Khalil（2000）的三阶段划分法。从本质上看，各种划分方法之间不是对立的，存在一定的对应关系。结合主流与新流创新演进的特征，本章采用四阶段划分法，将主流和新流创新的动态演进过程分成萌芽期、成长期、成熟期和衰退期，认为主流与新流的创新生命周期就是主流技术从萌芽期经历成长期、成熟期，到衰退期，新流技术相伴成长，并通过新旧主流更替，实现创新能力不断提升并持续跃迁的过程。实现主流与新流创新交融共生、兴衰更替的动态演进，形成企业创新流，能够有效跨越创新生命周期中的"峡谷"，这是解决企业创新两难问题的关键。

第二节　企业主流与新流创新演进的更替 与共生分析
——基于二维理论模型

一　二维理论模型的构建及主要观点

本章基于技术生命周期理论，构建二维理论模型，从动态视角分析主流与新流创新的互动规律，探析主流与新流创新周期性更替过程中的共生演化特点，并提出了如下观点。

（一）新流创新相对主流创新是技术范式的变革

主流技术的连续性创新是对已有主导技术或产品的改进和提升。伴随主流技术范式的萌芽、确立、稳定，主流技术体系逐步形成并完善。当主流技术范式逐渐无法适应市场需求时，客观上要求冲破原有技术范式，主流技术体系开始衰落解体。新流技术范式在前期的孕育、萌芽中成长起来，新流技术体系也逐渐形成和崛起，并在适当时机完成更替，形成新的主流创新，如图 3-1 所示。新流创新实际上是一种"换轨式"的技术创新，它是一次技术范式的变革，是用新的技术轨道和范式代替原有主流技术轨道和范式的过程，也就是新的主导技术产生并最终替代原主导技术的过程。

宋艳和银路（2007）认为当一种技术的进步满足了相同或相近的市场需求，却以一种全新的技术为基础时，就可以称之为不连续性技术创新。主流技术的不连续性创新催生了新流技术，新流技术（产品）的性能或者成本与原有技术轨道下的技术或产品有着巨大的差别，能够更大限度地满足现有的顾客需求或创造潜在的顾客需求。从产业层面来看，新流创新所带来的新流技术体系取代原主流技术体系时，也将会推动主导设计的变革，进一步改变市场竞争格局。

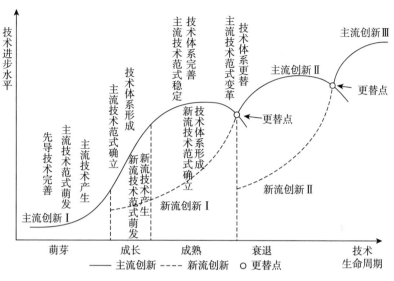

图 3 - 1　主流与新流创新的技术范式变化

（二）主流与新流转化的条件：主流达到极限，新流突破"新绩效过滤线"

依据增长极限理论，在创新资源禀赋结构不变的情况下，主流创新绩效呈现边际收益递减趋势，而主流创新资源投入量和资源使用效率不会无限增长，因此，主流创新绩效存在极限，所对应的水平线即"新绩效过滤线"（高建、魏平，2007），如图 3 - 2 所示。当主流技术经历技术生命周期的演进，在快速变革进程中，往往出现替代性技术，即新流技术。如果新流技术或产品经过前期的孵化和培育成长起来，能更大幅度地提升消费者的满意度，进而突破"新绩效过滤线"，那么它可能成长为一种新的主流技术，进入新一轮的技术生命周期演进。在图 3 - 2 中，S_1 是主流技术发展曲线，S_2 是新流技术发展曲线，虽然新流技术发展起步较晚，但最终将在某个时刻（t_3）取代旧的主流技术，成为新的主流技术。如电子管技术达到创新极限，催生晶体管技术的生成、成长，并最终取代电子管技术；晶体管技术创新达到极限，催生集成电路技术的生成、成长，并最终取代晶体管技术。传统手机达到创新极限，催生智能手机的生成、成长，并最终取代传统手机。

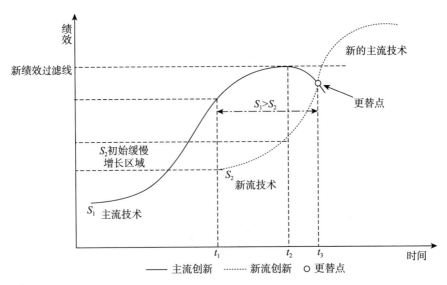

图 3 – 2　主流与新流技术的更替

（三）主流与新流创新的周期性更替催生持续创新流

根据 Ayres（1988）的观点，从当前技术领域突破到下一个技术领域的过程中，技术绩效增长（或技术进步）呈 S 形曲线。主流创新是为了满足市场竞争和企业发展需要，新流创新体现了技术发展趋势和技术革新需要，各自都朝着下一个技术领域演进。随着主流技术的没落，新流技术转化成为新的主流技术，实现技术轨道顺利跃迁。在随后的创新历程中，新的循环开始，新流创新又会萌发并成长，在时机成熟时再一次完成新旧主流更替。由此，通过主流与新流创新的周期性更替，企业形成了持续的创新流，突破了创新困境。随着主流与新流创新不断更迭，企业整体创新能力持续提升，核心竞争力也不断增强，如图 3 – 3 所示。

二　二维理论模型的运行机理

所谓机理，就是有机体内部的活动原理。有机体是指由要素有机联结而组成的一个整体。而系统论认为，由要素有机联结而组成的一个整体即为系统，所以可以把有机体理解为一个系统。从这个意义上，又可以将机理的含义界定为系统内部的活动原理（宏智，1982）。

二维创新理论的维度包含创新生命周期维度和创新能力维度。可将

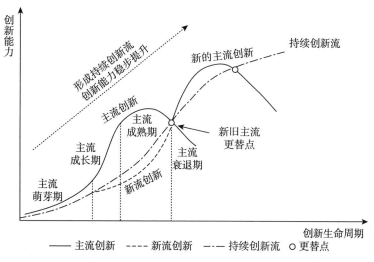

图 3-3 主流与新流创新的二维理论模型

主流与新流创新的生命周期划分为萌芽期、成长期、成熟期和衰退期。创新能力维度则主要从整体创新能力水平进行考量，显示主流与新流随创新生命周期的演进，形成持续创新流，推动整体创新能力稳步提升。在企业创新进程中，主流与新流创新推动企业历经"兴衰更替、共生成长、蓬勃蓄势、变革再起"，实现技术跃进与层次升级的不断持续（见图3-4）。

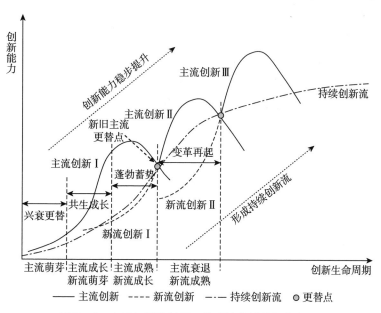

图 3-4 主流与新流创新二维理论模型的运行机理

（一） 主流与新流创新的演进阶段

1. 萌芽期——兴衰更替：没落技术隐退，新生技术兴起

主流创新生命周期的萌芽期，是在外部市场需求和企业技术发展合力作用下，新旧技术更新换代、新主流技术的应运诞生环节。此时，已进入衰退期的原有主流技术逐步接近自身技术发展极限，出现创新停滞。体现新时期技术发展趋势的新生强势技术涌现，引领新一轮的主流创新。企业紧密结合市场需求和技术发展新趋势，将主要资金、人力、设备投入当前的主流创新过程中，有意识地培育主导核心技术，促进主流产品及工艺的渐进性创新，提高主流产品质量，增加主流产品的销量，从而带来企业利润的增加。此时，新流创新产品或技术尚未形成，主流创新"一枝独秀"，整体创新能力水平较低，需要企业持续投入创新资源，保障主流创新顺利成长进入下一个阶段。

2. 成长期——共生成长：主流技术范式确立，新流创新伴生

主流创新生命周期的成长期，也是主流创新与新流创新的共生成长环节。经过萌芽期的积累，主流产品在市场上初步得到认可，主流技术范式基本确立，形成了主导企业技术创新、工艺创新的基本标准和模式，以此指导后续的渐进性创新。主流创新相关专利拥有数量明显增加，主流产品成本不断降低，质量稳步提高，主流产品的客户满意度和市场占有率显著提升，主流创新绩效凸显，创新能力迅速增强。与此同时，主流创新实践也衍生出与现阶段主流技术具有"直系"或"旁系"关系的新生技术。企业根据自身发展战略，瞄准潜力技术或者新生技术，开始进行新流产品或技术的研发投入，试图开发出相对现有主流创新更有优势的新技术或新产品。

3. 成熟期——蓬勃蓄势：主流体系形成，新流创新蓄势

主流创新生命周期的成熟期，也是主流创新的蓬勃发展环节，以及新流创新进一步储备能量、萌动下一轮技术更替的蓄势环节。进入主流创新的成熟期之后，在主流技术范式的指导下，由主流技术、衍生技术、辅助技术等构成的主流技术体系基本形成，并逐步健全。这一时期，主流专利拥有量保持平稳，主流产品成本降到最低水平，主流产品的客户满意度达到顶峰，主流市场份额基本饱和，主流创新绩效保持较高水平，主流创新呈现蓬勃发展态势。此时，企业将主流创新收益投入新流创新，促进了新流创新迅速成长。新流技术体系也逐步完善，培育出具有匹配、辅助功能的新流技术，形成初具规模的新流技术组合，为后续的创新突破和新一轮技术更替筹备蓄势。

4. 衰退期——变革再起：新流创新突破，技术轨道跃迁

这一环节，主流创新势头不再强劲，开始进入逐步没落的衰退期。此时，主流技术范式、技术体系的规范化、规模化程度仍在不断提高，主流创新趋于饱和，主流技术改进空间微乎其微，主流技术与产品的相关专利大大减少，主流产品市场需求也开始收缩，市场占有率逐步下降，主流创新效益大大降低，主流创新难以突破其极限，无法更好地满足市场需求和技术发展需要。与此同时，蓄势待发的新流技术或产品脱颖而出，在继承、吸纳现有主流创新生产线、操作管理人员、市场销售网络等要素的基础上，替代现有主流技术成为新的主流技术，形成新的主流技术轨道，实现技术轨道跃迁，引领企业步入新一轮的创新生命周期。

在创新生命周期的每个阶段，主流创新与新流创新呈现不同的组合状态：从兴衰更替到共生成长，再到蓬勃蓄势，最后到变革再起。这也正揭示了主流与新流创新交融共生、兴衰更替的动态演进规律。在一轮接一轮的创新生命周期演进过程中，新流替代原有主流成为新的主流，进而形成持续创新流，有效地跨越了创新生命周期的"峡谷"，从而突破创新困境。

（二）主流与新流创新的演进路径

主流与新流的转化过程呈现间断性跃迁或突破性替代，由此形成不同的主流与新流创新演进路径。

1. 连续性顺轨与间断性跨越相结合的演进路径

基于 Anderson 和 Tushman（1990）的技术演化观，一项不连续的技术经过技术之间的激烈竞争后产生主导设计，随后进入渐进变革阶段，直至一项新的不连续技术出现为止。在阶段性创新生命周期内，主流与新流创新各自遵循技术生命周期顺延的演进规律，演进历程是从技术萌芽到技术体系逐步形成，没有产生技术跃迁或技术替代现象，主导技术发展呈现连续性顺轨特征；当创新生命周期进入主流与新流创新交替区间时，主流与新流创新出现替代、交接现象，主导技术发展呈现间断性跨越特征。

2. 渐进性伴生与突破性替代相结合的演进路径

在主流与新流创新共生成长、蓬勃蓄势阶段，二者呈现共同成长的渐进性伴生状态。此时，主流创新与新流创新各自代表不同技术水平的创新活动：主流创新体现当前主流技术创新水平的创新活动，而新流创新往往承载着更高层次创新水平的创新活动。进入主流与新流创新的兴衰更替、变革再起环节，新流创新由"量变"到"质变"，超越、替代主流创新，二者呈现突破性替代形态，从而完成技术跃迁、创新升级，进入下一轮汇流创新循环。渐进性伴生与突破性替代相结合的汇流创新形态，展现了企业不同层次创新形态从渐变到升级的演进规律。

第三节　企业案例分析及主要发现

一　连续性顺轨与间断性跨越相结合的主流与新流创新演进——以福顺为例

福建福顺微电子有限公司（简称"福顺"）是一家由福建福日电子有限公司与台湾友顺科技股份有限公司合资成立的半导体集成电路及特种分立器件制造企业。该公司成立于 1996 年，专业从事集成电路芯片制造，主营业务是半导体集成电路和特种器件的设计、制造、销售。公司批量生产的产品有 30 多个系列 600 多个品种，产品广泛应用于家电、计算机、通信、汽车等领域，出口产品销往东南亚、日本、欧美等地。该公司以技术为先导，与国内外 IC 设计公司密切合作，不断开发新产品，致力于工艺技术、产品的创新，不断完善和扩展自己的产品系列，已成为福建省产品覆盖面最广、盈利性最好、最具成长性的高新技术企业。2016 年，公司实现营业收入 1.92 亿元，同比增长 7.26%。2017 年，福顺被列为福建省重点上市后备企业。其技术创新经历了三个阶段。

（一）双极工艺技术→CMOS 工艺技术的动态跃迁（1996～2002 年）

双极工艺技术主要以硅材料为衬底，在平面工艺基础上采用埋层工艺和隔离技术。1996 年 5 月福顺开始利用从美国引进的 4 英寸（合10.16 厘米）集成电路生产设备进行双极工艺技术的开发，以制造双极型三极管为起点开始生产，生产的主要是一些耐压高、输出功率大的集成电路产品，主要应用面为电源稳压、音频功率输出、马达驱动等。通过不断地引进设备、学习新的工艺技术，福顺形成了自己的主流技术——双极工艺技术，进入了第一轮创新生命周期。通过采用锑材料取代砷材料进行埋层，双极工艺核心技术不断完善，线宽水平从 5 微米提高到 3 微米、2 微米，布线工艺的材料从铝改进为铝硅合金，介质层工艺也趋于多样化。双极工艺技术体系逐步形成，并走向成长期、成熟期。在产能持续扩大的同时，福顺在原有双极主流工艺技术的基础上，开始培育更为领先的新流技术——CMOS 工艺技术。此时，双极主流工艺技术与 CMOS 新流工艺技术在各自的创新生命周期内顺轨发展，汇流创新呈线性特征。当双极主流工艺技术和产品出现颓势时，CMOS 新流工艺技术已完成积累，开始走向创新生命周期的成长期、成熟期。福顺在内部技术升级和外部市场需求的双重合力下，将技术创新重心转向了制造工艺相对简单、制造过程中成品率更高、产品性能更强的 CMOS 新流工艺技术，主流与新流技术开始了转轨，完成了技术发展的第一次间断性跨越。本阶段技术演进如表 3-1 所示。

表 3-1　双极工艺技术向 CMOS 工艺技术演进

主流技术	新流技术	主流技术范式	主流技术体系
双极工艺技术	CMOS工艺技术	双极工艺技术导向	介质层工艺：CVD、PVD、LPCVD 布线工艺：单层布线 布线材料：铝、铝硅合金 线宽水平：3 微米、2 微米

（二）CMOS 工艺技术→BiCMOS 工艺技术的动态跃迁（2003～2005 年）

技术转轨、跃迁使 CMOS 工艺技术成为福顺新一代的主流技术。福顺在 2003 年引进了新的 4 英寸生产线用于发展 1～2 微米级 CMOS 工艺技术，生产畅销的 MOS 型及 CMOS 型集成电路，CMOS 主流工艺技术范式开始确立，并规范、指导福顺的后续创新行为。福顺引进了光刻设备、投影式曝光机等关键设备，采用改变介质层结构及介质层填充材料的方法解决介质层漏电的瓶颈问题。CMOS 主流工艺技术的线宽水平经历了多次飞跃，从 2 微米到 1.5 微米，再到 1.2 微米，最后到 1.0 微米；开发出双层布线工艺；布线材料新增铝硅铜合金；研究出不同材料的介质膜，并能根据不同的产品灵活运用不同材料的介质膜，彻底将 PECVD 工艺融入生产制造中。CMOS 系列主流工艺技术体系基本形成。与此同时，经历了前期的技术知识沉淀，福顺开发出 BiCMOS 工艺技术，向高端产品研发推进。CMOS 主流工艺技术与 BiCMOS 新流工艺技术遵循各自的技术生命轨道，汇流创新呈连续性顺轨演进。当 CMOS 主流工艺技术迈向生命衰退期时，福顺顺应技术发展和市场经济发展趋势，开始向国际先进技术进军，走向高端产品创新。BiCMOS 工艺技术结合了 CMOS 电路低功耗和双极型电路高速及大功率的特点，成为企业新的战略选择。福顺在新旧主流技术的间断性跨越中实现了第二次技术跃迁，完成了从 CMOS 主流工艺技术向 BiCMOS 新主流工艺技术的升级。此阶段技术演进如表 3－2 所示。

表 3－2　CMOS 工艺技术向 BiCMOS 工艺技术演进

主流技术	新流技术	主流技术范式	主流技术体系
CMOS 工艺技术	BiCMOS 工艺技术	CMOS 工艺 技术导向	介质层工艺：PECVD、低温 PECVD 布线工艺：双层布线 布线材料：铝、铝硅合金、铝硅铜合金 线宽水平：1.5 微米、1.2 微米、1.0 微米

（三）BiCMOS 工艺技术→VDMOS 工艺技术的动态跃迁（2006 年以来）

2006 年，福顺投产了 6 英寸的生产线，并将 1996 年引进的 4 英寸生产线改造成 6 英寸生产线，成为我国最大的 6 英寸芯片生产基地。同时，福顺成立了技术中心，增强了企业技术开发和创新能力，加速了创新成果转化。福顺引进了国际先进的条形状（Striple）原胞单元设计技术，将此技术用于 BiCMOS 产品的设计之中，每一个原胞就是最小的 BiCMOS 结构单元；将最先进的 BiCMOS 制造工艺，如双扩散技术、新型埋层工艺技术、新型干刻工艺技术、新型薄膜工艺技术、薄层外延工艺技术等，用于 BiCMOS 电源控制电路 FSD61 系列产品的生产中。BiCMOS 主流技术范式确立，并规范、指导后续主流创新活动。福顺新增了 0.8 微米、0.6 微米、0.5 微米和 0.35 微米线宽水平的光刻设备及相关设备，提升了布线的最小线宽水平；开发了三层布线工艺及多层布线工艺；新增钛、氮化钛、钛钨合金布线材料，采用了薄层外延工艺和厚层外延工艺。BiCMOS 主流工艺技术迅速步入创新生命周期的成长期、成熟期。另外，福顺持续创新，开发出 VDMOS 新流工艺技术，生产电力电子器件 Power-MOS 管。VDMOS 即垂直双扩散金属－氧化物半导体场效应晶体管，属于国际先进的工艺技术，在功率集成电路及系统中得到广泛应用。此时，BiCMOS 主流工艺技术与 VDMOS 新流工艺技术连续性顺轨演进。随后，福顺开始涉足集成电路设计领域，设计并制造特种 IP 核，最小线宽水平降低到 0.35 微米以下，开发出高阻外延工艺技术。VDMOS 的快速发展，促使主流技术从 BiCMOS 技术轨道转入 VDMOS 技术轨道，福顺整体创新进程出现了第三次技术跃迁，实现了创新生命的绵延不绝和技术创新能力的持续提升。该阶段技术演进如表 3－3 所示。

表 3－3 BiCMOS 工艺技术向 VDMOS 工艺技术演进

主流技术	新流技术	主流技术范式	主流技术体系
BiCMOS 工艺技术	VDMOS 工艺技术	BiCMOS 工艺技术导向	条形状原胞单元设计技术 布线工艺：多层布线 布线材料：钛、氮化钛、钛钨合金 线宽水平：0.8 微米、0.6 微米、0.5 微米、0.35 微米

福顺系列集成电路制造工艺技术和产品的技术创新过程，是主流与新流创新演进下，企业创新生命绵延不绝、创新能力持续提升的体现（见图 3－5）。

二 渐进性伴生与突破性替代相结合的主流与新流创新演进——以金天梭为例

金天梭－鑫源机械有限公司（简称"金天梭"）是由惠安金天梭精密机械有限公司和泉州鑫源机械有限公司联合成立的中外合资企业，是国内针织机械领域技术实力较强的集研发、生产于一体的专业制造针织机械的科技型中小企业。企业发展方针聚焦在优化产品、革新技术等方面，以增强国产针织机械设备在国际上的竞争力为己任，俨然成为泉州高档针织大圆机的领跑者。该公司拥有十几项三角座、调线器、下马座等方面的国家专利，设有针织机械研发中心，从 2007 年起承接了多项国

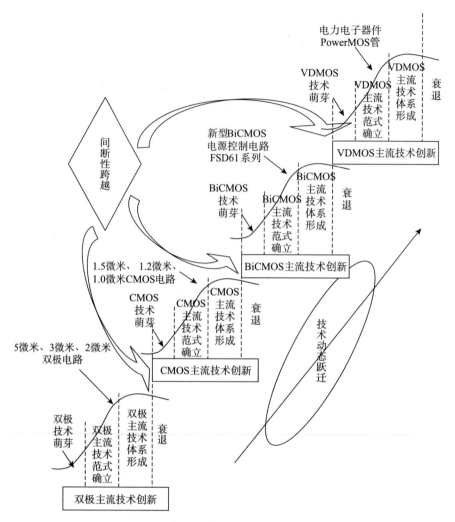

图 3 – 5　福顺汇流创新下的技术动态跃迁

家科技支撑计划重点项目，在高档针织大圆机系列产品上达到世界先进水平，且实现了核心部件 100% 自主研发。主要产品有双面电脑提花立式调线圆纬机，单面电脑 3 色、4 色、6 色自动变色针织机，电子选针无缝针织机等针织圆纬机系列。凭借高品质的产品、良好的品牌形象以及完善的售后服务，金天梭产品覆盖国内外市场，在南美、中东、东南亚都具有一定的影响力。2016 年，该公司实现营业收入 3000 万元；2017 年，入选为福建省高新技术企业；2018 年，当选为"中国纺织机械协会圆纬机行业分会"会长单位。其创新历程可以分为三个阶段。

（一）创业期（2003 年之前）："传统机型技术与功能机型技术"的"伴生—替代"创新演进

在创业期，金天梭在引进消化吸收台湾先进设备与技术的基础上，掌握并形成了金天梭的传统机型主流技术，形成了自己的一套产品系列。通过对市场多样化动向的把握，企业推出圆纬机、剖布机、卫衣机、毛巾机等基础产品系列，通过丰富的产品类型奠定未来发展的技术基础，初步形成了以数字纺纱工艺以及大型车床技术为核心的主流技术体系。同时，面对市场需求的个性化、多样化、精细化趋势，金天梭进一步拓展功能机型新流技术。这个时期，金天梭的主流与新流创新表征为始于渐进性伴生创新，止于突破性替代创新。

在金天梭主流技术创新下，针织机械的核心部件，如铸件、卷布机、沉降片、喂纱嘴、针筒等都实现了本地供应，真正实现了整机生产的国产化，形成了较为完备的主流技术体系，推动了主流创新的成长、成熟演进。这一阶段企业的主要方针是求稳发展，在保证产量以及销售收入的同时，针对市场要求进行再创新，功能机型新流技术也迎合了市场的需求，并受到良好的青睐。功能机型新流技术主要包含单面机技术和双面机技术等。主流与新流创新共生成长、蓬勃蓄势，呈现渐进性伴生创新形态；当传统机型主流创新进入衰退期时，功能机型新流创新则异军突起、晋级演进，企业创新生命周期进入变革再起环节，首次出现了突破性替代创新形态。功能机型技术成为新的主流技术，成为新一轮技术创新的主导力量。创业期主流与新流创新演进如表 3 - 4 所示。

表 3 - 4　创业期主流与新流创新演进

主流创新	新流创新	主流核心技术	主流技术体系
传统机型技术创新	功能机型技术创新	数字纺纱工艺；大型车床技术	铸件、卷布机、沉降片、喂纱嘴、针筒等核心部件技术实现了本土化；圆纬机、剖布机、卫衣机、毛巾机生产配套技术

（二）优化期（2003～2010 年）："功能机型技术与特种机型技术"的"伴生—替代"创新演进

这一阶段，金天梭顺应市场要求的发展节奏，在单面机和双面机两条技术轨道上实现了主流创新。单面机经历了 TS-U→TS-P→TSF 的升级过程，TSF 系列单面机提升了机器使用的稳定性、可靠性，并且保证了客户的高产量，设备各项性能已达到中高端水平，实现了通用化和高速化的主流创新；双面机创新强调精度化，TD-J/TL-J 双面罗纹针织机适应了更高端市场对布面精度的要求，通过调整工艺参数以及设备技术创新实现了精度的提升。在主流创新过程中，金天梭也在传动技术、编织工艺等方面有了较大突破，主流创新生命周期的成长期与成熟期实现了工艺创新与产品创新的完美融合。与此同时，整合化、机电一体化成为纺织设备的新潮趋势，促使金天梭开始研发特种机型新流技术，其核心是立式调线电脑提花选针变色技术，以实现调线系统的可视化和开放性自动调线。主流与新流技术伴生度过了汇流创新的共生成长、蓬勃蓄势阶段。当功能机型主流创新产品逐步定型、市场潜力降低时，汇流创新又一次进入变革再起阶段，出现第二次突破性替代，特种机型新流创新脱颖而出，替代功能机型主流创新，引领企业技术创新进入新的生命周期。优化期主流与新流创新演进如表 3-5 所示。

表 3-5   优化期主流与新流创新演进

主流创新	新流创新	主流核心技术	主流技术体系
功能机型技术创新	特种机型技术创新	单面机技术；双面机技术；编织工艺；传动技术	通过调整工艺参数以及设备技术创新实现精度的提升；TSF 系列单面机、TD-J/TL-J 双面机生产配套技术

（三）跨越期（2010 年以后）："特种机型技术与智能机型技术"的"伴生—替代"创新演进

这一时期，国内对中高端针织圆纬机的需求量增加，而当时只有国内外几个知名品牌拥有开发生产实力。但国际产品价格昂贵，维修及保养工时长、费用高，并且国内产品故障率偏高、稳定性差。面对这一市场状况，金天梭通过承担国家高新技术项目，投入大量的人力、物力、财力，基于立式调线电脑提花选针变色技术，顺利实现了 TSTL 单面电脑3 色、4 色、6 色自动变色针织机的主流创新。此后，金天梭又研发出双面电脑调线提花机，并在中盘底加固装置技术、控制凸轮润滑装置技术

方面取得了突破性进展，形成了一系列创新成果。特种机型主流技术体
系逐步形成，推动主流创新平稳度过成长期和成熟期；另外，随着信息化、
智能化时代的到来，金天梭在主流创新的同时，开始攻关新一代智能化针
织新流技术——电子无缝针织机工艺技术，力争成为行业内掌握新一代智
能化针织技术的领军企业。跨越期主流与新流创新演进如表3-6所示。

表3-6　跨越期主流与新流创新演进

主流创新	新流创新	主流核心技术	主流技术体系
特种机型技术创新	智能机型技术创新	立式调线电脑提花选针变色技术；中盘底加固装置技术；控制凸轮润滑装置技术	调线系统的可视化、开放性自动调线、中心调整机构技术优化；电脑自动变色单面机、双面电脑调线提花机生产配套技术

金天梭的汇流创新呈现主流与新流创新渐进性伴生创新形态，未来，
智能机型新流技术又将引发新一轮突破性替代创新，实现金天梭整体创
新进程的又一次飞跃（见图3-6）。

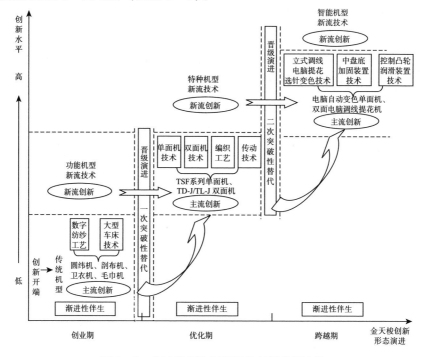

图3-6　金天梭汇流创新下的创新升级演进

三　管理启示

（一）在强化主流创新的同时，企业应积极哺育、催生新流创新

随着市场竞争的加剧，环境日益动荡，单一的主流创新无法支持企业获得长久的创新收益。在每个创新生命周期内，当主流技术范式初步确立时，企业应顺应未来技术趋势及市场潜在需求，探索发展新流技术，以支撑企业未来的业务发展。例如，福顺在双极工艺技术快速发展的同时，积极培育 CMOS 工艺技术；金天梭在传统机型技术稳步发展时，又开始布局功能机型技术以寻求突破。在主流与新流创新演进路径上，可以遵循连续性顺轨与间断性跨越相结合，或渐进性伴生与突破性替代相结合的方式，这两种路径都展现出创新生命周期从萌芽期到衰退期和创新水平从低到高的特征，如福顺的双极工艺—CMOS—BiCMOS—VDMOS，以及金天梭的创业期—优化期—跨越期。

（二）主流与新流创新的周期性更替促进企业实现创新升级

一轮接一轮周期性的技术开发、成长、储备、跨越，使福顺始终处于行业技术创新的领先行列。当前，其主流技术轨道从 BiCMOS 跨越到 VDMOS。未来，在 VDMOS 技术创新进入衰退期时，不断寻求技术突破和持续创新的福顺还将继续涌现新一轮新流技术，完成新一轮技术跃迁。正是这种主流与新流创新的循环更替演进，为福顺在同行中立于不败之地、实现整体创新生命的绵延不绝和技术能力的动态跃进提供了有力保障。金天梭的技术跃迁和创新层次升级，是企业主流与新流创新演进中渐进性伴生与突破性替代交替呈现、合力推动的结果，是企业走出低水平技术引进，实现自主创新的成功实践。

（三）塑造持续的创新流，助力企业突破创新困境

主流创新和新流创新是推动企业核心技术动态成长，从萌芽、发展到突破技术极限实现技术跃进的引擎，是带动市场价值创造和创新层次升级的内在动力。在主流与新流交织共生发展、形成持续创新流的演进过程中，福顺实现了创新生命的绵延不绝和创新能力的持续提升。金天梭在一轮又一轮的突破性替代创新中，实现整体创新进程的不断飞跃。因此，企业应该强化主流，孵化新流，促进主流与新流创新的顺利转化，

缩短创新"间歇"，形成持续的创新流，跨越创新"峡谷"，从而突破创新困境。

本章小结

　　本章构建了主流与新流创新的二维理论模型，从动态视角分析创新流中的主流与新流创新的演进过程，研究主流与新流创新的互动规律，探析主流与新流创新周期性更替过程中的共生演化特点，提炼出连续性顺轨与间断性跨越相结合、渐进性伴生与突破性替代相结合的演进路径。同时，开展案例分析，总结和提炼中国企业主流与新流创新演进的规律、路径及启示。主流与新流创新的周期性更替能够推进企业创新升级，形成持续的创新流，实现持续创新，从而突破创新困境。

第四章　企业主流与新流创新演进的
冲突与协同分析

　　为了在激烈的市场竞争中获得永续发展，企业创新一方面要进行主流创新，延续并改善已有技术应用与商业模式，以保证当前稳定的业务收益；另一方面要适应外部的动态环境，进行新流创新，不断探索新技术、开拓新市场，以满足未来的需求。但是，当主流和新流不同的需求产生冲突时，如何在主流中管理新流成为新的难题。Kanter（1989）指出主流创新和新流创新存在文化冲突。她认为要解决这种冲突，主流与新流不同的需求须被认可且自治管理，并强调新流的成果对主流的价值。主流组织与新流组织应采取二元评价体系：主流评价体系强调员工的灵活性、合作性、团队精神，新流评价体系强调冒险、创新和创业结果。为解决主流与新流创新在管理中的冲突，Lawson 和 Samson（2001）探讨了主流和新流的相互作用。通过对思科公司开展案例研究，他们提出需要将主流的效率与新流的创造性结合起来平衡发展，才能有效培育企业的创新能力。O'Reilly 和 Tushman（2011）认为组织长期发展的根本在于既支持主流创新又支持新流创新，关键是要实现二者的平衡发展。Bot（2012）研究了主流与新流的平衡，提出串行平衡和并行平衡方法。他认为，在稳定的行业环境中，可采取串行平衡方法，即分别按顺序开展主流或新流；在动荡的行业环境下，应采用并行平衡方法，即主流与新流同时开展，并相互加强。Sherif 等（2013）提出平衡主流与新流组织架构的四要素：在主流开发部门中嵌入新流探索性自治单位；整合主流与新流活动的角色设置；开发支持主流与新流相互作用的技术方案；建立促进主流与新流合作的奖励机制。Bauer 和 Leker（2013）认为如果主流与新流冲突过大可能导致大量的人力、物力及财力的浪费。主流与新流之间要相互交流，主流为新流提供资金及资源支持，而新流将产生的新技术转化融入主流体系。Benner 和 Tushman（2015）认为创新来源于主流与新流能力的相互作用，新流能力能够识别客户并为客户创造新价值，而主流能力能够保证业务流程的效率和效果，是新流能力创意产生的主要源头。主流和新流活动需要以一种整合的方式来管理，以此获得持续性创新产出。同时，他们通过欧洲直升机公司的案例研究，探讨了整合主流与新流活动的主要思路：实施流程创新、坚持客户导向和构建战略网络。

学者们普遍认识到促进主流与新流平衡的重要性。O'Reilly 和 Tushman（2011）提出构建二元组织结构来平衡主流与新流创新，但对主流与新流创新的平衡机理与路径缺乏系统性理论探索，未能有效破解上述创新冲突问题。第三章所构建的二维理论模型刻画了主流与新流创新随创新生命周期的动态演进过程及转化，主要探讨如何形成持续创新流的问题，尚未关注到不同创新生命周期主流与新流的冲突问题。主流与新流的冲突贯穿于创新生命周期的全过程，因此，对冲突问题的分析亦可纳入创新生命周期框架内。同时，本书认为，创新系统是一个复杂系统，主流创新系统与新流创新系统独立发展会使它们为争夺企业创新资源相互竞争，出现不协同现象。为了减少不必要的内耗，应该通过协同效应，促进二者相互协同发展以达到系统的最佳协同效应，实现整体创新绩效的最优化。根据系统协同学观点，协同是一种放大效应，是系统内部诸多子系统间及要素间相互协调、相互合作、共同促进，最终形成统一整体的过程（哈肯，1989，2001）。孟庆松和韩文秀（1998）提出，系统内部要素间或子系统间相互配合、相互关联的协同作用是系统由无序走向有序的关键，它左右着系统相变的规律和特征，对这种协同作用的度量称为协同度。协同度描述了内部要素或子系统在发展演化过程中彼此协调一致的程度。本书认为主流与新流创新之间的协同指的是主流与新流创新共同成长，促使主流产出与新流产出共同提升的状态，协同效应表现为二者之间通过相互协作达到整体的有效发展，并将主流与新流创新的协同度界定为主流创新系统与新流创新系统之间协作和配合的程度，可通过主流创新与新流创新投入及绩效之间的关系来反映。由此，在原有的二维理论模型之上，增加"创新协同度"这一维度，将其扩展为三维理论模型，阐释主流与新流创新周期性演进中的冲突与协同过程，并辅以企业案例研究，力图厘清如下问题。

第一，在不同创新生命周期阶段，主流与新流创新的冲突表现在哪些方面？

第二，在创新演进中，主流与新流创新的协同度呈现什么样的变化趋势？

第三，应如何有效促进主流与新流创新的协同发展，最终形成汇流创新？

第一节　企业主流与新流创新演进的冲突分析

一　主流与新流创新冲突的机理

（一）主流与新流创新冲突的原因

在创新过程中，企业面临的是部分适应的环境，企业原有能力依然同外部环境保持一致，核心业务及主流核心能力依然为企业创造主要收入，而新流创新是一种着眼于企业未来利益的创新形式。因此，新流创新活动与主流创新活动在并行开发的同时，不可避免地存在冲突。主流创新与新流创新不同的特征、性质决定了二者的发展存在竞争与冲突。

1. 主流创新的稳定性与新流创新的颠覆性

主流创新的稳定性与新流创新的颠覆性决定了二者之间存在确定性与风险性的本质冲突，对于组织的长期适应而言，主流创新和新流创新都是必需的，但它们在本质上是不相容的。随着变化的加速和竞争的激烈，企业越来越面临开发主流能力与探索新流能力之间的持续张力。组织既要寻求稳定性以确保当前利润，又要寻求灵活性以保证能迅速适应环境的变化。主流创新保证了企业的稳定性，不确定性较低；新流创新具有较大的颠覆性。每一轮技术创新都是从一项技术的突破性创新开始的。开始时，新流创新技术范式的颠覆性是与新流创新的突破性及破坏性结合在一起的；主导技术范式及主导设计出现后，渐进性的产品创新占据主流地位；随着主导技术范式及主导设计的不断完善，企业着重从事主流渐进性创新以降低成本，提升质量，此时的创新风险较低，具有稳定性。

（1）主流创新的稳定性

主流创新是按照企业现有的技术标准，沿着原有的技术轨道所进行的顺轨型创新或衍生型创新。在主流创新模式下，一项技术改进对现有主流技术只是技术拓展或者技术互补，没有打破原有的技术范式和技术路径，是对现有工艺、产品或服务进行的调整、改良和改进，主导技术没有发生根本性的变化。它是一种对既有的知识、技能、设计、产品和服务的挖掘、改进和提高，随着经验的积累，企业产生的累积效应使主流创新活动的规模和效率大大提高，可以为企业带来稳定并且能够在较短的时间内体现出来的回报，风险性相对较低，表现出稳定性。

（2）新流创新的颠覆性

新流创新是对新事物、新思想的发现和尝试，能够另辟蹊径，为企业带来新的盈利和发展机会，虽然其回报具有较高的风险性，进程具有长期性，实现较慢，但它着眼于未来，一旦获得成功，将为企业带来较高的回报和收益。因而新流创新具有极大的颠覆性，是在"黑暗"中获取不连续的创新思想，管理不连续的创新项目，解决商业模式中的不确定性问题，进行不连续的市场创新，弥补资源匮乏的缺陷。加速不连续创新项目向运作部门转化，是对个人积极性的调动。新流创新的颠覆性使得新流能力开发表现出技术轨道的突破性，创新过程的高风险性，市场、资源和组织的不确定性等特点。

首先是技术轨道的突破性。新流创新建立在一整套不同的科学原理之上，对于这类创新，已有的技术标准不可能支持它，新的技术标准又没有建立，新的技术范式也没有确定，必须对原有技术轨道进行突破，从而开辟新的发展方向，不仅仅是改良现有技术，更是对现有主导技术的一种替代，甚至跨越。技术跨越表现在企业的主流核心技术轨道出现拐点，或者出现新的核心技术，标志着全新产品、技术或服务的出现。因而新流创新技术轨道具有很大的突破性。

其次是创新过程的高风险性。新流创新具有创造性破坏的特点，是一种全新技术范式的引入，具有极大的风险性。新流创新从机会识别到市场试验再到商业化应用的过程中存在高度不确定性。在这一创新过程中，存在多种产品、技术或市场的概念，最终哪一种概念能够发展成为新流主导设计，企业应该针对新流采取怎样的战略行为等都是不确定的。根据技术演进规律的混沌理论，新技术在萌芽阶段会产生多种技术范式，并且企业也很难确定哪种技术范式会成为未来的主导技术范式，从而为企业带来未来利润，因此，企业专注于新流创新具有很大的风险性。

最后是市场、资源和组织的不确定性。第一，市场的不确定性与消费者的需求相关，新流创新面向的是新的消费者，或者是主流消费者的潜在需求，而此类消费者的需求具有很大的不确定性。第二，资源的不确定性表现为新流创新产出及效益的难以预测性导致新流创新项目经常会因资源投入的不足而中断，影响项目投资、职工安置和管理。第三，组织的不确定性主要来自主流组织与新流创新团队的冲突，二者不仅在资源配置方面存在冲突，还在创新流程、价值观等方面存在冲突。另外，时间、成本及最终产出的不确定性使得对新流创新的管理完全不同于对主流创新的管理。对主流创新行之有效的方法可能不适用于新流创新，必须对新流创新采取不同的管理方法。

可见，主流创新所进行的是稳定性的创新活动，而新流创新面对的是颠覆性的创新活动，二者本质的不同必然导致它们步调的不一致进而产生冲突。

2. 主流创新与新流创新的目标冲突

主流创新与新流创新具有各自的目标，主流创新的目标是使主流产品的收入最大化，保证主流组织及主流生产线的高效运作，以保持企业的稳定性；新流创新的目标是实现新流组织的效益最大化，以维持企业的创新性。

主流创新是在已有技术标准的基础上，朝着满足主流顾客需求的方向进行渐进性及维持性的技术或产品的优化与改进，并以此为目的不断地推进技术创新活动，是简单的线性模式的创新活动。但不管产品性能改进有多大，都是沿着既定的原有产品性能进行提升，通过不断提升业务效率来实现，以向主流客户提供质量更好、性能更优、价格更低的产品为目的，其市场化相对简单，加大市场营销的力度即可，能够保证企业最基本的运营，从而为企业带来持续的竞争收益。

新流创新通过探索新的业务活动，在技术发展上"另辟蹊径"，是面向新的顾客群体且具有很大未知性的创新活动。向新的客户或市场提供新产品、新技术，建立新技术或能力的发展路径，以此来保持企业的创造性，面对的是一个新的甚至不存在的市场，目标是使创新成果能成为新的主导设计，从而使新的顾客认可接受，提升企业的持续创新能力，保持其竞争优势。

总之，主流创新的目标是通过完善现有价值网络来稳定企业的发展，保持企业的创新收益；而新流创新的目标是关注企业的潜在发展和长远发展，保持企业的创造性。二者目标的不一致必然导致分歧，分歧发展到一定程度时就会导致冲突。

3. 主流创新与新流创新的异质性

主体之间异质性越高，存在的冲突越强烈，需要控制协调的地方就越多。主流与新流创新是本质不同的一对逻辑术语，二者在许多方面具有异质性，主要表现在主流创新的静态效率与新流创新的动态效率以及主流创新的利用式学习模式与新流创新的探索式学习模式方面。

（1）主流创新的静态效率与新流创新的动态效率

Ghemawat 和 Costa（1993）区分了静态效率和动态效率，静态效率是对现有生产、流程或能力的改进，最有效地利用现有资源，即在固定生产函数下，给定投入的最优资源配置，意在对固定的生产功能进行持续改进与提高；而动态效率是指对新能力的开发，即为进一步提升与创造利润而改变此生产函数，强调从一个生产功能向另一个更加盈利的功能进行间断性转换，并提出二者之间存在冲突。他们认为，企业应该在静态效率和动态效率之间进行权衡。然而，企业往往难以在二者之间进行平衡从而容易走上单纯追求效率或追求探索的极端形式。一方面，静态效率体现为在既定约束条件下，企业持续不断改进产品工艺、生产流程的持续性开发活动；另一方面，动态效率体现为企业重新考虑初始条件，在新的主导设计指引下开发新产品、新能力等。由于路径选择的机会成本和沉没成本的存在，在各种不同的复杂资源组合以及惯性倾向的影响下，企业难以在两种效率导向之间进行选择。长期和短期效率不协调导致主流与新流活动之间的冲突、自发型与诱致型战略过程之间的冲突、杠杆与延伸效应之间的冲突。

Burgelman（1991）提出了战略制定内部均衡模型，区分了两类战略过程，即自发型战略过程与诱致型战略过程。其中，自发型战略过程旨在减少变异，即在原有技术范式指导下，沿着既定的技术轨道制定创新战略；而诱致型战略过程旨在增加变异，即在原技术轨道基础上的提升和跨越，是非连续性的变异过程。Hamel 和 Prahalad（1993）认为，大多数"战略匹配"是静态的，聚焦于对已有资源的利用和对机会的把握。企业在不同业务单元间配置现有资源的同时，与其他企业合作优化资源配置或增加资源，进而把资源配置到最能为企业带来创新效益的地方，这是企业创造持续竞争力和竞争优势的关键所在。然而，企业也需要扩展，有目标地创造与环境的不协调性，从而增大探索性创新动力。因此，存在杠杆与延伸效应的冲突。这些都是由主流创新与新流创新的异质性所致。

（2）主流创新的利用式学习与新流创新的探索式学习模式

主流创新与新流创新分别对应两种学习模式，即利用式学习和探索式学习。March（1991）认为，利用式学习是指可以用"提炼、筛选、生产、效率、选择、实施、执行"等术语来描述的学习行为，而探索式学习是指可以用"探索、变化、承担风险、尝试、应变、发现、创新"等术语来描述的学习行为，并分别将这两个概念提炼成"利用和开发已有的知识"和"追求新的知识"。学者们一般认为探索式学习是搜寻和获取新知识的一种学习活动，一种对新的知识路径和方法的寻求。关于主流创新所对应的利用式学习是否给组织带来知识增长，Benner 和 Tushman（2003）、He 和 Wong（2004）认为利用式学习能带来知识的增长，在主流创新与新流创新的过程中，利用式学习与探索式学习都要通过学习活动改进和获取新知识，只是利用式学习沿着与先前相似的知识路径、技术轨迹或进入原有的业务领域，而探索式学习改变了原来的知识基础，进入新的知识路径、技术轨迹或业务领域。这也正是主流创新与新流创新的异质性所在。

（二）主流与新流创新冲突的过程与特点

1. 主流与新流创新冲突的过程

主流创新与新流创新之间的相互作用有三种基本的形式。首先，如果按照企业既定的规章制度进行按部就班的创新，企业的新流创新会被抑制，主流创新会处于稳定状态。这时整个组织的创新处于稳定区域，主流创新的显性模式占据主导。其次，当新流创新开始不断地对抗主流创新，企图颠覆主流创新系统，而主流创新系统又能维持其发展地位和发展态势时，组织就处于模棱两可的矛盾状态：一方面，主流创新为了完成当前的创新任务而保持其显性模式；另一方面，新流创新的隐性模式开始凸显，新流创新系统不断形成潜在的创新，并努力颠覆主流创新的显性模式，导致组织焦虑水平提升，不稳定性增大，进而使组织处于混沌边缘。最后，在两个系统的对立斗争中，潜在创新存在于隐性模式中，当潜在创新不断增加，主流创新系统与新流创新系统的斗争逐渐激烈，使焦虑水平不断提升，当达到临界值时，新流创新的隐性模式会取代主流创新的显性模式，潜在创新的不断涌现最终引起主流创新的衰退和新流创新的跨越，新流创新会成为新一轮的主流创新，新的主流创新控制了焦虑，组织运行到更高级的稳定区域。主流创新与新流创新的冲突强度呈现循环往复地从小变大，继而因协同而减弱，然后强度增大，致使创新能力呈现螺旋式上升趋势。主流创新与新流创新的相互作用也是核心刚性进化及组织持续发展的动力机制（见图 4 - 1）。

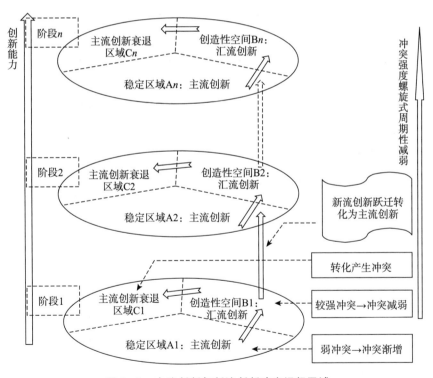

图 4 - 1　主流创新与新流创新冲突运行区域

2. 主流与新流创新冲突的特点

企业主流与新流创新之间的冲突和协同是其持续成长的原动力，具有持久性、强度递减性、动态性等特点。随着创新能力的提升，主流与新流创新从低级阶段发展到高级阶段，二者之间的冲突强度也由低级阶段的高冲突状态进化到高级阶段的低冲突状态，但无法达到无冲突状态，只要主流创新与新流创新同时存在，就不可避免地产生资源、组织惯例、价值观等方面的冲突。

（1）主流与新流创新冲突的持久性

主流创新与新流创新不断演变过程的每个周期都伴随当前阶段主流创新与新流创新的冲突，二者之间的冲突具有持久性，冲突伴随创新生命周期的发展而变化。从创新的低级阶段——阶段 1 到创新的高级阶段——阶段 n，都将伴随主流创新与新流创新的冲突。主流与新流创新之间的冲突和协同是企业持续成长的原动力，两种本质不同的创新之间冲突的存在有其必然性和持久性。

主流创新和新流创新的异质性等特点决定了它们共存时必然存在冲突，当二者处于阶段 1 时，企业处于力求平稳发展的初创期，此时的主流创新处于稳定区域，当新流创新开始萌芽时，二者的冲突随之产生，并脱离稳定区域 A1，主流与新流并行迅速发展，在创造性空间形成汇流创新（朱斌、吴佳音，2011），而后主流创新衰退、新流创新跃迁替代主流创新。在主流与新流创新共同演化的过程中，冲突是持久存在的，是无条件的。当新流创新转化为新的主流创新，二者运行在阶段 2 时，新一轮的冲突也随之走过稳定区域 A2、创造性空间 B2、主流创新衰退区域 C2。最后，随着企业的发展壮大，企业进入迅速成长甚至成熟的阶段，主流创新与新流创新不断演化与替代，进入高级阶段——阶段 n，二者之间的冲突强度在高层管理的指导下逐渐变弱，但是不会消失。

（2）主流与新流创新冲突的强度递减性

主流与新流创新冲突的强度递减性是指主流创新与新流创新之间的冲突在初始阶段 1 较强，随着企业的发展壮大，企业核心竞争力和市场地位优势的加强，主流创新与新流创新之间的协同效果越来越好，二者之间的冲突会逐渐减弱，但是不会消失，相反，一定程度的冲突会有助于主流创新与新流创新的共同前进和共生成长。企业是在不断成长的，企业的各项管理职能、创新能力都在不断提升，企业成长的实质是创新性发展和核心能力的不断构建与提升，其核心就是获取并保持持续的竞争优势。当企业从初创期的低级阶段 1 不断发展为成熟期的高级阶段 n

时，整体来看，主流创新与新流创新的冲突性越来越弱，协同度越来越高，二者更加配合，更能够协同创新。

在阶段 1 时，企业资金等创新养分不足，资源配置能力较弱，面对主流创新与新流创新对资源的需求，难以合理地在二者之间进行优化配置，致使主流创新与新流创新之间的冲突强度较大。随着企业的逐渐成长，创新能力不断提升，创新资源较为丰富，当主流创新与新流创新面临资源争夺问题时，管理者能够较为合理地配置资源，从而使得二者之间的冲突强度整体上弱于阶段 1。当企业在主流创新与新流创新不断演化的促进作用下发展成熟时，企业的管理水平、创新水平达到较高的状态，有足够的资源和资金支持主流创新活动与新流创新的探索活动，二者之间虽然仍有冲突的存在，但能够和谐地发展，互为补充、相互促进。

（3）主流与新流创新冲突的动态性

主流与新流创新在某一特定周期内并非处于同一冲突水平，冲突强度的大小随着主流创新与新流创新在生命周期的不同阶段而有所不同（见图 4 - 2）。

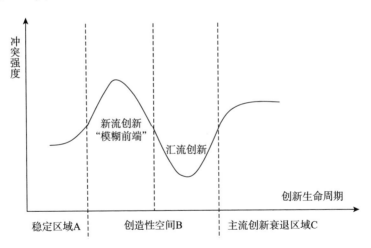

图 4 - 2　主流创新与新流创新冲突动态

当主流创新与新流创新运行在稳定区域 A 的前端，即新流创新刚萌芽而主流创新较稳定发展时，二者之间处于低冲突状态，此时主流创新的势力强大，新流创新的势力弱小，难以与主流创新形成强大的冲突。

当二者处于稳定区域 A 的后端、创造性空间 B 的前端时，新流创新的势力开始强大，此时主流创新仍需要资源来优化主流产品、提高效率、制订生产计划并实施，新流创新则处于"模糊前端"。"模糊前端"是新流创新的市场试验阶段，是创建新的商业体系、模式最后实现商业化的前提，在此过程中，各种错误频繁发生，但新流价值观对错误的容忍度极高，种种试验及探索的错误仅被当作成功前的障碍与挑战。处于"模糊前端"的新流创新需要大量的资源进行探索、开发、试验，因而与主流创新的冲突强度相对较高。

汇流创新是主流创新与新流创新处于萌芽之后、转化之前的快速并行发展时期，此时已经经历了前期主流与新流的磨合过程，创新呈现渐进性伴生与突破性替代相结合的形态（朱斌、吴佳音，2011）。当主流与新流创新经历前两阶段的发展，达到创造性空间 B 后端的汇流创新阶段时，冲突强度会有明显的下降。此时的主流创新与新流创新均快速发展，且二者之间相互促进，是冲突最小而协同效果最明显的区域。

当主流创新进入衰退阶段时，二者之间的冲突强度再次升高，企业高层管理者面临是否实施新流创新以对主流创新取代的问题，主流创新与新流创新存在地位的争夺。

（三）不同视角下主流与新流创新的冲突分析

主流创新与新流创新不同的性质、特点决定了二者之间在许多方面表现出不相容或存在激烈竞争。Kanter（1989）提到主流创新与新流创新的冲突问题，在组织理论的研究中，主流创新来自单环的学习活动，而新流创新来自双环的创新活动；主流创新是就近搜索行为的结果，而新流创新是远程搜索行为的结果。March（1991）从组织学习的视角对组织内新流创新力量与主流创新力量之间的冲突关系进行了深入分析，并指出如何保持主流与新流之间的平衡是组织系统生存和昌盛的重要问题："专注于探索而不顾开发的组织很可能承担试验成本而不能获得试验的收益，因为用有限的独特能力去开发太多的创意；相反，专注于开发而舍弃探索的企业很可能陷入次优的稳定平衡状态。"

主流创新与新流创新两种力量的冲突主要表现在三个方面：第一，资源配置方面，两种力量存在争夺企业稀缺资源的问题；第二，组织惯例方面，两种力量依托不同的组织惯例和创新价值网络；第三，价值观方面，新流创新追求变化、搜索、试验、风险承担，需要较柔性的环境，而主流创新要求改善、生产、实施、执行等活动，需要较有序、稳定的环境。两者之间的冲突可能导致企业陷入加速主流创新或加速新流创新的单一状态。

1. 资源配置视角

必要的资源是任何创新活动顺利实施的基础和保证，创新方式的选择也必然是在一定资源条件下进行的。主流和新流创新对组织的有限资源会相互竞争，形成互斥关系。这就意味着主流创新与新流创新如果共存于同一企业中，必将共同分享组织内有限的资源，造成两者之间的关系难以协调，即产生资源冲突。二者之间的资源冲突存在如下特点。

（1）主流与新流创新冲突的根本原因——资源稀缺性

资源包括设备、技术、信息、产品设计、品牌、现金、人员以及与供应商、销售商和客户的关系，它们可以被雇佣和解雇、买和卖、计提折旧或创造。多数资源是有形的，并且通常可以计量，因此管理者可以非常容易地评估它们的价值。企业中的资源不是无限的，相对于企业发展的需求来说，其内部资源包括人力、物力和财力等有形资源，以及时间和精力等无形资源，在一定时期内是一定的、有限的，总是表现出相对的稀缺性，主流创新与新流创新在发展演化过程中都需要人力、物力和财力等资源的投入和支持，必将分享组织内有限的资源，形成对有限资源的竞争。因此，组织需要不断地在主流创新与新流创新之间进行权衡，总是面临把资源在主流创新与新流创新之间进行分配的两难选择。

（2）主流与新流创新冲突的本质原因——资源配置不合理

由于资源的稀缺性，因而要求企业对有限的、相对稀缺的资源进行合理配置，以便以最少的资源耗费，生产出最多的商品，获取最佳效益。对于创新资源来说，合理地在主流与新流创新之间进行分配是很有必要的。如果在主流创新中的投入过多，一方面会使得主流产品更加的完善，但当主流产品步入衰退期时会造成资源的浪费；另一方面对主流创新的大量投入会造成新流创新投入不足，从而将新流创新扼杀在萌芽中难以成长壮大，当主流创新衰退时无法形成持续的创新流，最终使得企业无法实现可持续创新，由此降低企业的核心竞争力，削弱其竞争优势。如果在新流创新中的投入过多，会造成主流创新资金供应不足，企业把大量的资源投入具有很大不确定性的新流创新中，具有稳定性特点的主流创新得不到一定的资源保障，就无法进一步开拓市场、降低产品成本、提高产品质量，从而很快在市场上失去竞争优势，面临退出市场的危险。而具有很大不确定性的新流创新也无法确保能够取得创新的成功，这样就很容易使企业陷入"创新失败"的困境。

新加坡 IPC（Integrated Processors and Communication）国际集团创办于 1976 年，其电信业务与计算机业务的运营是主流创新与新流创新资源配置冲突问题的代表。1997 年，IPC 国际集团拥有电信和计算机两大业务，电信的利润占到 60% ~ 80%，曾经 IPC 想在计算机世界占有一席之地，但后来把大量的精力投入电信业务中，导致计算机业务的衰退，其主要原因就是主流计算机创新与新流电信创新之间产生的资源配置冲突问题未能得到合理的解决。1997 ~ 1999 年，IPC 基本停止了在国外的计算机销售业务，计算机市场份额不足 1%，最终退出 PC 市场，导致 IPC 贬值共计 2.5 亿新加坡元，基本掏空了 IPC 的资产（库林特·辛格等，2012）。所幸 IPC 随后专注于三项新流业务，即精简网络客户机、电信和服务，最终实现了扭转。可见，如果主流创新活动与新流创新活动之间的冲突不能得到有效的解决，会给企业带来巨大的损失。

2. 组织惯例视角

从组织惯例来看，主流创新与新流创新存在冲突，即组织惯例冲突。主流创新与新流创新除了在资源方面形成竞争外，还需要不同的组织惯例和心智模式与之相匹配。由于主流与新流所需要的组织惯例和心智模式具有很大的不同，这使得同时寻求主流创新与新流创新变得非常困难。

（1）主流组织惯例的刚性对新流创新具有排斥性

主流创新在不断取得短期成功的过程中，逐渐积累基于现有主流业务的经验、知识和理念，即主流组织惯例，并与现有主流顾客、供应商、投资者构成主流价值网络，随着主流创新的不断发展，主流技术及产品进入成熟期，主流组织惯例得到加强。基于成功经验的主流组织惯例成为企业主流创新能力的构件，由组织惯例引导的主流创新行为能够保障主流创新的效率。基于核心业务的主流创新得益于已经确立的主流组织惯例，然而其形成的核心刚性不利于新流创新的开展和新流组织惯例的形成（陈传明，2002），即主流组织惯例不适应新流创新的开展，甚至阻碍新流创新。因此，基于新市场或新能力的新流探索活动常常被主流组织惯例所排斥。

（2）新流组织惯例的形成对主流创新具有破坏性

新流创新要想发展，必须打破主流创新的组织惯例和主流价值网络，重构适合新流创新发展趋势的新惯例和新的价值网络体系。新流创新是新流客户导向的，需要的是由新流客户、新流流程、新流渠道及市场、新流资金链等构成的新流价值网络和新的技术范式、技术标准、组织形式等新流组织惯例。这就必然造成新流组织惯例与主流组织惯例的冲突，克服主流组织惯例是企业孕育创意并实现新流创新成功的关键任务。新流创新战略决策既不是企业管理者深思熟虑所进行的理性规划，也不是高层的战略远见，而是多重要素动态演进的结果，外部存在的机会能否被企业成功识别取决于企业的创新能力，以及企业对发展新惯例、提高企业创新潜能的驱动力。主流组织惯例所指导的深思熟虑的理性规划对于新流创新的开展是无效的。

企业进行新流创新面临的挑战不仅仅是从一种能力构架转向另一种能力构架，更是同时进行多种具有不同组织惯例、流程、价值网络的冲突性的创新活动，这也是企业开展创新活动的复杂性所在。面对主流创新与新流创新的惯例冲突，在目前企业经营环境日益不确定的情况下，企业高层应该善于超越主流思维模式，始终对外部机会保持敏感。

新加坡名表销售商时计钟表（The Hour Glass，THG）的主流领域为与手表相关的核心业务，20 世纪 90 年代，THG 开始进军比萨行业。休闲时尚行业对组织柔性的要求较高，而餐饮业对成本控制的要求非常严格，两者需要的管理思维和组织架构截然不同。主流钟表业务的管理团队对新流比萨业务的开展未能达到预期的目标。1995 年，比萨业务销售额为 801 万元，亏损 177 万元。THG 最终将 5 家比萨餐厅出售给了 Connor Pizza，截至 1996 年底，THG 在出售比萨业务中损失了 268 万元（库林特·辛格等，2012）。由此可见，THG 主流手表创新与新流餐饮创新产生了组织惯例冲突，新流创新活动的开展会受到主流组织惯例的制约，因而不可避免地产生冲突。

3. 价值观视角

企业价值观包括内核层的精神文化、次内核层的制度文化和外围层的物质文化（见图 4 - 3），对于企业能否进行一项创新给出了清楚的界限和明确的定义。Christensen（1997）指出，企业的价值观是指企业对某种创新的经济价值的理解。它是企业能力的一个重要因素，一个组织的价值观是员工据以做出优先选择的标准——据此判断新产品、新技术的想法是否具有吸引力，某一客户相对其他客户是否重要，等等。随着时间的积累，企业的价值观会发展得与其成本结构相一致。主流创新需要的是组织承诺、集中生产、思维内聚；新流创新需要的是不断思考、创意宽泛、思维发散。寻求主流创新的组织需要较大的规模，内敛、强势的文化；而寻求新流创新的组织需要较小的规模，更松散、宽松的文化。主流创新与新流创新具有截然不同的价值观，企业若要维持生存，必须考虑能给企业带来最大利益的创新，即具有刚性价值观的主流创新；若要保持持续竞争力，必须同时考虑具有柔性价值观的新流创新。

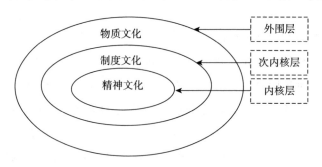

图 4 – 3　企业价值观层次示意

主流与新流的价值观在面对相同的客观环境变化时，由于不同价值观所认知环境的差异，二者对同一客观环境具有不同的认知和反应，需要企业同时具有两种思维模式，具备专注和柔性的能力。

（1）主流价值观——"自我稳定"的价值模式

主流创新是在主流能力基础上实现的产品的升级换代，表现为组织的稳定发展。企业在主流创新中获得成功并积累经验时，会形成与其价值体系要求相适应的能力、组织结构和组织文化，即主流价值观。主流价值观追求企业发展的稳定性、持久性和短期的盈利性，是对企业资源、现有顾客的一种承诺。

主流价值观是一种"自我稳定"的价值模式，具体是指根据当前实践和行动，在总结反思的基础上以固有的认知模式进行业务运作决策、企业战略目标规划，是一种依照主流价值观进行决策的认知方式。它是

"温室"模式，即主流创新能够被正式表述出来，正式地贯彻，包括必要的预算编制、计划制订等。从主流渐进性创新的不断成功中，管理者逐渐形成了管理主导逻辑，即归纳主流创新的成功经验，进而形成先验认知结构。这种主流价值观要求相对集中的决策程序、强大的制造和销售能力、高度专业化的流程，通过基于过去经验的知识体系和文化来协调和规范员工行为，以效率衡量成功与否。它能使企业在一种相对稳定的环境中，通过主流组织结构、组织文化、高层认知的相互作用，强化管理控制系统，以此保持企业内部的一致性，协调控制成员的行为，取得短期成功。由此可知，主流价值观具有路径依赖性，具有维持现状、抗拒变革的自我稳定作用，同时能够降低组织对环境变动的敏感度，因而不能正确、及时地识别动态变化的环境中蕴含的新流创新的机会。

管理者在过去成功的主流创新中形成的经验很容易使其陷入决策的思维定式，用固有的标准去回应变化的环境，当环境变化使组织面临变革压力时，管理者受主流价值观的影响，会尽可能地降低不确定性和模糊性，形成决策刚性。例如，面对新流创新机会时，在主流价值观的指导下，企业会排挤新流创新的创意，而是反复地对主流运作线进行完善、提高产品质量、优化流程，用符合主流价值观的行为来应对动荡的外部环境。

（2）新流价值观——"探索—试错—超越"的价值模式

新流创新是为了获取适应新环境的新流能力，追求探索、试验、变化和自由，认为创新就是不断探索、试错的过程，需要的是创造性的文化氛围，要求组织小而分权。主流创新受高层的主导逻辑所限，往往不能有效识别外部的环境机会与威胁，此时，新流价值观的建立是很有必要的。新流价值观能促使管理者保持对外部信息的敏感度，积极进行知识结构、市场、产品的探索与开发。

新流价值观是一种"探索—试错—超越"的价值模式，具体是指通过调整已有的认知结构和模式进行决策。在新流价值观的指导下，高层管理者不是以既有价值观和逻辑思维规划创新业务及解决开发拓展问题，而是运用悖论性的认知能力，挣脱主流价值观形成的逻辑思维的束缚，学习并思考新流创新活动的实践探索过程。简而言之，新流价值观是一种能增强创业感知的价值观，即能识别易被忽视的机会和探索空间，变革商业模式以更好地满足新兴顾客需求，或者开发潜在需求等。对新流创新机会的感知在很大程度上依赖直觉推断的心智模式。

综上所述，新流创新活动和主流创新活动的组织结构和战略逻辑存在不一致性和冲突性，主流创新战略强调控制、减少变异的价值观，而新流创新战略强调自主、增加变异的价值观，新流创新是一种变异性大的创新，与主流创新的价值观形成鲜明的对比，二者之间存在冲突。因此，主流与新流价值观的不同需要企业高层管理者具有双重思考逻辑，双重思考逻辑代表着两种不同的学习模式：主流价值观引导的"自我稳定"思考逻辑认为计划、规定之后紧随着执行；新流价值观引导的"探索—试错—超越"思考逻辑反映的是通过尝试与探索，建立具有生命力的创新战略。

20 世纪 90 年代中期，索尼（Sony）的一个重要新流战略决策是进入电视游戏市场。索尼前社长兼董事会主席大贺典雄预见了电视游戏机在索尼数字战略中的重要性，因而 1995 年在全球推出了 PlayStation。这一创新项目并不符合索尼内部主流合作文化，由于新流电视游戏机的创新与主流创新存在价值观冲突，因而索尼电视游戏机的研发工程师久多良木健与其团队以一种相对于公司其他团队而言独立、自由的方式开发了全新的游戏控制平台。然而，这一新流创新带来的价值观冲突导致游戏开发商不愿意支持索尼的新游戏格式，给索尼电视游戏机新流创新带来了困难，索尼通过大力推动 PlayStation 新流创新，最终以优良的功能和系统设计说服了游戏开发商。到 2000 年，PlayStation 已主导市场，占有 70% 的市场份额（库林特·辛格等，2012）。截至 2003 年，其带来的利润占索尼利润的一半。由此可见，主流创新与新流创新同时开展所带来的价值观冲突是不可避免的，企业需要以合理的方式加以缓解，从而使二者并行发展。

另一个主流与新流价值观冲突的现象是，在 2008 年索尼的两个新的业务集团（分别为网络化产品及技术服务集团和新的消费产品集团）成立时，进行新流创新的目标是斯金格掌舵索尼后曾经演讲过的"打破思维孤岛"（库林特·辛格等，2012），保证公司能够完全整合其产品，以便能与苹果这样的公司竞争；然而，索尼公司仍存在高成本、部门间因价值观不同而内部争斗等问题。因此，企业同时进行主流创新与新流创新会不可避免地面临价值观冲突的问题，需要企业加以合理应对，以便稳定主流创新，推动新流创新。

二 主流与新流创新的困境与陷阱

（一）困境分析

在目前动荡、复杂的环境下，社会变革广泛而快速，新技术和新产品不断涌现，使需求具有多样性和很大的不确定性，市场竞争更加激烈，企业都面临既要能够成功变革又要保持已有优势的困境，这就迫使企业必须在充分利用现有能力的同时不断探索新能力。组织的创新活动被视为一个不断进行探索和开发的组织行为适应过程。

1. 主流创新的困境——突破创新极限

新流创新在突破关键技术转为主流创新后加速发展、进展顺利，随后投入更多的资源进行渐进性的技术优化、产品改良，却愈来愈难有进展，即发展受到极限的限制。可以用边际效用递减规律来解释其发展极限。如图 4-4 所示，横轴表示时间，具体表现为企业不断投入资源，推动创新生命周期的演进；纵轴表示产品质量与技术水平。将横轴分成几个等份之后，对应到纵轴，$a < b < c$ 呈现递增现象，$d > e > f > g$ 呈现递减现象，可以得到在相同的资源投入下产品的质量与技术水平提高幅度由递增经反曲点 d 后转为递减（叶雯，2009）。由于主流创新的目的是改进主流产品质量、降低成本、提升客户满意度，因而主流产品质量与技术水平提高幅度的降低意味着主流创新活动的缓慢，甚至达到创新极限。由图 4-4 可见，在接近极限时，投入更多的资源却愈来愈难有进展。提出该 S 形曲线的学者 Foster（1986）认为，日常生活或企业发展往往受限于极限。主流创新的困境主要是难以避免进入衰退期。任何一项技术或一种产品都是有生命周期的，主流技术或产品难免步入生命周期的衰退期。主流创新是在现有技术水平上使产品的质量、性能或工艺发生改进，延续原有的技术发展路线；而新流创新是与主流创新伴生而存在的，逐渐对现有主流产品和技术进行替代的创新。

主流创新进入成熟期后，主流技术会逐渐逼近物理极限。技术轨道上的技术创新空间由技术极限与现实技术的差距决定，这种差距被称为"技术潜力"（姚志坚，2005）。不断地推进渐进性的主流技术创新使得

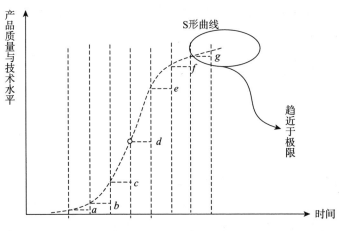

图 4 - 4　主流创新发展极限示意

注：a～g 分别表示对应点的斜率。

主流技术趋于极限，技术潜力越来越小，技术潜力相对于研发投入呈现边际递减趋势，最终形成难以突破的技术僵局。

华晨汽车集团控股有限公司（简称"华晨汽车"）成立于 2002 年，总资产近 300 亿元，员工总数为 3.4 万人，是一家年轻的、成长中的中国汽车制造企业。2004 年对于华晨汽车来说是一个动荡的年份，其业绩大幅度下滑，公司净利润同比下跌 29%，而其利润下滑主要是因为轻型客车和中华轿车销量分别下跌 13% 和 46%，降价导致的毛利率从 24.7% 降至 20.8%。① 由此可见，华晨汽车中的面包车系列和轻卡系列主流产品在针对主流客户所进行的主流创新中已达到创新极限，不断地完善主流产品已不能满足客户的需求与预期，因而不可避免地遭遇创新困境。此时企业需要打破创新瓶颈，大力发展新流创新，因而华晨汽车推出新流产品——骏捷家庭轿车系列，开启突破主流极限之路。

2. 新流创新的困境——克服创新发展阻力

企业内部价值网络可以为主流创新提供稳定的支持。在企业发展过程中，内部价值网络在修正、规范流程运作并提高其效率和弹性的同时，固化到组织文化中。对于主流创新而言，这样可以凸显技术管理的效果，提高研发效率；但是对于新流创新而言，它往往对原有价值网络进行调

---

① 数据来源于中国工商管理案例库中的《华晨金杯汽车有限公司：骏捷的开发》。

整，提供新的技术范式、标准、流程。因此，原有主流创新的价值网络惯性越大，带给新流创新的障碍越大，对新流创新投资的不足使新流创新难以突破成为新的主流创新，这就形成了新流创新的困境，主要表现在如下几个方面。

（1）组织及流程障碍

在组织架构上，原有的组织结构及价值网络是针对主流创新发展起来的，与主流渐进性技术创新的线性设计及开发过程相比，新流突破性的技术创新活动需要企业与外部资源在新的创新网络下合作，并且不同于主流渐进性技术创新过程中企业之间的简单交易关系，新流创新过程中企业、投资商与领先用户之间的关系较为复杂，因此当新流创新发生时，原有的组织架构及价值网络往往会不利于新流创新，甚至成为其发展的桎梏，因为现有主流创新的组织平台及运作形式不适用于新流创新范式。所以，内部价值网络对于企业来说有利有弊，价值网络固化程度越高，主流技术范式的认可度及地位越高，对主流创新的效果越好，但反过来对新流创新的阻碍越大，因为新流创新与原有价值网络具有很大程度的冲突，企业若想抓住新流创新机会，就要在不破坏主流创新运作的基础上，在一定程度上建立起新的价值网络，来适应新流创新活动及新流技术范式。

在创新流程上，主流渐进性技术创新表现为经常性和重复性，在这种流程中，企业能够方便地监控产品成本、质量及生产速度等流程参数；同时，企业还能够充分了解客户需求，不断优化流程设计，提高产品的质量及性能，从而保证其接近甚至达到最优化状态。因此，流程是企业进行主流创新的关键优化因素，但新流创新的非程序化以及创新资源获取方式的外部性，使得现有创新流程不再适用于新流创新。因此，流程固定的组织惯例促进了主流渐进性创新研发效率的提升，提供了一种高效率的主流工作方式，并使成员不断将自己的行为与规范的创新轨道进行对比，但也使得企业失去灵活性，不能适应需要另类流程的新流创新活动。

诺基亚（Nokia）对于创新机会的评估程序是主流创新对新流创新形成组织流程障碍的典型例证。诺基亚的关键业务合作伙伴高通的首席执行长雅各布曾回忆说："有时高通会给诺基亚提供一项新技术，其中可能蕴藏着巨大商机。"然而诺基亚既定的组织惯例和创新流程要求花很长时间（可能要 6~9 个月）来评估这个机会，而不是在最短时间内充分利用这一机会。等到评估结束，它往往已经失去这一宝贵机会。可见，诺基亚原有的主流技术体系的组织惯例阻碍了新机会的利用和新流创新技术的开发。

（2）新流创新投资不足

任何一种创新活动，从创意发展到创新战略均需要组织给予资金、人力等资源支持，其实质是资源承诺的过程（Bower，1970；Burgelman，1991）。根据资源依赖理论，企业创新战略的选择受到由顾客、供应商、投资者等构成的价值网络的影响和制约，企业主流创新的成功建立在满足该价值网络的需求并与网络各组成部门合作的基础上，为降低不确定性、保证盈利性，企业倾向于选择主流创新，形成了组织的核心刚性。同时，企业的研发和技术人员的创新活动也存在某种核心刚性，这种核心刚性能使企业技术具有稳定性和连续性，对于企业的稳定发展来说是很有必要的。然而，核心刚性的存在抑制了企业对新流创新的投资。新流创新是对新的或未知的顾客具有吸引力的一类创新形式，对企业现有的顾客吸引力较弱，企业的资源分配可能更倾向于投入主流创新而导致新流创新的投资不足。主流创新活动相对于新流创新活动产生较早、具有确定性、能够获得积极可预测的回报，因而主流创新倾向于回避甚至驱逐新流创新。组织对于当前的创新活动即主流创新活动有着持续的创新热情，从而更少地去探索新的不同选择。

海尔的电冰箱和洗衣机创新成功已家喻户晓，但其 PC 业务是一次完全的失败。海尔自 2007 年进入电脑市场以来，就一直处于亏损状态，使整个海尔集团不堪重负，海尔设在青岛信息产业园内的 PC 生产线被迫关闭，导致经销海尔电脑的经销商备受打击，员工也大量被裁减。造成海尔新流创新业务失败的主要原因是，海尔的核心竞争力在于电冰箱、洗衣机等主流家电的创新，从而无法保证新流 PC 业务创新活动的投入，最终导致海尔新流 PC 业务的过早衰退（洪涛等，2002）。

因而，新流创新的困境在于，企业越成熟、越成功，就会对原有价值网络承诺越高，就越愿意对价值网络组成部分的需求给予积极的回应，从而增加主流价值网络资源的稳定性。企业会按照主流客户的需要进行主流产品的持续性创新以优化主流产品或技术，从而造成新流创新受主流流程及核心刚性的制约而投资不足。

（二）　主流创新和新流创新失衡所导致的两类陷阱

创新陷阱主要有两种类型：主流创新陷阱和新流创新陷阱。主流创新与新流创新具有自我强化的性质。主流创新经常带来较容易的成功，由此会促进企业在同样轨道上的更多开发，以致没有意识到技术极限的到来而落入主流创新陷阱；与此相比，新流创新在可能产生的散布范围上要宽，由此会促进企业搜寻更新的主意和开展更多的探索，容易落入新流创新陷阱。这就是由主流与新流之间的竞争张力关系可能导致的两类能力陷阱。

1. 主流创新陷阱——主流创新的无限优化

主流创新陷阱，即企业将注意力完全放在原有技术的不断优化上而忽视了新技术的发展潜能，只注重主流客户的需求，从而在新技术的竞争中失去优势。主流创新陷阱的出现与企业核心能力的刚性密切相关，位于原有技术轨道曲线的末端，如果企业曾投入大量的资金和技术发展特定的能力和核心技术，会使得企业难以从这种技术或能力中摆脱从而去探索更广的新流。所以，即使当新的创新前景或趋势出现，或者探索新的领域、获取新的知识对企业的持续生存和发展较为关键时，企业还是更可能引入支持和提高当前主流能力的活动，持续加强原有的市场地位、主流能力和创新战略。结果一方面，主流创新确保了企业的稳定和产出，但是企业没有意识到主流创新技术极限的到来或者没有敏锐地观察到新技术的发展潜力，而是继续沿着原有技术轨道提高其进行的维持性的创新来提高技术性能，并不断投入资金；然而随着渐进性的技术创新与工艺创新达到极限，边际技术产出开始减少，市场空间不断被新的技术挤占。另一方面，过度地精炼现有主流能力导致这种能力的沉淀，降低了企业的创造性，甚至危及企业对变化的环境的适应能力，导致陷入主流创新陷阱。

伊士曼柯达公司（简称"柯达"）对于新流数码相机的忽视是陷入主流创新陷阱的典型例证。柯达长期依赖相对落后的传统胶片部门，对新流数字科技对传统胶片部门的冲击反应迟钝，仅满足于主流传统胶片产品的渐进性创新与生产，对市场缺乏前瞻性的分析，管理偏向保守。

在面临数字科技所带来的突破性的创新时，没有及时调整主流传统胶片创新与新流数字科技创新的地位及战略重心，错失创新良机。2003 年，由于没有恰当调整现有主流技术带来的现实利润和新流技术带来的未来利润之间的关系，并且对二者的过渡和切换时机把握不当，柯达将大量资金用于传统冲印店设备的简单低水平重复投资及传统胶片生产线，从而挤占了对新流数字技术和市场的投资，增大了更新和退出成本，产品数字化率只有 25% 左右，而竞争对手富士胶片已达到了 60%。柯达正是陷入了对主流创新对产品的不断优化中，忽视了新流产品的到来，使得其最后被迫进行破产保护，市值从 1997 年的 300 亿美元降到 2012 年的 1.45 亿美元（顾问君，2012）。

2. 新流创新陷阱——新流创新的无限探索

新流创新陷阱位于新技术轨道的开端，此阶段，企业对新的技术潜力做出错误的判断，在原有技术鼎盛时期，盲目地过多投资于具有极大不确定性的新流技术，并试图以此取代主流技术。

企业不管绩效结果如何，一味追求新流创新，虽然会增强企业更新知识库的能力，但是容易陷入新流创新陷阱（李剑力，2010）。因为企业采取一定的新流探索行为后，发展了进一步进行新流创新活动的路径和能力。当实施过多的新流创新，而组织不能缩短现有知识和新获取的新流知识的距离时，新流能力就会变为纯探索能力，不能转换到组织知识网络中成为企业的固定知识资产，结果导致企业承受了新流创新的成本却没有获取任何利益。在不确定条件下，当环境变化迅速时，企业对新流的探索可能不尽完美，如果企业只要发现环境已经转移到不同的新技术，就探索寻找新的新流、新的知识（Levitt and March，1988），而没有将新流创新固化为企业的知识，最终会导致企业资源的大量浪费。

从存储科技 1969 年成立之日起，其创始人 Jesse Aweida 便贯彻高水平管理与足够的创新这一战略理念，将研发投资高度集中于降低产品成本、提高产品质量，从而提高公司的市场地位及竞争能力。其策略得到了有效的实施，企业大幅度提高了市场占有率，销量扶摇直上，同时还以提供足以媲美 IBM 品质的零部件赢得了业界口碑。随着存储科技不断成长，其战略目标定位为"迷你 IBM"。存储科技从原本专攻硬盘的主流创新到与合作伙伴进行新流大型机的研发创新，投入 1.2 亿美元，继而又投入巨资进行光存储的研发。在进行新流创新时，存储科技忽略了主流硬盘开发能力的保持和提高，接受了供应商提供的不合格的零部件以降低成本、提高产量，最终导致磁盘机不良率高达10%，市场地位大幅度下降，主流创新与新流创新的平衡被破坏，最终导致破产（王敏，2009）。

存储科技的失败正是因为没有协调好主流创新与新流创新的平衡，过度地探索大型机的新流创新及光存储的新流创新，而忽视了主流硬盘创新优势的保持和提升。存储科技创新失败的实践证明：无限制地进行新流创新，而无法将新流创新的知识转化为企业固有的知识，既没有将新流创新内化为企业的价值体系，同时也没有维持主流创新的地位，不仅无法使企业应对动态变化的环境，反而会导致企业创新的失败及经营状况的恶化。

总之，过度的主流创新和过度的新流创新探索均可能导致落入创新陷阱，企业引入主流创新超过新流创新有可能发现其陷入不理想的稳定状态，反之，企业引入新流创新超过主流创新会发现其陷入对新流创新不停探索的循环中，浪费了企业大量资源投入却没有获取利益；当企业主流创新与新流创新程度均较低时，企业处于低创新平衡状态，此时企业创新程度较低；当企业主流创新与新流创新程度均较高时，企业处于高创新平衡状态，这是企业最理想的创新状态，能够推动企业高速向前发展（见图4-5）。

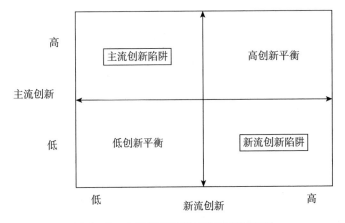

图 4-5　主流创新陷阱与新流创新陷阱

　　因而，保持主流创新与新流创新之间的平衡至关重要，惠普公司所进行的主流创新活动与新流创新活动就是成功维持其平衡的典型案例。惠普从成立以来一直在进行着主流创新与新流创新，并努力保持二者之间的平衡。从制造科学仪器到计算器，再到个人电脑、打印机以及数据中心设备，惠普掌握了一种平衡，投入充足的研发经费推出新产品，同时从已有产品线上继续赚钱。一路走来，惠普将硅谷的企业文化运用到实际中，创造了一种由工程师营造的轻松工作氛围。在这种氛围中，员工能分享公司的成功与进步。

第二节　企业主流与新流创新演进的协同分析
——基于三维理论模型

一　三维理论模型的维度

（一）创新生命周期维度

　　企业的成长及发展具有生命周期，企业创新也具有生命周期。沿用二维理论模型的划分方法，主流与新流创新的生命周期就是主流技术从萌芽期经历成长期、成熟期，到衰退期，新流技术相伴成长进行新旧主流更替，冲突从无到有，而后达到协同，实现创新能力不断提升并持续跃迁的过程。

（二）创新能力维度

　　对于创新能力的界定，国内外学者的观点大致分为两类：过程观和要素观。其中，比较具有代表性的是许庆瑞（2007）的观点，他提出企业创新能力可以从"确认机会、形成思想、求解问题、得解、开发、运用并扩散"这六阶段的创新过程视角来探讨，认为创新能力是企业支持创新战略实现，由产品创新能力和工艺创新能力两者耦合并由此决定的系统整体功能，并将其分为企业的决策能力、研发能力、生产能力、营销能力和组织能力五个方面。借鉴许庆瑞（2007）的创新能力观点，并根据研究需要，本书将生产能力和营销能力合并为创新转换能力，将决策能力和组织能力整合为创新管理能力，认为创新能力包含创新研发能力、创新转换能力和创新管理能力三个方面：创新研发能力，指企业根据总体战略要求来组织研发人员开展研发活动，开发出新产品和新工艺的能力，主要体现为自身的研发投入能力、对引进技术的消化吸收能力以及对外部创新资源的利用能力；创新转换能力，指将研发成果转化为符合要求的可批量生产的产品，从而实现创新市场价值的能力；创新管理能力，指对企业全部创新活动进行计划、组织、实施、控制的能力。

（三）　创新协同度维度

创新协同度是主流与新流创新冲突强度及协同效应的表征。创新协同度较高，表明主流与新流创新的冲突强度较弱，而协同效应较好；反之，主流与新流创新的冲突强度较强，协同效应较差。协同度是一种标准化的协同效应的参数变量，可以通过特定的数学模型对各子系统之间的相互关系进行计算，其取值范围为 $[-1, 1]$。对协同度的计算可借鉴孟庆松和韩文秀（1998）提出的整体协同度模型，本书对其进行合理化改进，构建企业主流与新流创新协同度模型。运用该度量模型，根据复杂系统理论及创新系统理论，将主流创新与新流创新分别看作两个系统，然后分别对主（新）流创新系统建立测度指标体系，主要序变量包括主（新）流产品收入、主（新）流产品收入增长率、主（新）流产品收入占销售收入比重、主（新）流产品投入、主（新）流产品投入占总投入比重、主（新）流专利申请量、主（新）流创新发明专利所占比重、主（新）流专利申请量增长率等。根据建立的指标体系，可以计算出主（新）流子系统有序度，进而得出主流与新流创新系统的协同度。

二　三维理论模型的构建及主要观点

主流与新流创新三维理论模型是在二维理论模型基础上进行的创新与发展。二维理论模型侧重于阐述主流与新流演进的规律及路径，并未涉及二者的冲突与协同问题。相较于二维理论模型中主流与新流创新的共同演化过程，三维理论模型将二者演进过程中的冲突强度与协同效应变化纳入研究框架，揭示了主流与新流相伴成长过程中冲突从无到有，最终达到协同的规律，主要观点如下。

（一）　主流与新流创新共生演化且运行趋势一致是协同发展的条件

主流与新流创新的冲突与协同是辩证存在的，冲突是必然的，是不可避免的，然而协同是有条件的。主流与新流创新的协同只有在两者共生成长、共同提升时存在，主流创新为新流创新提供资金等创新养分，新流创新为主流创新注入新的理念、新的血液，二者互为补充、相互促进、相互转化。这时，主流创新与新流创新是相互协同的。当企业中仅存有主流创新而没有进行新流创新时，不存在主流与新流创新的冲突问题，也就不存在协同。主流创新与新流创新只有在二者同时存在且具有相同的运行趋势时，才处于高协同状态；当一方发展迅猛，另一方衰退时，二者处于低协同或非协同状态。基于此，两种创新方式的共同存在是协同发展的前提条件，发展趋势是否一致是区分高协同与低协同的标准：发展趋势一致，即高协同；发展趋势相反，即低协同。

（二）主流与新流创新的冲突强度随企业创新进程演进而变化

在企业初创阶段，企业创新资源较为薄弱，资源配置能力较差，主流创新与新流创新之间冲突较大。随着企业的不断发展壮大，其创新能力不断提高，创新资源获取能力增强，投入创新的资源愈加充裕，管理者能更有效地配置创新资源，从而降低二者之间的冲突强度。同时，企业的组织架构、管理能力、创新能力都在不断优化与提升，主流与新流在组织惯性、价值观以及文化方面的冲突也得以缓解。纵观企业整体创新历程，主流与新流创新的冲突随企业创新进程演进而变化。研究进一步发现，由于主流与新流创新的周期性更替会形成持续的创新流，因此，从长远趋势来看，二者之间的冲突程度趋向于弱化，协同度也就逐步提高。

（三）从主流与新流创新演化发展的某一周期来看，协同度呈"倒U形"

在主流与新流创新演化发展的过程中，二者之间的冲突与协同是相伴相随的。冲突强度与协同效应呈反向关系，冲突强度越大，主流与新流创新的协同效应越差，协同度越低；冲突强度越小，二者之间的协同效应越好，协同度越高。在主流成长和新流萌芽阶段，二者之间的资源冲突较强，协同度较低；随着创新演进，主流与新流并行存在，企业创新能力提升，二者之间的冲突逐步缓解，在形成汇流创新时，二者之间的冲突强度最弱，而协同度最高，对应的创新能力也最强；当主流创新衰退时，二者之间的决策冲突增强，协同度再次降低（见图4-6）。

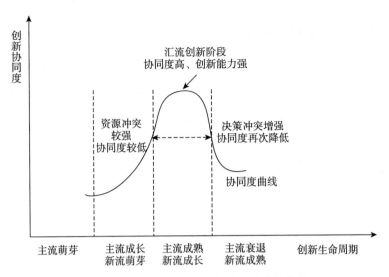

图 4-6　一个周期内的创新协同度变化曲线

从企业整个创新历程观察，主流与新流创新协同度的发展趋势是周期性上升的，企业的核心竞争力也得以增强。主流与新流之间的关系不是简单的线性关系，应当努力构建促使主流与新流形成"有序"的正反馈机制，使得企业整体创新系统处于高度有序状态。换言之，主流与新流创新之间协同度越高，创新能力和绩效增长就越显著，三维理论模型如图 4-7 所示。

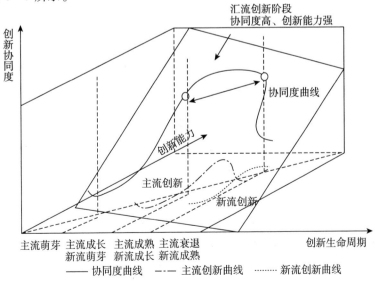

图 4-7　主流与新流创新的三维理论模型

三　三维理论模型的运行机理

主流与新流创新经历着一轮又一轮的演进、更替，新一轮的新流技术或产品成长、成熟，取代原主流技术或产品，使得企业创新不断获得新的活力，保障了企业的持续创新和长远发展。在主流与新流创新的交替演进过程中，也伴有二者在资源、组织惯例、价值观、文化等方面的冲突，其冲突强度随演进而不断变化，相应地，创新协同度也随之波动，如图4-8所示。

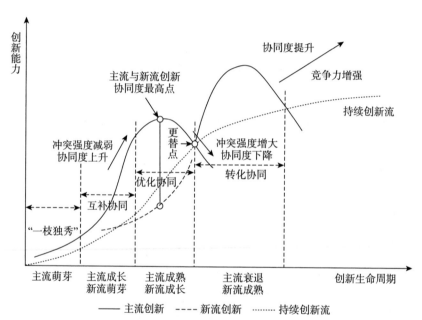

图4-8　主流与新流创新三维理论模型的运行机理

（一）主流萌芽期——"一枝独秀"

在企业起步阶段，大多数企业专注于主流业务的培育，主流创新尚处于萌芽时期。在外部市场环境恶化、竞争加剧以及内在技术发展的共同作用下，企业开始有意识地培育主流创新，将主要的资金、人才、设备投入那些满足现有客户需求的主流技术和产品，并逐步形成这个时期的主流创新活动。此时，主流创新需要大量创新资源的投入来度过萌芽期，企业没有多余的精力去探索新流创新，因此主流创新"一枝独秀"，不存在主流与新流之间的冲突。在这一过程中，主流技术逐渐增强，主流产品质量日益提高，愈发符合市场需求，销量也慢慢增加，主流创新效益也开始逐步提高。

（二）主流成长期、新流萌芽期——互补协同

主流创新顺利突破萌芽期进入成长期，主流技术范式和标准基本明确。由于企业加大主流创新研发投入，主流技术相关专利拥有量明显增加，主流技术水平随之提高；主流生产设备、工艺技术增强的同时，主流产品质量显著提升，在市场逐渐占有一席之地，主流创新收益增长迅猛。与此同时，企业根据行业发展趋势调整创新战略，开始孵化潜力技术或新生技术，探索新流技术或产品。这一阶段，主流与新流创新开始共存于企业内部，二者在资源分配、组织惯例、价值观、文化等方面都表现出强烈的冲突，协同度较低。在企业管理者合理调控下，主流创新收益为新流创新提供资金、技术、人力等养分，新流创新所带来的新理念也不断注入主流创新，提升其价值体系，二者之间呈现互补协同状态。

（三）主流成熟期、新流成长期——优化协同

进入成熟期，主流技术体系基本完善。此时主流技术提升至最高水平，产品质量最高，客户满意度达到顶峰，市场占有率也基本饱和，主流创新呈现蓬勃发展态势。鉴于主流创新效率较高，不需要再保持高昂的创新投入，此时，企业将主流创新收益投入新流创新，加速了新流创新的成长，二者之间的资源冲突减缓。新流技术体系也逐步完善，形成一系列配套产品和技术，并逐步实现新流创新收益。企业进一步调整组织结构以适应二元创新活动，内部成员对新流创新的认可度增强，主流与新流之间的组织惯例、价值观及文化冲突也随之降低。由此，主流与新流之间的协同度达到最高，二者之间呈现优化协同状态。

（四）主流衰退期、新流成熟期——转化协同

这一时期，主流创新度过了最鼎盛阶段，开始没落并呈现衰退态势。此时，主流创新趋于饱和，主流专利拥有量增长缓慢甚至缩减，主流产品质量改进缺乏空间，主流市场整体开始萎缩，产品利润大大缩水，主流创新收益呈断崖式下降。相反，新流创新发展态势良好，并拥有充足的发展后劲，开始与主流创新争夺主导权。因此，管理层是否及时调整战略，果断地选择摒弃即将没落的主流技术或产品，而将重点转移到新流领域，是二者冲突产生与否的根本原因。管理决策冲突的存在，使得

协同度降低，二者之间呈现转化协同状态。

当企业调整创新战略，完成新旧主流技术轨道的切换时，企业步入新一轮的创新生命周期。主流与新流创新协同度也开始新的周期性循环，呈现螺旋式上升趋势，企业创新能力不断提升，核心竞争力也得以持续增强。

第三节　企业案例分析及主要发现

一　海源机械创新历程

福建海源自动化机械股份有限公司（简称"海源机械"）是一家立足于绿色产业并倡导技术领先的成套机电液一体化装备、轻量化节能制品的制造商，行业归属于国家重点扶持的装备制造业和环保产业，是全球产品门类最多、规模最大的液压成型技术和装备的供应商之一，是先进制造业和中国创造力的代表。该公司创办于1988年，2010年在深圳证券交易所成功挂牌上市，2020年公司实现营业收入3.00亿元。[①]

公司始终相信创新是企业的生命力，非常重视产品的研发，积极进行新产品、新技术的开发和储备。持续的技术创新能力和快速反应的市场意识也形成了公司在行业市场上的核心竞争优势。目前，公司的耐火材料全自动液压机保持"中国唯一制造商"的优势；墙体材料全自动液压机占中国70%的市场份额；陶瓷砖全自动液压机市场占有率位居中国前三；复合材料全自动液压机及LFT-D生产线极大地满足了汽车等现代大规模工业化生产行业对复合材料零部件大批量、低成本和高质量的市场需求；易安特快装组合式复合材料模板引领了建筑施工领域第四代模板潮流。各类装备技术及新材料产品综合性能达到国际先进水平，且批量出口至多个国家。其创新历程如图4-9所示。

二　海源机械主流与新流创新的协同演进

发展30余年来，液压机械一直是海源机械的核心业务，围绕液压机械开展的创新活动构成了主流创新。在主流核心技术从HP成长到HB、

---

① 海源机械官网：http://www.haiyuan-group.com/。

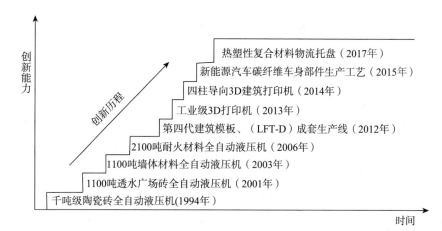

图 4 – 9　海源机械创新历程

HF、HC、HE 的过程中，新流复合材料创新也不断取得突破，推动企业实现持续创新。二者的冲突与协同成为企业创新能力不断增强并实现跃迁的内在动力，如图 4 – 10 所示。

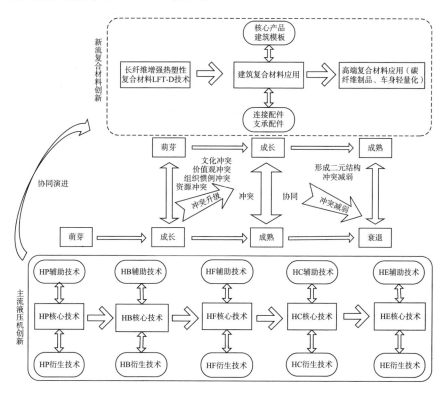

图 4 – 10　海源机械主流与新流创新协同演进示意

（一）主流创新成长期与新流创新萌芽期（2010～2012 年）

1. 创新生命周期：主流技术范式明确，新流伴生

主流液压机创新范式明确，进入高速成长期。从 1994 年研制成功中国第一台千吨级陶瓷砖全自动液压机开始，公司一直致力于机电液一体化成型技术的创新及市场应用，并围绕环保、节能、利废等"绿色"适用领域不断开发适应市场需求、具有前瞻性的高新技术产品。公司先后经历了 HP、HB、HF、HC、HE 技术及液压机产品的研发与生产，形成了四大系列产品，主要包括 HF 系列墙体材料全自动液压机、HP 系列陶瓷砖全自动液压机、HC 系列耐火材料全自动液压机和 HE 系列复合材料全自动液压机。2010～2012 年，公司主流液压机创新正值创新生命周期的高速成长期，各系列产品在国内行业始终保持龙头地位，为公司创造了巨大的收益。这 3 年，压机及整线装备等主营业务收入分别为 3.43 亿元、3.71 亿元和 2.47 亿元，占公司总业务收入的比例分别为 98.6%、98.7% 和 98.8%。本阶段，主流产品成本不断削减，质量稳步提高，主流产品的客户满意度和市场占有率迅速提升，主流创新绩效显著。

新流复合材料创新汲取养分，伴生萌芽发展。公司在复合材料领域的新流创新起源于 2010 年。由于宏观经济形势存在较多不稳定和不确定因素，考虑到产能扩张带来的市场开拓风险以及市场竞争加剧的风险，公司提出"依托现有的技术优势，向全自动液压成型设备下游应用领域继续深入研究，不断开拓延伸的产品链"。在 HE 系列复合材料全自动液压机主流创新中，公司为实现产业结构调整，积极往下游拓展。由于复合材料建筑模板产品具有重量轻、可重复使用次数多、拆装方便等优点，它有很好的综合技术经济效益，符合绿色建筑方案的发展方向。因此，公司以复合材料建筑模板为突破口，选择复合材料技术和产品领域为发展方向，并将其发展为新流创新。2012 年 4 月，公司投资设立了全资子公司福建海源新材料科技有限公司（简称"海源新材料"），致力于建筑复合材料、高分子复合材料等复合材料制品的应用领域研究。这一阶段，企业根据未来发展战略，瞄准潜力技术，开发相对于主流技术更具优势的新流技术。新流技术从主流技术中孕育而生，需要汲取更多技术、工艺、人力资源等创新养分来突破萌芽期。

2. 创新能力：主流均衡发展，新流重点突破

主流创新能力均衡发展。在这一时期，由于液压机系列产品市场占有率持续保持全国行业领先地位，为公司贡献了绝大部分的业务收入，公司的技术创新主要集中于提高主流液压机产品质量和降低其成本方面。2010～2012 年，公司研发投入占营业收入的比例分别为 4.06%、4.71% 和 9.98%。截至 2012 年，公司在液压机领域共申请专利 59 项。其中，PCT 专利 2 项；发明专利 34 项，已授权 15 项；实用新型专利 23 项，已授权 13 项。公司成功开发出 HE 压机及 LFT-D 生产线，主流创新研发能力稳步提升。同时，经过多年的技术积累，公司拥有高技术水平的员工队伍和先进的配套生产设备，建立了相对成熟的液压机系列产品分销网络和售后服务中心，拥有的"海源"品牌在市场上树立了市场开拓者、技术领先者和行业领导者的品牌形象。这些都形成了公司较强的主流创新转换能力。在创新管理能力方面，公司内部建立了技术研发、专利以及标准制修订相结合的管理机制，并对营销、生产、行政等各系统进行了科学合理的改革，积极提升管理水平和效率，为公司开展创新活动奠定了坚实的基础。高层管理的支持、战略与资源的倾斜，促使主流创新能力显著提升。创新研发能力、创新转换能力和创新管理能力多层次均衡发展，能够促进企业主流创新的蓬勃成长。

新流创新侧重提升研发能力。2012 年，公司从产品技术、研发技术方面评估现有技术水平及未来技术的研究方向，加大新技术领域研发力度，研发投入比 2011 年增长 5.27%，占总营业收入的比例达 9.98%。公司在原有主流液压机创新之外，新增了复合材料模板试验线等研发项目，完成新材料领域外观设计专利申请 5 项，初步具备一定的新流创新研发能力。新流创新管理能力也逐步形成，公司把新流创新活动从主流创新活动中逐渐剥离出来，并积极整合内外部资源支持新流创新活动。2012 年 4 月，公司设立的全资子公司海源新材料进入复合材料制品领域，实现主流与新流创新的二元发展，并和中建海峡建设发展有限公司、中国科学院海西研究院等单位合作开发绿色建材应用领域，研发新材料、新工艺、新技术，例如新型建筑周转料具、轻量化节能建筑材料、生态住宅技术和自动化建筑施工装备等，产品涉及建筑、汽车及轨道交通、海洋工业、物流、家居用品等多个门类。新流创新致力于开发出更具优

势和潜力的新技术、新产品。在研发过程中，自身资源投入能力、对引进技术的吸收能力、对外部资源的利用能力得以不断提升，综合形成较强的新流创新研发能力，并促进创新管理能力的提升。

　　3. 创新协同度：互补协同

　　这一阶段，主流创新与新流创新冲突明显增强，特别是在创新资源分配上。主流创新要求公司对液压机进行投入，以通过研发、生产、销售来保持主营业务收入的持续增长。2011 年，公司设立全资子公司漯河海源机械有限公司，从事建材机械、建材产品、全自动液压压砖机的销售，以及代理各类商品和技术的进出口业务。新流创新同样也要求公司保证对复合材料的研发投入力度。2012 年，公司根据宏观经济环境、市场情况的变化以及自身经营发展的需要，调整了未来 5～10 年的发展规划，向下游复合材料制品领域发展，投资设立了全资子公司海源新材料，从事复合材料建筑模板的生产等业务；同时，变更了首次公开发行股票募集资金投资项目，终止了"全自动液压压砖机生产及研发基地建设项目"二区建设，将 3.695 亿元募集资金用于实施"海源复合材料生产基地建设项目"，以加快进入复合材料制品领域的步伐。此时，主流与新流创新处于低协同阶段，二者之间呈现互补协同状态。液压机领域的主流创新收益为复合材料领域新流创新提供生长的土壤，部分项目团队和技术人员在进行主流创新的同时，开展复合材料工艺方面的技术创新，为复合材料领域新流创新在工艺方面积累了较好的技术优势。同时，新流产品所引领的节能、环保理念，促进了公司主流创新产品在建筑轻量化和绿色施工上的突破和创新。在这一阶段，主流液压机创新与新流复合材料创新活动之间冲突的解决方法为：成立新材料子公司，形成二元组织结构，开展二元创新，将具有不同创新流程、价值观与文化的两种创新行为进行适当隔离。

　　本阶段演进情况如表 4 - 1 所示。

表 4 - 1　主流创新成长期与新流创新萌芽期（2010～2012 年）演进情况

创新生命周期分析	创新能力分析	创新协同度分析
1. 主流液压机创新范式明确，进入高速成长期； 2. 新流复合材料创新汲取养分，伴生萌芽发展	1. 主流创新能力均衡发展； 2. 新流创新侧重提升研发能力； 3. 整体创新能力增强	1. 冲突明显增强，主要表现为资源冲突； 2. 主流与新流创新处于低协同阶段，二者之间呈现互补协同状态

（二）主流创新成熟期与新流创新成长期（2013～2014 年）

1. 创新生命周期：主流形成，新流蓄势

主流液压机创新体系形成，全面进入成熟期。这一阶段，国内经济形势持续低迷，需求不振和行业恶性竞争都给公司主流与新流创新产品销售带来较大挑战。公司主流液压机创新此时也进入全面发展的成熟阶段。已有产品及在研产品均围绕液压成型技术展开，主流产品的核心技术和装配工艺具有相似性，可共享公司的技术、研发资源。公司成为我国墙材压机领域最成熟和最主要的供应商，市场份额居领先地位。此外，公司还积极开拓加气生产线、HE 压机及配套 LFT-D 生产线等新产品市场，2014 年加气生产线产品新签多个订单，在业内已占有一席之地。2013 年和 2014 年，压机及整线装备等主营业务收入分别为 2.42 亿元和 1.66 亿元，占公司总业务收入的比例分别为 95.7% 和 80.2%。这一时期，主流技术比较成熟，产品成本降到最低，客户满意度达到顶峰，市场份额基本饱和，主流创新绩效保持较高水平，在保障稳定增长的同时寻找新的利润点成了战略关注的重点。

新流复合材料创新体系逐步完善，正在迅速进入成长期。子公司海源新材料是公司依托设备优势向下游复合材料制品生产延伸的重要平台，为国内首家开发生产高强、轻便的复合材料建筑模板的企业。"海源复合材料生产基地建设项目"的主体厂房一、办公楼及主要配套建筑和附属工程已基本完成，部分设备也安装完成，已有 3 条生产线投入生产，5 条生产线正在安装调试过程中。相对于传统的木模、钢模而言，复合材料建筑模板具有安全环保、施工灵活、省工节材、高效便捷、质量可靠等优点，符合国家"以塑代木、以塑代钢"的产业政策导向，是传统木模、钢模等模板强有力的替代者，此时正处于市场导入期。包括复合材料模板、配件产品、施工工具在内的系列复合材料产品销售规模的扩大使得公司的创新效益迅速增加。除建筑模板产品外，公司也已在汽车零部件等新领域取得了一定进展。公司 2014 年实现新流业务收入 2189.18 万元，相比 2013 年的 750.74 万元，增长 191.60%，占公司总业务收入的 10.6%，新流业务已高速成长为公司新的利润增长点。主流创新对新流创新的支持保障了新流创新迅速成长。新流创新开发出一系列配套技术，新流技术体系逐步完善，为创新突破和新一轮技术革新蓄积力量。

2. 创新能力：主流全面增强，新流飞速提升

主流创新能力全面增强。这一时期，海源机械的主流创新研发能力依然强劲，主要体现在两个方面。一是对现有产品进行技术优化，改进生产工艺，并且深入研究全自动液压成型设备潜在的下游应用领域，不断开拓延伸装备技术的产品链，拓宽全自动液压成型设备产品的应用空间。例如，新增了对加气混凝土外墙保温系统，透水砖全自动液压机HB1600，复合材料全自动液压机 HEG315、HET4000，耐火材料全自动液压机 HC3600 等研发项目的投入。二是公司充分利用购买的国外技术及品牌产品，进一步完善提升现有产品的技术性能和市场定位。2014年，公司研发费用占比由 2013 年的 12.21% 提高到 13.79%，在液压机领域共申请专利92项，已授权50项，其中，发明专利59项，已授权27项；实用新型专利33项，已授权23项。与此同时，主流创新转换能力保持稳中有升。公司拥有一支由近百名中高级技术人员组成的专业技术研发团队，包括由公司技术核心人员、技术带头人及技术骨干组成的多层次研发梯队，还成立了博士后工作站，由多名行业中处于领先地位的博士从事研发工作。公司品牌优势明显，知名度和美誉度良好，具有显著高于竞争对手的市场影响力。2014 年，公司获得"2013 年度建材机械行业标准化先进单位"及国家建材机械行业"技术标准优秀奖"荣誉称号，"海源"商标经国家工商总局评审被认定为"2013 年度中国驰名商标"，公司建材机械产品获得"国家生态绿色建材机械产品"荣誉称号，"海源"牌 HF 系列蒸压砖全自动液压机及 HP 系列陶瓷砖全自动液压机获得"中国建材机械工业著名品牌产品"荣誉称号。在分销渠道建设上，公司积极开拓海外市场，已在多个原来公司产品出口的空白国家和地区初步建立了销售网络。2014 年，公司国际市场销售占比由 2013 年的10.67% 提高到 13.46%。此外，主流创新管理能力也更进一步提升。公司加强制度建设，优化业务管理流程；全面加大信息化建设力度，提高办公效率；继续深入推进绩效管理体系的建立，进一步调动员工积极性，并通过部门间横向考评，提高了部门之间工作的配合效率。主流技术体系基本形成，创新能力提升达到顶峰。在全面增强的创新能力支持下，主流创新绩效达到最高水平。

新流创新能力实现飞速提升。新流创新研发能力迅速提高，得益于

公司在新流复合材料领域投入的大量资金、设备以及人员。除模板产品外，公司还在不断探索高端复合材料制品（包括碳纤维制品）的应用领域，在汽车零部件等多个应用领域已取得不同程度的进展。截至 2014 年，海源新材料共拥有有效专利 29 项，有效专利较 2013 年增长超过 30%，其中外观设计专利 12 项，已授权 12 项；实用新型专利 7 项，已授权 7 项；发明专利 10 项。在复合材料领域新流创新技术产业化、市场化及实现创新价值回报的过程中，公司新流创新转换能力实现快速提升。考虑到子公司整合营销资源，培养专业化销售团队，拓宽产品应用领域，促进子公司长远发展，2013 年 7 月，海源新材料投资设立参股公司福建易安特新型建材有限公司（简称"易安特"），以满足海源新材料业务发展的需要，进而有效拓展子公司的市场。通过与易安特的合作，海源新材料积极打造推广"易安特"建筑模板品牌，使其成为中国建筑行业绿色环保、创新产品和技术的标准和楷模，目前在国内重点区域初步形成了销售网络，并已应用于多个建筑项目，获得了良好的市场反响。2014 年海源新材料生产的建筑用复合材料模板销售额较 2013 年有显著提高，增长 191.6%。在新流创新管理方面，海源新材料已初步完成了制度与流程体系建设，运营管理工作逐步规范化，并根据工程应用逐步完善产品体系，新流创新管理能力显著提高。进入成长期的新流创新得到更多的资金、技术、人才支持，企业调整创新战略、整合创新资源、开展新流研发活动、转化新流创新成果的能力飞速提升，为新流创新的蓄势发展奠定了良好的基础。

　　3. 创新协同度：优化协同

　　这时，主流创新与新流创新已经度过了协同初期的磨合阶段，二者之间的冲突虽然依然存在，但已趋于缓和。例如，对于海源机械与海源新材料之间的经营管理和文化融合的冲突，公司通过进一步完善治理结构，强化人力资源管理、投资管理等方面的管理能力，较为有效地缓解了此类问题；在资源配置方面，无明显冲突，由于公司已调整和完善技术发展战略，创新资源开始向复合材料领域新流创新倾斜。2014 年，公司对海源新材料共完成三轮增资，注册资本由 3.3 亿元变更为 3.8 亿元，并在同年 8 月，使用 7350 万元自有资金对募集资金投资项目——"海源复合材料生产基地建设项目"追加投资。主流与新流创新之间形成协同创新的模式，二者之间呈现优化协同状态，主流液压机领域的复合材料液压机与新流复合材料的技术创新之间相互促进。例如，LFT-D 生产线性能的优化，能提升复合材料的工艺创新水平；海源新材料在汽车零部件领域的进展，促进了 LFT-D 生产线在汽车零部件装备等轻量化领域的应用。主流创新与新流创新的协同度不断提升，互相优化，从而促使企业的整体创新实力及竞争力大大增强。

本阶段演进情况如表 4 - 2 所示。

表 4 - 2　主流创新成熟期与新流创新成长期（2013～2014 年）演进情况

创新生命周期分析	创新能力分析	创新协同度分析
1. 主流液压机创新体系形成，全面进入成熟期； 2. 新流复合材料创新体系逐步完善，正在迅速进入成长期	1. 主流创新能力全面增强； 2. 新流创新能力实现飞速提升； 3. 整体创新能力显著提高	1. 冲突缓和，主流与新流创新相互合作、相互促进； 2. 协同度提高，二者之间呈现优化协同状态

（三）主流创新衰退期与新流创新成熟期（2015 年以来）

1. 创新生命周期：新旧更替，技术换轨

主流液压机创新强劲势头衰退。2015 年，国内经济形势依然不容乐观，机械产品需求疲软，公司主要出口市场的需求尚未有效恢复。在主流业务方面，公司在着眼于巩固既有产品市场份额的同时，加大研发和市场拓展力度，积极进入新的细分市场，成为市场领先者。在液压设备领域，以公司在液压技术领域的技术储备为核心，开发"绿色环保"的新型建材设备，并结合复合材料在国内的广泛运用，不断完善 HE 系列的相关装备。至此，海源机械的液压设备领域主流创新活动已经趋于平稳，创新活动减少，主要进行常规的生产及微小的创新活动，逐渐出现创新效益降低的趋势。2015 年，公司压机及整线装备等主营收入 8475.4 万元，相比 2014 年下降 48.94%。进入衰退期，主流创新趋于饱和，技术改进空间很小，市场需求萎缩，市场占有率降低，创新绩效大大降低。企业亟须从战略层面调整重心，完成新旧主流转化，为企业持续发展提供新的支撑点。

新流创新蓄足能量，即将取代原主流创新地位。2015 年，在主流创新收益降低的情况下，公司实现总营业收入 2.3 亿元，同比增长 11.34%。

这主要归功于新流创新产品复合材料模板的销售收入增长强劲，新流创新收益达 7841.3 万元，同比增长 258.19%，占总营业收入的 34.07%。这显示复合材料领域的新流创新正迈向成熟期，新流创新收益已经开始成为企业利润的主要来源，预计在未来几年将逐渐取代原主流创新收益，成为企业最重要的业务收入。复合材料新流技术体系初步显现，以复合材料为核心的改进产品、衍生产品相继诞生，在轻量化汽车零部件等产品的市场拓展方面也取得了不同程度的进展。2020 年，受新能源汽车销量增长影响，公司复合材料制品业务实现营业收入 1.18 亿元，同比增长 28.04%，占总营业收入的 39.37%。新流创新历经萌芽期、成长期的培育和高速发展，新流产品或技术已经成熟，市场需求旺盛，市场占有率提高，创新绩效显著提升，即将取代原有主流产品或技术的地位，完成新旧主流创新技术轨道的切换，引领企业步入新一轮的创新生命周期。

2. 创新能力：主流弱化，新流持续上升

主流创新能力呈现弱化态势。公司仍然重视对主流技术的研发强度，继续保持对产品研发的投入力度，选择公司重点产品，结合市场需求实现重点突破。而受宏观经济波动的影响，建材行业的产品需求急剧收缩，由此带来企业产能相对过剩和产品库存快速增长，公司主流创新转换能力有所下降。主流创新管理能力主要体现在较好的主流创新战略管理上，公司在做大做强液压成型设备主业的基础上，提升产品的整线配套能力，增强公司的核心竞争力，同时延伸产业链，丰富产品结构，利用自身的技术优势向下游复合材料领域发展。主流创新能力陷入发展瓶颈，细枝末节的技术改进无法促进创新研发能力的进一步提升，市场环境的恶化又削弱了主流创新转换能力。尽管在创新管理能力上有所增强，也无法挽回主流创新整体能力的弱化态势。

新流创新能力保持上升趋势。在创新研发方面，公司加强与国外复合材料制品企业的合作，利用国外先进技术，加快推进高端复合材料制品的开发。公司长期致力于国际技术及资源的整合工作，前期已引进欧洲 TERENZIO 压机的先进技术，并与欧洲复合材料领域的知名企业开展合作，力图整合包括装备、设计、工艺、材料、模具等在内的碳纤维复合材料国际先进资源，为新能源汽车产业应用碳纤维复合材料车身提供整体解决方案。随着"海源复合材料生产基地建设项目"进一步实施以及 LFT-D 复合材料全自动生产线的交付，复合材料领域已初步具备规模化生产能力。并且，公司重视利用社会力量，加强模板项目等新产品的销售队伍建设，加大产品市场推广力度，创新转换能力稳步增强。此时的新流创新管理能力体现在公司较强的创新资源整合能力上。公司通过参股设立福建省汽车工业集团云度新能源汽车股份有限公司，获取一定的外部支持，帮助公司在高端复合材料应用领域，如碳纤维制品开发、车身轻量化等方面形成突破，符合公司向汽车轻量化领域拓展的战略发展方向，有利于加快公司在下游新能源汽车产业的市场拓展。企业通过培育研发投入能力、消化吸收能力和创新资源的利用能力，形成较强的新流创新研发能力；凭借高素质的技术人员、系列化的生产设备和合适的分销网络，构筑较强的新流创新转换能力；整合各种创新资源，获取外部支持开展新流创新活动，塑造强劲的新流创新管理能力。新流创新能力保持持续上升的趋势，为突破现有创新极限、实现新旧主流转化提供了充分的能力驱动。

3. 创新协同度：转化协同

主流创新已度过了鼎盛的成熟期，开始进入发展速度放缓的衰退期。新申请专利数量大大减少，主流产品成本降低空间有限。主流创新在寻求摆脱传统行业的路径依赖，根据市场需求变化进行外延式发展，加速实现转型升级。为了降低管理成本、提高运营效率，公司决定注销全资子公司漯河海源机械有限公司。另外，新流复合材料领域的创新保持持续增长的态势，快速的增长使企业管理层的创新重心逐渐转移到这一具有巨大发展空间的新领域。主流液压机创新活动的微弱减少使二者的协同度呈现略微的降低，冲突再次加剧，主要表现为战略冲突，二者之间呈现转化协同状态，新流创新即将转化为下一轮的主流创新。

本阶段演进情况如表 4-3 所示。

表 4-3　主流创新衰退期与新流创新成熟期（2015 年以来）演进情况

创新生命周期分析	创新能力分析	创新协同度分析
1. 主流液压机创新强劲势头衰退； 2. 新流创新蓄足能量，即将取代原主流创新地位	1. 主流创新能力呈现弱化态势； 2. 新流创新能力保持上升趋势； 3. 整体创新能力增速放缓	1. 冲突再次加剧，主要表现为战略冲突； 2. 协同度呈现略微的降低，二者之间呈现转化协同状态

三 管理启示

(一) 把握新流创新的启动时机，形成企业主流与新流的协同发展

当主流创新成功进入成长期，主流创新收益显著提升并成为企业主要利润来源时，高层管理者应该及时调整和完善企业技术发展战略，开始投入研发，培育新流产品或技术。否则，新流创新启动过迟，无法与主流创新形成较好的协同效应。海源机械是在主流液压机创新成长期的末期，才开始重视新流复合材料创新。因此，当主流液压机创新进入衰退期的时候，新流复合材料创新还未能进入成熟期，新流创新收益的增长无法弥补主流创新收益的缩减，致使同期企业整体创新收益呈现明显的下降趋势，未能保持强劲的发展态势。2016 年公司总营业收入虽然达 2.05 亿元，但仍然低于 2013 年的 2.5 亿元；直到 2017 年，总营业收入才再次回升到 2.72 亿元。而在复合材料创新顺利度过萌芽期进入成长期时，海源机械就开始加大新的 3D 打印新流创新研发力度，当未来复合材料创新走向成熟期时，3D 打印新流创新也将迈向快速成长期。及时催生的新流创新将与主流创新形成良性互动，在协同演进过程中推动企业整体创新能力持续提升。

(二) 推行二元创新管理，有效协调企业主流与新流的创新活动

必要的资源是任何创新活动顺利开展的前提。主流与新流创新这两种创新形式对企业的稀缺资源展开了激烈的竞争，形成互斥关系。企业必须平衡和协调这两种创新，以获得持久的发展。当主流液压机创新与新流复合材料创新相互争夺企业资源时，海源机械通过设立子公司的方式，形成二元结构，将新流创新从主流创新中剥离出来，将具有不同创新流程、创新理念与价值观的两种创新行为进行适当分离；在新一轮主流与新流创新存在潜在冲突时，又通过设立独立实验室、参股新公司等方式，减小二者之间对创新资源的争夺、创新管理及价值观冲突所带来的负面影响。二元创新管理将主流创新与新流创新组织分开，结构上的二元化促使主流创新与新流创新迅速发展。而在保持各自独立性的同时，主流与新流创新不是完全孤立的，二者之间仍然相互交流，共同发展。

(三) 持续的创新能力和快速反应的市场意识将成为企业的核心竞争力

在高层管理决策的指导下，海源机械根据主流创新产品市场的客户

反应和潜在需求，迅速找准新的技术发展方向，并培养出新流创新。而一轮又一轮技术开发、成长、转化所引起的主流与新流创新的演进，使企业一次又一次地经历着主流与新流冲突从无到有，而后达到协同发展，最终实现技术轨道切换、创新能力持续提升的过程。企业要想持续成长，就必须立足持续的创新能力，培养对市场的快速反应能力，既要发挥主流创新的先导优势，又要利用新流的突变创新再创辉煌，在不断推进主流与新流创新的协同度周期性上升的过程中，实现企业核心竞争力的持续增强。

本章小结

本章通过对主流与新流创新演进的冲突与协同的分析，认为企业不能仅偏重于主流创新或者新流创新，而是应该兼顾二者，不断协调它们之间的冲突，既确保企业能够通过主流创新维持现有的市场结构，不断进行产品的渐进性工艺创新，又要时刻关注新流创新，以保障企业的长远发展。高层管理过度支持主流创新，组织惯性增强，适应环境变化的新流能力会受到抑制；反之，如果过分专注新流创新，会导致组织只能承担新流创新的试验成本而不能获取更多的新流创新效益，从而影响商业化的效率。高层团队如果不处理好这些相互牵制甚至冲突的创新力量之间的关系，将会严重影响企业的发展。

同时，本章构建了主流与新流创新演进的三维理论模型，以创新生命周期、创新能力、创新协同度为三个维度，在描述主流与新流创新随着创新生命周期交替演变轨迹的基础上，刻画了主流与新流创新协同度与创新能力在整个创新生命周期的变化。同时，开展案例分析，总结和提炼中国企业主流与新流创新协同演进的规律与启示。三维理论模型更强调其演化过程的协同性，增加了对主流与新流创新演化过程中冲突强度与协同效应变化的描述，揭示了主流与新流创新相伴成长过程中冲突从无到有，最终达到协同的规律。正是这种主流与新流创新不断打破静态均衡、实现动态协同均衡发展的过程，才为企业创新生命的绵延不绝、创新能力的持续提升提供了新动能与新路径。

第五章　企业主流与新流创新协同演进的要素优化配置分析

我国"十三五"规划提出"必须把创新摆在国家发展全局的核心位置""实施创新驱动发展战略"（李伟，2016）。但是，作为创新驱动的主体，绝大多数企业依然处于"被捕获"的"悲惨增长"境地（卓越、张珉，2008）；在增长速度换挡期、结构调整阵痛期、前期刺激政策消化期"三期叠加"的大环境下，不少企业依然存在"转型焦虑"（陈雨露，2015）。实践表明，只有凭借持续不断的创新流，企业才能够转变经济增长方式，逐步摆脱资源、能源和环境等方面的制约，从而在激烈的国际竞争中赢得持续竞争优势（张泽一，2014）。然而，企业创新却面临双重挑战：一方面，技术创新飞速发展，技术和产品更新速度越来越快，创新生命周期不断缩短，技术范式转换频率逐渐加快；另一方面，与创新相关的资源要素、驱动要素、障碍要素等发生了重大变化（李金生、宋丹丹，2016）。再加上研发经费投入不足、缺乏核心技术能力、创新能力薄弱、创新政策体系不完善等问题的存在（严进、殷群，2014），导致企业难以形成可持续创新，也就无法驱动经济增长方式转变。中国工程院院士许庆瑞（2007）指出："企业要想快速、高效地创新，必须兼顾技术要素与非技术要素的协同创新。"通过协同开展主流与新流创新，塑造连续不断的创新流，为企业形成持续创新提供了优选途径（O'Reilly and Tushman，2011）。因此，如何优化配置创新要素、促进主流与新流创新协同发展、提高创新能力，如何通过成功企业的经验，为企业主流与新流创新演进寻找新的方向与突破口，成为重要的研究问题。

从第二章的文献综述可知，学者们在主流与新流创新演进模型方面取得了一定的研究成果，初步阐释了主流与新流创新的内在联系、持续能力的演化以及主流与新流创新的动态演化，但是忽略了创新资源约束条件的限制，缺乏对创新要素构成及特征、创新要素优化配置过程和方式的系统性分析。因此，本章在二维、三维理论模型基础上，增加"创新要素"维度，构建四维理论模型，绘制主流与新流创新在四维空间的演进轨迹，阐释创新要素、创新能力、创新协同度随创新生命周期演进的基本规律；同时，开展实证研究，总结和提炼中国企业主流与新流创新要素优化配置、能力持续跨越升级、协同效应提升的规律与启示，以独特的视角回答以下问题。

第一，在四维理论框架中，主流与新流创新演进呈现什么样的变化规律？

第二，主流与新流创新演进中，要素优化配置该遵循什么样的方向与方式？

第一节　主流与新流创新要素的分析

一　主流与新流创新要素的划分

学者们从不同视角对创新要素进行划分，但有关主流与新流创新要素的研究还比较缺乏。Dikmen 等（2005）认为创新是企业与环境交互的过程，是与内外利益相关者的协作过程，从过程的角度能更好地理解创新要素如何激发创新活动，创新活动如何被促进，以及最后通过创新能获得什么。从创新活动开展的过程，或者创新业务执行的层面去分析创新要素的相互关系，将有助于解决创新要素优化配置的问题，因此，将企业创新系统划分为目标、战略、环境驱动要素、障碍要素、组织要素等。许庆瑞（2007）认为创新要素包括技术要素与市场、战略、组织、文化、制度等非技术要素。朱斌和吴佳音（2011）指出，随着创新过程的推进，主导要素的改变导致创新要素序列发生变化，创新系统外显为创新形态发生更替，即新流创新转化为主流创新。本书借鉴 Dikmen 等（2005）、许庆瑞（2007）、朱斌和吴佳音（2011）有关创新要素的思想，认为主流与新流创新过程包含一系列相互联系的创新业务活动，而创新要素则被配置到具体的创新业务活动上。从创新业务活动运作层面来看，主流与新流的创新要素包含驱动要素、资源要素、赋能要素、障碍要素和收益要素。

二　主流与新流创新要素的构成及特征

（一）驱动要素

驱动要素是企业开展主流或新流创新活动的主要原因或创新动机的主要来源。企业开展主流创新主要是着眼于当前绩效的改进，是为了维持与加强现有市场地位、保持现有的竞争优势、满足现有的客户需求。因此，主流创新的驱动要素具体包含主流业绩增长、主导技术进步、当前市场竞争、现实客户需求等，其特征是着眼于当前事务，反映对现有价值体系的开发动力。企业开展新流创新主要是着眼于未来的成长，面向未来的市场竞争，寻求在新的领域开拓新市场，创造和满足未来的客户需求，未来给企业带来巨大利润空间。因此，新流创新的驱动要素包含寻找新的增长点、新兴技术探索、未来市场开发、潜在客户需求等，其特征是着眼于可持续发展，反映对未来价值体系的探索动力。

（二）资源要素

资源要素是企业开展主流或新流核心活动可以利用的资源。资源基础理论认为，就企业的持久竞争优势而言，资源必须具备价值性（value）、稀缺性（rarity）、难以模仿性（inimitability）和组织性（organization）（任宗强等，2011）。为了让企业获取、占有、配置这些资源更有可操作性，不少学者对企业资源进行分类，最常见的划分方法是依据资源的存在形式。综合借鉴 Miller 和 Shamsie（1996）、Mitchell 和 Erez（2001）、张建宇（2014）的划分依据，从限制竞争对手模仿的手段将创新资源分为财产性资源和知识性资源。其中，以财产为壁垒限制竞争对手模仿的是财产性资源，如重大专利、排他性专有合同、一体化生产或分销系统等；以知识壁垒为限制手段的是知识性资源，如特定技术或功能、创造性技艺、多学科团队合作的协调技能等。一般情况下，企业拥有更多财产性资源时将更倾向于主流创新，而知识性资源更适合开展新流创新活动。

（三）赋能要素

赋能要素是实施主流或新流创新活动的主要工具或策略。主流创新赋能要素主要包括供应链合作、知识体系和培训政策等。主流创新活动的开展需要供应链的利益相关者（承包商、供应商、分销商、工程师、客户等）有效合作、协调、集成；主流创新活动主要是对已有知识的开发和利用，主流知识体系的构建为主流创新发展提供更为有利的发展空间；为适应外部市场的变化，企业必须调整培训政策，人力资源部门应致力于开发不同的培训项目以增强员工的各种技能，从而有效促进主流创新活动的开展。主流创新赋能要素的建立是对企业现有价值体系的完善，不需要对现有组织体系进行更替，因此其面临的阻力较小，容易得到各级员工的支持。新流创新赋能要素主要包括管理授权、风险偏好、创新奖励机制。企业的创新环境和经营哲学会很大程度地影响新流创新。管理者的充分授权，可以让员工心态有很好的变化，极大地刺激他们的创新热情；由于新流创新风险极大，因此，企业对失败的高度容忍、对创新风险的充分认知都对新流创新活动的开展有积极影响；由于新流创新收益的高度不确定，建立明晰的创新奖励机制将对新流活动的开展起到很好的保障作用。在奖励形式上，企业可以使用荣誉感、满足感、挑战性等精神激励以及以金钱为主的物质奖励。新流创新赋能要素的建立是对企业现有价值体系的挑战，受企业内部既得利益者以及组织惯性的影响，其面临的阻力较大，需突破原组织体系的束缚。

（四）障碍要素

障碍要素是抑制创新的主要因素。主流创新障碍要素主要表现在两个方面。第一，缺乏持续性。主流创新只能维持现有产品或技术的竞争能力，无法保持企业的持续竞争优势。当现有产品在市场上失去优势地位时，当前阶段的主流创新活动就会受抑制，逐渐衰退甚至消亡。第二，能力僵化。企业开展主流创新容易陷入自我强化的过程，造成企业资源过度集中于主流创新活动，使企业失去灵活性，难以应对动态环境变化。缺乏持续性、能力僵化的存在，会使主流创新容易陷入创新刚性、无法突破技术极限的僵局。新流创新面临的市场、技术风险等较大，特别是在新流创新初期，如果缺乏足够的资金支持，新流创新活动很容易失败；当新流创新活动以临时性项目团队的方式运作时，临时性将造成项目团队的不稳定，最终对新流创新成果转化造成困难；此外，在相当长一段时间内，新流创新收益很不明朗，管理者就很难确定这项新流创新活动是否可以有所回报。在风险较大、资金缺乏、项目的临时性、收益不明朗等障碍要素的共同影响下，新流创新容易跌入盲目投资、无限探索的失败循环。

（五）收益要素

收益要素体现为业务和企业层面的创新成果产出。对于主流创新而言，它注重的是短期的回报，而且回报具有较高的确定性。除了经济收益之外，主流创新的收益还包含生产效率提升、生产成本削减、生产周期缩短、产品质量提升、客户满意度提高、公司形象改善等。新流创新立足探索新的知识基础，创造新的知识并应用到企业创新活动中，最终开辟新的市场，开发新的产品，为企业带来新的利润增长点。因此，新流创新收益要素包含长期利润、新技术体系建立、新市场认可、新客户认同等，特点是注重长期回报，但是回报具有不可预期性。

将各主流与新流创新要素的构成及特征进行汇总，如表5-1所示。

表 5 - 1　主流与新流创新要素的构成及特征

创新要素	主流创新要素		新流创新要素	
	构成	特征	构成	特征
驱动要素	主流业绩成长；主导技术进步；当前市场竞争；现实客户需求	着眼于当前事务；反映对现有价值体系的开发动力	寻找新的增长点；新兴技术探索；未来市场开发；潜在客户需求	着眼于可持续发展；反映对未来价值体系的探索动力
资源要素	重大专利；排他性专有合同；一体化生产或分销系统	以财产性资源为主	特定技术或功能；创造性技艺；多学科团队合作的协调技能	以知识性资源为主
赋能要素	供应链合作；知识体系；培训政策	易得到各级员工的支持	管理授权；风险偏好；创新奖励机制	需突破原组织体系的束缚
障碍要素	缺乏持续性；能力僵化	会让主流创新陷入创新刚性、无法突破技术极限的僵局	风险较大；资金缺乏；项目的临时性；收益不明朗	会让新流创新跌入盲目投资、无限探索的失败循环
收益要素	短期利润；生产成本削减；效率、质量、客户满意度提升	注重短期回报；具有较高的确定性	长期利润；新技术体系建立；新市场认可；新客户认同	注重长期回报；收益不可预期

第二节　要素的优化配置分析
——基于四维理论模型

一　四维理论框架的构建及主要观点

（一）资源要素是创新要素模型中最核心的要素

一方面，驱动要素是企业投入资源要素开展创新活动的主要动因；障碍要素表征着创新过程中的困难和挑战，会限制企业在创新活动中的资源要素投入；赋能要素又可被视为克服创新困难的因素，对创新活动中的资源投入有显著的正向影响。三者共同决定了企业在主流或新流创新活动上的资源要素投入。另一方面，资源要素的投入情况又直接影响创新活动最终的收益。从各创新要素之间的因果关系来看，可以说资源要素是处于创新要素模型中的核心位置，如图 5 - 1 所示。

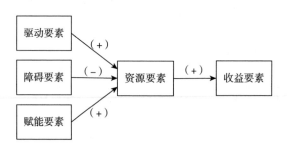

图 5 - 1　创新要素模型

（二）资源要素与创新活动形式的匹配将对创新能力产生差异性影响

企业对资源要素的获取、整合和利用直接影响创新能力。在激烈的竞争中获得竞争优势，就必须掌握积累财产性资源以及整合知识性资源的能力（秦德智等，2015）。资源要素对企业主流或新流创新的作用不尽相同。财产性资源会驱动企业主动开展主流创新，挖掘已有资源，并尽可能使该类资源得到充分开发，增强主流创新能力，实现短期绩效得以提升；知识性资源是外部企业难以模仿的优势，表现为对外部环境有极强的适应性，有助于增强新流创新能力，驱动长期绩效的提升。一般来说，财产性资源和知识性资源虽然适用于不同的创新能力，但不是完全绝对的。主流创新所产生的知识性资源会逐渐通过专利、商标等形式展现出来，即知识性资源转变为财产性资源，并进一步推进主流创新；新流创新同样也需要一定的财产性资源作为创新基础，特别是新流创新需要更替升级为新的主流创新时，充分的财产性资源将为之提供充足的动能。

（三）主流与新流创新协同发展的本质是要素协同

企业开展主流与新流创新活动，两种活动不是孤立地各自运行，而是存在相互促进或相互制约的关系。主流与新流创新的协同发展，其本质是促进主流与新流创新要素之间的协同。①主流创新的驱动源于当前的客户、市场、绩效；新流创新的动机来自对未来可持续发展的探索。二者的驱动要素存在导向性差异，因此，驱动要素之间的协同是主流与新流创新协同发展的前提。②主流与新流创新活动的开展需要相应匹配的资源要素。鉴于企业受资源限制，二者在资源配置上是此消彼长的关系，资源要素的协同是主流与新流创新协同发展的核心。③部分主流赋能要素在强化企业的主流技术体系的同时，也可能有利于新流创新；反之亦然。例如，主流知识体系的强化为新流创新奠定知识基础，而新流知识体系的完善也会增加主流知识的价值。赋能要素的协同是主流与新流创新协同发展的保障。④导致主流与新流创新活动失败的要素侧重点不同，但是主流创新的障碍要素在一定程度上阻碍新流创新，新流创新的障碍要素也有可能抑制主流创新。主流与新流创新协同发展需要协调克服障碍要素。⑤主流收益要素侧重于对现有价值的开发，以短期收益为主；新流收益要素倾向于对未来价值的探索，以长期收益为主。收益要素的协同是主流与新流创新协同发展的方向。主流与新流创新的要素协同如图 5－2 所示。

（四）要素适宜度体现主流与新流创新发展的优化程度

创新要素的配置或者创新资源的分配影响创新能力，进而决定创新绩效。从微观层面看，创新要素配置是否合理、是否具有效率，将直接关系到有限的创新资源能否得到充分利用。虽然创新资源要素与创新形式之间存在一定的匹配关系，但是资源的过度配置会对企业产生消极作用（Shapiro and Varian，1998）。因此，无论是知识性资源还是财产性资

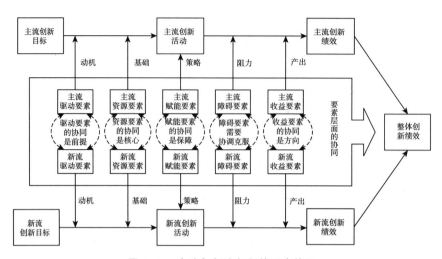

图 5 - 2　主流与新流创新的要素协同

源，企业应进行适度配置。借鉴金相郁（2007）的要素适宜度观点，本章提出主流与新流要素适宜度（Factor Appropriate Degree，FAD）概念，将其定义为主流与新流创新活动在特定生命周期，创新要素的内外连接程度。FAD 揭示了主流与新流创新活动的发展是否优化。FAD 低说明主流与新流创新活动未能达到创新发展潜力，主流与新流创新活动没有达到最优状态，反之则说明主流与新流创新活动实现优化发展。企业应积极采取有效的要素配置手段，提升 FAD，促进主流与新流创新的优化发展。FAD 可以分为三个层次，如表 5 - 2 所示，各层次的适宜度会相互影响，多数时候具有一致性，即当 FFAD、SFAD 较高时，TFAD 通常也较高。

表 5 - 2　要素适宜度三个层次的内涵

主流与新流要素适宜度	内涵
第一层次（FFAD）	创新要素禀赋与创新模式的匹配程度
第二层次（SFAD）	创新要素的内外协同程度
第三层次（TFAD）	创新要素禀赋与创新绩效的适宜程度

二　主流与新流创新在四维空间的演进轨迹

从数学的角度，维就是变量、参数；多维就是多个变量、多个参数。

从几何的角度，维数是指几个元素在某空间运动的自由度。通常把点作为最基本的几何元素。于是，点在某一空间里运动时具有 4 个自由度，该空间就是四维空间（林德格伦、斯拉比，1981）。主流与新流创新的演进可以从创新生命周期、创新能力、创新要素、创新协同度四个维度进行度量，因此，其演进的轨迹也存在于四维空间之中。

在四维空间的图形表达方面，卫晶和（1989）指出四维空间存在四条相互垂直而又交于一点的坐标轴，而平面图上因为经过了一次轴测投影，其夹角发生变化。根据超分角的不同，他设计了 8 种四维投影坐标。为了更直观地表达主流与新流创新在四维空间中的演进轨迹，此处选择其中的第 4 种投影坐标作为创新能力、创新要素、创新协同度、创新生命周期这四条坐标轴在平面图上的投影，如图 5 - 3 所示。

张福增（2003）提出物质的四维形态就是物质系统的演化过程，由连续变化的三维系统构成。Hernández-Pinto 等（2016）认为四维是三维空间在时间线上的运动，并构造出"双曲面"四维理论模型，表征无质量粒子在三维空间沿时间轴的发散性运动轨迹，散布在圆锥体表面。在主流与新流创新演进过程中，创新能力、创新要素、创新协同度三个维度都随创新生命周期的演进而发生变化。在每个创新生命周期，创新能力的演进反映了主流与新流创新形成持续创新流，整体创新能力稳步提升并实现跃迁的过程；创新要素的演进过程也是创新要素与创新模式的匹配程度、创新要素的内外协同程度以及创新要素禀赋与创新绩效的适宜程度的变化过程，即 FAD 随创新要素的变化而改变；创新协同度的演进反映了主流与新流创新的冲突从无到有，最终达到协同的过程。创新能力、创新要素、创新协同度这三个维度相互关联，又都是围绕着创新生命周期这个坐标轴运行的。因此，本章借鉴张福增（2003）、Hernández-Pinto 等（2016）的观点，认为主流与新流创新演进的轨迹是沿创新能力、创新要素、创新协同度三轴围成的圆锥体表面，围绕创新生命周期轴螺旋曲线前进。

由于创新极限的存在，创新能力、要素适宜度以及创新协同度在达到最高水平之后将呈现衰退态势。由此，将 Hernández-Pinto 等（2016）提出的"双曲面"四维理论模型改造为"纺锤体双曲面"四维理论模型。两个圆锥体的相对高度取决于创新生命周期各阶段的长短，由于不同行业的创新生命周期各个阶段的长短不尽相同（方欣，2008），因此圆锥体的相对高度并不一定相同，但这对主流与新流创新的演进轨迹没有本质影响。图5-3中，下方的圆锥体更高一些，是为了更清晰地描绘出主流与新流创新的演进轨迹。

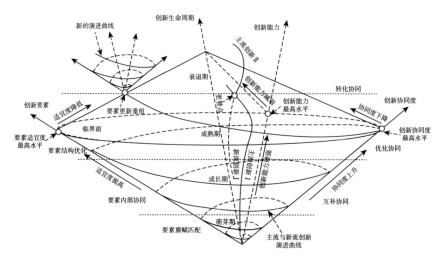

图5-3　主流与新流创新演进的四维理论模型

　　圆锥体的底面是创新能力、要素适宜度及创新协同度的最高点所在面，因此这个面又可以被称为临界面。在主流与新流创新演进曲线到达临界面之前，创新能力、要素适宜度、创新协同度沿螺旋曲线演进而提升；越过临界面之后，三者沿螺旋曲线演进而衰减。当要素更新重组、主流与新流完成更替后，演进曲线将进入新一轮的循环。由此本章建立的主流与新流创新演进四维理论模型勾勒出主流与新流创新在四维空间的演进轨迹，反映了创新要素、创新能力、创新协同度之间相互关联，随创新生命周期演进的基本规律。

三　四维理论模型的运行机理

　　结合本章所提出的FAD的观点，企业推动主流与新流创新发展的方向是充分挖掘创新潜力，优化资源配置，提升要素适宜度，确保创新活动达到优化状态，实现企业创新绩效最大化。在主流与新流创新的演进过程中，伴随创新要素的匹配、协同、优化，主流与新流创新协同度、创新能力随之变化。在内外部环境作用下，创新要素更新重组，新旧主流创新产生更替，创新能力实现跃迁升级，主流与新流创新进入新一轮的周期性循环演进过程，如图5-4所示。

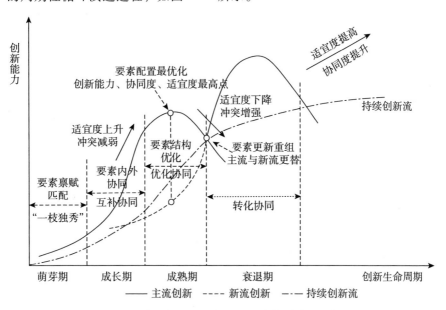

图5-4　主流与新流创新四维理论模型的运行机理

（一）萌芽期——要素禀赋匹配促进创新能力适应性提升

在创新发展初期，企业面临较大的生存压力，驱动企业开展创新活动的主要因素是满足现有市场、客户需求，力求获得更高的业绩收入。企业拥有的资源要素相对比较简单，以财产性资源为主，如技术专利、专有合同、初步建立的生产系统或分销系统等，收益要素主要是效率与质量的改良，而此时的赋能要素与障碍要素都不显著。针对要素禀赋的特点，企业比较明智的选择是围绕核心业务开展主流创新活动。由于受资源禀赋限制，这一时期企业只开展主流创新，因此不存在主流创新与新流创新的冲突问题。为了进一步适应主流创新的发展，企业应识别自身拥有的资源要素类型，恰当地为主流创新配置更多的财产性资源，同时强化主流创新的驱动要素、赋能要素和收益要素，削弱障碍要素。要素禀赋与创新模式不断调整匹配，FFAD得以提高，推动主流创新活动的顺利开展，促进主流创新研发能力和转换能力适应性提升，驱动创新绩效增长。

（二）成长期——要素内外协同带动创新能力、协同度同步提升

这一阶段，主流技术范式基本确立，创新要素禀赋开始呈现多元化特点。主流创新的要素禀赋条件得到改善的同时，适应企业探索新知识、开发新技术、开拓新市场的新流创新要素禀赋条件也初步具备，企业同时进行主流创新与新流创新的时机已经成熟。主流或新流创新内部要素的协同，促进主流创新与新流创新的共生成长，并进一步提高了 FFAD。同时，主流创新为新流创新提供资源要素，新流创新为主流创新提供新的思想，强化主流创新要素；新流创新为了自身的成长，又需要争夺更多的资源要素。因此，主流创新与新流创新在资源要素配置方面冲突最明显。从整体上看，主流与新流创新协同度较低，二者之间呈现互补协同状态。需要企业根据效益最大化原则进行合理调控，缓解主流创新与新流创新在各创新要素上的冲突。随着创新要素内外协同程度的提高，SFAD 也得以提高，主流与新流创新要素的契合程度不断提高，带动创新能力、协同度同步提升，进而获得更高的整体创新绩效。

（三）成熟期——要素结构优化推动创新能力、协同度优化提升

这一时期，随着创新要素进一步强化与协同，主流与新流创新要素结构得以优化，创新要素生产效率显著提高，主流创新仅需保持正常的资源要素配置即可获得巨大的收益产出，并可将获得的收益投入新流创新中，促使新流创新迅速成长起来。进入汇流创新阶段，FFAD、SFAD、TFAD 都比较高，FAD 达到最高水平，意味着主流与新流创新充分利用了自身要素禀赋条件，二者的创新要素实现了优化配置；主流与新流创新和谐发展，协同度达到最高，二者之间呈现优化协同状态，最终推动创新能力、协同度优化提升，创新绩效达到最优。

（四）衰退期——要素更新重组引领创新能力、协同度循环提升

进入衰退期，一方面，在原有的要素结构禀赋下，主流创新要素边际效益下降，主流创新整体呈现明显的衰退趋势。另一方面，新流创新要素潜力已被充分挖掘，为转化为新的主流创新已经积蓄了足够的动能。此时，FAD 也已越过最高点开始降低，整体创新能力减弱，主流与新流创新协同度随着主流与新流创新之间决策冲突的增强而降低，二者之间呈现转化协同状态；企业必须重新配置要素来打破僵局，完成主流与新流创新更替，进而实现创新升级。随着要素更新重组，新的要素禀赋对应新的创新模式，引领创新能力、协同度开始新一轮的循环提升过程，

主流与新流创新进入新的演进过程。

四　要素优化配置的方式

受企业内外部创新资源的限制，主流与新流创新活动必须注重效率与效益。因而，创新要素配置的目标是最大限度地提高主流与新流创新活动的产出效率及其所实现的创新绩效。在主流与新流创新的演进过程中，企业可综合采取适应型、协同型和更替型要素配置方式，促进主流与新流创新的协同发展，提升 FAD，充分挖掘创新潜力，达到最高的创新能力和实现最优的创新绩效。

（一）适应型配置

适应型配置主要体现在创新模式不明确的萌芽阶段或者创新模式需要调整的变革阶段，是指通过要素优化配置来达成要素禀赋与创新模式的适配，进而实现主流与新流创新的演进、转化，包含识别、适配、强化三个环节。首先，企业应结合前文对主流与新流创新要素的构成与特征分析，识别自身创新要素禀赋条件；其次，企业根据创新战略目标，选择合适的创新模式与当前创新要素禀赋相匹配；最后，当创新模式确定后，企业应加强其驱动要素、赋能要素，增加资源要素，弱化障碍要素的影响，实现收益要素的增强，进一步强化创新要素与创新模式的适配性。

（二）协同型配置

协同型配置一般运用在企业同时开展主流创新与新流创新的发展阶段，是指通过协调创新要素内外部的关系，缓解主流与新流创新内部要素的冲突以及二者创新要素之间的冲突，实现主流与新流创新的协同，具体又可以分为效率提升型和结构优化型两种方式。效率提升型强调通过内部要素调整，激发各种创新要素生产效率的提升；结构优化型侧重主流与新流创新要素结构的优化，以促进主流与新流创新和谐发展。由于协同型配置考察创新要素利用的直接收益，以创新的最有效利用为目标，企业对于创新产出效益的积极性及其资源组织与运用能力的高低，是创新要素能否达到优化配置的决定性因素。

（三）更替型配置

更替型配置大多发生在主流衰退、新流成熟阶段，是指通过对原主流与新流创新重新定位，并调整相应创新要素内容，使要素禀赋条件完成更新重组，并带动主流与新流创新实现跃迁升级。当主流创新要素禀赋条件显著恶化，新流创新要素禀赋条件还存在很大的提升空间时，正是进行更替型要素配置的良好时机。更替型配置的核心是对资源要素的重新配置，企业应制订计划，逐步减少原主流创新的资源要素，或将其转化为新主流创新的资源要素。此外，对于新的主流与新流创新，企业应重新设定驱动要素、整合赋能要素、识别障碍要素、调整收益要素，使创新要素禀赋条件与创新模式再次适配。由此，主流与新流创新能够实现可持续性优化发展。

第三节　企业案例分析及主要发现

根据企业所处不同创新生命周期阶段，本章选择伊时代、铁拓机械和凤竹纺织进行多案例研究，以支持研究结论的可信性和科学性。

一　适应型要素优化配置促进创新能力、协同度适应性提升——以伊时代为例

福建伊时代信息科技股份有限公司（简称"伊时代"）成立于2003年3月，是专业的数据安全服务企业，以数据安全核心技术自主研发的领先优势走在全国同行前面。经过10多年的技术累积和市场开拓，伊时代建立了以福州、北京、上海为核心辐射全国的业务支撑平台，拥有多个产学研共建实验室。截至2017年底，伊时代已通过了CMMI（软件能力成熟度模型集成）3级认证和ISO9001质量管理体系认证，并获得信息安全服务资质、计算机信息系统集成二级资质、军工二级保密资质、国家密码管理局商用密码产品的生产和销售单位许可资质等，同时是国家火炬计划重点高新技术企业、双软企业、国家信息安全工程技术研究中心分中心、国家计算机网络应急技术处理协调中心支撑单位，并被列为2017年福建省重点上市后备企业。伊时代主流与新流创新历程如图5-5所示。

（一）适应型要素优化配置——识别、适配、强化

1. 识别

创业初期，伊时代充分考察自身的初始要素禀赋：驱动要素来自满

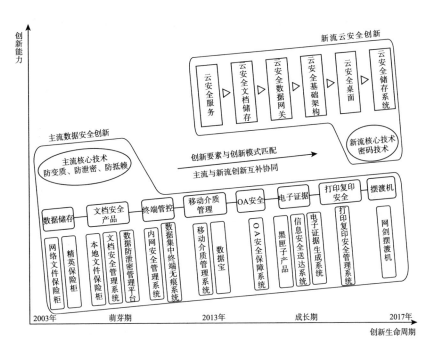

图 5 - 5 伊时代主流与新流创新历程

足客户的信息安全要求，并应对国内同行竞争；资源要素主要包括软硬件基础设施、排他性专有合同、重大专利等；主流数据安全技术基础相对薄弱，组织管理、产学研合作、知识产权管理等赋能要素都还未显现；障碍要素却较多，例如研发投入资金有限、创新风险较大；收益要素则体现为短期利润。

2. 适配

伊时代采取的战略是走专业化之路，巩固数据安全主业，构建核心能力，以专业化优势在市场中占有一席之地。基于这样的战略考虑，伊时代从自身要素禀赋条件出发，选择以数据安全技术为切入点，开展主流创新活动。要素禀赋条件与创新模式相契合，能够增强主流创新能力，并驱动创新绩效的提升。

3. 强化

企业注重"紧跟市场需求，创新发展思路"，强化主流创新的驱动要素；投入营业收入的 6% 作为研发资金，为主流创新活动提供较多的资源要素；通过以人为本构建团队、采取扁平化管理、实施鼓励发明创新制度、健全专利管理制度、采取产学研合作模式、建立伊时代院士工作站等方式，增强了赋能要素，并克服了障碍要素；不仅瞄准短期利润的增长，同时还注重产品和服务质量的提升，追求以质取胜的收益要素。

（二）创新能力、协同度适应性提升

伊时代对创新要素的适应型配置提升了要素禀赋与创新模式的匹配度，FFAD 得以提高，促进创新研发能力、创新转换能力、创新管理能力适应性提升。伊时代不断挖掘主流数据安全技术，初步形成了"防变质、防泄密、防抵赖"的主流核心技术和"7 + 1"主流产品模块。自2013 年以来，随着云计算和大数据的逐步发展，伊时代适时调整要素配置，开始新流云安全技术的创新探索。新流云安全技术以密码技术为核心，并包含云存储框架、云存储技术、数据备份及容灾等关键技术。主流数据安全技术为新流创新提供了高素质的人力资源和良好的技术基础，而新流云安全技术突破后反哺主流数据安全技术开发，二者冲突较弱，呈现互补协同状态。初始要素禀赋决定了创新模式的选择，创新要素的不断适配、强化，促进创新能力、协同度适应性提升，创新潜力不断被挖掘，企业也获得源源不断的创新绩效。在主流与新流创新演进过程中，伊时代从萌芽期迈入成长期，从一家小公司成长为优秀的创新型企业，跻身全国软件先进企业行列。2016 年，公司总资产突破 4 亿元，销售收入 2.8 亿元。伊时代主流与新流创新演进情况如表 5 - 3 所示。

表 5 - 3 伊时代主流与新流创新演进情况

指标		主流数据安全技术	新流云安全技术
创新要素	驱动要素	满足客户的信息安全要求，并应对国内同行竞争	新利润增长点，新兴技术探索，云计算和大数据发展需求
	资源要素	软硬件基础设施、排他性专有合同、重大专利等	密码技术、云存储技术等
	赋能要素	采取扁平化管理、实施鼓励发明创新制度、健全专利管理制度、采取产学研合作模式	企业创新文化，风险承受力，投资项目管理体系
	障碍要素	研发投入资金有限、创新风险较大	新流市场未成熟
	收益要素	产品和服务质量提升、市场占有率提高、短期利润增长	云安全技术开发、应用及市场认可
要素配置方式		以适应型配置为主	

续表

指标	主流数据安全技术	新流云安全技术
要素适宜度	要素禀赋与创新模式的匹配度提升，促进 FFAD 相应提高	
创新能力	创新研发能力、创新转换能力、创新管理能力适应性提升	
创新协同度	主流创新与新流创新互补协同，冲突较弱	
创新绩效	市场占有率提高、经济效益显著、知名度提升	

二　协同型要素优化配置推动创新能力、协同度优化提升——以铁拓机械为例

福建省铁拓机械股份有限公司（简称"铁拓机械"）成立于 2004 年 7 月，致力于沥青混合料、沥青再生、预拌干混砂浆等搅拌设备的研究、生产、销售及服务。创业初期，铁拓机械以差异化定位进入沥青搅拌设备市场，专注于主流沥青搅拌设备领域创新，定位于中小型沥青混凝土搅拌设备。自 2008 年以来，随着市场的不断发展和客户需求的变化，沥青搅拌设备逐渐从低端简易阶段到高端精致阶段转变，客户的投资意识也在增强，施工越来越讲究专业化。铁拓机械在巩固主业的同时，向多元化发展，要素禀赋条件也日益改善。根据要素禀赋的变化以及企业发展战略的新要求，公司适时调整了创新模式，同步开展主流沥青搅拌技术创新与新流沥青再生技术创新，并积极采取有效的要素优化配置方式，推动创新能力、协同度优化提升。2018 年，福建省铁拓机械股份有限公司荣膺工信部"第一批制造业单项冠军培育企业"。其主流与新流创新历程如图 5-6 所示。

（一）效率提升配置——激发创新要素生产率提升

铁拓机械在同步开展主流创新与新流创新时，企业创新发展的动力首先源于创新活动内部要素配置效率的提升。一方面，综合考察主流沥青搅拌设备领域创新的要素条件，驱动要素与赋能要素基本成熟，由于沥青搅拌设备污染较大，难以符合节能环保的行业发展新趋势，抑制了主流资源要素的配置，此时的资源要素配置主要是围绕配套工艺和辅助工艺的开发。企业不需要在主流创新上投入过多的资源要素即可获得较高的经济回报，其内部要素配置效率已达到较高水平。另一方面，铁拓

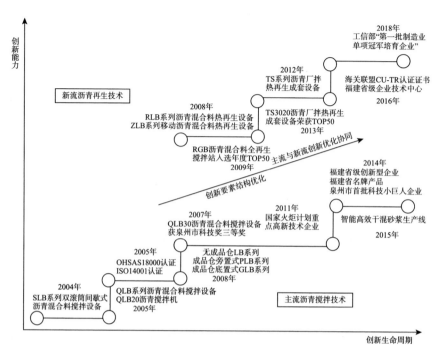

图 5－6　铁拓机械主流与新流创新历程

机械加大新流资金投入，与台湾富大威机械工程有限公司联合成立"沥青再生技术研究泉州工作站"，通过建立产学研合作创新等方式克服障碍要素的负面作用。从驱动要素、赋能要素、障碍要素的综合作用来看，铁拓机械对新流资源要素的投入倾向增强。企业投入大量资金加大对新流沥青再生技术的开发力度，在核心技术、配套设备、辅助工艺等方面均取得较大突破。随着新流资源要素投入的增加，新流技术创新能力增强，新流收益的可预见性增强。从整体上看，新流内部要素配置效率随内部要素的协同性提高而提升，并且具有较大的提升空间。随着内部创新要素协同度的提升，SFAD 也得以提高。

（二）结构优化配置——促进要素和谐发展

首先，铁拓机械立足企业的可持续发展，从战略层面提出技术转型升级，将技术先进、环保性良好的沥青再生技术作为新一代技术，有效协调了主流与新流的驱动要素。其次，铁拓机械为主流创新配置更多的财产性资源，如重大专利、排他性专有合同、一体化生产或分销系统；为新流创新配置更多的临时性项目团队，减缓二者的资源冲突。再次，铁拓机械既塑造了有利于主流创新的赋能要素，如完善的主流知识体系、稳定的供应链合作、良好的自主研发团队、知识产权管理等；又积极打造适应新流创新的赋能要素，如差异化创新战略、产学研合作创新等。继而，铁拓机械通过构建二元组织的方式克服主流技术不可持续、新流收益不明朗等障碍要素。最后，铁拓机械兼顾了主流收益的短期性、稳定性和新流收益的长期性、不确定性，为主流与新流创新协同发展指明了方向。总之，铁拓机械通过结构优化配置，促进了主流与新流创新要素之间的和谐发展，进而促使主流与新流创新达到优化协同状态。

（三）创新能力、协同度优化提升

从整体上看，铁拓机械的主流沥青搅拌设备专注于中小型市场，新流沥青再生设备针对养护市场。通过主流与新流创新的协同演进，铁拓机械自主研发实力逐步增强，为打造专业化、精品化品牌形象奠定了坚实的基础。铁拓机械综合采取效率提升和结构优化这两种协同型要素优化配置方式，一方面，加强了要素禀赋与创新模式的适配性，FFAD 再次提高；另一方面，提高了主流与新流创新的协同度，带动 SFAD 同步上升。主流与新流创新要素之间冲突缓和，促使二者的协同效应从互补协同到优化协同。企业整体创新能力显著提高，创新绩效持续增长，创新要素与创新绩效的适宜程度明显提高，从 FFAD 到 SFAD 再到 TFAD 实现了多层次提升。短短十几年，铁拓机械走过了从小型移动式沥青搅拌设备到大型沥青搅拌设备，再到拥有国内系列最齐全的沥青再生设备，从一个沥青搅拌设备行业新军，到国内沥青厂拌热再生设备技术领先、销量第一品牌的发展历程。2017 年，在主流创新方面，公司在中小型沥青搅拌设备市场占据了领先地位，移动式沥青混凝土搅拌设备销量占中国市场销售总量的 60% 以上；在新流创新方面，沥青再生设备稳居全国销量第一，出口势头也非常迅猛，新流业务已经占到公司总业务收入的30% 以上。铁拓机械主流与新流创新演进情况如表 5 - 4 所示。

表 5 - 4　铁拓机械主流与新流创新演进情况

指标		主流沥青搅拌技术	新流沥青再生技术
创新要素	驱动要素	满足客户对产品的质量、成本要求，并应对国内同行竞争	国际市场开发、环保要求

指标		主流沥青搅拌技术	新流沥青再生技术
创新要素	资源要素	沥青搅拌成套设备、系统生产体系、排他性专有合同等	沥青再生新流技术、设备等
	赋能要素	供应链合作、主流知识体系、自主研发团队、知识产权管理	差异化创新战略、产学研合作创新
	障碍要素	主流技术不可持续	新流收益不明朗
	收益要素	利润增长、客户满意度提升、市场占有率提高、品牌形象升级	沥青再生技术开发及应用、沥青再生设备的市场认可
要素配置方式		以协同型配置为主	
要素适宜度		要素内外协同、结构优化推动从 FFAD 到 SFAD 再到 TFAD 的多层次提升	
创新能力		主流创新能力全面增强，新流创新能力飞速提升，整体创新能力显著提高	
创新协同度		主流与新流创新要素之间冲突缓和，协同效应从互补协同到优化协同	
创新绩效		企业整体创新绩效持续增长，国内市场占有率提升，国际市场占有率提升，新产品销售占比提高	

三 更替型要素优化配置引领创新能力、协同度循环提升——以凤竹纺织为例

福建凤竹纺织科技股份有限公司（简称"凤竹纺织"）成立于 1987 年，以棉纺、染整精加工和针织面料、筒子色纱生产及环保设施运营为主营业务，被评为"2005 年中国最具生命力十大民营企业"，连续七年名列"中国针织行业竞争力前十强企业"。凤竹纺织始终坚持以科技为本，集成企业内外创新资源开展技术创新，走创新发展之路。凤竹集团技术中心被国家发改委、科技部、财政部、国家税务总局、海关总署联合认定为"国家级企业技术中心"，并被列入"第二批国家循环经济试点示范单位"。凤竹纺织的主流技术完成了从溢流染色技术更替升级为气雾染色技术，其创新历程如图 5-7 所示。

（一）更替型要素优化配置——要素禀赋更新推动新旧主流更替

2008 年以后，凤竹纺织的创新要素禀赋已达到最佳，FFAD 也已提升至最大，创新发展进入瓶颈期。主流溢流染色技术创新要素禀赋已开

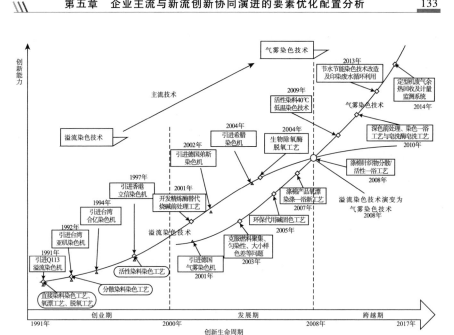

图 5 - 7　凤竹纺织主流与新流创新历程

始恶化，从主流驱动要素、赋能要素和障碍要素综合作用看，企业对主流资源要素的配置应该下调，但主流资源要素自身又陷入自我强化的惯性，主流创新面临核心能力僵化的风险。而新流气雾染色技术创新要素禀赋还存在很大的提升空间，从新流驱动要素、赋能要素和障碍要素综合作用看，企业应加大对新流资源要素的配置。此时，主流与新流创新之间面临较大的决策冲突，协同度再次降低，协同效应为转化协同。凤竹纺织及时进行要素禀赋更新、重组，变换主流与新流地位，推动新流气雾染色技术创新转化为新的主流创新，加大新主流创新的要素投入，并促使原主流创新资源要素注入新的主流创新。通过资源要素这一核心要素的重新配置，企业创新要素禀赋结构完成重组、优化，FAD 开始新的周期循环，企业创新呈现螺旋式上升轨迹。

（二）创新能力、协同度循环提升

通过更替型要素优化配置，凤竹纺织实现了新旧主流更替，创新能力实现跨越升级。主流气雾染色技术范式逐步确立，新流环保节能技术创新又开始涌现，创新能力在新一轮主流与新流演进历程中得以循环提升。主流与新流的要素禀赋条件产生了新的变化：对于主流气雾染色技

术创新而言，其创新内部要素比较和谐，关键在于进一步提升创新要素
生产率；对于新流环保节能技术创新而言，其核心在于技术开发及在主
流创新领域的应用。新的主流与新流创新之间的冲突再一次缓和，相互
促进，形成汇流创新，协同效应表现为互补协同。在主流与新流创新要
素新一轮的匹配、协同、优化过程中，FFAD、SFAD、TFAD 开始新的循
环，创新绩效实现持续增长。2017 年，虽然大环境不容乐观，凤竹纺织
前三季度依然实现营业收入 5.85 亿元，同比增长 11.47%，其中新产品
销售收入占比在 70% 以上。凤竹纺织主流与新流创新演进情况如表 5 - 5
所示。

表 5 - 5　凤竹纺织主流与新流创新演进情况

指标		主流气雾染色技术	新流环保节能技术
创新要素	驱动要素	满足国内外客户对质量、时尚、环保的要求	国际竞争、政策要求
	资源要素	排他性专有合同，一体化溢流染色生产系统，研发、设计、检测、信息等多团队合作协调技术	环保节能、低碳技术等
	赋能要素	核心技术部门和职能部门、国际营销网络、长期合约制度、ERP 信息平台、产学研合作创新	投资项目管理体系、"以人为本"的企业文化、动态技术创新团队
	障碍要素	不显著	新流绩效不明显
	收益要素	稳定的经济收益、持续的质量改进、良好的市场声誉	环保节能技术开发及其在主流创新领域的应用
要素配置方式		以更替型配置为主	
要素适宜度		FAD 开始新的周期循环	
创新能力		主流与新流创新能力循环提升	
创新协同度		主流与新流创新要素之间的冲突缓和，协同效应从转化协同到互补协同	
创新绩效		创新绩效实现持续增长，国际化战略成效明显，新产品销售占比大幅提升	

四　管理启示

（一）推动主流与新流创新四维和谐演进是企业创新的必然要求

在创新生命周期的不同阶段，企业创新要素禀赋不尽相同，创新能

力存在差异，主流与新流创新的协同度也不断调整。初始要素禀赋决定了创新模式的选择，创新要素的不断适配、强化，可以促进创新能力、协同度适应性提升；创新要素生产率提升、要素和谐发展，可以推动主流与新流创新能力、协同度优化提升；要素禀赋更新推动新旧主流更替，引领创新能力、协同度循环提升。伴随创新要素的匹配、协同、优化，创新能力、协同度随之变化；在内外部环境作用下，创新要素更新重组，新旧主流创新产生更替，创新能力实现跃迁升级，主流与新流创新进入新一轮的周期性循环演进历程。因此，企业要形成持续创新，必须推动创新生命周期、创新要素、创新能力、创新协同度的和谐演进。通过优化配置创新要素，协同开展主流与新流创新，培育提升创新能力，形成持续创新流，企业整体的创新过程才能向前推进，进而获得源源不断的创新绩效。

（二）提高要素适宜度是主流与新流创新四维演进的方向

要素适宜度（FAD）反映主流与新流创新活动在特定时期内的发展状态，是企业对创新要素进行配置的结果。FAD 不仅与创新要素相关，主流与新流的周期性演进与转化，二者从冲突到协同，创新能力的提升与跃迁，都可以在 FAD 的变化过程中得以体现。伊时代在初始资源禀赋匮乏时，选择最适合企业现状的主流数据安全技术创新，其要素禀赋条件与创新模式比较吻合，保证了主流活动的顺利开展，促进了创新能力适应性提升，FFAD 也相应提高。随着要素禀赋的多元化，铁拓机械同步开展主流与新流创新，在主流与新流要素内外部协同、优化过程中，从 FFAD 到 SFAD 再到 TFAD 实现了多层次提高，也推动了创新能力、协同度优化提升；当创新要素禀赋达到最佳时，FAD 也已提升至最大。创新发展进入瓶颈期时，风竹纺织及时进行创新要素更新、重组，变换主流与新流地位，推动新流气雾染色技术创新转化为新的主流创新。通过资源要素这一核心要素的重新配置，企业创新要素禀赋结构完成优化、升级，引领创新能力、协同度进入新的循环提升进程，创新绩效实现了持续增长。FAD 的提出将企业决策者的注意力拉回自身的要素禀赋调整上，把提高 FAD 作为主流与新流创新演进的方向，即通过优化要素配置，提升 FAD，以实现企业创新可持续发展。

（三）培育创新能力是主流与新流创新四维演进的核心

主流创新和新流创新是推动企业核心技术动态成长，即从萌芽发展到突破技术极限实现技术跃进的引擎，是带动创新能力升级的内在动力。在主流与新流创新的四维演进过程中，企业正是通过一轮又一轮的创新演进，实现技术轨道跃迁、技术能力提升的过程，从而掌握领先于同行的核心技术。高层管理的支持、战略与资源的倾斜，促使主流创新研发能力、创新转换能力和创新管理能力多层次均衡发展；在探索新技术、新产品过程中，企业通过整合创新资源、寻求外部支持等方式，为新流创新的蓄势发展奠定了良好的能力基础。主流创新能力陷入发展瓶颈时，新流创新能力保持强劲，为突破现有创新极限、实现新旧主流转化提供了充分的能力驱动。因此，企业要想永续发展，就必须整合主流与新流创新能力，培育持续的创新能力。在主流与新流交织共生发展，形成持续创新流的演进过程中，创新能力不断提升、突破技术极限、实现技术跨越，为企业在激烈的市场竞争中赢得持续竞争优势。

（四）开展协同创新是主流与新流创新四维演进的关键

企业主流与新流创新四维演进的关键是要推动主流与新流创新的协同发展过程。首先，企业既要立足于当前业务发展需要，又要着眼于未来可持续发展，为企业创新目标协同提供最大合力；其次，企业一方面优化主流与新流创新资源配置，另一方面积极拓展创新资源获取渠道，为主流与新流创新协同奠定坚实基础；再次，企业既要建立核心技术部门和职能部门、国际营销网络、长期合约制度、ERP信息平台等适应主流创新模式的组织工具，又要着手构建投资项目管理体系、"以人为本"的企业文化、动态技术创新团队等促进新流创新的组织策略，由此建立的二元组织架构有利于克服各种抑制创新的阻力，为主流与新流创新协同发展提供有效保障；最后，企业需要兼顾短期利润和长期收益，为主流与新流创新协同发展指明正确方向。创新协同度的演进反映了主流与新流创新的冲突从无到有，最终达到协同的过程。在主流与新流创新的四维演进中，通过创新要素生产率的提升以及结构优化配置，主流与新流实现协同发展，推动创新朝着优化发展的目标演进。

本章小结

本章以创新生命周期、创新要素、创新能力、创新协同度为维度，构建了主流与新流创新演进的四维理论模型，绘制主流与新流创新在四维空间的演进轨迹，描述主流与新流创新的演进过程中创新要素、创新能力、创新协同度的变化规律。同时，开展案例分析，总结和提炼中国企业主流与新流创新四维演进的规律与启示。本章认为创新能力、要素适宜度、创新协同度随创新生命周期演进的趋势基本一致；企业推动主流与新流创新演进的方向是充分挖掘创新潜力，提升要素适宜度，确保创新活动达到优化状态；企业可综合采取适应型、协同型和更替型要素优化配置方式，促进主流与新流的协同发展，实现最高的创新能力和最优的创新绩效。创新要素组合的突变重组，导致主流与新流创新轨道的切换，创新能力层级提升，进而实现更高的创新绩效，为企业主流与新流创新演进提供了新的方向与突破口。

第六章　企业主流与新流创新协同
演进的机理研究

自 20 世纪初熊彼特首次提出创新理论以来，创新理论不断延伸发展，经历了熊彼特创新理论、制度创新经济学和技术创新经济学的新熊彼特创新理论阶段，并伴随创新理论研究的持续深化而凸显出不同时代、不同情境下创新理论研究的热点，体现出一定的规律性。企业主流与新流创新的研究是符合国家创新发展战略背景的重要研究内容，成为创新理论延伸的重要分支。结合企业主流与新流创新研究的现实需要，本章具体分析企业主流与新流创新历史进程及演进特征，剖析企业主流与新流创新要素演进及特征，进而阐释企业主流与新流创新协同演进的机理。

第一节　企业主流与新流创新历史进程
及演进特征

一　企业主流与新流创新历史进程

（一）企业主流与新流创新基础理论铺垫时期（1912~1982 年）

20 世纪 30 年代，资本主义爆发有史以来最为严重的经济危机，世界经济遭受前所未有的沉重打击，对经济、政治和社会等各个方面均产生了极为深远的影响。一时间，复苏资本主义经济成为亟待解决的重大问题。在这期间，熊彼特 1912 年在《经济发展理论》中首次提出了"创新理论"，认为创新是企业家以新的生产方式对生产要素的重新组合（李乾文，2017），但直到经济危机爆发，这一思想才逐渐为人们所认识；而后，熊彼特 1939 年在《经济周期：资本主义过程的理论、历史和统计分析》一书中，将经济周期划分为 50~60 年的经济大周期、平均长度 10 年的经济周期、平均长度 40 个月的经济小周期，并充分阐述了 3 个周期中创新对于经济发展的推动作用（严汉平，2003）；1942 年《资本主义、社会主义与民主》一书出版，至此，熊彼特创新理论形成了独特的理论体系（孟捷，2003）。

20世纪40～50年代，学术界从微观层面对企业创新过程、成功因素和动力等方面进行了研究。随后，研究活动持续深入，越来越多地触及创新发展的内源性问题，探讨如何通过对 R&D 活动的有效管理推动创新的发展，以实现企业发展的目标（哈肯，1989）。20世纪70年代，第二次世界性经济危机爆发，美国等发达资本主义国家遭受严重的经济损失，但在这期间，韩国、新加坡等新兴国家规避了经济危机，并得到迅速发展。究其原因，主要是由于韩国、新加坡等新兴国家注重创新理论与实践的紧密结合，最终打破经济停滞格局，实现了经济赶超。20世纪70年代中期，创新理论实现了与经济学理论的相互融合，形成了制度创新经济学和技术创新经济学，在解决经济发展中出现的各类问题上作用更加突出（Hippel，1991）。Menke（1986）提出组合思想，认为创新系统要素的组合能更全面、更有效地解决创新管理问题。Winter 和 Nelson（1982）在相关理论研究的基础上指出，不管企业处于哪个行业，创新企业始终保持较高且稳定的发展水平。而从单个创新型企业来看，有的创新型企业在相当长时间内保持持续创新，有的创新型企业创新行为呈现间断特性，还有企业可能很少进行创新。基于学者对创新理论的研究与探讨，本书认为创新是解决企业发展关键问题的重要方式，是推进经济发展和社会进步的核心内容。创新理论为企业发展、经济增长和社会进步提供了重要的理论支撑，也构成了企业主流与新流创新思想的重要理论基础。但是，对于发展中的企业而言，间断的创新行为难以保证企业的可持续发展。

（二）企业主流与新流创新思想萌芽时期（1983～2007年）

20世纪80年代，间断性的创新行为所带来的社会、经济问题开始凸显。1983年，以生产汽车收音机为主的摩托罗拉（Motorola）经过50年代的转型，推出全新的产品——第一部移动电话，成为世界最大的移动电话厂商。摩托罗拉以需求为导向，摆脱旧的发展模式，推出全新的产品，成功实现了转型。但在 Moto RAZR V3 占领移动电话主流市场后，摩托罗拉并没有继续研发适应潜在市场需求的产品，而是满足于现存收益，致使其霸主地位受到了巨大的冲击。之后的诺基亚，包括世界500

强企业 IBM、通用汽车和西尔斯等公司，同样面临创新成功后的亏损，面临巨大的生存危机（徐浩鸣等，2003）。

Kanter（1983，1989）分析了企业失败的案例，阐述了创新变革的重要作用，进而提出了创新流的概念，将摩托罗拉、诺基亚等企业经过创新成功后面临巨大危机的现象归因于创新流的间断，指出企业应开展持续创新，保证企业的生存和发展，进而提出了新商业流的概念，并初步探讨了新商业流对企业长期发展的影响。Tushman 和 O'Reilly（1998）通过对企业创新案例进行分析，明确界定了创新流的概念，即创新流是多种创新相结合，意味着一种能力，一种能够通过大范围的创新而持续驾驭各种潜在因素的能力。Tushman 等（2002）对当时社会背景下企业创新发展状况进行了深入研究，提出通过创新流和组织设计来构建企业动态的创新能力，即创新流是企业动态能力的关键，而组织设计是创新流的重要决定因素。赵玉林（2006）提出，要想获得创新成功，管理者不仅必须对创新进行管理，而且要对创新流进行管理，体现在影响创新流的核心技术管理和预先主动地变革组织塑造创新流两个方面。Ireland 和 Webb（2007）提出，更多企业从《财富》榜单消失的原因就在于没有充分利用创新流创造持续性竞争优势。在企业中 30%～50% 的销售利润是由前 5 年产品商业化所创造的，通过企业持续的创新流，在过去的10 年中这个占比都相当稳定。以上学者在深入研究创新基础理论后，提出了解决创新间断问题的最好办法：通过创新流不断创造新的竞争优势，促进企业持续发展。以创新理论为基础进行深入扩展，提出创新流，为企业持续发展问题提供了研究思路，成为主流与新流创新形成的思想萌芽。

（三）企业主流与新流创新思想初步形成时期（2008 年以来）

以创新理论为基础展开扩展研究，学者们提出了以创新流解决创新间断的问题，为企业持续发展提供了研究思路。但是，如何提供源源不断的创新流成为新的研究问题，而主流与新流创新的研究为如何实现创新流、实现企业持续发展提供了具体的研究路径。Kanter（2008）在前期研究的基础上，提出了企业主流与新流创新，将企业持续性成功归结为企业在创新过程中，坚持明确的价值观和原则，同时保持企业发展的一致性，实现了主流创新和新流创新的平衡。Terziovski（2010）通过对澳大利亚的制造业、服务业、电子业和建筑业的企业调研，分析企业主流与新流创新活动对创新绩效的影响，同时，通过实证方法分析出顾客满意、生态循环绩效等主流创新要素和新产品的收入、创新专利数、研发支出占销售收入比重等新流创新要素对企业创新绩效的影响，实现了企业主流与新流创新和企业绩效之间的结合，实现了理论与实证研究的结合。

我国企业主流与新流创新的研究与西方国家相比较为落后，直至21世纪才开始对企业主流与新流创新进行研究。学者们首先以中小企业为研究对象，分析了创新理论及其内在机理，探究中小企业如何打造核心竞争优势（吴佳音、朱斌，2011）。面对我国企业"不创新等死，创新找死"的发展困境，朱斌和吴佳音（2011）开始了企业主流与新流创新的研究，具体论述了企业主流与新流创新的概念，指出企业要想实现在未来激烈竞争中生存，就必须实现创新流的发展，通过企业主流与新流创新的伴生和动态演化，实现企业主流与新流创新协同发展，形成持续创新机制，实现持续创新能力的提升。Zhu和Jiang（2013）进一步提出了主流与新流创新的三维理论模型，即从时间维度、协同度与创新能力三维视角来研究主流与新流创新的冲突机制，并以协同度模型研究主流与新流创新协同机制，以企业案例进行实证分析；另外，通过主流与新流创新冲突与协同的研究，建立冲突与协同发展的博弈模型。基于复杂系统理论，朱斌和陈巧平（2015）提出在主流与新流创新系统中，主流与新流创新两个单元的组合经历了开拓期、成长期、成熟期和自我更新的演进历程。此后，方金城和朱斌（2016）以实证方法分别论证了标杆学习对主流和新流创新的影响，进一步丰富了主流与新流创新的研究。学者们对于主流与新流创新的研究，着眼于为企业持续创新发展提供一种路径，以解决如何推进持续创新发展的问题，为企业推进持续创新发展提供具体的借鉴。至此，在我国，企业主流与新流创新思想初步形成。通过企业主流与新流创新演进研究，助力企业实现现在和未来的生存与发展。

二　企业主流与新流创新演进特征

从创新基础理论的积淀到创新思想萌芽，再到企业主流与新流创新思想初步形成，演绎了企业主流与新流创新形成的历史进程，同时展现出企业主流与新流创新各自的特征及相互之间的关系。

（一）企业主流与新流创新演进是从隐性到显性的过程

在企业主流与新流创新演进的各阶段，二者凸显出不同的特性。从整个演进过程来看，企业主流与新流创新是从隐性到显性的过程。蒋国平（2010）在研究技术创新时指出，在复杂多变的动态环境下，企业以起主导作用的隐性知识来不断地创造新技术、新产品，突破技术和资源的限制，实现技术轨道的转变，发挥持续竞争优势。宋辉和倪自银（2015）指出，显性是指一项技术经过研发，形成的产品在目前市场获利前景非常乐观；隐性是指技术研发周期较长，形成的产品不能被目前市场认可，但在未来市场实现企业战略目标上具有非常重要的地位。主流技术创新作为企业生存的主导技术，受到很大比例的企业创新要素的支持，在目前市场发展中占据一定的份额，成为企业利润主要来源的创新活动，因此可以说主流创新具有显性特征。新流创新是企业新的创新活动，尚处于研发阶段，并未给企业带来利润或带来很少利润，但会带来巨大潜在利润的创新活动，因此这种新流创新特性被称为隐性特征。企业主流与新流创新的演进是实现从没有利润的新流技术转化为企业主要利润来源的主流技术，即技术创新从隐性到显性的过程。

（二）企业主流与新流创新周期性交替

企业内部形成一个创新系统，主流与新流创新在系统内呈现周期性交替特征。汤伟钢和李炅珉（2013）提出，技术创新发展符合市场需求变化规律，表现为"技术范式导入期—技术范式成长期—技术范式成熟期—技术范式衰退期"的周期发展。Helling（2015）指出，企业技术创新是一个技术周期性交替的系统，表现为"技术起步—技术成熟—技术衰退—新技术接替"的周期性交替。随着对企业主流与新流创新的深入研究，他发现创新系统内企业主流与新流创新要素及相互之间的关系不断演进，具有循环往复特征，呈现周期性交替。企业主流技术与新流技术相互作用，周而复始地呈现繁荣、衰退和复苏的局面。企业主流与新流创新的这种周期性交替具体表现为，主流创新经过繁荣后衰退，遭到市场淘汰，新流创新不断崛起转变为主流创新，使得企业技术创新实现技术轨道跃迁，从一轮创新到下一轮创新，不断实现新流创新向主流创新的转变，从而实现企业技术创新周期性交替演进的过程。

（三）企业主流与新流创新空间互补性与时间交错性

企业主流与新流创新在演进过程中的某一个周期内，呈现空间上互补性、时间上交错性的特征。从空间层面来说，牛顿确立了绝对空间的概念，提出不仅存在自然物体占据某个空间，而且存在那种充斥、占据或处于某个空间的东西（Kanter，1988）。汪丁丁（1997）提出了空间互补性的概念，认为不同主体所累积的知识之间可以交流，从而形成互补性。张俊娟和李景峰（2010）提出，不同的相关知识体系合作时，共同分享各自所掌握的知识，实现了隐性知识的共享，促进了原来不同空间的知识进行整合，如此创新出更多的产品与管理方法，形成了知识的空间互补性。主流创新和新流创新各自沿技术轨道演进，形成汇流创新，两者之间不是孤立的，主流创新所形成、累积的技术、产品、工艺等给予新流创新以土壤和养分，新流创新所蕴含的新潮技术理念反哺主流创新以活力和新生。企业主流与新流创新作为创新系统空间的两个单元，分别占据企业创新系统空间的某个部分，伴随对创新市场的开发与探索，不断打破企业惯例刚性、突破自身局限，使得主流与新流创新的探索能力被极大地激发出来，穿透到比最初的空间单元更加深刻的层面来建立新的创新系统空间，并在主流与新流创新交替演进中，实现主流与新流创新空间的最大化。主流与新流创新系统的这种形态体现出空间的互补性特征。从时间层面来说，主流与新流创新的生成具有时间先后性，主流创新率先生成，新流创新后发生成。从企业创新实际情况来看，技术创新要素的有限性决定了企业必须将主要精力放在主流创新上，而当主流创新衰退，新流创新生成并向主流创新转化时，企业将主要发展精力放在新流创新上，推动新流创新的成熟与发展。因此，在时间链上，主流与新流创新之间形成交错性。总体来说，企业主流与新流创新在空间上呈现互补性，在时间上呈现交错性的特征。

（四）企业主流创新与新流创新伴生性

在演进过程中，企业主流创新与新流创新相互依赖、相互影响，体现出伴生成长的特征。伴生一词最早起源于生物学领域，而后相续推广应用于教育学和经济学等领域。陈珠成和陈伟（2001）研究科学技术时提出，在科学研究过程中出现不同于既定科研目标的伴生科技成果，这些成果往往不被人重视，却诱发出一种人们希望得到的新技术，从而开辟新的技术发展方向。企业在创新管理过程中，新流创新随着主流创新的发展而生成，并不断发生着状态的改变，这种关系表现为伴生性。朱斌和吴赐联（2016）提出，企业主流与新流创新呈现共同生长、共同提升的关系，主流创新为新流创新的形成提供资金等要素保障，新流创新为主流创新注入新的血液，二者相互促进、相互转化。主流创新生成后，市场逐渐演化出潜在需求，从而促进了新流创新的生成，企业主流与新流创新伴生发展，待时机成熟，新流创新转化为新的主流创新，从而开启新一轮的企业主流与新流创新相互伴生的演进过程。

第二节   企业主流与新流创新要素演进及特征

一   企业主流与新流创新基础要素与主导要素的演进

许庆瑞等（2006）从要素角度分析创新管理，指出创新管理应当以技术创新要素为核心，以非技术创新要素的有机组合和协同创新为手段，做到全要素创新，构建企业核心能力。本章以企业主流与新流创新的基础要素为杠杆，以主导要素为作用力，提出企业主流与新流创新是在基础要素支撑和主导要素引领下实现的演进。

（一）基础要素——企业主流与新流创新演进的基础支撑

企业主流与新流创新的演进与市场、文化、组织、战略等要素的创新有着密切的联系。一方面，市场、文化、组织、战略等要素成为主流与新流创新成功实现演进的基础要素，对企业主流与新流创新的生成和发展起到重要的支撑作用。另一方面，市场、文化、组织、战略等要素间的互动与协同作用随着主流与新流创新的演进而变化。许庆瑞（2007）提出，技术创新过程可以看作创新要素（物质、思想、人员、信息等）在创新目标下的流动和实现过程。随着创新要素的流动，每一个要素表现出不同的特征，其作用力也随着外部环境的变换而不断增强或减弱。因此，伴随企业主流与新流创新的演进，支撑企业发展的基础要素不断变换，作用力逐渐增强或逐步减弱。

　　如图 6-1 所示，在企业主流与新流创新演进过程中，根据企业发展方向受到的影响，提出企业战略要素；根据企业发展的硬件条件，提出技术研发、人才支持、硬件支撑、资金支持 4 个要素；根据企业发展的软环境，提出文化创新、管理创新、知识创新、政策支持 4 个要素。由此形成企业主流与新流创新 9 个方面的基础要素，支撑企业主流与新流创新的演进发展。但值得注意的是，每个企业主流与新流创新的基础要素各不相同，同时，伴随企业主流与新流创新的演进，各阶段基础要素的互动与协同作用不断发生改变。

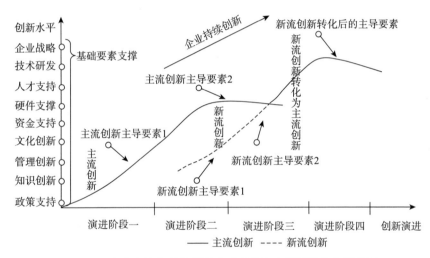

图 6-1　企业主流与新流创新基础要素和主导要素的作用机制

（二）主导要素——企业主流与新流创新演进的方向引领

　　主流与新流创新演进是在主导要素发挥引领作用下，实现主流创新与新流创新交替演进的过程。由于各创新要素的属性不同，主流与新流创新演进中每一个要素所处的位置和作用也各不相同。主导要素作为主流与新流创新演进各个阶段的关键要素，是指在企业主流与新流创新演进过程中，以某一或某几个要素为主，发挥引领作用，带动基础要素集聚，推动全要素协同创新。推动企业主流与新流创新更替演进的要素，其作用机制如图 6-1 所示。现实中，福建海源自动化机械股份有限公司在创立初期，以人才支持要素为主导，引领资金、政策等基础要素共同发挥作用，协同期则以知识创新要素和管理创新要素为主导。中兴通讯股份有限公司新流创新的生成以技术研发要素和客户需求要素为主导创新要素，变异期面对激烈的竞争环境，则以企业战略要素和管理创新要素为主导。由此可见，在企业创新发展的每一个阶段，主导要素都在发生变化。但无论企业主流与新流创新演进到哪一个阶段，主导要素仍旧是主流创新活动的推动力，发挥着指导和带动作用。

在演进过程中，主流创新注重对现有市场的维持与加强，通过与现有主营业务的相关合作伙伴共同对现有产品、工艺、服务的持续改善，满足现有市场客户的需求，以提升企业创新能力，形成创新绩效，打造企业核心竞争力。它主要依赖既有的知识、技能和短期、间断、项目式的资金支持，善于挖掘现有产品、工艺、服务等领域的专业人才和对现有政策的有限利用，采用现有市场导向的企业战略和强调适应与调整的管理创新方式进行渐进性改进，其最终打造的企业核心竞争力反映的是当前时刻企业的竞争优势，因此，不能等同于持续竞争力，也不能保证企业的持续发展。从总体上来说，主流创新演进反映的是企业较短时期内对当前主营业务的挖掘，具有一定的短期性，其演进过程是企业对已有技术潜能和主导技术要素优势的进一步发挥，是对现有技术、能力和创新范式的一种优化和拓展，其技术轨道通常是线性、连续、有待突破的。

在演进过程中，新流创新关注未来新兴市场的开发，通过与战略性新兴业务的相关合作伙伴共同探索、开发新产品、新技术、新工艺，来发现和满足新客户的需求，不仅克服了主流创新的缺陷，实现技术轨道跃迁、形成新的主导技术和创新范式，也进一步提高了企业创新能力，形成持续竞争优势。它主要依赖新的科学技术与知识以及长期、稳定、持续的资金，善于挖掘和利用创新型、外向型和复合型人才，对政策进行创新性的开发与利用，采用新兴市场导向的企业战略，强调多维度的适应与调整、变革与重构，进行突破性的创新改进。相较于主流创新发展，新流创新更多地体现为前瞻、风险、探索和变异，也正因为新流创新的探索、求新、求异，它为企业实现进一步的发展提供了源源不断的创新动力，最终实现新流创新与主流创新的转化，进而推动企业的持续发展。在演进过程中，主流与新流创新的主要影响要素比较如表 6 - 1 所示。

表 6 - 1　主流与新流创新的主要影响要素比较

影响要素		主流创新	新流创新
内部要素	人才支持	善于挖掘现有产品、工艺和服务的领域内专业人才	创新型、外向型、复合型人才
	技术研发	对现有产品服务、工艺过程、材料设备和市场渠道的改善	探索、开发新产品、新技术、新工艺
	知识创新	既有的知识、技能	新的科学技术与知识
	资金支持	短期、间断、项目式	长期、稳定、持续
	管理创新	适应与调整	多维度的适应与调整、变革与重构
	企业战略	现有市场导向；刚性、稳定、调整	新兴市场导向；柔性、多变、革新
外部要素	市场环境	关注现有市场	侧重未来新兴市场
	政策支持	有限利用	创造性的开发与利用
	客户需求	满足现有客户的现实与潜在需求	探索、开发新客户的需求
	合作伙伴	现有主营业务的相关合作伙伴；固定、有限	战略性新兴业务的相关合作伙伴；未知、无限、变换

二　企业主流与新流创新要素演进的特征

企业主流与新流创新的成功演进既需要基础要素的支撑，更需要主导要素的引领。在企业主流与新流创新要素演进过程中，各创新要素所体现的特征主要有以下几个方面。

1. 要素分配有限性

企业的创新要素不是无限的，相对于企业发展的需求来说，其内部要素主要包括硬件支撑、文化创新等基础要素，以及资金支持、人才支持、知识创新等主导要素，在一定时期内是有限的，总体表现出相对稀缺性。企业主流与新流创新在演进过程中都离不开各创新要素的投入与支持。而对于企业生产经营来说，企业的全部投入主要包括基础要素投入和主导要素投入，在既定的要素条件下，两者存在此消彼长的关系。因此，如何实现要素的合理分配成为推进企业主流与新流创新演进的重要内容。企业要想保持持续的竞争优势，就必须根据主流与新流创新演进实际及其表现出的要素分配有限性特征，做出科学的创新战略决策和选择。

2. 主导要素不可替代性

企业主流与新流创新各阶段的主导要素不相同，所发挥的作用也不相同。主导要素作为主流与新流创新各演进阶段的关键要素是不可替代的，它的不可替代性主要体现在两个方面。一方面，主导要素是指能够发挥引领作用，带动其余要素集聚，推动全要素协同创新的要素，其所发挥的引领作用是其他要素所不具备的；另一方面，主导要素直接或间接地形成企业的核心资源，形成企业的核心竞争力，从而使企业获得竞争优势和生存条件，是主流与新流创新各演进阶段的关键要素，难以为其他要素所替代。在现代市场竞争中，越来越多的企业强调发挥主导要素的重要作用，在主导要素引领下占据市场发展主导权，实现企业的可持续发展。

3. 要素流动性

企业主流与新流创新的演进过程实际上是要素的流动过程。在企业主流与新流创新的每一个阶段，基础要素和主导要素都发挥着各自不同的作用，并随着外部环境的变化而不断发生改变。比如，在主流与新流创新的演进初始，起主导作用的为技术研发和人才支持要素；随着企业主流与新流创新的不断演进，潜在市场的作用日渐凸显，此时，企业战略要素发挥其引领作用，促进主导要素的转换；接着，企业战略要素的作用力不断弱化，形成以知识创新和政策支持要素为主导的企业主流与新流创新演进过程。因此，伴随主流与新流创新的演进，要素不断变换、流动，以主导要素为引领使企业率先进入新一代的技术周期，实现企业发展的"蛙跳"与"弯道超车"。

第三节　企业主流与新流创新协同演进的机理

达尔文 1859 年在《物种起源》中提出，生物进化是不断演进的过程，在演进过程中生物个体不断适应环境，经历物种的变异、选择、保留，最终摆脱固有模式的制约，而在长期进化中保留下来，实现了物种自为的跃迁—扩散式演进（Ainsworth，1998）。这种生物的演进是正向的，是在长久发展变化中向更好的方向推进的过程。Winter 和 Nelson（1982）首次将生物进化论引入企业发展，在《经济变迁的演化理论》

一书中深入探讨企业进化论，指出企业的成长类似于生物进化的过程，生物进化的过程主要通过遗传、多样性和自然选择来实现，其本质是遗传信息的创新和生物性状对环境的适应。企业成长的过程是不断改变企业惯例以适应市场机制的过程，其本质是经过惯例、搜寻、市场选择三大核心机制来予以实现。基于生物进化论和企业进化论的研究，Tichy（1997）提出"企业 DNA"这一概念，从生物特性角度更加明确地说明了企业的演进特性。他把企业的发展看作一个非自然生命体的成长，认为企业的经营目的不是追求利润最大化，而是通过创造价值来实现持续成长。以创造价值为目标探讨企业发展问题，回归了企业发展的本原，更清晰地把握了企业发展的本质。生物进化论、企业进化论、企业 DNA 给我们的启示是：企业从创立到发展应有效甄别和培育良好的发展模式，通过"遗传变异"剔除企业固有缺陷，遵从"适者生存"规律，不断适应变化的外部环境，达到与外部世界的协同发展，最终实现企业的持续成长。企业主流与新流创新演进的理论脉络如图 6-2 所示。

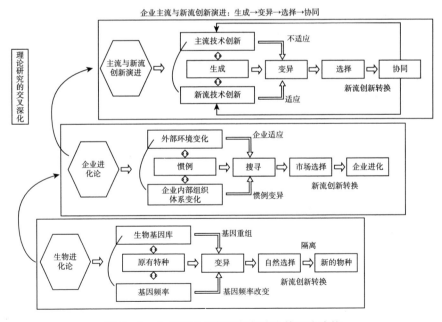

图 6-2　企业主流与新流创新演进的理论脉络

创新是企业发展之本，技术创新是企业发展的原动力。因此，企业进化特指企业技术创新的演进。企业主流与新流创新的演进是展现企业技术创新不断跃迁和扩展的具体表现，反映了主流与新流创新各阶段主导要素的变化，沿袭了企业进化论中的演进思想，符合惯例、搜寻、市场选择三大核心机制的作用过程。当企业创新发展形成固定模式时，企业惯例形成，并随着技术创新演进和内部各创新主导要素的持续推演，破除企业固有模式，进行新模式的搜寻，以选择适应发展需求的新的企业创新模式。企业正是通过实现主流与新流创新演进来突破企业惯例，克服固有创新模式的缺陷而获得不断的成长与发展的。因此，以生物进化论、企业进化论、企业 DNA 等理论为基础归纳出企业主流与新流创新的四个演进阶段，即生成、变异、选择和协同阶段，并基于要素协同理论，从主导要素角度深入挖掘和分析四阶段的演进机理，成为揭开企业如何实现持续性创新发展的关键。

一　主流创新与新流创新的生成机理

主流与新流创新的生成来源于生物学定义。生物学认为，生成即生物的养成、化学成分的形成。Ren（2009）提出，生成是两个或两个以上不同因素耦合作用下，有效实现自身各种功能，并赋予生物生命的过程。任露泉和梁云虹（2011）在研究生物生成机制的基础上指出，生物是由生物器件按照一定规律进行组合，在环境驱动下，受刺激物诱发而形成的生命体。而后，国内外学者（邹成效，2004；易先忠、彭炳忠，2010；朱忠孝、邹成效，2010；毛荐其、刘娜，2015；Vernon，2016）相继提出，与新物种相似，新技术的生成是在一定的环境影响下，以某种目的为出发点，通过信息的流动和知识的植入促进技术构思的产生，推进技术开发，是一种合目的性与规律性相统一的过程。基于此，本书认为，生物学中的生成揭示了生物是按照一定规律，在环境条件驱动下，由生物体内外部动机因素诱发而形成的，这种理念和企业主流与新流创新的生成具有内涵一致性，可以作为开展主流与新流创新生成机理研究的理论基础。

主流创新的生成主要是指在外部市场需求和企业技术发展合力作用下，支撑企业主营业务的产品和工艺经历"创新理念萌生→技术积累→创新产品试制成功"的发展过程，最终商业化为在企业中占据一席之地的主导产品、工艺的创新活动过程。在这一过程中，企业主流技术范式基本确立，形成了主导技术创新、工艺创新的基本标准和模式，也实现了核心流程的改进与整合，以及现有价值网络的提升。新流创新生成是形成全新的商业流的过程，它根植于主流创新，体现技术发展趋势和技术革新的需要，伴随主流创新的发展，生成有别于主流主导技术的新技术、新产品、新工艺，是主流创新的一个补充和拓展。通常情况下，主流与新流创新的生成主要由三类因素促成：一是行业技术积累，二是市场需求递进扩张和品种上的发展需要，三是企业内部创新管理的技术变革。

主流与新流创新的生成机理是指基于要素协同理论，在主流与新流创新产品、工艺的形成过程中，各创新要素的内在运作方式及其相互关系的规律性总结。企业发展初期，面对动态复杂的市场环境，企业领导者及其创新团队敏锐地察觉到行业内现有消费者的现实与潜在需求，统筹运营企业内部现有的政策、资金、知识等基础要素，形成以人才支持为主导要素的内生动力机制，如图 6-3 所示。图中，创新个体或团队作为创新的主导要素在各基础要素中脱颖而出，并凭借自身知识、技能储备，形成主流创新产品的最初创意或构想，经过"创新产品试制→改良与优化→商业化"的运作流程后，最终确立主流产品、工艺的市场地位和企业地位。主流创新生成确立了主流创新的技术范式和标准，提升了企业的科技创新能力，也为新流创新的生成提供了养分。新流创新依赖主流创新提供的养分而又不拘泥于主流创新原有的技术范式，紧盯未来新兴市场"另辟蹊径"——开发、探索、求新、求异、求成长，开启其"哥伦布式"的创新发展之路。

新流创新与主流创新的生成过程类似，但又有所区别，区别在于以下方面。其一，创新的时间和基础不同。新流创新根植于主流创新，拥有一定的市场基础和资源，这也就意味着主流创新生成在前，新流创新生成在后。其二，主导要素构成不同。经历了以"人才支持要素"为主导的单一要素发展模式，新流创新在其生成过程中，逐步推出以"技术研发要素 + 客户需求要素"为主导的创新要素组合，两种主导要素联合发力，带动其他基础要素协同创新，进而形成以客户为主、以技术为辅的客户导向型创新能力。其三，创新要素作用力发挥的关注点不同。主流创新生成围绕行业现有市场，企业通常采用较为稳定的目标市场导向

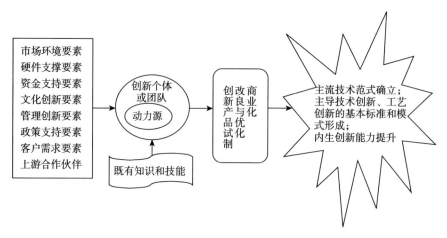

图 6 - 3　主流创新生成路径

的企业战略，利用既有的知识、技能，满足客户的现实与潜在需求，开展主流创新实践。相比之下，新流创新在生成过程中采用的是新兴市场导向的企业战略，利用的是新的科学技术与知识，强调主动探索与开发新客户需求以谋求发展。两者在各创新要素作用力发挥的关注点上有本质的区别，其生成机理如图 6 - 4 所示。

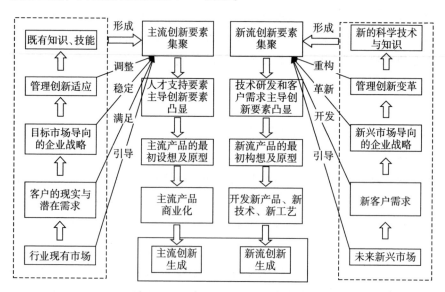

图 6 - 4　主流与新流创新的生成机理

大族激光科技产业集团股份有限公司（简称"大族激光"）正式成

立于 1999 年，注册资本达 105597.5 万元，员工总数超过 8000 人，拥有上千人的研发团队，是一家实力雄厚、向高端技术发展的世界级的激光加工设备生产厂商。大族激光的主营业务是为国内外客户提供一整套激光加工解决方案及相关配套设施。当前，大族激光的发展速度较快，技术创新水平已达到国内领先和世界第三，并获得国内外发明专利 280 多项，是全球仅有的几家拥有"紫外激光专利"的公司之一。

创立初期，大族激光董事长高云峰作为公司创始人，敏锐地察觉到激光加工设备的巨大市场潜力，凭借企业现有的厂房设备、资金、技术以及政府的一系列创新激励政策，带领公司仅有的 20 名员工（涵盖激光、自动化控制、计算机软件和机械控制等领域）开始了对激光打标技术的研发与生产。历经 7 年的摸索、组装、测试之后，大族激光成功研发出激光打标技术，一举打破国外企业的技术垄断。随后，高云峰带领创业团队迅速推出了激光打标机，并进行商业化运作，确立激光打标机的市场地位。至此，大族激光的主导技术形成、主流技术范式确立。在保留原有主流产品市场运作的基础上，大族激光受新市场的引领和战略主导，开始研发激光切割技术和激光焊接技术，相继推出激光切割机、激光焊接机等加工设备，成为企业新流创新产品。在此期间，除了技术研发，大族激光还重视新兴市场的用户体验，通过反复试错、反馈、修正，实现用户"逆向"创新，最终确立国内外行业龙头地位。

大族激光在主流创新生成期，人才支持要素起到了至关重要的作用，引领硬件支撑、资金支持等其他基础要素合力发挥作用，共同推进企业主流创新技术的生成，提高科技创新能力，并获得了成功。新流创新生成期，大族激光主要发挥"技术研发要素 + 客户需求要素"的创新主导要素合力，开发新兴市场。案例验证了主流与新流创新生成期的演化过程，符合创新主导要素协同运行规律。

二　主流创新与新流创新的变异机理

主流创新与新流创新的变异沿袭了生物学对变异的论述。在生物学中，变异也称为突变，是指通过细胞染色体等改变生物原有的基因生存状态，使其产生与以往不同的生存路径。Ricós（1970）提出，变异是生物繁衍后代的自然现象，通常表现为亲子之间以及子代个体之间的性状存在差异。杨绩和高长春（2006）认为，变异是生物为适应环境，主动参与对遗传基因的改变，以实现另一种均衡状态的过程。从策略选择角度来说，变异一般是指以随机（无目的性）的方式选择，在这种情况下，是否能获得高的支付（payoff）事先并不知道。新的变异也必须经过选择，如果是好的策略才能生存下来，否则就会被淘汰。张艳芬等（2009）提出，空间环境对生物遗传物质的影响会促使生物改变原有的遗传基因，出现新的生存特征。蔡巧福和林迎星（2008）在肯定生物学变异观点的同时，从生物学基因变异视角对技术创新变异机制进行研究，将生物学变异观引入创新领域，指出企业的成长和壮大离不开技术基因的复制变异和突变。国内众多学者（余序江等，2008；王永伟、马洁，2011；毛荐其等，2014）相续提出，所有新技术的形成都建立在已有技术的基础之上，这个过程可以看作对已有技术的继承或是已有技术的变异。本书认为，变异是一种能力，它不仅体现在技术创新惯例的改变上，也可以表现为渐进性的原有工艺技术、现有产品服务、工艺流程、材料设备和市场渠道的改善与优化，亦可以表征为主导设计的突破性改变、新市场的开发以及对不同的新市场和客户群体的突破性创新行为。

1. 主流与新流创新的变异

主流创新的变异是指主流创新生成之后，面对创新环境的改变，企业利用现有知识和技术，在原有技术轨道上进一步改进工艺技术、提高产品性能、增加附加价值，弥补现有技术与市场需求之间的差距，实现技术追赶，满足现有客户的现实和潜在需求的过程。它是主流创新技术轨道变异的一个环节和阶段，突出表现为对现有创新产品、服务与客户需求的差异性满足，是企业自我修正、自我完善、自我突破的过程。新流创新的变异是指新流创新生成后，企业在原有技术轨道上，围绕各新兴市场的客户需求，采用变革式、风险型的市场开拓策略，伴随主导要素和基础要素作用力的发挥，打破趋于稳定的组织惯例，谋求发展的过程。

2. 主流与新流创新要素的变异机理

从要素角度来看，在变异过程中，生成期的"人才支持要素"这一主导要素逐步弱化，"客户需求要素 + 管理创新要素"作用凸显，逐步演化为变异期的主导要素，引领并协同其他基础要素共同促进主流创新的稳步发展，如图6-5所示。而新流创新生成完成后，企业内部呈现一种或多种新流创新并存、革新暗流涌动的活力"迸发"状态，并且已经具有一定的技术储备和创新积累。此时，面对广阔的新兴市场和多样化的客户群体需求，原有强调"技术研发要素＋客户需求要素"的主导创新要素逐渐弱化，新流组织采用多元化发展战略，针对不同的市场和客户群体需求，多维度提出解决方案，满足新兴市场潜在客户需求。这一过程，"企业战略要素＋管理创新要素"在打破企业惯例、协调价值观冲突中发挥着至关重要的作用，作为主导创新要素，它们与其他创新要素联合发力，促进新流创新加速，如图6-6所示。

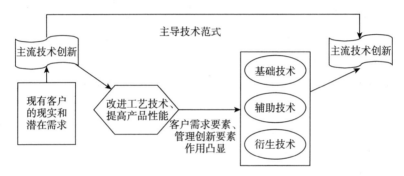

图 6-5　主流创新变异的过程模式

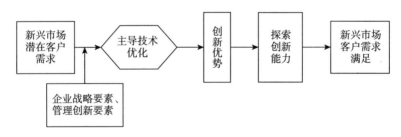

图 6-6　新流创新变异的过程模式

3. 主流与新流创新的变异机理

主流与新流创新的变异机理是指面对企业创新环境的变化，以及客户需求的改变，企业在打破原有创新发展状态的过程中，各创新要素的内在作用方式和相互关系的变化规律。对于主流创新而言，在主流创新的生成期后，企业的主流技术范式已经基本确立，主导技术创新、工艺创新的基本标准和模式基本形成，此时，企业已经拥有一定的客户基础，具备较为稳定的内生创新能力。为了促进自身的进一步发展，企业通常会强化外部的客户需求要素，进行市场调研，通过改进工艺技术、提高产品性能、改进产品外观和增加产品辅助功能等，来满足现有客户的现实和潜在需求，实现变异。这一过程中，企业原有的主流技术范式并未改变，所形成的相对稳定的组织惯例、企业价值观往往能给主流创新变异营造良好的变异环境。同时，企业往往会相继产生以主流技术为核心的基础技术、辅助技术、衍生技术等关联技术，催生相互作用、稳定发展的主流创新技术团簇。

4. 主流与新流创新变异的多维度比较

如表 6-2 所示，主流创新变异通常采用改进工艺技术、提高产品性能、改进产品外观、增加产品辅助功能的方式来满足环境变化后现有客户的需求，其关注的是运营的有效性和效率的提高。由于主流创新变异只是在原技术轨道上进行必要的调整和改善，主导技术范式并没有改变，因此，它实际上是渐进性顺轨创新的反映，表现为企业因循惯例，代表主流创新的适应与调整能力、开发与运用能力。与主流创新变异一样，新流创新变异的主导技术范式并没有发生根本性的改变，但是，因为价值取向差异，新流创新变异通常代表探索和创新能力，具有不确定性高、风险倾向、柔性和自主的特点，最终导致多元新流生成和突破性越轨创新的实现。如果企业主流创新只强调无穷无尽地利用现有技术、完善现有产品，会导致技术僵局、核心刚性和能力陷阱的出现，即随着公司的发展，一方面技术创新极限会加速到来，另一方面公司核心资源和核心能力积累的同时也会产生阻碍公司发展的问题。相反，新流创新变异过于强调创新和增长，也会导致创新陷阱。虽然过分强调探索、创新或许可以提高一个企业的持续创新能力，但也可能陷入无穷无尽的"探索—失败—无回报变革"的恶性循环中。

表 6-2　主流与新流创新变异的多维度比较

维度	主流创新变异	新流创新变异
表现形式	改进工艺技术、提高产品性能、改进产品外观、增加产品辅助功能	不同目标市场和客户群体的突破性创新行为

续表

维度	主流创新变异	新流创新变异
关键任务	运营、效率	创新、增长
代表能力	适应与调整能力、开发与运用能力	探索、创新能力
不确定性	低	高
特点	效率导向、因循惯例	风险倾向、柔性、自主
最终结果	渐进性顺轨创新	多元新流生成、突破性越轨创新
组织学习	本地搜寻	长距离飞跃
过度变异风险	技术僵局、核心刚性、能力陷阱	创新陷阱

5. 主流与新流创新变异的实质

主流与新流创新变异的实质是"发现客户需求→寻求解决方案→打破组织主流或新流惯例刚性→满足客户需求"的过程。这一过程中，主流与新流创新因市场定位、目标市场、客户群体、组织惯例等方面的不同而使得二者在创新策略选择上存在诸多差异，正因为创新策略选择的不同，主流与新流创新水平呈现或降低（曲线3）、或加速提高（曲线1）、或停滞不前（曲线2）的发展状态，如图6-7所示。傅家骥（2003）指出，创新S形曲线的变化可以表现为动态时间上点斜率的改变。其中，主流与新流创新曲线斜率提高，实际上是主流与新流创新制定和实施正确的策略后，相应创新S形曲线点斜率呈现富有弹性的特征。这种弹性与斜率（斜率 = $\tan\theta$，当 $t_1 \to t_2$ 时，$\theta_1 < \theta_2$）呈正相关关系，即在单位时间里斜率越大，持续创新能力增量越大，最终表现为创新水平的提高，从而实现主流与新流创新成功的变异。

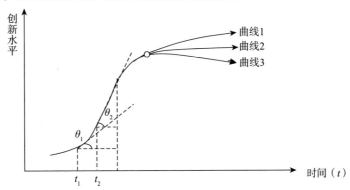

图6-7　主流与新流创新发展情况示意

海尔集团（即青岛海尔）前身为青岛电冰箱总厂，1984年成立于青岛。1984年，青岛电冰箱总厂与德国利勃海尔公司签约引进了当时亚洲第一条四星级电冰箱生产线。由此，冰箱成为海尔集团的主流产品，并因为生产线的到来而形成较为稳定的主导技术。1984～1988年，张瑞敏及其团队深入老百姓的日常生活，明确客户需求，持续改进工艺和提高产品性能，同时开发以主流技术为核心的基础技术、辅助技术，走"名牌发展之路"。1986年，由于产品质量过关，海尔冰箱在北京、天津、沈阳三大城市一炮打响，市场出现抢购现象。1988年，海尔冰箱在全国冰箱评比中以最高分获得中国电冰箱史上的第一枚金牌，从此奠定了海尔冰箱在中国电冰箱行业的领头地位。主流创新变异阶段，海尔集团坚持客户需求导向，引领管理创新要素发展，进一步巩固主流产品地位，实现企业一次又一次的创新突破。1992年，中国进入市场经济时代，传统电冰箱主流产品不能满足多元化的消费市场需求，海尔集团实施多元化发展战略，即开启新流创新之路。它先后进入黑色家电、信息家电生产领域，在管理创新上，成立产品事业部，针对具体产品存在的问题，寻求解决方案，有效缓解企业惯例、价值观冲突的问题。这一过程中，企业战略要素和管理创新要素发挥引领作用，协同企业原有的硬件支撑要素以及资金、人才、政策支持要素，共同开发新兴市场。

案例表明，企业发展过程中，技术本身的缺陷、企业创新要素整合能力和多变的竞争市场，使得变异成为必然。海尔集团作为主流与新流创新变异的成功典型，验证了原主导要素弱化，后发主导要素凸显，引领并协同其他基础要素打破企业惯例，谋求发展的求变之路。事实上，突变被视为物种进化的"推动力"，而变异则是创新演进的"推动力"。正如拉马克学说中提出的"用进废退"原则一样，企业只有持续不断创新，才能实现市场竞争的胜利。

三　主流创新与新流创新的选择机理

在生物学中，达尔文从生物与环境的相互关系出发，指出选择是一种利用个体差异及其与环境的关系，依据适者生存法则，淘汰有害变异而保留有益变异的现象。选择机理的运用具有广泛性，在创新领域，司海静（2015）认为，人类的一切活动都包含选择，技术创新因其资源的有限性，使得任何一个经济系统在解决自身发展遇到的问题时都会依据自身的目标与条件进行技术创新选择。马洁等（2016）指出，在激烈的行业竞争中，多种技术同时存在，必然会有一项技术成为主导。企业只有选择与行业、市场发展相匹配的技术，才能有效地规避风险，提高技术创新选择的成功率。杨丽君（2015）提出，企业应形成与行业惯例相符的组织惯例，形成以技术创新为主导思想的组织惯例，从而促进企业技术创新选择与行业和市场发展接轨。基于此，本书认为，除生物学的选择与企业技术创新选择具有内涵一致性之外，主流创新与新流创新之间的选择，从深层次意义上来说，更是一场博弈，一种资源的冲突与妥协、接受与放弃，最终表现为主流创新增长极限的无奈和新流创新锐意进取的成功。

　　主流与新流创新的选择主要是指在变异期后，企业根据主流与新流创新的成长潜力和外部竞争实际，在两者之间进行的非你即我的判断和选择。主流与新流创新的选择通常表现为现有主流技术衰退、新流技术突起并替代现有主流技术而成为新的主流技术，实现技术轨道跃迁。主流与新流创新的选择机理是指创新主体在对主流与新流创新进行选择的过程中，企业各创新要素的内在运作方式及其相互关系的规律性总结，如图 6 - 8 所示。

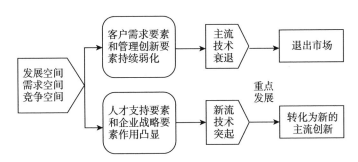

图 6 - 8　主流与新流创新选择情况示意

　　变异期后，主流技术范式、技术体系的规范化程度不断提高，主流创新趋于饱和，创新增长极限到来。这一时刻，主流创新面临"内忧外患"。内忧来自自身无法进行的根本性技术革新，以及企业惯例刚性加强所带来的市场反应迟钝、创新能力下降等问题；外患来自消费需求的快速变化。相反，经历变异期的市场选择之后，企业现存的一个或多个新流创新极具成长优势——符合市场发展趋势、能满足客户的显性和隐性需求、拥有可开拓的技术创新空间，能迅速在竞争环境中脱颖而出，在继承现有主流创新的销售网络、技术生产线等创新要素的基础上，替代现有主导技术，转化成为新一轮技术创新主角，开启新一周期的技术生命循环轨道。至此，主流技术和新流技术实现了技术转轨、非线性跨越演进，已有的创新范式逐步退出市场，技术发展的第一次动态跃迁完成。从要素的内在运作方式和相互关系来看，选择期的主流创新既不能满足现有客户的需求，也无法进行管理创新，客户需求要素和管理创新要素持续弱化，其余创新要素在逐步退化的主流创新环境中难以发挥应有的作用。此时，企业家的判断力（人才支持要素）和企业的战略选择（企业战略要素）尤为重要，它们能够有助于准确定位主流市场和潜在市场，以潜在市场的适应性为基础，以后发主导要素为支撑，在多元创新中选择具有优势发展潜力的新流创新，从而直接影响和决定主流创新与新流创新是否转化、什么时候转化、能否顺利转化，是主流与新流转化期的主导创新要素。伴随创新主导要素的转化，其余创新要素紧跟其后进行相同方向、或快或慢的变化与调整。

　　福建海源自动化机械股份有限公司创立于1988年，是一家立足于绿色产业并倡导技术领先的成套机电液一体化装备、轻量化节能制品的制造商。1994年海源机械研制成功中国第一台千吨级陶瓷砖全自动液压机，先后经历了HP、HB、HF、HC、HE技术及液压机产品的研发与生产，它们是公司的主流产品。2013年，海源机械液压机领域进入全面发展的成熟阶段，为公司创造了巨大的收益。但2013年末，主流液压机固定资产投资增速下滑，海源机械整体产值增速下降至12%左右，公司的传统产品墙材压机、耐材压机等销售遇到压力，同时还面临现有液压技术不能满足消费者的需求，产品创新空间缩小的现象。而此时，原新流创新技术——3D打印技术如日中天，公司高层领导当机立断成立福建海源三维打印高科技有限公司，主要经营3D打印技术及相关产品的研发、制造、销售等，取得了巨大的成功。案例中，海源机械实现了主流创新与新流创新的成功转化，以及技术轨道的跃迁。关键时刻，企业家的判断力作为人才支持要素的集中体现，发挥了极其重要的作用，并最终带领企业走向成功。

四　主流创新与新流创新的协同机理

主流创新与新流创新的协同源自协同学的定义。古希腊语中意指协调、协作、合作，是协同学（Synergetics）的基本范畴。协同学指出，协同是两个或两个以上个体或要素相互协调，共同发挥作用完成整体目标的过程和能力。1965 年，Ansoff 在《企业战略》中首次将协同引入企业管理中，指出两个或多个企业之间有效实现资源共享以促进共同发展即为协同（Sheremata，2000）。在创新管理领域，Lee 和 Von Tunzelmann（2005）提出开放创新概念，认为在激烈的创新竞争环境中，企业无法孤立地进行技术创新，它需要与不同类型的创新伙伴合作，从外部获取有价值的创意和资源来获得竞争优势。陈劲等（2005，2006）结合海尔等企业的案例分析，指出技术和市场协同创新机制的内在本质在于"环境－管理－过程"的全面联系。白俊红等（2008）通过对企业内部创新协同机制及其影响要素进行实证分析，指出技术、组织、文化、战略和制度等 5 个因素对创新协同绩效有显著影响。邱建华（2013）将协同概念引入企业技术创新之间的关系研究中，提出技术创新之间发挥着互补效应和协同效应，这种协同使资源发挥最大效能，整体上可以提升企业技术创新能力。本书认为，协同本质上是打破人力、财力、物力、信息和组织之间的壁垒和边界，使得各创新主体为一个共同的目标进行协调运作，既不是绝对意义上的合作、融合与耦合，也不是简单意义上的捆绑，而是强调在竞争前提下多个创新主体的分工与协作，以及突出包容、强调共享和提高整体效用。

主流与新流创新的协同是指主流与新流完成一次或多次周期性更替、转化之后，伴随科技创新能力的不断提升以及开放型经济的到来，主流创新与新流创新之间、多元新流之间形成的强于传统经济时代和主流与新流创新任何发展阶段的协同互动关系，如图 6－9 所示。这一时期主流与新流创新协同度的提高，不仅因为创新能力的持续提高和开放型经济时代的到来，还因为当前的主流创新来源于原多元新流创新，保留有新流创新的理念和"血液"，拥有合作与联系的"土壤"。

主流与新流创新的协同机理是指完成主流与新流创新周期性更替后，主流创新与新流创新之间、多元新流之间各要素的内在运作方式及其相

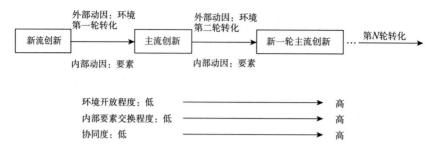

图 6 - 9　主流与新流创新的协同转化模型

互关系的规律性总结。经历一次或多次主流创新与新流创新的周期性转化和技术轨道的跃迁之后，主流创新的企业惯例逐步弱化，强调包容、共生成长的价值观不断得到加强，并最终打破人力、财力、物力、信息和组织之间的壁垒和边界，协同发展。协同期，主流创新在保持原有的主导技术和创新范式的基础上，为新流创新提供人才、资金、信息、物资、技术等要素的支持与帮助，新流创新在同等条件下予以回馈，双方在各创新要素的交互与协同中互动耦合、不断调整，最终形成一种新的稳定状态与系统结构，实现主流与新流体系整体效用的提高，如图 6 - 10 所示。从创新资源供需差异性来看，此时的主流创新与新流创新互为补充，主流创新给予新流创新高效运作的管理实践经验，新流创新则能给予主流创新全新的创新理念和"血液"，使其能够更完善地进行后续工艺创新和其他渐进性创新。在众多的创新要素资源中，对于主流创新而言，代表着创新活力和现有市场有效开发的"知识创新要素"和"管理创新要素"发挥重要的引领作用，并协同其余要素共同推进企业向前发展；对于新流创新而言，选择阶段的"人才支持要素 + 企业战略要素"逐步弱化，而"技术研发要素"（即企业惯例、标准化操作程序等）和"人才支持要素"（实践管理经验的传授）备受关注，领航发展，带动其他创新要素共同发挥作用。协同期，主流与新流各创新要素有机组合、联系紧密。相较于创新演进的其他阶段，主流与新流创新在整个协同过程中具有以下特点：一是主流创新与新流创新合作与交流涉及的范围更广泛；二是主流创新与新流创新之间资源要素流动速度加快，主流与新流创新周期转化速度加快；三是主流与新流创新演化进程受环境影响增大。

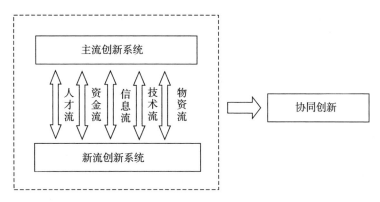

图 6-10　主流创新与新流创新的协同

2010 年，创始人雷军成立了一家专注于电子产品和智能硬件研发的快速发展的创新型企业——小米科技有限责任公司（简称"小米公司"）。自创立起，小米公司坚持以用户为驱动力生产产品，提出"为发烧而生"的产品理念，积极投身于高端电子产品技术研发，突破高端市场。目前，小米公司拥有 7000 多名员工，形成了持续创新的发展模式，其产品涉及智能手机、互联网智能电视、笔记本及平板电脑、移动电源、智能路由器等众多领域。

2011 年，小米公司发布第一款小米手机，而后，快速发展的小米公司仅用 3 年时间强势而出，成为中国智能手机领域的领先企业。在保留手机主营业务的同时，2014 年小米公司积极挺进电子商务领域，以先进的理念和创新思维实现了新流创新产品的研发和生产，先后创设小米商城、米家、米家有品等全品类电商平台。利用电商平台助力小米手机销售，并将电商平台获取的行业销售数据提供给小米手机研发中心，彼此相互合作、相互促进，使小米主流创新与电商新流创新协同度不断提升，互相优化，从而促使企业的整体创新实力及竞争力大大增强。2016 年底，小米公司推进了小米 1、小米 2、小米 MIX、小米 5 等一系列的主流创新产品的升级换代，获得令人瞩目的销售业绩；同时，在新流创新领域，套用"小米+电商"的协同创新模式，推进 MIUI 系统、路由器、智能电视和小米盒子发展，开启了小米公司新一轮的创新发展之路。案例中，小米公司主流产品与新流产品之间互惠共享，资源优化配置，在保持分工与协作的基础之上共生成长，产生了"1+1>2"的协同效应。

事实上，在激烈的创新竞争环境中，企业无法孤立地进行技术创新，只有协作方可共赢，只有持续从外部获取有价值的创意和资源才能获取竞争优势，谋得发展。

综上所述，基于要素协同理论，主流与新流创新在生成期、变异期、选择期、协同期四个时期，伴随创新主导要素的动态变化，各创新主导要素的功能均不相同，呈现不同的演进特点。但是，在通过一次次的技术轨道跃迁、新的主导技术形成的过程中，企业创新能力持续提高，不断地发展壮大，客观反映了企业在面对激烈的竞争环境时，根据主流创新与新流创新不同的特点和需求，不断追求发展主流与新流创新的演进，推动企业的持续发展，如图 6 – 11 所示。

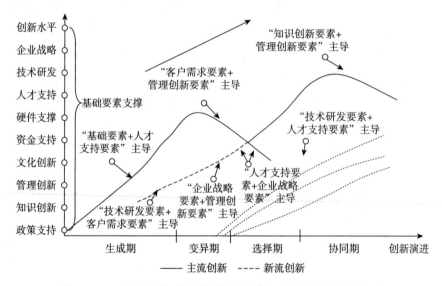

图 6 – 11　企业主流与新流创新基础要素和主导要素的作用机制

本章小结

本章在对主流与新流创新演进历程进行系统分析和有效梳理的基础上，对演进过程中表现出的特征进行归纳总结，为进一步开展企业主流与新流创新的演进机理研究奠定历史基础。继而，结合企业主流与新流创新的发展实际，本章指出企业主流与新流创新的演进是在基础要素支撑和主导要素引领下实现的，并提出要素演进特征，即要素分配有限性、主导要素不可替代性和要素流动性。创新要素贯穿于主流与新流创新演进的始终，因此，开展企业主流与新流创新的要素研究是进行企业主流与新流创新演进研究的必然。最后，以历史进程研究为基础，以要素演进贯穿始终，根据生物进化论和企业进化论，提出企业主流与新流创新的生成机理、变异机理、选择机理和协同机理，并分别对其进行了细致的分析。研究表明，企业必须尊重主流与新流创新的发展规律，根据主流与新流创新的特性及其各阶段的特点，有效协调企业主流与新流创新之间的关系，制定符合创新发展规律的创新战略，推进企业主流与新流创新协同演进，促进企业的长远发展。

第三篇

企业主流与新流创新协同演进的实证研究

在机遇与挑战并存的时代，企业必须将外部环境变化与自身优势相结合，形成动态核心竞争力。这就要求企业必须避免沉浸于过去的成功，在利用现有知识、技术保持盈利的同时，积极探索新领域、发展新动能。因此，研究如何通过主流与新流创新的协同演进实现企业的持续发展，具有重要的理论价值和战略意义。然而，由于主流与新流创新研究源于国外，现有研究大多以发达国家企业为研究对象，中国情境下的企业主流与新流创新实践探索较少。鉴于我国与发达国家企业技术创新演进的能力、模式、路径以及影响因素不同，有必要开展我国企业主流与新流创新协同演进的实证研究，探寻对我国企业有参考价值的经验与启示，使我国企业在开展主流与新流创新时有章可循。此外，已有文献以案例分析和理论模型研究为主，对主流与新流创新的演进大多是定性描述，缺乏对主流与新流创新演进中协同度、博弈关系、转化决策以及资源配置等方面的量化分析，致使研究结论对企业主流与新流创新管理活动起到的指导作用较小。

因此，本篇的实证研究，一方面，采用多案例研究的方法，完善主流与新流创新协同演进的理论框架，并结合图谱研究，绘制主流与新流创新演进的图谱，剖析主流与新流创新协同演进的路径，对我国企业推动主流与新流创新协同演进具有参考价值和借鉴意义。另一方面，在研究方法上进行突破，基于协同理论、博弈论、演化理论和系统动力学思想，构建协同度模型、演化博弈模型、转换决策构型和系统动力学模型等，分别定量研究企业主流与新流创新的协同度、博弈关系、转换决策和资源配置问题，为企业主流与新流创新管理决策提供新的量化手段。

第七章 企业主流与新流创新的
协同度研究

主流创新与新流创新是提高企业绩效的两种重要途径，但它们对不同的绩效指标发挥的作用存在差异，而且它们之间的平衡更有助于企业绩效的提升。其中，主流创新更有利于提高成长性绩效，新流创新更有利于提高盈利性绩效。通过有效的管理，两种创新方式可以在企业内部取得协调与平衡，进而有效提升企业整体绩效。如果不能有效协调这两种创新方式，使之长期处于一种不平衡状态，则势必有损于企业绩效，影响企业未来的长期发展。根据环境不确定性程度合理选择或平衡好两种创新方式更有利于提高企业绩效。在高环境动态性条件下，新流创新更有利于提升绩效；而在高环境竞争性条件下，主流创新更有利于提升绩效。随着环境不确定性程度的升高，两种创新方式之间积极的平衡互动作用逐渐增强，在环境动态性和竞争性程度都较高的情况下，二者之间的平衡更为必要。

主流创新通过降低成本、提高效率来改善原有价值网络，新流创新则通过突破性创新，提供新产品、新技术，进而进行新的价值网络创新，二者共同维持企业的持续创新能力，保证其竞争优势。主流与新流创新彼此提供互为补充但相互依存的资源，主流创新源源不断地向新流创新提供资金等支持，新流创新为主流创新带来新技术、新产品和新市场，二者共同促进企业创新产出，提升企业创新能力。然而，主流创新与新流创新均需要资源投入与资金支持，二者存在的资源配置冲突可能会导致大量人力、物力及财力的浪费，因此企业需要将主流与新流创新放在同等重要的位置上，促进主流与新流创新的协同发展，这是组织自我更新的关键机制（Lawson and Samson，2001）。主流创新系统与新流创新系统在高层的战略领导下相互作用，减弱二者之间的冲突从而共同发展，同时，环境子系统、企业的财务子系统、利润子系统等其他辅助子系统为企业主流创新系统与新流创新系统提供资金、人员以及创新平台。因此，主流创新与新流创新之间是一种辩证的、双向的、互动的关系。正确理解主流创新与新流创新的相互作用，采取有效的定量手段测度主流与新流创新的协同度，是保证二者协调发展的重要前提。

第一节　主流与新流创新的协同度

一　协同与协同度

（一）协同原理与协同概念

协同原理认为，在外界控制参量的作用下，一个开放系统内部各子系统之间同时存在竞争与合作的关系。竞争是协同的基本条件和前提，系统间或系统内部诸要素间的竞争是永存的，竞争的存在将会带来系统间或系统内更大的差异和不平衡性。在竞争基础上的合作是协同原理的基本特征和根本目的。企业技术创新过程中各创新要素、创新主体间在竞争中实现合作，以合作的姿态相互作用，最终实现协同。

早在 1965 年，安索夫（Ansoff）在研究企业的多元化问题时就提到了协同问题，确立了协同的经济学含义，认为协同是价值创造中价值增量的来源，并指出"协同效应是一种系统的联合效应，可以使企业通过各业务部门间的合作实现企业的整体收益大于各个业务部门的独立收益之和"，他所研究的协同主要是指企业各业务部门间的协同（坎贝尔、卢克斯，2000）。随后，很多学者相继对协同进行了研究与探索。哈肯（1989）提出了完整的系统协同学观点，指出协同是一种放大效应，是系统内部诸多子系统间及要素间相互协调、相互合作、共同促进，最终形成统一整体的过程，并认为在一个开放系统中，当系统内部要素及各子系统处于混乱状态时，系统将难以发挥整体功效，甚至走向衰退与瓦解。只有各子系统间与系统内部各要素间打破壁垒，相互配合，以共同的目标同步联合、协调运作，才能实现系统的整体功能，最终使系统整体功能超越单个子系统功能之和，从而最大化资源功效。协同创新正是指系统中与创新相关的要素通过复杂的非线性相互作用、有机配合，产生单要素无法实现的整体协同效应的过程。Kanter（1989）认为追求协同是多元化企业存在和发展的主要目的之一，因为多元化战略可以通过创造协同放大企业价值。

因此，"协同"是事物间正向匹配的和谐关系；而协同发展是处于发展状态的事物之间相互促进、同步向前变化的动态关系。协同概念可以理解为系统内部各要素间、要素和系统整体间、系统与系统间的相互作用机制和模式，通过构建有序架构，实现部分效应和"$1+1>2$"的整体效应相结合的协同效应，是实现系统自组织过程的根本途径。

（二）协同度

协同效应是指在复杂系统中大量子系统相互作用而产生的总体效应。在复杂系统下，任意两个子系统都是相互作用和相互联系的，这种相互作用或相互联系就叫协同效应。与协同效应相对应的是协同度。系统工程领域的一些学者（孟庆松、韩文秀，1998）提出，协同度是指系统间或系统要素间在发展演化过程中彼此协调一致的程度，是系统由无序走向有序的变化趋势。由协同论可知，系统内部要素间或子系统间相互配合、相互关联的协同作用是系统由无序走向有序的关键，它左右着系统相变的规律和特征，对这种协同作用的度量可称为协同度。因此，协同度用来衡量一个系统之间或系统内部各要素之间协作和配合的程度。协同度越大，表明各要素之间配合的紧密性、一致性越强，越有利于组织目标的实现；反之，越不利于组织目标的实现。协同度的取值范围为 $[-1,1]$。协同度是标准化的协同效应的参数变量，可以通过特定的数学模型对各子系统或系统要素之间的相互关系进行数值上的标定。

协同作用和协同度决定了系统由无序走向有序的趋势。系统在相变点处的内部变量包括慢弛豫变量和快弛豫变量两类，其中，慢弛豫变量是辨别有序相变程度和有序相变结构的工具，可决定系统的相变进程，因而是系统的序变量（序参量）（孟庆松、韩文秀，1998）。序变量在系统发展中起主导作用，系统中各子系统的发展取决于序变量，子系统演变程度也受序变量的控制，它决定系统发展的走向和程度。此外，序变量不是产生于系统外部的变化，而是产生于系统内部的协同过程。

二　主流与新流创新协同度的界定

（一）创新系统理论

从创新系统理论的发展来看，创新过程不仅涉及创新理念构思、研究开发与探索、技术管理与组织、市场营销、用户参与等一系列的创新活动，而且环境与创新系统之间、创新影响要素之间、创新主体之间也存在密切联系，从而构成不同层次、结构和功能的具有网络特征的创新系统（钟玉芳，2008）。

1. 创新系统的自组织性——演化的自稳定和自重组过程

创新系统是一个远离平衡的动态的开放系统，其演化具有自组织性。创新系统自组织演化的根本原因是其内部各要素的非线性相互作用，非线性决定系统的演化和发展，是创新系统自组织演化的动力源泉（叶金国，2003）。在内部要素的非线性作用下，以及与外界环境的交流中，创新系统能够获得自组织演化所需的负熵流。

英国经济学家多西（Dosi，1982）提出了"技术—范式—技术"轨道模式，并将创新过程的自组织演化分为两个阶段，即原技术范式的自稳定阶段与新旧技术范式交替所呈现的自重组阶段。在创新过程中，竞争既存在于新旧技术范式之间，也存在于各种新技术范式之间，因此，技术创新首先选择突变方向，即技术范式，然后选择突变路径，即技术轨道。技术创新过程实质上是在技术范式规定下，沿主导设计所决定的技术轨道方向发展的，连续性变化与非连续性变化相结合的动态演化过程。

系统状态参量对其平均值的偏离被称为涨落。涨落是平衡性与固定性的破坏因素。涨落具有随机性，既可以由外界环境的随机变化引起，又可以由系统内部要素引起；涨落具有两面性，它既是使系统维持在平衡态的动力，又能破坏系统的平衡态（郭建，2011）。自稳定过程是指在原技术范式及主导设计指导下沿着既定的技术轨道所进行的创新活动，既是直接参与科研创新及开发活动的人员创新的结果，也是用户体验与反馈的结果（李锐等，2010）。其创新过程体现出稳定性特点，原则上这种常规的创新活动具有可预测性、连续性和累积性的特点，是渐进性的创新活动，即主流技术创新所具有的特点。这一创新过程体现出的稳定性还表现在，在原有技术范式下，相互竞争的企业中科技研发人员共同分享开放性创新平台的技术信息，积累技术创新成果，因而主流创新活动具有相似性，主流技术创新过程具有稳定性。

而自重组过程是一种技术变异行为，体现为在新旧技术范式更替时，即在高于临界值状态时，一种新的技术范式出现并取代原有技术范式（李锐等，2010）。创新系统的自重组过程体现出技术创新过程的非连续性与跨越性，它能够使技术创新过程具有不可预测性和突变性。系统的自重组过程能够产生新的技术范式，即新流技术范式，从而实现新流技术对主流技术的替代，即通过自重组过程来实现新流创新与主流创新的演化。

2. 主流创新系统与新流创新系统

创新系统中存在主流创新与新流创新两个载体，因而创新系统由主流创新系统、新流创新系统、环境系统、财务系统等子系统构成。主流创新系统体现的是创新系统的自稳定过程，具有自稳定性；新流创新系统体现的是创新系统的自重组过程，具有自重组性。主流创新系统与新流创新系统存在冲突与协同，这种冲突与协同带来的非平衡态是企业创新系统自组织演化的动力。主流创新系统由组织内部所有行为主体共享的显性模式驱动，因而它为显性系统，目的是确保企业现行活动的有效运行，使组织趋于统一；新流创新系统不处理系统当前的现实事务，由系统隐性模式驱动，因而它为隐性系统，是组织行为主体在主流创新系统发挥作用时建立的另一种创新网络，目的是通过创造性的活动取代显性系统，即主流创新系统，使组织趋于多样化。

（二）主流与新流创新协同度的定义

根据协同理论，各子系统及其组成要素通过复杂的相互作用，使系统耦合出全新的整体效应，并发生质变，形成协同作用。创新系统的开放性机制及非线性作用机制，特别是创新行为具有的正负反馈机制、创新主体间的竞争与协作等，使创新系统的演化过程具有不确定性和不可逆性，推动系统朝有序方向发展。

创新系统是一个复杂系统，具有自适应性和自组织性，在发展过程中，主流创新系统与新流创新系统独立发展，有时也会出现资金等要素的竞争现象，为使本部门或系统在企业中占据主导地位，二者相互竞争，不断提高在企业价值链中的贡献比例，因此主流与新流创新作为两个系统会呈现不稳定和不协同现象。为了减少不必要的内耗，需要通过不断调节，保持系统之间的动态平衡，子系统相互协同发展以使系统整体发挥功能，进而达到系统的整体最佳协同效应，实现整体创新效率的最优化，同时实现创新系统从无序到有序的自我完善。因此，主流与新流创新的协同是很有必要的。主流创新与新流创新的协同效应表现为二者之间通过相互协作达到整体的有效发展。主流与新流创新之间的协同指的是主流与新流创新共同成长，致使二者的创新产出共同提升的过程。主流与新流创新的协同度在此界定为主流创新系统与新流创新系统之间的协同度，可通过主流创新与新流创新投入及绩效之间的关系来反映。

三　协同度的测度思路

主流与新流创新协同度的大小直接关系到主流与新流创新协同效应的好坏。在学习与借鉴学者有关协同度研究的基础上，本书基于孟庆松和韩文秀（1998）在研究"科技－经济"复合系统的协调发展时提出的整体协同度模型，将其引入企业主流创新与新流创新协同管理领域，并进行合理的改进，首次提出了企业主流与新流创新协同度模型。

运用该度量模型，根据复杂系统理论及创新系统理论，将主流创新与新流创新分别看作两个系统，即主流创新系统与新流创新系统。然后分别对主流创新系统与新流创新系统建立测度指标体系。

主流创新的序变量包括主流产品收入、主流产品销售率（主流产品收入占销售收入比重）、主流产品投入、主流产品投入占总投入比重、主流专利申请量、主流创新发明专利所占比重、主流产品收入增长率、主流专利申请量增长率。

新流创新的序变量包括新流产品收入、新流产品销售率（新流产品收入占销售收入比重）、新流产品投入、新流产品投入占总投入比重、新流专利申请量、新流创新发明专利所占比重、新流产品收入增长率、新流专利申请量增长率。

根据建立的指标体系，将主流创新系统与新流创新系统分别看作创新系统的两个子系统，计算出子系统的有序度，最后得出主流与新流创新系统的协同度。

第二节　主流与新流创新协同度的测度

一　协同度指标体系构建

（一）序变量选取的基本原则

根据协同理论（哈肯，1989），系统的内部变量分为慢弛豫变量和快弛豫变量，其中，慢弛豫变量即序变量，是决定系统演化的根本性变量（鹿峰、李竞成，2007），是指确定系统宏观行为并能表征系统有序化程度的参变量，决定系统的有序程度和最终结构。系统从无序走向有序的关键在于系统内部序变量之间的协调作用，它决定着系统的演化特征和规律。因此，通过研究主流创新与新流创新两个子系统的典型序变量的方程，就可以确定二者的协同度。

测度企业主流与新流创新协同度的关键在于对各子系统，即主流创新系统与新流创新系统协同状态的度量，这一过程必须通过建立适宜的评价指标体系来实现。企业主流与新流创新系统协同度的测度采用多指标的综合评价体系进行分析，其中将各项指标对整个系统协同的影响程度作为主要的选取依据，并考虑了指标数据的可获取性。序变量选取时应考虑数据的可获取性、科学性、实用性、系统性等基本原则，具体如下。

1. 数据的可获取性原则

序变量的选取应考虑数据的可获取性，即对应指标是否可得。测度主流与新流创新的协同度要考虑企业这一微观评价对象数据的可获取性，某些指标虽然能够代表主流创新或新流创新系统的发展程度，但是该指标不能有效获得。因此，要选取既可以获取准确的数据又对协同度具有意义的指标作为主流创新与新流创新的序变量。

2. 科学性及实用性原则

科学性原则指选择的序变量需要具有科学的实际意义，符合实际情况，能够反映主流创新系统与新流创新系统之间的关系，从而有利于综合评价主流与新流创新系统之间的协同度。实用性是指评价指标即序变量不宜过多，否则会使模型结构过于复杂、划分过细，从而导致计算量过大，失去实用的价值。

3. 系统性原则

协同度的评价对象为系统，主流创新与新流创新之间的协同即主流创新系统与新流创新系统之间的协同发展，因此，序变量的选择应满足系统的演化发展规律。主流创新系统与新流创新系统的交互演化要求序变量的选取符合系统的发展演化。

4. 可持续性发展与短期盈利性相结合原则

由于主流创新与新流创新都是在不断成长与发展的，主流创新的发展主要在于短期的盈利性；而新流创新是一种可持续性的发展，在当前阶段具有很大的发展潜力，是一种潜力创新，最终结果是替代主流创新成为新一轮的盈利性主流创新。因而，在选取表征二者协同度的序变量指标时，应以长期可持续性发展与短期盈利性相结合为选取原则。

5. 静态性与动态性原则

主流创新的渐进性创新具有静态效率，相对来说要符合静态性原则；而新流创新具有动态效率，要符合动态性原则。所以，对于主流创新与新流创新协同度的测量应符合动态与静态相结合的原则。

此外，主流与新流创新的发展趋势是新流创新必将取代主流创新，因此，对主流创新的序变量与新流创新的序变量选取要具有一致性。这样才能更合理地评价主流与新流创新的协同度。

（二）序变量指标的基本框架

由于目前对主流创新系统与新流创新系统协同度的实证研究缺乏，这给序变量的选择带来一定的困难。本章基于充分反映主流与新流创新系统基本属性的原则，从创新产出的角度建立主流与新流创新协同度指标体系，具体见表 7-1。

表 7-1　主流与新流创新协同度的测度指标体系

子系统		序变量		指标类别
		指标符号	变量名称（单位）	
创新系统	主流创新系统	e_{11}	主流产品收入（万元）	正向指标
		e_{12}	主流产品销售率（%）	正向指标
		e_{13}	主流产品投入（万元）	负向指标

子系统	序变量		指标类别
	指标符号	变量名称（单位）	
创新系统 主流创新系统	e_{14}	主流产品投入占总投入比重（%）	负向指标
	e_{15}	主流专利申请量（项）	正向指标
	e_{16}	主流创新发明专利所占比重（%）	负向指标
	e_{17}	主流产品收入增长率（%）	正向指标
	e_{18}	主流专利申请量增长率（%）	正向指标
新流创新系统	e_{21}	新流产品收入（万元）	正向指标
	e_{22}	新流产品销售率（%）	正向指标
	e_{23}	新流产品投入（万元）	负向指标
	e_{24}	新流产品投入占总投入比重（%）	负向指标
	e_{25}	新流专利申请量（项）	正向指标
	e_{26}	新流创新发明专利所占比重（%）	负向指标
	e_{27}	新流产品收入增长率（%）	正向指标
	e_{28}	新流专利申请量增长率（%）	正向指标

1. 主流创新系统的序变量

从主流创新内涵出发，主流创新的目的是提高客户满意度、降低产品或技术创新的投入成本、提高效率，是支撑主营业务的周期性主导创新活动，因此主流创新的序变量包括主流产品收入、主流产品投入、主流产品投入占总投入比重、主流产品销售率、主流专利申请量、主流创新发明专利所占比重、主流产品收入增长率、主流专利申请量增长率。

主流产品收入：本阶段主流产品的销售收入。该指标反映了当前主流产品的盈利能力。

主流产品投入：主流产品进行研发及生产的成本投入。该指标反映了企业对于当前主流产品或技术的成本运营情况。如果成本投入高，说明主流创新正处于突破之前的状态，即萌芽期；如果该指标降低，说明主流创新逐渐实现突破替代，迅速成长，已经完成了前期的集中研发，步入后续的渐进性工艺创新阶段，即朝成熟期迈进。

主流产品投入占总投入比重：主流产品的成本投入占企业对所有产品的成本总投入的比重。该指标可以反映企业主流创新成本的高低，如果该指标降低，结合主流产品销售率的提高，可以说明主流创新的成长。

主流产品销售率：性能改进或提高的主流产品销售收入占企业总销售收入的比重。该指标反映了当前主流产品为企业总收入所做的贡献，即主流产品的成熟度。如果该指标值较高，说明该产品为企业当前阶段的主流成熟产品；如果该指标值迅速上升，说明该产品正处于成长期，在企业中的地位正逐渐攀升；如果该指标值下降，说明该产品处于衰退期，即将成为企业维持性的产品，面临转型甚至退出市场。

主流专利申请量：在本阶段主流专利申请的数量。专利申请的数量代表一定时期内主流产品的创新强度。

主流创新发明专利所占比重：主流创新所申请发明专利数量占本年度总发明专利申请量的比重。

主流产品收入增长率：企业本阶段主流产品收入增长额与上一阶段主流产品收入总额的比率。主流产品收入增长率表示与上一阶段相比，本阶段主流产品收入的增减变动情况，是评价企业主流产品成长状况和发展能力的重要指标。主流产品收入增长率大于零，表明企业本阶段主流产品收入有所增长。该指标值越高，表明企业主流产品收入的增长速度越快，企业主流产品的市场前景越好。计算公式如下：

$$主流产品收入增长率 = (本期主流产品收入 - 上期主流产品收入)/$$
$$上期主流产品收入 \times 100\%$$

主流专利申请量增长率：本阶段主流专利申请增长量与上一阶段主流专利申请总量的比率。该指标表示与上期相比，本期主流专利申请量的增减变动情况，是评价主流创新强度的重要指标。计算公式如下：

$$主流专利申请量增长率 = (本期主流专利申请量 - 上期主流$$
$$专利申请量)/上期主流专利申请量 \times 100\%$$

2. 新流创新系统的序变量

新流创新通过不断地开发新产品、新技术，给企业带来新的收入源，因此新流创新的序变量包括新流产品收入、新流产品销售率（新流产品收入占销售收入比重）、新流产品投入、新流产品投入占总投入比重、新流专利申请量、新流创新发明专利所占比重、新流产品收入增长率、新流专利申请量增长率。

新流产品收入：本阶段新流产品带来的销售收入。新流产品指以下两种类型的产品：一是性能具有重大改进和明显提升的现有产品，如果产品仅仅是在外观上的改变及技术的微小变化，则称之为产品差异，属主流创新范畴；二是与主流产品相比，技术特性具有明显差异的产品，可以是全新的产品，也可以是现有技术的全新应用。该指标用于反映新流创新产品的盈利水平。

新流产品投入：新流产品进行研发及生产的成本投入。该指标反映了企业对新的技术、产品进行创新的强度。如果投入强度较大，说明企业对新流创新的重视度较高，同时，资源消耗水平较高。

新流产品投入占总投入比重：新流产品的成本投入占企业对所有产品的成本总投入的比重。该指标可以反映企业新流创新成本的高低，如果该指标降低，结合新流产品销售率的提高，可以说明新流创新的成长。

新流产品销售率：新流产品销售收入占企业总销售收入的比重。该指标反映了新流产品对企业总收入所做的贡献。如果该指标值较高，超过50%，说明新流产品有望取代主流产品而成为下一周期的主流产品；如果该指标值较低，说明新流创新的地位较弱，可能处于萌芽期或成长期，尚未对主流创新构成威胁。

新流专利申请量：新流申请专利的数量。该指标反映了新流创新研发效果的好坏及新流创新的强度。如果新流专利申请量较高，说明新流创新强度较大；反之，说明新流创新强度较弱。

新流创新发明专利所占比重：新流创新所申请发明专利数量占本年度总发明专利申请量的比重。

新流产品收入增长率：企业本阶段新流产品收入增长额与上一阶段新流产品收入总额的比率。新流产品收入增长率表示与上一阶段相比，本阶段新流产品收入的增减变动情况，是评价企业新流产品成长状况和发展能力的重要指标。计算公式如下：

$$新流产品收入增长率 = (本期新流产品收入 - 上期新流产品收入) /$$
$$上期新流产品收入 \times 100\%$$

新流专利申请量增长率：本阶段新流专利申请增长量与上一阶段新流专利申请总量的比率。该指标表示与上期相比，本期新流专利申请量的增减变动情况，是评价新流创新强度的重要指标。计算公式如下：

新流专利申请量增长率 =（本期新流专利申请量 − 上期新流
专利申请量）／上期新流专利申请量 ×100%

二　协同度模型的构建

创新系统的演变过程实质上就是主流创新系统与新流创新系统之间强弱关系的变化过程，是实现整体从低级到高级、从无序到有序的反复转化的自组织过程（刘志迎、谭敏，2012）。根据协同学的观点，两个系统之间的协同度指在发展演化过程中二者相互和谐一致的程度。基于协同学的序参量原理和役使原理，运用复合系统协同度模型，对主流创新与新流创新演变过程中的协同度进行分析。

主流与新流创新系统协同度的大小直接关系到资源协同效应及企业创新绩效的好坏。本章在学习与借鉴前人有关协同度研究的基础上，基于孟庆松和韩文秀（1998）在研究"科技 − 经济"复合系统的协调发展时提出的整体协调度模型，将其引入企业主流创新与新流创新协同管理领域，并进行合理的改进，首次提出了企业主流与新流创新子系统有序度与系统协同度模型，以此来评价主流与新流创新的协同度，进而评价其协同创新能力。具体研究流程如图 7 − 1 所示。

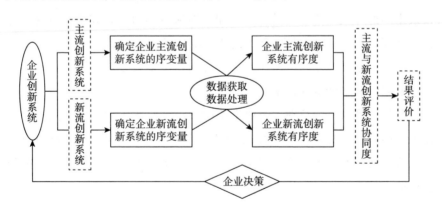

图 7 − 1　主流与新流创新系统协同度研究流程

考虑创新系统 $S = \{S_1, S_2\}$，其中 S_1、S_2 分别为主流创新系统与新流创新系统。S_1、S_2 相互联合及协同形成 S 的复合机制。系统的复合方式可以抽象为 $S = f(S_1, S_2)$，其中 f 为复合因子。

（一）主流创新系统有序度

子系统 S_1 即为主流创新系统。设其发展过程中的序参量变量为 $e_1 = (e_{11}, e_{12}, \cdots, e_{1n})$，$n \geqslant 1$，$\beta_{1i} \leqslant e_{1i} \leqslant \alpha_{1i}$，$i \in [1, n]$。当为正向指标时，$e_{11}, e_{12}, \cdots, e_{1n}$ 的取值越大，主流创新系统的有序度越高；取值越小时，主流创新系统的有序度越低。当为负向指标时，$e_{11}, e_{12}, \cdots, e_{1n}$ 的取值越大，主流创新系统的有序度越低；取值越小时，主流创新系统的有序度越高。因此，定义主流创新系统 S_1 序参量分量 e_{1i} 的系统有序度为：

$$\mu_1(e_{1i}) = \begin{cases} \dfrac{e_{1i} - \beta_{1i}}{\alpha_{1i} - \beta_{1i}}, & e_{1i} \text{ 为正向指标时} \\[2mm] \dfrac{\alpha_{1i} - e_{1i}}{\alpha_{1i} - \beta_{1i}}, & e_{1i} \text{ 为负向指标时} \end{cases} \qquad (7-1)$$

由式（7-1）可知，$\mu_1(e_{1i}) \in [0, 1]$，其值越大，e_{1i} 对系统有序的"贡献"越大。

从总体上看，序参量分量 e_{1i} 对系统 S_1 有序度的"总贡献"可通过 $\mu_1(e_{1i})$ 的集成来实现。本章采用线性加权求和法进行集成，即：

$$\mu_1(e_1) = \sum_{i=1}^{n} w_i \mu_1(e_{1i}), w_i \geqslant 0 \text{ 且 } \sum_{i=1}^{n} w_i = 1 \qquad (7-2)$$

称 $\mu_1(e_1)$ 为序参量变量 e_1 的系统有序度，$\mu_1(e_1) \in [0, 1]$，$\mu_1(e_1)$ 越大，e_1 对系统有序的"贡献"越大，主流创新系统有序度越高，反之则越低。

（二）新流创新系统有序度

与主流创新系统假设类似，同理可得新流创新系统 S_2 序参量分量 e_{2i} 的系统有序度为：

$$\mu_2(e_{2i}) = \begin{cases} \dfrac{e_{2i} - \beta_{2i}}{\alpha_{2i} - \beta_{2i}}, & e_{2i} \text{ 为正向指标时} \\[2mm] \dfrac{\alpha_{2i} - e_{2i}}{\alpha_{2i} - \beta_{2i}}, & e_{2i} \text{ 为负向指标时} \end{cases} \qquad (7-3)$$

称式（7-4）定义的 $\mu_2(e_2)$ 为序参量变量 e_2 的系统有序度：

$$\mu_2(e_2) = \sum_{i=1}^{n} w_i \mu_2(e_{2i}), w_i \geqslant 0 \text{ 且 } \sum_{i=1}^{n} w_i = 1 \qquad (7-4)$$

由式（7-4）可知，$\mu_2(e_2) \in [0, 1]$，$\mu_2(e_2)$ 越大，e_2 对系统有序的"贡献"越大，新流创新系统有序度越高，反之则越低。

（三）主流与新流创新系统协同度模型

主流与新流创新系统协同度是指企业主流创新系统与新流创新系统在发展演变进程中相互和谐一致的程度，它决定了二者从无序走向有序的趋势与程度。对给定的初始时刻 t_0，设定主流创新系统序变量的系统有序度为 $\mu_1^0(e_1)$，新流创新系统序变量的系统有序度为 $\mu_2^0(e_2)$，则对于整个复合系统在发展演变过程中的时刻 t_1 而言，如果此时各个子系统序变量的系统有序度为 $\mu_1^1(e_1)$、$\mu_2^1(e_2)$，定义 C 为复合系统协同度：

$$C = \lambda \sqrt{|\mu_1^1(e_1) - \mu_1^0(e_1)| \times |\mu_2^1(e_2) - \mu_2^0(e_2)|} \qquad (7-5)$$

其中，$\lambda = \dfrac{\min\limits_{j}\left[\mu_j^1(e_j) - \mu_j^0(e_j) \neq 0\right]}{\left|\min\limits_{j}\left[\mu_j^1(e_j) - \mu_j^0(e_j) \neq 0\right]\right|}$，$j = 1, 2$。

对式（7-5）做如下说明：

①式（7-5）中 $\mu_j^1(e_j) - \mu_j^0(e_j)$ 为子系统 S_j 从 t_0 到 t_1 时间段序变量的系统有序度的变化幅度，它刻画了主流创新与新流创新子系统 S_j 从 t_0 到 t_1 时间段"在多大程度上变得更加有序"；

②$C \in [-1, 1]$，其值越大，即协同度越大，主流与新流创新系统协同发展的程度越高，反之则越低；

③式（7-5）显示，若其中一个子系统的有序度提升较大幅度，另一个子系统的有序度提高幅度较小或下降，则整个系统的协同度较低，或者不存在协同效应，体现为 $C \in [-1, 0]$；

④通过式（7-5），可以考察主流与新流创新系统各时期相对于基期而言协同度的发展变化趋势及其特征；

⑤此外，从主流创新系统与新流创新系统有序度变化中把握复合系统的整体协同状态，对整体系统是一种动态分析的过程；

⑥参数 λ 是指，当且仅当式（7-6）成立时，主流与新流创新复合系统才有正协同度：

$$\mu_j^1(e_j) - \mu_j^0(e_j) \gg 0, j = 1, 2 \qquad (7-6)$$

第三节 企业实证分析

一 背景分析及数据来源

美国著名管理学家 Kanter（1989）通过对 8 家公司进行实地调研和采访，指出开发新流创新的 8 种途径、形式和例证，它们分别为：雷神公司新产品中心（Raytheon New Products Center）、泰利福的新风险基金（Teleflex New Venture Fund）、巴顿机械事业部（"Barton Machines" Enterprise）、美国泰克开发公司（Tektronix Development Corporation）、伊士曼柯达公司新项目（Eastman Kodak New Opportunities Program）、俄亥俄州贝尔奋进者号计划（Ohio Bell Enter-Prize Program）、新英格兰电力系统风险部门（New England Electric Systems NEES Energy）、加拿大铝业新业务开发（Alcan New Business Development）。其中，20 世纪 70 年代，在伊士曼柯达公司新项目中，有 20 个进行创新的办公室和实验室帮助柯达的创新者寻求创新理念和赞助商，1979 年新理念的产出量为 40 个，到 1986 年产出量提升至 960 个。企业可以提供给每个新机会开发者 25000 美元作为启动资金来开发新的商业计划，共有 14 个新的风险单位以这种方式启动，最后变成了伊士曼柯达公司的子公司——不断产生新的商业理念的"创新孵化器"。

Kanter（1989）的研究揭示了新流创新的形成发展规律，即"新流创新理念→新流创新活动/项目→新流创新组织/部门→新流创新孵化器→新流创新系统"。首先，产生新流创新理念，继而这一理念通过新流创新活动/项目加以实施，新流创新活动/项目的实施激发新流创新组织/部门的产生，新流创新组织/部门进一步推动企业形成不断提供新的商业创新理念的新流创新孵化器，最后演化成新流创新系统。在此过程中，新流创新项目/活动、新流创新组织/部门、新流创新孵化器、新流创新系统反过来会不断产生新流创新理念。由此可见，新流创新的依托与载体可以包括新流创新项目、新流创新活动、新流创新组织、新流创新部门、新流创新孵化器与新流创新系统；而主流创新是基于原主导技术范式，沿着原有技术轨道所进行的创新活动，同理，其依托与载体可以为主流创新活动、主流创新项目、主流创新组织、主流创新部门与主流创新系统等（见图7－2）。

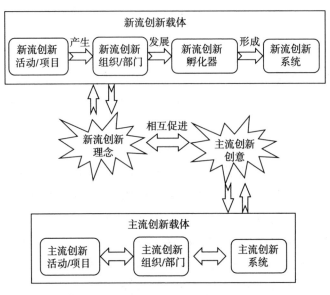

图7－2 主流创新与新流创新载体示意

（一）海源机械主流创新与新流创新活动的背景分析

福建海源自动化机械股份有限公司是国内领先的液压成型装备专业制造商，自公司成立以来，通过不断进行技术创新，先后研发HP系列陶瓷砖全自动液压成型技术及液压压砖机产品、HF系列墙体材料全自动液压成型技术及液压压砖机产品、HC系列耐火材料全自动液压成型技术及液压压砖机产品，目前，已形成以HP、HF、HC、HE四大液压机产品为核心的全自动液压机生产体系，是公司收入的主要来源，为主流创新的系列产品。

公司在发展横向液压机装备产品的同时，大举进军下游高端产品，全力搭建新技术、新工艺、新装备、新材料、新应用的相关多元化发展战略平台，目前拥有福建海源新材料科技有限公司，设立博士后科研工作站、中国科学院海西研究院海源中建新材料工程技术研究中心、中建海源建筑科技研发中心，企业技术中心被认定为省级企业技术中心。2012年，海源机械成立的子公司福建海源新材料科技有限公司，是一家全球先进的新一代复合材料产品及应用方案提供商。依托母公司在复合材料装备和工艺技术方面的优势，致力于玻璃纤维、植物纤维及碳纤维等复合材料制品的应用领域研究，产品涉及建筑领域、汽车及轨道交通、海洋工业、物流领域、家居用品等多门类。各类装备技术及新材料产品的综合性能达到国际先进水平，且批量出口至多个国家。所生产的易安特快装组合式复合材料模板引领了建筑施工领域第四代模板潮流，具备可多次利用、拆装方便、易清洗等诸多优点，符合"以塑代木、以塑代钢"的产业发展方向，有望实现普及应用。

因此，企业的主流创新活动为依托于海源机械这一主流创新系统的全自动液压机创新活动，新流创新活动为依托于海源新材料这一新流创新系统的复合材料领域创新活动，从而本书可据此进行主流创新与新流创新协同度的分析。

（二）主流创新与新流创新系统序变量的数据来源

本章选取主流液压机产品的收入（e_{11}）、液压机产品的销售率（e_{12}）、液压机产品的投入（e_{13}）、液压机产品的投入占总投入的比重（e_{14}）、液压机专利申请量（e_{15}）、液压机发明专利所占比重（e_{16}）、液压机产品收入增长率（e_{17}）、液压机专利申请量增长率（e_{18}）作为主流创新系统的序变量；选取新流复合材料产品的收入（e_{21}）、复合材料产品的销售率（e_{22}）、复合材料产品的投入（e_{23}）、复合材料产品的投入占总投入的比重（e_{24}）、复合材料专利申请量（e_{25}）、复合材料发明专利所占比重（e_{26}）、复合材料产品收入增长率（e_{27}）、复合材料专利申请量增长率（e_{28}）作为新流创新系统的序变量。本章选取 2012 年第一、二、三、四季度，2013 年第一、二、三、四季度，2014 年第一、二季度的数据作为原始数据进行分析，如表 7-2 所示。

二 数据计算及结果分析

（一）数据计算

1. 数据标准化处理

在序变量确定之后，对原始数据进行整理，同时为消除量纲影响，对数据采取均值－标准差法进行标准化处理。标准化基本原理如下：

表7-2　主流液压机创新与新流复合材料创新原始数据

时间	主流液压机创新系统（S_1）								新流复合材料创新系统（S_2）							
	e_{11}	e_{12}	e_{13}	e_{14}	e_{15}	e_{16}	e_{17}	e_{18}	e_{21}	e_{22}	e_{23}	e_{24}	e_{25}	e_{26}	e_{27}	e_{28}
2012年第一季度	4508	84.04	3050	83.31	3	100	0	0	0	0	0	0	0	0	0	0
2012年第二季度	5287	85.03	3100	80.69	1	100	0.173	-0.667	0	0	0	0	0	0	0	0
2012年第三季度	5205	79.55	3342	75.86	1	0	-0.016	0	0	0	0	0	0	0	0	0
2012年第四季度	5300	83.76	4108	74.97	4	100	0.018	3	0	0	0	0	0	0	0	0
2013年第一季度	5310	88.59	4087	88.79	2	0	0.002	-0.5	65	1.35	56	1.8	1	0	0	0
2013年第二季度	4999	92.43	3139	88.73	6	66.67	-0.059	2	89	2.02	84	2.07	2	33.33	0.369	1
2013年第三季度	4944	78.88	3209	69.95	2	0	-0.011	-0.667	235	4.32	201	3.94	1	0	1.640	-0.5
2013年第四季度	4800	70.43	3265	70.23	3	75	-0.029	0.5	362	4.25	256	4.46	1	0	0.540	0
2014年第一季度	3241	75.35	1987	70.57	1	0	-0.325	-0.667	131	3.12	113	4.36	2	0	-0.638	1
2014年第二季度	2434	74.67	1730	71.57	0	0	-0.249	-1	123	3.37	106	4.08	4	60	-0.061	1

资料来源：企业调研资料及海源复材吧（http://guba.eastmoney.com/list, 002529.html）。

$$X'_{ij} = (X_{ij} - \bar{X}_j) / S_j (i = 1, 2, \cdots, n; j = 1, 2, \cdots, n) \tag{7-7}$$

其中，X'_{ij}表示标准化数据，$\bar{X}_j = \dfrac{1}{n} \sum\limits_{i=1}^{n} X_{ij}$表示变量$j$的均值，$S_j$表示变量$j$的标准差，其计算公式为：

$$S_j = \sqrt{\frac{1}{n} \sum_{i=1}^{n} (X_{ij} - \bar{X}_j)^2} \tag{7-8}$$

利用 SPSS 统计软件对以上评价指标的数据进行标准化处理，结果如表 7 - 3 所示。

将表 7 - 3 中的数据代入式 (7 - 1) 和式 (7 - 3)，得到主流液压机创新系统与新流复合材料创新系统序变量的有序度，如表 7 - 4 所示。

2. 指标权重的确定

运用标准化数据确定各指标权重，计算主流创新系统与新流创新系统的有序度，进而求出主流创新系统与新流创新系统的协同度。指标权重的确定有多种方法，如相关矩阵赋权法 (张敏，2011)、专家打分法 (徐浩鸣等，2003) 以及主成分赋权法 (梁飞豹等，2010) 等，本章采用相关矩阵赋权法确定指标权重。

相关矩阵赋权法的基本思想：运用指标间相关系数来反映指标间的相互影响程度，相关系数绝对值越大，则指标间的相互影响程度越高；反之，相互影响程度越低。如果某指标与其他指标的总相关程度较高，说明该指标对其他指标的影响程度较高，应赋予较高的权重；反之，应赋予较低的权重 (张敏，2011)。相关矩阵赋权法的具体步骤如下。

设指标体系中包含 n 个指标，它们的相关矩阵 R 为：

$$R = \begin{bmatrix} r_{11} & r_{12} & \cdots & r_{1n} \\ r_{21} & r_{22} & \cdots & r_{2n} \\ \vdots & \vdots & & \vdots \\ r_{n1} & r_{n2} & \cdots & r_{nn} \end{bmatrix} \tag{7-9}$$

其中，$r_{11} = 1$。令 $R_i = \sum\limits_{j=1}^{n} |r_{ij}| - 1$，表示第 i 个指标对其他 $n-1$ 个指标的总影响。R_i 较大，说明第 i 个指标在指标体系中的影响较大，权重应

表 7 - 3　原始数据标准化处理结果

时间	主流液压机创新系统（S_1）								新流复合材料创新系统（S_2）							
	e_{11}	e_{12}	e_{13}	e_{14}	e_{15}	e_{16}	e_{17}	e_{18}	e_{21}	e_{22}	e_{23}	e_{24}	e_{25}	e_{26}	e_{27}	e_{28}
2012 年第一季度	- 0.102	0.432	- 0.072	0.827	0.418	1.231	0.371	- 0.161	- 0.882	- 1.068	- 0.951	- 1.096	- 0.901	- 0.476	- 0.328	- 0.488
2012 年第二季度	0.734	0.586	- 0.002	0.456	- 0.776	1.231	1.667	- 0.698	- 0.882	- 1.068	- 0.951	- 1.096	- 0.901	- 0.476	- 0.328	- 0.488
2012 年第三季度	0.646	- 0.269	0.333	- 0.227	- 0.776	- 0.974	0.255	- 0.161	- 0.882	- 1.068	- 0.951	- 1.096	- 0.901	- 0.476	- 0.328	- 0.488
2012 年第四季度	0.748	0.388	1.394	- 0.353	1.014	1.231	0.508	2.254	- 0.882	- 1.068	- 0.951	- 1.096	- 0.901	- 0.476	- 0.328	- 0.488
2013 年第一季度	0.758	1.141	1.365	1.602	- 0.179	- 0.974	0.385	- 0.563	- 0.312	- 0.286	- 0.299	- 0.143	- 0.082	- 0.476	- 0.328	- 0.488
2013 年第二季度	0.425	1.740	0.052	1.593	2.207	0.496	- 0.068	1.449	- 0.101	0.103	0.028	- 0.001	0.737	1.225	0.326	1.464
2013 年第三季度	0.366	- 0.373	0.149	- 1.063	- 0.179	- 0.974	0.289	- 0.698	1.181	1.436	1.392	0.989	- 0.082	- 0.476	2.578	- 1.464
2013 年第四季度	0.211	- 1.691	0.226	- 1.024	0.418	0.680	0.153	0.241	2.296	1.395	2.034	1.264	- 0.082	- 0.476	0.629	- 0.488
2014 年第一季度	- 1.460	- 0.924	- 1.545	- 0.976	- 0.776	- 0.974	- 2.064	- 0.698	0.268	0.740	0.366	1.211	0.737	- 0.476	- 1.458	1.464
2014 年第二季度	- 2.326	- 1.030	- 1.901	- 0.834	- 1.372	- 0.974	- 1.496	- 0.966	0.198	0.885	0.285	1.063	2.376	2.586	- 0.436	1.464

表 7 - 4　主流液压机创新系统与新流复合材料创新系统变量的有序度

时间	主流液压机创新系统（S_1）								新流复合材料创新系统（S_2）							
	e_{11}	e_{12}	e_{13}	e_{14}	e_{15}	e_{16}	e_{17}	e_{18}	e_{21}	e_{22}	e_{23}	e_{24}	e_{25}	e_{26}	e_{27}	e_{28}
2012 年第一季度	0.721	0.840	0.445	0.167	0.500	0.000	0.653	0.250	0.000	0.000	1.000	1.000	0.000	1.000	0.280	0.333
2012 年第二季度	0.992	0.850	0.424	0.193	0.167	0.000	1.000	0.083	0.000	0.000	1.000	1.000	0.000	1.000	0.280	0.333
2012 年第三季度	0.963	0.796	0.322	0.241	0.167	1.000	0.622	0.250	0.000	0.000	1.000	1.000	0.000	1.000	0.280	0.333
2012 年第四季度	0.997	0.838	0.000	0.250	0.667	0.000	0.689	1.000	0.000	0.000	1.000	1.000	0.000	1.000	0.280	0.333
2013 年第一季度	1.000	0.886	0.009	0.112	0.333	1.000	0.657	0.125	0.180	0.014	0.781	0.982	0.250	1.000	0.280	0.333
2013 年第二季度	0.892	0.924	0.407	0.113	1.000	0.333	0.535	0.750	0.246	0.020	0.672	0.979	0.500	0.667	0.442	1.000
2013 年第三季度	0.873	0.789	0.378	0.301	0.333	1.000	0.631	0.083	0.649	0.043	0.215	0.961	0.250	1.000	1.000	0.000
2013 年第四季度	0.823	0.704	0.354	0.298	0.500	0.250	0.594	0.375	1.000	0.043	0.000	0.955	0.250	1.000	0.517	0.333
2014 年第一季度	0.281	0.754	0.892	0.294	0.167	1.000	0.000	0.083	0.362	0.031	0.559	0.956	0.500	1.000	0.000	1.000
2014 年第二季度	0.000	0.747	1.000	0.284	0.000	1.000	0.152	0.000	0.340	0.034	0.586	0.959	1.000	0.400	0.253	1.000

较大，将R_i归一化即可得第i个指标的权重为：

$$w_i = \frac{R_i}{\sum\limits_{i=1}^{n} R_i} \tag{7-10}$$

因此，由上面的相关矩阵赋权法可根据主流创新系统与新流创新系统的数据计算出各相关矩阵，然后应用式（7-10）计算各指标的权重，如下所示。

主流创新系统各指标权重为：

$$w_{11} = 0.144, w_{12} = 0.129, w_{13} = 0.140, w_{14} = 0.112,$$
$$w_{15} = 0.129, w_{16} = 0.106, w_{17} = 0.126, w_{18} = 0.113$$

新流创新系统各指标权重为：

$$w_{21} = 0.134, w_{22} = 0.159, w_{23} = 0.141, w_{24} = 0.157,$$
$$w_{25} = 0.138, w_{26} = 0.086, w_{27} = 0.091, w_{28} = 0.094$$

3. 主流创新系统与新流创新系统的有序度

将表7-4中各子系统序变量的有序度结果代入式（7-2）和式（7-4）中，得到主流创新系统与新流创新系统有序度的计算结果，如表7-5和图7-3所示。

表7-5　主流液压机创新系统与新流复合材料创新系统的有序度

时间	主流液压机创新系统（S_1）	新流复合材料创新系统（S_2）
2012年第一季度	0.469	0.440
2012年第二季度	0.492	0.440
2012年第三季度	0.548	0.440
2012年第四季度	0.566	0.440
2013年第一季度	0.519	0.468
2013年第二季度	0.634	0.545
2013年第三季度	0.553	0.487
2013年第四季度	0.501	0.490
2014年第一季度	0.432	0.531
2014年第二季度	0.393	0.573

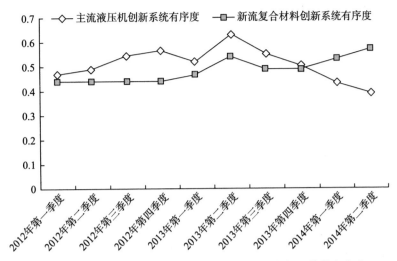

图 7 - 3　主流液压机创新系统与新流复合材料创新系统的有序度

由表 7 - 5 和图 7 - 3 可以看出，主流液压机创新系统的有序度整体呈现先上升、后下降的趋势；新流复合材料创新系统的有序度自 2012 年投入以来总体呈现上升的趋势。

（1）主流液压机创新系统的有序度分析

海源机械是国内领先的液压成型装备专业制造商，是"绿色"建材解决方案的提供者，拥有 HF 系列墙体材料全自动液压压砖机、HP 系列陶瓷砖全自动液压压砖机、HC 系列耐火材料全自动液压压砖机等三大系列压机产品。HP 压机是公司的传统优势产品，陶瓷是其率先实现由全自动液压压砖机完全替代落后设备的行业；HF 压机为公司的主导产品及利润的重要来源；HC 压机为公司新一代产品及利润增长点，是一种高效、环保的先进设备。因此，这三大系列压机产品是海源机械的主要收入来源，并不断发展成熟，有序度总体在上升，但随着新流复合材料的研发、设计、制造，企业把更多注意力转移到新流复合材料中，主流液压机保持平稳发展，有序度不再上升，甚至有所下降。

（2）新流复合材料创新系统的有序度分析

2012 年 5 月，海源机械与南平市武夷新区管理委员会在福建省福州市签订了《投资意向书》。公司拟以福建海源新材料科技有限公司作为这一新流项目实施主体，在南平市武夷新区投资建设"海源新材料科技产业园"项目。主要从事复合材料建筑模板、汽车零部件、无机复合保温板及其他复合材料制品的研发、设计、生产和销售。由此加快了公司进入复合材料制品领域的步伐，实现了公司产品结构调整，完善了公司产业链。新流复合材料创新系统在 2012 年的有序度较低，企业大量投入创新资本进行研发、设计、专利申请，2013 年新流复合材料创新系统的有序度开始攀升，复合材料进入发展的成长期，2014 年复合材料已开始进入发展的成熟期，有序度趋于稳定，已开始替代主流液压机成为新的主流产品，海源机械也正朝下一阶段的新流创新——3D 打印领域进发。

4. 主流创新系统与新流创新系统的协同度

根据式（7-5）和表 7-5 的相关有序度，以子系统有序度为中间变量，以子系统初期为基准期，计算出主流液压机创新系统与新流复合材料创新系统的协同度，结果如表 7-6、图 7-4 所示。

表 7-6　主流液压机创新系统与新流复合材料创新系统的协同度

时间	主流液压机创新系统与新流复合材料创新系统的协同度
2012 年第二季度	0
2012 年第三季度	0
2012 年第四季度	0
2013 年第一季度	0.037
2013 年第二季度	0.131
2013 年第三季度	0.062
2013 年第四季度	0.040
2014 年第一季度	-0.058
2014 年第二季度	-0.100

（二）结果分析

海源机械主流液压机创新系统与新流复合材料创新系统之间协同关系的演化过程呈现从初始零协同状态到协同度逐渐上升，继而达到最高，然后逐渐降低的总体趋势。具体可以分为如下四个阶段。

1. 第一阶段——零协同阶段

2012 年下半年二者之间的协同度为零，此时新流复合材料创新尚未出现，企业在此阶段产生了投资复合材料领域的理念，因此主流 HP 系列陶瓷砖全自动液压成型技术及液压压砖机产品、HF 系列墙体材料全自

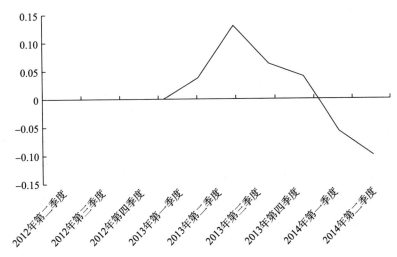

图 7 - 4 主流液压机创新系统与新流复合材料创新系统的协同度

动液压成型技术及液压压砖机产品、HC 系列耐火材料全自动液压成型技术及液压压砖机产品依然平稳、独立地发展，主流液压机与新流复合材料尚未形成协同发展，因而二者之间的协同度为零。

2. 第二阶段——协同度缓慢上升的互补协同阶段

第二阶段为 2013 年初，新流复合材料创新开始起步，此时，公司研发多年的长纤维增强热塑性复合材料制品（LFT-D）成套生产线顺利调试成功，不但填补了国内空白，许多技术还优于国外先进的同类设备，形成了具有知识产权的自由技术，预示着公司向复合材料、新材料领域拓展的战略可以全面启动。各项创新效益指标逐渐增长，因而主流领域与新流领域的创新协同度不再为零，而是呈现逐渐上升的趋势，但此时企业进行大规模的复合材料领域的创新投入，复合材料领域新流创新活动增强，新流创新效益并不显著，所以主流创新系统与新流创新系统的协同度上升缓慢，二者存在资源分配上的冲突。

3. 第三阶段——协同度最高的优化协同阶段

第三阶段为 2013 年中期，这一阶段主流液压机领域的创新活动进入成熟期，有序度达到最高，新流复合材料领域的创新也迅速发展，度过了企业大规模投资复合材料领域的萌芽期，新流复合材料领域创新效益迅速攀升，因此，这一阶段主流创新系统与新流创新系统之间的协同度达到最高水平，二者处于汇流创新阶段，相互促进、互为补充。LFT-D

生产线呈现许多优势。

（1）技术应用领域广泛

可在线调整材料组成，真正实现连续化生产；玻璃纤维长度可调，应对多种零部件生产；纤维长度分布更加均匀，特别是复杂零部件；流动性大幅提高，表面质量更高；生产效率高；优化设计的整线技术降低了输送螺杆磨损程度。

（2）成本优势明显

原材料和物流成本显著降低；原料和模具快速更换，省工、省时；启动消耗可控；万元产值能耗降低 50%；全过程一次加热，成本降低，提高了制品强度；废料回收更加容易（如制成 GMT、LFT）。

4. 第四阶段——协同度开始下降的转化协同阶段

第四阶段为 2013 年末和 2014 年上半年，企业将注意力转移到新流复合材料领域，导致主流液压机领域产品收益有所降低，相比之前呈现衰退的趋势，因此，这一阶段的协同度下降明显，此时，需要管理层对主流创新与新流创新进行政策协调。此时，易安特复合材料模板已经崛起并处于成熟期。易安特快装组合式复合材料模板是长纤维增强热塑性复合材料模板，与传统模板相比，具有质量可靠、省工节材、高效便捷、安全省心、绿色环保等优势，符合国家"以塑代木、以塑代钢"的产业政策导向，是国家鼓励发展的节能环保的高新技术产品。

本章小结

本章主要研究主流创新与新流创新协同度，建立了主流与新流创新协同度指标体系，并构建了协同度模型，进而对海源机械主流液压机创新与新流复合材料创新进行了实证分析，研究发现以下两方面。一方面，主流创新与新流创新会呈现周期性的协同与不协同状态。企业主流创新与新流创新同时进行会出现周期性的协同与不协同状态，这是由于主流创新与新流创新同为基于稀缺资源的创新方式，在同时追求自身发展的过程中会出现此消彼长的强弱变化态势，势必会引起不协同状态的存在，并以此作为主流创新与新流创新达到更高级协同状态的动力，与此往复。另一方面，企业要想达到追求超额利润的目的，就要在稳定主流创新的基础上推动新流创新，在激发新流创新的同时稳抓主流创新。主流创新与新流创新在沿着各自的技术轨迹发展的过程中，不断地循环着不协同→协同→不协同，进而上升到更高层级的协同演化路径。在主流创新与新流创新互动的不同阶段，互动的主导性层级不同，要素、环境及系统在不同互动阶段具有不同的共同演化能级，并以此推动主流创新系统与新流创新系统互动层级、阶段的跃迁与转换。

第八章　企业主流与新流创新协同
演进的博弈分析

一般来说，为实现某些共同目标，许多成员会结成群体并进行有效资源，如人力、物力、财力或理念的投入组合，建立一定的运作机制。但随着机制运作及成员间相互作用复杂化，主流创新组织与新流创新组织会出现冲突，这些冲突可能是人力、财力、物力分配问题，也可能是组织间权力失衡、价值观冲突等。因此，尽管主流创新与新流创新对组织适应都具有重要意义，但两者之间的关系难以协调，它们在资源、注意力、组织模式等多个方面相互竞争。组织需要不断地在主流创新与新流创新之间进行权衡。本章建立主流与新流创新的演化博弈模型，探讨主流与新流组织在博弈过程中的策略选择，为企业正确处理主流创新与新流创新的关系提供新思路。

第一节　主流创新与新流创新博弈理论依据

一　演化博弈模型适用性分析

新流创新引入了新产品、新技术、新市场，其带来的经济效益是显著的，具有突破性；主流创新能使工艺流程得到改善，劳动生产率得到提高，降低生产的边际成本，优化产品的性能，提高产品质量等。主流创新与新流创新争夺有限的创新投入，二者之间的创新投入分配存在此消彼长的现象；另外，如果企业兼顾主流创新与新流创新，那么企业就会同时获得主流创新带来的稳定利润及成本优势与新流创新的创造性及未来利润优势，从而形成双重竞争优势。因此，企业在主流创新与新流创新的冲突与协同发展中博弈问题的核心是：在有限的企业创新投入情况下，如何在创新发展的不同阶段重点扶持主流创新或新流创新，从而在实现主流创新组织与新流创新组织个体理性的前提下实现企业自身的集体理性。

本章采用演化博弈模型来分析主流创新与新流创新之间的博弈关系。第一，主流创新与新流创新是不断演化与发展的，这使得主流创新与新流创新无法在一开始就找到最优策略，不同的演化发展阶段致使博弈条件发生变化，说明主流与新流创新不是一次性的博弈，二者的地位是动态发展变化的；第二，创新的不确定性、信息的不完全及企业管理者缺乏战略眼光等原因，使得主流创新部门与新流创新部门无法保证完全理性；第三，企业主流创新与新流创新的演化与转型说明二者间通过相互模仿来调整创新行为。基于以上几点原因，演化博弈模型能适用于主流与新流创新的博弈关系分析，更能揭示二者之间相互冲突、相互促进的复杂关系。

二 演化博弈模型

演化博弈模型包含两个基本的概念：演化稳定策略和复制动态方程。演化稳定策略是一个占优策略，群体中的大部分成员会选择这个策略。复制动态方程可用微分方程 $\dfrac{\mathrm{d}x}{\mathrm{d}t} = x_n \left[u(n, r) - u(r, r) \right]$ 来表示，其中，n 表示不同的策略，x_n 表示群体中采取策略 n 的比例，$u(n, r)$ 表示采取策略 n 的期望收益，$u(r, r)$ 表示群体的平均收益。这是一个用来描述一个特定策略在一个群体中被采纳比例的动态微分方程。

参与者及其策略行为选择：研究有两个参与者的情况，即有博弈参与者 A 与 B，那么其对应的策略为 A_i 与 B_j（$i, j = 1, 2$）。参与者 A 采用 A_1 与 A_2 策略的比例用策略向量来表示：

$$X = (x_1, x_2), 0 \leqslant x_1, x_2 \leqslant 1 \text{ 且} \sum_{i=1}^{2} x_i = 1 \qquad (8-1)$$

其中，x_i 表示 A 采用 A_i 策略的比例。

同上可得出参与者 B 的策略向量：

$$Y = (y_1, y_2), 0 \leqslant y_1, y_2 \leqslant 1 \text{ 且} \sum_{j=1}^{2} y_j = 1 \qquad (8-2)$$

其中，y_j 表示 B 采用 B_j 策略的比例。

博弈参与者 A 与 B 所采用的不同策略在相互影响下，会有不同的收益，博弈参与者 A 的收益矩阵 E：

$$E = \{e_{ij}\}, i,j = 1,2 \qquad (8-3)$$

其中，e_{ij} 表示在博弈参与者 B 采用策略 B_j 的情况下，博弈参与者 A 采用 A_i 策略的收益；同理可得博弈参与者 B 的收益矩阵 H：

$$H = \{h_{ij}\}, i,j = 1,2 \qquad (8-4)$$

其中，h_{ij} 表示在博弈参与者 A 采用策略 A_i 的情况下，博弈参与者 B 采用 B_j 策略的收益。

博弈参与者 A 的策略选择 A_i 的适应度函数为 $f_i(Y) = (EY)_i$，依据演化理论，适者生存的优势体现在 $\frac{1}{x_i} \cdot \frac{\mathrm{d}x_i}{\mathrm{d}t}$ 的增加上，即采用策略 A_i 的博弈参与者比例增加了，因此我们定义 $\frac{1}{x_i} \cdot \frac{\mathrm{d}x_i}{\mathrm{d}t} = A_i$ 的适应度，即：

$$F(x) = \frac{\mathrm{d}x_i}{\mathrm{d}t} = x_i \left[(EY)_i - X^{\mathrm{T}} EY \right] \qquad (8-5)$$

同理：

$$F(y) = \frac{\mathrm{d}y_j}{\mathrm{d}t} = y_j \left[(HY)_j - Y^{\mathrm{T}} HY \right] \qquad (8-6)$$

当 $\frac{\mathrm{d}F(x)}{\mathrm{d}x} < 0$ 时，对应的 x 的值（x^*）是吸引的，是渐进稳定的，即能经受微小偏离的扰动，在经受微小偏离的扰动后，仍能恢复原状态，是博弈参与者 A 的演化稳定策略；若 $\frac{\mathrm{d}F(x)}{\mathrm{d}x} > 0$，则对应的 x 的值（x^*）是排斥的。当 $\frac{\mathrm{d}F(y)}{\mathrm{d}x} < 0$ 时，对应的 y 的值（y^*）是吸引的，是渐进稳定的，即能经受微小偏离的扰动，在经受微小偏离的扰动后，仍能恢复原状态，是博弈参与者 B 的演化稳定策略；若 $\frac{\mathrm{d}F(y)}{\mathrm{d}x} > 0$，则对应的 y 的值（y^*）是排斥的。

第二节　演化博弈模型构建及求解

一　模型假设与变量

基于上述分析思路，本章建立主流创新与新流创新冲突与协同发展的演化博弈模型，基本假设如下。

假设1：考虑企业内部有两个进行创新的部门，即主流创新部门和新流创新部门，主流创新部门进行是否支持主流创新的策略选择，新流创新部门进行是否支持新流创新的策略选择，两部门均可独立进行创新。

假设2：主流创新部门与新流创新部门具有有限理性，因而策略选择是一个演化博弈过程。

假设3：博弈双方均追求自身效益最大化，分析过程中不考虑时间价值。

假设4：由于企业创新需要创新投入并承担风险，企业创新投入总量一定，有限的创新资源在主流创新部门与新流创新部门之间进行分配。企业创新投入总量为 c（$c \geq 0$），用在新流创新上的投入比例为 α（$0 \leq \alpha \leq 1$），用在主流创新上的投入比例为 $1 - \alpha$，即新流创新的投入成本为 $c\alpha$，主流创新的投入成本为 $c(1 - \alpha)$。对于新流创新和主流创新来说，它们成功的概率分别为 p_1、p_2。新流创新成功可带来收益 v_1，主流创新成功可带来收益 v_2。如果主流创新和新流创新都成功，可为主流创新部门和新流创新部门带来额外收益 e，主流创新与新流创新同时进行时会不可避免地产生冲突、竞争、摩擦，其带来的损失为 s，其中，额外的收益与损失由主流创新与新流创新双方均等承担。在模型中，不考虑企业由于没有创新而带来的损失。不失一般性，假设上述各参数值均大于零。各参数含义如表8-1所示。

表8-1　主流创新与新流创新演化博弈模型参数含义

参数	含义
p_1	新流创新成功的概率
p_2	主流创新成功的概率

参数	含义
v_1	新流创新成功带来的收益
v_2	主流创新成功带来的收益
c	企业对创新的总投入
α	新流创新投入占总投入的比例
e	主流创新与新流创新同时进行并都成功为企业带来的额外收益
s	主流创新与新流创新同时进行时由冲突等造成的损失

二 演化博弈模型构建

在博弈过程中，新流创新部门有两种不同的策略选择，即支持新流创新或不支持新流创新。主流创新部门也有两种不同的策略选择，即支持主流创新或不支持主流创新。因此，对于新流创新部门和主流创新部门来说有四种不同的策略组合：①支持新流创新，支持主流创新；②支持新流创新，不支持主流创新；③不支持新流创新，支持主流创新；④不支持新流创新，不支持主流创新。在四种不同的策略组合下，主流创新与新流创新博弈收益矩阵如表 8-2 所示。

表 8-2　主流创新与新流创新博弈收益矩阵

		主流创新部门	
		支持（y）	不支持（$1-y$）
新流创新部门	支持（x）	$0.5\,(p_1p_2e-s)\,+p_1v_1-c\alpha,$ $0.5\,(p_1p_2e-s)\,+p_2v_2-c\,(1-\alpha)$	$p_1v_1-c\alpha,$ 0
	不支持（$1-x$）	$0,$ $p_2v_2-c\,(1-\alpha)$	$0,$ 0

其中，p_1p_2e-s 表示企业同时进行主流创新与新流创新时所带来的收益增加值；$p_2v_2-c\,(1-\alpha)$ 表示主流创新所获得的创新收益；$p_1v_1-c\alpha$ 表示新流创新所获得的创新收益。

因此，$0.5\,(p_1p_2e-s)\,+p_1v_1-c\alpha$ 表示同时开展新流创新与主流创新时，新流创新部门所获得的创新收益；$0.5\,(p_1p_2e-s)\,+p_2v_2-c\,(1-\alpha)$ 表示同时开展新流创新与主流创新时，主流创新部门所获得的创新收益。

三 模型求解及分析

(一)主流创新与新流创新双方演化博弈模型的演化稳定策略

设主流创新部门选择支持创新的概率为 y，不支持创新的概率为 $1-y$；新流创新部门选择支持创新的概率为 x，不支持创新的概率为 $1-x$。

步骤一：求解复制动态方程。

新流创新部门选择支持创新与不支持创新的期望收益和群体平均收益分别为：U_{1Y}、U_{1N}、$\bar{U}_1$。

$$U_{1Y} = y[\,0.5(p_1 p_2 e - s) + p_1 v_1 - c\alpha\,] + (1-y)(p_1 v_1 - c\alpha)$$

$$U_{1N} = y \times 0 + (1-y) \times 0 = 0$$

$$\bar{U}_1 = x \times U_{1Y} + (1-x) \times U_{1N}$$

主流创新部门选择支持创新与不支持创新的期望收益和群体平均收益分别为：U_{2Y}、U_{2N}、$\bar{U}_2$。

$$U_{2Y} = x[\,0.5(p_1 p_2 e - s) + p_2 v_2 - c(1-\alpha)\,] + (1-x)[\,p_2 v_2 - c(1-\alpha)\,]$$

$$U_{2N} = x \times 0 + (1-x) \times 0 = 0$$

$$\bar{U}_2 = y \times U_{2Y} + (1-y) \times U_{2N}$$

复制动态方程为：

$$F(x) = \frac{\mathrm{d}x}{\mathrm{d}t} = x(U_{1Y} - \bar{U}_1) = x(1-x)[\,0.5y(p_1 p_2 e - s) + p_1 v_1 - c\alpha\,]$$

令 $F(x) = 0$，可得 $x^* = 0$，$x^* = 1$，$y^* = \dfrac{c\alpha - p_1 v_1}{0.5(p_1 p_2 e - s)}$。

同理：

$$F(y) = \frac{\mathrm{d}y}{\mathrm{d}t} = y(U_{2Y} - \bar{U}_2) = y(1-y)[\,0.5x(p_1 p_2 e - s) + p_2 v_2 - c(1-\alpha)\,]$$

令 $F(y) = 0$，可得 $y^* = 0$，$y^* = 1$，$x^* = \dfrac{c(1-\alpha) - p_2 v_2}{0.5(p_1 p_2 e - s)}$。

步骤二：求解均衡点及雅克比矩阵。

首先，由于无法同时满足 $0 < x^*$，$y^* < 1$，因而演化博弈模型有 4 个

均衡点，分别为：$(0, 0)$，$(0, 1)$，$(1, 0)$，$(1, 1)$。

其次，由此进一步求得雅克比矩阵为：

$$\begin{pmatrix} (1-2x)[0.5y(p_1 p_2 e - s) + p_1 v_1 - c\alpha] & 0.5x(1-x)(p_1 p_2 e - s) \\ 0.5y(1-y)(p_1 p_2 e - s) & (1-2y)[0.5x(p_1 p_2 e - s) + p_2 v_2 - c(1-\alpha)] \end{pmatrix}$$

再次，将 4 个均衡点分别代入雅克比矩阵，可得：

$$J_{(0,0)} = \begin{pmatrix} p_1 v_1 - c\alpha & 0 \\ 0 & p_2 v_2 - c(1-\alpha) \end{pmatrix}$$

$$J_{(0,1)} = \begin{pmatrix} 0.5(p_1 p_2 e - s) + p_1 v_1 - c\alpha & 0 \\ 0 & -[p_2 v_2 - c(1-\alpha)] \end{pmatrix}$$

$$J_{(1,0)} = \begin{pmatrix} -(p_1 v_1 - c\alpha) & 0 \\ 0 & 0.5(p_1 p_2 e - s) + p_2 v_2 - c(1-\alpha) \end{pmatrix}$$

$$J_{(1,1)} = \begin{pmatrix} -[0.5(p_1 p_2 e - s) + p_1 v_1 - c\alpha] & 0 \\ 0 & -[0.5(p_1 p_2 e - s) + p_2 v_2 - c(1-\alpha)] \end{pmatrix}$$

最后，计算出 4 个均衡点对应雅克比矩阵的行列式（Det）和迹（Tr），如表 8 - 3 所示。

表 8 - 3　4 个均衡点对应雅克比矩阵的行列式及迹

均衡点	Det J	Tr J
$(0, 0)$	$(p_1 v_1 - c\alpha) \times [p_2 v_2 - c(1-\alpha)]$	$p_1 v_1 + p_2 v_2 - c$
$(0, 1)$	$-[0.5(p_1 p_2 e - s) + p_1 v_1 - c\alpha] \times [p_2 v_2 - c(1-\alpha)]$	$0.5(p_1 p_2 e - s) + p_1 v_1 - p_2 v_2 + c(1-\alpha) - c\alpha$
$(1, 0)$	$-(p_1 v_1 - c\alpha) \times [0.5(p_1 p_2 e - s) + p_2 v_2 - c(1-\alpha)]$	$0.5(p_1 p_2 e - s) + p_2 v_2 - c(1-\alpha) - p_1 v_1 + c\alpha$
$(1, 1)$	$[0.5(p_1 p_2 e - s) + p_1 v_1 - c\alpha] \times [0.5(p_1 p_2 e - s) + p_2 v_2 - c(1-\alpha)]$	$-(p_1 p_2 e - s + p_1 v_1 + p_2 v_2 - c)$

根据各参数 p_1、p_2、v_1、v_2、e、s、c、α 之间的关系，可分 5 种情形进行均衡点的稳定性分析，如表 8 - 4 所示。

表 8 - 4 不同情形下均衡点的稳定性

条件		均衡点	Det J 符号	Tr J 符号	局部稳定性
情形一： $p_1v_1 - c\alpha < 0$, $p_2v_2 - c(1-\alpha) > 0$, $p_1p_2e - s < 0$	① $0.5(p_1p_2e-s)$ + $p_2v_2 - c(1-\alpha) > 0$	(0, 0)	−	不确定	鞍点
		(0, 1)	+	−	ESS
		(1, 0)	+	+	不稳定点
		(1, 1)	−	不确定	鞍点
	② $0.5(p_1p_2e-s)$ + $p_2v_2 - c(1-\alpha) < 0$	(0, 0)	−	不确定	鞍点
		(0, 1)	+	−	ESS
		(1, 0)	−	不确定	鞍点
		(1, 1)	+	+	不稳定点
情形二： $p_1v_1 - c\alpha < 0$, $p_2v_2 - c(1-\alpha) > 0$, $p_1p_2e - s > 0$	① $0.5(p_1p_2e-s)$ + $p_1v_1 - c\alpha > 0$	(0, 0)	−	不确定	鞍点
		(0, 1)	−	不确定	鞍点
		(1, 0)	+	+	不稳定点
		(1, 1)	+	−	ESS
	② $0.5(p_1p_2e-s)$ + $p_1v_1 - c\alpha < 0$	(0, 0)	−	不确定	鞍点
		(0, 1)	+	−	ESS
		(1, 0)	+	+	不稳定点
		(1, 1)	−	不确定	鞍点
情形三：$p_1v_1 - c\alpha > 0$, $p_2v_2 - c(1-\alpha) > 0$, $p_1p_2e - s > 0$		(0, 0)	+	+	不稳定点
		(0, 1)	−	不确定	鞍点
		(1, 0)	−	不确定	鞍点
		(1, 1)	+	−	ESS
情形四： $p_1v_1 - c\alpha > 0$, $p_2v_2 - c(1-\alpha) < 0$, $p_1p_2e - s > 0$	① $0.5(p_1p_2e-s)$ + $p_2v_2 - c(1-\alpha) > 0$	(0, 0)	−	不确定	鞍点
		(0, 1)	+	+	不稳定点
		(1, 0)	−	不确定	鞍点
		(1, 1)	+	−	ESS
	② $0.5(p_1p_2e-s)$ + $p_2v_2 - c(1-\alpha) < 0$	(0, 0)	−	不确定	鞍点
		(0, 1)	+	+	不稳定点
		(1, 0)	+	−	ESS
		(1, 1)	−	不确定	鞍点

续表

条件		均衡点	Det J 符号	Tr J 符号	局部稳定性
情形五： $p_1 v_1 - c\alpha > 0$, $p_2 v_2 - c(1-\alpha) < 0$, $p_1 p_2 e - s < 0$	①$0.5(p_1 p_2 e - s)$ + $p_1 v_1 - c\alpha > 0$	(0, 0)	−	不确定	鞍点
		(0, 1)	+	+	不稳定点
		(1, 0)	+	−	ESS
		(1, 1)	−	不确定	鞍点
	②$0.5(p_1 p_2 e - s)$ + $p_1 v_1 - c\alpha < 0$	(0, 0)	−	不确定	鞍点
		(0, 1)	−	不确定	鞍点
		(1, 0)	+	−	ESS
		(1, 1)	+	+	不稳定点

（二）主流创新与新流创新双方演化博弈模型的演化路径分析

根据以上分析，可以将主流与新流创新协同发展的演化博弈模型的策略选择行为分为 5 种情形。

情形一：$p_1 v_1 - c\alpha < 0$，$p_2 v_2 - c(1-\alpha) > 0$，$p_1 p_2 e - s < 0$。演化路径如图 8-1 所示。

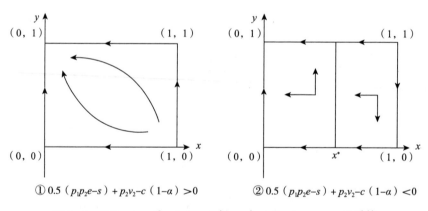

① $0.5(p_1 p_2 e - s) + p_2 v_2 - c(1-\alpha) > 0$　　② $0.5(p_1 p_2 e - s) + p_2 v_2 - c(1-\alpha) < 0$

图 8-1　$p_1 v_1 - c\alpha < 0$，$p_2 v_2 - c(1-\alpha) > 0$，$p_1 p_2 e - s < 0$ 时的
演化路径

策略稳定解为支持主流创新，即"不支持新流创新，支持主流创新"。此时，处于主流创新与新流创新的互补协同阶段，主流创新正在平稳成长，而新流创新刚刚萌芽，二者针对资源分配问题产生巨大的冲突，主流创新的成长仍需要人力、物力、财力的进一步投入，而处于弱势的新流创新也希望提高其地位。总体来看，主流创新的优势明显强于处于萌芽期具有高度不确定性的新流创新，主流创新能为企业带来创新利润，而此时的新流创新产生的收益小于新流创新投入，因而，这种情况下，创新策略会最终稳定在"不支持新流创新，支持主流创新"。因此，大力发展并支持主流创新会给企业带来巨大的利润。

情形二：$p_1v_1 - c\alpha < 0$，$p_2v_2 - c(1-\alpha) > 0$，$p_1p_2e - s > 0$。演化路径如图 8-2 所示。

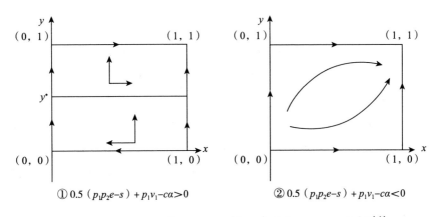

图 8-2　$p_1v_1 - c\alpha < 0$，$p_2v_2 - c(1-\alpha) > 0$，$p_1p_2e - s > 0$ 时的
演化路径

此时的策略稳定解为"支持新流创新，支持主流创新"，主流创新的发展速度较快，新流创新刚经过萌芽期，虽然创新效益无法弥补企业对新流创新的投入，但是二者的冲突强度有所减弱，新流创新仍能为企业的发展及创新带来新的理念与血液，说明新流创新已经慢慢度过萌芽期的艰难创新阶段，正逐渐朝成长期过渡。所以主流创新开始与新流创新协同，二者同时进行会为企业带来额外的创新收益，逐渐朝高度协同状态的汇流创新阶段迈进。所以，企业在这一阶段应该对新流创新给予一定程度上的扶持，从而使新流创新能够更顺利地进行。

情形三：$p_1v_1 - c\alpha > 0$，$p_2v_2 - c(1-\alpha) > 0$，$p_1p_2e - s > 0$。演化路径如图 8-3 所示。

当 $p_1v_1 - c\alpha > 0$，$p_2v_2 - c(1-\alpha) > 0$，$p_1p_2e - s > 0$ 时，即主流创新效益为正，新流创新效益为正，二者共同创新所带来的额外收益大于产生的冲突。双方均会选择支持创新，即策略稳定解为"支持新流创新，

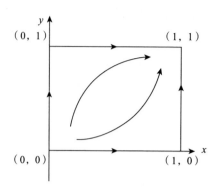

图 8 – 3　$p_1 v_1 - c\alpha > 0$，$p_2 v_2 - c(1-\alpha) > 0$，

$p_1 p_2 e - s > 0$ 时的演化路径

支持主流创新"。此时，主流创新与新流创新处于优化协同阶段，二者相互促进形成的汇流创新为企业带来了巨大的额外收益 e。此时，新流创新与主流创新的协同发展必须考虑新流创新与主流创新的资源投入比例，合理分配创新资源，从而使新流创新与主流创新在发挥各自作用的同时，充分实现新流创新部门与主流创新部门的协同。

情形四：$p_1 v_1 - c\alpha > 0$，$p_2 v_2 - c(1-\alpha) < 0$，$p_1 p_2 e - s > 0$。演化路径如图 8 – 4 所示。

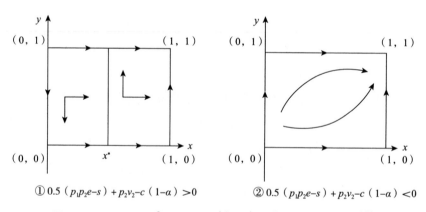

① $0.5(p_1 p_2 e - s) + p_2 v_2 - c(1-\alpha) > 0$　　② $0.5(p_1 p_2 e - s) + p_2 v_2 - c(1-\alpha) < 0$

图 8 – 4　$p_1 v_1 - c\alpha > 0$，$p_2 v_2 - c(1-\alpha) < 0$，$p_1 p_2 e - s > 0$ 时的

演化路径

此时的策略稳定解为"支持新流创新，支持主流创新"。此时，新流创新效益 $> 0 >$ 主流创新效益，说明新流创新的发展速度逐渐超过主流创新，新流创新的效益已超过其投入，处于迅速发展时期，而主流创新

的发展速度缓慢，虽然主流创新的收益已经低于其投入，但此时不宜放弃主流创新，因为二者协同发展仍会产生超出它们单独发展带来的额外收益 e，仍要同时进行主流创新与新流创新。

情形五：$p_1v_1 - c\alpha > 0$，$p_2v_2 - c(1-\alpha) < 0$，$p_1p_2e - s < 0$。演化路径如图 8-5 所示。

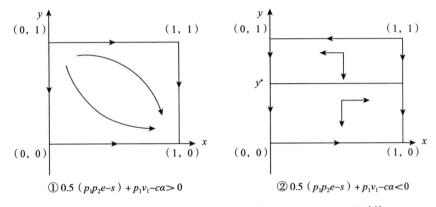

① $0.5(p_1p_2e-s) + p_1v_1-c\alpha > 0$　　② $0.5(p_1p_2e-s) + p_1v_1-c\alpha < 0$

图 8-5　$p_1v_1 - c\alpha > 0$，$p_2v_2 - c(1-\alpha) < 0$，$p_1p_2e - s < 0$ 时的演化路径

此时的策略稳定解为"支持新流创新，不支持主流创新"。此时，主流创新与新流创新处于转化协同阶段，主流创新即将步入衰退期，因此会产生较低的创新效益，而新流创新正处于发展鼎盛的成熟期，关于是否继续进行主流创新，让主流产品保持现状，支持新流创新取代主流创新成为下一周期的主流创新，企业管理层会产生意见上的分歧，从而造成主流创新与新流创新之间的冲突与摩擦。这一阶段虽然主流创新即将衰退，但是它仍在创造收益，只是二者同时进行会产生较大的冲突，所以此时应大力发展新流创新。

第三节　博弈结果及管理启示

一　博弈结果分析

首先，在主流创新与新流创新刚起步时，由于创新风险较大，因而新流创新与主流创新的成功概率 p_1、p_2 较小，收益 v_1、v_2 较低，致使

$p_1v_1 - c\alpha < 0$，$p_2v_2 - c(1-\alpha) < 0$，即新流创新效益与主流创新效益均为负。

其次，主流创新不断发展壮大，$p_2v_2 - c(1-\alpha) > 0$，即主流创新效益为正，企业开始选择进行主流创新活动，以维持企业持续增长的竞争优势。

再次，当主流创新进入成熟期，而新流创新活动也开始迅速发展，致使 $p_1v_1 - c\alpha > 0$，即新流创新效益为正时，企业同时进行主流创新活动与新流创新活动，即汇流创新。汇流创新阶段是企业最理想的阶段，此时的主流创新与新流创新所产生的协同效应远大于二者之间的冲突造成的损失，即 $p_1p_2e - s > 0$，主流创新与新流创新达到优化协同状态，主流创新为新流创新提供基础的创新养分，如资金、人员等，新流创新为主流创新提供新的价值观念、产品及技术创新理念。

最后，当主流创新达到产品创新生命周期的极限状态，逐渐进入衰退阶段时，$p_1v_1 - c\alpha > 0$，$p_2v_2 - c(1-\alpha) < 0$，即主流创新效益大幅度降低，而新流创新活动依然蓬勃发展，二者产生的协同效应有所降低甚至小于二者间的冲突造成的损失。因此，在这一阶段，企业需要用新流创新取代主流创新，并及时发展新的新流创新活动，唯有如此，企业才能保持持续的竞争优势，生生不息。

由此可知，在汇流创新阶段二者的协同度最高时，创新能力及收益也最高。因此，此阶段或状态是企业最想达到的，但是企业进行主流创新与新流创新的过程中不可避免地会经历主流创新与新流创新的演化过程。因此，"不支持新流创新，支持主流创新""支持新流创新，不支持主流创新"也是企业主流创新与新流创新演化周期中必经的演化稳定策略。企业所能做的就是尽量采取措施，改变参数大小使其朝着"支持新流创新，支持主流创新"，即新流创新与主流创新并行或汇流创新的状态发展。

二　演化博弈模型数值分析

以 A 公司的主流创新与新流创新为例。A 公司从事新材料产品的生产，主要生产传统建筑材料及复合材料制品，主流创新是在传统建筑材料领域进行的创新活动，新流创新是在复合材料领域进行的创新活动。

1. 主流稳定、新流起步时演化稳定分析

根据行业发展水平，创新初期，新流创新成功的概率p_1为0.5，主流创新成功的概率p_2为0.8，额外收益e为30万元，由冲突带来的损失s为20万元，企业对主流创新与新流创新的总投资为200万元（下同），其中由于主流创新成功概率较大，因此投入占比$1-\alpha$为0.6，新流创新投入占比α为0.4。新流创新成功带来的收益v_1为100万元，主流创新成功带来的收益v_2为250万元，即：

$$p_1 = 0.5, p_2 = 0.8, e = 30, s = 20, c = 200,$$
$$\alpha = 0.4, v_1 = 100, v_2 = 250$$

此时，$p_1 v_1 - c\alpha = -30 < 0$，$p_2 v_2 - c(1-\alpha) = 80 > 0$，$p_1 p_2 e - s = -8 < 0$。

此时主流传统建筑材料创新能为企业带来净利润80万元，而新流复合材料创新由于在初期面临创新成功率低、收益小的风险，为企业带来负利润。这一阶段，主流传统建筑材料创新活动处于稳定发展阶段，较为强大；新流复合材料创新活动正处于萌发期的突破阶段，居于弱势地位。此时演化稳定点为（0,1），即演化稳定策略为"不支持新流创新，支持主流创新"，如图8-6（a）所示。

2. 主流平稳、新流渐增时演化稳定分析

当企业开始重视复合材料的新流创新时，新流创新投入占比α增大，设定为0.6，主流创新由于已经步入轨道，处于平稳发展阶段，因此对主流创新的投入有所降低，投入占比$1-\alpha$为0.4；主流创新与新流创新成功的概率分别为0.9、0.7。额外收益e为44万元，此时，由于新流创新有强烈的发展需求，与主流创新之间的冲突强度增大，由冲突带来的损失s为24万元。新流创新成功带来的收益v_1为170万元，主流创新成功带来的收益为300万元，即：

$$p_1 = 0.7, p_2 = 0.9, e = 44, s = 24, c = 200,$$
$$\alpha = 0.6, v_1 = 170, v_2 = 300$$

此时，$p_1 v_1 - c\alpha = -1 < 0$，$p_2 v_2 - c(1-\alpha) = 190 > 0$，$p_1 p_2 e - s = 3.72 > 0$。

这一阶段，主流创新处于高速发展时期，因而创新收益增长很快；

新流创新也处于增加投资阶段，企业对新流创新的投资增加，但是二者之间由于冲突较大，会给企业带来较大的损失。此时演化稳定点为（1，1），即演化稳定策略为"支持新流创新，支持主流创新"，如图 8 - 6（b）所示。

3. 汇流创新阶段演化稳定分析

当企业度过冲突较大的阶段时，会迎来汇流创新阶段，此时，主流传统建筑材料创新处于成熟阶段，较少的投入即可产生巨大的产出，因而投入占比有所降低，设定为 0.3；新流复合材料创新投入占比为 0.7。主流创新与新流创新成功的概率都很大，分别为 0.9、0.8。由于二者处于协同发展的汇流创新时期，两种创新均成功所带来的额外收益 e 为 50 万元；冲突处于最弱的状态，所带来的损失有所降低，为 10 万元。新流创新成功带来的收益为 250 万元，主流创新成功带来的收益为 300 万元，即：

$$p_1 = 0.8, p_2 = 0.9, e = 50, s = 10, c = 200,$$
$$\alpha = 0.7, v_1 = 250, v_2 = 300$$

此时，$p_1 v_1 - c\alpha = 60 > 0$，$p_2 v_2 - c(1 - \alpha) = 210 > 0$，$p_1 p_2 e - s = 26 > 0$。

这一阶段，主流传统建筑材料的创新已达创新成熟期，创新投入少，创新效益高；新流复合材料的创新处于快速成长期，仍需较大的创新投入，同时，创新效益也在猛增。两种创新活动同时高效地进行，形成优化协同的局面，互相促进，各自为企业带来创新效益的同时，促使了额外创新效益的形成。此时演化稳定点为（1，1），即演化稳定策略为"支持新流创新，支持主流创新"，如图 8 - 6（c）所示。

4. 主流下降、新流主导时演化稳定分析

当 A 公司创新活动度过主流创新与新流创新的汇流创新阶段时，主流传统建筑材料开始受到排挤，销量呈现下降的趋势，为了维持传统建筑材料的主流地位，对其进行的创新投入尚未降低，仍设为 0.3。然而，对主流创新的持续投入仍然难以避免传统建筑材料即将衰退的趋势，创新成功的概率设为 0.7，创新成功为企业带来的收益为 83 万元；新流复合材料创新成功的概率增大为 0.85，创新成功可为企业带来的收益设为

300 万元。二者均进行创新为企业带来的额外收入为 40 万元，造成的损失为 15 万元，即：

$$p_1 = 0.85, p_2 = 0.7, e = 40, s = 15, c = 200,$$

$$\alpha = 0.7, v_1 = 300, v_2 = 83$$

此时，$p_1 v_1 - c\alpha = 115 > 0$，$p_2 v_2 - c(1 - \alpha) = -1.9 < 0$，$p_1 p_2 e - s = 8.8 > 0$。

在度过了主流传统建筑材料创新与新流复合材料创新带来高效益的汇流创新阶段后，主流传统建筑材料创新效益开始降低，但此时二者同时进行创新仍能为企业带来额外的创新收益，并且额外创新收益大于主流衰退造成的影响，即 8.8 > 1.9。因而，这一阶段，新流创新的优势已完全显现。此时演化稳定点仍为（1，1），即演化稳定策略为"支持新流创新，支持主流创新"，如图 8 - 6（d）所示。

5. 主流衰退、新流转型时演化稳定分析

当新流复合材料逐渐占领市场，主流传统建筑材料开启衰退的历程时，企业对传统建筑材料的投入降低，在假设总投入始终不变的情况下，传统建筑材料的投入比例降低至 0.2，创新成功的概率也有所降低，为 0.6，创新成功所带来的创新效益为 60 万元；而新流复合材料在市场上受顾客青睐，占据了大部分市场份额，企业为顺应市场发展需求，对复合材料创新的投入比例增大为 0.8，由于已经申请若干项专利，具备创新的核心技术，因而创新成功的概率达 0.9，创新成功可为企业带来的收益为 350 万元。这一阶段，由于主流传统建筑材料的衰退及转型的需求，与新流复合材料的发展形成一定的价值模式冲突，s 为 20 万元，e 为 20 万元，即：

$$p_1 = 0.9, p_2 = 0.6, e = 20, s = 20, c = 200,$$

$$\alpha = 0.8, v_1 = 350, v_2 = 60$$

此时，$p_1 v_1 - c\alpha = 155 > 0$，$p_2 v_2 - c(1 - \alpha) = -4 < 0$，$p_1 p_2 e - s = -9.2 < 0$

这说明主流传统建筑材料创新已经衰退，企业应该及时削减传统建筑材料产品的生产，而将重点放在复合材料生产上，并将其转化为新的主流创新，同时不断开发新一轮的新流创新活动所带来的产品及技术。

此时演化稳定点为（1，0），即演化稳定策略为"支持新流创新，不支持主流创新"，如图 8 - 6（e）所示。

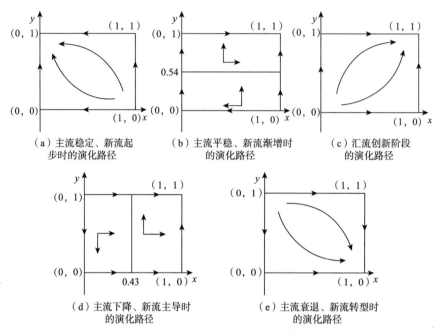

（a）主流稳定、新流起
步时的演化路径

（b）主流平稳、新流渐增时
的演化路径

（c）汇流创新阶段
的演化路径

（d）主流下降、新流主导时
的演化路径

（e）主流衰退、新流转型时
的演化路径

图 8 - 6　主流与新流创新演化稳定策略选择

三　管理启示

　　主流创新与新流创新的协同发展受多种因素的影响，企业主流创新与新流创新决策会随着企业自身条件和外部环境的变化而变化。因此，为实现企业内部主流创新与新流创新的协同发展，企业必须处理好主流创新与新流创新之间的关系，优化创新资源配置，加强主流与新流的沟通与协作，从而产生较大的贴现因子。新流创新与主流创新的协同效果越好，额外收益越大，双方的收益也就越大。对于行业中的企业来说，为实现主流创新与新流创新的协同发展，企业应在自愿、平等、互利的基础上进行合作，如在企业间进行主流创新合作、新流创新合作以及在主流创新与新流创新上均进行合作，以降低创新的成本和风险。

（一）主流创新与新流创新演化过程中地位的合理协调

　　当主流创新运行在稳定区域时，新流创新开始萌发。新流创新的出现导致对企业创新资源的争夺，其意图撼动主流创新的地位，致使主流创新产生危机感，二者之间产生冲突。这一时期，企业要注重对二者资源分配的合理调节。在维持主流创新发展的同时，加大对新流创新项目的研发力度。

当主流创新与新流创新形成汇流创新时，它们运行在创造性空间。此时，汇流创新的协同度较高，二者的冲突强度较弱，是企业创新的黄金阶段。然而，由于主流创新与新流创新均高速发展，企业的有限资源难以满足对它们的投入，因而，企业需要向外寻求资源，拓宽融资渠道，从全方位获取创新资源。

当主流创新与新流创新运行在转型区域时，主流创新趋向于衰退，新流创新成熟。在该阶段，管理层应注重主流与新流创新的承接转换，将新流创新顺势转化为新的主流创新，同时，从新的技术研发中选取最具有发展潜力的新技术或新产品，将其发展为新的新流创新。对之前的主流创新业务采取外包措施或缩减生产，只进行核心业务运作，从而扶持新流创新成为新一轮的主流创新，并将其固化为企业的核心竞争力。

（二）　主流创新与新流创新间合理进行资源配置

合理地将资源在主流创新与新流创新间进行配置，以减小二者之间的冲突，对保持主流与新流创新均衡协同发展起到关键性作用。

1. 全方位获取创新资源

合理构建资源配置体系，建立一个多层次、全方位的研发资源网络。在研发资源获取方面，企业应尽可能地拓展研发资源搜寻范围，采取多种方式获取研发资源，从而更大限度地获取适宜的研发资源并适时地将其投入研发过程。积极拓宽渠道，从企业内外部获取研发资源。如在研发队伍建设方面，同时注重内部研发人员的培养与外部研发人员的引进。积极寻找创新投资和筹资渠道，以增加创新资金，保障创新活动。内外并举获取创新资源，使资源配置体系具有开放性特征。

2. 发掘和利用各种冗余资源

组织的冗余资源最初被认为是企业可以获得的资源与实际所需要的资源之间的差额，或超出实际需要而保存在企业内部并被个人或小团体控制的资源，用于应对环境变化的冲击。目前，普遍采用的定义是20世纪80年代初 Bourgeois（1981）提出的概念，他将冗余资源定义为"一种过量的、能自由使用的资源，以缓冲组织内外部环境的变化"。关于冗余资源的作用，学术界有两种观点：一种是对冗余资源持否定观，把冗余资源看成不必要的成本（Jensen，1993）；另一种对冗余资源持支持观，认为冗余资源不仅能够减小内部组织联盟的利益冲突，还是促进创新变革的催化剂（Hill and Rothaermel，2003）。现在关于组织冗余资源的研究越来越倾向于发现冗余资源的积极作用，认为冗余资源对创新具有积极作用，可以使企业较为从容地进行新流创新项目，使控制较为宽松，意味着可以投资不确定性较高的新流创新活动。如果企业拥有较多的冗余资源，则可以追求新的创新项目，进行新流创新，从而不断地带来新技术、新产品（Geiger and Makri，2006）。

　　在企业从事主流创新与新流创新的过程中，冗余资源在一定程度上缓解了主流创新与新流创新的资源配置冲突。在中国转型期的背景下，产品市场的竞争比较激烈，较弱的资本市场又使得企业不能有效地进行外部融资，特别是中小企业，融资渠道较为狭窄，导致创新资本的短缺。这时，企业有限的冗余资源可变为有价值的资源（Tan and Peng，2003）。为此，企业应该努力发掘和利用好各种冗余资源，尽量挖掘已吸收冗余资源进行主流创新，充分利用未吸收冗余资源进行新流创新，并且在适当情况下对两种创新活动进行平衡和协调，减少由二者冲突带来的损失，以此更有效地促进企业的整体发展。

　　3. 主流创新与新流创新人员的合理配置

　　创新需要全体员工的参与和支持。企业应注意营造出与不同创新任务相适应的组织结构，主流创新与新流创新是复杂的组织工作，不仅需要创新资金的投入，还需要创新者的积极参与。由于不同的创新任务需要的知识和信息是不同的，对创新参与者的职能和活动范围的要求也具有很大差异。例如，主流创新主要是利用企业已有的知识和组织结构对现有产品、技术和服务进行改进和提升，以及对现有知识结构进行优化，因而对从事主流创新人员的创新思维、技术水平的要求不会很高；然而，新流创新则是企业对新事物的探索，对全新知识的探索，对新产品、新技术的追求，因而对从事新流创新人员的技术水平的要求较高，这就需要创新参与者积极、主动并且具有创造性地工作。所以为了更好地激发和实施主流与新流创新活动，企业就必须进行一定的组织设计，赋予员工更多的自由权利,同时加强他们之间的协同与合作,这样才能保证企业的创新效益。

(三) 实施双元性创新活动

企业主流创新与新流创新可以看作企业发展的遗传和变异。主流创新是指对于以往创新活动、技术轨迹、创新范式的继承和发展;新流创新是指在既定的技术轨道及范式基础上的变异和跨越,可以是同一种产品技术轨道的跨越,也可以是对产品及技术的全新创新。创新的双元性指企业能在主流创新行为和新流创新行为上保持高度均衡或协同,这样的企业将更可能获得成功(March,1991;O'Reilly and Tushman,2011)。组织可以通过对结构、情境或领导行为等因素的管理,在各类相互冲突的行为或活动之间保持均衡,实现企业组织结构的机械式和有机式、组织流程的效率和柔性、组织行为的匹配性和适应性、组织开发式和探索式学习等各类相互冲突的目标。

创新的双元性有两个层面:从整个组织氛围看,需要形成一种双元性情境,让处于情境中的员工具有双元性思维;从具体运作看,可以通过二元结构来分割两类创新行为,即主流组织与新流组织。

1. 建立二元组织结构

针对主流创新与新流创新对应的不同表现形式,企业可以设立两个独立的研究与开发组织——主流组织和新流组织,从而把新流创新的研发与主流创新分割开来。企业可以通过二元组织结构来解决主流创新与新流创新在资源、流程体系、文化上的冲突,即一方面继续在企业主流组织中运用渐进性创新来稳定主流的创新活动,保证其发展,从而从主流产品中获得创新收益,以此来维持企业的正常运作,并对新流创新活动进行投入;另一方面成立相对独立的新流技术或产品的研发机构。二元组织模式强调主流创新与新流创新在组织结构和文化上保持隔离,使新流组织独立于主流组织,并形成新的文化价值取向,如图 8-7 所示。

(1) 组织结构的二元性:主流组织和新流组织

Leifer(1999)、Christensen(2000)、O'Reilly 和 Tushman(2004)认为,突破性创新不大可能在一个成熟企业内部进行,这就为新流创新的价值理念提供了借鉴,新流创新是致力于开发新产品、新技术,探索新的价值观和价值体系,要求的是创新中的另辟蹊径,需要宽松的内部环

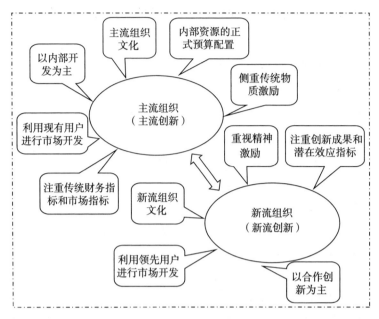

图 8 - 7　主流创新与新流创新二元组织模式示意

境、容忍失败的氛围、强烈的进取心和异质化的队伍。这与企业传统的组织和延续性的创新不相容。所以，要支持新流创新，就必须在企业内部成立"另类组织"，即新流组织，这就意味着组织结构的二元性。

在二元组织模式下，从事主流创新的主流研发组织致力于企业主流产品及技术的渐进式创新，从事新流创新的新流研发组织则致力于新流产品及技术的突破性开发及跨越式飞跃。

（2）组织文化的二元性：渐进性主流组织文化和突破性新流组织文化

与结构上的惰性相比，文化上的惰性更为广泛，这种惰性会随着组织的年龄增长和成功而形成（张洪石，2013）。组织在主流发展过程中所形成的非正式规范、价值观、群体网络会把认识拘泥于行事的共同期望之中。在相对稳定的环境中，企业的主流组织文化能够强化主流创新活动，能催化主流创新的成功，然而在动荡的环境中，这种主流组织文化却成为新流创新的阻碍。

为了克服主流组织文化的惰性，在组织结构保持独立性的同时，二元组织还需要保持文化的独立性：主流组织倾向于渐进发展的文化价值取向，而新流组织不受主流组织的影响，形成锐意进取、容忍失败的新流文化。

美国 CDC 公司在开发 5.25 英寸磁盘驱动器时就采用了这一做法。该公司错过了 8 英寸磁盘驱动器，在决定开发 5.25 英寸磁盘驱动器时就成立了一个专门的小机构从事新流创新活动。在主流组织中，500 万美元的订单才会引起注意，然而这个小机构会因为 5 万美元的订单而激动。在这个独立的小机构中，各项活动都很灵活，所进行的新流创新活动没有受到任何干涉，主流组织文化没有影响新流创新活动（Christensen，1997）。

双元性结构是一种二元组织结构，既能适应缓慢的环境变化，又能适应激烈的环境变化。企业的一些部门致力于主流创新活动，利用现有用户进行市场开发，应对现有市场竞争，并满足现有顾客的需求，形成主流组织，特点是文化较为保守、以内部开发为主、组织规模较大、流程较紧凑；另一些部门从事新流创新的探索活动，利用领先用户进行市场开发，形成新流组织，探索新的资源和长期竞争优势的来源，着眼于企业的长远发展，特点是文化较为自由、以合作创新为主、组织规模较小、流程较松散。

2. 塑造双元性情境

双元性涉及组织的方方面面，是一种复杂的组织安排（凌鸿等，2010）。组织高管的决策是实现组织双元性的前提条件。组织高管要运用矛盾的思维方式，认识到组织双元性的重要性，在此基础上，对组织资源进行合理的配置，并做好组织情境的设计及安排，就成为组织构建双元能力的重要因素。此外，组织能否构建双元能力还受到政府政策、行业环境及竞争程度等因素的影响。

组织情境双元是对组织结构双元的一种提升与突破，是一种由人际关系及绩效管理制度支持的组织情境，通过管理系统、流程设计和价值理念等因素影响员工，让员工自行在二者之间做出选择以实现适应性和匹配性。企业可以通过绩效管理、支持和信任等组织情境因素来培育员工的双元性思维能力，将这一组织情境提升到组织间层面。企业应该培育员工什么时候应该采取何种思维模式的能力，以实现企业在适应性和匹配性上的双元性。由于高层管理者既可以影响组织情境的设定，也能够影响员工的行为习惯，组织情境更加重视高层管理者的影响，更加强调高层管理者在情境设定中的关键作用，并更多地关注员工思维方式、组织文化的转变。

本章小结

本章建立了主流与新流创新的冲突与协同发展的演化博弈模型，并对博弈结果进行了分析，继而提出协同发展的建议。作为创新的两种方式，主流创新与新流创新协同发展将产生"1 + 1 > 2"的效应，只有将新流创新与主流创新进行有效组合与匹配，企业技术创新才能取得良好的绩效。因此，企业应加强对主流创新与新流创新的协同发展问题的关注，并充分利用企业内外部创新资源，使企业能以最小的创新投入，实现最优的产品替代和最低的边际成本，从而在竞争激烈的市场中立于不败之地。

第九章　企业主流与新流创新协同
演进的转换研究

面对技术生命周期规律和复杂多变的外部环境，企业管理者应在优化主流技术、产品性能，提升工作效率的同时，积极探索新流技术，在企业内部形成多层次的技术创新格局，以实现企业的持续发展。但现有的研究成果较少关注主流与新流创新的转换问题，相关的实证研究尤为缺乏。为此，本章从技术演化和创新流管理两个视角展开研究工作，明确了主流与新流创新转换的技术演化规律、企业内外部条件对转换决策实施结果的影响路径及转换决策机制等问题，在补充主流与新流创新转换等相关理论体系的同时，也可为企业创新管理实践活动提供现实启示。

第一节　主流与新流创新转换的理论探析

一　主流与新流创新转换概述

（一）主流与新流创新转换的内涵

目前学界已围绕技术演化和创新流管理两个研究视角，在主流与新流创新的演化过程、演化规律、管理模式、组织工作流程等研究中提及主流与新流创新转换的相关概念。其中，技术演化视角下的主要研究成果包括运用技术生命周期、技术轨道、技术范式（朱斌、吴佳音，2011），复杂系统（朱斌、陈巧平，2015），企业进化论（朱斌等，2018）等基础理论分析主流与新流创新协同演化过程中的新旧更替机理，认为企业可通过主流与新流创新的转换实现核心竞争力的提升；创新流管理视角下的主要研究则侧重于新流创新成果的运用（Kanter，1989）、新流创新转换过程的组织流程（Lawson and Samson，2001；Burg et al.，2012）和创新资源的配置（朱斌、欧伟强，2017b）等问题，认为主流与新流创新的转换是将新流创新的成果向组织主流部门转移的过程。主流与新流创新转换的主要研究成果见表 9 – 1。

表 9 – 1　主流与新流创新转换的主要研究成果

研究视角	研究重点	文献来源	主要观点
技术演化	企业技术轨道跨越	朱斌和吴佳音（2011）	主流与新流创新的转换是处于衰退期的主流创新遭到市场淘汰与处于成长期的新流创新崛起成为新的主流创新，实现企业跨越式发展的过程
	企业创新系统发展规律	朱斌和陈巧平（2015）	主流与新流创新的转换是主流创新系统和新流创新系统在自组织状态下竞争和外部环境选择共同作用的结果
	企业进化论	朱斌等（2018）	主流与新流创新的转换是企业在适者生存规律下通过自我调整而形成的新发展模式
创新流管理	企业技术、产品、市场调整	Kanter（1989）	主流与新流创新的转换是将研发部门的创新成果向运营部门推广并得到采用的过程，企业借助这一过程为顾客创造更多价值
	组织流程重组	Lawson 和 Samson（2001）、Burg 等（2012）	主流与新流创新的转换意味着组织惯例的改变。将主流与新流创新的转换过程划分为转换前、转换中、转换后三个阶段，并就如何推动新流创新的转换提出建议
	企业资源要素重新配置	朱斌和欧伟强（2017b）、吴佳音和朱斌（2011）	主流与新流创新转换的本质是企业原主导要素与新主导要素更替所带来的创新模式更替，是重新对资源进行分配的结果

　　通过梳理文献发现，目前学界已从不同的研究视角对主流与新流创新的转换问题展开了初步的探讨，且不同视角下的研究重点不同。其中，技术演化理论主要着眼于企业创新能力发展的整体趋势，忽视了企业管理者特征、资源、能力优势等企业个体因素对主流与新流创新转换过程的影响；而创新流管理理论重点研究具体的组织要素或组织行为对创新绩效的推动作用，缺乏相关组织要素对企业持续创新的影响机理分析。考虑到创新能力的演化过程受到企业内外部两股力量的驱动，是企业主动选择发展方向与被动适应外部环境变化趋势相互作用的结果（许庆瑞等，2013），单纯运用演化的视角无法解释拥有相类似资源的企业发展路径不同的问题，必须加上管理者主观的决策因素。

　　综合现有的研究成果，本节从技术演化和创新流管理两个角度对主流与新流创新的转换进行概念界定。从技术演化的角度看，主流与新流创新的转换是企业主导技术范式的改变和技术轨道的飞跃，体现出不连续创新（discontinuous innovation）的特征。主流与新流创新的转换点是新流创新替代原主流创新，引领企业下一阶段创新发展的关键转折点，反映了主流创新和新流创新间的关系从渐进性伴生向突破式替代转变的周期性更替规律（秦辉、傅梅烂，2005）。从创新流管理的角度看，主流与新流创新的转换是企业管理者管理新旧创新流的结果，表现为企业对新旧技术产品系列的更新换代、资源重新配置和退出现有市场、发展新目标客户等多种形式，是管理者基于企业发展环境和各方面能力对未来发展方向的再定位和工作计划调整的最终成果。

（二）主流与新流创新转换的过程

主流与新流创新的转换不仅表现为企业主导技术体系的新旧更替（朱斌，吴佳音，2011），同时也是新流创新成果向全组织扩散的过程（Lawson and Samson，2001）。根据主流与新流创新转换的内涵，从技术演化的被动适应和创新流管理的主动选择两个角度分析主流与新流创新的转换过程。

1. 技术演化的被动适应过程

朱斌等（2018）从生物进化角度研究了环境选择作用、技术自身适应能力和技术间竞争关系对主流与新流创新演化过程的影响。王志玮等（2018）认为企业可通过选择环境的方式实现技术与市场的匹配，在产品推广与外部合作的过程中逐步获取外部资源，实现从新流市场到主流市场的转换。基于复杂系统理论，主流创新系统和新流创新系统与外部环境的自组织演化是支撑主流与新流创新系统运行和演变的内在动力。其中，主流创新系统（新流创新系统）指由主流技术（新流技术）和衍生出的相关扩展技术共同组成的技术创新系统（朱斌、陈巧平，2015）。

根据技术演化范式，企业依靠主流技术和主流产品积累战略资源，在主流创新能力渐进性顺轨提升的同时，为新流创新的萌芽、成长提供养分。随着主流创新技术生命周期的演进，其创新能力逐步接近技术发展极限，满足企业目标客户需求的能力下降，难以支撑企业未来发展。与此同时，代表新生力量和更高技术水平的新流创新的竞争优势凸显，在外界环境的选择作用下实现对企业原主流创新的替代。企业转而培育发展潜力广阔、更具竞争力和资源获取能力的新流创新。通过提供新产品、进入新市场、服务新客户的方式，企业的资源基础得到更新和核心能力得到提升，在技术演化的过程中实现持续的创新发展（刘海兵、许庆瑞，2018）。

　　因此，技术演化视角下的主流与新流创新转换是在环境选择作用下主流与新流创新系统自然演变的结果。其中，外部环境的演化方向决定了主流创新和新流创新系统的演化和转换方向；而系统内部演化则通过子系统间的竞争与协同机制实现主流与新流创新系统的自组织演变（朱斌、陈巧平，2015），从而对主流与新流创新转换的速度和具体形式产生影响。转换过程如图 9 - 1 所示。

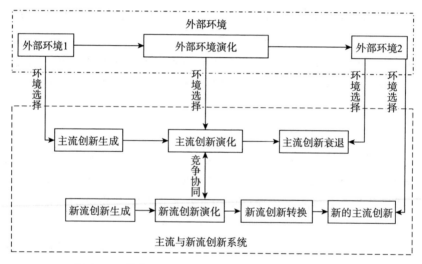

图 9 - 1　技术演化视角下主流与新流创新的转换过程

2. 创新流管理的主动选择过程

　　考虑到技术发展的周期性和产业升级的发展背景，张鹏和王娟（2016）认为主动发起技术创新、培育不同的创新流是企业持续竞争力的源泉。张方华和陶静媛（2016）指出，管理者应通过创新发展战略、调整组织结构和组织流程、培育动态能力等方式，实现非技术要素与技术要素的协同演化。主流与新流创新转换在技术层面表现为企业主导技术和主导创新要素的改变，在组织流程上则表现为创新活动和工作流程的调整，涉及组织知识重构、惯例重组、资源重新整合及内外部关系网络调整等重要的决策内容，与企业管理者的认知、管理能力等主观因素息息相关（Augier and Teece，2009）。同时，管理者观察环境、利用并开发资源、带领组织适应动态环境的能力和所采取的具体管理手段可对主流与新流创新的转换过程产生影响（Lawson and Samson，2001）。

在发展主流创新的过程中，为更好地应对外部环境变化对组织的冲击，企业需具备一定的战略导向能力，并有目的地更新、调整自身的资源基础与核心能力，从而通过战略行动推进组织变革，形成新核心竞争力以应对环境变化的冲击（Ambrosini and Bowman，2010）。基于战略布局的考虑，企业在优化主流创新的同时，还应逐步开展新流创新的探索活动（张鹏、王娟，2016），采用自主研发或外部技术购买的方式，获取与企业未来发展方向相适应的新流技术。为形成主流与新流创新的互补协同关系（朱斌、吴赐联，2016），企业的高层管理人员可通过清晰的共同愿景描绘、技术团队合作、主流与新流部门经理会议等方式，为新流创新活动在组织内部的开展提供空间。当高层管理者认为新流创新具备转换条件时，则会进一步制定相应的主流与新流创新转换决策和具体的实施方案。主流与新流创新的转换不仅涉及与技术、产品相关的部门工作调整，还需与上述部门有工作往来的多个部门共同配合。在领导主流与新流创新转换的过程中，企业管理者需妥善处理资源配置、人员分工和相应的规章制度调整等问题，使各部门都能明确自己的任务分工，顺利度过新旧更替的动荡时期。

因此，创新流管理视角下的主流与新流创新转换是企业管理者主动调整和选择企业技术创新的重点和未来发展方向，并领导组织实施转换决策的结果。通过主流与新流创新的转换带领企业从一个稳态走向另一个稳态，实现平衡与失衡的循环。主流与新流创新的转换过程始于高层管理人员对企业未来发展战略的重新规划，包括制订转换计划、培育新流技术、执行转换决策、重构组织惯例等步骤。具体转换过程如图9-2所示。

3. **主流与新流创新的转换条件**

基于技术演化和创新流管理两个不同的研究视角，前述章节分别从主流与新流创新在环境选择下演变转换和企业创新流发展管理决策的制定与实施两个角度描述了主流与新流创新的转换过程。与之相对应，本

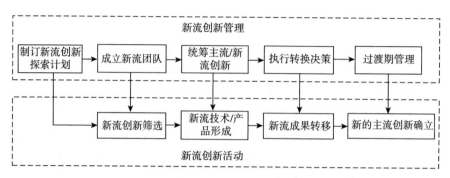

图 9 - 2　创新流管理视角下的主流与新流创新转换过程

节将主流与新流创新的转换条件划分为演化过程中的主流与新流创新系统内部条件和企业制定转换决策需考虑的外部环境与内部能力条件。其中，主流与新流创新系统内部条件着眼于主流技术和新流技术之间的互动关系，重点衡量新流创新要发展到何种程度才具备转换为主流创新的能力；而外部环境与内部能力条件则着眼于具体的管理决策情境，即研究在何种外部环境下企业需进行主流与新流创新的转换，具备哪些能力优势的企业可成功实施主流与新流创新转换等问题。后续将通过分别构建主流与新流创新影响关系模型和主流与新流创新转换决策构型，对主流与新流创新转换条件的识别和衡量问题予以进一步的解释和研究。

4. 主流与新流创新转换的分类

（1）技术演化视角下的主流与新流创新转换形式划分

在技术演化视角下，主流与新流创新的转换是在技术生命周期规律下企业必然经历的新旧主导技术范式更替过程（朱斌、吴佳音，2011）。Helfat 和 Peteraf（2003）将企业能力动态演化过程划分为中断、衰落、复制、更新等四个阶段，认为在适当的内外部条件下可通过更新（renewal）、重组（recombination）的方式使企业的现有能力重新进入快速成长阶段。眭纪刚和陈芳（2015）则提出了能力替代、转变、演化等三种企业创新能力重构路径，认为企业不仅可通过不连续的新旧能力替代实现创新能力的提升，也可采用能力转变的方式，将能力替代与演化相结合，在发展新能力的同时对旧能力进行调整和更新。综合现有研究，根据主流与新流创新的演化理论和企业能力的动态演化理论，将技术演化视角下主流与新流创新的转换划分为突破式替代和扩张式整合两种形态。

第一，突破式替代。突破式替代指企业用更具市场前景和盈利能力的新流创新替代处在成熟期或衰退期的主流创新，凭借新产品、新业务使企业重获发展机遇，迈上新台阶。突破式替代表现为较彻底的新旧技术更替现象，借助新主流创新突破企业技术创新能力的发展极限。企业通过创新资源的转移，加速新流创新的成长和原主流创新退出的进程，以实现跨越式发展。

第二，扩张式整合。扩张式整合是企业在坚持现阶段主流创新的基础上，通过新流创新的转换实现多个主流创新的同时发展，从而在新旧主流创新间的互补协同中，扩大业务范围并使企业的核心竞争力得到提升。新流创新向主流创新的转换并非必然对企业原主流创新的发展造成威胁，具备较强资源基础和创新流管理能力的企业可实现新旧主流创新在创新资源上的共享和创新能力的互补。扩张式整合表现为新流创新的质变飞跃和原主流创新的复制或更新。企业通过新旧主流创新的合力，扩大发展领域，获取更多战略资源。

（2）创新流管理视角下的主流与新流创新转换形式划分

从企业创新活动的角度，可将在技术上具有不连续性的企业创新活动划分为企业在原有行业发展的传统性技术和企业跨行业发展的突破性技术等两种不同的技术创新类型。胡畔（2017）认为企业的技术跨越方式与自身跨界搜寻、资源整合与学习等能力和外部环境的特点相关，应结合企业的资源与能力基础，选择适当的创新能力发展路径。黄胜等（2015）强调了资源整合协调能力对企业目标市场选择方式的影响，并根据目标市场数量和市场进入方式等维度对国际创业模式的类型进行划分。结合现有研究，本书认为，主流与新流创新的转换表现为企业主流产品的新旧更替和目标市场转移等多种形式，并依据企业新旧主流创新在目标市场的偏移程度，将创新流管理研究视角下的主流与新流创新转换划分为技术更替式和市场破坏式两种形式。

第一，技术更替式。技术更替式指企业主流与新流创新的转换尚未破坏企业当前的市场基础，企业用主导技术不同、在功能上实现突破且更具竞争力的新主流产品服务原主流市场，在提高客户满意度的同时，达到扩大企业市场规模和未来发展空间的效果。在技术更替式的主流与新流创新转换中，由于新主流产品仍可依靠企业现有渠道和网络关系传播，企业创新流管理工作的重点更多放在新技术的产品研发和生产等方面。传统手机和智能手机、胶片相机和数码相机间的技术突破和替代，都体现了技术更替式主流与新流创新转换的特点。

第二，市场破坏式。市场破坏式指企业通过主流与新流创新的转换进入另一个较为成熟的行业或新兴技术领域，导致新主流市场与原主流市场相分离。企业通过新流创新的转换，实现跨行业、跨领域的发展，借助新技术、新产品为新的客户群体创造价值。在市场破坏式的主流与新流创新转换中，企业不仅需推出具有突破性的新主流创新产品，还需具备较强的资源基础和开拓能力，从而保证新市场中的产品推广和销售情况可满足主流与新流创新转换的发展预期。众多大型企业的跨行业多元化发展和夕阳产业在位企业的自我更新与发展，都体现了市场破坏式主流与新流创新转换的特点。

5. 不同视角下的主流与新流创新转换多维度比较

在技术演化和创新流管理两个研究视角下，主流与新流创新转换在概念、转换过程、转换条件和转换类型等方面都存在区别与联系。其中，技术演化视角侧重于分析技术系统内部的演变，而创新流管理视角则侧重于研究企业创新活动的转变。本节通过对主流与新流创新转换的基本概念研究，回答了什么是主流与新流创新转换的问题，为主流与新流创新的转换条件和转换决策等研究工作奠定了基础。不同视角下的主流与新流创新转换多维度比较如表 9-2 所示。

表 9-2 不同视角下的主流与新流创新转换多维度比较

比较维度	技术演化视角	创新流管理视角
概念	主导技术范式的改变和技术轨道的飞跃	主流技术、主流产品和相关业务与目标市场的调整与更替
转换过程	环境选择作用下主流与新流创新协同演化的过程	通过管理手段选择、调整创新流活动的过程
转换条件	使主流与新流创新间关系发生变化的技术系统内部条件	影响主流与新流创新转换决策制定的外部环境与内部能力条件
转换类型	突破式替代 + 扩张式整合	技术更替式 + 市场破坏式

二 主流与新流创新的影响关系模型和转换点衡量

通过对技术演化视角下主流与新流创新的转换过程研究，发现主流与新流创新的转换不仅是主流与新流创新动态演进过程中的一个重要节点，同时也是主流与新流创新系统发展演化过程中的重要转折点。在主流与新流创新转换点的前后，主流与新流创新的能力、二者之间的关系以及企业整体发展水平都发生了巨大的改变。因此，为在主流与新流创新转换的动态过程中，深入把握转换规律，寻找转换点的衡量方法，需对转换前后主流与新流创新影响关系的变化进行研究分析。

（一）主流与新流创新的影响关系

Kanter（1989）首次研究了主流创新和新流创新的关系，认为新流创新的开展必须建立在与主流创新保持联系的基础上。Lawson 和 Samson（2001）认为，保持主流与新流创新的紧密联系是企业成功的关键。主流业务不仅为新流创新提供必要的资金支持，还为新流创新的发展提供基础性的技术支撑，可大幅降低新流创新的开发成本。IBM 个人电脑业务、Xerox PARC 研究中心等企业新流创新的失败案例（Kanter，1989）和欧洲直升机公司开展主流与新流创新的成功案例（Terziovski，2007）说明了保持主流与新流创新紧密结合的重要性，使学者开始关注主流与新流创新之间的影响关系。朱斌和吴赐联（2016）、任大帅和朱斌（2018）分别利用协同度评价模型和 Lotka - Volterra 公式证实了主流与新流创新在发展过程中存在冲突与协同周期性交替的影响关系。

虽然一系列研究已表明主流与新流创新间存在不断变化的影响关系，但现有研究成果以现象描述为主，尚未深入分析主流与新流创新影响关系的变化机理等问题。我们认为影响关系的变化是主流与新流创新演化规律的外在表现形式。下文将以创新流管理演化的动态视角为切入点，区分主流创新和新流创新对彼此发展产生的不同影响。通过对主流与新流创新影响关系变化阶段的划分，分析主流与新流创新转换的系统内部条件，并对主流与新流创新转换点进行概念界定和衡量。

（二）主流与新流创新的影响关系模型

1. 主流与新流创新的影响关系模型构成维度

主流与新流创新之间的相互作用在分别影响主流创新和新流创新发

展趋势的同时，决定了主流与新流创新转换的时机和转换点的位置。同时，主流创新和新流创新的伴生性决定了其影响关系是随着二者的动态演进而不断改变的。因此，主流与新流创新的影响关系模型以时间为自变量，以影响度为因变量。

（1）时间

技术生命周期将一项技术的发展轨迹进行划分，从而描述该技术的特点、发展状况并预测其未来扩散潜力、发展前景，以四阶段划分法为主（Roussel，1984）。朱斌和吴佳音（2011）根据技术生命周期理论，将主流与新流创新的动态演进过程划分为四个发展阶段，如图9－3所示。在企业的每一个发展阶段，主流创新和新流创新都分别遵循技术生命周期的发展轨迹；主流创新和新流创新所处的发展阶段不同，导致它们之间的竞争、协同度不同（朱斌、吴赐联，2016）。因此，本节也沿用这一标准，把某一发展阶段内企业主流与新流创新相互影响的时间维度按照技术生命周期进行划分，始于企业着手开展新流创新的时点，终于企业新流创新转换为主流创新、开始新一轮新流创新的时点。

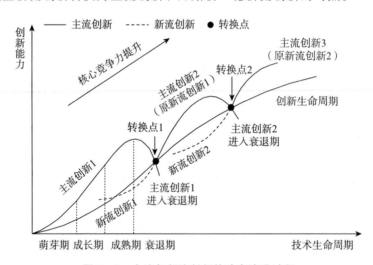

图9－3 主流与新流创新的动态演进过程

资料来源：朱斌和吴佳音（2011）。

（2）影响度

影响指的是用有形或无形的方式对某一对象产生作用或改变。这里借鉴经济学中边际效应的思想，用"影响度"来衡量其他条件不变的情况下，主流创新或新流创新的发展对另一方发展影响的变化规律。影响度随着影响者和被影响者双方状态的改变而不断变化，导致影响的边际效应演化曲线呈现非线性的形式。技术、市场、外部合作等资源的投入对企业创新的影响也随着创新能力的变化而不断改变。主流与新流创新之间的紧密联系导致其中任何一方的发展都将对另一方的创新能力、发展潜力产生影响。同时，主流与新流创新渐进性伴生的特点使主流创新对新流创新的影响度 δ_{21} 和新流创新对主流创新的影响度 δ_{12} 在它们各自发展的过程中不断变化。假设主流创新、新流创新发展规模由二者的规模共同决定，表达式分别是 $N_1(t) = f_1[N_1(t), N_2(t)]$ 和 $N_2(t) = f_2[N_1(t), N_2(t)]$，则主流创新对新流创新的影响度 δ_{21} 和新流创新对主流创新的影响度 δ_{12} 可以分别表示为偏导数 $\dfrac{\partial f_2[N_1(t), N_2(t)]}{\partial N_1(t)}$ 和 $\dfrac{\partial f_1[N_1(t), N_2(t)]}{\partial N_2(t)}$。

2. 主流与新流创新影响关系模型的运行机理

从企业成长轨迹的角度看，在企业的每一个发展周期都伴随主流技术范式、主流技术体系的形成，企业也逐步开始搜寻未来技术或产品的发展方向，培育开展新流创新。主流与新流创新之间的影响关系始于企业新流创新的搜寻和培育活动，终于企业新流创新转换为主流创新并开启下一发展阶段的时点。而新流创新达到转换条件时主流创新所处的发展阶段不同是导致主流与新流创新的转换呈现突破式替代和扩张式整合等多种形态的原因，即新流创新的发展状态是影响主流与新流创新转换点的直接因素。因此，对主流与新流创新转换点的衡量应主要考察新流创新的发展对主流创新的影响关系，即通过新流创新对主流创新的影响度 δ_{12} 判断主流与新流创新转换点的位置。随着主流创新和新流创新的协同演化，它们在资源需求、创新产出等方面的水平不断变化，主流与新流创新间的影响关系也随之发生变化，其影响度变化规律如图 9 - 4 所示。

（1）新流创新对主流创新的影响度变化机理

在新流创新的生命周期中，新流创新对主流创新影响度的演化趋势可以划分为从零点下降，随后由负转正，最后再次下降的三个阶段。其中，萌芽期是新流创新的形成和培育期，需要主流创新提供大量的资源

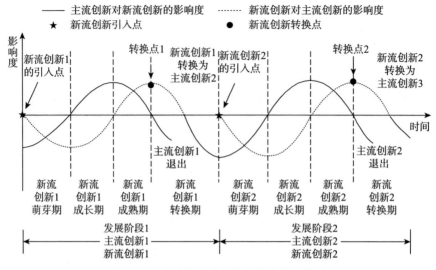

图 9 - 4　主流与新流创新的影响关系模型

才能得以发展。此时，新流创新主要表现为对未知领域和知识的挖掘探索，体现出突破性创新的特征，需要的资源投入量在整个创新生命周期中最大。随着在新流创新上所投入资源量的增加，新流创新对主流创新的负向影响也逐渐增强。

进入成长期后，新流创新的形式逐渐确定，并将创新的成果、经验向主流创新传递，主流与新流创新间的互动交流机制逐步形成，新流创新对主流创新的影响度开始由负转正。在转换期，新流创新走向成熟，不再依赖主流创新提供的资源，可以相对独立地发展，新流创新转换为新的主流创新，对原主流创新的影响度再次下降。随着新主流技术范式的形成，组织开始进入新惯例固化阶段，导致新主流创新对其他潜在新流创新的影响度为负。

（2）主流创新对新流创新的影响度变化机理

主流创新对新流创新的影响度伴随新流创新的产生和发展，表现出从负值开始先增加，再逐渐下降的两个阶段。在新流创新的萌芽期，企业已根据主流创新的需求形成一套高效且收益较好的主流创新模式。而新流创新的出现则打破了组织当前的稳定状态，出于路径依赖和主流业务部门担心新流创新对主流创新业务拼并（cannibalization）（Govindarajan et al.，2011）、替代等原因，新流创新在萌芽期往往会受到来自主流创新的阻碍。伴随新流创新成果的产出，新流创新对企业发展的重要程度日益凸显，主流创新对新流创新的影响度开始由负转正。

但在主流与新流创新协同演进的中后期，主流创新对新流创新的影响度重新进入下降阶段。一方面，主流创新生命周期进入衰退期，主流产品的竞争力逐渐下降，主流市场持续萎缩，主流创新为新流创新提供支持的能力下降；另一方面，随着新流创新的发展成熟，它对主流创新支持的需求逐步减少，企业管理者重新调整主流创新和新流创新的资源分配，导致主流创新与新流创新间的冲突再次加剧，主流创新对新流创新发展的抑制作用也越发突出。

（3）主流与新流创新影响关系模型分析小结

通过对主流与新流创新影响关系模型运行机理的分析，根据新流创新的技术生命周期发展规律将主流与新流创新的影响度曲线划分为四个阶段（见表9-3）。但主流与新流创新的影响关系模型描述的是具有普适性的主流与新流创新演化规律，对于企业个体而言，主流与新流创新的演化路径具有异质性。主流创新和新流创新在任意发展阶段都可能受到外部环境突变或企业战略调整的影响而出现中断、衰退或飞跃等现象，导致主流与新流创新的影响关系曲线呈现复杂多样的形态。同时，在不同的主流与新流创新转换形态中，主流与新流创新影响度的变化趋势也有所不同。其中，突破式替代的主流与新流创新转换导致新旧主流创新间的冲突加剧，在转换点后新旧主流创新间的影响度曲线皆呈现不断下降的趋势；但在扩张式整合的主流与新流创新转换形态中，企业可通过一定的管理手段调整主流与新流创新之间的影响关系，使新旧主流创新从竞争走向协同，并通过调配新主流创新的资源和先进的知识、技术，使原主流创新进入自我更新阶段，实现新旧主流创新能力的同时跨越式发展。

表9-3　主流与新流创新影响度变化规律

新流创新发展阶段	主流创新对新流创新的影响度δ_{21}	新流创新对主流创新的影响度δ_{12}
萌芽期	由负转正	负向影响
成长期	正向影响	由负转正
成熟期	正向影响	正向影响
转换期	由正转负	由正转负

（三）主流与新流创新转换点的衡量

朱斌和吴佳音（2011）在主流与新流创新的二维理论模型中首次提到主流与新流创新转换点的概念，认为主流与新流创新的转换点表现为模型中新旧主流创新能力曲线的交点，是企业新旧技术范式更替的节点。在现有研究基础上，结合主流与新流创新影响关系的变化规律，我们认为主流与新流创新的转换点表现为影响关系模型中新流创新对主流创新影响度曲线的拐点，是新流创新开始产生效益后，成长为新主流创新的时点。在转换点之前，新流创新的发展尚未成熟，与主流创新呈现高度协同的发展状态（朱斌、吴赐联，2016）。在转换点之后，新流创新转换为新的主流创新，不再依赖原主流创新，可以相对独立地进行发展，对主流创新的影响度也随之下降。

三　主流与新流创新的转换决策构型

（一）主流与新流创新的转换决策构型概述

1. 构型理论概述

构型方法（configuration approach）采用具有系统性和全局性的研究视角，用"构型"表示由个体中某些要素、特征组合而成的一致模式（pattern）或构象（constellation），通过先分组、再分析的方式，适用于多维度、整体性的研究问题。Miller（1981）将构型理论引入企业管理领域后，构型理论在组织和战略管理等研究领域受到学界的关注和广泛应用，产生了丰富的研究成果。虽然起源于类型学（Typology），但构型理论并不强调对构念的分类，也并非事先假设最优的因果路径，或采用两两比较的方法，检验组织活动、环境等相关变量的匹配对绩效等组织目标的影响，而是在类型学的基础上运用"构型"的概念进一步分析导致某一分类结果的影响因素和因果机制。与管理学中常用的权变思想相比，构型理论强调系统内部多个要素间的互动关系，更关注系统分析的全局观，并认同多种要素组合均可实现某一结果的殊途同归（equifinality）假设。Fiss（2011）率先将构型理论与 QCA 方法结合，通过实证分析得到不同前因条件对结果影响的大小，并以此为依据将其划分为核心条件和辅助条件。QCA 方法利用中性置换现象，验证了构型理论的殊途同归假设，从而进一步强化了构型理论对组织发展路径异质性的解释能力。

2. 构型方法的适用性

主流与新流创新的转换是企业高层管理者判断企业内外部环境变化趋势后，基于自身能力制定并执行创新流管理决策的结果（朱斌、欧伟强，2017b）。在主流与新流创新的转换决策过程中，企业不仅应判断外部环境、评估自身能力，还需要选择恰当的方式将内外部要素加以整合，从而通过组织要素间的良性互动，使企业产生独特能力和竞争优势，保障主流与新流创新转换的进行。构型理论的鼻祖 Miller 指出，为解决由组织变量间的协同与交互所导致的管理决策困境，应将构型而非单一维度的优势资源或能力视为企业竞争优势的来源和管理决策的制定依据（Miller and Chen，1994）。因此，结合研究目标的需求，本节使用构型理论，分析外部环境、企业内部能力等不同层次的条件和条件组合对主流与新流创新转换决策实施结果的影响，为主流与新流创新的转换条件和转换决策机制等问题的研究提供理论基础。

（二）主流与新流创新转换决策构型的维度

在对创新活动进行主流和新流二元划分的基础上，众多学者针对企业主流与新流创新行为的内外部影响因素展开研究。Lawson 和 Samson（2001）构建了影响企业主流与新流创新的要素整合模型，认为由企业战略、资源基础、组织情报、创造力、组织结构、文化、技术管理等要素组合成的创新能力可分别作用于主流创新和新流创新，进而对组织绩效产生影响。Kong（2011）认为企业竞争环境、管理决策、创新流交互方式等要素的发展轨迹影响了企业的技术创新路径，是企业异质性的来源。在战略的引导下，不同的内部能力要素组合使企业生成多种主流与新流创新演化的路径。朱斌和欧伟强（2017b）提出影响主流与新流创新发展的技术、市场、战略、组织、文化、管理等六个创新要素，认为创新序列的重组是主流与新流创新转换过程的重要环节。虽然不同学者在主流与新流创新转换决策影响条件的构成维度上存在分歧，但现有研究都已将企业的内外部影响要素纳入研究框架。在文献研究的基础上，从外部环境和企业内部能力两个角度分析影响主流与新流创新转换的前因条件。

当主流技术进入成熟期后，其未来的演化轨迹由组织内外部环境选择决定。其中，内部选择表现为管理者的管理决策，而外部环境选择则包含技术、需求、政策、原材料等方面的变化。Helfat 和 Peteraf（2003）认为，外部环境对组织能力发展的影响取决于组织内部，尤其是管理者对环境变化的反应。虽然管理要素对现有技术的顺轨发展影响较小，但企业的管理人员可通过同时开展多种创新流活动的方式，改变企业的技术和产品基础。陈力田（2014）则指出，企业创新能力演化路径与外部环境选择和自身的动态适应能力有关，在研究创新能力和环境共同演化的问题时应考虑企业的战略导向和企业不同能力间的互补作用。因此，我们认为企业内外部条件以复杂的组合形式影响企业管理者的转换决策，进而对主流与新流创新的转换方式和转换结果产生影响。为分析企业内外部条件对主流与新流创新转换决策的影响机制，首先需明确转换决策构型的维度，即对影响转换决策的前因条件进行概念界定，从而制定主流与新流创新转换条件联动机制的分析框架。

1. 外部环境条件

董洁林和李晶（2013）认为，在企业的发展初期，管理者就应根据外部环境选择适宜的技术创新模式。而企业发展过程中外部环境的变迁则导致管理者必须相应地对创新活动进行调整。朱斌等（2018）将主流与新流创新的演化和转换与生物进化过程进行对比，认为主流与新流创新的转换是在"适者生存"的外部环境选择规律下，通过改变自身发展模式，以实现与外部环境的协同。

由于改变技术创新模式需要较高的成本，在相对平稳的外部环境中，企业常选择维持现有的技术创新模式，以保持竞争优势（张凤武，2005）。相反，复杂多变的外部环境降低了企业惯性，要求企业进行知识、资源和战略等多要素的重构，以保持竞争优势和盈利能力。贺小刚等（2017）通过对我国 A 股上市公司的实证研究发现，经营困境是企业开展组织变革的重要因素，且组织对变革的需求往往大于组织惯例刚性的阻碍作用。本书认为外部环境的变化程度和不确定性是推动企业进行主流与新流创新的重要条件。因此，将外部环境条件划分为技术环境条件、市场环境条件和同业竞争环境条件三个维度。

（1）技术环境条件

技术环境条件指企业主流技术或主流产品所在行业的变化程度和未

来发展方向的不确定性较高，导致企业必须通过主流与新流创新的转换来适应新的发展环境。面对高度不确定的外部技术环境，企业需适时开展与主流技术和主流产品截然不同的创新活动，以提升企业对动态环境的适应能力。而行业技术环境的改变也为企业在新技术轨道上的发展提供战略机会和盈利空间，促使企业在开展主流创新的同时，加大新流创新活动的开展力度。因此，技术环境条件的具备提升了企业开展新流创新活动的意愿，通过开展新流创新活动完成知识积累和技术储备工作，企业可适应主流与新流创新转换的环境变化，以实现创新引领。

（2）市场环境条件

市场环境条件指企业主流市场客户在构成、偏好和需求上的变化幅度和不确定性较大，使企业必须淘汰原主流创新产品，用更具竞争力的新主流产品获取市场份额。邹波等（2015）通过系统动力学模拟仿真发现，波动的市场环境有助于提升企业知识吸收能力和技术创新能力。石俊国等（2017）则分析了消费者偏好与企业颠覆性创新行为间相互促进的内在机理，认为市场环境的动态性将导致在位企业主流产品的生命周期缩短，促使企业通过更新产品、服务的方式，获取竞争优势。在响应环境变化的过程中，企业还可从变化的市场环境中获取新发展思路，有利于技术探索和新产品的研发工作。因此，市场环境条件的具备虽然破坏了企业在原主流市场积累的资源基础和竞争优势，却能通过促进主流与新流创新的转换实现企业市场基础的重构。

（3）同业竞争环境条件

同业竞争环境条件指企业主流市场中同业竞争对企业的发展造成威胁，使企业必须推出具有异质性和创新性的新主流创新产品或采用退出原主流创新领域的方式避免价格战等激烈的同业竞争。在部分供给过剩、产品同质化严重的成熟市场中，日益上涨的原料成本和市场资源的缺乏，不断压缩在位厂商的利润空间，导致现有的主流市场难以支撑企业长期发展。激烈的市场竞争倒逼企业提升创新能力，开发和投放新产品已成为我国当前的企业创新趋势。因此，同业竞争环境条件的具备使企业急需跳出资源短缺的不利情形，探索新流技术领域，从而通过主流与新流创新的转换在竞争中实现突破式和跨越式发展。

2. 内部能力条件

企业进行主导技术的重大变革时如果缺乏与之相匹配的组织能力支撑，将难以达到预期的效果。故企业能否顺利完成主流与新流创新的转换，实现转换决策的预期目标，不仅取决于转换方向的正确性，还取决于企业是否具备与转换决策相适应的内部能力条件。

为解决动态环境中企业可持续创新发展的研究问题，动态能力（dynamic capabilities）的概念与相关理论孕育而生。目前，学界普遍认同动态能力的具备可提升企业对外部动态变化的适应性，有助于企业实现技术跨越，获取竞争优势。企业在快速变化的环境中成功实施战略转型的前提与关键是具备与环境变化相匹配的动态能力，不仅包括观察环境变化、学习吸收新知识的能力，也包括快速调整组织结构、整合战略资源等多方面的能力（邓少军等，2011）。在不同的发展阶段，各维度的动态能力对组织的影响同样会发生变化。苏敬勤等（2016）认为，具备动态能力的企业面对技术环境、市场环境或同业竞争环境的转折性变化时，可快速在现有技术基础上转变创新方向，实现技术的突破与跨越。

考虑到动态环境对主流与新流创新转换的推动作用和主流与新流创新转换过程中涉及的企业技术、战略和组织管理等复杂问题，本节借鉴动态能力领域的研究成果，认为主流与新流创新成功转换需具备环境识别、组织重构、学习、资源整合等四个维度的动态能力，构成主流与新流创新转换的四个内部能力条件。

（1）环境识别能力条件

环境识别能力条件指企业具备环境扫描、搜索和分析有效信息的能力，有助于企业发现实施主流与新流创新转换的战略机会。在快速变化的市场环境下，企业并不缺乏发展机会。为获取竞争优势，企业应具备识别、把握"机会窗口"的感知能力，通过对环境的感知和分析，实现资源的有效配置，并积极响应环境变化。为实现从市场驱动到驱动市场的改变，臧树伟和胡左浩（2017）指出企业应具备较强的风险感知能力和顶层设计能力，从而推动自身价值重构和整体提升的转型。因此，具备环境识别能力条件的企业拥有较高的环境敏感性，善于感知环境变化，进行跨边界的技术、知识、市场探索活动，为主流与新流创新的转换方向和转换时机提供重要参考。

（2）组织重构能力条件

组织重构能力条件指企业具备克服惯性和快速响应环境变化的能力，可快速适应新的工作流程和组织结构，能够应对主流与新流创新转换对企业内部环境的冲击。企业技术轨道的转移须依靠非线性的组织变革实现。面临外部环境的变化，拥有一定组织柔性的企业可灵活调整工作分工和行动方案，提升新战略的实施速度，且组织响应环境变化和主动实施变革的能力对企业转型的成功实施具有正向促进作用（臧树伟、胡左浩，2017）。具备组织重构能力条件的企业可保证组织快速响应环境变化，适应新主流创新活动的工作流程，因此组织重构能力是主流与新流创新转换成功完成必不可少的条件。

（3）学习能力条件

学习能力条件指企业拥有畅通的内外部沟通网络，可通过外部学习和内部信息共享的方式获取新知识、新技术，从而指导主流与新流创新的转换过程。学习是组织创造潜在竞争优势的重要资源，同时开展二元创新活动的企业需具备较强的组织学习能力，从而在开发现有知识的同时，对未知领域进行探索。其中，个人、群体和不同部门间多层面的知识共享和学习活动有助于创意、新知识在企业内部的传播，以形成在干中学、试错中学的良好氛围，提升企业对外部环境的适应能力和新技术方案的执行能力（焦豪等，2008）；而联盟合作等跨越组织边界的外部学习渠道则有助于实现组织知识基础的快速更新。因此，具备学习能力条件的企业可灵活运用丰富的知识基础指导主流与新流创新转换的实施过程，而部门间畅通的信息、资源共享渠道，使组织内部形成良好的沟通合作机制，有助于"发展新流创新"这一新组织共识的形成，加速主流与新流创新转换的完成。

（4）资源整合能力条件

资源整合能力条件指企业具备较高的资源整合效率和资源重新配置能力，可灵活利用内外部资源组合为主流与新流创新的转换提供发展空间和资源支持。在创新发展的过程中，企业应根据环境的变化对企业的资源配置方式进行调整。主流与新流创新转换的实施过程不仅涉及创新要素和创新资源在主流与新流创新间的重新分配（朱斌、欧伟强，2017b），企业还需利用自身的资源积累和外部资源满足新技术、新市场开辟过程中可能产生的资源缺口。因此，具备资源整合能力条件的企业在面对环境变化时可通过高效的资源整合为主流与新流创新转换的顺利完成提供必要的战略资源，从而快速适应新市场，形成新的竞争优势。

3. 主流与新流创新转换条件联动机制的分析框架

通过上述分析，本节将创新流管理视角下影响主流与新流创新转换决策的前因条件划分为外部环境条件和内部能力条件两大层面共七个维度，并认为前因条件组合方式的多样性是导致主流与新流创新转换决策构型多样性的主要因素。面对不同的外部环境，企业可通过不同的优势条件组合实现主流与新流创新的转换，分析框架如图9－5所示。

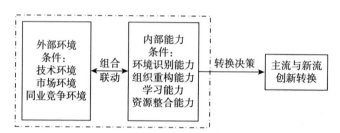

图9－5　主流与新流创新转换条件联动机制的分析框架

（三）主流与新流创新转换条件的联动机制

机制是指机器的内部构造和工作原理。在技术创新领域，常引入机制的概念研究技术创新系统中各部分的构成、系统的运行方式及系统与外部环境的互动对系统整体的影响。联动（linkage）意为联系与互动，着眼于要素间的动态联系过程。主流与新流创新转换条件的联动机制即企业内外部条件以不同的方式叠加、协同、替代，最终实现主流与新流创新转换的结果。本节将"联动机制"引入主流与新流创新转换条件与决策的研究情境，既考虑企业外部环境和内部能力等跨层次条件间的联动效应，也关注同一层次内多个条件之间的联动作用，从而在主流与新流创新转换条件联动机制分析框架的基础上，重点分析多维度转换条件间的互动关系和由不同转换所组成的主流与新流创新转换决策构型对转换实施结果的影响机制。下面将主流与新流创新转换条件的联动机制划分为叠加机制、协同机制、替代机制三个方面，并分别进行说明。

1. 主流与新流创新转换条件的叠加机制

叠加指各前因条件独立存在，且条件间未发生重叠或交互效应，即多条件的组合产生"1 + 1 = 2"的效果。叠加机制将企业主流与新流创新转换的外部环境条件和内部能力条件划分为相对独立的两个个体。张方华和陶静媛（2016）认为内部要素是企业持续创新的动力源，但如果缺乏外部环境要素，则难以激发企业的创新热情和创新投入；而且外部要素必须以组织活动为中介才能对企业创新行为产生驱动作用。主流与新流创新转换的叠加机制意味着主流与新流创新的转换需要二者功能的相加才能完成。单纯的外部环境条件或内部能力条件都无法独自推动主流与新流创新转换的进行。技术环境、市场环境、同业竞争环境的改变不但激发了企业对新技术、新产品、新商业模式的需求，也为企业提供了推出新产品、进入新市场的"机会窗口"；而企业是否具备同时开展多套技术产品体系研发生产、搭建不同市场推广销售渠道、满足不同客户群体异质性需求的资源与能力，是其能否实现主流与新流创新转换预期目标的关键所在。外部环境条件的激发作用与内部能力条件的保障作用对于主流与新流创新的转换而言缺一不可。

2. 主流与新流创新转换条件的协同机制

协同指要素间互为耦合，共同推动结果的产生，积极的正向协同可使要素组合产生"1 + 1 > 2"的效果。主流与新流创新转换条件的协同机制表现为三个外部环境条件间的协同和四个内部能力条件间的协同。在复杂多变的外部环境中，技术环境的不确定性往往与多变的市场需求交错出现。企业为争夺客户资源，相继推出新技术、新产品，对市场中的成熟产品造成巨大冲击，导致同业竞争异常激烈。外部环境中多个不利条件的共存进一步促使企业淘汰原主流创新产品，借助更具竞争力的新主流创新产品抢夺市场发展空间；而内部能力条件的协同，则是以组织重构能力为统领，以环境识别能力为导向，以资源整合能力和学习能力为保障，围绕主流与新流创新的转换决策形成密切协作、互为补充的内部能力组合，使企业可顺利完成主流与新流创新的转换。其中，灵活的组织结构（即具备组织重构能力）是主流与新流创新转换的制度保障，而资源整合与学习则贯穿于主流与新流创新转换的全过程，部门间的合作与共享为新流创新的萌芽和新流产品的推广提供技术、知识、人员、资金等不同层面的支持，是推动主流与新流创新转换顺利进行的重要条件。此外，在与外部环境信息交换的过程中，具备较强环境识别能力的企业更善于捕捉和利用有效信息，为组织重构、资源整合和学习方案的制定提供重要参考，从而调节主流与新流创新转换的方向和速度，形成各维度内部能力条件间的协同联动关系。

3. 主流与新流创新转换条件的替代机制

替代指不同的要素组合对结果单独起效，且多个要素组合的叠加将产生溢出效应，即要素组合间存在可替代性。主流与新流创新转换条件的替代机制表现为不同主流与新流创新转换路径间的殊途同归效果，体现了主流与新流创新转换决策构型的多样性特点。在不同行业、不同成熟度的市场中，企业创新水平和资源积累程度不同，进行主流与新流创新转换时依靠的优势条件组合不同，最终形成了具有异质性的主流与新流创新转换路径。行业内主导产品尚未形成的技术萌芽期常被学界视为后发企业赶超的"机会窗口"。具备较强学习能力的企业可在现有技术的基础上，采用自我知识更新的方式形成新流创新，通过环境识别、组织重构等环节，在行业内率先推出引领性的新流创新产品，再通过资源的合理配置实现新流创新向主流创新的转换；而在创新重点从技术研发转向产品创新和工艺创新的行业成熟期，该行业的主导技术和主导产品已经形成。此时后发企业也可采用技术合作、专利购买等方式消化利用外部技术，培育新流创新，并针对当前市场竞争格局独具一格地推出具有差异化特征的新流创新产品，以获取一定的发展空间。主流与新流创新转换的替代机制使企业管理者可灵活应用自身优势条件，制定个性化的主流与新流创新转换决策。

第二节　主流与新流创新的转换点测评

一　主流与新流创新的转换点及特征

朱斌和吴佳音（2011）在主流与新流创新的二维理论模型中提到转换点的概念，并将其用主流和新流的创新能力曲线交点表示。在转换点之前，主流创新引领企业当前阶段主营业务的发展；在转换点之后，新流创新变革崛起，转换为新的主流创新并引领企业下一阶段主营业务的发展。在主流与新流创新的三维理论模型（朱斌、吴赐联，2016）中，主流与新流创新的转换点被理解为主流与新流创新的关系从协同走向冲突的转折点。在主流与新流创新的发展进入转换期之前，主流与新流创新优化协同，协同度在整个演进周期中最高；之后则进入转化协同，协同度快速下降。

在前人的研究基础上，结合主流与新流创新影响关系模型的运行机理和主流与新流创新影响度变化规律等理论研究，本书认为主流与新流创新的转换点是新流创新开始产生效益后，对主流创新影响关系曲线的拐点。在转换点之前，新流创新的发展尚未成熟，需要主流创新提供大量的资源支持才能得以进行（Kanter，1989）。在转换点之后，新主流创新不再依赖原主流创新，可以相对独立地发展，与原主流创新之间的影响关系也逐渐减弱。

主流与新流创新的转换点理论模型对比及特征如图9-6、表9-4所示。

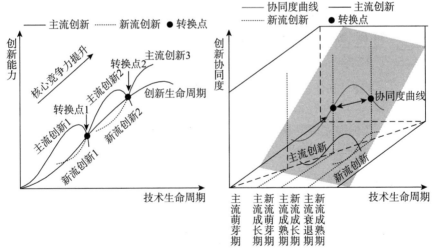

（a）主流与新流创新的二维理论模型　　（b）主流与新流创新的三维理论模型

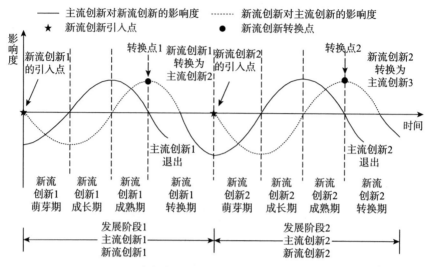

（c）主流与新流创新的影响关系模型

图 9 - 6　主流与新流创新的转换点理论模型对比

表 9 - 4　主流与新流创新的转换点特征

理论模型	转换点特征
主流与新流创新的二维理论模型	主流与新流创新能力曲线的交点
主流与新流创新的三维理论模型	主流与新流创新协同度由正转负的点
主流与新流创新的影响关系模型	主流创新对新流创新的影响度由正转负的点

二　主流与新流创新转换点计算模型

（一）Logistic 模型基本公式及其扩展形式介绍

1. Logistic 模型基本公式

Logistic 模型最初由 Verhulst 在 1838 年提出，用于研究人口增长问题。

$$\frac{\mathrm{d}N(t)}{\mathrm{d}t} = rN(t)\left[1 - \frac{N(t)}{N_m}\right] \qquad (9-1)$$

其中，$\dfrac{\mathrm{d}N(t)}{\mathrm{d}t}$ 表示人口在 t 时刻的增长速度，$N(t)$ 表示 t 时刻人口的数量，r 表示人口的自然增长率，N_m 表示人口的环境容纳量，且 r 和

N_m 为常数。令 $\dfrac{\mathrm{d}N(t)}{\mathrm{d}t}=0$，得 $N(t)=0$ 或 $N(t)=N_m$。因此，根据式 (9 - 1)，N_m 为人口的增长极限，当人口数量 $N(t)$ 逐渐接近增长极限时，$\dfrac{\mathrm{d}N(t)}{\mathrm{d}t}$ 的值不断减小，最终变为 0。

对式 (9 - 1) 求导得：

$$\frac{\mathrm{d}^2N(t)}{\mathrm{d}t^2}=r\left(1-\frac{2N(t)}{N_m}\right)\frac{\mathrm{d}N(t)}{\mathrm{d}t} \qquad (9-2)$$

其中，$\dfrac{\mathrm{d}^2N(t)}{\mathrm{d}t^2}$ 表示人口在 t 时刻的增长能力。对式 (9 - 2) 求导得：

$$\frac{\mathrm{d}^3N(t)}{\mathrm{d}t^3}=r\left[1-\frac{2N(t)}{N_m}\right]\left[\frac{\mathrm{d}^2N(t)}{\mathrm{d}t^2}\right]-\frac{2r}{N_m}\left[\frac{\mathrm{d}N(t)}{\mathrm{d}t}\right]^2 \qquad (9-3)$$

令 $\dfrac{\mathrm{d}^2N(t)}{\mathrm{d}t^2}\geqslant0$，得 $N(t)\leqslant0.50\,N_m$；令 $\dfrac{\mathrm{d}^2N(t)}{\mathrm{d}t^2}\leqslant0$，得 $N(t)\geqslant$ $0.50\,N_m$。当人口数量小于环境容纳量的一半时，人口的增长能力随人口数量的增加而不断上升；当人口数量超过环境容纳量的一半后，人口的增长能力与人口数量呈反方向变动趋势。故 $N(t)=0.50\,N_m$ 是人口增长速度曲线的拐点，此时人口的增长速度达到顶峰，即鼎盛点。令 $\dfrac{\mathrm{d}^3N(t)}{\mathrm{d}t^3}=0$，得 $N(t)=\left(\dfrac{3\pm\sqrt{6}}{6}\right)N_m$（约为 $0.09\,N_m$ 或 $0.91\,N_m$）。因此，$N(t)=0.09\,N_m$ 和 $N(t)=0.91\,N_m$ 是人口增长能力曲线上升阶段和下降阶段的两个对称的拐点。其中，在 $N(t)=0.09\,N_m$ 处，人口增长的正向加速度最大，即起飞点；在 $N(t)=0.91\,N_m$ 处，人口增长的负向加速度最大，即饱和点。起飞点、鼎盛点、饱和点将 Logistic 曲线划分为萌芽期、成长期、成熟期、衰退期等四个发展阶段，每个阶段的发展情况与发展极限的对应关系见表 9 - 5。

表 9 - 5　Logistic 曲线四个发展阶段的对应关系

发展阶段	萌芽期	成长期	成熟期	衰退期
$N(t)/N_m$	0 ~ 9%	9% ~ 50%	50% ~ 91%	91% ~ 100%

资料来源：向东 (1987)。

根据式 (9 - 1)、式 (9 - 2)，人口不可能无限制的增长，增长趋势可用 S 形曲线表示，如图 9 - 7 所示。在 t 时刻，人口的增长速度受到两方面因素的共同影响：一是自然增长率，反映了人口的增长能力，不受外界因素影响；二是环境容纳量，即人口增长极限。当人口数量超过环境容纳量的一半时，由于人口密度较大而产生的"拥挤现象"使人口的增长速度受到抑制。

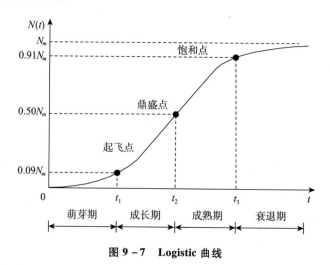

图 9 - 7　Logistic 曲线

资料来源：向东 (1987)。

2. Lotka-Volterra 公式

两物种竞争模型——Lotka-Volterra 公式是 Logistic 模型的延伸，用两条 Logistic 曲线分别表示两物种的发展规模变化情况，并在公式中加上由其他物种规模和共生系数组成的种间共生项，认为种群未来的发展规模不仅由自身当前的规模和最大环境容纳量决定，也受到同一发展环境中其他种群发展情况的影响。

$$\begin{cases} \dfrac{\mathrm{d}N_1(t)}{\mathrm{d}t} = r_1 N_1(t)\left[1 - \dfrac{N_1(t)}{N_{m1}} + a_{12} N_2(t) \right] \\[2mm] \dfrac{\mathrm{d}N_2(t)}{\mathrm{d}t} = r_2 N_2(t)\left[1 - \dfrac{N_2(t)}{N_{m2}} + a_{21} N_1(t) \right] \end{cases} \quad (9 - 4)$$

Lotka-Volterra 公式常用于研究系统中多主体同时存在的竞争增长问题，在市场竞争和技术创新扩散等领域的研究中得到推广。

3. 考虑环境容纳量变化的 Logistic 模型

Logistic 模型中包含"环境容纳量不变"的假设条件。与理论假设不同，现实中某个种群的环境容纳量会伴随外界环境的变化而发生变化。同时，种群自身也会通过一系列复杂活动改变自己的生存环境，对环境容纳量产生正向或负向的影响。Arrow 等（1995）认为技术进步、经济发展都会使一项技术的采纳者增加，从而提高该项技术的最大环境容纳量。单汨源等（2006）认为企业可通过技术创新、管理创新、提供差异化的产品服务等手段增加可获取的资源量，扩大其生存空间。新技术的发展前景在其发展初期并不明朗，故新技术的环境容纳量不能简单地用常数表示。Meyer（1994）提出双重 Logistic 模型（Bi-Logistic Model）和Meyer 等（1999）提出复合 Logistic 模型（Multi-Logistic Model）的概念，用多条以不同时期为起点的 Logistic 曲线耦合的结果对环境容纳量不断变化的复杂问题进行研究。王子龙等（2006）使用复合 Logistic 模型研究了企业集群的发展过程，认为企业集群的发展存在较多不确定性，应使用不同时期、不同发展条件下的多条 Logistic 曲线首尾相连表示，如图 9 - 8 所示。

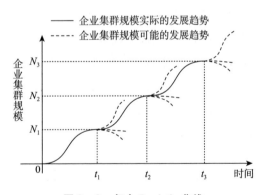

图 9 - 8　复合 Logistic 曲线

资料来源：王子龙等（2006）。

在某一个时期内，企业集群经历了萌芽期、成长期、成熟期等发展阶段，逐渐接近当前状态下的发展极限；而政策、法律等有利于企业发展的措施能起到扩大企业集群环境容纳量的效果，使企业集群得以进入下一轮的发展周期。

（二）Logistic 模型在本书研究中的适用性

第一，主流创新和新流创新满足 S 形曲线发展规律，符合 Logistic 曲

线的特征。朱斌和吴佳音（2011）用两条 S 形曲线分别表示主流创新和
新流创新全生命周期的发展演化过程，并结合社会环境、市场等因素的
阶段性影响，就主流与新流创新协同演化的机理进行解释。

　　第二，主流与新流创新的发展和转换表现为复杂系统的自组织演变
（张凤武，2005），符合 Logistic 模型的数学原理。Logistic 模型是表现自
组织系统演化过程的自治方程，包含增长项和阻滞项（任锦鸾、顾培亮，
2002）。田红娜和毕克新（2012）认为创新系统自组织演化的状态和阶
段可用 Logistic 模型表示。任大帅和朱斌（2018）在 Logistic 模型的基础
上，加入主流与新流创新的共生项，使用两物种竞争模型——Lotka-
Volterra 公式研究主流与新流创新在不同发展阶段的演化特征和竞争协同
机制。

　　第三，外部环境的变化影响主流与新流创新协同演进和转换的进程，
呈现与复合 Logistic 模型相似的发展形态。主流与新流创新的转换是技术
发展和环境选择共同作用的结果（张凤武，2005），主流与新流创新子
系统的发展不仅由自身新陈代谢作用和子系统间的竞合机制决定，市场、
资金、人员等企业内外部资源条件也对其发展起到促进或抑制作用（朱
斌、陈巧平，2015）。在每一个发展阶段内，主流创新和新流创新的演化
趋势都符合 S 形曲线的特征（朱斌、吴佳音，2011），但在主流与新流创
新系统和外部环境共同作用的过程中，企业内部资源和外部市场资源都
可能发生变化，并通过影响主流创新或新流创新的最大环境容纳量，改
变主流创新和新流创新的发展函数，使主流创新和新流创新的演化趋势
呈现与图 9-8 相似的多条 S 形曲线首尾相连的形态。

　　基于上述分析，考虑到主流与新流创新的转换不仅由技术生命周期
规律决定，主流与新流创新间的竞争与协作机制和系统外部资源总量的
变化都将通过影响主流创新和新流创新的发展状态使主流与新流创新的
转换点发生位移。因此，我们基于现有研究成果，考虑主流与新流创新
的共生作用对其最大市场规模的影响，将 Lotka-Volterra 作为构建主流与
新流创新转换点计算模型的基本公式，并参照复合 Logistic 模型，考虑环
境容纳量变化对主流创新和新流创新发展状态的影响，进而构建主流与
新流创新转换点计算模型。

（三）主流与新流创新转换点计算模型构建

1. 变量选择

Lotka-Volterra 公式的自变量包括两物种的规模 $N_1(t)$、$N_2(t)$，其生物学内涵为一定范围内的生物量。在经济、技术创新等领域的相关研究中，常将行业年营业额、行业增加值、产品市场份额、企业销售收入等指标作为研究对象的状态变量。

在一定的时期内，主流与新流创新的生存空间受到资源总量的限制，只能在一定的范围内发展。而主流创新和新流创新当前的发展规模代表了各自的成长状态，发展规模越大，表明其成长状态越好。主流与新流创新规模的总和则反映了企业整体的技术创新水平。考虑数据的可获得性和可比性，本书将主流创新和新流创新的市场规模作为主流与新流创新转换点计算模型的自变量，即用主流业务和新流业务的收入来分别表示主流创新和新流创新的规模 $N_1(t)$、$N_2(t)$。

2. 基本公式

依据 Lotka-Volterra 公式，主流与新流创新的共生演化模型如下：

$$\begin{cases} \dfrac{\mathrm{d}N_1(t)}{\mathrm{d}t} = r_1 N_1(t)\left[1 - \dfrac{N_1(t)}{N_{m1}} + a_{12} N_2(t)\right] \\[3mm] \dfrac{\mathrm{d}N_2(t)}{\mathrm{d}t} = r_2 N_2(t)\left[1 - \dfrac{N_2(t)}{N_{m2}} + a_{21} N_1(t)\right] \end{cases} \qquad (9-5)$$

其中，$N_1(t)$ 为主流业务的市场规模，用第 t 期主流业务的收入表示；

$N_2(t)$ 为新流业务的市场规模，用第 t 期新流业务的收入表示；

r_1 为主流业务市场规模的自然增长率；

r_2 为新流业务市场规模的自然增长率；

N_{m1} 为主流业务可达到的最大市场规模；

N_{m2} 为新流业务可达到的最大市场规模；

a_{12} 为新流业务的市场规模对主流业务市场规模的影响系数；

a_{21} 为主流业务的市场规模对新流业务市场规模的影响系数。

将式（9-5）进行整理得：

$$\begin{cases} \dfrac{\mathrm{d}N_1(t)}{\mathrm{d}t} = \lambda_1 N_1(t)\left[1 - \dfrac{N_1(t)}{M_1}\right] \\[3mm] \dfrac{\mathrm{d}N_2(t)}{\mathrm{d}t} = \lambda_2 N_2(t)\left[1 - \dfrac{N_2(t)}{M_2}\right] \end{cases} \qquad (9-6)$$

其中，λ_1、λ_2分别表示在共生作用下，主流业务和新流业务市场规模的自然增长率；M_1、M_2分别表示在共生作用下，主流业务和新流业务可达到的最大市场规模。具体表达式如下：

$$\begin{cases} \lambda_1 = r_1\left[1 + a_{12} N_2(t)\right] \\ \lambda_2 = r_2\left[1 + a_{21} N_1(t)\right] \\ M_1 = N_{m1}\left[1 + a_{12} N_2(t)\right] \\ M_2 = N_{m2}\left[1 + a_{21} N_1(t)\right] \end{cases} \qquad (9-7)$$

3. 基本公式修正

基于上文分析，与 Logistic 模型和 Lotka-Volterra 公式中"环境容纳量不变"的假设不同，主流业务和新流业务在当前资源条件下可达到的最大市场规模M_1、M_2应为随时间变化的函数。Laland 等（1996）首次从进化动力学的角度研究了生物与环境间的互动反馈，这种反馈对单种群适宜度和种群之间的竞争与共存关系产生影响。主流与新流创新在发展的过程中，也会主动地获取资源，改善自身所处的环境。因此，主流与新流创新的转换应考虑主流创新和新流创新自身获取资源的能力对其发展上限的影响。此外，在种群生态学中，通常认为竞争力越强的物种，获取资源的能力越强（Laland et al.，1996；李自珍等，2006），在研究物种获取的资源量时，常以种群数量为自变量。本章也沿用这一观点，认为主流创新和新流创新的资源获取能力由各自的发展规模所决定。因此，构建主流与新流创新转换点计算模型时，应在 Lotka-Volterra 公式的基础上考虑主流创新和新流创新各自的发展情况对M_1、M_2的影响，对基本公式进行修正。

本章参照唐强荣等（2009）和徐学军等（2011）提出的 Logistic 模型动态拟合方法，将主流创新和新流创新的发展趋势用多条首尾相连的复合 Logistic 曲线表示。在构建最大环境容纳量的表达式时，由于本章从主流与新流创新的系统内部入手，主要研究子系统间相互作用对转换点的影响，故仅考虑主流与新流创新的共生作用和自身的获取资源能力等两方面因素对最大环境容纳量的影响，不考虑进化，也不把 GDP 等社会宏观环境因素作为变量纳入模型。因此，我们沿用前人研究成果，将最大环境容纳量视为随时间 t 变化的复杂函数，函数表达式中包括自身初始条件下的最大环境容纳量、主流创新市场规模和新流创新市场规模三个变量。

$$\begin{cases} M_1(t) = M_1^0 + f_1[N_1(t)] + g_1[N_2(t)] \\ M_2(t) = M_2^0 + f_2[N_2(t)] + g_2[N_1(t)] \end{cases} \tag{9-8}$$

其中，$M_1(t)$、$M_2(t)$ 分别表示 t 时刻主流业务和新流业务可达到的最大市场规模，M_1^0、M_2^0 分别表示主流业务和新流业务在初始条件下的最大环境容纳量，$f_1[N_1(t)]$、$f_2[N_2(t)]$ 分别表示主流业务和新流业务当前规模对其未来发展潜力的影响，$g_1[N_2(t)]$、$g_2[N_1(t)]$ 分别表示共生作用对主流业务和新流业务可达到的最大市场规模的影响。根据式（9-8），可将主流业务和新流业务的发展潜力分成三个部分：①初始条件下的最大市场规模；②由共生作用所导致的环境容纳量的变化；③由自身发展水平所决定的资源获取能力。

本章提出以下假设。

假设 1：主流与新流创新的共生作用（协同效应）影响转换点的位置。

假设 2：主流与新流创新的发展规模（资源获取能力）影响转换点的位置。

4. 转换点计算公式的推导与构建

将主流业务和新流业务最大环境容纳量的表达式（9-8）代入式（9-6）得：

$$\begin{cases} \dfrac{dN_1(t)}{dt} = \lambda_1 N_1(t)\left[1 - \dfrac{N_1(t)}{M_1(t)}\right] \\ \dfrac{dN_2(t)}{dt} = \lambda_2 N_2(t)\left[1 - \dfrac{N_2(t)}{M_2(t)}\right] \end{cases} \tag{9-9}$$

根据式（9-9），得到原函数——主流业务和新流业务市场规模 $N_1(t)$、$N_2(t)$ 的表达式：

$$
\begin{cases}
N_1(t) = \dfrac{M_1(t)}{1 + \left[\dfrac{M_1(t)}{N_1(t_0)} - 1\right]e^{-\lambda_1(t-t_0)}} \\[5mm]
N_2(t) = \dfrac{M_2(t)}{1 + \left[\dfrac{M_2(t)}{N_2(t_0)} - 1\right]e^{-\lambda_2(t-t_0)}}
\end{cases}
\tag{9-10}
$$

根据式（9-8）、式（9-10），将 $N_2(t)$ 对 $N_1(t)$ 求偏导，可得主流业务对新流业务的影响度 $\delta_{21}(t)$，同理可得新流业务对主流业务的影响度 $\delta_{12}(t)$，从而构建主流与新流创新的转换点计算模型，如式（9-11）所示。通过寻找 $\delta_{12}(t)$、$\delta_{21}(t)$ 出现结构性变化的点，来确定发生转换的时间 t。

$$
\begin{cases}
\delta_{21}(t) = \dfrac{\dfrac{\partial M_2(t)}{\partial N_1(t)}\left\{1 + \left[\dfrac{M_2(t)}{N_2(t_0)} - 1\right]e^{-\lambda_2(t-t_0)}\right\} - \left[\dfrac{e^{-\lambda_2(t-t_0)}M_2(t)}{N_2(t_0)}\right]\dfrac{\partial M_2(t)}{\partial N_1(t)}}{\left\{1 + \left[\dfrac{M_2(t)}{N_2(t_0)} - 1\right]e^{-\lambda_2(t-t_0)}\right\}^2} \\[8mm]
\delta_{12}(t) = \dfrac{\dfrac{\partial M_1(t)}{\partial N_2(t)}\left\{1 + \left[\dfrac{M_1(t)}{N_1(t_0)} - 1\right]e^{-\lambda_1(t-t_0)}\right\} - \left[\dfrac{e^{-\lambda_1(t-t_0)}M_1(t)}{N_1(t_0)}\right]\dfrac{\partial M_1(t)}{\partial N_2(t)}}{\left\{1 + \left[\dfrac{M_1(t)}{N_1(t_0)} - 1\right]e^{-\lambda_1(t-t_0)}\right\}^2}
\end{cases}
$$

$$
\tag{9-11}
$$

三　主流与新流创新转换的实证研究

（一）案例企业背景分析

青岛海尔股份有限公司（简称"青岛海尔"）的前身是成立于1984年的青岛电冰箱总厂。经过30多年的发展，青岛海尔已成为一家全球化企业，拥有多个世界级品牌，主要经营范围包括：①家电业务，包括家电研发、生产等多个环节，产品种类包括电冰箱、洗衣机、空调、热水器、厨卫电器、小家电和 U-home 智能家居产品；②渠道综合服务业务，涵盖物流、电子商务、分销、售后服务等多项内容。伴随主流家电业务的发展，青岛海尔先后进行渠道综合服务业务和智能家电等前后两轮新流业务的培育工作。本章将青岛海尔主流与新流创新的发展过程和影响关系的变化历程划分为两个阶段。

阶段1：主流家电业务带动新流渠道综合服务业务发展转换

自1984年成立以来，青岛海尔始终将家电制造作为主流创新的发展方向，采用自主创新和内外部技术整合的方式，快速推出新产品，提升产品附加值，不断打开主流产品销路，为主流创新的发展积累宝贵的战略资源。通过一系列的收并购活动，青岛海尔实现主流家电业务范围从电冰箱到洗衣机、热水器等白色家电和黑色家电（电视机）的延伸，形成多元化的主流创新产品体系。

在成熟的家电行业，城市市场几近饱和，同业竞争激烈和日益上升的运行成本不断压缩企业的利润空间。为保持竞争优势，青岛海尔在通过主流创新提升产品质量的同时，采用优化售后服务，搭建乡镇营销网络等方式，提升顾客满意度，扩大主流市场空间，新流渠道综合服务业务也随之孕育而生。在新流创新的成长期和成熟期，新流渠道综合服务业务依托主流家电业务得到发展：青岛海尔先后成立多家日日顺公司负责新流渠道综合服务业务的运营工作，在全国范围内搭建深入村镇的物流网络、售后服务网络，提高了青岛海尔产品在农村市场的占有率；同时，通过互联网销售服务平台的建设，拓展了青岛海尔与客户间的互动交流方式，提升了用户体验，进一步拓宽了主流家电业务的发展空间。同时，随着物流网络建设工作的完成，新流渠道综合服务业务也着手探索社会化的物流服务模式，酝酿新流创新向主流创新的转换。在新流渠道综合服务业务的转换期，青岛海尔结合物联网、大数据等新兴技术手段，通过加强信息化平台建设、引进自动化物流搬运设备、布局智能化仓库等方式，不断提升渠道综合服务业务的运作效率和服务能力。凭借先进的物流技术和覆盖全国的服务网络，新流渠道综合服务业务吸引了天猫、亚马逊等众多战略客户，并逐步发展出家具、浴具、生鲜等不同产品的配送服务体系，实现渠道综合服务业务从企业物流到面向社会大众的物流平台转型。此时，新流渠道综合服务业务可不再依赖主流家电业务的支持实现独立发展，扩张式整合的新流渠道综合服务业务转换工作也随之完成。

阶段2：新旧主流创新协同发展，支撑智慧家电新流创新萌芽

用扩张式整合的方式实现新流创新转换后，青岛海尔对新旧主流创新业务进行整合，强化新主流渠道综合服务业务的销售职能，推出全国

首个移动端电商平台——"顺逛"，融合线上与线下的销售渠道，提升客户从购买到售后的全流程体验，带动原主流家电业务的发展。互联网对家电业的影响日益显现，为保持家电行业的引领地位，青岛海尔在原主流家电业务的基础上，大力推进网络化、平台化转型，从智慧家电的网络平台建设着手探索智慧家电形态、开发应用场景等新一轮的新流创新活动，目前已初步完成"U＋智慧生活平台"的开发工作，并重点布局大数据分析、人工智能交互处理等技术领域，以期在未来可通过人机交互等手段大幅提升用户体验。

通过对青岛海尔主流与新流创新发展阶段和影响关系的描述（见表9-6），本章利用青岛海尔的销售数据实证研究渠道综合服务业务从新流业务发展转换为新主流业务，反哺支持智慧家电等下一轮新流创新的过程中新旧主流创新影响度的变化趋势，从而对主流与新流创新的转换点进行测评。

表9-6 青岛海尔主流与新流业务的发展阶段和影响关系

发展阶段		共生关系		影响度	
		主流业务	新流业务	δ_{21} (t)	δ_{12} (t)
阶段1	萌芽期	资金支持渠道综合服务业务的网络建设	在家电业务资源的支持下开展渠道的布局与建设	由负转正	负向影响
	成长期	在自身需求推动下继续支持渠道综合服务业务的发展	渠道建设初见成效，开始助力家电业务的发展	正向影响	由负转正
	成熟期	利用自身资源，带动渠道综合服务业务营业收入增长	服务外来品牌收入增加，对家电业务依赖度下降	正向影响	正向影响
	转换期	对渠道综合服务业务的带动作用下降	对家电业务的依赖度和促进作用都下降	由正转负	由正转负
阶段2	萌芽期	新主流渠道综合服务业务回归零售，促进家电销量增长	"U＋平台"建设等新流创新的研发探索活动需要企业投入大量资金	由负转正	负向影响

（二）实证数据来源

考虑数据的可获取性，此处分别用青岛海尔家电业务和渠道综合服务业务每年的营业收入来表示主流业务和新流业务的市场规模，数据来源于青岛海尔 2009～2017 年的年度报告（见表 9－7）。

表 9－7　青岛海尔 2009～2017 年主流与新流业务营业收入情况

单位：万元

年份	家电业务	渠道综合服务业务
2009	3727605.72	262268.40
2010	5015977.42	560043.56
2011	5493326.27	974195.78
2012	5938411.00	1259616.00
2013	6345932.00	1630685.00
2014	6639234.65	1744225.59
2015	6792987.00	1942099.00
2016	7210866.19	1849941.00
2017	9121050.11	2038758.31

其中，家电业务每年的营业收入用空调、电冰箱、厨卫电器、小家电、洗衣机等家电销售业务的营业收入之和表示；2009～2013 年的渠道综合服务业务的营业收入用物流业务的营业收入表示；2014 年及之后，青岛海尔将小家电业务的营业收入并入渠道综合服务业务营业收入，但考虑到小家电业务的营业收入占比较少，因此不考虑小家电业务的营业收入对计算结果的影响。此外，2016 年后，由于完成对通用电气家电业务的收购，青岛海尔家电业务年收入激增，但考虑到通用电气家电业务贡献的收入主要来源于海外市场，与渠道综合服务业务的交互较少，因此在家电业务总收入中扣除来自通用电气家电业务的收入。

由于青岛海尔从 2009 年开始才逐渐在企业年报上披露渠道综合服务业务的年收入等有关信息，因此，本章对新流渠道综合服务业务从成长期到转换期以及转换期结束之后这段时间内主流与新流创新的发展过程进行实证研究。从图 9－9 中可以发现，青岛海尔的主流家电业务和新流渠道综合服务业务在发展趋势上基本同步，主流家电业务和新流渠道综合服务业务存在相互作用、相互制约的共生关系。

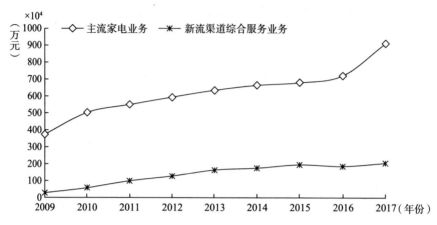

图 9 - 9　青岛海尔 2009 ~ 2017 年主流与新流业务营业收入发展趋势

（三）青岛海尔主流与新流创新的转换点测评

对青岛海尔转换点测评的步骤如下。①曲线划分。参照复合 Logistic 模型，以年份为区间对主流业务、新流业务的发展曲线进行划分，得到区间 $[t_i, t_{i+1}]$ 内主流业务和新流业务发展规模的 Logistic 公式。②公式整理。通过公式变形，整理得到区间 $[t_i, t_{i+1}]$ 内最大市场规模 $M_1(t_{i+1})$、$M_2(t_{i+1})$ 的表达式和主流业务、新流业务市场规模迭代计算公式。③参数估计与趋势拟合。在公式中代入已知数据，利用非线性规划的方法，迭代得到 λ_1、λ_2 的估计值 $\hat{\lambda}_1$、$\hat{\lambda}_2$，进而得到最大环境容纳量的估计值 $\hat{M}_1(t_{i+1})$、$\hat{M}_2(t_{i+1})$，通过参数估计确定最大环境容纳量的表达式。④转换点判断。将数据代入转换点计算式（9 - 11），根据影响度变化趋势判断新流创新转换为主流创新的时间，即确定转换点的位置。

1. 曲线划分

根据复合 Logistic 模型的特点，本节以年份为区间，将青岛海尔主流家电业务和新流渠道综合服务业务的发展曲线划分为多条首尾相连的 Logistic 曲线，在区间 $[t_i, t_{i+1}]$（$i = 0, 1, 2, \cdots, n$）内，$\Delta t = t_{i+1} - t_i = 1$，主流家电业务市场规模的增量为 $\Delta N_1(t_{i+1}) = N_1(t_{i+1}) - N_1(t_i)$，平均值为 $\bar{N}_1(t_{i+1}) = \dfrac{N_1(t_{i+1}) + N_1(t_i)}{2}$。由于主流家电业务市场规模的增长率在区间 $[t_i, t_{i+1}]$ 内的变化较小，因此可用两端点 $N_1(t_{i+1})$ 和 $N_1(t_i)$ 间的直线斜率 $\dfrac{\Delta N_1(t_{i+1})}{\Delta t}$ 来表示（徐学军等，

2011；庞博慧，2012）。同理可得新流渠道综合服务业务在区间 $[t_i,$ $t_{i+1}]$ 内的市场规模增量 $\Delta N_2(t_{i+1})$、平均值 $\bar{N}_2(t_{i+1})$、增长率 $\dfrac{\Delta N_2(t_{i+1})}{\Delta t}$ 等相关表达式。

2. 公式整理

将式（9-9）进行改写，得到区间 $[t_i, t_{i+1}]$ 内青岛海尔主流家电业务和新流渠道综合服务业务市场规模的 Lotka - Volterra 公式。本章以年份为区间，因此取 $\Delta t = 1$。

$$\begin{cases} \dfrac{\Delta N_1(t_{i+1})}{\Delta t} = \lambda_1 \bar{N}_1(t_{i+1})\left[1 - \dfrac{\bar{N}_1(t_{i+1})}{M_1(t_{i+1})}\right] \\ \dfrac{\Delta N_2(t_{i+1})}{\Delta t} = \lambda_2 \bar{N}_2(t_{i+1})\left[1 - \dfrac{\bar{N}_2(t_{i+1})}{M_2(t_{i+1})}\right] \end{cases} \quad (9-12)$$

对式（9-10）、式（9-12）进行整理，得到青岛海尔主流家电业务、新流渠道综合服务业务在区间 $[t_i, t_{i+1}]$ 内可达到的最大市场规模表达式（9-13）和主流家电业务、新流渠道综合服务业务各自的市场规模迭代计算公式（9-14）：

$$\begin{cases} M_1(t_{i+1}) = \dfrac{\bar{N}_1(t_{i+1})}{1 - \dfrac{\Delta N_1(t_{i+1})}{\lambda_1 \bar{N}_1(t_{i+1})}} \\ M_2(t_{i+1}) = \dfrac{\bar{N}_2(t_{i+1})}{1 - \dfrac{\Delta N_2(t_{i+1})}{\lambda_2 \bar{N}_2(t_{i+1})}} \end{cases} \quad (9-13)$$

$$\begin{cases} N_1(t_{i+1}) = \dfrac{M_1(t_{i+1})}{1 + \left[\dfrac{M_1(t_{i+1})}{N_1(t_i)} - 1\right]e^{-\lambda_1}} \\ N_2(t_{i+1}) = \dfrac{M_2(t_{i+1})}{1 + \left[\dfrac{M_2(t_{i+1})}{N_2(t_i)} - 1\right]e^{-\lambda_2}} \end{cases} \quad (9-14)$$

由于 $M_1(t_{i+1})$、$M_2(t_{i+1})$ 分别表示 t_{i+1} 时刻主流家电业务和新流渠道综合服务业务可达到的最大市场规模，故 $M_1(t_{i+1})$、$M_2(t_{i+1})$ 都应为正数且分别不小于t_{i+1}时刻主流家电业务和新流渠道综合服务业务的市场规模，即：

$$
\begin{cases}
M_1(t_{i+1}) > 0 \\
M_2(t_{i+1}) > 0 \\
M_1(t_{i+1}) - N_1(t_{i+1}) \geqslant 0 \\
M_2(t_{i+1}) - N_2(t_{i+1}) \geqslant 0
\end{cases}
\tag{9-15}
$$

因此，在$\overline{N}_1(t_{i+1})$、$\Delta N_1(t_{i+1})$、$\overline{N}_2(t_{i+1})$、$\Delta N_2(t_{i+1})$都已知的情况下，只要给出一组λ_1、λ_2的估计值$\widehat{\lambda}_1$、$\widehat{\lambda}_2$，并将之依次代入式（9-13）、式（9-14），就可计算得出$M_1(t_{i+1})$、$M_2(t_{i+1})$的估计值$\widehat{M}_1(t_{i+1})$、$\widehat{M}_2(t_{i+1})$［见式（9-16）］和$N_1(t_{i+1})$、$N_2(t_{i+1})$的估计值$\widehat{N}_1(t_{i+1})$、$\widehat{N}_2(t_{i+1})$［见式（9-17）］。

$$
\begin{cases}
\widehat{M}_1(t_{i+1}) = \dfrac{\overline{N}_1(t_{i+1})}{1 - \dfrac{\Delta N_1(t_{i+1})}{\lambda_1 \overline{N}_1(t_{i+1})}} \\[6mm]
\widehat{M}_2(t_{i+1}) = \dfrac{\overline{N}_2(t_{i+1})}{1 - \dfrac{\Delta N_2(t_{i+1})}{\lambda_2 \overline{N}_2(t_{i+1})}}
\end{cases}
\tag{9-16}
$$

$$
\begin{cases}
\widehat{N}_1(t_{i+1}) = \dfrac{\dfrac{\overline{N}_1(t_{i+1})}{1 - \dfrac{\Delta N_1(t_{i+1})}{\lambda_1 \overline{N}_1(t_{i+1})}}}{1 + \left\{ \dfrac{\overline{N}_1(t_{i+1})}{N_1(t_i)\left[1 - \dfrac{\Delta N_1(t_{i+1})}{\lambda_1 \overline{N}_1(t_{i+1})} \right]} - 1 \right\} e^{-\lambda_1}} \\[14mm]
\widehat{N}_2(t_{i+1}) = \dfrac{\dfrac{\overline{N}_2(t_{i+1})}{1 - \dfrac{\Delta N_2(t_{i+1})}{\lambda_2 \overline{N}_2(t_{i+1})}}}{1 + \left\{ \dfrac{\overline{N}_2(t_{i+1})}{N_2(t_i)\left[1 - \dfrac{\Delta N_2(t_{i+1})}{\lambda_2 \overline{N}_2(t_{i+1})} \right]} - 1 \right\} e^{-\lambda_2}}
\end{cases}
\tag{9-17}
$$

3. 参数估计与趋势拟合

借助 Excel 软件的规划求解功能，采用非线性规划的方法（马超群等，2010），分别用目标函数（9-18）、函数（9-19）求得青岛海尔主流家电业务和新流渠道综合服务业务的自然增长率 λ_1、λ_2 的估计值 $\widehat{\lambda}_1$、$\widehat{\lambda}_2$。

$$\min z_1 = \sum_{i=0}^{n} \left[\widehat{N}_1(t_{i+1}) - N_1(t_{i+1}) \right]^2$$

$$\text{s. t.} \begin{cases} \widehat{M}_1(t_{i+1}) - N_1(t_{i+1}) \geqslant 0 \\ \lambda_1 \geqslant 0 \\ i = 0,1,2,\cdots,n \end{cases} \tag{9-18}$$

$$\min z_2 = \sum_{i=0}^{n} \left[\widehat{N}_2(t_{i+1}) - N_2(t_{i+1}) \right]^2$$

$$\text{s. t.} \begin{cases} \widehat{M}_2(t_{i+1}) - N_2(t_{i+1}) \geqslant 0 \\ \lambda_2 \geqslant 0 \\ i = 0,1,2,\cdots,n \end{cases} \tag{9-19}$$

首先计算青岛海尔主流家电业务的最大市场规模的估计值。将式（9-18）的非线性规划求解结果 $\widehat{\lambda}_1$ 代入式（9-16）、式（9-17），可得到青岛海尔主流家电业务的市场规模估计值 $\widehat{N}_1(t_{i+1})$ 和可达到的最大市场规模估计值 $\widehat{M}_1(t_{i+1})$，计算结果见表9-8、表9-9。

表9-8 青岛海尔主流家电业务营业收入实际值
与估计值（$\lambda_1 = 0.386$）

单位：万元

年份	2010	2011	2012	2013
实际值	5015977.42	5493326.27	5938411.00	6345932.00
估计值	5007492.67	5493163.86	5936156.05	6343653.32
年份	2014	2015	2016	2017
实际值	6639234.65	6792987.00	7210866.19	9121050.11
估计值	6637280.48	6791765.21	7208395.45	9114143.98

资料来源：实际值为青岛海尔2010～2017年的年报销售数据，估计值由笔者计算得到。

表9－9　青岛海尔主流家电业务最大市场规模估计值

单位：万元

年份	2010	2011	2012	2013
最大市场规模	21943340.37	6987359.93	7241981.23	7493034.72
年份	2014	2015	2016	2017
最大市场规模	7401069.96	7161602.61	8357172.59	22410200.51

　　从图9－10可以发现，主流家电业务营业收入的估计曲线与实际的营业收入曲线几乎重合。因此，计算结果能够较为准确地描述青岛海尔主流家电业务的发展趋势。

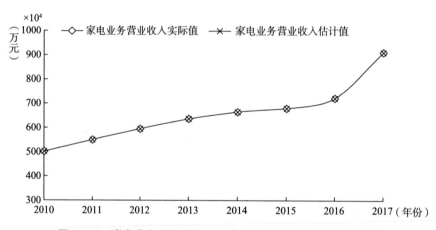

图9－10　青岛海尔主流家电业务营业收入实际值与估计值对比

　　Zhang（2003）认为种群间共生项应为由种群规模和当前环境下种群最优规模组成的平方差方程。当种群规模在数值上偏离方程的顶点时，表示平方差形式的种群间共生项具有自动调节的效果，能使种群数量保持相对稳定。徐学军等（2011）和庞博慧（2012）通过SPSS软件对中国宏观数据进行拟合，用二次函数分别建立了生产性服务业和制造业最大环境容纳量预测模型。根据上文分析，参考Zhang（2003）、徐学军等（2011）的研究成果，青岛海尔主流家电业务在区间 $[t_i, t_{i+1}]$（$i = 0$，1，2，…，n）内可达到的最大市场规模 $M_1(t_{i+1})$ 与主流家电业务和新流渠道综合服务业务的市场规模 $\overline{N}_1(t_{i+1})$、$\overline{N}_2(t_{i+1})$ 有关，且很可能是二次函数关系。使用最小二乘法，借助EViews软件进行参数估计，以各参数的系数显著并保证整体模型的F值显著、R^2 较大为标准，替换参数，对模型进行调整。估计结果见表 9 – 10。

表 9 – 10 青岛海尔主流家电业务最大市场规模表达式参数估计

模型	参数	系数	T 值	P 值	F 值	R²	P 值
$M_1(t_{i+1})$	$[\bar{N}_1(t_{i+1})]^2$	9.25E – 06	28.17722	0.0013 ***	2589.343	0.999421	0.000386 ***
	$\bar{N}_1(t_{i+1})$	– 122.4881	– 31.99196	0.001 ***			
	$[\bar{N}_2(t_{i+1})]^2$	– 1.72E – 05	– 16.10031	0.0038 ***			
	$\bar{N}_2(t_{i+1})$	61.16952	21.83342	0.0021 ***			
	M_1^0	3.58E + 08	37.08687	0.0007 ***			

注：*** 表示在 1% 的水平下显著。

根据参数估计结果，经整理得青岛海尔主流家电业务最大市场规模表达式：

$$M_1(t_{i+1}) = 9.25 \times 10^{-6}[\bar{N}_1(t_{i+1}) - 6.621 \times 10^6]^2 -$$
$$1.72 \times 10^{-5}[\bar{N}_2(t_{i+1}) - 1.778 \times 10^6]^2 + 6.87 \times 10^6 \quad (9-20)$$

在式（9 – 20）中，$\bar{N}_1(t_{i+1})$ 和 $\bar{N}_2(t_{i+1})$ 对 $M_1(t_{i+1})$ 的影响表现为二次函数的形式，函数的顶点分别为 6.621×10^6 和 1.778×10^6，可视为主流业务自身资源获取能力和主流与新流创新间的共生作用对主流业务可达到最大市场规模影响的拐点。将 2010 ~ 2017 年 $\bar{N}_1(t_{i+1})$ 和 $\bar{N}_2(t_{i+1})$ 的数值代入式（9 – 20），可分别得到不同年份主流创新和新流创新规模对主流家电业务市场发展潜力的影响曲线，如图 9 – 11 所示。对于主流家电业务而言，新流渠道综合服务业务对其最大市场规模的影响（即共生作用）明显大于它自身资源获取能力的影响，主流家电业务的发展离不开新流渠道综合服务业务的支持。

采用同样的分析方法，计算青岛海尔新流渠道综合服务业务的市场规模估计值、可达到的最大市场规模估计值和最大市场规模表达式参数估计值，结果见表 9 – 11、图 9 – 12、表 9 – 12、表 9 – 13。

根据图 9 – 12，新流渠道综合服务业务营业收入的估计曲线与实际的营业收入曲线吻合度很高，计算结果能够较为准确地描述青岛海尔新流渠道综合服务业务的发展趋势。

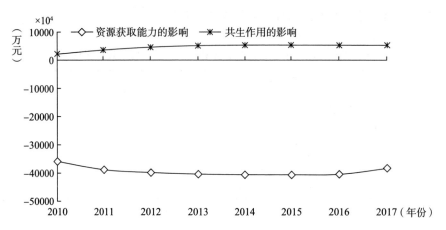

图9-11　资源获取能力和共生作用对主流家电业务最大市场规模的影响

表9-11　青岛海尔新流渠道综合服务业务营业收入
实际值与估计值（$\lambda_2 = 1.952$）

单位：万元

年份	2010	2011	2012	2013
实际值	560043.56	974195.78	1259616.00	1630685.00
估计值	539387.89	941026.78	1229430.79	1591486.70
年份	2014	2015	2016	2017
实际值	1744225.59	1942099.00	1849941.00	2038758.31
估计值	1730070.85	1918231.38	1862502.25	2015797.25

资料来源：实际值为青岛海尔2010～2017年的年报销售数据，估计值由笔者计算得到。

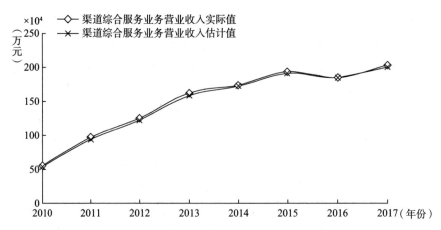

图9-12　青岛海尔新流渠道综合服务业务营业收入实际值与估计值对比

表 9 – 12　青岛海尔新流渠道综合服务业务最大市场规模估计值

单位：万元

年份	2010	2011	2012	2013
最大市场规模	653810.86	1060529.51	1285211.15	1664118.64
年份	2014	2015	2016	2017
最大市场规模	1747717.52	1950466.67	1849941.00	2046177.31

表 9 – 13　青岛海尔新流渠道综合服务业务最大市场规模表达式参数估计

模型	参数	系数	T 值	P 值	F 值	R^2	P 值
$M_2\,(t_{i+1})$	$[\bar{N}_1\,(t_{i+1})]^2$	– 2.08E – 07	– 3.524203	0.0388 **			
	$\bar{N}_1\,(t_{i+1})$	2.233888	4.273657	0.0235 **	152.1516	0.986941	0.000849 ***
	$[\bar{N}_2\,(t_{i+1})]^2$	4.46E – 07	3.471582	0.0403 **			
	M_2^0	– 5217930	– 4.232409	0.0241 **			

注：$\bar{N}_2\,(t_{i+1})$ 的系数估计值为 0，故表中未列示；** 、*** 分别表示在 5% 和 1% 的水平下显著。

根据参数估计结果，经整理可得青岛海尔新流渠道综合服务业务的最大市场规模表达式：

$$M_2(t_{i+1}) = -2.08 \times 10^{-7} [\bar{N}_1(t_{i+1}) - 5.370 \times 10^6]^2 +$$

$$4.46 \times 10^{-7} [\bar{N}_2(t_{i+1})]^2 - 4.618 \times 10^6 \qquad (9-21)$$

根据式（9 – 21），$\bar{N}_1\,(t_{i+1})$ 和 $\bar{N}_2\,(t_{i+1})$ 对 $M_2\,(t_{i+1})$ 的影响同样表现为二次函数的形式，5.370×10^6 是 $\bar{N}_1\,(t_{i+1})$ 作用于 $M_2\,(t_{i+1})$ 的函数顶点，可视为主流与新流创新间的共生作用对新流业务可达到最大市场规模影响的拐点。而新流渠道综合服务业务的初始最大市场规模 M_2^0 为负数，即式（9 – 21）中的常数部分，说明新流创新在发展初期难以独立生存。将 2010 ~ 2017 年 $\bar{N}_1\,(t_{i+1})$ 和 $\bar{N}_2\,(t_{i+1})$ 的数值代入式（9 – 21），可分别得到不同年份主流创新和新流创新规模对新流渠道综合服务业务市场发展潜力的影响曲线，如图 9 – 13 所示。对于新流渠道综合服务业务而言，主流家电业务的发展对其最大市场规模的影响（即共生作用）强于它自身资源获取能力的影响。如果没有主流家电业务的支持和拉动，新流渠道综合服务业务也难以开展。

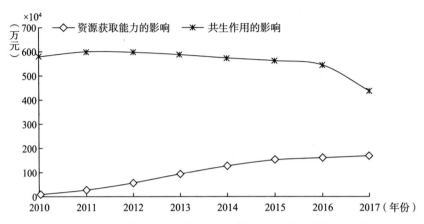

图 9 - 13　资源获取能力和共生作用对新流渠道综合服务业务最大
市场规模的影响

4. 转换点判断

根据表达式（9 - 20），结合主流与新流创新转换点计算式（9 - 11）可计算得到 2010 ~ 2017 年新流渠道综合服务业务对主流家电业务的影响度的变化趋势（见表 9 - 14、图 9 - 14）。由图 9 - 14 可知，影响度的演化曲线先后经历了两个重要的拐点。在 2011 年前上升，2011 ~ 2016 年逐步下降，并从 2016 年后开始重新呈现上升趋势。结合主流与新流创新的转换点特征可知（见表 9 - 4），2011 ~ 2016 年上半年是新流渠道综合服务业务的转换期，且 2011 年是新流渠道综合服务业务对主流家电业务影响度曲线的拐点，即新流创新转换为主流创新的转换点。

表 9 - 14　青岛海尔新流渠道综合服务业务对主流家电业务的影响度 δ_{12}

年份	2010	2011	2012	2013	2014	2015	2016	2017
δ_{12}	0.754	6.619	4.706	2.528	0.773	- 0.619	- 0.929	- 0.291

同样，根据表达式（9 - 21），结合主流与新流创新转换点计算式（9 - 11）可计算得到 2010 ~ 2017 年主流家电业务对新流渠道综合服务业务的影响度的变化趋势（见表 9 - 15、图 9 - 15），再次验证了 2011 年是渠道综合服务业务从新流创新发展为主流创新的转换点。在图 9 - 15 中，主流家电业务对新流渠道综合服务业务的影响度表现出不断下降的趋势，并在 2011 年后由正转负。其中，影响度的演化曲线在 2010 ~ 2014 年大

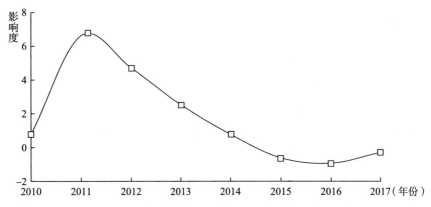

**图 9 – 14　青岛海尔新流渠道综合服务业务对主流家电
业务的影响度δ_{12}的变化趋势**

致为线性，2014 年之后形状发生改变，表现为非线性的曲线形式。根据
主流与新流创新的影响关系模型，2011 年新流渠道综合服务业务转换为
新的主流创新业务，主流家电业务对它的影响度为 0.032；从 2014 年开
始，新一轮新流创新——智慧家电的研发依托原有主流家电业务在青岛
海尔内部孕育而生，大量的资金投入、工作重心倾斜等导致的冲突使主
流家电业务对新流渠道综合服务业务的影响度发生结构性变化。

表 9 – 15　青岛海尔主流家电业务对新流渠道综合服务业务的影响度δ_{21}

年份	2010	2011	2012	2013	2014	2015	2016	2017
δ_{21}	0.243	0.032	− 0.113	− 0.252	− 0.393	− 0.465	− 0.590	− 0.969

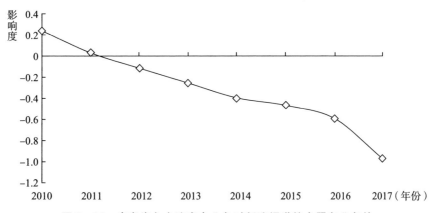

**图 9 – 15　青岛海尔主流家电业务对新流渠道综合服务业务的
影响度δ_{21}的变化趋势**

四　研究结论

本节构建了主流与新流创新的转换点计算模型，将主流创新（或新流创新）未来发展规模的影响因素划分为主流与新流创新的共生作用和主流创新（或新流创新）自身资源获取能力两方面；并借助青岛海尔的企业年报数据，通过复合 Logistic 模型动态拟合的方式得到青岛海尔主流家电业务和新流渠道综合服务业务 2010～2017 年影响度的变化趋势，结合影响度的变化规律判断渠道综合服务业务从新流创新变为主流创新的转换时点，在验证主流与新流创新影响关系模型运行机理的同时，得到了技术演化视角下主流与新流创新的转换条件。

（一）转换条件一：主流创新对新流创新的影响度由正转负

根据实证结果发现，主流与新流创新的共生作用（协同效应）将对主流与新流创新转换点的位置产生影响。主流与新流创新的协同发展通过扩大或缩小对方未来可达到的最大市场规模，影响主流与新流创新的转换过程，改变转换点的位置。经计算，2011 年是青岛海尔主流与新流创新的转换点。青岛海尔新流渠道综合服务业务通过创新增值服务、提供大件物流第三方服务等方式，在营业收入大幅上升的同时，对青岛海尔主流家电业务营业收入的带动作用不断下降。因此，在影响度曲线上（见图 9-14），2011 年之后新流渠道综合服务业务对原主流家电业务的正向带动作用开始下降，新流渠道综合服务业务从新流创新转换为新的主流创新。

而在新流渠道综合服务业务转换为主流创新之前，其主要营业收入来源为青岛海尔主流家电业务。转换为主流创新之后，集团内部关联业务收入占新流渠道综合服务业务总营业收入的比例不断减小，主流家电业务对新流渠道综合服务业务最大市场规模的促进作用逐渐下降，影响度也随之由正转负（见图 9-15）。虽然智慧家电的新流创新已取得一定的创新成果，但就目前而言智慧家电的产品形态尚未成熟，处于需要大量资金投入的项目建设期，需在主流创新资源的支持下发展。由于智慧家电和原主流家电业务共享同一条影响度曲线，因此从图上看主流家电业务对新流渠道综合服务业务的影响度继续下降。

（二）转换条件二：新流创新具备较强的资源获取能力

新流创新的转换标志着新流创新已具备独立生存的能力，此时新流创新应达到一定的发展规模，并具有较强的资源获取能力。根据式（9 - 20）、式（9 - 21），由 EViews 软件得到的参数估计结果，青岛海尔主流与新流创新各自的发展规模对自身发展潜力的影响均表现为二次函数形式，二次函数的顶点分别为主流创新和新流创新发展规模的最优值。伴随主流创新和新流创新的发展，二者在规模上与各自最优值的接近和偏离使它们的资源获取能力发生变化，推动了新流创新的成长和原主流创新的衰退。这也验证了 Zhang（2003）对一定空间内种群规模和种间关系的研究。在企业和市场资源有限的前提条件下，当主流创新和新流创新市场规模小于各自的最优值时，二者在资源分配上尚未形成明显的冲突，此时主流与新流创新可通过创新成果共享等方式形成互惠共赢的协同关系。根据主流创新最大发展潜力的表达式（9 - 20），当主流创新规模超过临界值后，在系统的自发调节作用下，主流创新的规模会自然下降，新流创新向主流创新的转换也一触即发。此时主流创新已步入衰退阶段，资源利用率极低，继续坚持发展主流创新将造成组织资源的严重浪费，甚至产生进一步压缩主流创新生命周期的反作用。

（三）转换条件三：新流创新具有较大的发展潜力

家电是典型的耐用型产品，市场潜力在很大程度上受到之前销售水平（主流创新市场规模）的影响（见图 9 - 11）。与主流家电业务不同，新流渠道综合服务业务的发展受"拥挤效应"的影响较小，并在 2010 ~ 2017 年获取外部资源，不断扩大其发展空间（见图 9 - 13），并最终使新流渠道综合服务业务实现从新流创新向主流创新的转换。针对原主流家电业务的发展趋势，青岛海尔在坚持主流创新的同时，加大在智慧家电方面的投入，将新流创新的成果注入主流创新中（朱斌、吴佳音，2011），通过提升产品竞争力、开拓新兴市场等方式，激发原主流家电业务的发展潜力（单汩源等，2006），实现原主流创新能力的二次更新。因此，结合企业的具体情境对主流与新流创新转换进行分析，对于深入理解主流与新流创新转换过程具有重要意义。

第三节 主流与新流创新的转换决策条件分析

前述章节通过主流与新流创新的转换点测评，从技术演化视角分析了影响主流与新流创新转换的系统内部条件。而在创新流管理的研究视角下，主流与新流创新的转换是企业管理者根据外部环境和内部能力等条件重新调整企业技术发展方向的创新流管理成果。本节结合主流与新流创新转换决策前因条件维度划分和叠加、协同、替代等转换条件联动机制等理论基础，从创新流管理的研究视角进一步实证分析企业内外部条件如何影响主流与新流创新的转换结果，各维度条件间如何互动联系等问题。

一 研究方法选择：清晰集定性比较分析（csQCA）

（一）csQCA 概述

清晰集定性比较分析（crisp-set Qualitative Comparative Analysis，csQCA）最初由 Ragin（1989）提出，是发展历时最悠久，也是目前使用最为广泛的定性比较分析（QCA）技术。csQCA 对变量进行严格的二分处理，分别用二分法对变量赋值：若变量 A 出现，则用 1 或大写字母 A 表示；若变量 A 不出现，则用 0 或小写字母 a 表示。同时，csQCA 借用了布尔运算中使用的 "$*$"、"$+$" 和 "$\rightarrow$" 等计算符号，它们分别表示逻辑 "与"（AND）、逻辑 "或"（OR）和条件与结果之间的联系。[①] 布尔最小化运算是 csQCA 的核心环节，当出现若干个条件不同，但结果相同的布尔表达式时，可按照一定的规则对这些布尔表达式进行化简，使研究者找出由核心条件构成、形式最为简洁的条件组合形式。[②]

（二）csQCA 的特点与优势

csQCA 方法吸收了定性和定量两种研究方法的优势，以集合论为思想基础，可用于分析变量间具有复杂关系的问题。通过探究前因条件之

---

① 如条件 A 和 B 的共同作用导致结果 Y 发生，可表示为 $A*B\rightarrow Y$。

② $A*B*C+A*B*c\rightarrow Y$，可化简为 $A*B\rightarrow Y$，说明条件 A 和 B 的组合就可导致结果 Y 的发生，条件 C 是否发生对结果 Y 无影响。

间的互动关系（张驰等，2017），研究者可获得具有理论或实践价值的结论。

1. 兼顾定性与定量研究范式的优势

csQCA 继承了定性研究的思路，以案例（个案）为研究对象，兼顾个案内部与跨案例的因果关系研究；在方法论上，则与定量研究相似，通过量化手段找出导致特定结果发生的前因条件组合，对理论进行验证，从而避免了定性分析研究结论可能缺乏普适性的问题（Goertz and Mahoney，2012）。csQCA 将集合论和布尔运算作为主要的分析手段，与回归分析、卡方检验等基于线性思维和变量独立假设的量化方法相比，可有效解决复杂社会现象变量间的多重共线性问题。

2. 可处理变量间的复杂关系

（1）区分必要性与充分性

csQCA 借助集合论的思想，采用必要性（必要条件）和充分性（充分条件）对个案与相关概念间的关系进行陈述，如图 9 – 16 所示。若条件 X 的发生一定能引发结果 Y 的发生，则 X 是 Y 的一个充分条件（$X{\rightarrow}Y$），即 X 是 Y 的一个子集（$X{\leqslant}Y$）；若 Y 出现时，X 一定发生，则 X 是 Y 的必要条件（$Y{\rightarrow}X$），即 X 是 Y 的一个超集（$Y{\leqslant}X$）。

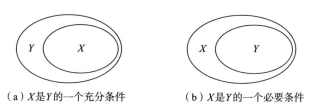

（a）X是Y的一个充分条件　　　　（b）X是Y的一个必要条件

图 9 – 16　必要条件与充分条件的集合关系

（2）处理并发因果关系

csQCA 运用整体的视角，同时关注多个变量对结果的影响，强调个案间的"并发因果关系"：多个条件的组合共同引发某一结果（如 $A*B{\rightarrow}Y$）；多个条件的组合引发同一个结果（如 $A*B+C*D{\rightarrow}Y$）。[①] 与此同时，csQCA 是基于具体情境和构型的因果关系研究（Ragin，1989），

---

① 逻辑"与"（ $*$ ）表示要素的集合，逻辑"或"（ $+$ ）表示多重因果路径指向同一结果，即殊途同归。

吸收了定性研究中通常采用的某一要素对结果的影响随情境和因果构型而变的理论假设，更适用于复杂社会现象和管理问题的研究情境。借助Ragin 等人开发的 fsQCA 软件①，研究者可轻松地找到导致结果发生的多种充分条件组合，并得到每条路径的显著性和重要性等指标。

（3）解决非对称关系

社会现象与前因条件间普遍存在非对称关系，单一维度的条件变量常被视为必要条件，而多个条件变量的组合则被视为结果的充分条件（Goertz and Mahoney，2012）。例如，某一必要条件的缺失即可导致失败，而具备该条件却不一定能带来成功（即该条件是成功的必要非充分条件）。为解决具有因果不对称性（causal asymmetry）的研究问题，csQCA 根据结果变量的二分法赋值情况对样本进行划分，分别找出导致不同结果的路径组合。

（三）csQCA 在本书研究中的适用性

结合上述分析，本章以清晰集定性比较分析（csQCA）为主要研究工具，对影响企业做出主流与新流创新转换决策的关键要素展开研究。

1. csQCA 的优势与本章的研究对象和研究目的相匹配

从研究对象上看，影响主流与新流创新转换的内部条件和外部条件之间可能存在相互影响、相互依赖的复杂关系，而回归分析等定量研究方法要求变量独立，在处理要素间多重共线性问题上的能力较为有限（杜运周、贾良定，2017）；从研究目的上看，本章的主要目标是找出导致主流与新流创新转换的条件路径组合，并对其影响程度进行划分。"简约性"是 csQCA 方法的核心优势，在保留案例因果复杂性的同时，又可呈现简约的研究结果，对现象进行解释。借助 fsQCA 软件，不仅可输出导致结果发生的每条路径，还可对多次出现的核心条件和只在某个路径中出现的辅助条件进行区分，与本章的研究目的相一致。

2. 本节选取的前因条件变量适合 0 – 1 变量编码转换，与 csQCA 的研究思路一致

csQCA 对变量进行二分法划定，与连续编码的 fsQCA 相比，求解结果更为简洁、清晰。同时，参照 Romanelli 和 Tushman（1994）、孔伟杰

---

① fsQCA 3.0 软件下载网址：http://www.socsci.uci.edu/~cragin/fsQCA/software.shtml。

（2012）用 0 - 1 变量区分企业是否进行战略转型和转型升级的做法，本节所使用的条件变量和结果变量都适合用二分法进行划分（即具备/不具备某条件、进行/不进行主流与新流创新的转换）。

3. 样本容量满足 csQCA 的要求

csQCA 适用于中小样本的研究（张驰等，2017）。经筛选，共获得 114 份有效问卷，属于中等样本范畴，且在 csQCA 研究设计上共有 7 个条件变量，使案例数量和条件数量满足良好平衡的条件（7 个条件变量需要 27 个以上的样本容量）（Marx，2010），可保证 csQCA 结果的显著性。

（四）　csQCA 的研究步骤

csQCA 的研究步骤一般可分为确定变量、构建事实表、构建真值表、软件求解、结果分析与稳健性检验等步骤。作为案例导向的中小样本研究工具，在使用计算机软件进行 csQCA 运算操作之前，首先，应从理论和实际操作的角度选择案例，确定条件变量的种类和数量；其次，根据一定的标准在原始数据的基础上进行二分法划分，构建事实表并输入软件，进行真值表运算；再次，借助软件对真值表进行布尔最小化运算，求解出导致特定结果发生且形式最为简洁的条件组合；最后对软件求解结果进行稳健性检验。

二　数据收集：问卷调查

与定量研究事先提出模型假设的研究步骤不同，csQCA 方法更具探索性，采用先选定前因变量，再分析变量组合如何影响结果的研究思路（杜运周、贾良定，2017）。里豪克斯和拉金（2017）指出，复杂现象的"多重并发因果关系"时常导致研究者难以聚焦在一组前因条件上，此时可先进行理论研究，从相关主题的实证类文献中推导出一系列可能的前因条件组合。此外，还应尽量控制 csQCA 研究中条件变量的个数。变量的增加将导致潜在的变量组合指数上升（若有 n 个条件变量，则共有 2^n 种组合），造成从样本中观察到的变量组合种类数远小于潜在的逻辑空间范围内的数，难以将研究结论从个案推广为理论。

在 csQCA 分析中使用的变量包括 1 个结果变量——主流与新流创新的转换（简写为 ZH）和 7 个条件变量——①技术环境（简写为 JS）；

②市场环境（简写为 SC）；③同业竞争环境（简写为 JZ）；④环境识别能力（简写为 HJ）；⑤组织重构能力（简写为 ZZ）；⑥学习能力（简写为 XX）；⑦资源整合能力（简写为 ZY）。

将企业个体作为研究样本，应通过现场调研、发放问卷等方式，深入了解企业的发展现状和主流与新流创新转换决策的制定情况，从而借助 csQCA 的分析手段得到企业成功完成主流与新流创新转换的前因条件组合。问卷调查法作为一种管理学领域的主流数据收集方法，具有高效率、低成本、被研究者配合度高等优势，在 csQCA 的研究中也十分常见。在主流与新流创新转换决策构型理论的基础上设计初始问卷，并结合部分案例企业的座谈、访谈，对量表的题项和表述方式进行修正。

（一）问卷设计

为保证问卷质量，设计问卷时借鉴、沿用成熟量表已成为学界共识。本章采用的问卷设计方法包括演绎法和访谈法。其中，演绎法是在对构念进行理论界定的基础上，结合已有文献确定测量题项；访谈法则是邀请相关领域的专家学者和企业管理人员参与问卷测量条款的制定与修订工作，就题项的语义和内涵等问题进行讨论，以提高问卷的全面性和可理解性。

1. 初始问卷制定

本章采用演绎法制定初始问卷，首先对构念进行明确的界定，再参考国内外相关研究主题的成熟量表，采用李克特五级量表制定初始问卷。在主流与新流创新转换决策构型理论研究的基础上，本章的 7 个前因条件变量可参考"环境不确定性""动态能力"等方面文献中的成熟量表进行设计；对于结果变量——"主流与新流创新的转换"这一新构念，则在明确其内涵后，参考"不连续创新""企业战略变革"等构念的测量量表设计。

（1）外部环境条件

外部环境条件侧重于研究外部环境变化的不确定性对主流与新流创新转换结果的影响。

按照不确定性的来源进行划分，可将企业所面对的外部环境分成技术环境、市场环境和同业竞争环境三类。其中，技术环境条件从行业技术的角度来寻找推动主流与新流创新转换的原因，具体包括技术的变化速度、变化频率和难预测程度等指标；市场环境条件是从目标客户群体的角度分析导致主流与新流创新转换的原因，具体包括客户群体以及他们偏好的变化速度和变化程度等指标；同业竞争环境条件是从同业竞争的角度分析促进主流与新流创新转换的原因，具体包括产品的相似度、价格战的激烈度、竞争对手的模仿程度及其市场活动行为的预测难度等指标。对外部环境条件三个维度的测量均参考 Jaworski 和 Kohli（1993）、Wilden 和 Gudergan（2015）提出的环境动荡性（environment turbulence）测量量表（见表 9 – 16）。

表 9 – 16　外部环境条件测量量表

维度	测量题项
技术环境	1 – 1 公司所处行业领域技术更新换代频率高
	1 – 2 外部技术变化对公司业务发展的影响非常大
	1 – 3 很难预测公司所在行业未来 3 年的技术发展趋势与方向
	1 – 4 公司所在行业的大部分新产品是通过技术突破实现的
市场环境	2 – 1 公司所处市场，顾客很容易接受新产品
	2 – 2 公司所处市场的顾客偏好经常改变
	2 – 3 公司新、老顾客的产品需求有较大差异
	2 – 4 公司现在的客户群体与过去变化很大
同业竞争环境	3 – 1 公司所处行业的竞争异常激烈
	3 – 2 公司所在行业中存在大量功能相近的产品/服务
	3 – 3 新的产品/服务会很快被竞争对手模仿
	3 – 4 价格竞争的现象在行业中普遍存在
	3 – 5 公司业务领域，竞争对手的市场活动难以预测

资料来源：Jaworski 和 Kohli（1993）、Wilden 和 Gudergan（2015）。

（2）内部能力条件

结合主流与新流创新的转换决策构型理论，具备动态能力的企业能够更好地适应外部环境的变化，完成主流与新流创新的转换。因此，本节对企业内部能力条件的测量主要参考动态能力的相关成熟量表。

在变量概念的界定上，环境识别能力条件指企业具备从技术、顾客需求、行业竞争等多维度的外部环境中获取信息，并有效分析、利用外部信息的能力，为主流与新流创新的转换提供方向性指引；组织重构能力条件指企业具备一定的组织柔性和克服路径依赖，及时调整工作流程、组织结构及内外部关系网络的能力，以保障主流与新流创新转换的完成；资源整合能力条件指企业具备整合资源、创造价值，从而推动主流与新流创新转换的能力，包括资源的整合、共享和开拓等方面；学习能力条件指企业具备从现有技术和外部资源中产生新知识，从而加速主流与新流创新转换的能力，包括外部学习和内部知识共享两方面。本书在内部能力条件四个维度的测量题项设计上分别参考冯军政（2012）、Wilden和 Gudergan（2015）设计的机会感知能力测量量表和感知能力（sensing）测量量表，韩晨和高山行（2017）、Lin 和 Wu（2014）制定的组织协调柔性测量量表、资源柔性测量量表和整合能力（integration capabilities）测量量表，殷俊杰（2018）、戴亦兰和张卫国（2018）设计的关系学习测量量表和组织学习能力测量量表等成熟量表（见表9－17）。

表 9－17　内部能力条件测量量表

维度	测量题项	文献来源
环境识别能力	4－1 公司在研发方面进行大量的投资以探索各种技术可能	冯军政（2012）、Wilden 和 Gudergan（2015）
	4－2 公司经常探索和开发顾客需求或潜在顾客需求	
	4－3 公司密切监控供应商、竞争对手的创新行为	
	4－4 公司密切跟踪科技、行业领域的最新研究成果	
组织重构能力	5－1 公司能够灵活地调整企业的组织结构	韩晨和高山行（2017）
	5－2 公司能够适时地调整内外部关系网络和网络沟通方式	
	5－3 公司能适时地对工作流程和部门工作任务进行再设计	
	5－4 公司能够积极、主动地对外部竞争做出反应	
资源整合能力	6－1 公司通过整合资源提升工作效率	Lin 和 Wu（2014）、韩晨和高山行（2017）
	6－2 公司对资源的开发扩展很满意	
	6－3 公司对跨部门的资源共享很满意	
	6－4 公司利用资源完成跨部门任务	
学习能力	7－1 公司善于通过联盟、合作等形式向其他公司学习	殷俊杰（2018）、戴亦兰和张卫国（2018）
	7－2 公司经常与供应商、客户等一起探讨问题的解决方案	
	7－3 公司内部经常进行知识共享	
	7－4 公司经常开展学习或培训活动	

（3）主流与新流创新的转换

作为本章的结果变量，主流与新流创新的转换是企业基于技术创新，并根据当前的发展环境和各方面能力，从公司层面上对企业发展战略的调整和决策，表现为主导技术的新旧更替（朱斌、吴佳音，2011）、资源重新配置（朱斌、欧伟强，2017b）等创新流管理成果。主流与新流创新转换是我们提出的全新构念，在概念界定的基础上，本节从技术的不连续创新和资源重新配置两方面对主流与新流创新转换进行衡量，参考冯军政（2012）提出的不连续创新测量量表、张大鹏等（2017）设计的产品升级与产业转型测量量表、Romanelli 和 Tushman（1994）提出的企业战略变革测量量表等成熟量表（见表9－18）。

表9－18　主流与新流创新的转换测量量表

维度	测量题项	文献来源
技术的不连续创新	8－1 公司通过技术创新，令现有产品/服务中使用的工艺、设备或知识经验过时	冯军政（2012）、张大鹏等（2017）
	8－2 公司通过技术创新，用新产品/服务替代现有产品/服务	
资源重新配置	8－3 公司在资源配置上从旧产品向新产品倾斜	Romanelli 和 Tush-man（1994）、张大鹏等（2017）
	8－4 公司在资源投入上从原有业务向新业务大幅转移	
	8－5 公司在资源投入上从现有市场向新目标市场大幅转移	

2. 问卷题项修正

阅读文献、设计初始问卷后，还需对量表内容效度进行评价。内容效度反映量表覆盖所研究构念内涵的程度，提高内容效度可降低产生测量误差的风险（陈晓萍等，2008）。应在发放问卷前进行多次论证，使问卷语意清晰、便于理解，内容充分涵盖所测量对象的主要方面（王忠福，2011）。

本书研究在初始问卷设计完成后，先后经历了多次调研团队内部讨论，对题项进行删改，并邀请3位对企业技术创新领域较为熟悉的教授、博士研究生再次对量表题项的内涵和表述方式进行修正。最后在福州市软件园和洪山科技园管委会的帮助下，联系了10家不同发展阶段的科技型企业进行座谈和问卷试发，根据企业的反馈意见对问卷中过于学术化的词句进行修改，使其更加通俗易懂。

（二）样本信息采集

1. 问卷发放

作为适用于中小样本的研究方法，csQCA 的取样方式无须遵循定量研究中普遍使用的大样本随机抽样原则（Lacey and Fiss，2009）。相反，为有针对性地解释某个具有"多重并发因果关系"的复杂社会现象，定性比较分析要求研究人员尽可能选择同类型的样本案例，并充分把握每个样本的信息（毛湛文，2016）。本书为保证结论的可靠性：①选择科技型企业作为问卷发放对象，尽可能保证样本的同质性；②在问卷首页写明研究目的和问卷的匿名性，使填写者放心填写，并在发放渠道上采用现场发放和电子问卷相结合的形式，尽可能避免填写者由于漏填、错填而导致的无效问卷；③在问卷内容的填写上，要求由了解企业实际情况的中高层管理者或工作 5 年以上的员工填写，并在问卷中增加了企业信息等相关题项，以便回收问卷后从多方面收集相关的企业资料，对问卷内容进行验证。

问卷的发放始于 2018 年 7 月，历时 2 个月。共在福州市软件园和洪山科技园采用现场走访调研的形式发放纸质问卷 61 份，借助调研团队成员的社会资源和问卷星等形式发放电子问卷 216 份。在问卷回收的过程中，对问卷进行筛选：①基于研究目的，剔除行业不符合要求或成立时间短于 3 年的企业样本；②去除问卷答案具有明显规律性（如选择同一个答案、答案分布成"Z"字形等）、明显错误（如问卷填写的企业名称、成立年限与实际不符）、部分题项漏填的样本。最终获取有效问卷 114 份，有效回收率为 41.16%。

2. 样本信息描述

筛选后有效样本企业基本信息如表 9 – 19 所示。其中，企业成立年限主要集中在 6 ~ 10 年和 11 ~ 20 年这两个区间内，数量占比之和超过样本总数的 71%，分别为 23 家、占比 20.2% 和 58 家、占比 50.9%。按主营业务类型对样本企业进行划分，数量从大到小排列依次为：机械及仪器仪表制造类企业 22 家，占比 19.3%；新材料和新能源类企业 20 家，占比 17.5%；汽车及交通设备类企业 15 家，占比 13.2%；电子及通信设备制造类企业 14 家，占比 12.3%；软件与信息技术服务类企业 12 家，占比 10.5%；生物制药类企业 7 家，占比 6.1%；节能环保类企业、互联网和相关服务类企业均为 4 家,占比均为 3.5%。样本企业以民营企业为主,数量为 78 家,占比 68.4%;国有企业、中外合资企业在数量上较为接近,分别为 15 家、14 家,占比分别为 13.2%、12.3%。若按照发展阶段划分,样本企业则以成长期和成熟期为主,数量分别为 66 家、39 家,占比分别为 57.9%、34.2%。在年销售收入的分布上,大部分样本企业的年销售收入在 500 万元及以上,小于 500 万元的仅占 8.8%。其中,年销售收入位于 500 万 ~ 1000 万元区间段的企业 15 家,占比 13.2%;年销售收入位于 1000 万 ~ 3000 万元区间段的企业 16 家,占比 14.0%;年销售收入位于 3000 万 ~ 5000 万元区间段的企业 14 家,占比 12.3%。同时,在规模上,样本企业以中小企业为主,员工人数集中在 100 ~ 500 人的区间段内,占比超过样本企业总数的 46%。其中,员工人数为 100 ~ 300 人的企业最多,共有 36 家,占比 31.6%。此外,共有 51 家样本企业同时在多个不同领域提供产品和服务,占比 44.7%,在数量上少于专注于同一领域的样本企业(63 家,占比 55.3%)。

表 9 – 19　样本企业基本信息

特征	样本信息	数量(家)	占比(%)
成立年限	3 ~ 5 年	9	7.9
	6 ~ 10 年	23	20.2
	11 ~ 20 年	58	50.9
	21 ~ 30 年	15	13.1
	31 年及以上	9	7.9
主营业务	电子及通信设备制造	14	12.3
	机械及仪器仪表制造	22	19.3
	汽车及交通设备	15	13.2
	新材料和新能源	20	17.5
	软件与信息技术服务	12	10.5
	互联网和相关服务	4	3.5
	生物制药	7	6.1
	节能环保	4	3.5
	其他	16	14.1

特征	样本信息	数量（家）	占比（%）
企业性质	国有	15	13.2
	民营	78	68.4
	中外合资	14	12.3
	外资	7	6.1
发展阶段	种子期	1	0.9
	初创期	8	7.0
	成长期	66	57.9
	成熟期	39	34.2
年销售收入	50 万元以下	2	1.8
	50 万 ~ 100 万元	1	0.9
	100 万 ~ 500 万元	7	6.1
	500 万 ~ 1000 万元	15	13.2
	1000 万 ~ 3000 万元	16	14.0
	3000 万 ~ 5000 万元	14	12.3
	5000 万 ~ 10000 万元	15	13.2
	10000 万 ~ 100000 万元	23	20.2
	100000 万元及以上	21	18.4
员工人数	50 人以下	8	7.0
	50 ~ 100 人	11	9.6
	100 ~ 300 人	36	31.6
	300 ~ 500 人	17	14.9
	500 ~ 1000 人	16	14.0
	1000 ~ 2000 人	8	7.0
	2000 人及以上	18	15.8
是否提供其他领域的产品和服务	是	51	44.7
	否	63	55.3

在填写对象方面，本次问卷在发放时已注明要求由在企业工作 5 年以上，较为了解企业运营情况的老员工或中高层管理人员填写。在问卷填写者中，企业所有者占比 5.3%，公司高管占比 9.6%，部门经理、主管占比 56.1%，工程师占比 20.2%。问卷填写者具体情况见表 9 - 20。

表 9 – 20 问卷填写者具体情况

问卷填写者职位	人数（人）	占比（%）
企业所有者	6	5.3
公司高管	11	9.6
部门经理、主管	64	56.1
工程师	23	20.2
其他	10	8.8
合计	114	100.0

由表 9 – 19 和表 9 – 20 可知，经过筛选的样本企业都经历了 3 年及以上的发展时间，具有较为丰富的发展历程，且大部分的问卷填写者较为了解企业的发展情况，可更好地保证问卷填写质量。因此，调查问卷的收集工作可较好地满足本章借助 csQCA 探寻主流与新流创新转换条件的研究要求。

（三）问卷统计分析

在进入 csQCA 分析环节之前，需先对 114 份有效问卷进行统计分析和处理，验证从文献中归纳的 7 个前因变量。使用 SPSS 22.0 软件，通过描述性统计、相关系数分析、信度检验和探索性因子分析等步骤，依次检验样本分布情况、变量相关性、问卷题项一致性和题项对所测量变量的解释程度。

1. 描述性统计和相关系数分析

由表 9 – 21 可知，研究变量间普遍存在显著的相关关系。外部环境条件的三个变量之间显著正相关，企业内部能力条件的四个变量之间也均为显著正相关；大部分企业内部能力条件与外部环境条件呈现较为显著的相关关系；而结果变量 ZH 与每个条件变量均显著正相关，说明每个条件变量都可能导致主流与新流创新转换这一结果的发生。初步分析发现，本节所选取的 7 个前因条件变量与结果变量之间存在复杂的相关关系，适合运用 csQCA 的研究方法，探寻导致主流与新流创新转换的不同条件组合。

表 9 - 21　描述性统计和相关系数

变量	均值	标准差	JS	SC	JZ	HJ	ZZ	ZY	XX	ZH
JS	3.517	0.7495	1							
SC	2.998	0.6925	0.400 **	1						
JZ	3.543	0.7078	0.328 **	0.280 **	1					
HJ	3.827	0.6987	0.454 **	0.093	0.196 *	1				
ZZ	3.648	0.6746	0.459 **	0.273 **	0.324 **	0.461 **	1			
ZY	3.608	0.6249	0.141	0.072	0.156	0.382 **	0.591 **	1		
XX	3.942	0.7054	0.346 **	0.295 **	0.167	0.479 **	0.546 **	0.509 **	1	
ZH	3.503	0.6445	0.551 **	0.273 **	0.301 **	0.520 **	0.518 **	0.502 **	0.522 **	1

注：$N=114$，* 、** 分别表示在 5% 和 1% 的水平下（双侧）显著相关。

2. 信度检验

信度是反映题项一致性程度的常用指标（武瑞娟等，2012）。信度检验通常采用"Cronbach's α 系数""校正项总计相关性"（Corrected Item-Total Correlation，CITC）和"项已删除的 α 系数"等 3 个指标配合进行。为保证量表的信度，Cronbach's α 系数和校正项总计相关性（CITC）指标应分别大于 0.6 和 0.5 的最低标准，且当 Cronbach's α 系数大于 0.7 时，可认为变量测量的一致性较好（Cronbach，1951）。若变量的 CITC 值低于 0.5，且项已删除的 α 系数超过其所属构面维度的信度系数，则该变量可删除。样本信度检验结果见表 9 - 22。

表 9 - 22　样本信度检验结果

维度	题项	校正项总计相关性（CITC）	项已删除的 α 系数	Cronbach's α 系数
技术环境	1 - 1	0.672	0.562	0.726
	1 - 2	0.718	0.558	
	1 - 3	0.228	0.810	
	1 - 4	0.507	0.673	
市场环境	2 - 1	0.548	0.824	0.825
	2 - 2	0.689	0.762	
	2 - 3	0.668	0.775	
	2 - 4	0.708	0.752	

维度	题项	校正项总计 相关性（CITC）	项已删除的 α 系数	Cronbach's α 系数
同业竞争 环境	3 – 1	0.717	0.888	0.902
	3 – 2	0.797	0.871	
	3 – 3	0.849	0.858	
	3 – 4	0.859	0.857	
	3 – 5	0.561	0.918	
环境识别 能力	4 – 1	0.598	0.844	0.845
	4 – 2	0.772	0.774	
	4 – 3	0.668	0.81	
	4 – 4	0.717	0.788	
组织重构 能力	5 – 1	0.472	0.834	0.828
	5 – 2	0.618	0.796	
	5 – 3	0.679	0.777	
	5 – 4	0.687	0.774	
资源整合 能力	6 – 1	0.766	0.918	0.923
	6 – 2	0.884	0.878	
	6 – 3	0.884	0.878	
	6 – 4	0.772	0.917	
学习能力	7 – 1	0.728	0.868	0.887
	7 – 2	0.761	0.853	
	7 – 3	0.776	0.848	
	7 – 4	0.764	0.852	
主流与新流 创新的转换	8 – 1	0.702	0.857	0.880
	8 – 2	0.718	0.853	
	8 – 3	0.662	0.866	
	8 – 4	0.782	0.837	
	8 – 5	0.704	0.857	

　　经信度检验，各变量的 Cronbach's α 系数均大于 0.7，满足信度检验要求。其中，由于题项 1 – 3 的 CITC 值较低，仅为 0.228，且删除题项 1 – 3 后"技术环境"的 Cronbach's α 系数将大幅提升，从 0.726 上升至 0.810，故将题项 1 – 3 "很难预测公司所在行业未来 3 年的技术发展趋势与方向"删除。

删除后"技术环境"包含 3 个题项，信度检验结果如表 9 – 23 所示。

表 9 – 23　技术环境的信度检验

维度	题项	校正项总计相关性（CITC）	项已删除的 α 系数	Cronbach's α 系数
技术环境	1 – 1	0.741	0.652	0.810
	1 – 2	0.653	0.757	
	1 – 4	0.607	0.801	

3. 探索性因子分析

根据使用目的，因子分析可分为探索性因子分析和验证性因子分析。其中，探索性因子分析是为确认量表的因素结构，即确认公因子个数和载荷情况，用于理论模型产生之前。验证性因子分析则是检验问卷与理论模型的匹配程度，用于计量模型产生之后（吴明隆，2009）。与结构方程、回归分析等定量研究的范式不同，csQCA 在得到最终研究结果前难以预知导致结果发生的前因条件组合等（杜运周、贾良定，2017），因此本节无须进行验证性因子分析。

（1）KMO 检验和 Bartlett's 球体检验

在使用 SPSS 软件进行探索性因子分析前，需要通过 KMO 检验和 Bartlett's 球体检验，对样本是否适合因子分析进行验证。若 KMO 值大于 0.7，且 Bartlett's 球体检验的统计值具有显著性，则满足探索性因子分析的要求（马庆国，2002）。外部环境条件、内部能力条件和主流与新流创新的转换这 3 个构念测量题项的 KMO 检验和 Bartlett's 球体检验结果见表 9 – 24，可知它们均满足因子分析的要求。

表 9 – 24　构念 KMO 检验和 Bartlett's 球体检验结果

构念		外部环境条件	内部能力条件	主流与新流创新的转换
KMO 值		0.755	0.803	0.755
Bartlett's 球体检验	近似卡方	386.851	748.157	215.015
	df	66	91	10
	Sig.	0.000	0.000	0.000

（2）主成分分析

依次使用 SPSS 软件对外部环境条件（前因条件变量）、内部能力条件（前因条件变量）和主流与新流创新的转换（结果变量）等 3 个构念的测量题项进行探索性因子分析，用主成分分析法抽取因子，用最大方差法进行因子旋转，并根据计算结果删除区分效度较低的题项（在两个或两个以上因子载荷较为接近 0.5 或所属因子载荷小于 0.5）。

外部环境条件包含 12 个题项，旋转后的因子载荷如表 9-25 所示，可划分为 3 个因子，它们对应题项的因子载荷均在 0.5 以上，且累计解释方差为 66.018%，具有良好的收敛度。其中，因子 1 对应题项 3-1、3-2、3-3、3-4、3-5，因子 2 对应题项 2-1、2-2、2-3、2-4，因子 3 对应题项 1-1、1-2、1-4，与问卷设计的预期相符，将 3 个因子分别命名为同业竞争环境、市场环境和技术环境。

表 9-25　外部环境条件旋转后的因子载荷

题项	因子 1	因子 2	因子 3
1-1	0.204	0.319	0.769
1-2	0.313	0.201	0.758
1-4	-0.019	0.068	0.824
2-1	-0.146	0.744	0.227
2-2	0.372	0.735	0.118
2-3	0.271	0.729	0.126
2-4	0.062	0.742	0.111
3-1	0.770	0.206	0.284
3-2	0.852	0.097	0.024
3-3	0.819	0.224	0.107
3-4	0.835	0.020	0.010
3-5	0.607	0.032	0.176

注：因子累计解释方差为 66.018%。

内部能力条件包含 16 个题项，经过旋转后可将之划分为 4 个因子，累计解释方差为 77.371%（见表 9-26）。其中，题项 6-1 在两个因子上的载荷较为接近，分别为 0.465 和 0.505，区分效度较低，故将其删除。

表 9 - 26　内部能力条件旋转后的因子载荷（调整前）

题项	因子 1	因子 2	因子 3	因子 4	题项	因子 1	因子 2	因子 3	因子 4
4 - 1	0.049	0.818	- 0.001	0.153	6 - 1	0.465	0.505	0.311	- 0.116
4 - 2	0.343	0.790	0.273	0.060	6 - 2	0.252	0.195	0.187	0.787
4 - 3	0.232	0.787	0.273	0.078	6 - 3	0.150	0.106	0.284	0.900
4 - 4	0.179	0.821	0.051	0.162	6 - 4	0.271	0.057	0.419	0.756
5 - 1	0.063	0.063	0.855	0.347	7 - 1	0.696	0.317	0.064	0.317
5 - 2	0.274	0.299	0.662	0.355	7 - 2	0.739	0.274	0.300	0.240
5 - 3	0.121	0.065	0.842	0.205	7 - 3	0.864	0.148	0.182	0.167
5 - 4	0.297	0.326	0.768	0.125	7 - 4	0.885	0.143	0.104	0.168

注：调整前因子累计解释方差为 77.371%。

删除题项 6 - 1 后，题项整体的累计解释方差提升至 79.259%，具有良好的收敛度，结果如表 9 - 27 所示。根据因子旋转结果，可将 4 个因子分别命名为学习能力（即因子 1，对应题项 7 - 1、7 - 2、7 - 3、7 - 4）、组织重构能力（即因子 2，对应题项 5 - 1、5 - 2、5 - 3、5 - 4）、环境识别能力（即因子 3，对应题项 4 - 1、4 - 2、4 - 3、4 - 4）、资源整合能力（即因子 4，对应题项 6 - 2、6 - 3、6 - 4）。

表 9 - 27　内部能力条件旋转后的因子载荷（调整后）

题项	因子 1	因子 2	因子 3	因子 4	题项	因子 1	因子 2	因子 3	因子 4
4 - 1	0.047	- 0.002	0.817	0.159	6 - 2	0.257	0.180	0.199	0.791
4 - 2	0.340	0.277	0.785	0.061	6 - 3	0.159	0.279	0.112	0.898
4 - 3	0.245	0.293	0.789	0.049	6 - 4	0.263	0.402	0.049	0.783
4 - 4	0.204	0.080	0.833	0.112	7 - 1	0.708	0.078	0.320	0.292
5 - 1	0.071	0.864	0.065	0.332	7 - 2	0.737	0.302	0.267	0.239
5 - 2	0.271	0.660	0.296	0.362	7 - 3	0.872	0.193	0.151	0.147
5 - 3	0.125	0.849	0.062	0.195	7 - 4	0.895	0.118	0.146	0.142
5 - 4	0.294	0.771	0.318	0.127					

注：调整后因子累计解释方差为 79.259%。

主流与新流创新的转换共包含 5 个测量题项，因子分析后仅得到 1

个因子，累计解释方差为 69.268%，说明主流与新流创新的转换这一测量维度的一维性很好。因子载荷结果见表 9 – 28。

表 9 – 28　主流与新流创新的转换的因子载荷

题项	因子 1
8 – 1	0.813
8 – 2	0.832
8 – 3	0.825
8 – 4	0.881
8 – 5	0.808

注：因子累计解释方差为 69.268%。

三　csQCA 分析

(一)　构建事实表

为得到事实表，需根据一定的标准，将每个条件变量和结果变量进行二进制编码，赋值为"0"或"1"（"0"代表条件未发生，"1"代表条件发生）。在本书中，将各变量以均值为标准进行二分法赋值：若个案某个条件的值低于均值，则认为个案不具备该条件，赋值为 0，反之则赋值为 1，结果见附表 1。

(二)　主流与新流创新转换条件定性比较分析的结果

1. 必要性分析

将事实表导入 fsQCA 3.0 软件中，先使用必要条件（necessary condition）计算功能，单独分析各条件变量对结果的影响，结果见表 9 – 29。其中，一致性（consistency）相当于回归分析中的显著性水平，衡量结果在多大程度上需要该变量的存在，一致性的值越接近 1，则说明该条件的必要性越高，一般以 0.9 作为必要条件的门槛值。覆盖率（coverage）用具备该条件的个案数量占样本总数的比例表示，衡量该前因条件变量对结果的解释能力和重要程度。

表 9 - 29　前因条件的必要性分析（结果变量 ZH 取值为 1 时）

前因条件	consistency	coverage	前因条件	consistency	coverage
JS	0.864407	0.796875	~ JS	0.135539	0.380282
SC	0.542373	0.744186	~ SC	0.457627	0.380282
JZ	0.711864	0.646154	~ JZ	0.288136	0.346939
HJ	0.796610	0.796610	~ HJ	0.203393	0.218182
ZZ	0.932203	0.723684	~ ZZ	0.067797	0.105263
ZY	0.745763	0.698413	~ ZY	0.254237	0.294118
XX	0.915254	0.771429	~ XX	0.084746	0.113636

注：JS 表示条件成立，~ JS 表示条件不成立，下同。

根据表 9 - 29，在导致主流与新流创新转换（ZH = 1）前因条件的必要性上，仅有 ZZ 和 XX 两个前因条件变量满足必要一致性门槛，说明组织重构能力和学习能力是主流与新流创新转换的必要条件，即企业想要实现主流与新流创新的转换，必须具备组织重构能力和学习能力；其余的 JS、SC、JZ、HJ、ZY 等条件均无法单独影响主流与新流创新的转换。

2. 构建真值表

分析单个条件的必要性后，运用 fsQCA 3.0 软件的真值表运算（truth table algorithm）功能，对事实表进一步进行计算，得到真值表。真值表的每行都是一种由能对结果产生影响的前因条件组成的构型，理论上应有 2k 行（k 个条件变量共有 2k 种组合方式）。参照里豪克斯和拉金（2017）的做法，将一致性门槛设为 0.8，个案数门槛设为 1，剔除在样本中未观测到的前因条件组合，得到真值表，结果见附表 2。经计算共得到 42 种构型，其中 15 种构型可导致主流与新流创新的转换，覆盖了 51 个进行主流与新流创新转换的企业个案；其余 27 种构型则解释了企业未进行主流与新流创新转换的原因，与 63 个企业个案相对应。

3. 充分性分析

根据表 9 - 29 单个前因条件的必要性分析结果，将 ZZ、XX 设定为反事实预设，即认为当主流与新流创新的转换发生时（ZH = 1），ZZ 和 XX 是存在的（ZZ = 1，XX = 1），从而得到复杂解（complete solution）、简洁解（parsimonious solution）、居间解（intermediate solution），每种构型的一致性（consistency）、原覆盖率（raw coverage）、净覆盖率（unique coverage）和结果一致性（solution consistency）、结果覆盖率（solution cov-

erage）等指标。其中，复杂解是直接归纳个案前因条件而得出的解，属于描述性公式，只包含样本中所出现的构型（里豪克斯、拉金，2017）；简洁解是通过运行最简化程序，将软件自行选择适当的逻辑余项（即在样本中未观测到的条件组合）纳入布尔表达式而得出的构型，在三种解中形式最为简洁（即只包含最核心的要素）[①]；居间解则是根据现有的理论基础，人为选择反事实条件后通过软件计算而得到的构型，在形式上比复杂解简洁，和简洁解相比，又具有深化现有理论的效果，通常最具有解释力；一致性表示条件组合是结果子集的程度，即衡量该条件组合对结果的充分性；原覆盖率表示每个前因条件组合对结果变量的解释能力，一般只起到参考作用[②]；净覆盖率表示只能由某个构型解释的个案比例，可用于比较每种构型的重要性；结果一致性表示软件的求解结果被包含于样本集合的程度，同样反映前因条件组合的充分性；结果覆盖率衡量求解结果整体对样本的解释能力。式（9-22）、式（9-23）分别是 fsQCA 3.0 软件中使用的覆盖率和一致性公式，其中，X_i 表示隶属于 X（求解出的前因条件组合）的个案，Y_i 表示隶属于 Y（结果）的个案，$\sum [\min (X_i, Y_i)]$ 表示 X 与 Y 共同发现的个案数量。

$$coverage(Y_i \leq X_i) = \sum [\min(X_i, Y_i)] / \sum (X_i) \qquad (9-22)$$

$$consistency(X_i \leq Y_i) = \sum [\min(X_i, Y_i)] / \sum (Y_i) \qquad (9-23)$$

为从观察到的有限样本中归纳出具有适度普适性（modest generalization）的结论[③]，现有研究大多采用综合考量简洁解和居间解的研究策略（王凤彬等，2014）。这样不仅使最终结果涵盖未观察到的构型，也能避免由反事实预设选取错误导致的研究结论偏差。为比较不同维度主流与新流创新转换决策条件的重要程度，本书借鉴 Fiss（2011）的做法，将

---

① 布尔表达式越简短，可涵盖的构型数量越多。
② 不同前因条件组合所覆盖的样本间可能存在相互重叠的部分，因此各组合原覆盖率之和小于结果覆盖率。
③ 适度普适性指研究结论的适用性可从个别现象扩展到具有相似特征的新案例。Ragin（1989）认为 csQCA 结论的普适性较为保守，不同于统计分析中高程度的普适性；张驰等（2017）指出，采用定性比较分析法得到的结论属于中观理论范畴，必须将其与具体情境和研究设想相结合。

导致结果发生的变量划分为核心条件（core condition）和辅助条件（contributing condition）两类。其中，核心条件是在居间解和简洁解中同时出现的条件，而辅助条件仅在居间解中出现。

经过 fsQCA 3.0 软件的求解（见表 9 - 30），共得到 6 条导致主流与新流创新转换的构型，方案总体的结果覆盖率达到 0.831，说明求解结果包含 83.1% 的样本的因果路径；结果一致性为 0.98，能较好地对样本进行解释。同时，每个前因条件组合的一致性也都大于 0.9，说明求解出的 6 种前因条件组合皆可视为主流与新流创新转换的充分条件。

表 9 - 30　导致主流与新流创新转换的条件组合

前因条件	Z1	Z2	Z3	Z4a	Z4b	Z5
JS	●	●	●	●	●	○
SC		•	○	○		●
JZ		●	●	∘	•	
HJ	●	●		•	∘	
ZZ	●	●	●	●		•
ZY				●	●	●
XX	•		●			●
raw coverage	0.492	0.288	0.237	0.136	0.051	0.085
unique coverage	0.068	0.102	0.085	0.017	0.017	0.085
consistency	0.967	0.944	1	1	1	1

solution coverage：0.831

solution consistency：0.98

注：●表示核心条件存在，○表示核心条件不存在；•表示辅助条件存在，∘表示辅助条件不存在；空白表示该条件不重要。Z1、Z2、Z3、Z4a、Z4b、Z5 分别代表 6 种构型或者说代表 6 种组合。其中，Z1 表示技术环境、环境识别能力、组织重构能力、资源整合能力等核心条件存在以及学习能力辅助条件存在的构型或组合；Z2 表示技术环境、同业竞争环境、环境识别能力、组织重构能力等核心条件存在以及市场环境辅助条件存在的构型；Z3 表示技术环境、同业竞争环境、组织重构能力、学习能力等核心条件存在，而市场环境核心条件不存在的构型；Z4a 表示技术环境、组织重构能力、资源整合能力等核心条件存在，市场环境核心条件不存在，同业竞争环境辅助条件不存在，环境识别能力辅助条件存在的构型；Z4b 表示技术环境、组织重构能力、资源整合能力等核心条件存在，市场环境核心条件不存在，同业竞争环境辅助条件存在，而环境识别能力辅助条件不存在的构型；Z5 表示技术环境核心条件不存在，市场环境、资源整合能力和学习能力等核心条件存在，组织重构能力辅助条件存在的构型。

将表 9 - 30 的结果与表 9 - 29 对比，发现 JS 的一致性接近必要条件门槛，而 XX 和 ZZ 的一致性均符合必要条件的要求，理论上均可视为结果的必要条件（王凤彬等，2014）。但在真值表计算结果中，*XX* 仅在 3 种构型中出现。对该现象进一步分析，发现表 9 - 29 中 *XX* 在必要条件的覆盖率上高于 *ZZ*。Goertz（2006）指出，在社会科学的研究中出现概率越低的条件往往对结果的发生更为重要；而 Goertz 和 Mahoney（2012）进一步指出 Ragin（1989）提出的覆盖率概念虽然体现了一个必要条件的出现频率，但是不能很好地反映条件与结果之间的相关程度，即不能区分琐碎的必要条件（trivial necessary condition）和密切相关的必要条件（relevant necessary condition）。因此需将必要条件和充分条件的计算结果充分结合，整体分析。

综上所述，观察表 9 - 30 的软件运行结果发现，在 3 个外部环境条件中 *JS* 和 *SC* 均存在单独出现的情况（Z1、Z4a 和 Z5），*ZZ* 出现于所有的转换决策构型，*JS* 在 5 个构型中充当核心条件。通过对表 9 - 30 中 6 条转换决策构型的分析，得到以下命题。

命题一：主流与新流创新的转换需要同时具备内外部环境条件，且必须同时具备 2 种及以上的内部能力条件。

命题二：同业竞争环境（*JZ*）无法单独与企业内部能力条件配合存在。

命题三：技术环境（*JS*）和组织重构能力（*ZZ*）对主流与新流创新转换的影响能力较强。

命题四：与学习能力（*XX*）相比，组织重构能力（*ZZ*）作为必要条件对主流与新流创新的转换更重要。

（三）稳健性检验

软件求解出导致主流与新流创新转换的前因条件组合后，还需进行稳健性检验。本章采用两种方式进行。①负面结果的 QCA 分析。社会现象的因果不对称性意味着导致结果变量发生和导致结果变量不发生的原因可能不同，需同时考虑产生正面结果和负面结果的条件组合，使研究结论更加完善。②修改一致性阈值（consistency threshold）和二分法交叉点临界值（crossover point）。通过修改一致性阈值（门槛）和二分变量划定标准，重新进行 QCA 计算，从而验证相关结果的合理性。

1. 不进行主流与新流创新转换的情形（ZH 取值为 0）

继续利用 fsQCA 3.0 软件对企业不进行主流与新流创新转换的情形进行定性比较分析。计算步骤与前述 $ZH=1$ 的情形相同。依次对单个前因条件的必要性和前因条件组合的充分性进行 QCA 计算，结果见表 9 - 31、表 9 - 32。

根据表 9 - 31，没有一个前因条件的必要一致性指标超过阈值，说明企业不进行主流与新流创新的转换是由多个条件缺失造成的。

表 9 - 31　前因条件的必要性分析（结果变量 ZH 取值为 0 时）

前因条件	consistency	coverage	前因条件	consistency	coverage
JS	0. 236364	0. 203125	~ JS	0. 763636	0. 840000
SC	0. 200000	0. 255814	~ SC	0. 800000	0. 619718
JZ	0. 418182	0. 353846	~ JZ	0. 581818	0. 653016
HJ	0. 218182	0. 203390	~ HJ	0. 781818	0. 781818
ZZ	0. 381818	0. 276316	~ ZZ	0. 618182	0. 894737
ZY	0. 345455	0. 301587	~ ZY	0. 654545	0. 705882
XX	0. 290909	0. 228517	~ XX	0. 709091	0. 886364

注：JS 表示条件成立，~ JS 表示条件不成立，下同。

以 $ZH=0$ 为结果变量，对真值表进行布尔最小化计算，结果如表 9 - 32 所示。从整体结果上看，求解出的 9 种构型的结果一致性为 1，对结果具有 100% 的解释力，而结果覆盖率为 0.836，整体结果的解释力很强；每个条件组合的一致性均为 1，说明每个构型都可视为企业不进行主流与新流创新转换的充分条件。

表 9 - 32　导致主流与新流创新转换未发生的条件组合

前因条件	F1a	F1b	F1c	F2a	F2b	F3a	F3b	F4	F5
JS		∘		○	○	○	○	○	∘
SC	○	○	○	●		∘		○	○
JZ		∘	●	●	∘	●		●	○
HJ	∘		∘	●	∘		∘		○
ZZ	∘	∘				●	●	●	
ZY	○	○	○	○	○		•	•	•

续表

前因条件	F1a	F1b	F1c	F2a	F2b	F3a	F3b	F4	F5
XX	○	○	○		°	○	○		
raw coverage	0.4	0.236	0.182	0.018	0.4	0.073	0.085	0.091	0.091
unique coverage	0.073	0.055	0.018	0.018	0.091	0.036	0.085	0.073	0.073
consistency	1	1	1	1	1	1	1	1	1

solution coverage：0.836

solution consistency：1

注：●表示核心条件存在，○表示核心条件不存在；•表示辅助条件存在，。表示辅助条件不存在；空白表示该条件不重要。F1a～F5 的含义可参考表 9-30。

将软件得出的 9 个构型进行分类，可得到以下三种情形。①企业未受到外界环境的威胁（F1a、F1b、F2b、F3b、F5）。在这 5 个构型中，企业的外部环境均未出现较大的变化，此时无须耗费大量成本进行主流与新流创新的转换，就可获得较好的发展。②企业内部能力不足以支撑转换（F1c、F2a、F3a）。其中，F1c、F2a 两种构型分别表示企业在面临快速变化的客户需求和难以预测的市场竞争时，自身缺乏快速响应外界变化的动态能力，无法进行主流与新流创新转换的情形。而 F3a 表示企业处在较为复杂多变的市场竞争环境中，由于只具备一种内部能力而无法进行转换的情形，恰好验证了命题一中主流与新流创新的转换需要 2 种及以上的内部能力条件相互配合的结论。③外部环境威胁较小（F4）。构型 F4 说明激烈的同业竞争环境与技术环境、市场环境的竞争相比对企业的威胁较小，不足以促使企业进行主流与新流创新转换，与命题二相一致。

2. 修改一致性阈值和二分法交叉点临界值

（1）修改一致性阈值

一致性阈值的选择可能会改变个案与结果集合之间的隶属关系，从而对研究结果产生影响（Skaaning，2011）。Ragin（2017）指出，在 csQCA 的研究中，一致性低于 0.75 时表明实质上不具有一致性（substantial inconsistency），即不能将变量组合视为结果的充分条件。本节参考宋程成（2017）的做法，分别将一致性阈值设定为 0.75、0.85、0.90，发现软件计算结果与先前并无差异，说明求解结果对一致性阈值的选择较不敏感，在很大程度上验证了研究结论的合理性（Crilly，2011）。

（2）修改二分法交叉点临界值

csQCA 技术中二分条件的选取具有一定的主观性，且临界值的选取直接影响后续计算结果。里豪克斯和拉金（2017）指出，在标度临界值的选取上，应保证阈值调整的透明性，充分考虑样本自身特点和理论背景，避免无意义的人为切割。为检验 csQCA 计算结果的稳健性，Fiss（2011）、Kask 和 Linton（2013）提出调整编码临界值的检验方案。在 csQCA 技术中，临界值的选定应考察样本数据的实际情况，将阈值设定在数据的自然间隙上。除了广泛使用的变量平均值外，中位数也是常用的分割点（里豪克斯、拉金，2017）。因此，本节重新用中位数进行变量的二值转换，相应的事实表和真值表运算结果见附表3、附表4。由于结果变量 ZH 的平均数 3.503 大于中位数 3.4，重新划分后 ZH 值在 3.4 ~ 3.503 的样本企业从 $ZH = 0$ 的集合进入 $ZH = 1$ 的集合，导致观测到使 $ZH = 1$ 的构型数量增加。

按照相同的分析策略，首先对单个条件的必要性进行检验，结果见表 9 - 33。修改临界值后，原必要条件 ZZ、XX 都未超过一致性门槛 0.9，其中 ZZ 的一致性为 0.893939，可近似视为主流与新流创新转换的必要条件（里豪克斯、拉金，2017），再次从单个条件必要性的角度验证了 ZZ 比 XX 更加重要的结论。

表 9 - 33　修改临界值后的必要性分析

前因条件	consistency	coverage	前因条件	consistency	coverage
JS	0.803030	0.828125	$\sim JS$	0.196970	0.260000
SC	0.484848	0.744186	$\sim SC$	0.515152	0.478873
JZ	0.712121	0.723077	$\sim JZ$	0.287879	0.387755
HJ	0.727273	0.813559	$\sim HJ$	0.272727	0.327273
ZZ	0.893939	0.776316	$\sim ZZ$	0.106061	0.184211
ZY	0.712121	0.746032	$\sim ZY$	0.287879	0.372549
XX	0.848485	0.800000	$\sim XX$	0.151515	0.227273

注：JS 表示条件成立，$\sim JS$ 表示条件不成立，下同。

继续使用 fsQCA 3.0 软件求解，结果见表 9 - 34。共求解出 8 种构型，虽然修改二分法交叉点临界值后求解结果整体的覆盖率有所下降，但仍能对 78.8% 的进行主流与新流创新转换的个案进行解释，结果一致性为 0.981，故可将计算结果视为主流与新流创新转换的充分条件。

表 9 - 34 修改临界值后导致主流与新流创新转换的条件组合

前因条件	Z1a*	Z1b*	Z2a*	Z2b*	Z3*	Z4*	Z5a*	Z5b*
JS	●	●	●	●		●	○	○
SC	•		∘	○	○		●	●
JZ	●	●		∘				•
HJ	•	•	●	●	∘	∘	∘	
ZZ	●	●				●		
ZY	○	○	●	●	●		●	●
XX		•	•		○			●
raw coverage	0.258	0.379	0.439	0.121	0.030	0.091	0.076	0.076
unique coverage	0.030	0.045	0.061	0.015	0.015	0.076	0.015	0.015
consistency	0.944	0.961	0.967	1	1	1	1	1

solution coverage：0.788

solution consistency：0.981

注：●表示核心条件存在，○表示核心条件不存在；•表示辅助条件存在，∘表示辅助条件不存在；空白表示该条件不重要。Z1a* ~ Z5b* 的含义参考表 9 - 30。

在修改临界值后，求解结果与表 9 - 30 基本相同，且由于将更多的个案纳入 ZH = 1 的集合，观测到新构型 Z3*、Z4*。其中，Z3* 完全由 2 个新纳入转换集合的个案构成（*raw coverage* 的值为 0.030），弥补了之前未在表 9 - 30 中出现的由同业竞争环境这一单一维度的外部环境条件和多个内部能力条件配合而成的转换决策构型，将构型 Z3* 与 F3a 比较，发现 Z3* 增加了 ZY 条件，意味着条件组合 F3a 不能支持主流与新流创新转换的原因可能是缺少 ZY 与 ZZ 的配合，说明主流与新流创新的转换至少需要两个内部能力条件，与命题一的结论相一致。构型 Z4* 的核心条件中虽然只包含 ZZ 一个内部能力条件，但构型 Z4* 所覆盖的样本企业均具备 2 种及以上的内部能力条件。因此，构型 Z4* 不仅未与命题一矛盾，且再次凸显了 ZZ 在主流与新流创新转换中的核心地位。因此，在稳健性检验的基础上，对第一次 csQCA 计算中得到的命题二进行如下修正。

修正后的命题二：在激烈的同业竞争环境下，具备组织重构能力和资源整合能力的企业可实现主流与新流创新的转换。

四 研究结论

定性比较分析传承了定性研究先提出理论、再通过案例与理论的对话调整理论的研究思路。本节共进行了 3 次稳健性检验，验证并修正了最初通过 csQCA 技术得到的 6 种使企业成功进行主流与新流创新转换的前因条件组合及 4 个研究命题。在主流与新流创新转换决策构型理论研究的基础上，实证研究了外部环境条件和内部能力条件对主流与新流创新转换结果的影响程度和影响方式，从而得到创新流管理视角下的主流与新流创新转换条件。

（一）转换条件一：同时具备外部环境条件和内部能力条件

由表 9 - 30 可知，企业成功进行主流与新流创新转换的 6 种前因条件组合均同时包含外部环境条件和内部能力条件，验证了主流与新流创新转换条件的叠加机制。这一结果表明，主流与新流创新的转换是企业管理者迫于外界环境的压力，在自身能力可承担的情况下，为更好适应环境变化所做出的战略决策。一方面，受到自我强化效应的影响，企业改变主导技术，重构技术体系，放弃主流产品和熟悉市场需要克服路径依赖、技术锁定效应，耗费大量的成本。在企业利益最大化的假设下，当外界环境变化不大，目前的主流技术和主流产品仍能带来较稳定收入时，企业管理者通常并不会做出大刀阔斧的战略性变革决策。另一方面，企业技术创新的演进与技术体系、客户价值需求、市场结构的变化密不可分。企业在发展中与外界环境不断进行交互，外界环境中任一维度的改变都有可能对企业的生存与发展产生巨大影响，从而促使企业进行主流与新流创新转换。同时，企业自身的环境识别能力、学习能力、组织重构能力、资源整合能力都对主流与新流创新转换的顺利实施产生重要影响。在与外部环境交互的过程中，善于观察环境、注重学习、灵活改变工作流程、整合内外部资源的企业，能更好地适应外部环境的冲击和新旧技术更替所带来的巨大变化，顺利实施主流与新流创新的转换。

（二）转换条件二：具备技术环境和组织重构能力条件

JS（技术环境）和 ZZ（组织重构能力）均作为核心条件出现在表 9 – 30 和表 9 – 34 的绝大多数构型中，与其余维度的转换条件共同组成形式多样的主流与新流创新转换决策构型，验证了主流与新流创新转换条件的替代机制。这一结果表明，技术环境的改变和具备组织重构能力，是企业管理者制定主流与新流创新转换决策时需着重考虑的决策依据，可将其视为主流与新流创新转换的必要条件。一方面，主流与新流创新的转换本质上是为配合技术更替所进行的战略结构调整。产业内基础技术的重大突破会引发主导设计发生根本性变化，导致企业必须顺势调整自身的核心技术。因此，技术环境的变化是推动企业进行新旧技术更替的外部动力，和其他维度的外部环境条件相比，更容易促使企业进行主流与新流创新的转换。另一方面，主流与新流创新的转换需要企业从组织结构、工作流程、管理模式等方面进行调整，以适应新主流创新的发展需要。具备组织重构能力的企业，往往能更快响应环境变化，并采用更为灵活的工作分配方式适应主流与新流创新转换给企业带来的冲击。虽然不同行业、不同规模、不同发展阶段的企业所面临的具体环境不同，在制定转换决策时需考虑不同的主客观因素，但都需要组织重构能力的配合才能成功完成主流与新流创新的转换，实现企业绩效和发展阶段的跨越。

（三）转换条件三：同时具备多个内部能力条件

根据表 9 – 30 和表 9 – 34，进行主流与新流创新转换的样本企业都至少具备 2 种及以上的内部能力条件，说明主流与新流创新转换的成功实施需要多种内部能力条件相互配合，体现了主流与新流创新转换条件的协同机制。具体而言，企业可将 ZZ（组织重构能力）分别与 HJ（环境识别能力）、XX（学习能力）、ZY（资源整合能力）中的一种或多种能力进行组合，以推动主流与新流创新转换的进程。在表 9 – 30 和表 9 – 34 中，同时具备四种内部能力条件的企业数量分别占比 49.2% 和 43.9%，说明近半数进行了主流与新流创新转换的企业具有较强的动态环境适应能力，可以应对来自技术、市场、同业竞争的环境变化。而通过比较构型 Z2 和 Z1a* 可发现，即便面临最不利的外部环境条件（JS、SC、JZ 三个外部环境条件同时发生)，具备 *HJ* 和 *ZZ* 两个内部能力条件就可以完成主流与新流创新的转换。因此，企业在做出主流与新流创新的转换决策前，应审视自身的能力条件是否能够适应变革，即考察自身是否具备组织重构能力和其他内部能力条件。此外，研究发现不同的内外部条件组合存在殊途同归的效果。企业管理人员应根据实际情况，选择适合本企业发展的独特路径，制定相应的主流与新流创新转换决策，从而成功实现企业的持续创新和跨越式发展。

第四节　主流与新流创新的转换决策研究

技术演化和创新流管理视角下的主流与新流创新转换条件研究回答了主流与新流创新如何协同演进并转换，企业内外部条件组合如何影响主流与新流创新的转换结果等问题。而技术环境、组织重构能力等不同层次的转换条件如何共同影响主流与新流创新的转换，管理者如何制定主流与新流创新的转换决策等问题还有待探析。因此，本章在主流与新流创新转换条件研究的基础上，结合技术演化和创新流管理两种研究视角的观点，借助典型企业案例进一步分析主流与新流创新的转换决策过程与机制。

一　理论框架

(一)　主流与新流创新转换决策和企业技术创新战略的演进

技术创新是企业在积累资源和能力的基础上，辅以适当的战略决策，强化生产能力，制造有价值成果的活动。技术创新战略是企业发展战略的重要组成部分，企业应根据自身的发展规划定位，合理选择技术创新战略，使技术创新战略与企业整体战略保持一致。Patel 和 Pavitt (1997)提出技术核心竞争力的概念，核心竞争力的提升不仅是企业生存与发展的基础，也是企业制定并实施技术创新决策的内在动力。徐娟 (2016)进一步指出强化技术核心竞争力可有效缓冲过度多元化带来的冲突与风险，有助于保障多元化战略的顺利开展。

主流与新流创新的协同发展与转换是企业实现技术创新战略演进，提升核心竞争力的重要保障。在企业新旧主导技术范式的更替阶段，管理者顺势重组创新要素，并根据外部局势和自身资源、能力优势，发展新技术、培育新产品和新商业模式，以实现企业整体转型和跨越式发展。如何综合考虑企业技术、能力和环境等要素，选择主流与新流创新的转换方向和转换时机，并借助主流与新流创新转换的力量使核心竞争力得到更新迭代，是关乎企业持续创新发展的重要命题。

据此本章提出命题五：企业通过主流与新流创新的转换，使自身的核心竞争力得到更新迭代，二者表现为相互促进的关系。

（二）主流与新流创新转换决策的过程与维度

1. 转换决策过程

作为保障创新活动成功实施的关键，决策不仅是连接创新起点和最终价值成果的中间环节，也是企业管理者在问题识别的基础上制定和实施问题解决方案的过程。在企业的成长过程中，战略确定、创新要素调整、创新范式生成和创新能力提升等环节应形成不断循环的决策链闭环，以推动企业战略演进与创新发展。朱斌等（2018）认为企业需对新流创新的筛选和培育工作进行计划与管理，在新流创新的生成环节及时更新市场战略、组织惯例和要素分配方式，以适应主流与新流创新协同发展的需要，保障新流技术和产品的发展。参照主流与新流创新技术隧道模型（见图 9 - 17），主流与新流创新转换决策是一个动态过程，贯穿主流与新流创新协同演进的始终，在各个节点都需进行相应的决策。企业应根据自身能力和技术发展战略，筛选具有竞争优势和发展潜力的创新流作为新流创新方向，利用主流创新资源对其进行培育，再选择一定的方式进行新流创新转换，实现企业的创新升级和跨越式发展。同时，企业整体战略的演进速度往往落后于技术能力的演进速度。当新流创新在技术系统内部实现转换后，企业高层管理者还需颁布正式的转型战略，从公司层面进行资源和工作流程的整合重组，使企业平稳通过主流与新流创新转换完成后的过渡期。

因此，本书认为主流与新流创新的转换决策始于新流创新的产生，终于新主流创新形成后的企业阶段性演进，是一个伴随多轮主流与新流创新活动不断循环的动态过程，不仅包含环境考察、新流创新的筛选培育以及合适的转换时机选择等决策环节，还需在主流与新流创新协同演进的过程中根据内外部环境变化及时对决策内容进行调整。

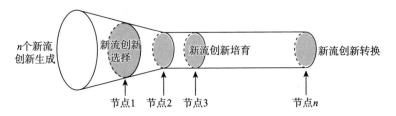

图 9 – 17   主流与新流创新技术隧道模型

资料来源：Stevens 和 Burley（1997）。

据此本章提出命题六：主流与新流创新的转换决策过程包含转换决策制定、转换决策实施、反馈与调整、正式战略实施等步骤。

2. **转换决策维度**

决策的背景，如环境、组织和决策专有因素（decision-specific factors）等前置条件，将对决策的过程和结果产生重要影响。同时，企业采纳新技术的态度与自身的经营发展状态、公众形象等变量密切相关，且市场环境和行业主导技术的发展阶段等条件也可通过市场需求等中介变量影响企业采纳该技术后的盈利情况，从而对企业的技术创新决策产生影响。在决策的内容上，技术创新决策涵盖知识、产品、市场等多个维度，涉及将知识转换为技术、产品生产和市场销售等不同阶段，应同时考虑企业环境和企业战略等两类具体的企业变革载体对决策制定的影响。其中，企业环境包括内部环境、行业环境和宏观环境，企业战略则包括长期发展目标、市场经营范围、竞争策略等内容。面对开放式创新和平台式创新的趋势，组织内部环境对战略决策实施效果的影响日益凸显。Daria 等（2018）认为企业在制定决策时应多关注组织能力、企业竞争力和潜在软惯例（hidden & soft routine）等因素的重要作用。此外，主流与新流创新的转换决策还应注重收益与成本的平衡问题。培育新流创新虽然可为企业带来知识基础的更新和创新能力的提升，但新流创新活动的开展也将耗费大量的搜寻、研发与重构成本，过度注重新流创新探索或主流创新优化都不利于企业的长期发展。欧伟强和朱斌（2018）提出主流与新流创新"适宜度"的概念，认为企业应合理制订主流与新流创新活动计划，以实现主流与新流创新绩效的最大化。

结合主流与新流创新转换决策维度的多元化特点、上文对主流与新流创新影响度变化规律和主流与新流创新转换条件联动机制等理论基础的研究，本书认为主流与新流创新的转换决策具有复杂性，在制定时应综合考虑企业技术、外部环境和能力等多维度要素的影响，且转换决策方案的具体内容和实施效果与组织当前的发展环境和发展阶段关系密切。

据此本章提出命题七：主流与新流创新的转换决策应同时考虑企业技术、外部环境和能力等要素。

（三）主流与新流创新转换决策的匹配模式及匹配模型

1. 主流与新流创新转换决策的匹配模式

匹配指要素间相互依赖、相互作用的状态。匹配理论被广泛运用于企业创新和战略决策等研究领域，旨在探讨技术要素和非技术要素（如组织、战略、文化、环境）相互作用对企业创新发展的影响。在制定技术创新决策时，决策者面对动态的决策过程、复杂的决策背景、丰富的决策内容和多变的决策条件，如何保持决策与企业内外部条件的匹配，实现创新绩效的提升，成为学界的研究热点。为适应外部竞争环境，实现组织目标、决策内容和企业条件的有效匹配，林文进等（2018）认为保持自身战略与环境的匹配是企业实现持续发展的首要任务，Daria 等（2018）则提出了通过强化人力资源开发和组织能力培育等以保持企业战略与环境匹配的管理措施。

动态匹配理论将企业的发展演进视为组织与资源、能力和外部环境等多要素协同演化的过程。在不同的决策时点，企业发展决策与内外部要素之间的匹配可有效增强企业识别、应对环境变化的能力，实现组织绩效提升并推动企业创新发展。企业创新过程和创新能力阶段性演化的特点同样要求管理者在明确企业技术水平和发展目标的前提下，从企业战略决策的高度调整资源配置和管理模式，采取不同的管理手段以匹配不同发展阶段的技术创新需求，形成与技术发展需求相匹配的内部生态。苏敬勤等（2013）通过对丰田汽车产品创新过程的研究，发现企业品牌价值和产品定位的变化将对新产品研发设计、生产与推广等过程产生"一一对应"的影响，认为企业应结合品牌定位、组织结构调整、营销模式创新等多种管理手段，设计与产品创新和企业个性化需求相匹配的创新发展模式。针对我国企业普遍存在的从技术模仿到技术赶超的创新能力演化路径，陈勇星等（2010）将企业创新能力划分为研发、生产、管理和市场销售等多个方面，并根据模仿创新、合作创新、自主创新等不同创新模式对企业创新能力的要求，构建了创新能力与创新模式相匹配的九宫格模型，认为企业创新路径的选择应综合考虑企业创新能力、发展规模、资金实力、主导技术和产品特点等条件。面对服务化转型的企业创新趋势，赵立龙和魏江（2015）分析了华为公司不同发展阶段中技术能力与服务创新的匹配模式，认为企业首先应根据自身技术实力的强弱分别选择"渐进式"或"突破式"的服务创新战略，并在技术实力提升的过程中重新选择相匹配的服务方式，以实现技术创新能力与服务创新能力的协同演进。陈久美和刘志迎（2018）强调了产品生命周期规律对技术创新决策的重要影响。在新旧产品协同演化的过程中，企业应始终保持探索与利用的二元商业模式和二元创新模式之间的动态匹配和新旧更替，从而在企业当前技术水平和商业模式的基础上实现技术能力提升和商业模式再创新。

结合现有研究成果，本书认为主流与新流创新的转换决策内容与转换条件的匹配是主流与新流创新转换顺利完成、实现转换决策预期目标的重要保障。主流与新流创新的转换决策具有较高的复杂性，不仅应考虑企业主流创新的技术生命周期阶段、行业主导技术的生命周期阶段和主流与新流创新转换决策的匹配问题，还应进一步考虑企业技术能力的微观基础对主流与新流创新转换过程的驱动作用，即分析企业的资源、能力等内部条件和主流与新流创新转换决策的匹配问题。因此，将主流与新流创新转换决策的匹配模式划分为两个层次：第一个层次是转换决策的制定与实施过程和转换条件之间的动态匹配；第二个层次则是多维度转换条件与转换模式之间的静态匹配。下文将结合主流与新流创新转换决策的具体情境，就如何实现主流与新流创新转换条件和转换决策的匹配，如何制定与实施转换决策等问题展开进一步讨论。

2. 主流与新流创新转换决策模式与过程的匹配模型

基于技术演化和创新流管理等研究视角，本节分别从企业新旧技术范式更替和创新流管理决策制定与实施的角度对主流与新流创新转换的相关概念进行了研究。其中，技术演化理论强调企业与环境共演的客观规律，将主流与新流创新的转换视作企业为适应环境变化而自发进行的技术范式转变和技术轨道跨越；创新流管理理论则是基于企业微观视角，将主流与新流创新的转换视为企业管理者基于一定的战略目的，综合考量发展环境和能力基础等约束条件后，对企业未来发展方向和工作重心的重新设计，体现了企业个体创新路径的异质性。在本节，亟须将两种研究范式进行有效的整合，在关注主流与新流创新转换决策和企业阶段性演进动态过程的同时，重点分析转换决策过程中的关键节点，从而对主流与新流创新的转换决策问题进行较为系统的研究。

（1）转换决策模式匹配模型

转换决策模式匹配模型旨在解释主流与新流创新转换方案的选择问题。本书基于不同的研究视角分别对主流与新流创新的转换类型进行划分。其中，技术演化视角下的主流与新流创新转换可划分为扩张式整合与突破式替代两种形态，二者的区别在于新主流创新转换时原主流创新是否衰退，故技术演化视角下的主流与新流创新转换模式选择与原主流创新的技术生命周期阶段有关；创新流管理视角下的主流与新流创新转换可分为技术更替式和市场破坏式两种类型，二者的区别在于主流与新流创新的转换是否破坏了企业现有的市场基础，即企业是选择在原主流市场开展新主流创新活动，还是选择进入新市场，重新培育客户和渠道资源，故创新流管理视角下的主流与新流创新转换模式选择和原主流市场的成熟度有关。

本章结合两种研究视角提出四种理想状态下的主流与新流创新转换决策匹配模式（见图 9 - 18），作为对现实决策情境的简化处理。在四种匹配模式中，"技术更替式 + 扩张式整合"为企业在开展原主流创新活动的同时，率先在行业中推出技术水平更高的新流技术，以维持行业中创新引领地位的转换模式，对企业的创新能力要求较高；"市场破坏式 + 扩张式整合"为企业在维持原主流市场优势的同时，通过新主流创新的转换实现跨领域多元化发展的转换模式，需要企业具备较强的资源基础；"技术更替式 + 突破式替代"为企业在原主流创新领域实现技术、产品更新换代的转换模式，可在维持现有渠道、资源优势的同时，提升企业的客户服务能力；而"市场破坏式 + 突破式替代"则是成熟市场中的企业基于主流创新衰退，同业竞争极为激烈的不利情形下选择的转换模式，是四种模式中最为被动的主流与新流创新转换方式。

（2）转换决策过程匹配模型

转换决策模式匹配模型指出，在企业的不同发展阶段管理者可灵活

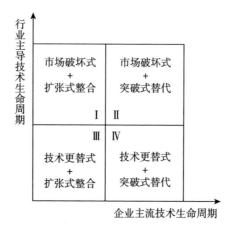

图 9 - 18　主流与新流创新转换决策模式匹配模型

选择与企业内部技术和外部技术环境相匹配的主流与新流创新转换模式。同时，除技术要素外，市场、战略、组织等非技术要素都将在实施主流与新流创新转换决策的过程中对转换结果产生影响，因此，在转换决策模式匹配模型的基础上，还需对主流与新流创新转换决策动态过程中的匹配模式进行研究。

转换决策过程匹配模型旨在解释主流与新流创新和环境、能力共同演进过程中的转换决策制定实施问题。将技术演化视角和创新流管理视角下的主流与新流创新转换过程、转换条件等理论基础进行整合，构建主流与新流创新、外部环境条件、内部能力条件、主流与新流创新转换决策、企业演进等要素交互影响并协同演进的过程匹配模型（见图 9 - 19），以研究主流与新流创新转换决策的制定与实施、转换条件和企业发展阶段之间的匹配关系。

二　研究方法选择与研究设计

（一）研究方法选择

作为管理学领域广泛使用的定性研究方法，案例研究解答了"是什么""怎么样"和"为什么"等相关问题，常用于理论构建、理论扩展、理论检验。根据研究目的，可将案例研究划分为探索性案例研究和验证性案例研究。其中，探索性案例研究是对现有理论的探索，适用于所研究内容在理论上仍存在空白的情形；验证性案例研究则以现有的研究成

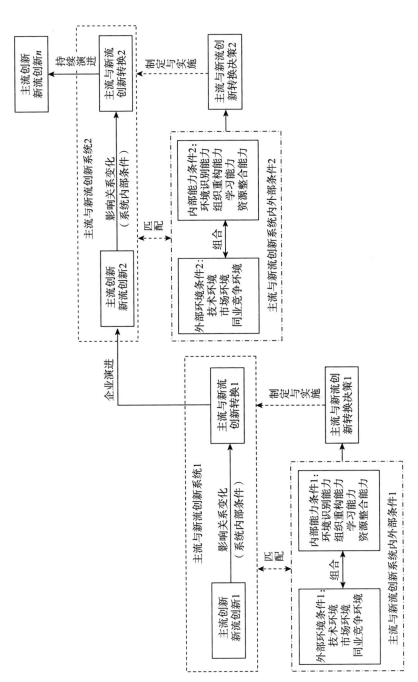

图 9 – 19 主流与新流创新转换决策过程匹配模型

果为出发点，进一步剖析理论框架的内在机理。而探索性案例研究又可根据探索的程度和领域划分为完全探索性案例研究和局部探索性案例研究。其中，局部探索性案例研究适用于理论框架已较为成熟，仅有个别理论间的关系尚未明确，需进一步研究局部理论的问题。探索性案例研究与验证性案例研究的对比如表9-35所示。

表9-35　探索性案例研究与验证性案例研究对比

分类	完全探索性案例研究	局部探索性案例研究	验证性案例研究
适用情形	所研究领域现有理论较少，甚至无理论成果	研究框架已有初步发展，但局部问题还尚未解决	问题已进行过量化分析，欲进一步深挖内涵
研究目的	回答"是什么""怎么样""为什么"等问题	回答"怎么样""为什么"等问题	回答"为什么"的问题
研究思路	按照"扎根"理论的步骤：先进行数据收集、概念界定，再进行关系构建	先采用开放式的要素维度细化，收集分析要素间关系数据，再进行关系构建	与局部探索性案例研究相似，但无须进行关系构建

资料来源：苏敬勤和崔淼（2011）。

本节将通过案例研究，在主流与新流创新的转换过程、转换条件、转换类型等理论研究和不同视角下主流与新流创新转换条件实证研究结果的基础上（即图9-18提出的四种转换决策模式和图9-19转换决策过程匹配模型中用实线表示的影响路径），进一步回答企业如何制定主流与新流创新的转换决策（即图9-18中的转换模式选择问题）和不同层次的转换条件间如何互动并影响主流与新流创新转换决策的实施效果，如何借助主流与新流创新的转换推动企业跨越式发展（即图9-19转换决策过程匹配模型中用虚线表示的影响路径）等问题。因此，在明确研究目的后，本节将局部探索性案例研究作为主要研究方法。

（二）研究对象选择

根据研究目的，本节采用纵向单案例研究方法，以福建福昕软件开发股份有限公司（简称"福昕软件"）为案例研究对象，通过相关资料的收集，分析福昕软件2001年成立以来企业主流与新流创新的演进过程、内外部环境条件的变化情况与转换决策之间的关系。

1. 纵向单案例研究

用纵向单案例研究方法可从多个时间点对研究对象进行考察，可在充分描述案例背景和基本情况的同时，保证案例研究的深度。和多案例研究相比，纵向单案例研究更适用于复杂现象背后理论和规律提炼等研究目的（王志玮等，2018）。

2. 案例选择依据

案例选择应充分考虑样本的典型性和数据的可获得性。首先，福昕软件是目前世界上名列前茅的 PDF 服务提供商，同时也是国际 PDF 标准组织的核心成员和中国版式文档 OFD 标准制定成员。经过多年的发展，福昕软件凭借一流的技术水平获得国际认可，以"好的产品＋好的服务"为宗旨，形成强有力的行业竞争力。福昕软件在主流 PDF 核心技术上的创新引领与在 PDF 云服务、硬件设备设计等相关新流技术上的突破性探索，充分体现了企业在外界环境影响和自身能力支撑下坚持主流创新，选择合适的时机孕育新流创新，并将其转换为新主流创新的技术跨越过程。其次，福昕软件总部位于福州市软件园，具有地理上的优势。2018 年 7 月，课题组成员在软件园走访调研期间，考察福昕软件总部并参加企业座谈会。2018 年 8 月，课题组成员多次前往福昕软件调研，了解企业的发展运营情况，提出课题研究访谈需求后，企业配合度较高，先后对福昕软件的多名中高层经理和项目负责人员进行个人访谈。此外，福昕软件作为新三板挂牌企业，公开数据较多，有助于二手资料的收集工作。

（三）资料收集

本节用于分析的数据资料包括通过访谈整理获得的一手资料和从企业年报、其他报纸与杂志、网站上搜索获得的二手资料，以便形成证据三角形，提高研究结论的解释力和准确度。

1. 一手资料

确定将福昕软件作为案例研究的样本企业后，在第一次座谈的基础上，又对福昕软件主要负责互联 PDF 业务的总经理、市场经理和项目经理进行了访谈，访谈内容包括企业的发展历程、市场环境、行业发展趋势以及福昕软件在各发展阶段的竞争优势、发展困境、发展对策以及选择该发展对策的原因等问题。

2. 二手资料

从企业官网、巨潮资讯网、同花顺、专利数据库等相关网站上收集福昕软件的公司简介、发展历程、产品介绍、企业新闻以及企业年报、专利申请情况和相关的行业研究报告等数据资料，验证、补充实地调研和访谈中获得的信息。

在完成数据收集的工作后，首先以时间为脉络，梳理福昕软件主流与新流创新的发展概况。其次从动态和静态两个角度分析福昕软件主流与新流创新的转换决策。其中，动态分析着眼于探索转换决策与企业发展阶段、核心能力间的匹配关系，静态分析主要研究关键节点的转换决策与企业内外部条件组合的匹配关系。最后根据研究结论对理论模型进行扩充和修正，并得到管理启示。

三 案例分析

(一) 案例企业概况

福昕软件成立于 2001 年，坚持自主产权、自主品牌、市场引领，为客户提供覆盖桌面、互联网、移动互联网等不同应用场景的文档管理产品及服务。凭借具有完全自主知识产权的 PDF 核心技术和产品跨平台、高效安全的竞争优势，"Foxit"已成为中国软件行业为数不多的具有市场影响力的国际品牌，福昕软件同时参与国际 PDF 标准和中国版式文档 OFD 标准的制定工作。福昕软件主流与新流创新发展历程及转换决策点如表 9 - 36、图 9 - 20 所示。

表 9 - 36　福昕软件主流与新流创新发展历程

时间	标志性事件
2001 年	福昕软件在福州市成立
2004 年	发布拥有完全自主知识产权的福昕阅读器（Foxit Reader）
2006 ~ 2008 年	相继推出 PDF 文档编辑器（PDF Editor）、PDF 文档生成器（PDF Creator）、PDF 嵌入平台开发工具（Embed PDF SDK）、PDF 文档索引工具（PDF IFilter）以及移动版本的 PDF 阅读器
2009 年	发布福昕高级编辑器（Phantom），推出自主研发的电子墨水屏电子书 Foxit eSlick，启运佳印网服务平台，尝试 SaaS 的服务模式
2010 年	停止电子书硬件设备研发，转向推出电子书阅读器开发平台 Windmill
2011 ~ 2013 年	发布全球首款针对 PDF 文档云阅读信息安全的产品，推出电子文档云阅读系列应用和适用于不同移动终端的 PDF 软件产品

时间	标志性事件
2016~2017 年	发布互联 PDF，宣布战略转型，收购多家软件企业，整合技术、资源
2018 年	成立全资子公司，对互联 PDF 进行正规化和商业化的运营

资料来源：整理自福昕软件官网，https://www.foxitsoftware.cn/。

自从 2004 年推出福昕阅读器 1.0 版本以来，福昕软件始终将 PDF 核心技术作为企业的核心竞争优势，通过软件更新迭代和应用场景增加等方式不断优化主流 Foxit PDF 核心技术，优化主流产品体系；在提升主流创新能力的同时，福昕软件积极响应外部环境变化，探索新流创新，先后探索电子书阅读器硬件设备研发、PDF 云阅读、电子文档云计算、互联 PDF 等新技术领域。2016 年，福昕软件正式推出"互联 PDF V1.0"，宣布企业战略转型和互联 PDF 生态圈构建的发展规划。在坚持自主创新的同时，福昕软件通过技术合作、企业并购、投资入股等方式，整合优势企业的技术资源，使企业技术实力稳步提升。

（二）主流与新流创新转换决策和企业演进过程：动态分析

动态分析重点关注主流与新流创新的协同演化过程和企业核心竞争力的提升过程。通过对比不同时期的企业发展定位、创新能力与转换决策之间的匹配关系，动态分析旨在探寻主流与新流创新转换决策过程的内在规律，以回答企业目标和技术发展规律如何影响主流与新流创新转换决策的制定问题。作为一家以 PDF 技术为核心竞争力的科技型企业，伴随新技术的研发运用，福昕软件依托技术、服务、资源等优势实现核心竞争力的提升，企业发展过程可分为三个阶段。

1. 软件开发项目承包商阶段（2001~2003 年）——Foxit PDF 技术萌芽

2001 年，熊雨前从美国硅谷回国创业，在福州市软件园成立了福昕软件。成立之初，福昕软件尚未找到明确的发展方向，在缺乏核心技术的情况下，公司主要业务为软件定制和付费小型软件开发，收入微薄。熊雨前认为如果公司只能承接低附加值的外包项目，未来的发展空间只会越来越小，急需找到一个有发展潜力，且能形成国际竞争力的产品。2003 年，熊雨前发现电子报纸、电子图书在欧美国家十分普及，政府公

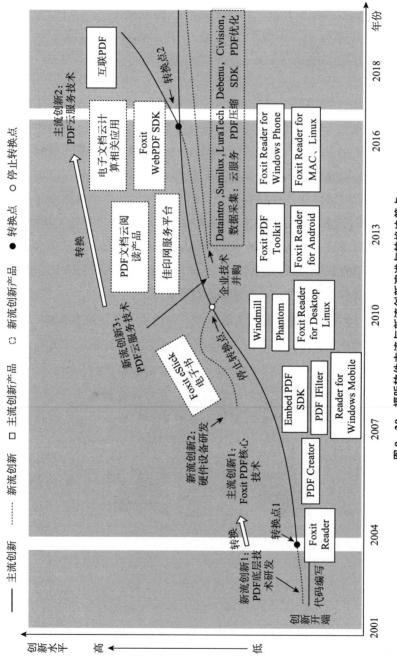

图 9 - 20　福昕软件主流与新流创新演进与转换决策点

文和居民日常生活中也广泛使用 PDF 格式的文件，但当时全球只有 Adobe 系统公司提供 PDF 的相关软件。基于对 PDF 技术发展前景的预判和自身在软件开发方面的自信，熊雨前决定带领团队从底层代码着手 PDF 阅读器的新流创新研发工作，并于 2004 年成功推出具有完全自主知识产权的 PDF 阅读器产品。与 Adobe 系统公司的同类产品不同，福昕阅读器在功能上进行精简，且采用了新的编写技术，运行更为流畅，大幅提升了用户体验，一推出就广受好评。福昕软件以此为契机进入 PDF 行业，完成第一次主流与新流创新的转换。

2. PDF 软件和解决方案提供商阶段（2004~2015 年）——主流 Foxit PDF 核心技术创新快速发展，多股创新流技术兴起

2004 年，福昕 PDF 阅读器荣获 "全球 101 个最好免费软件" 的殊荣。形成一定的市场基础后，福昕软件继续沿着 PDF 核心技术的方向，采用渐进式开发和模块化开发的主流创新策略，围绕个人用户对 PDF 文档编辑和移动端阅读等功能需求，依次开发了 PDF 编辑器、生成器、索引工具和支持不同移动平台的阅读器等主流创新产品，不但丰富了企业的主流技术产品系列，增加了消费者的选择，还能提升产品投入市场的速度，降低售价，有利于企业收入的形成。在个人市场站稳脚跟的同时，福昕软件将不同功能的模块化主流创新产品进行整合，2009 年推出功能更强的福昕高级编辑器，正式进军企业级市场。同时，福昕软件还推出可供二次开发的 SDK 软件，使有专业化需求的用户可在所购软件的基础上对福昕的 PDF 功能和模块进行二次开发，大幅提升福昕软件产品的性价比，扩大了福昕软件在企业级市场和专业市场的发展空间。

采用这样的主流创新策略，福昕 PDF 主流技术在软件更新迭代和优化产品体系的过程中实现主流创新从萌芽期到成熟期的持续演进。在保持技术领先优势的同时，福昕软件不断提升企业的服务质量。虽然公司规模不大，福昕软件却有为客户提供 7 天 24 小时电话服务的全球服务队伍，甚至公司的每一名技术人员都肩负了售后服务的任务。在第二个发展阶段，福昕软件依靠技术和服务优势收获了微软、亚马逊、英特尔（Intel）、IBM 等国际大客户，进一步促进了公司发展。

着眼于主流技术渐进性创新的同时，福昕软件预感到互联网、云计算、大数据等新兴技术与软件行业深度融合的发展趋势。作为中小企业，

福昕软件希望通过差异化优势，借助行业技术变革这一难得的"机会窗口"在同业竞争中实现弯道超车。2009 年，福昕软件先后试水电子书阅读器硬件研发生产和互联网 PDF 打印服务等新流创新业务，取得了不错的成绩。2010 年，福昕软件综合考虑企业实力、外部环境等因素，明确了 PDF 软件和技术服务提供商的市场定位。基于这一战略调整，福昕软件放弃硬件研发业务，重点布局新流 PDF 云服务领域。针对信息安全，福昕软件在全球率先推出云阅读产品，并进一步扩展出一系列兼具安全性和易用性的云端新流创新产品，探索 SaaS（软件即服务）等新商业模式，等待主流与新流创新转换机会的到来。

3. PDF 互联网服务提供商战略转型阶段（2016 年以来）——互联 PDF 技术跨越式发展

2016 年，福昕软件宣布战略转型，欲在大数据、云计算等新技术、新业态蓬勃发展，商业模式、服务模式创新不断涌现的时代里，构建互联 PDF 生态圈，实现 PDF 文档的云端共享和 PDF 工作流的智能化。为实现这一战略目标，福昕软件针对文档共享和文档保护等方面的市场需求，推出"互联 PDF V1.0"，利用突破式的专利技术成功攻克文档共享和文档保护这一难以两全的技术难题，通过新流 PDF 云服务的转换逐步改变企业的商业运作模式，带领企业向互联网服务提供商转型。实现新流创新转换后，福昕软件进一步加强新旧主流创新的整合，在许多原主流产品中加入互联 PDF 模块功能，以增强产品的差异化特色，有力地拉动了产品的推广销售，也更加坚定了福昕软件将互联 PDF 技术作为新一代主流技术的战略决策。2016 年以来，福昕软件逐步着手从现阶段的文档身份识别、文档互联到未来文档智能化的布局与建设工作。

在坚持主流创新技术自主研发的同时，福昕软件选择并购优势企业获取技术专利的方式，多次从外部引入新流创新，完善 PDF 技术体系，进一步整合产品、扩展渠道，为主流与新流创新的发展获取丰富资源和市场空间。

4. 动态分析小结

自 2001 年成立以来，伴随主流创新的技术摸索、成长与转换，福昕软件先后经历了三个重要的发展阶段，从价值链底端的软件开发项目承包商逐步成长为在 PDF 领域实现技术引领的软件和解决方案提供商，并开启向 PDF 互联网服务提供商的战略转型。在发展初期，由于缺乏核心技术，福昕软件只能参与软件开发项目承包等低端市场的价格竞争活动。基于技术团队在软件研发方面的优势，福昕软件选择"市场破坏式 + 突破式替代"的转换模式，放弃原有业务基础进军 PDF 技术领域，成功研发出具有自主知识产权的 PDF 阅读器产品，实现企业核心竞争力的跨越提升。在第二个发展阶段，福昕软件不断优化主流产品体系，强化服务导向，凭借优质的产品和服务优势积累战略资源，提升核心能力。在具备一定资源和能力基础的情形下，福昕软件第二次主流与新流创新转换选择了"技术更替式 + 扩张式整合"的转换模式，在保持原有 PDF 技术优势的同时，推出全新的互联 PDF 技术，实现行业技术引领。在各个发展阶段中，福昕软件始终坚持以技术创新作为核心优势，通过自主创新、技术合作、专利购买等方式整合战略资源，依靠主流与新流创新的协同发展和转换，满足企业不同阶段的发展需求，实现技术跨越与企业战略演进的协同。具体见表 9 – 37 和图 9 – 21。

表 9 – 37　福昕软件主流与新流创新转换决策和企业演进

时间	2001～2003 年	2004～2015 年	2016 年以来
企业发展阶段	软件开发项目承包商	PDF 软件和解决方案提供商	PDF 互联网服务提供商
核心竞争力	技术研发	技术研发 + 服务	技术研发 + 服务 + 渠道资源
主流创新	无	PDF 套件开发	PDF 套件优化、互联 PDF 技术
转换决策制定（新流创新筛选）	选择电子文档领域作为新流创新的方向	探索硬件研发和互联网 PDF 等新流创新	实现文档智能化，构建互联 PDF 生态圈
转换决策实施（新流创新形成）	全力投入 PDF 阅读器的研发工作	推出 Foxit eSlick 电子书设备、佳印网 PDF 服务平台等新流业务	收并购优势企业，从企业外部获取新流创新
转换战略颁布（新主流创新确立）	改变发展方向，专注于 PDF 技术和相关软件研发	重归软件研发领域，重点培育 PDF 云端产品	—
企业演进（决策实施结果）	转型为 PDF 软件和解决方案提供商	转型为互联网服务提供商	—
转换模式	市场破坏式 + 突破式替代	技术更替式 + 扩张式整合	

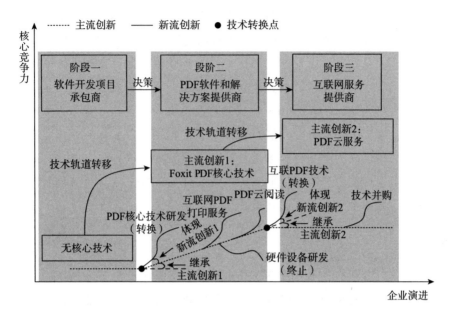

图9-21　福昕软件演进和主流与新流创新转换过程

（三）主流与新流创新转换决策的内外部条件组合：静态分析

静态分析旨在横向对比不同时期主流与新流创新转换决策的具体内容和决策实施情况与企业内外部条件的匹配关系。沿用前述对7个影响主流与新流创新转换决策的企业内外部条件内涵界定（见表9-38），静态分析借助企业访谈资料等数据支持（武光等，2015），筛选出不同决策节点上影响转换决策制定的关键条件，以回答企业内外部条件如何影响主流与新流创新转换决策实施过程的问题。

表9-38　主流与新流创新的转换决策条件

分类	转换条件	内涵	具体表现
外部环境条件	技术环境	技术环境变化速度快、未来的发展受到诸多因素影响	随着云应用的发展，大量文档存储在公有或私有云服务器中，云端应用优势明显，将推动版式文档格式市场地位快速提升；移动互联网科技快速发展，智能手机开始具备电脑功能……对电子文档的跨平台分发、稳定和安全性提出更高要求
	市场环境	客户需求与偏好的变化速度快、企业目标客户群体改变	"国内的软件市场也正在发生变化，越来越多的人开始支持正版产品。""第一代产品是针对个人的免费产品，无法支撑企业成长，所以我们就有了针对企业用户的第二代产品。"

续表

分类	转换条件	内涵	具体表现
外部环境条件	同业竞争环境	行业竞争激烈、同质化严重	"国内在软件方面落后很多,基本没有自主知识产权,我们利润非常低。""原来我们刚出来的时候不到十家,几个月后就几百家了。"
内部能力条件	机会识别能力	主动收集情报、善于发现市场机会	"在选择产品和技术领域时,我们就发现 PDF 这个领域,它是一个开放的标准,在法律上和技术上谁都可以做。""当时我们觉得嵌入平台发展有很大的潜力和非常广泛的空间。"
	组织重构能力	灵活调整工作安排和组织结构、积极响应外部变化	"我们讲究集成服务的概念,就是说我们所有人都是服务人员。"针对当地市场情况和公司战略布局情况,公司以开设全资控股公司、合资公司、寻找代理商、设置办事处等方式进行落地营销,贴合市场开发要点,以"短平快"的销售系统与管理系统对接
	资源整合能力	拥有较多的外部资源渠道、灵活使用内部资源	"我们会寻找很多合作伙伴,将我们的产品、技术、服务打入专业市场。""我们也开展了一系列收购,实现技术、产品的整合和客户资源的拓展。"
	学习能力	与客户、合作商沟通交流,企业内部知识共享与学习	公司注重员工的持续培训和长远成长,开展各项专业技能培训、管理者提升培训;公司提供国内外骨干员工之间外派学习的机会,通过互相的经验交流,促进公司不同部门及部门员工间的沟通协作

资料来源:企业访谈记录整理和《公开转让说明书(2015)》。

根据对福昕软件演进路径的描述,在其两次进行主流与新流创新转换的过程中,有三个重要的决策节点。其中,第一个和第三个是选择新流创新向主流创新转换时机的转换决策,而第二个是决定终止新流业务,调整企业发展方向的停止转换决策。下面结合企业访谈记录和企业公告等文献资料(见表9-39、表9-40、表9-41),对这三个影响福昕软件发展轨迹的重要决策节点进行分析。

1. 第一个转换决策节点(执行转换):从项目承接到自主研发核心技术

创业初期,福昕软件的主要业务是承接软件开发项目,月收入一度低于2000美元。2003年,福昕软件在做项目时需要向 Adobe 寻求 PDF 技术授权,被要求缴纳高额的授权费用。熊雨前发现具有广泛前景的 PDF 软件几乎被 Adobe 一家公司垄断,他便以此为契机,做出进军 PDF

市场的重要决定。2004 年，福昕软件推出 PDF 阅读器产品，市场反响良好，从此福昕软件将 PDF 核心技术确立为企业的主流创新方向，多模块、多场景渐进开发的主流创新模式也逐步形成。

表 9-39　第一个转换决策节点内外部条件和数据支持

分类	转换条件	数据支持
外部环境条件	技术环境	—
	市场环境	"发达国家很多人愿意购买付费软件，比如他们需要一个 PDF 工具，恰好知道我们的东西好用，那么会有很多人马上去购买。"
	同业竞争环境	"中国的软件市场并不大，门槛也低，大部分中小企业没有核心技术，因此面临非常大的竞争。"
内部能力条件	环境识别能力	"当时发现只有 Adobe 一家垄断了 PDF 标准的产品和技术。""我们想说，这个世界应该要有更多的厂商能够基于公开标准做更多的事情，让大家有更多的选择。"
	组织重构能力	"2003 年这个项目下马以后，我们就决定要做有自主知识产权的产品，我们就进入了电子文档的开发。"
	资源整合能力	—
	学习能力	"我们很多同事会阅读与 PDF 技术标准相关的书籍，从头看到尾，当时我们新进来的所有员工首先要做的就是这个。"

资料来源：企业访谈记录整理；"—"表示该条件不是影响主流与新流创新转换决策的重要条件。

2. 第二个转换决策节点（停止转换）：停止硬件设备的新流创新

为形成差异化竞争优势，福昕软件决定走软件与硬件相结合的道路。从 2006 年开始，福昕软件在专注于主流创新——Foxit PDF 核心技术研发的同时，也逐步开展针对电子阅读器的软件开发。2008 年底，福昕软件与知名的电子书生产商合作，共同推出新流创新产品——福昕电子阅读器 eSlick，进军硬件市场。eSlick 阅读器创新地使用了"文本重排"技术，使阅读内容可与屏幕完美地吻合，大幅提升了用户阅读体验，2009年在市场一推出就广受好评，在当时电子书市场极其火爆的情况下分得一杯羹。

但在福昕软件试图从纯软件公司过渡为软件与硬件混合公司的过程中，发现企业当前的规模和资金实力难以同时应对软件开发和硬件生产的需求。同时，在电子书市场尚未成熟的情况下，大量厂商的涌入导致市场中存在严重的产品同质化和价格战现象。综合考虑外部环境和内部能力条件等因素，福昕软件决定停止电子硬件设备这一新流业务，重回其擅长的软件研发领域，将其在电子书阅读器领域积累的技术经验转移到移动端阅读软件和电子书软件开发库等软件产品的研发中。

表9-40　第二个转换决策节点内外部条件和数据支持

分类	转换条件	数据支持
外部环境条件	技术环境	—
	市场环境	—
	同业竞争环境	"做电子书硬件的竞争者太多了。"
内部能力条件	环境识别能力	"做电子书非常考验企业的硬件生产水平和资金实力，还要解决运输、库存等一系列问题……多亏当时及时发现自身的弱点撤出这块市场。""随着智能手机的普及，我们也加紧无线领域的布局。"
	组织重构能力	"我们就转向电子书软件的研发，发挥福昕在文档处理领域的优势。"
	资源整合能力	"我们不会放弃电子书市场，国外远传电讯、Zinio、HTC及国内的汉王都已经用了我们的PDF核心技术。"
	学习能力	"我们希望通过eSlick这样的电子消费品进一步地了解最终用户的需求，进而完善软件产品，最终达到改善用户体验的目的。"

资料来源：企业访谈记录整理；"—"表示该条件不是影响主流与新流创新转换决策的重要条件。

3. 第三个转换决策节点（执行转换）：发展互联PDF技术，推动企业转型

福昕软件在新流PDF云服务领域积极布局的同时，发现网络安全问题激发了文档安全和文档保护等方面的市场需求。寻得创新方向后，福昕软件先后攻克了文档身份识别、文档跟踪、文档权限管理等多个技术难题，在新流PDF云服务技术领域实现突破，推出互联PDF系列产品，采用为文档增加独立身份标识的方式，实现文档共享与保护的功能。为有效整合新旧主流创新，福昕软件为原主流产品增加互联模块，在提升原主流产品功能的同时，实现新旧主流创新的资源共享。此外，为提高新主流创新的发展潜力，福昕软件也利用自身实力和资源优势进行企业

并购，加速技术延伸、产品整合及市场推广的进程。

表 9 - 41　第三个转换决策节点内外部条件和数据支持

分类	转换条件	数据支持
外部环境条件	技术环境	"云计算和移动互联的发展都很快，这也是我们未来主要关注的领域。"
	市场环境	"越来越多的客户愿意选择购买服务的销售模式。"
	同业竞争环境	"我们软件行业的服务模式变化也是非常快的。"
内部能力条件	环境识别能力	"我们在和很多客户接触的时候，发现客户有这种问题，就是说他的文档不能得到很好的保护。"
	组织重构能力	互联 PDF 技术已正式落地，故设立全资子公司进行正规化和商业化运营
	学习能力	"福昕秉承做通用产品的理念，有一整套体系，在研发上不同部门之间是相通的。"公司也极为注重员工的长远成长，如为员工提供的海外互派学习机会、专业技能培训、专利申请的奖励
	资源整合能力	"我们也时刻准备着，如果有好的机会，我们还是会进行收并购。""未来我们也希望多跟做项目的公司进行合作，然后双赢。"

资料来源：企业访谈记录整理和福昕软件 2018 年半年度报告。

4. 静态分析小结

本节通过企业访谈记录和企业公告等资料的整理，对福昕软件发展过程中的三个重要决策节点进行分析，进而对比不同决策背景下，影响福昕软件主流与新流创新转换决策制定的关键条件组合（见表 9 - 42）。在福昕软件主流与新流创新的开展过程中，通过领导者的决策，主流与新流创新的演进和企业的资源、能力及未来发展方向保持一致，凭借不同的内外部条件组合实现了主流与新流创新的转换。2003 年，在企业生存压力的驱动下，福昕软件决定调整发展方向，全力进军竞争对手少、前景广阔的 PDF 领域。凭借企业自身的学习能力，熊雨前带领团队从底层代码着手 PDF 阅读器的新流创新研发工作，使企业成功进入新的发展阶段；在停止硬件领域新流创新的决策中，福昕软件受到企业资源有限、市场竞争激烈等不利因素的冲击，决定重新整合资源，专注于主流 PDF 技术领域的软件研发工作；而在第三个新流创新转换决策节点时，互联网时代软件行业中云服务的兴起和市场需求的变化使福昕软件高层意识到从软件开发商转型为互联网服务提供商是大势所趋。在发展 PDF 云服务新流创新的过程中，福昕软件借助标志性的互联 PDF 新流产品推动新流创新向主流创新转换，循序渐进地向服务型企业转型。

表 9 - 42　福昕软件主流与新流创新转换决策制定和条件对比

序号	主流与新流创新发展阶段	核心竞争力	决策背景	决策目标	决策条件组合
1	PDF 主流创新萌芽	技术研发	创业初期公司陷入发展困境	研发具有国际竞争力的创新产品	$SC + JZ + HJ + ZZ + XX$
2	PDF 主流创新快速成长，硬件研发新流创新兴起	技术研发 + 服务	新流硬件研发业务和主流 PDF 业务产生冲突	避免与下游合作厂商形成竞争关系	$JZ + HJ + ZZ + ZY + XX$
3	PDF 主流创新成熟、PDF 云服务新流创新酝酿转换	技术研发 + 服务 + 渠道资源	在技术浪潮中寻找公司创新引领的发展方向	构建互联 PDF 生态圈，进军互联网企业	$JS + SC + JZ + HJ + ZZ + ZY + XX$

四　研究结论

(一) 总结

1. 通过技术跨越实现战略演进是主流与新流创新转换决策的目标

主流与新流创新转换不断推动企业同时跨越技术生命周期和企业生命周期，实现核心竞争力的提升，是主流与新流创新转换决策的出发点和落脚点。在调整企业未来的发展方向后，新增的技术需求则驱使企业制定并实施相应的主流与新流创新转换决策。企业管理者应将主流与新流创新的转换决策作为外部环境、内部能力等要素互动和衔接的桥梁。其中，外部环境条件勾勒了企业发展的大致方向，内部能力条件决定了企业发展的速度和高度，而主流与新流创新系统的演化轨迹则是企业发展前景的晴雨表，是企业未来发展的支撑和动力。当发现目前的技术能力无法适应行业、市场发展变化，满足企业未来发展需要时，发展需求与企业技术能力之间的差距必然要求企业制定转换决策方案，通过选择新流创新、培育新流创新、执行转换决策的方式，逐步为企业下一阶段的发展积累力量。最后，选择合适的时机将主流与新流创新转换作为正式的公司战略公布于众。通过获取员工、股东、合作伙伴等利益相关者的支持加速推动新流创新向主流创新的转换进程，企业顺利进入新的发展阶段。

福昕软件凭借对外部环境变化和自身优劣势的准确把握，成功实现从缺乏核心技术的软件项目承包商到实现技术引领的 PDF 软件服务提供商的跨越，并凭借自身在全平台 PDF 软件和电子文档安全等领域的优势，进入互联网 PDF 技术服务的新流创新转换期，开启从软件提供商向互联网服务提供商的战略转型。

2. 主流与新流创新转换决策是一个多环节的动态过程

主流与新流创新的转换决策是企业根据未来发展目标，制订并执行本期新流创新计划的创新流管理行为。在转换决策的制定阶段，企业首先进行环境和自身能力的评估，再根据企业内部和外部的能力势差开展知识搜寻、学习等活动，主要目标是选择新流创新的发展方向，形成转换决策的基本框架；在转换决策的实施阶段，企业通过技术、市场等方面的内外部反馈，不断对具体的转换决策计划的执行速度、转换方向等内容进行调整，主要目标是运用主流创新的技术和资源等优势培育新流创新，实现主流与新流创新的协同演进；在正式战略颁布阶段，新主流创新已在技术、市场等方面实现对原主流创新的突破，此时企业需修正公司战略，重新调整公司的运营流程、组织结构、内外部关系网络等内容，从而更好地应对新主流创新的发展需求，使公司成功实现发展阶段的演进。

在福昕软件的发展过程中，有过三次新流创新的培育行为，而这三次新流创新实际上都是为配合福昕软件未来发展规划而进行的技术创新行动。在创新流管理的研究框架下，新流创新的筛选和培育是一个主观、有目的的战略选择过程，与企业发展目标相匹配的新流创新往往能获得充足的资金、人员等资源支持，使新流创新得以从最艰难的萌芽期走向成长期和转换期。在转换决策的执行阶段，企业通过连续的内外部反馈，对转换决策进行调整。当外部环境极具动态性、主流创新和新流创新间的冲突较大时，这种反馈与调整机制的作用尤为明显。通过反馈，企业可以及时调整转换决策，或许加速新流创新的转换（全力进军 PDF 市场），或许终止现阶段的新流创新（停止电子硬件设备的研发生产业务）。在明确 PDF 云服务技术的新流创新发展方向后，福昕软件依次进

行了 PDF 云阅读、电子文档云计算等 PDF 云服务新流创新产品的研发推
广，并重新整合外部资源，与云服务商 Sumilux 进行技术合并，为 PDF
云服务新流创新提供外部技术和资源支持，使其进入快速发展阶段。当
新流创新在技术和市场上基本成熟，达到转换条件后，福昕软件在 2016
年推出互联 PDF 系列产品，正式宣布企业战略转型。在新流创新的转换
期，福昕软件从公司层面对组织结构、内外部关系网络、重要资源分配
等方面进行重新调整，设立全资子公司负责互联 PDF 的商业化运营，从
而更好地适应新主流创新和主流技术产品的发展和推广需求。

　　3. 主流与新流创新转换决策需全程保持与企业内外部条件的匹配

　　资源基础和创新能力决定了企业不连续创新的方式和轨迹。而企业
能否通过主流与新流创新的转换拓宽发展空间，在新领域获得更多的竞
争优势，实现企业演进，即是否能达到主流与新流创新转换决策的预期
目标，和企业的内外部条件关系密切。主流与新流创新转换条件的替代
机制意味着企业可通过不同的内外部条件组合实现主流与新流创新的转
换。通过案例研究发现，在主流与新流创新转换决策的不同阶段，起主
导作用的条件不同。我们通过理论与实证研究验证了不同转换条件组合
的殊途同归效果，结合案例研究发现优势资源或能力条件的具备提升了
主流与新流创新转换实施过程的效率和效果，但企业无须同时具备个个
维度的转换条件。一方面，企业所拥有的内外部条件组合为转换决策的
制定和实施提供了重要的参考依据，能够影响企业主流与新流创新转换
决策实施的效率和效果；另一方面，在实施转换决策的过程中，伴随主
流与新流创新的协同演进，企业逐步培育出可应对复杂多变环境的优势
能力组合，与多种外部环境进行组合，使转换决策构型呈现多样性特点。

　　作为后发中小企业，福昕软件在历次新流创新的筛选和培育过程中，
基于自身的竞争优势和对技术、市场环境发展趋势的判断，采用从免费
应用到付费软件、从个人市场到企业市场、从用户端到云端的主流与新
流创新转换策略，先后选择了 PDF 阅读器、电子书硬件设备、互联网
PDF 技术等多股潜在的创新流，采用"多级开发、多环境开发、多部门
联合开发"的方式，强化内部学习和资源共享，提升创新效率，用创新
的技术和优质的产品实现行业引领。此外，福昕软件利用多年的技术积
淀和资源渠道优势，完成了与 Dataintro、Sumilux、LuraTech、Debenu、

Civision 等企业的技术并购和技术合作计划，获取了大量的新流技术和市场、客户等渠道资源，为福昕软件下一阶段从文档互联、文档追踪到智能文档的互联 PDF 生态圈构建战略计划的实施奠定了基础。

（二）研究框架修正

结合福昕软件主流与新流创新转换决策过程的动态分析和不同转换决策节点的静态分析，发现在不同的发展阶段，企业的主流市场、主流产品与核心竞争力都不相同，导致在主流与新流创新转换时选择的转换模式也不尽相同。其中，企业的发展阶段、当前核心竞争力与主流技术的发展情况都将影响主流与新流创新转换模式的选择；同时，不同节点的企业内外部环境条件将直接影响主流与新流创新转换决策的实施进程，企业需及时调整转换决策以保障主流与新流创新转换模式和企业核心竞争力的匹配。

因此，在图 9-18 矩阵式的主流与新流创新转换决策模式匹配模型中增加"企业核心竞争力"维度，将平面模型调整为如图 9-22 所示的三维立体模型。在任意阶段，企业可根据自身核心竞争力、主流技术生命周期和行业主导技术生命周期的发展情况选择相应的主流与新流创新转换模式（即从Ⅰ、Ⅱ、Ⅲ、Ⅳ等四个区域中选择主流与新流创新的转换点），实施主流与新流创新的转换计划（即跨能力层次的纵向位移）。进入新一轮的主流与新流创新发展周期后，企业将再次通过主流与新流创新活动使核心竞争力得到渐进性提升，逐步达到新的主流与新流创新转换条件（即同一能力层次内的平移），从而再一次借助主流与新流创新转换决策的实施实现核心能力的跨越式发展。在企业持续发展的过程中，面对不同的主流与新流创新转换需求，企业可根据核心竞争力选择与不同的转换决策模式进行匹配，从而形成丰富多样的主流与新流创新转换路径（以图 9-22 中的路径 1 和路径 2 为例）。伴随技术能力的提升和优势资源与能力的积累，企业可逐步实现从后发到先发、从技术追赶到创新引领的主流与新流创新能力提升路径。

同时，结合本章对主流与新流创新转换决策过程中的转换条件、转换决策、企业技术与企业演进关系的动态分析，可将主流与新流创新转换决策过程匹配模型（见图 9-19）进行扩充，把主流与新流创新的转换决策嵌入企业演进的动态过程，从而更详尽地描述转换决策、转换条

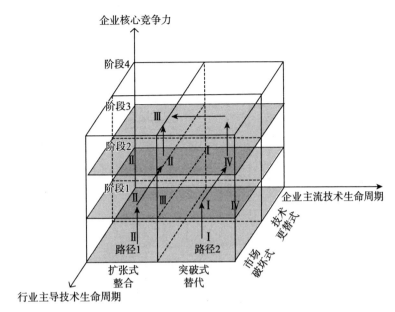

图 9 - 22　主流与新流创新转换决策模式匹配模型修正

件和主流与新流创新等研究对象在动态发展中的互动与协同关系（见图 9 - 23）。

　　主流与新流创新转换决策过程匹配模型将主流与新流创新的转换决策过程划分为制定转换决策、实施转换决策、反馈与调整、宣告企业战略转型等步骤，结合主流与新流创新演化的客观规律和企业内外部环境等决策情境，归纳分析了主流与新流创新转换决策在企业内外部环境协同演化过程中的动态匹配机制。其中，转换决策的制定、反馈与调整等环节均需考虑转换决策与企业核心竞争力、内外部环境的匹配关系。通过案例研究，本书认为主流与新流创新转换决策的制定与实施是实现"转换目标→转换条件→转换模式"多层次匹配的重要保障，企业可根据能力与内外部环境的匹配关系，选择不同的主流与新流创新转换模式，并及时调整决策计划，保持主流创新和新流创新间的联系与互动，提高创新资源的使用效率，从而不断提升企业应对外部冲击、引领市场、获取战略资源的能力。最后通过主流与新流创新转换决策的制定与实施，在企业发展的过程中形成并不断循环由战略目标、主流与新流创新协同发展、企业演进等要素组成的持续创新链。

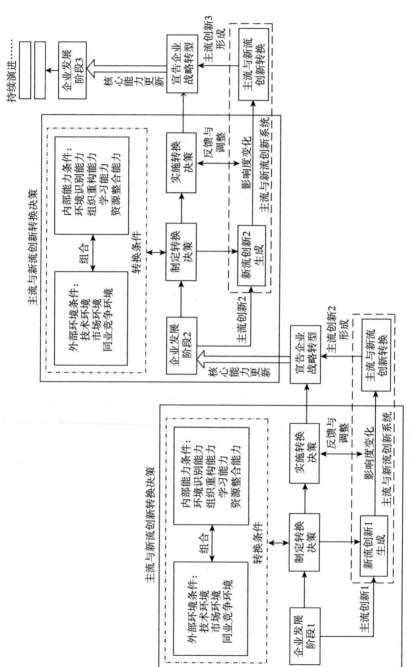

图 9 - 23　主流与新流创新转换决策过程匹配模型修正

(三) 主流与新流创新转换决策的管理建议

1. 建立目标战略导向机制，平衡二元创新管理活动

面对新兴技术和新兴市场的挑战，更好地满足客户需求是企业不连续创新行为的出发点（柳卸林，2000）。在快速变化的环境中，企业通过主流创新实现渐进性发展，不断增加提升企业主流产品的种类、性能和市场占有率；并根据新兴技术、新兴市场的需求，培育新流创新，调整发展方向，突破现阶段的技术极限（朱斌、吴佳音，2011）。在主流与新流创新管理的过程中，应通过一定的管理机制与手段，实现技术研发部门与运营部门间的"无缝对接"，从而产生主流与新流创新成果的"共振现象"，提升组织创新效率和资源利用率。为此，企业管理者应结合企业的战略、发展规划等目标条件和资源、环境等约束条件，合理安排主流创新和新流创新的强度，有的放矢地开展新流创新探索和主流创新能力的提升工作。面对主流与新流创新间不可避免的资源、文化冲突，企业管理者同样应强化战略目标的导向作用，使主流创新部门和新流创新部门可围绕实现企业战略演进的整体目标实现合作共赢。

2. 建立重点指标监督预警机制，提升管理者动态决策水平

难以预测的外部环境变化提升了企业对科学制定转换决策的要求。管理者应综合利用多元化的决策工具和手段，提升对外部环境的感知反应能力和动态决策能力。在制定并实施主流与新流创新转换决策的过程中，应保持企业内外部信息渠道的通畅，建立重点财务指标和环境指标的监督预警机制，配合数据挖掘等技术手段，提升情报资源的获取与利用水平，以保障主流与新流创新转换决策制定的及时性和有效性。同时，管理者应在制定主流与新流创新转换决策目标的基础上，主动根据内外部环境的变化调整主流与新流创新转换决策的具体实施方案，强化主流与新流创新转换决策执行过程中反馈与调整环节的重要作用，根据内外部环境的动态及时调整或重新制定管理决策，改变主流与新流创新的发展和转换方向。在选择主流与新流创新转换时机的阶段，重点指标的监督、提示作用尤为显著。企业管理者应在与组织员工、合作伙伴和客户等内外部关系交流的过程中不断学习，跳出主流业务流程的思维惯性，提升对外部环境发展趋势的判断能力和对战略机会的敏感度与认知能力；再借助销售数据反馈、客户回访、市场调研等多种信息渠道，获取主流

业务和新流业务开展的实时情况和竞争者动态、市场活跃度等环境变化情况，及时剥离创新收益小、市场不断萎缩的衰退期业务，实现创新资源和工作重心向新流创新的逐步转移，以获取市场先发优势。

3. 建立优势要素整合机制，因地制宜开展主流与新流创新转换工作

通过实证研究发现，多种不同的企业内外部条件组合对主流与新流创新转换的完成具有殊途同归的效果。管理者应结合企业的特色优势、战略目标、组织执行力等实际情况制定主流与新流创新的转换决策，体现决策行为的艺术性。一方面，主流与新流创新的转换方向必须顺应技术、市场等企业外部环境的发展方向和企业整体市场定位与发展愿景；另一方面，主流与新流创新转换路径应符合企业当前的资源与能力基础，还需满足股东等利益相关者的长期利益。因此，在主流与新流创新的转换决策过程中，企业应建立优势要素整合机制，在日常工作中积累优势资源与能力，培育主流与新流创新的转换条件。为实现企业内外部技术和能力整合与提升，管理者不仅应鼓励跨部门合作，促进信息、物质资源的内部共享流通，还应积极开展与供应商、科研院所及其他相关企业的有效合作以充分获取外部资源。此外，企业应在正确认识异质性资源战略价值的基础上，结合自身的发展需求，以突出企业特色优势为准绳，选择主流与新流创新的转换方式。

本章小结

本章首先根据不同的研究范式对主流与新流创新的转换条件和转换决策等相关理论进行研究，在现有主流与新流创新研究成果上有所深化。从不同视角探讨了主流与新流创新的转换条件，提出主流与新流创新转换过程中的影响度变化规律和主流与新流创新转换决策条件的联动机制，搭建了本章的总体研究框架。其次，从主流与新流创新系统内部入手，构建主流与新流创新转换点计算模型，用青岛海尔的销售数据进行实证研究，在验证主流与新流创新影响关系模型运行机理和转换过程中主流创新与新流创新影响关系的变化规律。再次，使用 csQCA 的研究方法，基于 114 份科技型企业的有效问卷，在主流与新流创新转换决策构型理论基础上，回答了创新流管理视角下主流与新流创新转换条件是什么的

问题。研究发现，主流与新流创新的转换是企业内外部环境条件共同作用的结果，且多种组合形式都可令主流与新流创新成功转换。最后，在关注主流与新流创新影响关系变化规律对企业创新发展推动作用的同时，考虑企业内外部条件的异质性，借助福昕软件的案例从微观视角对企业主流与新流创新转换决策的过程与机制进行深入分析。本章研究发现，主流与新流创新的转换决策是一个动态的、不断修正的过程，企业借助管理决策手段实现与内外部环境的有效互动，通过主流与新流创新的转换决策改变企业技术、能力的发展方向，从而实现企业技术创新能力、综合竞争力的协同提升和企业整体的跨越式发展。本章转换点的测评为下一章动态模拟仿真奠定了基础。

第十章 企业主流与新流创新协同演进的系统动力学模拟仿真

主流与新流创新的协同演进是一个复杂系统，具有持续性、动态性和周期性等特点，创新资源如何在主流与新流创新之间分配、创新策略何时调整是决策者最为关注的问题，提供一种客观的、定量的方法将是解决问题的关键。主流与新流创新系统是由多种因素构成的动态系统，系统不仅需要企业内部资源的合理运用，还需要企业与政府、中介机构等环境要素的信息交流与反馈，这就决定了主流与新流创新系统在很大程度上取决于过去的行为决策，因此这是典型的信息反馈系统（刘楠，2007）。系统动力学是分析研究信息反馈系统的方法，基于系统行为与内在机制间的相互紧密的依赖关系，透过数学模型的建立过程而获得，逐步发掘出产生变化形态的要素因果关系。因此，系统动力学模型是适合主流与新流创新系统定量化分析的工具（李柏洲等，2011）。本章借鉴系统动力学方法对企业主流与新流创新协同演进开展仿真研究，为企业解决创新瓶颈问题，推动创新规范化、资源分配合理化、创新收益最大化提供科学的依据和参考。

第一节 系统动力学建模原理与基本步骤

一 系统动力学建模原理

系统动力学（System Dynamics，SD）由麻省理工学院 Forrester 教授创建于 20 世纪中期，其经典著作包括《工业动力学》（Forrester，1961）、《城市动力学》（Forrester and Collins，1969）、《系统原理》（Forrester，1976）等。系统动力学是一门分析研究信息反馈系统的学科，也是一门认识系统问题和解决系统问题交叉的综合性的新学科，强调系统、整体的观点和联系、发展、运动的观点，借助计算机模拟可以定性与定量地研究系统问题，也可以分析研究社会、经济、生物等复杂的大系统问题（王其藩，1994）。系统动力学建模是将系统的结构决定系统行为作为前提条件而展开研究的。它认为存在系统内的众多变量在它们相互作用的反馈环里有因果联系，且各反馈环间有系统的相互联系，这些联系组成了系统的结构，系统结构是系统行为的根本性决定因素。系统动力学从系统结构角度来分析系统的功能和行为，其主张通过寻找系统的较优结构来获得较优的系统行为。钟永光等（2013）认为，从系统动力学的视角能更好地理解复杂系统的结构和动态行为特性；同时，它提供了规范的计算机仿真复杂系统的工具，借此可以设计和制定出更有效的决策。张军和许庆瑞（2015）指出，系统动力学能够组织描述性信息，保留真实过程中的丰富性，并建立在管理者经验知识的基础上，能够揭示不同政策选择后的各种动态结果，因而能为管理模型提供有效的思维体系，并被作为理解复杂系统结构和动态行为特征的有效方法与手段。系统动态学的独特优势在于：模型的结构以反馈环为基础，当系统存在多重反馈时，系统行为模式对大多数参数并不敏感，此时数据不足虽然给参数估计带来困难，但只要估计的参数落在模型的宽度范围之内，系统行为仍然表现出相同的模式（齐丽云等，2008）。因而，随着现代社会复杂性、动态性、多变性等问题的逐步加剧，其应用范围也不断拓展，目前系统动力学已被广泛用于解决社会、经济、商业、城市建设、生物、医疗、环境保护、能源、军事等诸多领域的复杂问题。

二　系统动力学建模基本步骤

系统动力学建模是一个反馈的过程，不是步骤的线性排列。模型需要经历反复、持续的质疑、测试和精炼。因此它必须是一个由粗到细、由表及里、多次循环、不断深化的过程。系统动力学将整个建模过程大致分为五大步骤。

第一，明确问题、确定系统边界，即明确模型需要研究和解决的问题，并确定问题研究的范围。系统内部应包括对系统特性有重大影响的因素，而在边界外与系统有联系的部分便是系统的环境。

第二，系统结构分析，即研究系统及其组成部分之间的关系，研究系统的反馈结构，分析系统整体与局部之间的关系，厘清系统中的因果关系与反馈回路，形成因果关系图。

第三，系统动力学模型建立，即进一步用系统动力学语言刻画系统各变量之间的相互作用关系，建立相应的数学方程组，绘制系统流图。

第四，模型试验，即运用模型进行模拟，并检验模型的真实性与信度。通过对结果的分析，发现系统结构的不足，确定是否对模型进行必要的修正，然后做仿真测试，直至得到满意的结果。

第五，模型应用，即运用模型对系统问题进行定量的分析研究和做各种政策试验。

以上步骤有一定的先后次序，但在实际建模过程中，它们又都是交叉、反复进行的。

第二节　研究假设与边界确定

一　研究假设

第一，追求经济利益最大化是企业开展主流与新流创新最重要的动力因素。在市场发育健全、市场竞争机制能够正常发挥作用的经济环境中，创新是企业追求利益最大化的内在要求。主流创新会随生命周期衰竭，无法为企业提供永续的经济利益。开展主流与新流创新，塑造持续的创新流，成为企业长久利润的重要来源。

第二，企业有意愿、有能力同时开展主流创新与新流创新。在主流与新流创新演进的不同阶段，主流与新流的创新要素发生改变，使得企业调整二者之间的资源配置，致使主流或新流创新收益随之变化，进而会影响整体创新绩效。

第三，主流与新流创新收益来自主流创新收益和新流创新收益的总和。如果主流创新收益的增长速度快于新流创新收益，则企业倾向于加强主流创新；反之，企业会加大新流创新投入。

第四，主流与新流创新系统在内外部动力和影响因素的作用下，沿生命周期发展演进，尽管系统在外部环境的作用下可能发生千变万化的反应，但是"系统之宏观行为源于其微观机构"（刘楠，2007），本书假设主流与新流创新系统的行为模式主要取决于内部结构与反馈机制。

二　系统边界确定

主流与新流创新的协同演进是一个复杂系统，前文对主流与新流创新演进的规律、特点、路径进行了分析与阐述，本章研究的重点是创新资源如何在主流与新流创新之间分配、不同的资源配置会如何影响企业的创新绩效。因此，本章将企业主流与新流创新系统划分为主流创新子系统、新流创新子系统和企业创新收益子系统。各子系统之间存在复杂的相互影响、相互制约的非线性反馈关系，如图 10 - 1 所示。

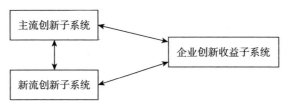

图 10 - 1　主流与新流创新系统边界

第三节　系统动力学模型建立

一　主流与新流创新系统协同演进的因果关系

根据主流与新流创新系统协同演进的规律、路径、特点，以及创新系统的影响要素分析（朱斌、欧伟强，2017a），本章从企业创新绩效角度绘制出因果关系图，如图 10 - 2 所示。

二　主要因果关系分析

（一）回路分析

（1）主流创新经济收益→总创新收益→创新资源总投入→主流创新资源投入→主流创新市场投入→主流市场开发→主流产品市场占有率→主流产品销量→主流创新经济收益

以主流创新经济收益为中心的正反馈回路，主要是通过增加主流创

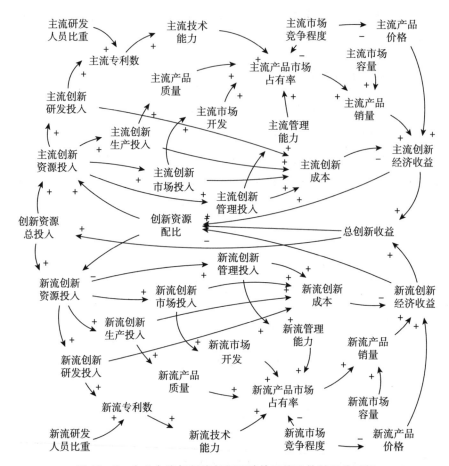

图 10-2   企业主流与新流创新系统协同演进的因果关系图

新市场投入，加大市场推广力度或者提升品牌附加值，提升企业在主流市场的竞争能力，使得主流产品市场占有率提高，主流产品销量上升，增加主流创新经济收益。

（2）主流创新经济收益→总创新收益→创新资源总投入→主流创新资源投入→主流创新研发投入→主流专利数→主流技术能力→主流产品市场占有率→主流产品销量→主流创新经济收益

通过加大主流创新研发（R&D）投入，申请更多专利，提高主流技术能力，提升主流创新能力，进而增加主流创新经济收益，体现研发投入对主流创新经济收益的正反馈作用。

（3）主流创新经济收益→总创新收益→创新资源总投入→主流创新资源投入→主流创新生产投入→主流产品质量→主流产品市场占有率→主流产品销量→主流创新经济收益

企业获得主流创新经济收益后，会增加总创新收益，从而增加主流创新生产投入，提高主流产品质量，增加主流产品的品牌附加值，提高主流产品市场占有率和主流产品销量，进而提升主流创新经济收益。因此，该回路是正反馈的。

（4）主流创新经济收益→总创新收益→创新资源总投入→主流创新资源投入→主流创新管理投入→主流管理能力→主流产品市场占有率→主流产品销量→主流创新经济收益

随着企业规模的扩大，企业的组织管理水平提高，组织成员沟通效率提高，高层领导支持企业加大创新力度，完善企业的创新管理机制，从而增强主流管理能力，提升主流创新经济收益，企业总创新收益得以增长，该回路体现总创新收益对主流管理能力的正反馈作用。

（5）主流创新经济收益→总创新收益→创新资源总投入→主流创新资源投入→主流创新研发投入（主流创新市场投入、主流创新生产投入、主流创新管理投入）→主流创新成本→主流创新经济收益

该回路体现成本增加的负反馈作用，企业增加对主流创新研发、市场、生产和管理的投入，导致主流创新成本增加，从而降低主流创新经济收益。在主流创新经济收益与成本之差缩减的情况下，企业总创新收益减少。

（6）主流创新资源投入→主流创新研发投入（主流创新市场投入、主流创新生产投入、主流创新管理投入）→主流创新成本→主流创新经济收益→创新资源配比→主流创新资源投入

该回路体现的是企业主流创新资源投入决策，在主流创新领域取得的经济收益越大，其增长性越稳定，高层管理者就越倾向于增加主流创新资源的配置比例。因此，该回路是正反馈的。

（7）新流创新经济收益→总创新收益→创新资源总投入→新流创新资源投入→新流创新市场投入→新流市场开发→新流产品市场占有率→新流产品销量→新流创新经济收益

新流创新通过增加市场调研和市场推广的费用，加大企业新流市场

开发力度，提高市场对新流产品的接受程度，进而获取更高的市场占有率，提高新流产品销量，实现新流创新经济收益的增长。因此，该回路是正反馈的。

（8）新流创新经济收益→总创新收益→创新资源总投入→新流创新资源投入→新流创新研发投入→新流专利数→新流技术能力→新流产品市场占有率→新流产品销量→新流创新经济收益

企业获得更多创新收益时，会加大在新流创新的资源投入，通过加大新流创新 R&D 投入，在新流创新领域获取更多的专利，提高新流技术能力，提升新流产品市场占有率和销量，进而增加新流创新经济收益，该回路体现新流领域的研发投入对新流创新经济收益的正反馈作用。

（9）新流创新经济收益→总创新收益→创新资源总投入→新流创新资源投入→新流创新生产投入→新流产品质量→新流产品市场占有率→新流产品销量→新流创新经济收益

企业研发出新流产品后，加大投入生产新流产品，提高新流产品质量，更好地满足市场需求，提高市场吻合度，通过新流产品市场占有率的提升，新流产品销量上升，从而提高新流创新经济收益，该回路是正反馈的。

（10）新流创新经济收益→总创新收益→创新资源总投入→新流创新资源投入→新流创新管理投入→新流管理能力→新流产品市场占有率→新流产品销量→新流创新经济收益

随着新流业务规模的扩大，企业需要提高新流组织或机构的管理水平，提高新流组织成员的沟通效率，保障企业高层领导对新流创新的支持，促进企业形成二元创新机制，从而提升新流管理能力，提升新流创新经济收益，企业总创新收益得以增长，该回路体现总创新收益对新流管理能力的正反馈作用。

（11）新流创新经济收益→总创新收益→创新资源总投入→新流创新资源投入→新流创新研发投入（新流创新市场投入、新流创新生产投入、新流创新管理投入）→新流创新成本→新流创新经济收益

企业增加新流创新 R&D 投入、市场推广费用、市场调研费用、新流产品生产投入、管理费用等，导致新流创新成本增加，从而降低了新流创新经济收益，该回路体现了新流创新成本对新流创新经济收益的负反馈作用。

（12）新流创新资源投入→新流创新研发投入（新流创新市场投入、新流创新生产投入、新流创新管理投入）→新流创新成本→新流创新经济收益→创新资源配比→新流创新资源投入

企业调整战略决策，进入新流创新领域，通过增加在创新研发、市场、生产、管理等方面的投入，逐步赢得新流市场和客户的认可，从而获得新流创新经济收益，当新流创新回报明显超过新流创新成本，并在企业总收益占比中逐步增大时，企业亦会加大新流创新资源投入，加速其成长。

（二）主要原因树分析

1. 主流创新经济收益原因树分析

由图 10 - 3 可看出，主流创新经济收益的主要影响因素是主流创新成本、主流产品销量以及主流产品价格。主流创新研发投入、主流创新市场投入、主流创新生产投入以及主流创新管理投入增加了企业主流创新成本。主流市场竞争程度对主流产品价格有负反馈作用，主流产品市场占有率和主流市场容量对主流产品销量有正反馈作用。进一步探究发现，主流产品质量、主流市场开发程度、主流技术能力和主流创新管理能力对主流产品市场占有率有正反馈作用，而主流市场竞争程度可能对主流产品市场占有率产生负反馈作用。

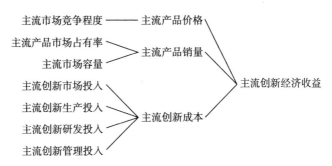

图 10 - 3 主流创新经济收益原因树

2. 新流创新经济收益原因树分析

如图 10 - 4 所示，新流创新经济收益主要有三个影响要素，分别为新流创新成本、新流产品价格和新流产品销量。其中，新流创新成本又受新流创新市场投入、新流创新生产投入、新流创新研发投入以及新流创新管理投入的影响。新流市场竞争程度对新流产品价格有负反馈作用，新流产品市场占有率、新流市场容量对新流产品销量有正反馈作用。进

一步探究发现，新流市场开发程度、新流产品质量、新流技术能力和新流创新管理能力对新流产品市场占有率有正反馈作用，而新流市场竞争程度可能对新流产品市场占有率产生负反馈作用。

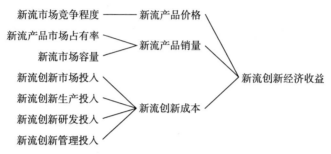

图 10 - 4　新流创新经济收益原因树

3. 总创新收益原因树分析

从图 10 - 5 得知，企业总创新收益由主流创新经济收益与新流创新经济收益共同决定。在企业的发展过程中，主流与新流创新是不断更替演进的，在创新生命周期的不同阶段，主流与新流创新经济收益也在不断变化，而企业开展主流与新流创新的目标在于实现整体创新绩效最大化。

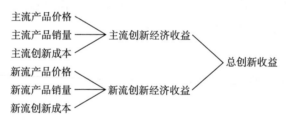

图 10 - 5　总创新收益原因树

4. 主流创新资源投入原因树分析

由图 10 - 6 可知，主流创新资源投入受创新资源总投入与创新资源配比的影响。其中，总创新收益对创新资源总投入有正反馈作用；主流创新经济收益和新流创新经济收益共同决定创新资源配比。

图 10 - 6　主流创新资源投入原因树

5. 新流创新资源投入原因树分析

从图 10 – 7 中可见，企业的新流创新资源投入与企业的创新资源总投入和创新资源配比有关。而企业的历史创新利润又决定了企业有多少资源可以投入创新活动中。另外，在新流领域的创新资源配比又取决于主流与新流创新的经济收益情况。在创新生命周期不同阶段，随着新流创新经济收益的变化，企业也随之调整主流与新流创新之间的资源分配，以达到最理想的创新绩效。

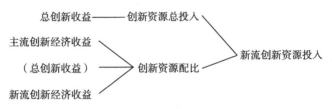

图 10 – 7　新流创新资源投入原因树

三　系统流图

本章研究的核心是企业同时开展主流与新流创新，如何在二者之间进行资源配置，以及探讨在不同资源配置下创新绩效的差异性。鉴于企业主流与新流创新演进的生命周期特点，系统流图主要体现主流与新流共存的汇流创新阶段。因此，在确定模型边界、提出假设、绘制因果关系图、回路分析和原因树分析之后，在模型的边界中识别因素、确定变量，并适量增添相关辅助变量以更好地分析研究模型，最终建立企业主流与新流创新协同演进的系统流图，如图 10 – 8 所示。

第四节　主流与新流创新系统协同演进的模拟仿真

一　案例企业的主要数据及参数确定

在系统流图、系统动力学模型建立之后，根据研究需要，开展企业模拟仿真实证研究。本书在前几章已经开展了 9 家企业的案例研究，本章之所以选择以海源机械为研究对象，进行系统动力学模拟仿真，主要

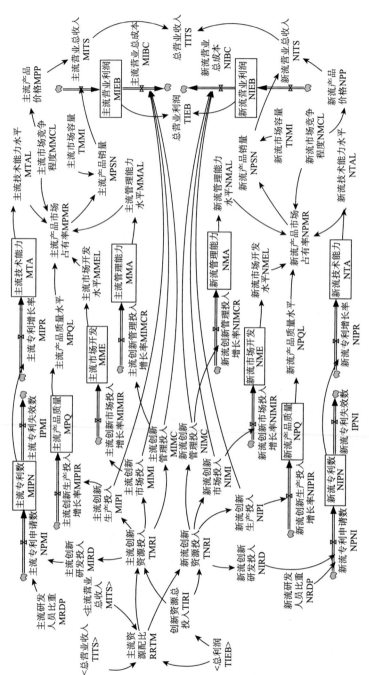

图 10 - 8 企业主流与新流创新协同演进系统流图

原因有以下几方面。首先，海源机械主流液压机创新与新流复合材料创新同步演进正处于蓬勃蓄势的汇流创新阶段，是当前创新驱动背景下企业主流与新流创新演进的最鲜活的例证。其次，海源机械同时开展主流与新流创新的方式比较典型，企业在主流液压机械领域创新之外，探索复合材料制品的新流领域研究，其新流探索方式很具代表性。从新流独立研发实验室，到组建新流业务部门，最终单独设立全资子公司海源新材料，海源机械的二元创新模式为其他企业推进主流与新流创新协同演进提供了较好的借鉴。最后，海源机械的成功上市以及子公司海源新材料的设立，为收集和整理企业主流与新流创新协同演进研究所需的相关数据资料提供了极大的便利。由于海源机械是从 2012 年才开始正式涉足新流复合材料领域，如果仅以年度数据为基础，则样本数据过少，因此，以半年为时间单位，结合企业年度报告、半年度报告、内刊、管理者及主要技术骨干访谈等，收集和整理相关数据，如表 10 - 1 ~ 表 10 - 5 所示。

表 10 - 1　海源机械总体情况

单位：万元

时间	总营业收入	总营业利润
2012 年上半年	11518. 22	362. 17
2012 年下半年	14862. 81	− 222. 62
2013 年上半年	11406. 20	14. 36
2013 年下半年	13848. 47	− 424. 63
2014 年上半年	7404. 82	− 1326. 22
2014 年下半年	11265. 44	− 849. 48
2015 年上半年	8624. 52	− 2146. 74
2015 年下半年	14389. 80	− 69. 01
2016 年上半年	8082. 42	− 2136. 84

资料来源：海源机械半年度、年度报告（2012 ~ 2016 年）。

表 10 - 2　海源机械主流液压机创新主要数据

时间	营业收入（万元）	营业利润（万元）	生产投入（万元）	市场投入（万元）	管理投入（万元）	研发投入（万元）	研发人员占比（%）	专利数（个）
2012 年上半年	11518. 22	421. 70	7405. 13	2190. 88	1500. 51	881. 16	9. 59	55
2012 年下半年	14862. 81	− 64. 12	11163. 20	1742. 45	2021. 28	948. 11	9. 98	59

续表

时间	营业收入（万元）	营业利润（万元）	生产投入（万元）	市场投入（万元）	管理投入（万元）	研发投入（万元）	研发人员占比（%）	专利数（个）
2013 年上半年	11247.91	320.90	7990.60	1431.49	1504.92	1001.50	10.56	62
2013 年下半年	13239.91	-132.30	8809.65	2119.32	2443.24	1185.65	11.91	67
2014 年上半年	7174.19	-902.32	4966.29	1509.73	1600.49	1064.56	13.75	78
2014 年下半年	8485.98	-856.97	5744.09	1702.83	1896.03	2481.53	13.80	92
2015 年上半年	5526.43	-2279.27	4212.04	1467.87	2125.79	1596.71	15.07	115
2015 年下半年	5788.55	-2163.33	4469.76	447.71	3034.41	3908.75	17.45	132
2016 年上半年	4295.12	-2587.48	3638.91	817.65	2426.04	419.54	18.91	162

资料来源：根据海源机械半年度、年度报告（2012~2016 年）以及内刊、管理者及主要技术骨干访谈整理。

表 10-3　海源机械新流复合材料创新主要数据

时间	营业收入（万元）	营业利润（万元）	生产投入（万元）	市场投入（万元）	管理投入（万元）	研发投入（万元）	研发人员占比（%）	专利数（个）
2012 年上半年	0.00	-59.53	0.00	0.00	59.53	12.25	16.67	0.00
2012 年下半年	0.00	-158.20	0.00	0.00	158.20	66.25	26.19	1.00
2013 年上半年	158.29	-306.54	146.77	30.52	287.54	85.17	22.86	7.00
2013 年下半年	608.56	-292.33	456.89	79.68	364.32	110.33	13.74	14.00
2014 年上半年	230.63	-423.90	226.47	41.23	386.83	232.96	14.29	19.00
2014 年下半年	2779.46	7.49	1966.38	359.68	445.91	272.25	16.06	29.00
2015 年上半年	3098.09	132.53	2087.14	300.32	578.10	269.86	21.95	41.00
2015 年下半年	8601.25	2094.32	5120.94	857.85	528.14	1105.38	29.46	55.00
2016 年上半年	3787.30	450.64	2414.24	422.34	500.08	1553.28	31.00	111.00

资料来源：根据海源机械半年度、年度报告（2012~2016 年）以及内刊、管理者及主要技术骨干访谈整理。

表 10-4　主要变量参数及说明

变量	值	说明
$TIEB$ 对 $TIRI$ 的作用系数→TIF	0.967	根据原始数据回归分析可得
$TIEB$ 对 $RRTM$ 的作用系数→$TEBF$	8.605×10^{-5}	根据基础数据，利用 SPSS 做回归分析可得

变量	值	说明
$TITS$ 对 $RRTM$ 的作用系数→$TITF$	-3.488×10^{-5}	根据基础数据，利用 SPSS 做回归分析可得
$MITS$ 对 $RRTM$ 的作用系数→$MITF$	4.303×10^{-5}	根据基础数据，利用 SPSS 做回归分析可得
$MIRD$ 对 $NPMI$ 的作用系数→$MIRDF$	0.0048	借鉴李培楠等（2014）的研究，结合企业具体情况调整
$MRDP$ 对 $NPMI$ 的作用系数→$MRDPF$	227.4607	借鉴李培楠等（2014）的研究，结合企业具体情况调整
$MIRD$ 的系数→$MRDF$	0.1313	前 9 个时间单位均值，Time > 9 时才用做仿真分析
$MIRI$ 的系数→MPF	0.5498	前 9 个时间单位均值，Time > 9 时才用做仿真分析
$MIMI$ 的系数→MMF	0.1304	前 9 个时间单位均值，Time > 9 时才用做仿真分析
$MIMC$ 的系数→$MMCF$	0.1885	前 9 个时间单位均值，Time > 9 时才用做仿真分析
主流专利失效数→$IPMI$	2 个	从年报中可查
新流专利失效数→$IPNI$	0 个	新流创新处于萌芽期时，新流专利暂无失效情况
$NIRD$ 对 $NPNI$ 的作用系数→$NIRDF$	0.0464	借鉴张国强（2010）的研究，结合企业具体情况调整
$NRDP$ 对 $NPNI$ 的作用系数→$NRDPF$	33.1643	借鉴张国强（2010）的研究，结合企业具体情况调整
$NIRD$ 的系数→$NRDF$	0.1808	前 9 个时间单位均值，Time > 9 时才用做仿真分析
$NIPI$ 的系数→NPF	0.3813	前 9 个时间单位均值，Time > 9 时才用做仿真分析
$NIMI$ 的系数→NMF	0.0656	前 9 个时间单位均值，Time > 9 时才用做仿真分析
$NIMC$ 的系数→$NMCF$	0.3723	前 9 个时间单位均值，Time > 9 时才用做仿真分析
$TIRI$ 初始值→$INT1$	12637.1 万元	从年报中可查
$RRTM$ 初始值→$INT2$	0.9995	2012 年上半年，企业大部分资源投入主流创新
$NPMI$ 初始值→$INT3$	5 个	依据海源机械年报
$MIPN$ 初始值→$INT4$	55 个	依据海源机械年报

续表

变量	值	说明
MTA 初始值→INT5	0.5	根据与管理者及主要技术骨干访谈结果整理
MPQ 初始值→INT6	0.8	根据与管理者及主要技术骨干访谈结果整理
MME 初始值→INT7	0.6	根据与管理者及主要技术骨干访谈结果整理
MMA 初始值→INT8	0.5	根据与管理者及主要技术骨干访谈结果整理
NMA 初始值→INT9	0.2	根据与管理者及主要技术骨干访谈结果整理
NME 初始值→INT10	0	根据与管理者及主要技术骨干访谈结果整理
NPQ 初始值→INT11	0	根据与管理者及主要技术骨干访谈结果整理
NTA 初始值→INT12	0	根据与管理者及主要技术骨干访谈结果整理

表 10 – 5　系统动力学模型初始参数设置

参数	设定值	参数	设定值
仿真起始时间	1	仿真步长	1
仿真终止时间	16①	数据记录步长	1
时间单位	半年②		

注：①由于创新演化代际加速，管理者更关注3年以内的创新演进情况，因此，将仿真年限设置为2019年，共计16个时间单位；②由于Vensim PLE软件中，无法以半年为时间单位，因此，在软件中以Year为时间单位进行仿真，但是实际上表示的是半年。后续将对输出结果的时间轴进行修正，将Time（Year）改为Time（Half Year）。

二　模型有效性检验

在SD模型建立和参数确定后，必须对模型进行有效性检验，以2012年上半年为基期，并输入相应数据，通过运行模型，将模型模拟值与原始值进行比较。

借鉴张国强（2010）和韩楠（2016）的研究方法，建立误差率公式：

$$\delta_j^i = \left| \frac{X_j'^i - X_j^i}{X_j^i} \right| (i = 1, 2, \cdots, 8; j = 1, 2, \cdots, 9) \qquad (10-1)$$

为了使变量误差率之间方便对比，建立平均误差率公式：

$$\delta^i = \left| \frac{1}{9} \sum_{j=1}^{9} \delta_j^i \right| (i = 1, 2, \cdots, 8) \qquad (10-2)$$

其中，X' 表示模拟值，X 表示原始值。式（10-1）和式（10-2）中，j 表示时间段，从 2012 年上半年一直到 2016 年上半年，1 表示 2012 年上半年，2 表示 2012 年下半年，以此类推，9 表示 2016 年上半年；i 表示变量，其中 1 表示总营业收入，2 表示总营业利润，3 表示主流营业收入，4 表示主流营业利润，5 表示新流营业收入，6 表示新流营业利润，7 表示主流专利数，8 表示新流专利数。

根据式（10-1）和式（10-2），输入模拟值与原始值，计算结果得：

$$\delta^1 = 0.99\% < 10\%, \delta^2 = 6.27\% < 10\%,$$
$$\delta^3 = 1.50\% < 10\%, \delta^4 = 7.50\% < 10\%,$$
$$\delta^5 = 9.39\% < 10\%, \delta^6 = 9.67\% < 10\%,$$
$$\delta^7 = 1.24\% < 10\%, \delta^8 = 7.90\% < 10\%$$

平均误差率都小于 10%。其中，新流营业收入和营业利润的平均误差率稍微偏大一些，原因在于新流创新收益的数值较小，因此从数据上看误差率显得较大。随着新流创新收益的增大，误差率将大大减小。同时，使用误差率和平均误差率对模型中其他变量进行分析，所得误差率也基本控制在 10% 以内。这说明本章所建立的系统动力学模型具有一定的准确性和有效性，可以用于模拟海源机械主流与新流创新演进的情况，并通过模拟仿真推演企业的创新决策，为管理者提供相应的对策建议。

三 创新收益影响因素仿真分析

（一）创新收益趋势分析

运行模型，观察总营业利润、主流营业利润和新流营业利润的演进情况，发现总营业利润总体呈现先下降随后出现不确定性波动（见图 10-9），主流营业利润呈现快速下降趋势（见图 10-10），而新流营业利润总体呈现稳步增长态势（见图 10-11）。综合对比三者演进情况，不难看出，海源机械主流液压机业务的衰退已是在所难免，新流复合材料能否顺利完成新旧主流更替进而支撑企业的持续性创新发展，还需要时间的验证，总营业利润的震荡也正是对这一问题的映射。

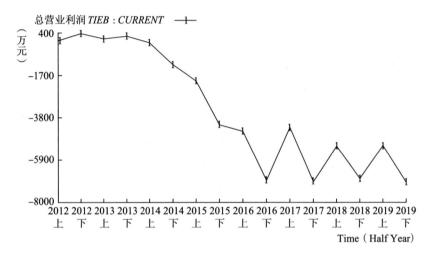

图 10-9　总营业利润演进趋势

注：*CURRENT* 表示仿真值，2012 上、2012 下分别表示 2012 年上半年、下半年，余同。

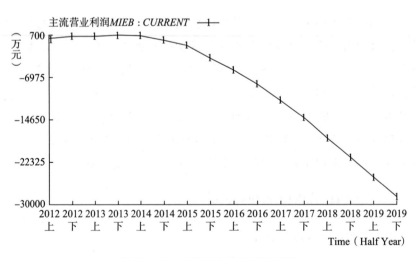

图 10-10　主流营业利润演进趋势

图 10 - 11　新流营业利润演进趋势

（二）资源投入与创新收益关系的仿真分析

1. 企业创新资源总投入与创新收益的关系

从图 10 - 12、图 10 - 13 和图 10 - 14 中可以很容易看出，如果企业能在现有基础上增加创新资源总投入（$TIRI$），将对总营业利润的提升有较大帮助。进一步发现，创新资源总投入的增加并未带来主流营业利润

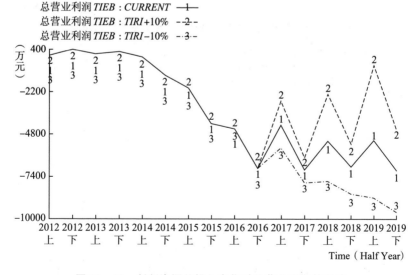

图 10 - 12　创新资源总投入变化对总营业利润的影响

注：$TIRI + 10\%$、$TIRI - 10\%$ 分别表示 $TIRI$ 增加 10%、减少 10%，其他指标同理。

的增长；总营业利润的增长主要源于新流业务提升所带来的业绩回报。而从图中的曲线发现，总营业利润并不是稳定提升的，而是呈现波动的增长态势，这也就意味着加大创新资源总投入可能存在潜在风险。在企业减少创新资源总投入的情况下，由于新流营业利润的减少，总营业利润迅速下滑。从创新资源总投入与创新收益的关系来看，海源机械也面临类似于"不创新等死，创新找死"的局面。

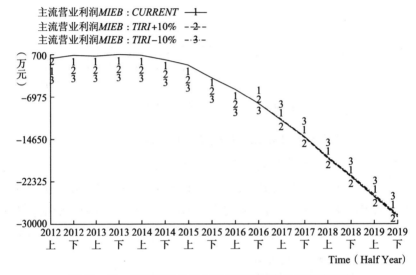

图 10 – 13　创新资源总投入变化对主流营业利润的影响

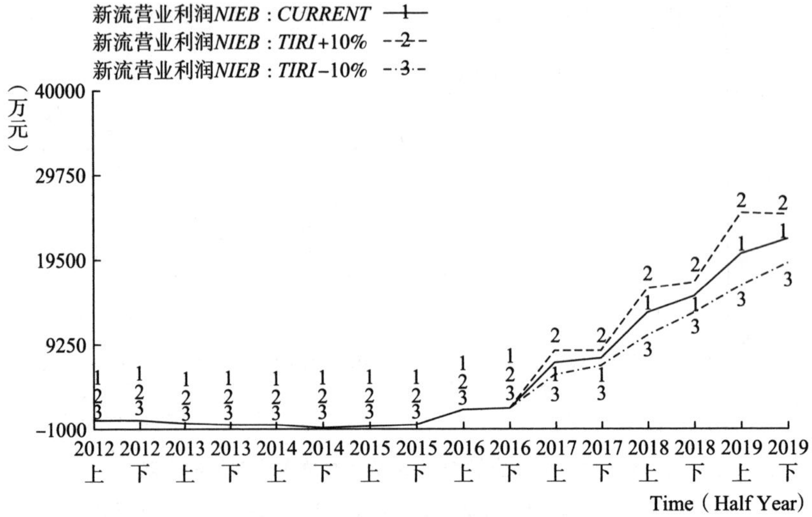

图 10 – 14　创新资源总投入变化对新流营业利润的影响

2. 研发投入与创新收益的关系

从图 10 - 15 ~ 图 10 - 20 中发现，主流创新研发投入（*MIRD*）和新流创新研发投入（*NIRD*）的变化对总营业利润、主流营业利润和新流营业利润的影响都不明显。其中，主流创新研发投入增加分别引起主流营业利润和新流营业利润少量的增加和减少，总营业利润几乎不变。而新流创新研发投入变化对总营业利润的影响要比主流创新研发投入大一些，

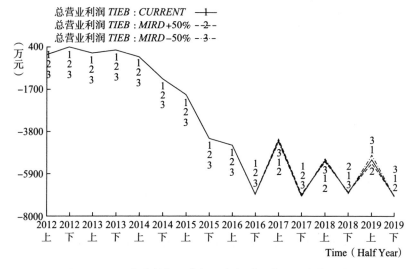

图 10 - 15　主流创新研发投入变化对总营业利润的影响

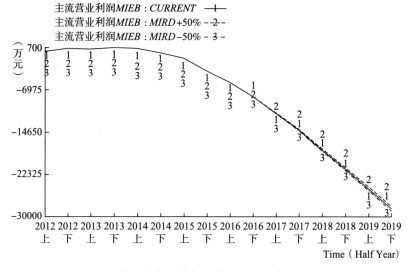

图 10 - 16　主流创新研发投入变化对主流营业利润的影响

但也不显著。结合海源机械实际情况来看，主流液压机创新基本成熟，主流领域的创新研发投入对主流创新绩效的提升作用十分有限。而在新流复合材料创新方面，新流创新研发投入所带来的新流价值的提升具有时间滞后性。因此，从短期来看，新流创新研发投入对创新收益的贡献度不高。

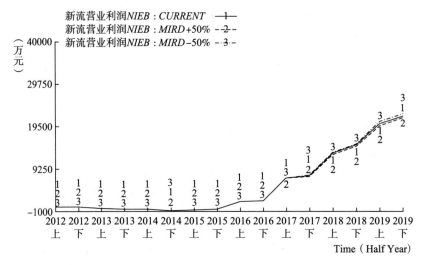

图 10-17　主流创新研发投入变化对新流营业利润的影响

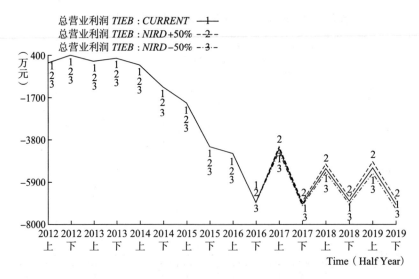

图 10-18　新流创新研发投入变化对总营业利润的影响

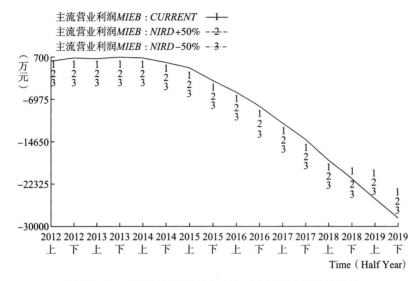

图 10 - 19　新流创新研发投入变化对主流营业利润的影响

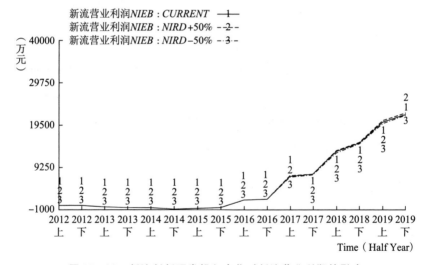

图 10 - 20　新流创新研发投入变化对新流营业利润的影响

3. 生产投入与创新收益的关系

海源机械主流液压机面临较大的转型压力，从图 10 - 21、图 10 - 22 和图 10 - 23 的演进趋势来看，当企业降低主流创新生产投入（MIPI）时，反而有助于提升创新收益。一方面，减少主流创新生产投入，在当前市场乏力的背景下也就降低了主流营业亏损；另一方面，减少的主流创新生产投入在一定程度上用于新流业务的拓展，增加了新流营业利润。

通过与海源机械管理层和相关技术人员的访谈了解到，海源机械已于2015年开始对传统液压机产品涉及的业务资源进行整合，以降低成本和提高效益。从新流创新生产投入变化对创新收益的影响来看，海源机械的新流复合材料领域具有较高的成长性，包括复合材料模板、配件产品、施工工具在内的一系列复合材料产品销售规模的扩大使得创新收益迅速增大（见图 10-24、图 10-25 和图 10-26）。

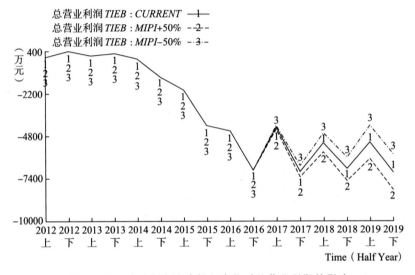

图 10-21　主流创新生产投入变化对总营业利润的影响

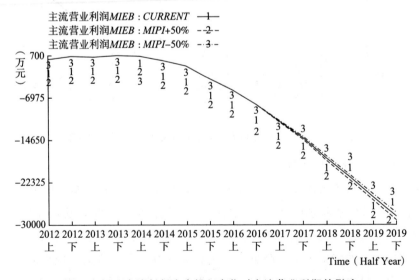

图 10-22　主流创新生产投入变化对主流营业利润的影响

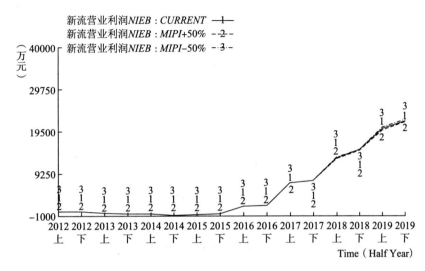

图 10 - 23　主流创新生产投入变化对新流营业利润的影响

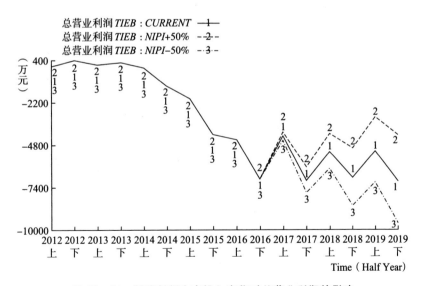

图 10 - 24　新流创新生产投入变化对总营业利润的影响

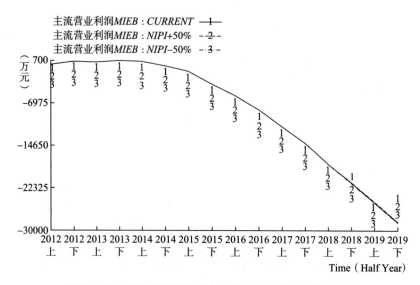

图 10 - 25　新流创新生产投入变化对主流营业利润的影响

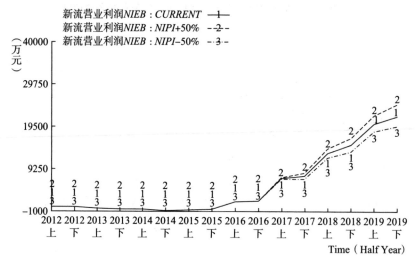

图 10 - 26　新流创新生产投入变化对新流营业利润的影响

4. 市场投入与创新收益的关系

如图 10 - 27、图 10 - 28 和图 10 - 29 所示，主流创新市场投入（MI-MI）对主流和新流营业利润的影响都不明显，降低主流创新市场投入反而少量提升了总营业利润。结合海源机械实际情况来看，一方面，受宏观经济影响较大，房地产投资和冶金行业固定资产投资不振，影响了主流液压机产品的市场需求；另一方面，传统出口市场受经济影响，需求下滑也很明显。因此，主流液压机应该维持或缩减销售队伍，择机调整现有市场结构。相对而言，新流创新市场投入（NIMI）对创新收益的提升有所帮助（见图10-30、图10-31、图10-32），整合营销资源，培养专业化销售团队，拓宽产品应用领域，都有利于促进企业的长远发展。

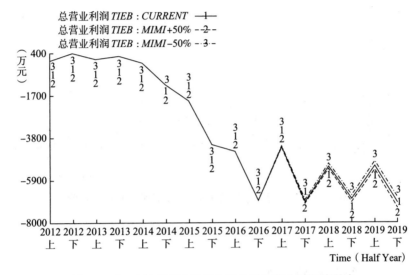

图 10 - 27　主流创新市场投入变化对总营业利润的影响

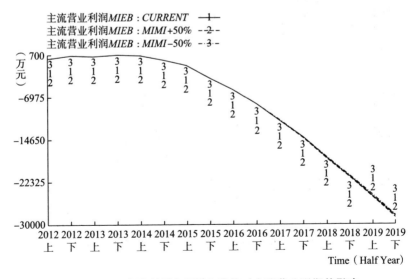

图 10 - 28　主流创新市场投入变化对主流营业利润的影响

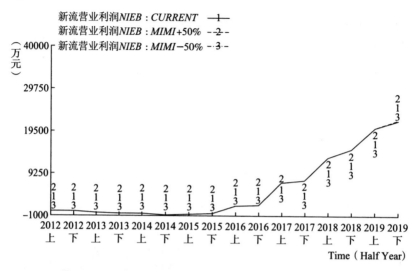

图 10 - 29　主流创新市场投入变化对新流营业利润的影响

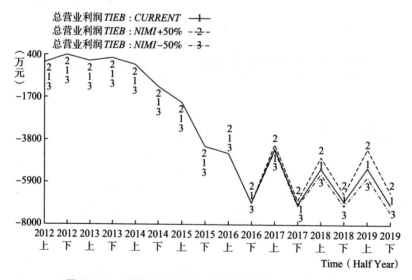

图 10 - 30　新流创新市场投入变化对总营业利润的影响

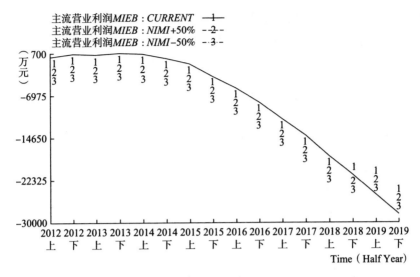

图 10－31　新流创新市场投入变化对主流营业利润的影响

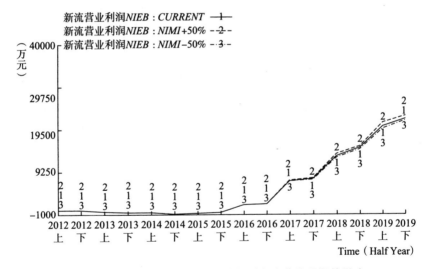

图 10－32　新流创新市场投入变化对新流营业利润的影响

5. 管理投入与创新收益的关系

如图 10－33、图 10－34 和图 10－35 所示，主流创新管理投入（*MIMC*）同样对创新收益的影响不显著，企业在制度建设、业务管理流程、信息化建设、绩效管理体系等方面都已经十分成熟，不需要更多的管理投入即可维持一定的主流创新产出，甚至可以缩小主流机构规模，降低办公行政、组织管理等方面不必要的成本支出。与之形成鲜明对

比的是，企业加大新流创新管理投入（NIMC），将极大地提升新流创
新营业利润和总营业利润，但对主流创新营业利润的影响不显著（见
图 10－36、图 10－37 和图 10－38）。新流复合材料领域在研发、生产上
都已经投入较多资源，形成较高的技术水平和产品质量，但是在新流创
新管理上，投入还相对不足。未来企业应持续加大新流创新管理投入，
提升新流领域管理水平，以获取更高的创新绩效。

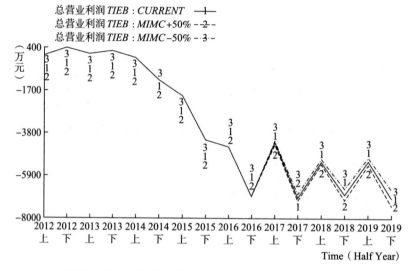

图 10－33　主流创新管理投入变化对总营业利润的影响

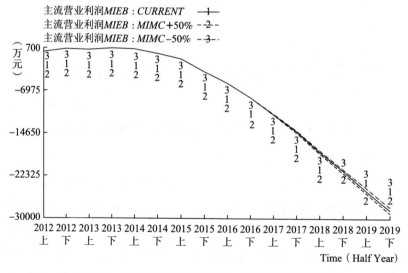

图 10－34　主流创新管理投入变化对主流营业利润的影响

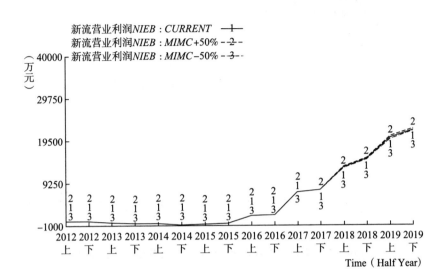

图 10 – 35　主流创新管理投入变化对新流营业利润的影响

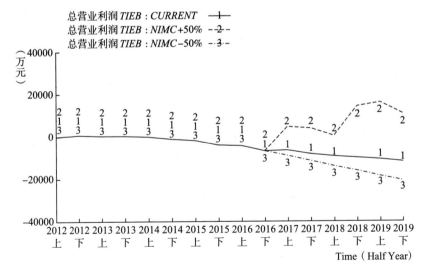

图 10 – 36　新流创新管理投入变化对总营业利润的影响

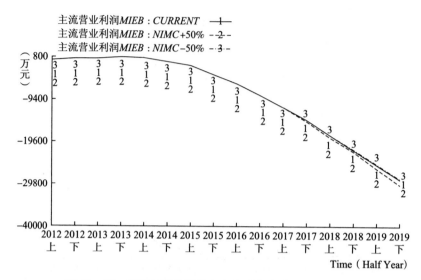

图 10 - 37   新流创新管理投入变化对主流营业利润的影响

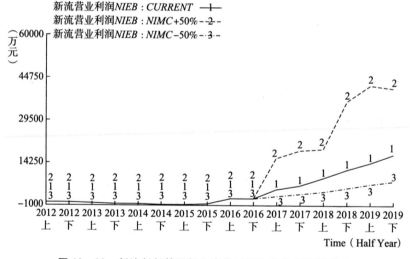

图 10 - 38   新流创新管理投入变化对新流营业利润的影响

（三）主流创新资源配比对创新收益影响的仿真分析

企业创新收益的实现不仅取决于主流或新流创新业务开展的情况，还与管理者如何在主流与新流之间配置创新资源息息相关。本章在仿真模型中用主流资源配比（RRTM）来表示管理者将总的投入资源配置到主流创新业务活动中的比例，而新流创新业务的资源配比为 1 – RRTM。

从图 10-39 发现，主流资源配比总体上随主流与新流创新演进而降低，但是当该数值接近 0.50 时，将呈现较大的波动，究其原因在于主流与新流对资源的争夺。图 10-39 中，$RRTM+50\%$ 和 $RRTM-50\%$ 这两条曲线的对比，说明目前企业中主流液压机创新对资源配置的影响力更大，主要源于组织惯例的存在，对新流创新具有一定的排斥。另外，从图 10-40、图 10-41 和图 10-42 发现，降低主流资源配比有利于提升

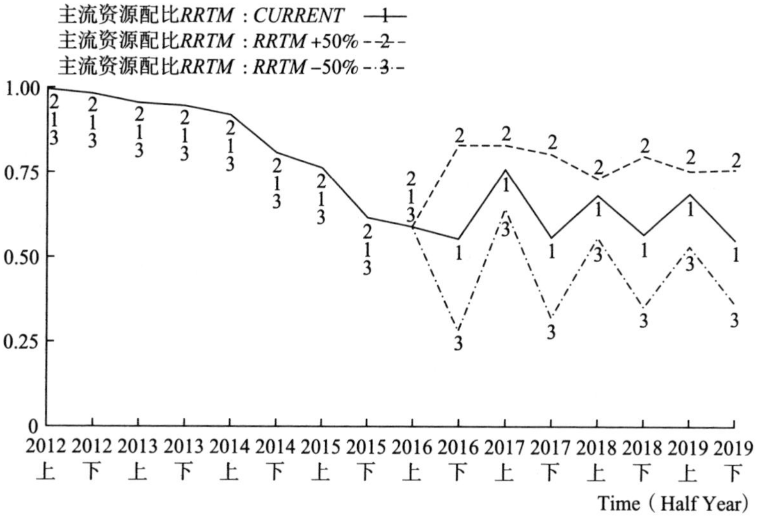

图 10-39　主流资源配比的变化趋势

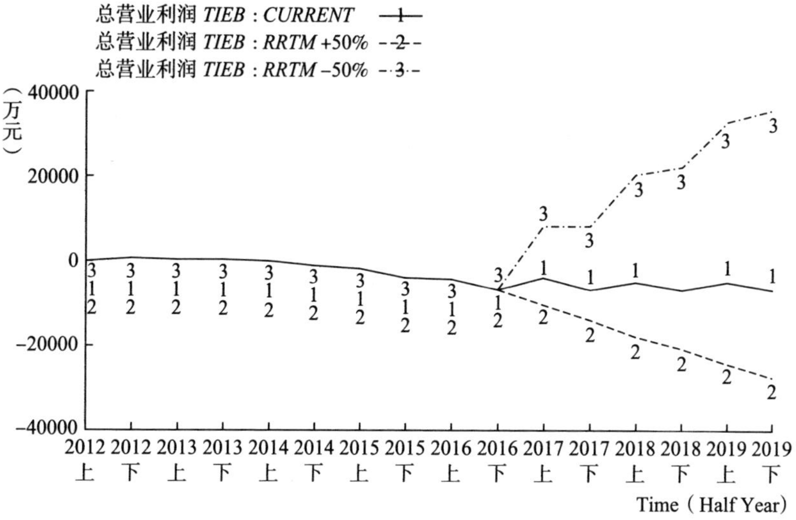

图 10-40　主流资源配比变化对总营业利润的影响

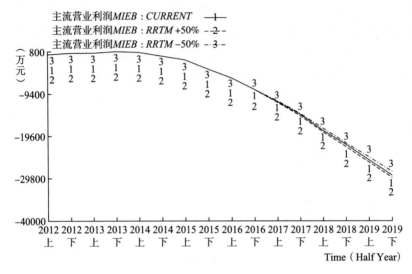

图 10 - 41   主流资源配比变化对主流营业利润的影响

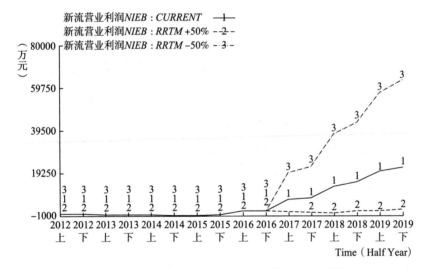

图 10 - 42   主流资源配比变化对新流营业利润的影响

企业的创新收益，即管理层要从战略上对主流与新流的资源配置进行调整，逐步将企业重心从液压机械领域转移到复合材料领域，促成新旧主流更替，进入新的创新演进阶段。

四　企业创新资源投入组合方案仿真及资源配置建议

（一）创新资源投入组合方案仿真

从前述的模拟仿真可以发现，海源机械正处于主流步入衰退和新流即将成熟的关键时期。此时，企业主流与新流之间的资源和管理冲突加大。从整体趋势来看，企业应逐步将重心从主流液压机械转向新流复合材料，管理者面临的问题是创新资源应优先配置到新流创新的哪类投入中，在现有的资源组合情况下，如何改变新流资源配置，以获得更高的创新收益。通过模拟仿真比较不同类型投入对总营业利润的灵敏度，以确定企业创新资源优先配置级别，为企业加速主流与新流创新演进提供决策依据。模拟仿真测试方案设置及仿真结果如表 10－6、图 10－43 ～图 10－48 所示。

表 10 –6　模拟仿真测试方案

		生产投入	管理投入	市场投入	研发投入	测试结果
模拟仿真一	方案 1	−3%	3%	不变	不变	管理投入优先于生产投入
	方案 2	3%	−3%	不变	不变	
模拟仿真二	方案 3	−3%	不变	3%	不变	市场投入优先于生产投入
	方案 4	3%	不变	−3%	不变	
模拟仿真三	方案 5	−3%	不变	不变	3%	生产投入优先于研发投入
	方案 6	3%	不变	不变	−3%	
模拟仿真四	方案 7	不变	3%	−3%	不变	管理投入优先于市场投入
	方案 8	不变	−3%	3%	不变	
模拟仿真五	方案 9	不变	3%	不变	−3%	管理投入优先于研发投入
	方案 10	不变	−3%	不变	3%	
模拟仿真六	方案 11	不变	不变	3%	−3%	市场投入优先于研发投入
	方案 12	不变	不变	−3%	3%	

综合所有测试结果，发现新流创新资源配置优先度：管理投入＞市场投入＞生产投入＞研发投入

从各种模拟仿真测试方案的总营业利润变化趋势来看（见图 10－43 ～图 10－48），在方案 1、方案 7、方案 9 情况下，海源机械总营业利润较高，这三个方案都反映了管理投入是企业未来资源配置的首选；同时，

方案3和方案11的总营业利润也比较高，意味着加大市场投入是加速新流成长的另一发力点。模拟仿真结果表明了新流创新资源配置优先度为管理投入 > 市场投入 > 生产投入 > 研发投入，即在获取更多新流创新资源时，企业应优先配置到管理投入和市场投入上。

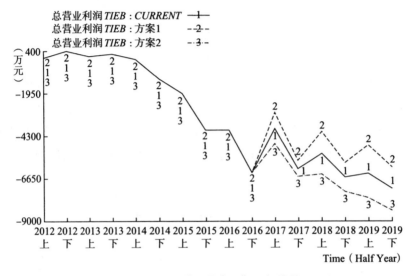

图 10-43 "模拟仿真一"运行结果

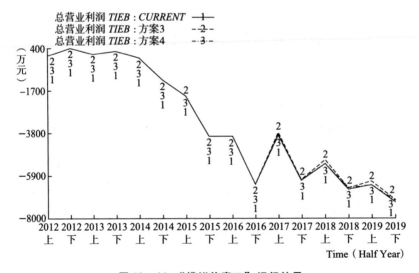

图 10-44 "模拟仿真二"运行结果

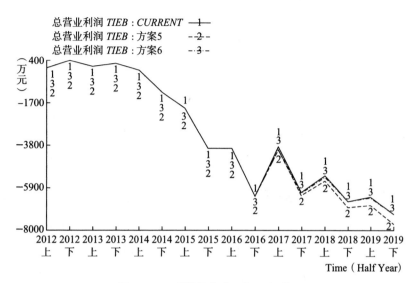

图 10 – 45　"模拟仿真三"运行结果

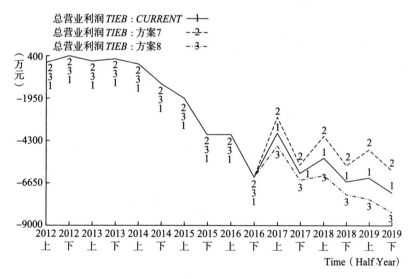

图 10 – 46　"模拟仿真四"运行结果

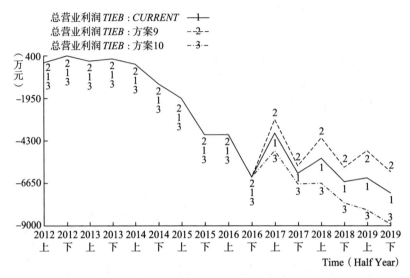

图 10 - 47　"模拟仿真五"运行结果

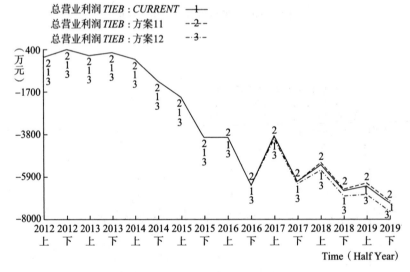

图 10 - 48　"模拟仿真六"运行结果

（二）企业创新资源优化配置建议

（1）调整资源配置结构，重新定位主流创新

企业很难保证现有主流业务的长盛不衰，唯有通过主流与新流创新转型升级，完成内部自我更新或替代，才能实现持续性创新，保障企业可持续发展。通过对海源机械现状的剖析，本章发现其主流业务已进入

衰退期，新流业务尽管还未完全成熟并取代主流业务，但是该趋势不可逆转。面对复合材料新兴的市场需求，公司需要对主流资源的结构进行调整配置。一方面，降低传统液压机中低端业务的比重，重整销售队伍，精减销售人员，重新梳理售后部门的组织结构和业务流程，以降低成本；并对机械装备业务原来按产品线划分的研发技术人员也进行重新整合，以提高研发效率。另一方面，集中优质资源拓展高端复合材料装备业务，通过新流创新技术和市场，为主流创新发展开辟新的利润来源，也为主流与新流创新的转换奠定良好的基础。

（2）优化资源投入组合，促进新流稳步提升

根据模拟仿真结果所得出的新流创新资源投入优先度，海源机械应及时优化新流创新资源投入组合，一方面，提升管理投入和市场投入的比例，增强新流创新管理能力和市场开拓能力；另一方面，适当降低生产投入和研发投入的比例，转而提升劳动生产率和研发成果转化率。从企业实际情况来看，海源机械在新流复合材料领域的研发、生产上都已投入较多资源，形成较高的技术水平和产品质量，但还需要企业整合各种创新资源、获取外部支持，开展新流创新活动，塑造强劲的新流创新管理能力。同时，在市场开拓方面，企业需加大地铁、高铁、水利等公建市场的拓展力度，并积极与汽车主机厂通过合作开发方式，开拓复合材料车身部件业务。不断优化的创新资源组合，将有利于新流创新加速发展，成为公司主要利润来源，进而完成主流与新流轨道切换，并实现企业创新升级与可持续发展。

（3）拓展资源获取渠道，保障创新持续开展

模拟仿真结果显示：企业如果能在现有基础上增加创新资源总投入，将对总营业利润的提升有较大帮助。因此，企业不仅要提升现有资源配置的创新性和有效性，还必须想方设法获取更多的外部创新资源。第一，以企业技术中心为核心，以高校和合作研发机构等为外部节点，以工厂为基地，将创意生产、基础研究、试验开发以及工业示范与应用紧密联系起来，形成企业持续获取相关设备、特定技术或功能、创造性技艺等资源的有效来源。第二，不仅通过在市场销售产品或者提供服务的方式获取创新资金，也从金融机构和政府部门获取部分创新补助资金，形成广泛意义上的资金来源。第三，通过战略联盟或者一体化战略，加强与

上下游企业的合作关系，形成一体化生产或分销体系等系统性财产资源。第四，作为上市公司，海源机械应有效利用资本市场获取更多募集资金，深入布局新流复合材料制品新兴应用领域，完善公司产业链。多方位的资源获取方式，将为海源机械主流与新流创新活动的可持续开展提供强有力的资源保障。

本章小结

本章以主流与新流创新协同演进的规律、路径、特点以及创新系统的影响要素分析为基础，利用系统动力学研究方法，对主流与新流创新演进过程中创新资源如何在主流与新流创新之间分配以及不同的资源配置会如何影响企业创新绩效进行建模与仿真。研究首先界定了系统边界和建模假设，继而绘制因果关系图和系统流图，建立系统动力学模型。在此基础上，以海源机械为研究对象，结合企业年度报告、半年度报告、内刊、管理者及主要技术骨干访谈等，收集和整理相关数据，并设定系统参数，继而利用系统动力学软件 Vensim PLE 作为仿真平台，对创新收益影响因素以及企业创新资源投入组合方案进行模拟仿真。系统模拟仿真结果显示，降低主流资源配比有利于提升企业总营业利润，即管理层要从战略上调整主流与新流的资源配置，逐步将企业重心从主流液压机械领域转移到新流复合材料领域，促成新旧主流更替，实现创新升级。新流创新资源配置优先度是管理投入＞市场投入＞生产投入＞研发投入，即在获取更多新流创新资源时，企业应优先配置到管理投入和市场投入上。针对案例企业未来的创新资源管理决策，本章认为海源机械需要调整资源配置结构，重新定位主流创新；优化资源投入组合，促进新流稳步提升；拓展资源获取渠道，保障创新持续开展。

第十一章　企业主流与新流创新协同
演进的图谱分析

前文在研究二维、三维和四维理论过程中，分别对福顺、金天梭、海源机械、伊时代、铁拓机械、凤竹纺织等企业开展案例研究，分析了案例企业主流与新流创新演进的历程，并对相关理论进行验证。本章尝试在前述案例研究基础上，遵循复制法的多案例研究规范流程（李飞等，2009），开展更广泛的企业案例研究，进而绘制企业主流与新流创新图谱，以探寻有价值的结论与启示。

第一节　主流与新流创新协同演进图谱的提出

一　图谱研究的意义

图谱具有将表现内容的内在逻辑显性化，将实体物质的抽象特征具体化，将复杂关系的结构特征流程化等诸多优势，易于读者根据自有经验及知识理解，判断、掌握对象的本质（郭颖等，2011）。作为对目前占主流的文字方式描述的补充和提升，可视化图形具有独特优势。正是认识到这一点，国内外学者正致力于该领域的研究。最经常被提及的图谱是科学知识图谱，它是建立在引文分析和信息可视化相结合的基础上，旨在将知识和信息中令人注目的最前沿领域和学科制高点，以可视化的图像直观地展现出来（陈悦、刘则渊，2005）。它的可视化不仅包括传统的散点图和链接节点图，还包括最新的自组织图谱、前景图、时间序列图谱和 3D 显示图等（梁秀娟，2009）。Price 和 Page（1975）被认为是科学知识图谱的早期开拓者，他们用定量统计方法发现了科学知识指数的增长规律。Jonassen（1992）描述了各种可视化方法，认为知识可视化的视觉表征主要有概念图、认知地图、语义网络、思维导图、思维地图等。Porter（2003）在其文献科学地图研究的基础上，开发专利科学地图，并将可视化图谱分为全球科学地图和本地关联图谱。Schneider（2004）认为在编制知识可视化的图谱时，要熟悉它的设计要素，并遵循一定的设计原则，提出图谱的设计要素为节点、连接、图形、文本、空白空间和其他的图形。刘则渊（2007）最先将科学知识图谱（Mapping Knowledge Domains）引入国内，认为"图谱"是图像以一定空间形式在一定时间范围内展现与变化的系统概念，他按照构图方法将科学知识图谱分为传统科学计量图谱、三维构型图谱、多维尺度图谱、社会网络分析图谱、自组织映射图谱和寻径网络图谱等。潘教峰（2010）基于科学论文的同被引聚类分析，确定热点研究领域，绘制了科学结构地图。郭颖等（2011）提出"科学技术可视化""图法"与"图空间"的概念，对科学技术可视化图谱的分类体系以科技管理决策的支持框架进行了扩展研究。蒋玉石和康宇航（2013）构建了基于专利地图的技术创新分析框架，并提出了一个改进的共现分析模型，以图谱的形式展现专利分析的结果。张璐等（2015）通过可视化工具绘制了知识图谱，对 2004 ~ 2014 年我国学术界在管理创新、创新方法等领域的研究进行了分析，展现其研究现状与发展脉络。何清华等（2016）运用信息可视化软件 CiteSpace 对建筑业的低碳技术进行时空分布分析，并通过词频探测技术识别出热点领域和前沿方向。

综上可见，国内外有关知识图谱的应用研究主要基于学术数据库和专利数据，对各学科及技术领域的研究热点与前沿、研究主体及研究基础等进行可视化图谱分析。除此之外，还有一些学者专注于产业链图谱研究。例如，王德保（2006）采用产业链图谱技术关联分析方法作为公共技术平台的规划方法，增强平台对市场和企业需求的响应。方敏等（2009）根据我国大规模非并网风电总体产业链，即"风电设备→风电场→非并网风电应用"，绘制出规模非并网风电产业体系图谱，并着重探讨了产业体系的功能结构和产业间的关联。高伟凯等（2010）根据投入产出表计算并制作了中国采掘和制造业产业链图谱，在此基础上划分了三种产业链类型：单纯产业链、含群产业链和交叉产业链。赵欣等（2014）绘制了包含建筑材料生产、生态环境、建筑设备生产、技术服务、工程建设、循环回收等方面的绿色建筑产业链图谱，并结合绿色建筑典型案例，分析了绿色建筑产业链经济社会效应。结合国内外图谱研究及其应用现状，本书认为适当地选择图谱作为描述主流与新流创新演进的表现形式，可以更好地展现主流与新流创新演进的状态和内在关系。因此，本书借鉴 Schneider（2004）的观点，综合考虑各行业特性，在多案例研究的基础上，绘制企业主流与新流创新协同演进图谱，为企业主流与新流创新管理提供综合的、直观的可视化辅助决策工具。

二　多案例研究方法

案例研究是社会科学研究中广泛使用的一种研究方法，迄今为止，这种研究方法已经得到社会学、人类学、教育学、政治学以及公共管理等学科研究者的认可（王金红，2007）。根据使用案例的数量，案例研究可以分为单一案例研究和多案例研究。单一案例研究是应用一个案例进行研究，多案例研究是运用两个及以上的案例进行研究。Eisenhardt（1989）提出案例研究应包含四个及以上的案例，这样才更具可信性和科学性，其研究结论也更能体现出一般性。李飞等（2009）、姚明明等（2014）、郭媛媛等（2016）认为多案例研究可以对案例进行更系统的分析，更为清晰与深入地阐释案例企业的动态历程。此外，从多个案例推导出的结论往往被认为更具说服力，更经得起推敲（Herriott and Firestone，1983）。因此，本章采取多案例研究方法探寻企业主流与新流创新演进的一般性规律，以期提高案例研究的有效性和研究结果的普适性。

在样本企业选择时，重点考察以下几个因素：①主流与新流创新多见于传统制造业和高新技术产业，故将案例企业锁定于这些行业中；②案例企业注重二元创新，既开发主流业务，又探索新流业务；③案例企业应具有较长的创新历程，以便能从创新生命周期对其主流与新流创新演进进行分析，因此尽可能选择成立时间在 10 年及以上的企业；④考虑到数据资料的可得性，为确保后续的跟踪研究，尽可能选择上市公司。根据以上标准，本书选择了 9 家企业进行案例研究，分别是福顺、金天梭、海源机械、伊时代、铁拓机械、凤竹纺织、南方路机、WB 光电和福耀玻璃（见表 11-1），在一定程度上保证了研究结论的可信性和科学性。其中，福顺、金天梭、海源机械、伊时代、铁拓机械和凤竹纺织的案例研究在前面章节的多维理论研究中已有详细描述，本章将重点对南方路机、WB 光电和福耀玻璃开展案例分析。

表 11 - 1　案例企业情况

企业	成立年份	企业类型	营业收入（亿元）	企业规模	所属行业
福顺	1996	合资	1.92	中型企业	集成电路
金天梭	1993	合资	0.3	小型企业	针织机械
海源机械	1988	民营	2.05	中型企业	液压机械
伊时代	2004	民营	2.8	中型企业	信息安全
铁拓机械	2004	民营	2.64	中型企业	搅拌机械
凤竹纺织	1991	民营	7.62	大型企业	针织染整
南方路机	1991	合资	4.62	中型企业	搅拌机械
WB 光电	1993	民营	2.1 *	中型企业	光电子
福耀玻璃	1987	合营	166.21	大型企业	汽车玻璃

注：* 为 2013 年数据，其余为 2016 年数据。

在资料采集方面，选择二手和一手资料采集相结合的方法。其中，二手资料收集渠道包括：①所有发表过的有关该企业的主要新闻报道、期刊文章等；②企业官网发布的信息、内部刊物、年度报告以及企业家出版的书籍等；③企业外部出版的有关该行业、企业、企业家的书籍、行业分析报告等。一手资料收集方法有：①到样本企业进行实地调查，包括现场访谈和现场考察；②采取笔记和录音相结合的方式，对高管及技术人员进行深度访谈，当场记录所有访谈内容，并对访谈的相关记录进行整理；③收集公司宣传手册、企业文化和规章制度等资料，通过多种数据的汇聚和相互验证来保证数据的准确性和可靠性。

第二节　图谱绘制的基础
——多案例研究

一　南方路机主流与新流创新案例分析

（一）南方路机企业简介

福建南方路面机械股份有限公司（简称"南方路机"）成立于1991年，是一家历史悠久，长期专注于搅拌机械设备研发、制造及服务的国际化专业公司，是福建省重点工业企业和国家级高新技术企业。南方路机为商品混凝土制造商，各种混凝土设备应用者，建筑、机场、大坝、铁路、公路路基和路面建设者，城市建设单位等提供搅拌设备全套解决方案和优质设备、服务。南方路机自创建以来，就一直秉承"术业有专攻，技术贵在精"的专业理念，一门心思专攻"搅拌"二字，不断地追求将"搅拌"做到极致。在国内干混砂浆的搅拌设备制造技术上，南方路机已经获得了 30 多项国家专利，参与制定我国该行业的有关技术标准，是国内唯一一家掌握成套工艺、技术的制造厂家，并已在国内高端市场承建了北京、天津、福建、浙江、四川等地的多条自动生产线。2017 年，南方路机年营业收入超过 6 亿元，同比增长 40%；拥有员工近2000 人，其中各类专业技术人才占比超过 30%，是中国工程机械行业绝对的"技术派"，是"对技术投入不惜任何代价"的代表企业之一。①2018 年 1 月 8 日，南方路机凭借在全国客户中的良好口碑，位列"2017中国工程机械用户品牌关注度"排行榜前三。南方路机的创新发展历程如图 11-1 所示。

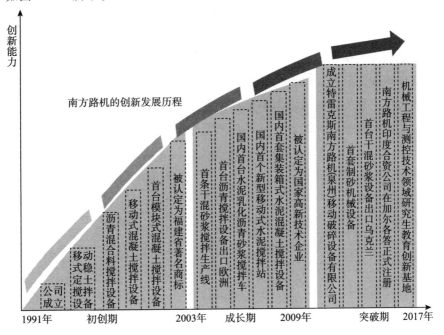

图 11-1　南方路机的创新发展历程

①　南方路机官网：http://www.nflg.com/news/111962.htm。

（二）南方路机主流与新流创新演进阶段分析

南方路机在搅拌机械设备领域的主流与新流创新历程可以分为初创期、成长期和突破期三个阶段。

1. 初创期（1991～2003年）——主流搅拌机械萌芽

1991年，现任南方路机董事长的方庆熙辞去了泉州筑路机械厂厂长职务，自筹资金创办了泉州南方路面机械厂。建厂初期，南方路机针对公路施工转场频繁的特点，把产品锁定在市场急需的移动式稳定土搅拌设备和移动式沥青混凝土搅拌设备上。1992年，南方路机推出了中国第一台移动式稳定土搅拌设备，具有良好的移动性，深受市场欢迎。随着产品在市场的热销，生产同类产品的工厂逐渐增多，市场竞争日益激烈。南方路机意识到虽然产品适销对路，但技术含量偏低，需要加强技术创新，提升产品档次，增强产品竞争力，因此进一步加大了新产品研发投入，新产品不断问世。1994～2000年，南方路机陆续开发出国内首台移动式混凝土搅拌设备、180方每小时混凝土搅拌设备、沥青混凝土搅拌设备、模块式混凝土搅拌设备。随着对行业认识的加深，南方路机发现，在我国建筑机械行业中，还没有一家有影响力的企业专门从事各类搅拌机械的研发与生产，并且搅拌机械的关键设备——搅拌主机的质量与国外相差很大。因此，南方路机将主流创新的目标锁定在搅拌机械上，着重培养公司在搅拌机械方面的核心竞争力。2000年，南方路机在意大利设立阿尔曼机械设计制造公司，着力研发搅拌机械。2001年，南方路机与长安大学工程机械学院签订技术合作合同，成立搅拌设备研究中心。同年，南方路机聘请欧洲顶尖搅拌设备专家为南方路机技术顾问，并从国外公司引进了概率筛设备技术，对设备进行技术分析及零部件研发，为搅拌机械成套生产线的形成奠定了坚实的基础。2002年，南方路机与意大利西门公司建立战略伙伴关系，成立南方路机（武汉）有限公司，扩张生产能力。2003年，南方路机获得俄罗斯GHOST认证，商标被认定为福建省著名商标。这一时期是南方路机在搅拌机械的技术积累时期。通过十余年的技术沉淀，南方路机基本明确了未来主流搅拌机械创新的方向。公司坚持"以质量和服务求生存，以品种和品牌求发展"的经营战略，先后开发了移动式稳定土搅拌设备、混凝土搅拌设备、沥青混凝土搅拌设备三大主系列10多种型号产品，产销量稳步增长，约占国内市场份额的 1/3。初创期主流创新情况如表 11 - 2 所示。

表 11 - 2 初创期主流创新情况

	核心技术	主要产品
主流创新	水泥混凝土搅拌设备制造技术 沥青搅拌设备制造技术	移动式稳定土搅拌设备 混凝土搅拌设备 沥青混凝土搅拌设备

2. 成长期（2004～2009 年）——主流搅拌机械迅猛发展

随着在水泥混凝土搅拌设备和沥青混合料搅拌设备方面的技术积累，南方路机通过对国外先进技术的跟踪发现，主流搅拌机械领域的干混砂浆生产设备将是未来发展的趋势。公司投入了大量的人力、物力，引进消化了欧洲成套技术、工艺，于 2004 年推出我国首台 FJD600 型干混砂浆搅拌主机，填补了该行业在我国的空白。此后，南方路机持续开展主流搅拌机械的技术改造升级，陆续推出 FJD600 型搅拌主机、FJD4500 型搅拌主机和 FJD1200 型搅拌主机，如表 11 - 3 所示。

表 11 - 3 主流搅拌机械技术改进

要素		2004 年	2005 年	2006 年	2006 年	2007 年
设备名称		FJD600 型干混砂浆搅拌主机	FJD600 型搅拌主机	FJD4500 型搅拌主机	FJD1200 型搅拌主机	四种型号搅拌主机
瓶颈问题		高速飞刀耐磨性低	提高搅拌混合比	提高搅拌混合比	提高搅拌混合比	轴端密封不稳定
解决方法		更换其他耐磨材料	改变搅拌装置结构	改变搅拌装置结构	改变搅拌装置结构	更换密封方式
工艺	搅拌装置	犁刀式飞刀	犁刀式飞刀，材料采用钢板加碳化钨	犁刀式飞刀，材料采用钢板加碳化钨	犁刀式飞刀，材料采用钢板加碳化钨	铧犁式飞刀，材料为钢板加碳化钨堆焊
	轴端密封	气密封	气密封	气密封	气密封	2010 年橡胶密封
	高速端材料	钢板焊碳化钨	耐磨合金铸铁	耐磨合金铸铁	耐磨合金铸铁	2008～2009 年进口耐磨板 2010 年粉末冶金
	驱动装置	液力耦合器	液力耦合器	液力耦合器	液力耦合器	变频器

续表

要素		2004 年	2005 年	2006 年	2006 年	2007 年
绩效	飞刀转速	60～110 转/分	60～110 转/分	60～110 转/分	60～110 转/分	110～130 转/分
	高速端耐磨性	1 个月	3 个月	3 个月	3 个月	进口耐磨板 0.5 个月
						粉末冶金 6 个月
	制定行业标准	起草搅拌主机及搅拌站（成套设备）行业标准				
	专利授权	获得 30 多项技术专利				

这一时期，随着中国国内市场国际化进程的加快，安迈、马连尼等国际知名混凝土设备制造商纷纷在中国设厂，国内品牌的成本优势不断缩小。在这种情况下，南方路机加速增强主流搅拌机械研发能力，每年投入全年利润的 7%～8% 作为研发资金，使得主流搅拌机械技术实现了迅猛发展，树立了技术领先和高端品牌的公司形象。南方路机还积极参与制定我国该行业的有关技术标准，成为国内干混砂浆搅拌设备制造技术方面唯一一家掌握成套工艺、技术的制造厂家。南方路机坚持技术领先、定位高端的战略，于 2004 年研发出国内首台 LB4000 型沥青搅拌设备。2005 年，为了适应欧洲市场的需求，南方路机和欧洲的机械专家联合设计，开发出 LB2000 型沥青搅拌设备，并出口到意大利、俄罗斯等国。这是中国首台挤进欧洲市场的工程机械设备，具有里程碑意义，也终结了中国高端沥青混凝土搅拌设备长期依赖欧洲进口的历史。这一时期，南方路机还推出了 NCB 系列煤油两用燃烧器、水泥乳化沥青砂浆搅拌车、集装箱式水泥混凝土搅拌设备，并代表中国水泥、沥青、干混砂浆搅拌设备首次以实物形式在德国宝马展上展出。通过坚持主流搅拌机械领域的不断创新，南方路机在国内品牌中脱颖而出，凭借优秀的产品和一流的服务跻身国内混凝土搅拌设备的第一阵营。2006 年，公司被人事部批准设立博士后工作站。2007 年，公司被批准为福建省高新技术企业。2008 年，公司被批准为国家高新技术企业。2009 年，中国搅拌设备职业技能鉴定站南方路机站成立。

3. 突破期（2010 年以来）——主新流融合形成汇流创新

南方路机坚持在主流搅拌机械领域精益求精，主流产品如水泥混凝土搅拌设备系列、干混砂浆搅拌系列、沥青搅拌设备系列已经做到了行业领先地位。2012 年，南方路机首台 2FBT5000 型干混砂浆设备出口乌克兰；2013 年，集装箱式垂直斗提混凝土搅拌设备和移动式连续沥青搅拌设备参加德国宝马展，得到国内外同行的高度评价；2014 年 6 月，南方路机与印度合作方 MSEL 集团签订合资合同，在印度加尔各答建立分公司，并于 2015 年初产出第一套搅拌设备。南方路机印度分公司将进一步深化主流搅拌机械的国际化发展战略，持续为全球客户创造价值，打造中国高端装备制造品牌的国际形象。

　　在新流创新方面，南方路机在深入施工现场调查后发现，混凝土和砂浆产品的质量优劣，不仅仅取决于设备的先进与否，更依赖搅拌的原材料。原材料的岩性、连续级配和颗粒形状的好坏，对建筑工程的质量起着决定性的作用。2010 年，南方路机审时度势，通过与世界一流企业美国特雷克斯（TEREX）合作，成立特雷克斯南方路机（泉州）移动破碎设备有限公司，进入新流机制砂设备生产线、固体废料处理设备、破碎整形及筛分设备系列领域，并逐步成为新流技术领域的领跑者。2011 年，南方路机与世界一流机制砂设备企业日本寿技研合作在中国市场推广 V7 系列制砂设备。V7 系列技术先进，成品砂级配好，细度模数容易控制，对混凝土的整体性能有很大提升作用，设备整体采用低噪声、无振动设计，实现了粉尘零排放，体现绿色环保理念，深受客户欢迎。2017 年，新流制砂机械设备的销售额超过总营业额的 10%。由此，南方路机新流制砂机械领域与主流搅拌机械领域协同发展，企业进入汇流创新阶段，突破期主流与新流创新演进如表 11-4 所示。

表 11-4　突破期主流与新流创新演进

	核心技术	主要产品
主流创新	搅拌设备制造技术	水泥搅拌设备系列产品 沥青搅拌设备 干混砂浆搅拌设备系列产品
新流创新	制砂设备制造技术	机制砂设备生产线 固体废料处理设备 破碎整形及筛分设备

（三）小结

经过 20 多年的主流与新流创新发展，南方路机成长为中国工程机械搅拌行业的领军企业。从初创期开始南方路机确定了主流搅拌机械领域的发展方向，并通过成长期的迅猛发展，逐渐建立起主流搅拌系列产品线，如水泥混凝土搅拌设备、沥青混合料搅拌设备、干混砂浆搅拌设备等。进入突破期，在主流搅拌机械进一步提升的同时，南方路机开始进入新流制砂机械领域，并逐步在新流市场成为引领者。主流与新流创新融合发展，新流制砂机械领域创新所形成的绿色环保的理念也融入主流搅拌机械领域，由此打造出环保型搅拌站。主流搅拌机械领域不断升级、进阶，新流制砂机械领域锐意拓展，破碎整形及筛分设备、全环保干式制砂设备等相继研发成功，逐渐形成一个完整的产业链。面对市场转型，南方路机通过主流与新流创新演进，不断围绕客户的价值链延伸，从而具备从骨料破碎、筛分、整形、制砂到骨料的各种搅拌，再到建筑垃圾的回收处理等整个系统解决方案所需的能力，最终发展成为系统解决方案的提供者和实践者，如图 11-2 所示。

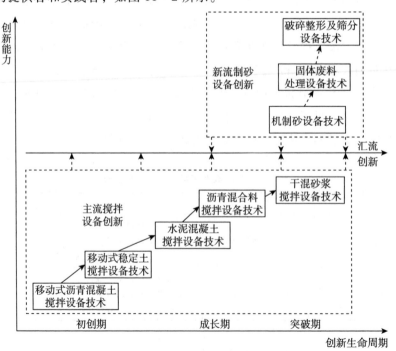

图 11-2　南方路机的汇流创新

二　WB 光电主流与新流创新案例分析

（一）WB 光电企业简介

福建省万邦（WB）光电科技有限公司（简称"WB 光电"）成立于 1993 年，总部位于福建省莆田市华林经济开发区核心区，占地 68 亩，自建厂房 47771 平方米，公司拥有员工近千人，其中工程研发人员近百人，是一家集 IC 研发、LED 封装及 LED 照明产品的开发、生产和销售于一体的综合性照明企业。历经 20 多年的发展，WB 光电拥有行业领先的球泡灯、射灯、灯管、筒灯、横插灯及路灯等产品线，并建立了 LED 芯片设计、LED 封装及 LED 应用产品制造的完整产业链，年营业收入达 2 亿元。公司携手中科院物构所独创的 MCOB 封装技术打破了跨国巨头对 LED 技术的封锁，使得整灯光效在世界最高整灯光效 170LM/W 以上，处于世界领先技术水平。公司先后通过 ISO9001、ISO14001 和 TUV 认证，同时在产品方面先后通过了 UL、CB、GS、CE、ROHS、FCC、IC、SAA、ERP-Energy rating class A 等权威认证。产品畅销欧美、亚太等 40 多个国家和地区。

经过 20 多年的不懈进取，WB 光电先后获得"国家高新技术企业""福建行业龙头扶持企业""福建名牌企业""福建第三批创新型试点企业"等荣誉称号，公司现已成立院士专家工作站、莆田市企业技术中心。公司于 2012 年 3 月被评为"福建省 LED 节能照明示范工程"，2013 年 3 月被评为"2012 年度中国 LED 照明应用百强企业"。[①]

（二）WB 光电主流与新流创新演进阶段分析

WB 光电在光电领域的主流与新流创新历程可以分为积累期、成长期和扩张期三个阶段（见图 11-3）。

1. 积累期（1993～2002 年）——主流 LED 驱动电路创新发展

WB 光电成立伊始，主要依靠创始人在电子行业的技术积累与市场经验，从事电子产品来料加工。20 世纪 90 年代中期，莆田儿童鞋业兴起。凭借敏锐的商业嗅觉，公司确定 LED 驱动电路为主流创新方向，转

---

① 福晶科技官网：https://gb.castech.com/。

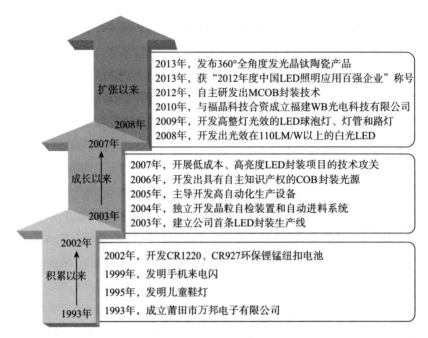

图 11 - 3　WB 光电创新发展历程

型生产 LED 儿童鞋灯。驱动电路是 LED 产品的重要组成部分，其主要功能是将交流电压转换为恒流电源，同时按照 LED 器件的要求完成与 LED 的电压和电流的匹配。无论是在照明、显示还是在背光源应用领域，驱动电路与电源设计都是 LED 产品架构的关键配套技术之一。为开发出适销对路的高质量产品，公司广泛收集来自广州、深圳、浙江、上海等国内主要鞋灯供应商的产品，并进行产品结构分解，确定各类部件开发模式。出于减少投资风险和突出自身技术优势的考虑，WB 光电采取 LED 发光灯珠外购，驱动电路、电源与基板等自行研制的方式进行鞋灯开发生产。通过逆向反求工程技术，WB 光电对引进鞋灯产品的主流构造、功能原理、驱动 IC、元器件组成及其设计参数等进行拆解测绘、分析记录与优缺点识别汇总，继而在进一步的反求设计过程中，全面吸收各方产品的精髓，取长补短，开发出具有自适应光控功能的儿童鞋灯，该产品能根据外界光线强弱自动调控 LED 驱动电路，从而达到有效节能，延长驱动电源工作寿命和提升鞋灯产品使用时间。1997 年，公司根据市场需求特点，引进陶瓷基片振荡开关技术对鞋灯驱动电路进行改进，并在此基础上先后推出多色变化 LED 鞋灯、多功能 LED 鞋灯与全彩 LED 鞋灯等产品。配合薄利多销经营策略，WB 鞋灯投放市场后，深受下游童鞋生产企业欢迎，产品供不应求，并一度占据了全国 70% ~ 80% 的市场份额。

依托鞋灯产品的成功开发经验，公司根据福建服装鞋帽业的市场需求，积极拓宽产品线，研制出了草帽灯、单闪 LED、双闪 LED、七彩快慢闪 LED 等服饰嵌入 LED 模组。其中，公司开发的闪灯跳变控制器与同步脉冲感应器有效解决了脉冲频谱变化下 LED 闪灯的等比跳跃问题，实现了对七彩快慢闪 LED 闪动顺序、形式、频率的精确控制。2000 年，公司成立深圳分公司，专门从事电子礼品设计与生产贸易。公司在日本手机来电闪产品拆解反求基础上，对其分立贴片元件结构进行改进，引入 LED 闪光驱动 IC 并使闪灯模组小型化、美观化，并添加各种个性化功能，如振动、七彩跳变、音乐等。由于价格低、稳定性强，WB 光电闪灯产品很快占据了全国市场的半壁江山。此后，公司顺势挺进其他闪光饰品领域，成功开发了闪光贴纸、闪光电池、闪光手机挂件、闪光手机座机壳、闪光笔、汽车闪灯、闪光风扇等 LED 闪灯应用产品。

本阶段，WB 光电在主流创新领域逐步掌握了集成电路设计开发、IC 绑定工艺、SMT 贴片加工与 PCB 制备印刷等核心技术。公司通过逆向工程动态跟踪 LED 闪灯应用的最新产品技术发展，消化吸收低功耗集成电路板设计技术与 LED 驱动电路、电源供给与控制技术，成功开发出自适应光控 LED 驱动电路、闪灯跳变控制器、同步脉冲感应器与 LED 闪光驱动 IC 等技术，有效解决了 LED 闪灯产品应用中的驱动电路及电源供给设计问题。主流 LED 驱动电路设计领域的技术开发为企业转型从事新流白光 LED 创新积累了扎实的技术基础，如表 11 - 5 所示。

表 11 - 5　积累期主流与新流创新演进

主流创新	新流创新	主流核心技术	主流技术体系
LED 驱动电路	白光 LED	集成电路设计开发 IC 绑定工艺 SMT 贴片加工 PCB 制备印刷	自适应光控 LED 驱动电路、闪灯跳变控制器、同步脉冲感应器与 LED 闪光驱动 IC； 鞋灯 LED 驱动电路、服饰嵌入 LED 模组、LED 闪灯产品生产配套技术

2. 成长期（2003～2007 年）——白光 LED 创新成为新的主流创新

随着国内外 LED 应用市场不断扩大，2003 年，WB 光电果断决定向上游白光 LED 领域拓展，实现 LED 芯片自行封装。2003 年 5 月，公司通过引进 ASM 固晶机、点胶机、焊线机与划片机等封装设备，建立公司首条 LED 封装生产线，开始自行设计、封装生产 LED 发光模组，并开发出普通白光 LED、指示灯、频闪灯、景观灯、全彩 LED，以及各类发光玩具机芯等新产品。白光 LED 领域创新也替代 LED 驱动电路创新成为新的主流创新。为确保产品质量稳定，WB 光电采取 LED 外购与自行封装并举的方式，逐步进行生产过渡。在主流白光 LED 技术创新上，一方面，公司通过聘请设备企业技术专家现场指导与开展技术培训等方式，着力提升企业技术人员的业务技能与专业水平；另一方面，公司还积极引进国内专业技术人才，组建成立企业技术研究中心。依托技术研究中心，公司组织多次生产设备调试，不断摸索，逐步完善封装工艺流程与设备操作技巧，建立关键工艺过程的标准作业指导书，不断优化工艺参数控制指标，使自行封装的产品质量逐渐超过市场同类产品。

在主流白光 LED 创新方面，公司最初主要采用 LAMP 封装工艺，小批量生产圆头插脚式 LED。LAMP 封装是采用引线架作为各种封装外形的引脚，其封装流程是先在 LED 成型模腔内注入液态环氧树脂，然后插入压焊好的 LED 支架，放入烘箱中让环氧树脂固化后，将 LED 从膜腔中脱离出即成型。这种封装工艺具有制作方便、成本低廉、可按需弯曲成形、产品体积小、可靠性高的特点。但 LAMP 封装一般用于电流较小、功率较低的 LED 封装，封装热阻较大，寿命较短。为适应客户对轻、薄、短、小产品的需要以及公司不断扩大的业务需求，2004 年，公司通过生产线改造，引进贴片式（SMD）封装工艺，开始大规模自动化生产表面贴装 LED。SMD 封装采用更轻薄的 PCB 基板和反射层材料，并去除较重的碳钢材料引脚，因此 SMD-LED 体积小，可轻易地将产品重量减轻一半，使最终应用更趋完美，其尤其适合户外场合使用。2006 年，公司引进 COB 封装工艺，采用小尺寸芯片高密度集成封装生产功率型 LED，解决大尺寸 LED 芯片存在散热和发光不均匀且发光效率低下等问题。在 COB 封装工艺中，半导体芯片交接贴装在印刷线路板上，芯片与基板的电气连接用引线键合方法实现，并用树脂覆盖以确保可靠性。与 SMD

封装相比，COB 封装可将多颗芯片直接封装在金属基印刷电路板（MCPCB）上，通过基板直接散热，不仅能减少支架的制造工艺成本，还具有减少热阻的散热优势。同时，在主流封装生产设备上，公司通过对引进项目的技术图纸、工装方案等进行系统培训学习，并对自动固晶机、焊线机进行改进，使其效率提高了 20% ~ 30%。此外，公司还通过与东莞机电设备制造企业合作研发的方式，主导开发了自动挑晶机、自动封胶机与自动切角分类机。为进一步提升产品性能，WB 光电还通过引入推挽式 DC/DC 变换器、电荷泵集成电路技术等，对电子线路板设计进行全面改良，研制开发出高效能 LED 驱动电路，使电源转化效率达 90%。

这一时期，WB 光电完成了新旧主流的更替，主流核心技术 LAMP 引脚式封装技术、SMD 封装技术和 COB 板上芯片封装技术均实现了快速发展。通过引进并组建 LED 封装生产线，实现 LED 产品方案个性化定制，企业产品线从原有鞋帽、服饰、礼品的嵌入 LED 闪灯逐步拓展到各类玩具发光机芯、发光模块的创意定制，各类信号指示灯、景观灯的设计以及普通白光 LED 的开发生产，主流创新产品市场也逐渐从国内拓展到东南亚。本阶段 WB 光电主流与新流创新演进如表 11 - 6 所示。

表 11 - 6　成长期主流与新流创新演进

主流创新	新流创新	主流核心技术	主流技术体系
白光 LED	大功率 LED 照明	LAMP 封装工艺 SMD 封装工艺 COB 封装工艺	改进了自动固晶机、焊线机； 主导开发自动挑晶机、自动封胶机与自动切角分类机； 引入推挽式 DC/DC 变换器、电荷泵集成电路技术； 圆头插脚式 LED、表面贴装 LED、功率型 LED； 发光机芯、发光模块、信号指示灯、景观灯、普通白光 LED 生产配套技术

3. 扩张期（2008 年以来）——主流与新流创新协同发展

这一阶段，主流白光 LED 创新与新流大功率 LED 照明创新交融共生，形成汇流创新，推进企业创新能力完善升级。自 2005 年全球性能源危机爆发以来，节能减排成为各国政府共同关注的问题，LED 照明应用在全球市场上受到追捧。WB 光电在前期普通白光 LED 封装技术积累的基础上，通过与中科院物构所合作开发，对主流白光 LED 工艺技术进行优化改良。公司引进中科院物构所研发的新型胶体材料技术，对 LED 封装材料进行改进，有效地提高了封装模组的散热速度，从而实现在低光衰的情况下，将灯泡寿命稳定提高到 40000 小时以上。同时，公司承当了国家光电子晶体材料工程技术研究中心关于低成本、高亮度 LED 封装项目的技术攻关，并提前一年完成该项目，实现了小功率 LED 135LM/W 的产业化。2008 年，WB 光电率先在国内开发出光效在 110LM/W 以上的白光照明 LED；2009 年 4 月，公司开发的小功率白光达到 175LM/W，该技术水平高于国际领先水平（161LM/W）；2009 年 5 月，公司开发的大功率白光 LED 达到 159LM/W，技术水平高于国际领先水平（150LM/W），实现了在白光 LED 领域的绝对技术优势。

　　在新流大功率 LED 照明创新方面，WB 光电通过引入中科院物构所的磁控溅射技术与陶瓷散热技术，有效解决了照明级 LED 封装的散热与出光效率问题。2010 年，公司与中科院物构所、台湾视创科技股份公司三方合作，引入外延芯片生产项目，全面突破外延片、芯片等原材料制约，实现产品的一体化与个性化定制。2011 年 7 月，WB 光电与中华通信研究发展中心就北斗导航卫星商业项目达成合作意向，双方携手研发新一代智能新光源系列产品。根据合作协议，未来 WB 光电将在其优势产品中置入北斗研发的特质定位芯片。这一特殊产品在未来的物联网系统中将担任非常重要的角色，也将引发 LED 产业一次新的革命。2011 年 9 月，公司独立研发了镂空散热技术与陶瓷散热技术，并将其应用于 LED 筒灯设计，该技术改良了 LED 筒灯散热性能，并使光效提高 3% ~ 5%。与中科院海西研究院、三安光电合作，采用表面覆膜、侧壁蚀刻芯片、BOSS 底胶、MCOB 封装等一系列创新性技术，研制出全球最高光效的 LED 路灯，初始光效达到 131.42LM/W，LED 封装已全面实现技术跨越，走在世界同行的前列。2012 年，公司自主研发出 MCOB 封装技术，应用在球泡灯、日光灯、射灯、筒灯，以及大功率路灯等各类照明产品中，使 LED 产品整灯光效达到 170LM/W，并研制出光效达 261LM/W 的 LED 光源。2013 年，公司发布 360°全角度发光晶钛陶瓷产品，并完成 MCOB 封装技术升级，开发出银合金一体封装的 MCOB - Ⅱ LED 灯管，其制造成本降低了 30% 以上，并具备自动化生产能力。本阶段主流与新流创新演进如表 11 - 7 所示。

表 11 - 7　扩张期主流与新流创新演进

	核心技术	技术体系
主流创新	LAMP 封装工艺 SMD 封装工艺 COB 封装工艺	高效能白光驱动电路 LED 封装、白光 LED 设计 白光 LED、景观灯、发光玩具芯片生产配套技术
新流创新	MCOB 封装技术 BOSS 底胶技术	高功率 LED 驱动电路 LED 封装技术跨越与照明应用突破 球泡灯、日光灯、大功率路灯、筒灯、射灯生产配套技术

（三）小结

在企业成立初期，由于缺乏相应的技术积累，WB 光电确定了逆向工程博采众长的产品技术引进方式，选择以技术门槛较低的 LED 驱动电路设计及闪灯产品开发为主流创新的切入点。通过自主设计 LED 驱动电源电路的办法，WB 光电成功开发出自适应光控 LED 驱动电路、闪灯跳变控制器、同步脉冲感应器与 LED 闪光驱动 IC 等技术，有效解决了 LED 闪灯产品应用中的驱动电路及电源供给设计问题，并为新流白光 LED 技术创新积累了驱动 IC 设计的技术基础。在成长期，公司技术人员通过置身于用户应用环境的变化，参与从创意提出到技术研发、验证与应用的全过程，发现并解决用户的现实与潜在需求，继而通过各种技术创新与功能模块的集成应用，推动新流白光 LED 技术创新取代原主流 LED 驱动电路技术创新，实现新旧主流的更替。在这一过程中，公司有效提升了企业技术部门的产品设计能力与研发能力，并逐步向产业上游发展。进入扩张期，WB 光电以市场需求为抓手，凝练出技术需求的科学问题，并通过与中科院物构所开展技术项目合作，获取技术支持方案，实现对 COB 封装工艺的改良优化。在此基础上，WB 光电积极引入中科院物构所的磁控溅射技术，合作开发 MCOB 封装技术、BOSS 底胶技术与侧壁蚀刻芯片技术等，开始新流大功率 LED 照明技术创新。通过一系列主流与新流创新策略，WB 光电实现了 LED 产品生产从无到有、从弱到强、从跟踪仿制到赶超国际一流的飞跃式发展，如图 11 - 4 所示。

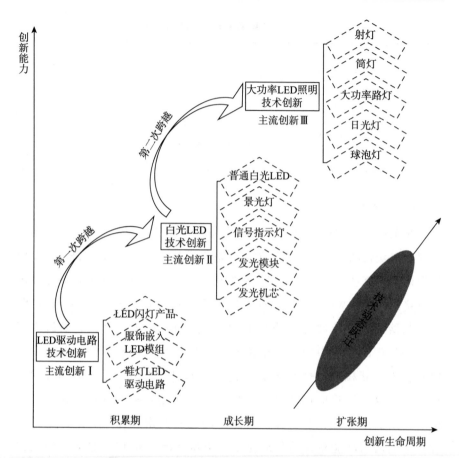

图 11 - 4　WB 光电汇流创新下的技术动态跃迁

三　福耀玻璃主流与新流创新案例分析

（一）福耀玻璃企业简介

福耀玻璃工业集团股份有限公司（简称"福耀玻璃"）于 1987 年在中国福州注册成立，是一家生产汽车安全玻璃和工业技术玻璃的中外合资企业。1993 年，福耀玻璃在上海证券交易所挂牌，成为中国同行业首家上市公司。截至 2016 年，福耀玻璃共有员工 26109 人，拥有多个汽车玻璃生产基地和浮法玻璃生产基地，并成功在香港联交所主板挂牌上市，总资产达 298 亿元，[①] 已在福清、长春、上海、重庆、北京、广州建立了

---

① 福耀集团官网：http://www.fuyaogroup.com/。

汽车玻璃生产基地，在福建福清、吉林双辽、内蒙古通辽、海南海口、重庆万盛等地建立了浮法玻璃生产基地，形成了一整套贯穿全国的产销网络体系。公司还设立了中国香港、美国子公司，并在日本、韩国、澳大利亚、俄罗斯及西欧、东欧等国家和地区设立了商务机构。面对国内外复杂的经济金融环境，福耀玻璃积极行动、主动作为，在各方面取得了新进展，竞争力继续增强，市场占有率进一步提升。2017 年，福耀玻璃国际化战略取得实质性成果，到 2017 年 6 月，其海外业务收入同期增长 17.78%，超过境内玻璃收入的增长。其主要创新发展历程如图 11 - 5 所示。

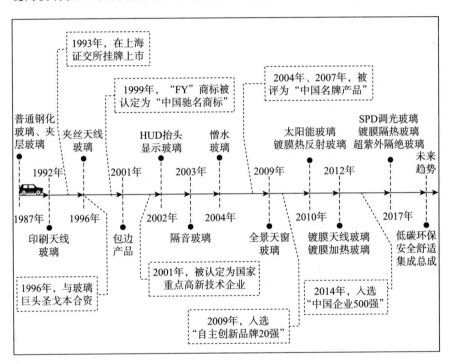

图 11 - 5　福耀玻璃创新发展历程

（二）福耀玻璃主流与新流创新演进阶段分析

福耀玻璃主流与新流创新历程可以分为创业期、转型期和协同期三个阶段。

1. 创业期（1987～1992 年）——初涉汽车玻璃维修领域

福耀玻璃起始于曹德旺先生 1983 年承包的福清市高山镇异形玻璃厂，主要生产和销售水表玻璃。当时正处于改革开放伊始，大量进口汽车涌入中国，基本上使用日本玻璃，其进口的成本为一两百元，而售价却是几千元，巨大的利润空间吸引曹德旺将目光转向汽车玻璃维修领域。1985年，曹德旺通过购买上海耀华玻璃厂的旧设备图纸，成功完成了汽车玻璃设备安装并投产，很快在当年实现盈利70多万元。1987年，曹德旺集资627万元，在高山镇异形玻璃厂的基础上，成立了福建省耀华玻璃工业集团股份有限公司。公司花费100多万美元从芬兰引进当时玻璃制造行业最先进的钢化炉设备。这台设备可以根据设计参数自动成型，属于当时国际上最领先的技术，一下子拉近了中国汽车玻璃工业与世界汽车玻璃工业的距离。通过不断改进生产工艺，福耀玻璃一下子站到了中国汽车玻璃生产的领先位置。同时，福耀玻璃十分重视企业信息化建设，以信息化促进工艺流程创新，提高创新效率。1992年，公司投资建立管理信息集成系统，并成功地使用ERP系统。在这一阶段，福耀玻璃不断引进新技术，在引进技术的基础上，坚持自主创新，从只能生产十多种规格产品的小厂发展到能生产近千种规格产品的大公司。公司实力也日益雄厚，玻璃产品的品种与规格更加丰富，先后推出普通钢化玻璃、夹层玻璃和印刷天线玻璃等，占据了国内汽车玻璃维修市场六七成的份额，基本上满足了客户的各种需求，结束了中国高档车用玻璃依赖进口的历史。福耀玻璃创业期主流与新流创新演进如表11-8所示。

表 11-8　创业期主流与新流创新演进

主流创新	新流创新	主流核心技术	主流技术体系
汽车玻璃维修	汽车玻璃生产	玻璃维修、制造技术	引进玻璃制造行业最先进的钢化炉设备；普通钢化玻璃、夹层玻璃和印刷天线玻璃生产配套技术

2. 转型期（1993～2002年）——从汽车玻璃维修领域转向生产领域

1993年6月，福耀玻璃在上海证交所上市，成为中国同行业首家上市公司，也是福建省首家上市的民营企业。随着公司的上市，福耀玻璃进一步调整公司业务方向，从原来的汽车玻璃维修厂转向汽车玻璃专业供应商，并持续加大在汽车玻璃领域的技术创新与产品开发力度。公司于1994年正式启动了以MRP2为核心的商业计划和控制系统（BPCS系统），这套系统是当时同行业中最先进的管理系统，对福耀玻璃创新体系的管理和运行起到了不可估量的作用。1996 年，公司开发出夹丝天线玻璃，将汽车天线由突出车身的设计发展为结合在车玻璃内层。同时，车玻璃内层夹丝加热工艺可以通过通电化去玻璃表面的霜、雾、雪、冰，从而使驾驶员的视野更清晰，提高行驶安全性。1999 年，公司正式组建福耀研究发展中心，实施以科技带动福耀可持续发展战略，增强自主研究开发与创新能力。1999 年，福耀玻璃的"FY"商标被国家工商总局认定为"中国驰名商标"。2001 年，公司生产出第一片包边产品，进一步提高玻璃产品附加值。2001 年，公司被科学技术部火炬高技术产业开发中心认定为国家重点高新技术企业，并被列入原对外经济贸易部重点支持和发展的名牌出口商品；同年，公司荣获福特汽车总部颁发的"全球优秀供应商"金奖，成为亚洲地区唯一获此殊荣的企业。此外，福耀玻璃还十分重视信息化带动主流创新。2002 年，公司采用军用飞机技术，研制出 HUD 抬头显示玻璃。持续的主流技术开发为福耀玻璃带来过硬的产品质量，公司系列产品陆续获得了美国 DOT、欧洲 ECE、澳大利亚 SAA、中国 GB9656 等标准认证，并通过美国三大汽车公司的品质体系、QS9000 质量管理体系、德国汽车工业联合会质量管理中心品质体系、国际标准化组织 ISO14000 环境管理体系、VDA6.1 质量管理体系认证，成为行业内唯一通过国际最高行业标准认证的企业。2002 年，福耀玻璃在以 MRP2 为核心的 BPCS 计算机信息管理系统基础上，按照国际制造业先进的管理模式和业务流程，建立了 ORACLE ERP 信息化管理平台，实现了工艺流程方面的创新与飞跃，使公司在产品制造、质量监控、财务活动、购销管理的运作组合达到了最佳效果，有效提高了公司在全球玻璃市场中的竞争优势。福耀玻璃转型期主流与新流创新演进如表 11-9 所示。

表 11-9 转型期主流与新流创新演进

主流创新	新流创新	主流核心技术	主流技术体系
汽车玻璃生产	浮法玻璃	汽车玻璃生产技术	建立研发中心； 启动 BPCS 系统； 建立了 ORACLE ERP 信息化管理平台，实现了工艺流程方面的创新与飞跃； 夹丝天线玻璃、包边产品和 HUD 抬头显示玻璃生产配套技术

这一时期，福耀玻璃顺利完成转型，从汽车玻璃维修领域进入汽车玻璃生产领域，在主流汽车玻璃生产领域实现了快速增长，年均业务收入增长15%以上。2002年，公司主流业务收入达11.24亿元，同比增长19.83%，其中国际市场业务收入为4.42亿元，占总业务收入的39.3%。

3. 协同期（2003年以来）：主流汽车玻璃生产与新流浮法玻璃探索齐头并进

2003年以来，福耀玻璃驶入协同发展时期。在主流汽车玻璃领域，福耀玻璃坚持研发创新，提升主流产品、相关材料、设备的研究、设计、开发制造能力。福耀玻璃推行车系设计开发项目经理负责制，保持同一车型设计开发的延伸连续性，提高快速反应能力。2003年，福耀玻璃生产出可以有效降低车内噪声的隔音玻璃。2004年，公司掌握憎水材料的配方及憎水玻璃生产工艺。2009年，公司突破技术难点，生产出大尺寸的全景天窗玻璃。2010年，公司开发出太阳能玻璃和镀膜热反射玻璃。其中，太阳能玻璃可提供不间断电能，为汽车提供能源；镀膜热反射玻璃能够反射太阳光的红外线，减少空调使用，提高车内舒适性。2012年，公司集中多种技术，研发出带镀膜天线和镀膜加热功能的汽车玻璃。2015年，公司研发出SPD调光玻璃、镀膜隔热玻璃和超紫外隔绝玻璃，进一步提升了产品附加值。同时，福耀玻璃建立了完善的主流技术标准体系，先后主导了QC/T 985和参与了ISO17499、QC/T 984以及高速动车组玻璃相关国家标准等多项国际、国家标准和行业标准的制定及修订工作。与国内竞争对手相比，福耀玻璃在主流汽车玻璃领域的同步开发能力较强，新车型同步开发的份额占据绝对优势地位；在国际汽车玻璃市场，公司已取得世界各大知名汽车厂商的认证，并在全球主要汽车产销区域建立了4个设计中心，实现了与汽车厂商开展同步设计、良性互动。

在新流创新领域方面，福耀玻璃积极往产业链上游拓展，解决供应问题，开始探索新流浮法玻璃领域。2003年，福耀玻璃收购吉林省双辽市浮法玻璃厂，选择以建筑浮法玻璃为切入点，初步拓展新流浮法玻璃领域，当年实现新流浮法玻璃业务收入1.506亿元，占总业务收入的8.7%。2005年6月，公司投资17亿元建设的福建福清汽车级浮法玻璃生产线全面竣工投产，主要生产大板宽制镜级与汽车级优质浮法玻璃、幕墙玻璃、低辐射镀膜玻璃，填补了我国浮法玻璃宽板生产技术和在线镀膜玻璃产品的空白，彻底结束了我国汽车玻璃原片依赖进口的历史。在新流浮法玻璃领域创新方面，福耀玻璃相继开发出 SOLAR 玻璃、深灰隐私玻璃、F 绿玻璃、UV-CUT 玻璃等系列产品。2008 年之后，受到金融危机的影响，福耀玻璃陆续将建筑级浮法玻璃生产线技改升级为汽车级浮法玻璃生产线，进一步调整了新流创新的方向。截至 2017 年，福耀玻璃分别在福建福清、吉林双辽、内蒙古通辽、海南海口、重庆万盛等地建立了现代化的浮法玻璃生产基地。由此，公司形成了"主流汽车玻璃 + 新流浮法玻璃"的主流与新流创新格局，进一步优化了产业结构，减少了生产成本，降低了原料采购的风险。

　　本阶段，福耀玻璃一方面在主流汽车玻璃领域谋取与汽车企业同步的设计开发，另一方面在新流浮法玻璃领域力求向上游拓展产业链。在主流与新流创新协同演进过程中，福耀玻璃取得了一系列辉煌的成绩。2016 年，公司营业收入达 166.21 亿元，同比增长 22.45%，其中，新流浮法玻璃营业收入 27.29 亿元，同比增长 9.81%，占总营业收入的 16.42%。截至 2017 年第三季度，福耀玻璃总营业收入约 134 亿元，同比增长 15.61%。福耀玻璃协同期主流与新流创新演进如表 11 – 10 所示。

表 11 – 10　协同期主流与新流创新演进

	核心技术	技术体系
主流创新	汽车玻璃生产技术	推行车系设计开发项目经理负责制，保持同一车型设计开发的延伸连续性； 建立了完善的主流技术标准体系； 隔音玻璃、憎水玻璃、全景天窗玻璃、镀膜天线玻璃、SPD 调光玻璃、镀膜隔热玻璃和超紫外隔绝玻璃等生产配套技术
新流创新	浮法玻璃生产技术	专注于汽车级优质浮法玻璃开发； SOLAR 玻璃、深灰隐私玻璃、F 绿玻璃、UV-CUT 玻璃等系列产品生产配套技术

（三）小结

　　福耀玻璃历来注重研发创新的引领作用，相信技术创新是全球领先汽车玻璃生产企业的特质。公司不断推进主流与新流创新，加大研发投入以改善公司的产品设计和生产能力，持续提升研发能力，进而增强创新能力。在创业期，由于企业规模尚小、基础较差，福耀玻璃以汽车玻璃维修为主流业务，保证企业在市场竞争中生存下来。在这一过程中，福耀玻璃围绕汽车玻璃构筑核心竞争力，初步建立了汽车玻璃领域创新的技术体系。进入转型期，福耀玻璃完成新旧主流更替，并持续加大在主流汽车玻璃领域的技术创新与产品开发力度；同时，加大海外投入，开拓欧美市场，加速海外扩张步伐。进入协同期，公司规模日益扩大，开始着力完善产业生态链。在巩固主流汽车玻璃业务的同时，福耀玻璃积极探索新流浮法玻璃创新，特别是汽车级浮法玻璃生产技术，为主流汽车玻璃的产品优化升级提供源源不断的新动力。未来，福耀玻璃的主流与新流创新将进一步融合，兼顾短期经营目标和长期战略发展，围绕"低碳环保、安全舒适、集成总成"的方向，建立全球共享的研发平台，系统打造可持续的竞争优势和盈利能力，使福耀玻璃成为代表行业典范的国际品牌，其主流与新流创新演进如图 11 - 6 所示。

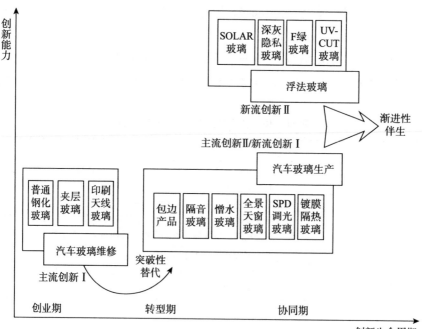

图 11 - 6　福耀玻璃主流与新流创新演进

第三节 企业主流与新流创新协同演进
图谱及管理启示

一 图谱绘制说明及主要内涵

(一) 图谱绘制说明

依据图谱的绘制原则,本书所选的案例企业都处于行业领先地位,在一定程度上可以代表该行业发展的领先水平和未来趋势。结合前述对福顺、金天梭、海源机械、伊时代、铁拓机械、凤竹纺织、南方路机、WB光电和福耀玻璃这9家企业的分析以及跟踪研究,将它们每一轮主流与新流创新生命周期的主要技术、代表产品、R&D平均占比、人均产出等作为图谱绘制的基本元素,其中,R&D平均占比、人均产出等数值如表11-11所示。

表11-11 案例企业R&D平均占比与人均产出

单位:%,万元

指标	1987年	1988年	1989年	1990年	1991年	1992年	1993年	1994年	1995年	1996年
R&D平均占比	3.41	3.22	3.79	3.52	3.31	3.68	4.02	4.11	4.18	4.82
人均产出	10.05	11.12	13.01	13.51	15.10	15.91	17.02	19.11	21.02	23.13
指标	1997年	1998年	1999年	2000年	2001年	2002年	2003年	2004年	2005年	2006年
R&D平均占比	4.63	4.91	5.00	5.10	5.20	5.16	5.60	5.42	5.80	5.71
人均产出	25.11	27.12	27.84	30.02	27.01	25.05	26.93	31.77	34.51	36.21
指标	2007年	2008年	2009年	2010年	2011年	2012年	2013年	2014年	2015年	2016年
R&D平均占比	5.77	5.81	5.92	5.41	5.51	6.31	6.81	7.11	8.99	9.13
人均产出	37.31	35.27	36.01	42.70	45.00	41.19	44.08	43.15	46.48	48.32

注:表中R&D平均占比与人均产出为9家案例企业的平均值。

首先,借鉴科学技术可视化路径图谱的绘制思路(Price and Page,1975),将每个案例企业不同阶段的技术或产品及其所对应的时间节点绘制成产品技术演化阶梯图,以此反映该行业企业主流与新流产品或技术的发展历程与脉络。其次，按照企业创立时间的先后，将 9 家企业的产品技术演化阶梯图自上而下组合为演进图谱，进而将 R&D 平均占比和人均产出曲线整合到图谱中，展现企业创新投入与产出随主流与新流创新进程的波动情况。最终形成的主流与新流创新协同演进图谱如图 11 - 7 所示。

（二）图谱主要内涵

1. 产品技术演化阶梯反映了主流与新流产品技术由低到高的发展历程与脉络

在主流与新流创新协同演进图谱中，每一家案例企业的产品技术演化阶梯均反映出该企业主流与新流产品或技术由低到高的发展历程与脉络。以福顺为例，该企业于 1997 年形成了自己的主流技术——双极工艺技术，推出 5μm 级双极电路。到 2002 年，主流技术达到了顶峰，推出 2μm 级双极电路。随后新流技术开始了第一次更替，CMOS 集成电路在 2003 ~ 2005 年成为新的主流技术。2006 年，BiCMOS 工艺技术再次替代 CMOS 工艺技术成为新的主流技术。企业于 2009 年生产出 BiCMOS 电源控制电路 FSD61 系列产品及 0.8μm、0.6μm、0.5μm、0.35μm 的 BiC-MOS 集成电路。到 2011 年，VDMOS 工艺技术崭露头角并逐步取代 BiC-MOS 工艺技术成为引领企业新一轮创新发展的主导技术。2013 年，福顺推出的电力电子器件 PowerMOS 管达到国际领先水平，并在功率集成电路及系统中得到广泛应用。鉴于公司在集成电路领域的领先地位，福顺从双极工艺到 CMOS 工艺、BiCMOS 工艺、VDMOS 工艺的创新历程，也体现了该行业主导技术演进的轨迹。以此类推，其余企业的产品技术演化阶梯图也具有相似的规律。因此，对于企业管理者而言，可以透过图谱中相关企业的产品技术演化阶梯图，掌握行业技术或产品发展态势，把握主导技术发展方向和路径，并据此开展创新活动，从而在技术竞争中占据先机。

2. 协同演进图谱揭示了主流与新流的内在联系和推进模式

从图 11 -7 可以看出，在主流与新流创新的周期性演进过程中，主流与新流表现出三种关系：互补、更替和强化。其中，伊时代的新流云安全创新相对于主流数据安全创新，以及铁拓机械的新流沥青再生设备创新相对于主流沥青搅拌设备创新，是一种互补关系；福顺从双极工艺

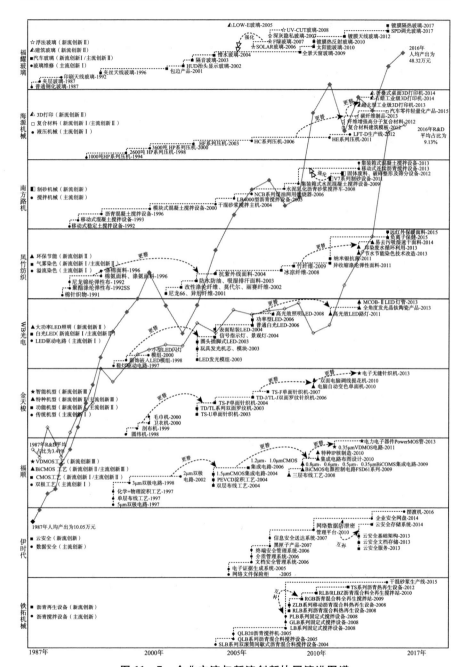

图 11 – 7　企业主流与新流创新协同演进图谱

注：实心符号●■▲等表示"自我更新"，空心符号□☆等表示"独立单元"，半实心符号◨◮等表示"资本延伸"；R&D 平均占比和人均产出为 9 家案例企业的平均值。

到 CMOS 工艺、BiCMOS 工艺、VDMOS 工艺，金天梭从传统机型到功能机型、特种机型、智能机型，WB 光电从 LED 驱动电路到白光 LED、大功率 LED 照明，凤竹纺织从溢流染色到气雾染色、环保节能，海源机械从液压机械到复合材料、3D 打印，都体现了新兴技术对没落技术的替代；南方路机的新流制砂机械创新是对主流搅拌机械创新在全产业链上的延伸，福耀玻璃的新流浮法玻璃创新是对主流汽车玻璃创新在原料供应上的拓展，二者均呈现新流对主流的强化作用。此外，演进图谱中的实心、空心和半实心符号具有不同的含义。例如，实心符号●、■、▲、★ 等表示"自我更新"，即企业从组织内部推进主流与新流创新，平衡二者的协同发展；空心符号□、☆ 等表示"独立单元"，即企业在外部设立子公司开展新流创新，在主流与新流保持相对独立性的情况下，推进主流与新流创新协同演进；半实心符号◨、◣ 等表示"资本延伸"，即企业通过资本手段获取新流技术，从而推进主流与新流创新的更替与演化。

3. R&D 平均占比和人均产出曲线映射了主流与新流创新形成持续创新流的上升态势

从协同演进图谱可以看到，各案例企业的技术与产品呈现浪涌式增长态势。究其原因，正是企业对主流与新流创新长期持续的投入，形成了绵延不绝的创新浪潮，产生了源源不断的支撑技术与产品，保障了企业的可持续发展。由图谱中 R&D 平均占比和人均产出曲线的变化趋势发现，随着主流与新流创新的演进，企业越发重视创新投入，R&D 平均占比从 1987 年的 3.41% 提升到 2016 年的 9.13%。特别是近几年，创新加速，企业 R&D 平均占比增长率约为 20%，由此带来丰厚的创新回报；从人均产出曲线可以看出，案例企业的人均产出从 1987 年的 10.05 万元增长到 2016 年的 48.32 万元。总体上看，尽管两条曲线的变化规律并不完全一致，但是，其整体上升趋势基本相同，映射了主流与新流创新演进历经更替与共生、冲突与协同，最终形成不断上升的持续创新流。

二　管理启示

(一)　主流与新流创新演进规律——代际演化加速

企业主流与新流创新演进呈现阶段性、周期性特征，每一轮主流与新流创新生命周期都是一个演化代。每一个演化代都伴随主流创新的萌芽、成长、成熟到衰退，福耀玻璃从玻璃维修到汽车玻璃、浮法玻璃，海源机械从液压机械到复合材料、3D 打印，南方路机从搅拌机械到制砂机械，凤竹纺织从溢流染色到气雾染色、环保节能，WB 光电从 LED 驱动电路到白光 LED、大功率 LED 照明，金天梭从传统机型到功能机型、特种机型、智能机型，福顺从双极工艺到 CMOS 工艺、BiCMOS 工艺、VDMOS 工艺，伊时代从数据安全到云安全，铁拓机械从沥青搅拌设备到沥青再生设备，都体现了演化代中新流创新与主流创新的互补、优化、转化。

从演进图谱中发现，主流与新流创新呈现代际演化加速的规律。福耀玻璃从玻璃维修领域到汽车玻璃领域的主流转换历时近 15 年，而在汽车玻璃成为新的主流创新后，仅过了 4 年，新流浮法玻璃就成为企业创新的重要组成部分；海源机械在新流复合材料创新逐步取代主流液压机械创新的过程中，就开始提前布局新一轮新流 3D 打印创新；WB 光电通过将近 14 年的时间，才完成从 LED 驱动电路到白光 LED 的更替，随后的大功率 LED 照明新流创新又将在 5 年内实现新一轮替换；凤竹纺织从传统机型到功能机型、特种机型、智能机型的更替时间分别是 10 年、4 年、3 年；福顺完成主流技术从双极工艺到 CMOS 工艺、BiCMOS 工艺、VDMOS 工艺的过渡分别耗时 8 年、4 年、3 年。主流与新流创新代际演化加速，既是日益激烈的市场竞争的外在反映，又是企业不断加大 R&D 投入的内部驱动成果。在主流与新流创新演进过程中，企业只有积极培育、催化新流创新，协同推动主流与新流创新，通过主流与新流的代际演进，形成持续创新能力，才能确保企业在市场竞争中立于不败之地。

（二）主流与新流创新演进的推进方式

企业推进主流与新流创新演进，有以下几种方式选择，即采取各种方式协调主流与新流创新的冲突，促进主流与新流协同发展，形成汇流创新，通过主流与新流的周期性更替促进企业创新演进升级。

1. 组织重组，推进自我更新

针对主流创新与新流创新对应的不同表现形式，企业通过内部组织结构调整，建立二元组织结构来解决主流创新与新流创新在资源、流程体系、文化上的冲突，即一方面继续在企业主流组织中运用渐进性创新来稳定主流的创新活动，保证其发展，从而从主流产品中获得创新收益，以此来维持企业的正常运作，并对新流创新活动进行投入；另一方面成立新流技术的研发团队或机构，推进自我更新。例如，福顺在 CMOS 工艺成为主流创新之后，专门成立技术中心，开发 BiCMOS 工艺技术，完成了从 CMOS 主流工艺技术向 BiCMOS 新流技术的升级；金天梭在特种机型已站稳市场后，并没有故步自封，又将目光瞄准智能机型市场，专门成立了技术项目小组，通过拆机解剖和重组掌握前瞻性技术，为成为我国行业内掌握新一代智能化针织技术的领军企业奠定了坚实基础；依托在希腊建立的染色技术与系统控制中心，凤竹纺织建立无边界高级专家组，保证了企业攻克染整关键技术的有生力量，实现了气雾染色技术对溢流染色技术的更替；铁拓机械与台湾富大威机械工程有限公司联合成立"沥青再生技术研究泉州工作站"，推动企业主流沥青搅拌设备创新与新流沥青再生设备创新的协同演进；伊时代依托 7 个产学研联合机构和 1 个院士工作站，时刻关注数据安全领域新动向，在云计算和大数据的背景下，伊时代适时调整创新战略，开始新流云安全领域创新探索，并通过新流云安全创新的技术突破反哺主流数据安全技术的开发，形成有效的汇流创新演进；WB 光电基于项目导向，建立新流技术团队，通过与中科院物构所开展技术项目合作，获取技术支持方案，在对 COB 封装工艺进行改良优化的基础上，完成新流大功率 LED 照明创新对主流白光 LED 创新的跃迁升级。通过建立二元组织结构，平衡主流与新流创新的同步发展。主流创新为新流创新提供资金、技术、人才等支持，新流创新又反哺主流创新活动。在适当的时机，企业推动新流取代主流，进而实现源源不断的创新流，形成持续创新。

2. 业务剥离，创建独立单元

由于企业总是倾向于把资源用于满足主流业务、主流客户的需求，并侵蚀用于新流创新的资源，再加上新流创新的资源、流程、价值评判标准与原有主流创新存在矛盾。当企业发现很难通过改组企业结构来推进内部二元创新时，从企业外部建立一个独立自治的组织来开展新流创新就成了一条有效的解决途径。这种独立和自治主要是指流程、成本结构、价值评价的独立，而不是仅仅指地理上或所有权上的独立。海源机械将新流创新独立单元与主流创新组织分开，设立全资子公司海源新材料，致力于建筑复合材料、高分子复合材料等复合材料制品的应用领域研究。海源新材料的设立，减小了主流与新流之间由创新资源的争夺、创新管理及价值观冲突所带来的负面影响，新流复合材料创新得到更多的资金、技术、人才支持，实现了飞跃式发展，在短短 4 年时间实现新流业务收入占企业总业务收入的 1/3 以上。福耀玻璃在主流汽车玻璃创新稳步推进的同时，积极往产业链上游拓展，解决供应问题，探索新流浮法玻璃领域。对于新流浮法玻璃创新，福耀玻璃也是通过业务剥离，独立设厂的方式，分别在福建福清、内蒙古通辽、海南海口、重庆万盛等地建立了现代化的浮法玻璃生产基地。由此，公司形成了"主流汽车玻璃 + 新流浮法玻璃"的主流与新流创新格局，进一步优化了产业结构，减少了生产成本，降低了原料采购的风险。实践证明，将具有不同创新流程、创新理念与价值观的两种创新行为进行隔离，是推进主流与新流创新演进的重要路径。在保持各自独立性的同时，主流与新流创新不是完全孤立的，二者之间仍然相互交流，共同发展。这一路径的选择，需要企业家和高层管理者敏锐地把握行业技术发展前沿趋势，并具备较强的战略布局和推进能力，将在企业外部建立的独立新流业务单元作为主流业务的补充，当新流单元成长到足够大和足够赚钱时，又顺势将其转变为企业的主流业务，由此实现可持续创新发展。

3. 网络联系，依托资本延伸

Markides 和 Geroski（2004）认为，在位企业不需要花时间和精力对内部组织进行改造或者建立一个独立的组织，而是应该建立和保持与新创企业的联系网络。企业可以通过风险投资、战略联盟或持有股份等方式与其建立联系，等市场快成熟了，再去收购这个新创企业。新创企业由于缺乏资源、权力、市场和渠道，所以也愿意被收购。例如，2003年，福耀玻璃收购吉林省双辽市浮法玻璃厂，以建筑浮法玻璃为切入点，初步拓展新流浮法玻璃领域，当年实现新流浮法玻璃业务收入 1.506 亿元，占总业务收入的 8.7%。海源机械在大力推进复合材料领域技术创新的同时，抓住 3D 打印这一新领域，于 2013 年参股设立福建海源三维打印高科技有限公司，从事 3D 打印技术及相关产品的研发、制造、销售服务，2015 年营业收入已达到 448.7 万元，其 3D 打印新流业务初步获得市场认可。2010 年，南方路机审时度势，通过与世界一流企业美国

TEREX 战略合作，成立特雷克斯南方路机（泉州）移动破碎设备有限公司，进入新流机制砂设备生产线、固体废料处理设备、破碎整形及筛分设备系列领域，并逐步成为国内制砂机械设备的领跑者；2017 年，新流制砂机械设备的销售额约占企业总营业额的 10%。综上所述，企业通过建立广泛的网络联系，依托资本进行新流业务延伸，也是推动主流与新流创新演进的有效路径。这种路径比较适合在位企业：凭借其资源、权力、渠道等优势，企业通过资本运作获取新创企业的新流技术，对原有主流技术进行增强甚至更替，进而实现创新升级，保持持久的竞争优势，从而在日益激烈的技术及创新浪潮中立于不败之地。

（三）新流创新战略定位的类型

企业管理主流与新流创新，推进创新演进，关键在于如何在主流中管理新流，特别是如何对新流进行准确的战略定位（Kanter，1989）。从创新演进图谱发现，企业同步开展主流与新流创新时，对新流的战略定位存在核心强化型、战略补充型和新兴更替型三种。

1. 核心强化型——代表企业：福耀玻璃和南方路机

核心强化型，即企业在坚持主流核心业务的同时，向产业链上下游延伸，纵向探索新流业务。对于这一类型的企业而言，开展新流创新的主要目的并不在于获取经济上的回报，而是在于通过新流创新刺激或强化主流创新。福耀玻璃在确定汽车玻璃作为主流业务之后，始终围绕如何成为一个典型的玻璃制造商而努力。在主流汽车玻璃产业链不断完善的过程中，福耀玻璃生产汽车玻璃的主要原料浮法玻璃 95% 依赖进口，制约了主流汽车玻璃业务的发展。福耀玻璃从 2005 年开始投资建设汽车级浮法玻璃生产线，补齐了企业汽车玻璃主流业务在原料供应上的短板，进一步提升了主流汽车玻璃的国际竞争力。南方路机在主流搅拌机械创新发展的基础上，围绕客户的价值链延伸，进军新流制砂机械领域，使企业具备破碎整形、制砂、搅拌等全产业链能力，进而成为工程搅拌全领域整体解决方案的专业服务商与制造商。因此，当主流市场竞争格局比较稳定、企业主流业务核心竞争优势比较明显时，通过新流业务的发展来完善和强化主流核心业务，不断赋予主流新的能力，是企业推进主流与新流创新演进的重要形式。

2. 战略补充型——代表企业：伊时代和铁拓机械

战略补充型，即企业依据整体战略目标，立足主流创新竞争优势，横向探索，在市场中寻找新的机会，形成新流与主流互补态势。对于这一类型的企业而言，开展新流创新的主要目的在于通过开拓新兴市场，获取更多经济上的回报。伊时代在云计算和大数据快速发展的行业背景下，将主流数据安全技术移植到云平台，开展新流云安全技术创新，既满足新兴市场中客户的需求，又反哺主流数据安全技术创新，二者形成较好的互补协同效应。铁拓机械在巩固沥青搅拌设备主业的同时，拓展沥青再生设备新流业务，向多元化发展。主流沥青搅拌设备专注于中小型市场，新流沥青再生设备针对养护市场，二者从互补到协同，为铁拓机械打造专业化、精品化品牌形象奠定了坚实的基础。因此，当企业创新要素禀赋比较充裕时，根据要素禀赋的变化以及企业发展战略的新要求，企业可以适时调整创新模式，同步开展主流创新与新流创新，并积极采取有效的要素优化配置方式，推动主流与新流创新形成良好的战略互补，保障企业整体创新绩效持续增长。

3. 新兴更替型——代表企业：福顺、金天梭、WB 光电、海源机械和凤竹纺织

新兴更替型，是指在创新加速、行业竞争愈加激烈的动态环境下，主流业务潜力有限、主流技术优势难以持久，企业需要开发更有潜力的市场或者新一代核心技术来引领企业未来的可持续发展。金天梭为满足市场需求的不断变化，先后开展传统机型、功能机型、特种机型、智能机型创新。海源机械在主流液压机械市场日渐萎缩、亟须转型升级的背景下，根据客户反应和潜在需求，迅速开展新流复合材料创新，并顺利完成了新旧主流更替，保障了企业的可持续发展。福顺的从双极工艺到 CMOS 工艺、到 BiCMOS 工艺、再到 VDMOS 工艺，WB 光电的从 LED 驱动电路到白光 LED、再到大功率 LED 照明，凤竹纺织的从溢流染色技术到气雾染色技术、再到环保节能技术，均展现出核心技术水平从低到高的特征。因此，随着市场竞争的加剧，环境日益动荡，单一的主流创新无法支撑企业的长久创新收益。只有一轮接一轮的技术开发、成长和储备，才能使企业掌握领先于同行的核心技术。主流创新、新流创新的动态交替、循环演进，使企业在竞争中立于不败之地，为企业实现整体技

术生命的绵延不绝和技术能力的动态跃进提供坚实的保障。

　　企业开展主流与新流创新时，对新流的战略定位也不是一成不变的。而应根据外部环境变化及企业发展战略的需要来调整新流的战略定位，推进主流与新流创新的顺利演进，实现企业持续进步和永续发展。

本章小结

　　本章综合考虑各行业特性，在多案例研究的基础上，绘制企业主流与新流创新演进图谱，对图谱在主流与新流创新领域的应用进行了有益的尝试。鉴于部分企业的案例研究已在前几章完成，本章重点开展南方路机、WB 光电和福耀玻璃的案例研究。采取多案例研究的方法探寻企业主流与新流创新演进的一般性规律，有利于提高研究结果的有效性和普适性。在 9 家企业案例研究的基础上，本章绘制出涉及多行业企业的主流与新流创新演进图谱，展现了不同行业企业主流与新流创新演进的状态和内在关系。基于演进图谱，本章发现企业主流与新流创新演进呈现代际演化加速的规律；企业可以通过推进自我更新、创建独立单元、依托资本延伸等方式来推动主流与新流创新的顺利演进，第一种方式适合中小型企业，第二种和第三种更适合大中型企业；在主流与新流创新协同演进过程中，对新流的战略定位有核心强化型、战略补充型和新兴更替型三种类型，企业需根据内外部环境的变化进行调整。主流与新流创新演进图谱，为企业管理主流与新流提供了综合、直观、可视化的辅助决策工具。

第十二章　企业主流与新流创新
协同演进的路径分析

在主流创新与新流创新的交汇演进中，企业技术得以源源不断的更迭前进，产出丰富的创新成果，使企业在激烈的市场竞争中立于不败之地，实现基业长青。本章综合应用文献研究归纳、理论演绎推理、探索性多案例研究、内容分析以及问卷调查分析等多种研究方法，对企业实现主流创新和新流创新，并最终实现汇流创新的路径进行深入分析探讨。

第一节　技术轨道和主流与新流创新演进路径

一　技术轨道含义

汇流创新的 S 形曲线演进过程体现的是单个企业的视角，从单一产品技术系统到多个产品技术系统叠加的进化规律形态。当创新汇流演进过程源源不断向前推进，从单个产品扩展到整个行业产业的视角来看，单个产品技术子系统汇集成行业产品的技术系统，为了进一步描述产业技术系统的发展历程，本节深入探析技术轨道理论，用以描述时间跨度更长的情况下，技术发展历史变化的进程及其周期演变规律，串联单个企业形成行业的技术发展演变路径。

技术轨道是 20 世纪 70 年代兴起的演化经济学的延续，主要观点是经济发展演变如同生物系统演化进化一般，在外部环境与内在结构的不断互动之中得到修正（李长青、张术丹，2006）。技术轨道理论最早来自 Winter 和 Nelson（1982）对"自然轨迹"的阐述：技术发展要受到先前"基因"遗传的规定和由经济、制度以及其他社会因素构成的选择环境（selection environment）的影响，使其发展沿着特定的方向前进，用自然轨迹来描述技术发展的积累和演化特征。Dosi（1982）在技术范式的基础上首次提出了技术轨道的概念，他认为技术范式是技术领域处于发展中的技术体系，当该技术范式长期支配该领域技术创新方向时，该技术范式就形成一条技术轨道。我国学者柳卸林（1997）将技术轨道看作在某一产业技术发展上可能有的方向，一组解决某一问题的相关联方法，对应着一条技术发展的 S 形曲线。傅家骥（2004）强调了搞清"产业技术进化的技术轨道"、有效提升产业技术升级换代的重要性。刘昌年和梅强（2006）在技术轨道理论的基础上，进一步提出高技术企业的技术发展路径总是包含在特定的技术轨道之中，构建了高技术企业"顺轨式""跃轨式"和"融轨式"三种自主创新基本模式。李冬花（2010）应用技术轨道理论分析创新的战略选择，并提出特定技术轨道是由新技术、新技术体系、技术范式、技术轨道这一演化过程形成的。

熊鸿儒等（2012）概括了技术轨道的基本概念，认为它一般指技术进步的路径，反映产业中技术发展的所有可能方向，或是一组解决某一问题的相关联方法，或是一系列路径依赖的经验组合。杜跃平和夏筱萌（2018）认为，技术在演化过程中会形成相应的技术轨迹即技术轨道，其决定了技术进步的方向和强度。整体上看，技术轨道不单指一个企业中的技术发展路径，其时间维度上的跨越更大。

结合技术轨道理论已有的研究成果，从创新的角度来看，行业内存在符合技术发展 S 形曲线规律的产品技术轨道，它是产品技术实现的所有可能方向所集成的技术体系，其演化发展过程契合产品周期演变的发展规律。

二　技术轨道的循环周期

国内外一些学者从产品生命周期的阶段发展视角研究技术轨道的周期变化。美国学者 Abernathy 和 Utterback 从 20 世纪 70 年代起对创新、工艺创新和组织结构之间的关系进行了一系列的考察，提出 A–U 模型来揭示特定技术轨道上的技术创新与产业发展的内在关系，从技术演化的角度揭示了创新与工艺创新的不同高峰，按照产品主导设计的形成与稳定情况将技术创新活动划分为流动性阶段、过渡性阶段、明确性阶段（Damanpour，2001）。由于传统的 A–U 模型研究的是短期的单个技术轨道，刘友金和黄鲁成（2001）从产业演变的全过程来考察技术创新与产业发展的内在关系，提出了改进后的 A–U 模型。阮汝祥（2007）在改进后的 A－U 模型的基础上，提出技术创新动态过程的转化周期分为技术突破、技术酝酿、主导设计形成、连续创新四个阶段。林智和吕铁（2013）认为在技术轨道与技术生命周期方面，技术范式的变迁是技术新周期的开始，而既定技术范式内的技术轨道及其演进过程则类似于技术单一周期过程，即技术诞生、成长、成熟及衰退的周期过程。张海锋和张卓（2018）针对技术生命周期的特征及各阶段特征的表现形式，将技术生命周期的演化过程分为萌芽期、成长期、成熟期和衰退期四个阶段，且技术生命周期决定了产品生命周期。已有的研究注重展示技术在不同发展阶段的特点，并不注重技术的周期之间的转化和结果视角生成。

　　综合已有的研究成果来看，新旧产品的交替组成了产业长期视角下产品的发展历史轨迹。借鉴阮汝祥（2007）对技术演化周期的阶段分类，本节基于主流与新流创新汇流演进的视角，串联起多个产品技术周期，认为产品技术轨道经历着技术突破—技术酝酿—主导技术形成—连续创新—新一轮技术突破的技术周期的交替循环，如图 12－1 所示。

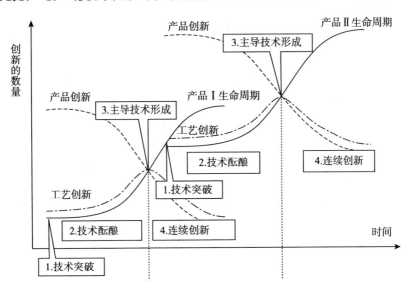

图 12－1　技术轨道的四个循环周期

资料来源：阮汝祥（2007）。

（一）技术突破

技术突破是新的技术取代原先的主导技术占据主导地位。技术突破既是一个技术循环周期的开始，也意味着旧的产品技术轨道的终结。技术突破的方向有两种。一种是沿着原有的主导技术方向继续前进，新的技术只是在先进性上与原主导技术有区别，总体上还是沿着原来的方向发展。另一种是新的技术是对原主导技术的彻底否定和颠覆，将原有的技术框架完全颠覆，不可能再沿着既有的方向前进，此时技术轨道必定要发生转轨，跃向一个新的技术周期循环的开始。

（二）技术酝酿

技术酝酿从市场的顾客需求变化出发，受到宏观经济环境的多方面影响，不断重塑产品的概念设计和价值创造。在尚未形成主导的技术前，产品的试验试制过程将涌现出大量混乱的、不确定的技术方案，要投入相当大的技术人力资源验证出最佳的产品技术实现方式。技术的酝酿阶段存在大量的偶发因素，并不是越先进的技术越能得到利用，要综合当前的社会环境和经济发展水平选择最为合适的技术来制造产品。

（三）主导技术形成

主导技术是在多个可行的产品技术选择中脱颖而出的、占主导地位的技术。主导技术的产生意味着该产品的基本框架已经形成，产品的技术轨道方向基本确立，不论何时何地生产该产品都要按照主导技术的范式指导进行。主导技术的形成是技术轨道与市场结构发生变化的分界点，将进一步形成新的产业标准，成为市场所接受并广泛认同的优秀的技术范式。

（四）连续创新

连续创新是在既定的技术框架下，对产品的制作工艺、零部件、批量制造流程等方面渐进性的改进，重点优化产品的生产质量，在批量生产的过程中保证产品生产的效率和精度。在连续创新的阶段，产品的性能趋于稳定，更容易被消费者和政府优先采购；产品技术创新程度逐渐下降，等待出现下一个技术突破。当一个完整的技术周期完成之后，主导技术之间的转换表示技术的一次间断飞跃。

三　汇流演进中技术轨道的交汇路径

基于主流与新流产品汇流演进的视角，产品技术轨道是由多个主导产品更替点相连形成的。纵观企业的发展历史，主流与新流创新的交替演进存在多个主导产品更替点。将多个产品新旧转换的交点连接起来，串联起主流与新流创新的汇流演进过程，汇聚成长期视角下的产品技术轨道，反映了整体的产品技术轨道的前进过程。随着主流产品与新流产品从各自的发展成长到合流共生再到替代转换、从一个汇流创新向另一个汇流创新的发展，企业产品实现了技术由低级向高级的跃进，如图12-2所示。

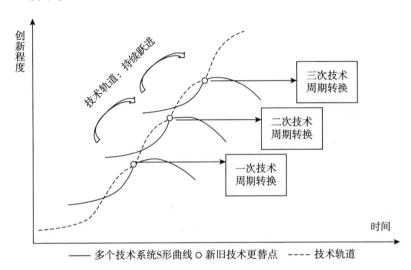

图 12-2　汇流演进下的技术轨道

　　技术发展路径总是包含于技术轨道之中，反映了产品在某一技术领域内技术发展的方向、内在逻辑与规律。从一个主导产品更替点到另一个主导产品更替点之间，技术从原主流产品的轨道跃进到新流产品的轨道，顺轨循序渐进发展后成为新的主流产品，又将跃进到下一个新流产品的技术轨道。主流产品技术轨道与新流产品技术轨道朝着各自的发展方向，按照周期发展规律依次递进，在某一个节点交汇转换，产品技术整体水平便在这一次又一次的跃进中跨越提升，产品的创新程度越来越高，如同波浪的此起彼伏，潮涨变化，汇聚成流，为企业源源不断地输送更加创新的产品和技术，保持企业强大存续力和对市场的灵活适应力。

　　因此，技术发展路径对于主流创新技术轨道而言是朝向技术轨道继续前进的顺轨路径，而对于新流创新技术轨道而言是跨向新的技术轨道的越轨路径。技术轨道上主流与新流创新汇流演进、转换、交汇本质上是顺轨路径与越轨路径相结合的结果。

第二节　主流与新流创新协同演进的路径分析

主流与新流创新理论探析从主流与新流技术轨道发展的角度讨论了主流与新流创新的内在技术发展路径，现实中企业创新要经历市场的博弈，在竞争对手的客观影响下，主流与新流创新路径的形成过程更为复杂多变，仅凭借技术条件无法决定新产品最终的流向。因此，本节将针对主流与新流创新路径做进一步的理论演绎，讨论主流与新流创新可能形成的路径方向。

一　概念来源与构成要素

（一）路径的概念来源

路径（path）的概念应用在地理、计算机、建筑等领域有着不同的解释，主流与新流创新的路径概念有待进一步界定。在对路径概念的探讨中，现有的关于企业创新管理领域的路径研究视角不同，当前该领域涉及路径的研究主要集中在三个方面，分别是路径依赖相关研究、技术路线图规划研究以及针对某个研究对象的实现路径研究。梳理已有的相关研究成果有助于界定主流与新流创新的路径概念，给主流与新流创新路径分析提供研究的思路和启发。

1. 关于技术创新中的路径依赖现象

路径依赖的相关研究基本上是从技术的角度分析路径依赖的成因、演化过程及其意义。杜跃平等（2004）探讨了路径依赖现象具有非确定性、技术锁定以及非最优性的三大特征，提出顺轨创新来发挥路径依赖特点促进技术创新。姜劲和徐学军（2006）分析了技术创新的路径依赖和路径创造两种现象，提出了技术创新从路径依赖到路径创造转变的两种方式。丁继锋（2010）根据路径依赖的形成特点提出了大幅度提高技术水平，采取技术兼容策略和尽快达到临界容量三种破解路径依赖的途径。王立宏（2013）从演化经济学的角度对技术创新路径依赖的演化过程进行了分析。张海丰（2015）从技术变迁和制度变迁的角度对路径依赖理论进行回顾梳理，认为路径依赖理论强调了历史的重要性，以及对初始条件的高度敏感性，认为路径依赖的形成是随机的、无意识的过程。胡畔和于渤（2017）指出企业因循守旧而过度相信过去成功的经验，表现出对核心能力的强烈路径依赖，并提出破解路径依赖困境的路径选择。郭炬（2018）提出技术创新演进存在路径依赖与路径创造现象，二者的交替出现表明了区域技术创新具有周期性特点。

路径依赖相关研究从理论层面揭示了技术发展过程中存在的刚性现象，对已有的条件和资源产生过度的依赖性，从而导致技术进一步发展受阻。由于产品创新活动建立在技术轨道发展的基础上，在技术发展路径依赖困境不可避免的情况下，主流与新流创新的路径所要解决的问题包括了如何克服路径依赖问题，促进产品技术发展。

2. 关于路径规划技术的研究

路径规划技术（technology roadmapping）源于企业管理实践，最早应用于20世纪70年代末的美国汽车行业，后来被摩托罗拉公司进一步应用发展。Petrick 和 Echols（2004）回顾了路径规划技术的应用历史，以案例研究说明路径规划技术通过预测技术与市场来决定新产品的优先顺序。李雪凤等（2005）将路径规划技术的概念引入国内，将其命名为技术路线图，以图示形式揭示了技术和时间的关系，以及技术和研发项目、产品、市场的关系。万劲波（2009）梳理技术路线图后指出其具有不同的类型、结构和功能，揭示其本质是结构化和可视化的战略预见及路径规划。王霞和黄鲁成（2012）认为技术路线图规划是通过知识整合促进产品创新的重要规范化方法。尤莉（2013）认为技术路线图是为了满足产品、科学和市场之间的需求，准确预测某类领域前景并帮助实现的可视化技术工具。李向东等（2015）构建了面向企业产品规划的技术路线图并制定流程模型，有助于提升企业研究和应用新技术、满足市场需求的能力。贝京和王超（2018）充实了技术路线图的要素构成，提出技术路线图基本要素包括时间轴、研发需求、研发任务、关键目标、重点和关键技术（产品）、资源配置、项目分解等。

路径规划技术的相关研究将技术路线的预测与新产品的形成联系起来，指出路径应该揭示市场、技术与产品之间的关系，既是对过去行为的总结和追溯，也是对未来行为的预测。这对界定主流与新流创新的路径有着重要的启示作用：主流与新流创新的路径概念应至少包括三个基本要素，即市场、产品和技术。

3. 关于具体研究对象的路径发展

此类路径研究一般针对某个具体的研究对象，聚焦路径的选择、识别、演化及其发展过程，可以进一步细分为两大方向，一方面是识别为了实现某种特定目标而采取的方式手段，包括技术赶超的路径（陈德智、胡代平，2006；郑长江等，2017）、知识获取的路径（白杨等，2014）、自主创新实现的路径（齐旭高、吕波，2013）等；另一方面是揭示研究对象一段时期内动态发展变化的过程中呈现的演化特征，包括企业成长路径（沈志渔、孙婧，2014；许晖等，2017）、动态能力形成路径（张军、金露，2011）、技术动态发展进程路径等。在以企业产品创新为研究对象的研究中，实现产品创新目标路径的研究居多。齐旭高和吕波（2013）采取多案例研究方法从产品创新视角归纳了制造业企业自主创新的实现路径。郑姝敏（2016）从产业升级的视角研究了产品质量升级的实现路径。张煜和龙勇（2018）采用多元回归分析法研究了技术集成能力对产品创新的影响，分析利用式学习、探索式学习、模块可降解性分别在产品创新实现路径中所起到的调节效应。然而，从整体上看，只有少数的路径研究将企业创新活动作为具体研究对象。

针对具体研究对象的路径研究从细微生产要素（如技术、知识）的积累发展，到企业、行业的成长升级过程，主要回答了如何采取具体的实施手段来实现特定目标。主流与新流创新路径以企业技术创新为研究对象，因此本节的路径研究需要回答企业应采取何种手段实现主流与新流的汇流创新的问题。

综合上述已有的研究成果，为了建立统一的概念前提，我们将"路径"定义为朝向某个特定方向的行动所留下的轨迹，串联起过去与未来的发展线索，有着时间维度与空间维度的双重意义。主流与新流创新路径是企业为了实现特定的市场目标，以主流与新流技术历史发展为支撑，克服技术发展自身存在的路径依赖问题，综合投入组织资源创造新流产品或改进主流产品的方式途径。

（二）主流与新流创新路径的构成要素

主流与新流创新路径的界定揭示了"技术—产品—市场"的深层次组成。主流与新流理论下的创新路径的构成要素同样有着异质性的区分，包括主流技术与新流技术、主流产品与新流产品以及主流市场与新流市场三组要素结构，具体内涵与特征如表 12 – 1 所示。

表 12 – 1　主流与新流创新路径要素的内涵及其特征

路径要素		内涵	特征
市场	主流市场	已经建立起主导设计的产品占主要地位的领域	市场接受度高
	新流市场	未出现占主导地位的产品，潜在顾客群体居多的领域	市场接受度低
产品	主流产品	已经建立起产品主导设计，进入成长期之后的产品	产品成熟度高
	新流产品	尚未形成产品主导设计，处在"婴儿期"的产品	产品成熟度低
技术	主流技术	在众多技术中脱颖而出且主导技术创新活动的核心技术	技术标准化
	新流技术	主导技术框架之外不断涌现的具有发展潜力的技术	技术新颖性

1. 主流技术与新流技术

技术依照主导技术的形成与否分为主流技术与新流技术。在同一个时间截面，企业中同时存在占主导地位的技术集合以及尚未成熟的技术储备，共同组成企业创新的技术资源。主导技术并非一成不变，原来占主导地位的主流技术没落，富有潜力的新流技术逐渐成长为新的主导技术，在动态交替中促进产品技术更迭。

主流技术是符合企业阶段产品生产需要和市场竞争趋势，在众多已有的技术中脱颖而出且主导企业技术创新活动的核心技术。主流技术决定着产品的主要功能形态与生产标准，进一步促进产品的批量生产和市场投放。主流技术的标准化和自我复制是延续其发展的关键。

新流技术是在已有的主导技术框架之外，不断涌现的、具有发展潜力的技术。新流技术的涌现为产品主导技术框架下一阶段的变化提供了方向，促进了新产品的概念实现和技术进步。新流技术的前瞻性和新颖性是其得以存续的关键。

2. 主流产品与新流产品

产品按照其生命周期发展阶段中产品主导设计形成与否分为主流产品和新流产品。主流产品与新流产品的分界取决于产品自身所处的发展阶段，主流产品比新流产品有着更高的成熟度。

主流产品是已经建立起产品主导设计，进入成长期之后的产品。主流产品以相对稳定的产品性能满足顾客的需求，在市场上的批量投放为企业获取客观的规模报酬，随后逐渐进入产品成熟期，最终将走向产品衰退期直至退出市场。

新流产品是应用了新技术或者新工艺，尚未形成产品主导设计，处在"婴儿期"的产品。新流产品需要进行大量反复的技术酝酿和较长时间的市场测试，其能否平安度过高风险期并为企业获得持续收益，有待市场的进一步检验。

3. 主流市场与新流市场

市场按照接受程度高的主导产品是否形成分为主流市场和新流市场。产品的成功与否要经历市场的考验，在较高的市场接受度以及利润率的驱使下，会引发大量企业跟随进入，市场竞争进入白热化阶段，迫使企业不断探寻未知的市场空间。

主流市场是已经建立起主导设计的产品占主要地位，顾客群体拥有较高市场接受度的领域。由于主流市场已经形成一定的消费偏好，也已经有市场表现较为突出的产品作为范本，引发了大量的跟随者进入，产生了大量同质性的产品，所以主流市场上的竞争十分激烈，众多品牌都在抓紧争夺尚未被开发的市场领域。

新流市场是尚未出现占主导地位的产品，有着较低市场接受度，潜在的顾客群体居多的领域。新流市场挑战了人们的认知维度，聚集了大量未曾接触的新鲜事物，整体新流市场存在低度竞争、发育程度不高、产品的密度不高但风险较高的现象。新流市场的发展情况难以预估，既可能继续保持较低的市场接受度，需求不足而逐渐萎缩，也可能适应了顾客的潜在需要，快速发育成长为主流市场。

（三）"技术—产品—市场"：路径构成要素的作用方向

是技术决定产品进而决定市场定位，还是市场决定产品进而决定所采取的技术，涉及企业进行产品创新活动是基于技术导向还是市场导向，因此产品创新路径存在双重的作用方向。企业产品创新是技术主导驱动还是市场主导驱动在学术界存在一些争论，但市场经济竞争下，现实中多数企业选择以市场为主导（夏志琼，2001）。市场导向的产品创新从顾客的需求出发，从产品的市场定位和价值创造入手，通过技术来实现产品概念，精确投入相应的技术资源，发挥技术在产品创新中的关键性作用。企业的产品创新活动首先根据市场的现状、顾客的需求设计产品创新的开发概念，再根据现实的技术条件加以实现。

现实中也存在以技术为主导的企业。技术导向的产品创新企业从自身已有的技术积累出发，寻求可能实现的技术尝试和突破。先根据现有的技术资源尽可能开发出多样的产品，再投入市场期待其反应。技术导向使顾客被动地接受企业产品，然而产品设计和开发不可能一开始就尽善尽美，产品市场表现未能真正达到企业在技术研发之时的设想，造成企业与顾客之间的脱钩和阻隔，同时也浪费了大量的资源和技术。因此纯粹的技术导向不利于企业创新，易产生一系列虽然颇具新意但无人问津的产品。

企业创新需要在技术因素和市场因素之间寻找平衡，双重作用方向虽然都能实现，但是总体而言，本书认为企业创新应是市场导向而非技术导向。企业创新所依赖的并不是单纯的产品技术实现，而是产品的内在价值逻辑与顾客不断进化的需求之间的内在交互过程。产品始于市场需求，企业创新是了解顾客需求之后不断创造新的价值和意义的过程，对某个产品的概念需求远在技术创新之前。因此企业在进行创新时首先要分析主流产品与新流产品各自的市场定位，才能有针对性地开展创新活动。

二　四象限分析

（一）路径构成要素逻辑演绎

1. 演绎推理法三段论的运用

为了建立主流与新流创新路径分析的基本框架，需要从已有的理论出发，探讨路径的构成要素，即技术、产品、市场三者之间的层次关系，可以采用演绎法进行逻辑推理。演绎推理法是从普遍性结论或一般性事理推导出个别性结论的论证方法，主要形式是三段论，即大前提、小前提和结论，大前提是一般事理，小前提是论证的个别事物，结论就是论点，可以以一般的原理为前提去论证个别事物，从而推导出一个新的结论（李章吕，2008）。

首先，出于对市场主导驱动产品创新的基本认定，产品的策略选择组合要根据市场的现实环境做出判断，因此，大前提是市场决定产品类型。

其次，技术对于产品创新而言是必要而非主导的因素。产品的内核在于技术实现，然而产品的概念需求先于技术条件发生，并且是否要应用最先进的技术生产产品取决于企业的自主选择。当企业在现有技术条件下可以完成产品创新时，未必需要实现技术的创新突破。因此，小前提是产品类型决定技术实现方式。

最后，从大前提和小前提可以得出结论：市场决定技术实现方式。在主流与新流创新路径的生成逻辑中，对于主流与新流创新路径而言，要从对市场的分析出发，最后落脚点在产品的技术实现方式的选择上。

2. 主流与新流产品的目标市场定位

企业在分别进行主流创新与新流创新时，需要准确把握产品在市场中的定位，寻求自身发展的空间。主流产品与新流产品分别对应主流市场与新流市场，这两个市场所面临的产品竞争激烈程度不同。

对于主流产品而言，主流产品定位在主流市场上，则意味着已有的产品要面临更为激烈的同质化竞争，虽然市场的接受度较高、风险较低，但无法创造过高的收益。主流产品定位在新流市场上，则表示将已有的产品拓展到新的市场中，将已有的产品范式或是营销模式推广复制到尚未有此类产品的地区。新市场的开发存在较大风险，但却可以一举获得较高市场份额。因此主流产品在主流市场上的定位最为保守，相对而言能够保证一定程度的收益回报。

对于新流产品而言，其也同样面临主流市场和新流市场的不同程度竞争。新流产品定位在主流市场上，则要与主流市场上数量庞大、品牌扎堆的主流产品竞争，主流产品的技术发展相对完善，已经度过了性能不稳定的阶段，而新流产品此时虽然能够吸引眼球，但是产品性能和质量尚未达到最佳水准，能否取得较高的市场接受度仍然不确定。新流产品定位在新流市场上，则需要投入大量的资源进行市场开发和培育，营销推广上的巨额开支有可能影响新流产品研发的持续投入，在新流产品不能被市场接纳、新流产品开发宣告失败的情况下，非但不能产生收益，反而会使企业前期的巨额投入付之一炬。因此新流产品在新流市场上的定位风险最高，需要在时间效力之内使之成为市场接受度高的主导产品。

3. 主流与新流创新的产品类型

面向主流市场或新流市场的不同定位，市场现状决定产品创新的结果类型不同。主流产品或新流产品想要获得一定的市场发展空间，可形成的产品类型有限。

在已有相对成熟的产品占据市场主导地位的情况下，主流创新是为了延续和改善已有的产品主导设计，延缓主流产品衰退期的到来。一方面，在主流市场上进行主流创新，既要保留市场接受程度高的产品的基本特性，又要在原来的基础上实现性能的提升，因此产生的是改进型的产品，承接已有产品的技术框架体系，在不破坏原有产品架构的基础上实现新版本的优化。另一方面，在新流市场上进行主流创新，复制已有产品的主导设计能够最大限度地降低新市场开拓的风险，因此产生的是模仿型的产品，将已经较为成熟的产品生产范式引入新的市场。

在尚未形成产品主导设计的情况下，新流创新是为了培育未来能够接替主流产品的潜力产品，平稳度过新流产品的"婴儿期"。一方面，在主流市场上进行新流创新，要能够在主流市场审美价值下创造出新的产品需求，不能够完全摆脱主流产品的影响、产生颠覆性的效果，因此所产生的是差异型的产品，保留主流市场对产品需求的基本功能，但寻求的是更为细分的性能需求或是更为综合的一体化设计。另一方面，在新流市场上进行新流创新，要能够准确抓住市场空白，利用前所未有的产品培育新的市场需求，因此产生的是开创型产品，具有已有产品不具有的设计和功能。

4. 主流与新流产品类型的技术实现方式

改进型和模仿型的主流产品与差异型和开创型的新流产品，所需要的产品技术轨道发展程度不同，因此可采取的产品技术实现方式也有所不同。主流产品与新流产品在时间上存在客观的先后顺序，主流产品的技术轨道必然先于新流产品的技术轨道建成，相较而言，新流创新的空间要大于主流创新。

从技术轨道的发展来看，主流创新中改进型产品在技术轨道上介于主导设计形成与技术突破之间的发展阶段，持续创新过程通过技术的渐进改进实现。技术改进并未对技术轨道产生重大的方向改变，重在修正产品技术参数、提升产品性能水平。模仿型产品则是越过技术酝酿的环节，直接进入主导设计形成之后的阶段，主要通过技术模仿实现后发追赶。技术模仿缩短了产品技术积累的漫长过程，重在复制和重现已有的产品技术主导设计。

新流创新中差异型产品与开创型产品的实现都是全新技术轨道的搭建过程，区别在于开创型新流产品与主流产品在技术体系上的联系不紧密，甚至会对已有主流技术产生破坏作用，通过技术的颠覆来实现。技术突破容易产生颠覆行业市场的爆发性力量，是促进技术轨道跃迁的重要推动力。差异型新流产品与主流产品的技术体系融合度更高，通过技术的新旧嫁接或是较长时间的裂变实现。技术综合以不同的方式在已有的技术基础上，结合新的技术进行结构性重组，是新流技术变异生成的主要实现方式。

（二）主流与新流创新的四象限矩阵构建

四象限分析法也叫波士顿矩阵分析法（BCG Matrix），最早应用于 20 世纪 60 年代，是一种建立在市场和产品细分的基础上，分析和规划企业产品组合，针对不同产品采取不同发展策略的方法（李海斌、王琼海，2009；王传吉，2015）。四象限分析法所认定的前提是，市场引力与企业实力是决定产品结构的基本因素，契合了主流与新流创新路径要素的双重作用方向。因此采用四象限分析法，纳入市场、产品以及技术的要素，作为主流与新流创新路径的分析框架。

将市场要素作为自变量横轴、产品要素作为因变量纵轴，并将产品按照生命周期发展的成熟程度分为主流产品和新流产品，市场按照市场上顾客对产品的接受程度分为主流市场和新流市场，通过四象限分析对主流与新流创新不同路径的形成逻辑进行理论归纳。以横坐标为市场接受度、纵坐标为产品成熟度，做出主流与新流创新的四象限矩阵，如图 12 - 3 所示。四个象限的矩阵由于处在不同的产品和市场情况下，产品技术实现的特点不同。

1. 第一象限：点突式特点

主流产品在主流市场上要进行产品创新，则需要不断对产品的工艺和性能做出改进和提升，产品技术呈现定点突破、逐步改进的特征。由

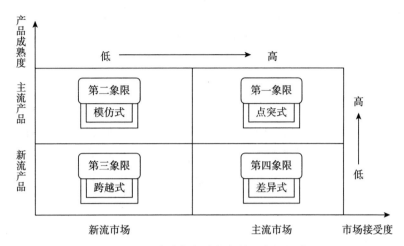

图 12 – 3 主流与新流创新的四象限矩阵

于可替代的同类产品数量众多，为了脱颖而出，企业需在短时间内进行主流产品的迭代，因此点突式的特征体现在企业不断根据顾客对产品的使用反馈，从零部件上或是使用便捷性上进行细微的改进，每一次改进后诞生的新一代产品比已有产品或增加了一个功能，或提升了某一处关键部分的性能。

苹果公司的电子产品是主流产品在主流市场上的典型。2000 年，苹果公司改进了市场上常见的 MP3 播放器的原有功能，增加了储存量以及相应的配套软件，将其命名为 iPod，引领了音乐播放器市场的新一轮热潮，使顾客熟悉并依赖 iTunes 音乐商店平台。2007 年，苹果公司将 iPod 加上移动电话和互联网的功能，推出 iPhone 手机，延续了 iTunes 平台提供音乐购买下载服务功能，以 App Store 软件商店提供多款软件购买下载服务（熊鸿儒等，2013）。在随后的每一年，苹果公司都推出新一代的 iPhone，每一年新版的 iPhone 手机与旧版的性能和外观差别并不大，仅在时间间隔较长的跨代产品之间才显示出较为明显的差异。每一次细微技术节点的改良、升级和突破，符合 iPhone 每年更新的产品创新节奏，成为新产品成功的卖点，引发市场跟随者的大量跟风模仿。顾客体验上的定点突破实现了市场的爆发式增长，进而让苹果在激烈的主流市场竞争环境中独占鳌头。

2. 第二象限：模仿式特点

主流产品在新流市场上所进行的产品创新，是将已经相对成熟的产品应用到尚未开发的新流市场中，产品技术呈现模仿复制的特征。由于企业所处的市场地位不同，在进行产品创新时存在两类情况。一类情况是，主流产品完全是由企业自主研发的，为了将产品的市场加以拓展，将已经成功的运营经验复制到其他地区，较常出现在产品生产规模较大、出口地覆盖较广的企业开拓国际市场、投资建立海外子公司的情况下。另一类情况是，相对成熟的主流产品是由行业内其他企业经过长期技术积累突破技术难关而建立的，但是国内和国外两个市场的差别导致空白区域产生，许多企业利用市场之间的区域差，将国外某个国家或者地区已经相对成熟的产品范式或是完整的产品生产线引入国内，购买引进，反求破译后模仿生产。

我国制造业诸多产品在起步阶段都曾有过模仿国外产品的经历，以汽车工业为例，吉利汽车作为我国民营企业自主品牌，最早模仿了奔驰汽车，用两辆车的零部件拼装出第一辆吉利汽车。吉利从完全模仿国外汽车开始，采用仿制、借用、外形改造等模仿形式，从造型设计到零部件体系，进行不断地改进来降低模仿程度，逐渐在汽车工业市场中站稳脚跟。2010年，吉利收购全球顶级豪华轿车品牌沃尔沃，在对沃尔沃技术成功整合的基础上，吉利控股相继并购了宝腾、路特斯以及沃尔沃卡车，在全球复制其成功模式，将产品市场拓展至海外。吉利的汽车产品是主流产品拓展新流市场的典型案例，从起步阶段通过纯粹的产品模仿制造，到国际化市场开拓阶段通过并购国际知名品牌复制产品的成功模式，实现了初始技术落后状态下的后发追赶，成为中国自主汽车品牌的代表企业。

3. 第三象限：跨越式特点

新流产品在新流市场上，必须要以强大的技术创新力量为支撑，才能够通过颠覆性的技术或前所未有的发明开辟一个新的产品市场。产品技术上本质性的变革和突破，使市场上已有的产品技术轨道竞争优势失效，以达到重新构建市场规则的目的。技术突破凭借全新的视角和资源组成优势，能够颠覆行业已有市场或是创造出空缺市场，呈现非线性的跨越式特征。新流产品拓展了已知市场空间的边界，通过改变已有的竞争格局创造新流市场。

新流产品能够立足新流市场凭借的是产品核心技术的自主知识产权，

以中国制造的名片"复兴号"高铁为例，2017 年 6 月 26 日具有完全自主知识产权的"复兴号"在京沪线上正式投入运营，标志着中国高速动车组成套技术设备已经达到世界先进水准。轨道交通高端装备技术起源于欧洲，历来被欧美国家垄断，为了突破国外技术封锁，中车集团、中国通号等中国高铁企业在中国铁路总公司牵头下，从硬件到软件集中攻克技术难关，自主研发了车体、转向架、牵引、制动、网络等配套设备的关键技术，完成了整车的正向设计，摆脱了欧、美、日技术，以纯正的"中国血统"实现了技术的弯道超车。在高速动车组 254 项重要标准中，中国标准高达 84%。中国的技术储备和研发项目一经推出，就冲击了全球高铁领域的标准，如今中国轨道交通装备已经实现对欧美国家的出口。随着"一带一路"项目建设的加强，中国高铁在国际上的影响力日益凸显，实现了中国制造在战略性新兴领域的自主跨越。

4. 第四象限：差异式特点

新流产品在主流市场上，为了与市场接受程度高的主流产品竞争，除了适当延续主流市场偏好之外，必须表现出区别于已有产品的明显优势，不能仅靠吹嘘来获得关注。重大的技术突破实现不易，带有一定的偶然性，很多企业经过多年的创新发展也没能实现撼动行业的技术突破。新流产品为了避开同质化市场竞争，必须在产品的技术实现上有所突破，找到不同于主流产品的特点实现差异化的消费定位，从而在产品技术上呈现差异式的特征。

以智能手机市场上的华为手机为例，随着智能化移动终端的迅猛发展，国内外品牌扎堆，在手机产品的竞争逐渐升级的情况下，2013 年华为逐渐放弃了低端手机的产品系列，转向手机高端线路的深度拓展。主流市场上智能手机处理器基本采用了美国高通公司的芯片，苹果公司和三星公司都具备了自主设计芯片的能力。为了奠定华为手机的精品路线，华为坚持自主研发芯片，加大研发投入，支持旗下的海思半导体有限公司开展芯片研发业务。华为海思在获取英国 ARM 公司的芯片公版架构授权之后，在 ARM 已有的架构上结合海思基带芯片的自主开发基础，依托华为手机对海思芯片的自我消化和承载力，通过技术集成综合设计出性能优异的国产"麒麟芯片"。2018 年，海思麒麟芯片 980 的性能水平比肩高通、苹果、三星等国外芯片设计厂商的芯片，在同质化的主流市场实现华为手机在硬件方面的差异化，成为华为手机在激励竞争的主流智能手机市场上的制胜关键。

（三）第一象限"固化"现象

主流与新流创新的四个象限有着不同的特征，是产品与市场之间交互作用的结果，也是企业进行产品创新时必须要考虑的内容。现实中企业在进行产品创新时往往偏向于某一个象限发展，即在同一时期只侧重于主流创新或是新流创新。由于主流产品和新流产品必须经历产品生命周期的生长发育，主流市场与新流市场也非固定下来一成不变的，新流产品总会成长为主流产品，越来越多的竞争企业进入新流市场，将会发育成主流市场，总体的变化趋势朝向主流产品和主流市场所在的象限移动。

不论企业最初选择将创新策略制定在哪一个象限，随着时间的推移，都会逐渐固化在主流产品—主流市场所在的第一象限，这也是为什么企业容易扎堆在同质性产品竞争激烈的市场领域。在四象限矩阵中无形中受到一股力量的驱使，使得企业创新囿于主流产品—主流市场，例如规模越大、市场份额越大的企业往往更加频繁地采用点突式创新，主要对已有产品进行渐进性的改进，而要进行跨越式创新比起小企业要更加困难，很少能够在主流产品的成功之后继续开创颠覆行业的新流产品，其背后的根本原因在于创新存在的路径依赖。

三　路径依赖困境

路径依赖（path dependence）源于生物学的概念，指的是物种进化的过程中由于内部基因的等级顺序受到偶然性的随机因素触发，从而产生多种多样可能不是最优的物种进化路径（李红红等，2014）。同时路径依赖也是物理学和数学的概念，与混沌理论有关：一个系统的潜能取决于其初始状态，而决定因子可能只是一些小概率的偶发事件。美国经济史学家 David 于 1975 年首次将路径依赖的概念引入经济学，用于解释技术变迁的机理。1989 年，美国经济学家 Arthur 将其解释为"因为历史事件而发生的锁定"（秦海，2004）。路径依赖不单是负向的锁定，也包括正向的锁定。从主流与新流创新的技术轨道演变来看，路径依赖是指企业在面临主流产品与新流产品的技术范式的竞争和选择中，逐渐向某一个方向创新技术轨道强化的现象。除了技术轨道自身的演化，由于创新的概念酝酿和生成受到社会政治因素、文化因素、经济因素等制度环境因素多方面的影响，技术范式选择的偶发性与制度因素也息息相关。

路径依赖的困境指的是主流创新进入自我强化的刚性循环轨道，而新流创新难以实现对既有循环的破坏，面临巨大的转换难题。

（一）路径依赖形成的原因

基于已有的路径依赖对成因的研究，技术轨道上路径依赖形成的主要原因有规模报酬递增、转换成本、学习效应、不确定性环境以及适应性预期等，但已有的研究并没有揭示各个原因之间的内在关联。我们认为，转换成本高昂是因为规模报酬递增，而规模报酬递增是因为学习效应降低了生产要素间的投入成本；而学习效应是基于人类适应性的学习能力，建立起适应性预期；适应性预期却是基于信息的不对等和外部环境的不确定性而建立的。

1. 规模报酬递增带来的转换成本高昂

规模报酬的形成是路径依赖的主要原因之一。企业在不断扩大生产规模时，产量增加比例大于生产要素增加的比例，比起初期建立主流产品所投入的大量资本而言，后续继续使用这项技术的单位成本和边际成本更低。随着顾客的增加和市场份额的扩大，产品的价值量也在逐步上升，沿用已经建立起来的产品范式、推广渠道、生产工人、技术人员等，相当于在要素投入不变的情况下持续加大产量，使得长期生产的平均成本下降。

然而在进行主流技术向新流技术转换之后，由于投资的不可逆性，已有的技术、生产设备、工艺、员工技能成为难以回收的沉默成本，采用新流技术将意味着全面建立起一套新的资源体系，对于企业而言是巨额的转换成本。企业主营业务的规模和收益越大，面临的转换成本就越高昂，这导致企业更愿意在现有技术的基础上稍加改进而不是全盘否定重建。

2. 知识循环往复获取导致学习效应产生

循环往复地获取知识也是路径依赖形成的原因之一。人类学习知识的过程是站在巨人的肩膀上不断前进的过程。知识信息的流通需要文本的记录和实践经验的传授，知识在企业中的流转基于群体性的学习和个体性的学习。群体性的学习范本是已经形成的企业制度、规则等有章可循的文字，而个体性的学习是人与人之间口耳相传的经验、惯例等非文字信息。知识的习得方式是群体性学习与个体性学习的综合，既包括制度上的文字学习，也包括经验上的非文字学习，知识的循环积累和获取习得导致学习效应产生。

学习效应指的是企业的知识学习，是群体性与个体性学习交叉形成的产物，个体通过学习到的知识将其应用到实践中去，并将获得的经验传授给他人，借此来节约解决问题的时间和资源，例如面对一件棘手的事件，员工第一反应是请示上级或同事，在历史发生过类似事件的解决方式中寻求可能的方案。因此现在所做出的决定，既是基于过去的历史提供的知识信息，也是未来决策的参照。

3. 不确定性环境下产生的适应性预期

环境不确定性是形成路径依赖的另一个主要原因。经济学中风险和不确定性往往能够影响到经济主体的诸多行为。整体的经济环境是不确定的，产品在推出市场之后能否获得预期的效果是不确定的，在有限理性下只能根据已经掌握的全部资源做出合理的适应性预期，利用过去的一些现象和记录，去预测未来，随着时间的前进反复进行修正，使预期结果符合现实情况。所谓的适应性，是指适应了历史经验和现存环境状况，并不能一步到位地准确预判未来。

这种不断地适应和修正尽可能贴近环境变化的特征，捕捉可能潜藏的规律，将已经形成的选择逐渐固化，也决定了创新的方向和实现方式。试图跳出已经固化下来的创新轨道，需要承担更为剧烈的环境动荡和高度的不确定性，既是对以往历史经验的冲击，也是对人类认知能力的挑战。

总体而言，路径依赖的形成是企业不可避免的，与企业创新之间是一对矛盾，一方面，主流产品得以建立且能有实力孕育新流产品，凭借的就是路径依赖下生产规模的扩大和投入成本的减少；另一方面，路径依赖束缚了创新的技术发展，将其固定在一个特定方向难以抽离，在企业不断加速发展中也加速了困境的到来。

（二）主流创新的惯性

路径依赖给主流创新带来的困境是，超稳定的主流系统结构下形成了一股惯性，而缺少了应该有的适应力和多变性。

主流产品的初创和建立在规模报酬递增中使企业强化已有的技术选择，建立起一套稳定的主流产品生产运营系统，在进行产品创新时会更加重视初始核心技术的应用。主流核心技术为企业创造了大量的经济效益，在短暂的繁盛下企业难以从中抽离去重新经历初创期的艰辛和研发新技术的失败。因此即便企业已经极早洞察到新流技术的趋势，但是在持续保持稳定的主流产品和冒险探索新流产品的选择中，企业往往会选择开展提高主流产品质量的活动来继续巩固已有市场。

随着主流产品的生命周期走向成熟期甚至衰退期，再怎么改进主流产品质量、降低成本、提升客户满意度，也不能刺激主流产品的二次发育。若未能在已有的技术轨道上实现突破，进入下一轮技术循环的转轨，那么持续的投入非但不能促进企业发展，反而会加速主流产品的衰退。

当这种核心技术与企业的品牌、声誉、价值、特定领域等紧密联系在一起时，为了维护既有的利益，相关的企业人员成为依附主流核心技术的利益群体。既得利益群体生成将进一步强化主流技术的使用，全然不顾这种所谓的主流技术是否还具有先进性、是否已经走在加速灭亡的道路上，而将企业的未来持续锁定在既定方向，导致企业失去了应有的创造力和适应力，最后陷入主流产品的惯性困境无法动弹。

（三）新流创新的阻力

路径依赖给新流创新带来的困境是，对于市场竞争来说进入的先后顺序是不可逆转的，突破主流技术的自我强化将面临强大的阻力。

主流技术的形成并不一定意味着它是同时期内最为先进的技术，一些偶然性事件或是其他制度都有可能是其成为主流技术的原因。之后即使有比其更为先进的同类技术，也因为市场已被主流技术占领而难以立足，以至于被忽视。市场上已经普遍接受和认可了主流产品，甚至形成了依赖主流产品的消费习惯，这使新流产品在市场推广上更为艰难。

构建新流产品的生产范式需要经过探索和试验，但是在与主流产品争夺有限的组织资源过程中，原有的主流产品架构对新流创新运作并不适用，在主流产品与新流产品之间存在矛盾时，企业为了降低不确定性、保障主流产品的稳定收入，更倾向于主流创新，抑制新流创新的持续投入和开发活动。然而随着主流技术利用率的提高和市场占有率的扩大，企业组织对主流产品的倾斜力度加大，这更加不利于新流创新活动的开展。

新流创新的探索并不能保证完全的利用率，其高风险性阻止了新流产品后来形成的知识和技术进入既有技术轨道，新流产品探索中形成的知识未能固化下来，导致企业在承受了新流创新的高成本之后可能完全没有收益，也得不到可以利用的经验。长此以往，企业即使有可能出现更优的新流潜力技术，也得不到充分的开发和利用，从而陷入新流创新的阻力困境无法摆脱。

四 路径选择

企业不论是选择进行主流创新还是进行新流创新，都是在一定的制度环境、市场规模、顾客偏好、文化取向、历史条件、偶发事件等因素的综合作用之下的选择，并且这个选择将持续锁定，随着企业投入的增加而加速自我强化的低效率过程，最终走向难以摆脱的路径依赖困境。企业仅坚持主流创新或者贸然开展新流创新都会造成资源的浪费，为了实现创新的连续性和衍生性，形成源源不断的创新流，应该同时进行主流创新和新流创新，实现主流与新流的汇流合并，最大限度地发挥路径依赖的积极作用，打破路径依赖的消极困境。

（一）主流创新的顺轨路径

为了实现汇流创新，首先要保证主流创新的渐进式顺轨发展路径。顺轨路径指的是在原有的产品技术轨道内，充分利用已经掌握的技术知识和生产工艺，持续提高技术的先进程度，增加主流产品的附加值和加工深度，促进主流产品提质增效，降低生产成本，形成核心的主流产品系列。顺轨路径按照主流产品技术的来源可以分为两类。

1. 自主创新建立主流产品

第一类路径，企业可以凭借自主创新的多年积累持续建立主流产品系列。为了保证已经初步建立起来的主流产品进入路径依赖的良性轨道，要不断针对现有轨道的不足之处进行修正，对已经积累起来的知识进行提取和整合，剔除落后的、不可提高的边缘性技术，通过不间断的持续创新来延缓主流产品衰退期的到来，持续累积形成核心的主流技术体系。在主流产品市场上巩固已有的市场基础，进行边缘市场的开拓，并建立起技术壁垒，阻碍同行业竞争对手的模仿和进入。

2. 模仿引进成熟主流产品

第二类路径，企业可以通过与国际知名的行业龙头企业进行项目合作，抑或是兼并、收购等途径，引进国外的先进技术和产品生产线。所引进的技术是行业内已经建立起来的主流产品技术，企业在引进的初期并不用进行重大的技术调整，只需要在原有的框架下适应本土市场情况做出适应性改进，便可以在短时间内建立起相对成熟的主流产品。模仿建立主流产品的创新活动要同时注重新流市场的开发，由于所模仿的产品范式已经打开了一定的市场，对新流市场的开发并不是盲目和消极的，在新流市场上的不确定性相对降低，则需重点针对新流市场顾客的消费偏好和市场差异进行产品的改进，做出贴合新流市场环境的决策。

（二）新流创新的越轨路径

为了实现新流与主流的成功合流，要保证新流创新的突破式越轨路径。越轨路径指的是新流产品建立之初采取与主流产品不一样的技术轨道，结合主流技术集成新的技术范式，或是突破原有技术完全采用新的技术原理，保持一定程度的稳定成长发育，成功度过初期不稳定的阶段。越轨路径按照新流产品技术的破坏方式也可分为两类。

1. 新旧技术集成新流产品

第一类路径，企业在进行新流产品开发时采取新旧技术集成的方式，进行技术的组合，实现对已有技术范式的小范围突破，同时在主流与新流技术之间建立协同性，使新流产品技术既是从主流技术体系中发育而来的，又不尽相同，属于另一个维度的新流产品技术轨道，实现创造性融合，使自己的产品与其他企业的同类产品有所差异。已有产品技术的结构化重组能够在较短时间内生成新产品，并且突破已有的行业技术领域限制，获取更多的技术资源，使新流产品以差异化的市场道路取胜，在较短时间内保持市场竞争力。新旧技术的集成可以增加已有产品的应用场景，增强主流产品与新流产品之间的协同效应。

2. 技术突破开创新流产品

第二类路径，企业在内部开展重大技术突破的新流创新，了解全球范围内新兴的技术动态，不断开辟新的市场领域，作为接替主流产品的重要后备力量。实现技术的颠覆和突破实际上是对市场上占主导地位的产品进行否定和破坏，但是这种破坏是新流技术转轨的必然结果，企业自发的选择和市场被动的淘汰之间存在云泥之别。企业对新流技术的颠覆突破应该在市场临界点到来之前进行，例如成立独立的研究院来专门实现重大技术突破。只有在恰当的市场机遇到来之时，审时度势地及时转轨，自我突破，才能使产品技术轨道进入下一轮的循环更新。

（三）主流与新流创新路径的汇流组合

1. 汇流的假设条件

汇流创新对主流产品与新流产品的持续性和协同性要求较高，既要保证主流产品的存续，也要保证新流产品的成长。如果新流产品一开始就是破坏和背离主流产品的技术轨道，那么也许在其婴儿时期便会因为与主流产品冲突，而被剥夺应该投入的资源。因此主流与新流创新的汇流路径选择存在三个前提假设。

假设一：主流产品成功建立主导设计以后仍然继续在其技术轨道上坚持改进。主流产品并未经历重大市场冲击，所面临的市场风险不高。

假设二：新流产品与已经建成的主流产品系列相关性强，在技术原理和生产方式上没有根源性的冲突和矛盾。

假设三：新流产品的市场潜力较大，能够顺利度过新产品开发、试验、试制、试销的"婴儿期"。

2. 可能的汇流路径组合

为了实现主流与新流在未来某一个交界点的汇流，应当同时开展主流创新顺轨路径和新流创新越轨路径，主流产品在已有的技术轨道上按照技术发展周期顺序递进，新流产品寻求富有潜力的发展方向以建立新的产品技术轨道。根据主流产品与新流产品各自面临的市场不同，又可以产生多种组合的可能的路径选择。汇流路径形成的目的是源源不断地生成新的产品，拓展新的市场，因此路径方向是从主流创新指向新流创新，主流创新活动的发生顺序在新流创新活动之前。在主流与新流创新的四象限矩阵基础上，汇流路径的方向要与市场成长方向和产品成长方向相逆，才能不断地生成新的产品，突破第一象限的路径依赖困境。如图12-4所示，可能形成的汇流组合路径有四条。

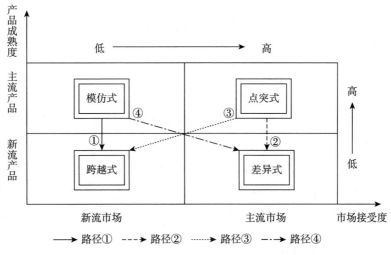

图 12-4 主流与新流创新的汇流组合路径选择

路径①显示的是企业在主流产品的创新上模仿已有的产品范式，在新流市场上建立起自己的主营业务；同时在新流产品的创新上同样关注新流市场的开拓，致力于开发出前所未有的新兴产品。

路径②显示的是企业在主流创新上坚持主流市场的巩固，持续改进已有的产品系列；同时在新流创新上借鉴主流产品的开发过程和消费偏好，生产出主流市场接受度较高的差异化新流产品。

路径③显示的是企业坚持在已有的主流创新上持续改进，提升产品质量，从低端市场向高端市场纵向提升；同时在新流创新上注重新技术、新原理的开发和应用，力求通过新流产品开辟全新的蓝海市场。

路径④显示的是企业在主流创新上沿用已有的先进产品范式，将其引进作为新流市场上的开拓型产品；同时在新流创新和已有的产品系列基础上，通过新旧技术不断的集成整合，创造出多种多样的差异化新流产品。

但在现实生活中，企业在同时开展主流创新与新流创新时，可能是四条路径择其一而为之，也可能是多条路径之间的加总，也可能是企业在不同的时期不同的规模体系下选择不同的路径，在实际应用中要结合具体企业的管理实践以及特定行业的特征进行分析。

第三节　企业主流与新流创新协同演进
路径的案例研究

在主流与新流创新的相关理论支持下，基于路径分析的创新方向探索，需要进一步分析企业在不同性质创新流下如何各自开展创新路径，属于"怎么样"问题的范畴。因此，本节采用案例分析的研究方法还原主流与新流产品在不同阶段的发展过程，探析企业进行主流与新流创新可以采取何种不同路径，分别是如何实现的，以此来说明不同技术实现方式的路径选择在实践过程中各自呈现的不同特征。

一　案例研究设计

（一）研究问题

企业在单独进行主流产品改进或者新流产品开发的过程中，面临产品技术轨道的路径依赖困境，容易出现技术循环的断链，形成新旧产品交替的空白。虽然在有限资源条件下开展异质性创新活动存在较高风险，但是成功的企业经过多年经营，可以在成熟的发展阶段实现主流产品与新流产品的汇流创新，做到同时经营主流产品和开发新流产品，现阶段相关的企业创新路径研究缺乏这方面的理论探讨。

经过前述主流与新流创新路径的分析，通过产品四象限的推演探讨了汇流路径的四种可能性，为了深入研究主流与新流创新路径的具体实现形式和特征，要通过案例研究寻找现实可行的主流与新流创新路径。因此，本节的案例研究主要聚焦企业如何实现产品汇流创新的成功，试图得到确实可行的主流与新流创新路径。

（二）研究方法选择

案例研究方法有三种类型：解释性或因果性案例研究、描述性案例研究和探索性案例研究。解释性或因果性案例研究主要是对现象或研究的发现进行分析归纳以获得结论，其适用于对相关性或因果性问题进行考察；描述性案例研究主要用以对事件和情况进行准确的描述；探索性案例研究能较好地归纳现象特征，并挖掘现象背后的潜在规律，寻找理论逻辑。由于单案例研究的理论抽样相对直接，而主流与新流创新路径需要进一步拓展理论规律，故采取探索性的多案例研究方法，从重复的研究中得出共性规律。

（三）研究样本选择

面对分散和多样化的产业，不同产业企业有着各自的产品技术轨道发展方向，为了得到科学的主流与新流创新路径，需要确定样本企业的基本行业特征。许庆瑞（2000）根据不同的产业性质分类归纳了五种主要的技术轨道，将不同产业企业分为供应商主导型、规模密集型、信息密集型、专业供应商以及基于科学的企业。主流与新流创新研究的是以科学为基础的制造业企业，其技术发展的主要任务是开拓基础研究，开发技术上有关的工业产品，获取开发辅助资产，并且从变革技术和提供市场机会的角度改组和经营企业。

在样本选择方面，依照典型性与可获得性的原则，选择三家企业作为研究对象，分别是九阳股份有限公司、福建雪人股份有限公司和福建友谊胶粘带集团有限公司，企业基本信息如表 12 - 2。样本的选择遵循了以下原则：①企业发展超过十五年，经历过市场行业变化，呈现较为明显的阶段性特征；②企业必须是该行业的龙头企业而非垄断企业，牵头制定行业标准，所占的市场份额高或者具备产品定价权；③所选企业类型丰富，企业规模、所在行业等方面均不相同；④企业注重产品创新，产品数量和先进水平处于行业领先地位；⑤企业调研配合度高，或者企业已上市，公开数据翔实。

表 12 - 2　三家样本企业基本信息

企业名称	始创年份	创立地点	规模	性质	年销售额	所属行业	发展阶段
九阳股份有限公司	1994	山东济南	2000 人以上大型企业	民营	10000万元以上	家用电器	1994~2004 年开启行业初创阶段、2005~2014 年多元品类拓展阶段、2015 年以来智能升级转型阶段
福建雪人股份有限公司	2000	福建福州	1000 人以上大型企业	民营	10000万元以上	制冰设备	2000~2010 年初级生产制造阶段、2011~2015 年进军上游技术阶段、2016 年以来拓展新兴领域阶段

企业名称	始创年份	创立地点	规模	性质	年销售额	所属行业	发展阶段
福建友谊胶粘带集团有限公司	1986	福建福州	300人以上中型企业	民营	10000万元以上	胶粘带	1986～2011年BOPP胶带生产阶段、2012～2015年主流产品系列形成阶段、2016年以来多样产品组合阶段

（四）数据收集与分析

数据收集包括一手数据收集，如半结构式访谈、非正式访谈、现场观察等，以及二手数据收集，如企业上市公司年报、企业官方渠道信息、内部资料、新闻报道和研究文献等。研究过程中根据企业的实际情况收集数据，整合成案例数据库后，首先进行案例内研究，分析总结出三家企业各自的主流与新流创新路径，然后经过不同案例间路径的对比分析得出共性结论。

通过案例数据分类汇总描述企业主流与新流创新路径，一方面要从时间发展过程中厘清产品在技术方面的发展路径；另一方面要从空间纵向发展过程中分析主流和新流产品与技术、市场之间的关系，可以通过绘制企业产品技术路线图来实现。产品演进路径图建构技术（Road Mapping）是对组织系统特定主题过去、现状与未来之间的联系、发展和延伸的趋势判断和情景分析，通常结合图形技术对技术、产品、市场等要素与组织结构和环境的相互关系的变化进行系统探索和描述，以明确特定主题及不同要素的演进趋势。技术路线图一般指明了两个方向的路径：水平方向指的是技术随着时间的变化过程，如图12-5所示；而另一个路径便是纵向的联系，反映的是技术和产品、市场的关系路径，产品的开发以技术为基础，并以市场为目标，如图12-6所示；技术路线图就是由纵横两个维度交错而成，最为典型的企业产品技术路线图结构框架如图12-7所示（李雪凤等，2005；Geum et al.，2011）。由于主流与新流创新涉及一个阶段内同时开展的主流创新活动和新流创新活动，因此技术、产品、市场三个方面都将分别对应主流创新和新流创新，从而组成本节案例分析的核心构念，具体定义如表12-3所示。

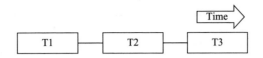

图 12 - 5 技术路线图横向发展路径

注：T 表示技术，数字表示代际关系，横向直线表示顺应时间维度的路径发展方向，箭头表示空间维度的路径发展方向。下同。

资料来源：李雪凤等（2005）。

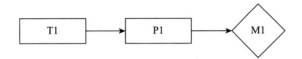

图 12 - 6 技术路线图纵向发展路径

注：T 表示技术，P 表示产品，M 表示市场；数字表示代际关系；横向直线表示顺应时间维度的路径发展方向；箭头表示空间维度的路径发展方向。下同。

资料来源：李雪凤等（2005）。

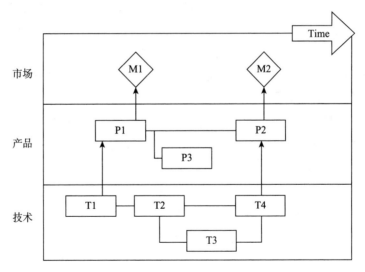

图 12 - 7 技术路线图的一般结构

资料来源：Geum 等（2011）。

表 12 - 3 案例分析涉及的核心构念及其具体内涵

维度	核心构念	具体内涵
市场	主流市场	主导设计产品占主要地位，顾客群体拥有较高市场接受度的领域
	新流市场	尚未出现主导产品，市场接受度低，潜在顾客群体居多的领域

维度	核心构念	具体内涵
产品	主流产品	市场所选择的主流技术范式下生产的产品
	新流产品	尚在孕育累积阶段富有潜力的新兴技术主导下的产品
技术	主流技术	从众多现有技术中脱颖而出，主导企业技术创新活动的核心技术
	新流技术	区别于已有技术框架，不断涌现的潜力技术

资料来源：朱斌（2016）。

二　微创新迭代与跨代式升级相结合的路径

（一）九阳股份有限公司简介

九阳股份有限公司（简称"九阳"）是一家专业研发、生产和销售豆浆机及其他厨房小家电的现代化企业，前身是山东九阳小家电有限公司。1994年，九阳成功研发全球第一台电机上置式豆浆机，多年以来牢牢占据豆浆机行业龙头位置，目前已拥有食品加工机、营养煲、电磁炉、西式电器等五大系列产品，主要产品均位于行业前三，其中豆浆机、料理机、榨汁机和空气炸锅等产品的市场占有率均为行业第一名。

2006年，"九阳"商标被认定为"中国驰名商标"。2007年九阳改制成股份公司，2008年5月28日在深圳证券交易所成功上市，同年获评浙江省"高新技术企业"。2009年九阳成为《豆浆机国家标准》起草工作组的组长单位。九阳凭借不断的技术突破开启了豆浆机行业的黄金时代，九阳年报显示，平均研发投入占年销售收入的3%，研究人员超过700人。截至2017年九阳共拥有专利技术4013项，其中发明专利183项，实用新型专利3192项，外观专利638项。2018年上半年，九阳研发投入达到11982.75万元，同比增长26.19%。九阳的专利技术多集中在豆浆机上，但近年来其他产品系列的专利数量也在逐渐增多，产品已经从单一的豆浆机逐渐扩展到小家电、大厨电等多个领域，整体营业收入对豆浆机的依赖程度逐渐降低，未来九阳将致力于智能厨房的深度开发，消除对单一产品过度依赖的风险，寻求新阶段产品跨越升级的发力点。

（二）九阳主流与新流创新过程

1. 开启行业初创阶段（1994～2004年）

九阳成立后的第一个十年，是主流产品豆浆机的成功及豆浆机市场培育的过程。1994 年，九阳创始人王旭宁及其团队发明了世界上第一台豆浆机，将豆类粉碎、过滤豆渣和煮沸加热的工序一并整合，使豆浆机成为革命性的豆浆制作工具，形成了第一代电机上置式全自动的豆浆机制造技术。由于豆浆机是从技术发明出发，在主导设计形成之前，第一代豆浆机整体上比较粗糙，在使用过程中出现煮糊、粘机和清洗困难等问题。随后九阳对初代豆浆机的薄弱环节进行改进，自主开发的煮浆不沾技术、文火熬煮技术等均获得专利认证，到 2004 年已从技术上保证了豆浆机煮浆成功，产品的功能和质量趋于稳定，豆浆机主导技术初步形成，并且引发了家电市场的极大关注。豆浆机行业进入了高速发展阶段，一台豆浆机的利润甚至是一台彩电的数倍，九阳以 80% 的豆浆机市场占有率创造了坚实的主流业务支撑。

与此同时，九阳通过市场调研分析，选择了电磁炉作为下一个"九阳产品新星"，于 2001 年推出九阳电磁炉，2002 年宣布正式进入小家电市场。九阳在新产品电磁炉的技术开发上延续了豆浆机的经验，针对目前电磁炉功能单一、温度不高的问题重点改进。2001 年，九阳首创的电磁炉一键通技术，弥补了电磁炉无法炒菜只能涮锅的缺点，开辟了煲汤、煲粥、炒菜等多种功能。2003 年，九阳创新了"霹雳火"快速升温技术，使电磁炉短时间内达到高功率，达到高温爆炒的效果，市场反响热烈，同年电磁炉销量增长迅速，进入行业前三。本阶段主流与新流创新路径的核心构念事实依据如表 12 - 4 所示。

表 12 - 4　九阳开启行业初创阶段核心构念事实依据

要素	主流创新	新流创新
市场	从无到有开辟了豆浆机细分市场	正式进军竞争激烈的小家电市场
产品	第一代家用全自动豆浆机（整合豆类粉碎、过滤豆渣和煮沸加热的多种工序）	电磁炉（煲汤、煲粥、炒菜等多种功能，短时间内达到高功率，实现高温爆炒）
技术	豆浆机技术发明、煮浆不沾技术、文火熬煮技术	多功能一键通技术、快速升温技术

2. 多元品类拓展阶段（2005～2014 年）

2008 年三聚氰胺奶粉事件爆发，同年中央出台家电下乡政策，健康需求和政策拉动的双重作用使主流产品豆浆机迎来了超高速的成长期。

由于市场需求的急速扩张，豆浆机的持续创新任务紧迫，九阳在 2008 年上市后投建杭州研发中心，不断进行微创新和工艺的改进，每一次在口感和浓度上的细微改进都要耗费数吨豆子，研发费用在数百万元以上。到 2011 年，九阳自创的无网技术、五谷精磨技术和全营养萃取技术三代技术同堂，满足了从低端到高端机型的不同需求，属于行业首创，自此确立了豆浆机行业的产品技术标准。

九阳凭借主流产品豆浆机的成功研发，开始涉足大厨电领域。九阳在豆浆机上的经验是要使产品突破现有的技术范式，具备前所未有的功能和性能。2012 年，九阳抽油烟机产品上市，首创拢烟、顶吸、净吸三位一体的结构，采用六重油烟分离技术，油脂分离度高，吸净度大于等于 99%，远超国际标准。伴随主流产品豆浆机的高速成长，抽油烟机等新流产品凭借行业技术首创突破，迅速成长建立起各自的新流产品技术轨迹，不断进行新产品的开发和推广，拓宽九阳的厨房家电产品线。本阶段主流与新流创新路径的核心构念事实依据如表 12 - 5 所示。

表 12 - 5　九阳多元品类拓展阶段核心构念事实依据

要素	主流创新	新流创新
市场	豆浆机市场对营养和健康高度关注	进入大厨电市场
产品	无网豆浆机（无滤网快速打浆）；米润系列、植物奶牛系列豆浆机（精细研磨保留营养以及口感）	抽油烟机（三位一体设计、吸净度大于等于 99%）
技术	无网技术、五谷精磨技术、全营养萃取技术	六重油烟分离技术

3. 智能升级转型阶段（2015 年以来）

九阳成立后的第三个十年从智能产品的首次出现开始。在消费升级和互联网普及的双重动力驱动下，高端智能化的突破方向契合了九阳的技术转轨需求。2015 年 9 月，九阳联合京东召开"智爱"智能产品发布会，发布智能破壁原浆机等智能产品，同时推出可智能化操控这些产品的 App"爱下厨"，成为九阳首次向市场推出智能产品的关键性举措。2017 年，九阳推出无人豆浆机，豆浆制作完成后将自动完成清洗步骤，大大节省了操作和清洁的时间。九阳豆浆机在营收比重中的绝对主导地位有所变化，各类厨房小家电产品占总营业收入的比重快速上升。九阳年报显示，截至 2018 年上半年，2009 年新增的营养煲系列和 2011 年新增的西式电器系列增长势头强劲，占主营收入的比重分别达到 33.16%（对比食品加工机系列占比 42.42%）和 12.53%（对比电磁炉系列占比 8.80%）。

九阳的小家电产品、大厨电产品逐渐形成、壮大，组合成多元的新流产品系列，与主流产品豆浆机系列汇流形成覆盖厨房家用电器领域的产品群。九阳豆浆机的主流号召力使新流产品进入成长期的时间缩短，而在多样化的新流产品成长起来以后，智能技术的应用和突破为九阳产品群带来新的发展机遇。九阳在技术开发上加大研发投入，专门成立九阳研究院，开展多个新流产品研究项目，实现由"健康厨房"向"智能厨房"的战略方向转变。目前九阳研究院承担了最前沿的科技研究任务，涉及人工智能、机器人、语音识别、万物互联等热门领域，将超前技术成果应用在抽油烟机、炒菜机器人等产品上，以实现产品的突破跨越。本阶段主流与新流创新路径的核心构念事实依据如表 12 - 6 所示。

表 12 - 6　九阳智能升级转型阶段核心构念事实依据

要素	主流创新	新流创新
市场	豆浆机市场消费升级，转向智能互联方向	布局智能家电市场
产品	智能破壁原浆机（App 智能操作，可保留植物细胞活性）； 无人豆浆机（自动煮浆出浆无须清洗）	会呼吸油烟机（油烟智能监测功能）； 智能炒菜机器人（全自动做饭、炒菜）
技术	细胞破壁技术、自动感应清洗技术	智能互联技术、专业烹饪程序模拟技术

4. 小结

从一台豆浆机到未来的智能厨房生态体系，九阳主流与新流创新技术路径如图 12 - 8 所示。豆浆机仍然是九阳的主流产品，继续着高频率的持续创新，但随着多元品类的不断拓展，如今九阳的主营业务丰富，豆浆机的绝对占比逐年下降，主流与新流产品成功汇流。在进入智能升级转型阶段后，九阳的主流产品豆浆机在智能技术的应用下实现了一定的技术突破，而多种新流产品开启了新的市场领域，各大产品线都在努力推出智能产品，以实现新一轮的技术跃进。

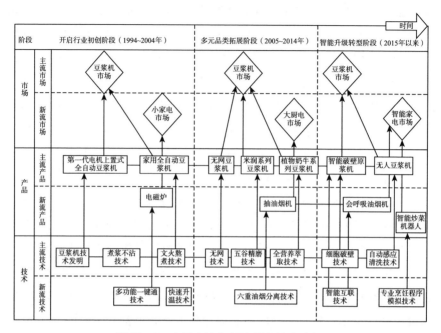

图 12 - 8   九阳主流与新流创新技术路径

（三）九阳案例的研究发现

1. 主流产品微创新迭代的路径

豆浆机市场是九阳从无到有培育发展起来的主流市场，1994 年至今九阳在主流产品豆浆机上保持着高频率的更新换代。从主流产品的技术发展来看，九阳在主流产品豆浆机上采取了微创新迭代的路径，主流技术发展路线具有连续性的特征。

微创新迭代路径是企业顺着已有的产品技术轨道继续前进，针对市场用户微小的需求及变化，不断改进开发出一代又一代产品，以产品高频率的更新换代延续主流产品生命周期的路径。它通过实现主流产品的微小创新，抓住用户不断变化的产品功能需求，在技术上针对产品使用中某一个痛点集中突破解决，淘汰存在问题的技术和产品，以更加完善的产品版本取代，在产品技术线性迭代前进中，实现产品在功能、制造工艺、服务过程等方面性能的逐步提升。九阳第一代豆浆机进入市场时相对粗糙，只有一个简易的框架，但是微创新迭代能够以最小的成本和有效的方式验证其是否符合主流市场需求，持续通过用户使用中的反馈需求迅速改进技术，添加组件，设置主流产品技术壁垒，延缓竞争对手进入主流市场的时间。

微创新迭代路径是通过产品技术改进实现的顺轨路径，目的在于延续和修缮已有的产品技术轨道，以微小的产品创新或性能改进引领技术轨道持续向前延伸，保证新一代主流产品在主流市场上的绝对竞争力。九阳在豆浆机上经历了10年时间从技术发明到正式建立起主导设计，又用了20多年时间在不断的技术改进中拥有了自主创新资源和能力。顺轨的技术改进使企业的技术知识得以积累，形成豆浆机产品的核心技术体系，只需要继续保持微小的技术改进，不必彻底颠覆产品框架仍然可以产生符合市场需求的新一代主流产品，最大限度地发挥了路径依赖的优势，带来了规模经济效应，支撑九阳的主营业务收入。

2. 新流产品跨代式升级的路径

九阳的新流市场从小家电市场、大厨电市场扩展到智能家电市场，产生了多个在新市场领域具有开创性意义的新流产品，最具代表性的是智能升级转型阶段的炒菜机器人。从新流产品的技术发展来看，九阳遵循了跨代式升级的路径，新流产品技术轨道具有不连续性的特征。

跨代式升级路径是跨越已有的产品技术轨道，开辟新的产品技术发展方向，实现技术突破升级，直接开发出企业现阶段不曾有过的新流产品，获得新流市场领先地位的路径。它通过科学领域的知识积累和资源应用，预见先进的技术发展方向，以非连续的方式积累产品技术，力求对已有产品技术轨道进行破坏和重构，从而开发出具有开创性意义的新流产品。九阳凭借在豆浆机产品开发过程中积累下来的技术资源，以具有突破性的新流技术打造全新的产品系列，使首次开发的新流产品一举进入行业前列。新流产品跨代是将企业未来的产品提前研发成功，时间的成功跨越能够实现企业从技术层面到产品层面再到市场层面的全面升级。

跨代式升级的路径是通过产品技术突破实现的越轨路径，目的是重建或者开创领先行业的产品技术范式，重塑产品制定标准和规则，开发出占据新流市场主导地位的全新的新流产品。产品的跨代虽然能够开发出前所未有的产品，但是仍然需要经历新流技术酝酿积累的环节。跨代式升级是在重大科学原理突破的基础上开辟新的领域，因此研发的成本高昂且不易成功。九阳整合调动企业内部资源，并通过设立专门的研究院保证前沿技术的研究积累，实现技术突破跨越，主要得益于主流产品的丰厚收入以及早期形成的创新探索精神，这使其在不同阶段都能形成新的产品、拓展全新的市场领域。

（四）九阳案例的结论与启示

九阳通过主流产品的微创新迭代和新流产品的跨代式升级，实现了主流产品与新流产品在同一时期的成功汇流。在主流产品方面，持续保持高频率的产品微创新迭代推动技术轨道前进，保持在主流市场上的竞争力；在新流产品方面，突破现有的产品技术范式，研发出开创性的产品，开辟或者进入全新的市场领域。在这一过程中，在主流产品的辐射带动作用下，新流产品快速进入稳步发展的成长期，随着人工智能、互联网等新兴技术的出现，迎来了产品群协同转型、朝向智能化方向革新的新发展阶段。

微创新迭代与跨代式升级相结合的路径建立在主流产品已经形成主流技术轨道、新流产品已经完成前期技术积累的基础上，目的在于实现主流产品的持续创新以及新流产品的技术突破，适用于能够凭借杰出的创新能力自行掌握产品以及行业发展核心技术的企业。

微创新迭代与跨代式升级相结合的路径，优点在于发挥路径依赖的惯性，在维持主流产品稳步发展的同时，不断涉及新的市场领域，使新流产品得到不断拓展。但是这条路径缺点在于研发难度大、风险高，需要企业具有较强的技术开发能力和雄厚的资金实力。相对而言，新流产品的越轨路径遇到的阻力更大，新流产品所跨越的新流市场如果与主营业务相差太大则不容易成功，需要小心度过新流产品扩张对主流产品造成波动的时期。

三　适应性选择与跨代式升级相结合的路径

（一）福建雪人股份有限公司简介

福建雪人股份有限公司（简称"雪人"）是一家以压缩机为核心，集余热回收发电，新能源，工商业制冷及其成套制冷系统的研发、设计、制造、销售、工程安装、售后服务于一体的高科技企业。雪人始建于

2000 年 3 月，经过十余年的发展，现已成为全球制冰设备制造行业的龙头企业，市场综合占有率领先，被国标委批准为全国冷冻空调设备标准化技术委员会制冰机工作组所在单位和全国制冷标准化技术委员会制冰机标准制定单位，承担编写《制冰机系统国家标准》的任务。

雪人在产品创新和技术创新方面成果突出，目前拥有制冰机及制冷系统产业和压缩机及机组两大产业园区，在全球建立 6 个技术研发中心，拥有压缩机及其机组的自主开发和应用能力。雪人拥有数十项制造工艺和非专利性的关键技术，自主研发的国家专利 121 项，节能制冰产品和高效制冷压缩机出口到 50 多个国家和地区，先后获得"中国驰名商标""国家火炬计划重点高新技术企业""国家火炬计划项目（片冰机项目）""福建省高新技术企业""福建省企业技术中心""福建名牌产品""福建省著名商标"等荣誉。

（二）雪人主流与新流创新的过程

1. 初级生产制造阶段（2000～2010 年）

我国制冰设备行业起步较晚，是在引进、消化和吸收德国、日本等的国外先进技术的基础上发展起来的。制冰机是制冰设备制造业行业的核心产品，雪人成立初期持有片冰机的生产技术，在此基础上完成了常规制冰机市场的培育。与其他冰型相比，片状冰型接触面积大，可以保证快速连续出冰，是工业用冰的主要冰型，需求量最大，因此片冰机成为雪人初期立足制冰设备市场的主流产品。2003 年，雪人内刮式片冰机获得实用新型专利，成为我国民族企业生产的第一台日产冰量在 20 吨以上的大型片冰机，其核心技术循环式内刮设计、螺旋刮冰刀以及射液式重力供液技术保证了所产片冰大小均匀稳定，不易产生粉末。2003～2007 年，雪人先后开发了管冰机、板冰机、块冰机多种类型的常规制冰机，可间歇性地将水制成管状、板状和块状冰型。截至 2010 年，雪人片冰机和制冰系统的销售收入占主营业务收入的 89%，毛利润占总营业利润的 88.6%，毛利率分别为 53% 和 39%，片冰机仍是占主导地位的产品，其销售收入是雪人收入的主要来源之一。

雪人在主流的常规制冰机基础之上，深入环保节能高精度制冰机市场的开发。一方面，从制冰机主要辅助设备冷水机进行新流技术突破。0.5℃ 冷水机是雪人自主研发的以电动机械压缩式制冷的方法将高温水制成低温水的设备，通过提高加工精度及改进换热器结构设计，在不添加盐和乙二醇等防冻剂的条件下，使出水温度最低能够低于 0.5℃。另一方面，雪人计划下一阶段推出更加环保的新流产品真空制冰机，可以通过控制水的临界状态完成制冰，无须制冷剂，真正做到不破坏大气、不增加温室气体，达到环保制冷。本阶段主流与新流创新路径的核心构念事实依据如表 12 - 7 所示。

表 12 - 7   雪人初级生产制造阶段核心构念事实依据

要素	主流创新	新流创新
市场	立足培育常规制冰机市场	深入开发高精度制冰机市场
产品	片冰机（快速自动连续地制成片状冰）	冷水机（无防冻剂温度保持在 0.5℃）；真空制冰机（环保无制冷剂）
技术	螺旋刮冰刀、射液式重力供液技术、循环式内刮设计	换热器生产技术、真空制冰技术

2. 进军上游技术阶段（2011～2015 年）

雪人经过第一阶段的技术积累成为工业制冰机市场的龙头企业，负责片冰机、管冰机、板冰机和自动储冰送冰系统等领域的国家标准制修订工作。2011 年开始，雪人板冰机、管冰机、块冰机等制冰机产品销售额逐年增加，2014 年起合并为制冰产品系列，并作为主流产品促进制冰设备主营业务产业化。雪人的主流制冰产品系列核心技术包括制冷系统设计技术、机械系统设计技术、电气系统设计技术，保证了主流产品具有较强的系统设计能力和竞争能力。然而，雪人在制冰机生产过程中意识到，制冰设备上游的核心部件压缩机过度依赖进口，受制于国外的品牌和技术，因而不断寻求机会进军压缩机市场。

2011 年，雪人采取国际合作模式，与世界最先进的螺杆压缩机研究机构——瑞典 SRM 公司合作，共同研究开发新型高效节能的螺杆制冷压缩机，并在 2013 年 3 月底研制出高效节能变频螺杆压缩机（组）、高压螺杆压缩机等部分新流产品的样机。2013 年底，雪人收购意大利莱富康及上海莱富康有关螺杆压缩机及活塞压缩机业务的资产，迅速获得莱富康压缩机领先技术、高端品牌、市场认知度和营销渠道。通过整合国外先进压缩机技术及资源，雪人掌握了热交换技术、环境优化技术、低品位能源利用技术等核心新流技术，拥有多项国内外专利，技术水平领先于全球其他螺杆压缩机企业。本阶段主流与新流创新路径的核心构念事实依据如表 12-8 所示。

表 12-8 雪人进军上游技术阶段核心构念事实依据

要素	主流创新	新流创新
市场	持续开发高精度工业制冰机市场	进军制冷压缩机市场
产品	片冰机、块冰机、管冰机、板冰机、流化冰机等制冰机系列产品（规格齐全、全自动控制）	螺杆压缩机（高效节能、制冷设备核心部件）
技术	制冷系统设计技术、机械系统设计技术、电气系统设计技术	热交换技术、环境优化技术、低品位能源利用技术

3. 拓展新兴领域阶段（2016 年以来）

在吸收国外领先的压缩机制造技术之后，雪人主营业务从单一的制冰设备转向以压缩机产品为中心，产业布局延伸到工业制冷、新能源等多个领域。雪人深入压缩机产品开发，产品逐渐覆盖螺杆压缩机、活塞式压缩机和离心式压缩机。由于从意大利莱富康公司引进的活塞式压缩机属于中低端产品，雪人对主流产品压缩机的技术开发集中在螺杆压缩机和离心式压缩机上。2016 年，雪人开发了半封闭螺杆压缩机，新型氨气压缩机技术达到世界先进水平，减少了氢氟碳化物的使用，填补了国内螺杆压缩机领域的技术空白。雪人还通过入股美国 CN 公司获得先进离心式压缩机技术，2017 年与其合作开发新型磁悬浮离心压缩机，采用世界先进的磁悬浮无油技术，以磁悬浮轴承代替传统润滑轴承，无油设计和环保制冷剂设计对臭氧层的破坏为 0，综合性能要比传统压缩机节能 30% ~40%。2018 年上半年，压缩机的营业收入占总收入的 35.98%，超过了制冰设备占总收入的比重（35.55%）。①

雪人的新流产品开发得益于入股 SRM 公司的母公司瑞典 OPCON 公司的举动，吸收了瑞典 OPCON 公司具有代表性的 PowerBox 螺杆膨胀发电机技术，形成膨胀机系列新流产品，可实现 55 度以上废气废热发电，

---

① 《福建雪人股份有限公司 2018 年半年度报告》，http://pdf.dfcfw.com/pdf/H2_AN20180 8261183034405_1.pdf.

不冷却和润滑，可适用于几乎所有气体。雪人在 2016 年之后继续加快推广新流产品品牌 OPCON PowerBox 的低品位余热回收业务，为螺杆膨胀机产品的发展进一步打开成长空间。此外，瑞典 OPCON 公司还是氢燃料电池的开发者，氢燃料电池技术以相对较长的续航能力和在化学反应过程中不会产生有害物的环保特性为明显优势。雪人全面掌握氢燃料电池空气循环系统核心技术，2016 年设立全资子公司上海雪人新能源技术有限公司，拥有全球知名品牌 AUTOROTOR，目前已开发出 12 个型号的燃料电池系统。2018 年，雪人加速在氢能源领域的战略布局，已经为 11 家车企和科研机构提供能匹配于新能源汽车的空气压缩机核心部件试验样品。本阶段主流与新流创新路径的核心构念事实依据如表 12 - 9 所示。

表 12 - 9　雪人拓展新兴领域阶段核心构念事实依据

要素	主流创新	新流创新
市场	持续开发压缩机市场、高端制冰设备市场	探索开发新能源市场
产品	半封闭螺杆压缩机（高技术节能环保）；离心式压缩机（无油设计、环保制冷）	螺杆膨胀发电机（适用于所有气体、55 度以上废气废热发电）；氢燃料电池（清洁能源，不产生有害物）
技术	新型氨气压缩技术、磁悬浮无油技术	螺杆膨胀发电技术、氢燃料电池空气循环系统核心技术

4. 小结

雪人通过注资螺杆压缩机国际企业、并购世界知名品牌等资本运作方式，从单一的制冰机设备制造企业转型为国际知名的制冷高端装备企业。雪人压缩机系列产品已经逐渐壮大，与制冰机系列产品共同构成大部分主营收入来源。雪人通过子公司的经营和资本投资，开发新材料、新能源、环保节能技术等领域的新流产品，依托国家扶持新能源发展的政策背景和国际品牌的核心技术，在新能源汽车行业等领域有着广阔的发展空间，雪人主流与新流创新技术路径如图 12 - 9 所示。

（三）雪人案例的研究发现

1. 主流产品适应性选择的路径

雪人成立初期致力于制冰机市场的培育，经过多年发展，主流市场扩大为制冷设备市场，压缩机与制冰机共同支撑雪人的主流产品。从主

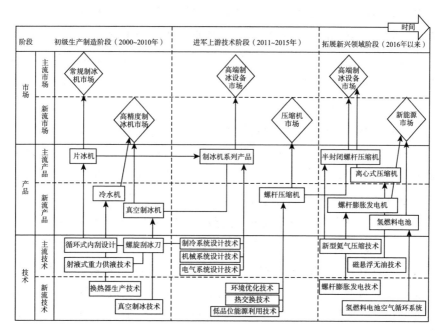

图 12 - 9　雪人主流与新流创新技术路径

流技术的发展过程来看，雪人主要通过适应性选择的路径追赶产业上游核心技术，呈现非连续性的特征。

适应性选择的路径是企业选择进入某一条已经相对成熟的产品技术轨道，沿着既定轨道追随、模仿行业龙头企业的产品技术范式，率先将成熟的产品核心技术引进主流市场，实现产品本土化的路径。它通过有计划地选择、引进国际先进的技术，沿着发达国家已经相对领先的产品技术轨道，复制产品研发成功的经验，消化、吸收与企业本身的产品生产范式相适应的核心技术，为企业大大缩短产品技术积累到主导技术范式建立期间漫长的市场反馈和改进修正的探索过程。雪人选择了行业内螺杆压缩机的创始企业——瑞典 OPCON 公司寻求合作，通过并购的方式引进压缩机技术和品牌，在短期内迅速进入制冷设备的核心部件领域，仅用了 2 年时间就开发出高效节能的螺杆压缩机样机，使雪人在主流市场制冷设备领域拥有了核心的产品竞争力。

适应性选择的路径是通过产品技术引进实现的顺轨路径，目的在于复刻国际市场上相对成熟的产品技术轨道，使其在本地主流市场得以继续延伸发展。利用国际龙头企业丰富的技术积累可以形成后发优势，在相对较高的产品起点上推进主流产品技术持续创新，寻求技术突破。然而成熟的产品范式能否成功被复制是企业要解决的重要问题，关键在于所选择引进的产品必须适应企业自身的产品生产系统，同时也要适应主流市场需求和消费习惯。

2. 新流产品跨代式升级的路径

雪人在不同阶段的新流市场跨度较大，且有意将其培育成主流市场，实现企业转型，主要体现在第二阶段进军压缩机市场之后，第三阶段将主流产品的研发重心转向主营收入占比越来越高的压缩机产品，而现阶段的新流产品以新能源市场的开发为主。从新流产品技术发展过程来看，雪人与九阳一样采用了跨代式升级的路径，呈现非连续性的特点。

雪人新流产品的跨代式升级同样是跨越了企业自身的产品技术轨道，转向研发具有开创性的新产品，在未曾涉足的新流市场寻求技术突破。新流产品的跨代研发为了增加成功概率，要选择与主流产品技术背景和行业知识关联度较大的发展方向，例如制冰机、压缩机与燃料电池系统之间相互补充，相互形成产业链上下游产品，压缩机既是制冰机的上游核心部件，同时也可以应用于能源发电领域燃料电池系统中。雪人的跨代式升级独特的地方在于，企业主要技术的积累并非通过企业长年累月的产品迭代完成，而是建立在引进国际先进技术的基础上，将成熟的产品技术范式注入已有的产品技术体系，因此可直接形成性能稳定、应用广泛的新流产品，快速占据新流市场的领先地位。

新流产品跨代式升级路径本就是一条越轨路径，以新流产品的超前实现揭示新流技术的不连续性。而对于雪人而言，主流技术源于外部引进，同样不具有连续性，使得所有的系列产品呈现非线性的代际关系，又通过产业链上下游产品的多样化应用加以连接。技术的双重不连续性最大限度地释放了资源要素的灵活性，在组织层面上表现为雪人先后成立三家以上新能源方向的子公司，产品应用领域不断扩大，既能实现制冰机市场从低端向中高端垂直方向的升级，也为开拓横向跨度巨大的新能源市场创造了可能。

（四）雪人案例的结论与启示

雪人通过主流产品的适应性选择路径以及新流产品跨代式升级路径，既保持了制冰设备领域的产品升级，也在不断的技术突破中跨越到广受关注的新能源领域。在主流产品方面，引进国际先进的产品技术，迅速吸收形成相对成熟的产品技术轨道，加以本土化改进，在主流市场上生成模仿型的产品；在新流产品方面，利用已经获得的丰厚技术资源，结合自身产品技术系统，实现产品技术突破，开辟新的产品发展方向，不断迈进尚未出现领先者和后进者的新流市场以期获得领先地位。

适应性选择与跨代式升级相结合的路径对企业自身条件有着较多限制，前提是企业所选择引进的技术具有较高的科技含量，或是产品上下游产业链中拥有较为核心的技术，并且能与自身的产品技术体系形成良好的能动关系。这条路径适用于具备产品创新研发能力、资金雄厚且已经在国际市场上形成良好品牌效应的企业。

适应性选择与跨代式升级相结合的路径优点在于，充分释放企业在产品技术轨道上的要素活力，集中先进的技术、人力资本，有效利用企业内外部现有资源，在较短时间内率先促成新兴领域的重大突破。然而这条路径在主流与新流产品技术上都是不连续的，存在很高的风险。主流产品可能会形成对外部引进技术的依赖，并购、国际合作等资本运作方式要求相对稳定的国际产品市场秩序，否则很容易受到行业、市场、政策方面不确定性因素的干扰。同时新流产品在新流市场上的应用有待进一步开发，将影响企业整体产品运营和利润增长的稳定性。

四 适应性选择与差异式组合相结合的路径

（一）福建友谊胶粘带集团有限公司简介

福建友谊胶粘带集团有限公司（简称"友谊"）始创于 1986 年 3 月，是集研发、生产、销售于一体的现代化、专业化、规模化的胶粘带企业，主要生产 BOPP 薄膜及 BOPP 胶带、美纹纸胶带、牛皮纸胶带、电子胶带、缠绕膜及各类压敏胶水等包装系列产品，拥有造纸、BOPP 薄膜、涂布、分切、切割全自动生产线，年产各类胶带 10 亿平方米，设有150 多个营销网点，覆盖国内各大城市，实现销售网络全覆盖，并成功拓展至国际市场，产品销往东南亚、中东、欧美等 80 多个国家和地区，其生产规模与市场占有率居国内榜首，是世界胶粘带行业龙头企业之一。在专利研发方面，"胶带纸包装结构""纸基胶带""防渗透工艺""包装箱（和纸胶带）""薄膜基材自动上胶结构"等数十项生产工艺先后获得国家知识产权局实用新型专利。

友谊是中国胶粘剂工业协会标准化委员会成员，参与相关标准的讨论和起草，参与起草了《压敏胶粘带行业标准》。企业连年被授予"福建名牌产品""福建省科技型企业""实施商标战略龙头企业""福州市民营科技企业"等荣誉称号，并获得"2017 年第一批福建省科技型企业"荣誉称号。

（二）友谊主流与新流创新的过程

1. BOPP 胶带生产阶段（1986～2011 年）

20 世纪 80 年代，由于生产 BOPP 胶带的入行门槛低，一些国内的厂家引进 BOPP 薄膜生产线，并从美国引进丙烯酸酯胶水配方技术，推动了中国胶粘带行业的起步。1986 年，友谊从一家塑料包装袋厂起步，1994 年成立福清市友谊胶粘带制品有限公司，引进了 BOPP 胶带的生产线和与之配套的制胶、印刷、分切、复卷、包装等设备，生产出适用于包装行业封箱、捆扎的 BOPP 透明胶带。包装行业的巨大需求使得通用型的透明胶带供不应求，友谊凭借此发展时机，以透明的 BOPP 胶带产品为主导，迅速建立起主营业务，采取产业化生产方式，从基材的制造、引进，到制胶、涂布、印刷、分切、复卷、包装，进行完整的成品生产，而非仅仅制成半成品售卖。BOPP 透明胶带的迅猛发展为企业带来了极为可观的收益，友谊的子公司在全国各地纷纷成立，形成了友谊胶粘带集团。2009 年，友谊收购了广东宏铭及广州宏顺两家台资企业，专业生产 BOPP 薄膜，成为国内最大的 BOPP 薄膜生产商，利用台企的技术背景获取了丰富的研发资源和先进的管理经验。

然而 BOPP 胶带定位低端，产品技术含量不高，高端胶带产品的基材制造以及胶水配方都依赖进口。为了改变胶粘带技术对国外的极度依赖现象，友谊着手进行 BOPP 胶带之外的产品研发探索。友谊将开发的新产品锁定在装修建材市场常用的美纹纸胶带和牛皮纸胶带上，在国内基材造纸技术仍然欠缺的情况下，从胶粘剂入手，在 1998 年前瞻性地研制出环保型水性美纹胶胶水；2002 年以无 PE 淋膜牛皮纸基生产技术扭转了国内对这类基材的进口依赖，填补了这一领域的技术空白。本阶段主流与新流创新路径的核心构念事实依据如表 12 - 10 所示。

表 12 – 10　友谊 BOPP 胶带生产阶段核心构念事实依据

要素	主流创新	新流创新
市场	迅速打开通用型胶带市场	逐渐拓展功能型胶带市场
产品	BOPP 透明胶带（一次性用品、使用方便、应用于包装行业）	美纹纸胶带（耐高温、耐溶剂、再剥离无残胶）；牛皮纸胶带（防水、黏性强、抗拉强度高、耐候性稳定）
技术	BOPP 薄膜生产技术、丙烯酸酯胶水配方技术	环保型水性胶水配方技术、无 PE 淋膜牛皮纸基生产技术

2. 主流产品系列形成阶段（2012 ~ 2015 年）

胶粘带制品从注重产量和规模逐渐转向关注产品细节和技术，为坚持主流产品技术轨迹上的持续创新，友谊改变了 BOPP 透明薄膜的形态，将其制成彩色或提供印刷图案的选择，或提供规格大小不一的型号。友谊从国外引进全自动高速型 BOPP 涂布生产线以及 BOPP 多色印刷技术，将 BOPP 胶带拓展成 BOPP 胶带系列，涵盖了 BOPP 透明胶带、BOPP 印刷胶带、BOPP 彩色胶带和 BOPP 文具胶带等多种细分产品，广泛适用于各种包装封箱，以及一般封贴修补、捆扎、粘接、固定等方面，可根据基材厚度不同使用在不同轻重包装物体上。

BOPP 透明胶带的发展随着行业内竞争者的增多趋于同质化，增长速度放缓。在整体经济环境不佳的影响下，通用型的 BOPP 胶带产品的利润呈现一定程度的萎缩，一些耐高温、绝缘或是耐紫外线的功能型胶带的增长率要高于通用型胶带。

在许多胶粘带企业普遍没有设置研发机构、缺乏技术创新能力的情况下，友谊凭借主流产品系列的研发经验积累，于 2012 年 10 月专门成立子公司福建友和胶粘科技实业有限公司，创办现代化产品研发中心，培育技术研发团队专门攻克高温胶带、绝缘胶带产品的技术难关，向国内外市场拓展胶带的高端产品线。友谊通过子公司的团队研发掌握了电子电气元器件应用领域 PVC 绝缘胶带的核心制作技术，以 PVC 薄膜为基材，涂上橡胶型压敏胶制造而成，具有良好绝缘性、耐压性、耐候性，适用于汽车配线、电线缠绕、绝缘保护等领域。本阶段主流与新流创新路径的核心构念事实依据如表 12 – 11 所示。

表 12-11　友谊主流产品系列形成阶段核心构念事实依据

要素	主流创新	新流创新
市场	持续开发通用型胶带市场	拓展高端功能型胶带市场
产品	BOPP 封箱胶带、BOPP 印刷胶带、BOPP 彩色胶带、BOPP 文具胶带等 BOPP 胶带系列（高黏着力、张贴平顺、广泛用于封贴和固定）	高温胶带（黏性佳、耐高温、耐溶剂、保持力强、不残胶）；绝缘胶带（伸缩性强、易缠绕、防腐蚀、用于电子电气元器件绝缘线包缠）
技术	BOPP 薄膜彩色印刷技术	PVC 薄膜生产技术、橡胶型压敏胶应用技术

3. 多样化产品组合阶段（2016 年以来）

BOPP 胶带作为友谊早期的主流产品，延续至今仍然有着较大需求，随着近两年快递行业的兴起，用于包装封箱的 BOPP 胶带需求量持续增长，但产品种类相对饱和且同质化严重。为了延续 BOPP 产品创新，友谊结合市场上出现的一种 BOPP 超透薄膜研制出 BOPP 超透明胶带。BOPP 超透明胶带的基材选择使用特种 BOPP 超透膜，表面更为光滑，光泽度由普通薄膜的 85% 提高到 110% 以上；胶粘剂采用不会发黄的水性超透明胶水，突出了原材料的环保性能。BOPP 超透明胶带比起普通的透明胶带成本更高、更加美观，用于包装封箱档次更高，迎合了主流产品市场的高端化发展趋势。截至 2018 年，友谊的 BOPP 胶带畅销国内，与顺丰快递、娃哈哈、可口可乐、蒙牛乳业、伊利乳业等多家大型企业建立了长期合作关系。

在国内许多胶粘带企业还挣扎在中低端通用型胶带市场时，友谊已经研发出相对高端的特种胶带产品，例如用于避免电子产品电磁干扰的铝箔胶带、用于绝缘保护自动粘贴的高压自粘胶带等。特种胶带具有较高的技术含量，对产品的性能和稳定性都有较高的要求，不同的使用场合对基材、胶粘剂的结合方式也有着不同的技术要求，核心技术包括新型胶粘剂（如热熔胶、有机硅胶）开发技术、特殊基材应用技术以及精密涂布技术，需要根据胶粘材料和使用环境的特点定制不同的产品。2016 年以后友谊形成了样式繁多的胶带产品，全方位延长产品线，基本涵盖了市场上的所有胶带类型；多元产品系列在这一时期同时汇流，覆盖了市场从低端到高端的产品类型，布局了用途各异、种类不一的多元产品，最大限度地向顾客提供可能的产品选择。2018 年，友谊新建了福清友谊新材料科技园，第一期项目以 BOPP 胶粘带及电子胶粘带的生产为主，实现主流产品与新流产品的汇流发展。本阶段主流与新流创新路径的核心构念事实依据如表 12 - 12 所示。

表 12 - 12　友谊多样化产品组合阶段核心构念事实依据

要素	主流创新	新流创新
市场	通用型胶带市场产品接近饱和	开发特种胶带市场
产品	BOPP 超透明胶带（成本更高，更加美观，应用于高档次包装封箱）	铝箔胶带（耐紫外线，防火，防潮，可以防止较多化学品腐蚀）；高压自粘胶带（高压环境自动粘贴，用于绝缘保护）
技术	BOPP 超透明薄膜制造技术、水性超透明胶水应用技术	新型胶粘剂开发技术、精密涂布技术、特殊基材应用技术

4. 小结

友谊从单一的 BOPP 胶带拓展到丰富多样的胶带产品，经历了三个阶段的主要变化。主流产品 BOPP 胶带通过项目合作、收购台资企业等手段引进已经相对成熟的生产范式，发展至今仍然稳定地支撑着主要营业收入，尚未被替代；对于技术含量高、突破难度大、利润高的新流产品，友谊给予自己的研究团队和子公司充足的时间和资金支持，通过基材的造纸技术和胶水配方的调配技术的多种结合实现高技术胶带产品创新。友谊主流与新流创新技术路径如图 12 - 10 所示。

（三）友谊案例的研究发现

1. 主流产品适应性选择的路径

通用型胶带市场虽然发展历史久且同质化严重，但仍然是友谊胶带产品的主流市场，BOPP 胶带在众多胶带系列中占主导地位。从主流产品 BOPP 胶带的技术发展过程来看，友谊也采取了后发跟随的适应性选择路径，呈现非连续性的特点。

适应性选择的路径能够选择已经相对成熟的产品，决定其是否引入，这说明在行业内产品技术发展存在先后差距，从全球市场角度来看国家之间的技术差距是客观存在的。BOPP 胶带的先进技术掌握在欧美发达国家手中，美国的 3M、德国的德莎实力雄厚，跨越技术壁垒的难度巨大，友谊只能选择被动地跟进，最大限度地利用国外已有的经验和资源，以

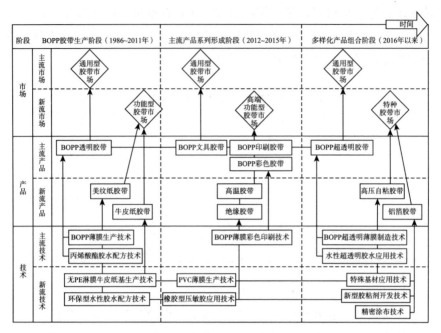

图 12 – 10　友谊主流与新流创新技术路径

最快的速度适应性选择、引进、学习，直至生产出自己品牌的胶带产品。与雪人并购国外资产引进核心技术的方式不同，友谊则是选择并购台资同类型企业来获得 BOPP 胶带生产的先进技术，将台企作为学习欧美核心技术、实现技术赶超的重要窗口。

　　友谊的适应性选择路径依然是基于技术引进的顺轨路径，适应国内需求，快速形成模仿型产品，并且同步跟进国内外主流产品的技术变化，不但跟随国际龙头企业的最新动向，而且关注国内市场同类竞争企业的产品，以相对完善的制作工艺生产模仿型产品，做到主流市场中产品人有我优，例如 BOPP 超透明胶带并不是友谊的专利产品，与上一阶段主流产品不是迭代的关系，而是模仿同类型企业产品所生产的。友谊沿着BOPP 胶带产品技术轨道发展至今，实现技术突破的关键在于开发环保可降解的新材料作为胶带的基材，但是受到企业自身条件限制不能如雪人一样并购国际龙头企业，要通过自主创新实现主流技术突破较为困难。

　　2. 新流产品差异式组合的路径

　　友谊在主流产品上的突破实现难度较大，因此将重点放在了新流产品的开拓上，从应用于装修建材的功能型胶带向高技术的特种胶带衍生，新流市场逐渐拓展为高端的工业胶带市场。从新流产品技术发展的过程看，友谊采用了差异式组合的路径，呈现连续性的特点。

差异式组合的路径是企业综合现阶段已有的技术，进行可能的连接或者综合，同时加入新兴技术手段引发原有技术轨道的增生突变，从而形成新的产品技术轨道的路径。它通过识别、收集、应用企业内部和外部的产品技术资源，在原有的技术轨道上寻求多个方向的分支裂变，探索可能的技术组合方式，糅合进新兴的技术之后，裂变出有所差异的新流产品，从而正式跃进新的产品技术轨道。对于胶粘带而言，技术核心在于基材和胶粘剂两个方面，差异式组合的路径由于胶带产品技术特性得到了最大程度的发挥，例如纸类、布类、塑料薄膜类的基材可以与水性胶水、油性胶水、热熔胶、橡胶分别结合，友谊在任意一个方面的微小突破都可以立即应用在所有的胶带产品系列上，多样化的组合产生了丰富的差异型产品，能够最大限度地向下游行业提供差异化的产品选择。

差异式组合的路径是一种建立在技术综合基础上的越轨路径，所产生的新流产品由于在关键技术上的组合发生变化，技术参数和产品性能都发生重大改变，区别于已经建立起来的技术轨道而遵循自己的技术架构。技术综合应用充分利用了新旧产品技术资源，改变已有产品的关键技术组合，产生区别于已有技术范式的差异型产品。随着多个新流产品的生产，在一个集中的时期，多个产品的成长期叠加，正如友谊在2016年之后形成主流产品与新流产品的汇流阶段，一时间覆盖了市场上大部分的胶带种类，建立起可持续的产品竞争优势。

（四）友谊案例的结论与启示

友谊通过主流产品的适应性选择和新流产品的差异式组合，产生了多种多样的差异化的胶带产品，与主流产品汇集成庞大的胶带产品体系。在主流产品方面，适应国内市场需求，选择引进成熟的产品技术范式；在新流产品方面，以胶粘剂为突破口，寻求基材与胶粘剂的技术综合，研发出以不同基材为基础的胶带系列。

适应性选择与差异式组合相结合的路径多被处于相对落后的市场地位的企业采用，目的是跨越技术壁垒、实现后进者的技术赶超、投身产品差异化竞争，适用于产品技术门槛不高、生产制造费时较短、消费节奏较快的行业企业。

适应性选择与差异式组合相结合的路径优点在于，在市场上快速建立起主流产品及相关业务，利用国际上技术范式先进的产品率先打开市场。但是模仿跟进的做法意味着失去先机，想要进行产品的更新迭代困难重重。除此之外，依赖线性的技术综合开发新流产品，使其还未实现跨越式突破。随着大批竞争对手的进入，如果停滞在已有的技术水平阶段，很容易被新崛起的对手打败。

五 不同路径的比较分析

（一）三条路径的同异比较

1. 相同比较

从三家企业的基本情况来看，它们都是较早进入各自行业的企业代表，经历多个阶段的发展和产品的培育，目前已经拥有类型丰富的产品。三家企业起步时期最早运营的产品延续至今，依旧支撑着大部分的主营业务收入，同时新产品不断形成壮大，并进入新的市场领域，拓展业务应用范围。虽然三家企业在主流产品与新流产品上呈现不一样的汇流路径组合，但是存在以下三个方面的共同点。

（1）在同一个阶段坚持顺轨路径与越轨路径的结合

有些企业会选择在同一时期只专注一条产品轨道的延伸，到下一个阶段才建立新的产品轨道，在主流产品与新流产品之间形成连续的技术轨道。然而实现产品汇流的企业的做法是，在同一时期既保证主流产品的轨道延伸，同时也着手拓展建立新的产品技术轨道。九阳、雪人和友谊在主流产品初创的第一阶段就已经在尝试建立新流产品技术轨道，并且在新流产品伴生和多元产品汇流的阶段都坚持着两个不同方向路径的结合。前一个阶段的新流产品培育成功，一方面丰富了企业的产品类型，在新流市场布局多种类型产品；另一方面市场接受度高、技术成熟度高的新流产品被纳入主流产品范围继续技术方向上的持续创新。

（2）主流产品的顺轨路径奠定了历史基础和技术积累方式

九阳与雪人在新流创新上都采用了跨代式升级的路径，但是由于主流创新的路径不同，它们产生了不同的技术知识经验积累：九阳的技术突破来自产品迭代产生的技术累积，雪人的技术突破来自引进消化吸收已经成熟的产品经验。雪人与友谊在主流创新上都采用了适应性选择的路径，但是对主流技术的吸收程度不同，造成在新流产品方面的路径选择不同：雪人入股、并购国际龙头企业直接获取了核心技术支持，对技术的理解更为深入，可以直接产出跨代新流产品；友谊收购台资企业，将其作为转接窗口来破解国际龙头企业的核心技术，相对而言无法触及最尖端的技术范式，只能产出差异型的新流产品。

（3）新流产品的越轨路径在组织层面衍生出独立的组织单元

三家企业新流产品的创新过程均建立了相对独立运作的组织单元：九阳专门设立了九阳研究院，吸引尖端技术人才致力于实现重大技术突破；雪人和友谊都成立了新业务的子公司，以专项开展新流产品的研发生产。新业务的子公司、产学研合作联盟、项目合作小组等都是致力于新流创新开发的组织单元，可将其看作由人员、角色、任务和知识组成的复合子系统，具有自我决策与协作能力，属于可以独立承担产品创新活动的结构主体，有助于企业在新流产品方面实现越轨。

2. 相异比较

企业会选择不同的路径组合，根源在于不同企业所处的行业市场和技术发展程度不同。路径是为了实现市场目标而根据企业所拥有的整体要素资源权衡设定且逐步形成的。主流产品与新流产品在路径上的选择不同，形成的汇流组合类型也就不同。总体而言，三条路径之间存在的不同之处有以下三个方面。

（1）不同的路径下目标市场所面临的问题不同

企业在进行产品市场定位之时，通常围绕当前主流产品的市场表现分析目标市场：当企业的主流产品处于市场相对领先地位时，会选择改进已有产品技术轨道顺轨持续创新，例如九阳的豆浆机坚持维护已有市场地位；当企业的主流产品在市场中并不占优、行业内其他企业拥有绝对的话语权时，会选择模仿成功产品的运作经验，想方设法地通过资本运作掌握产品核心技术，例如雪人和友谊面对的是全球行业龙头企业的技术垄断，只能通过适应性选择、吸收来延续主流产品技术轨道。

（2）不同的路径下所形成的产品结果类型不同

九阳形成了以豆浆机为主的改进型主流产品和跨行业多元化的开创型新流产品。雪人主要形成了以压缩机为代表的模仿型主流产品，以及跨越到新能源领域的开创型新流产品。友谊形成了模仿型的 BOPP 胶带系列产品，以及胶带种类丰富的差异型新流产品。在不同产品创新路径的作用下，形成的产品类型各异。

（3）不同的路径下技术轨道的连续性不同

企业在产品研发上凭借自己的实力经历完整的技术酝酿、主导技术形成、技术持续创新以及技术突破阶段以后，产品技术轨道连续性强。然而企业缺乏一定的产品研发创新实力，借助外部技术力量建立起来的产品技术轨迹不具有连续性。若产品的技术酝酿和主导设计过分依赖外部技术，仅凭模仿引进建立起来的技术轨道将难以进一步实现技术突破。

综上所述，主流与新流创新不同路径下的同异比较如表 12 - 13 所示。

表 12 - 13   主流与新流创新不同路径下的同异比较

比较结论	微创新迭代与跨代式升级相结合的路径	适应性选择与跨代式升级相结合的路径	适应性选择与差异式组合相结合的路径
相同之处			
坚持同一时期双向路径结合	同时开展技术改进顺轨路径与技术突破越轨路径	同时开展技术引进顺轨路径与技术突破越轨路径	同时开展技术引进顺轨路径与技术综合越轨路径
主流产品发展奠定历史基础	主流产品技术更新迭代的持续积累奠定新流产品跨越升级的技术基础	吸收整合所引进的主流产品核心技术奠定新流产品跨越升级的技术基础	间接破译主流产品核心技术奠定新流产品差异式发展技术基础
新流产品需要独立组织单元	设立独立研究院开展最新兴技术应用研究	并购国外品牌设立合资子公司开展技术研发	成立专门的子公司进行特定领域技术攻关
相异之处			
目标市场所面临的问题不同	首家进入豆浆机市场的企业，市场地位占优	制冰设备市场领先企业，压缩机市场被国外垄断	胶粘带市场长期受到国外企业垄断，技术壁垒高
形成的产品结果类型不同	产生改进型主流产品、开创型新流产品	产生模仿型主流产品、开创型新流产品	产生模仿型主流产品、差异型新流产品
技术轨迹的连续性不同	主流技术轨道连续，新流技术轨道不连续	主流与新流技术轨道两个方向都不连续	主流技术轨道不连续，新流技术轨道连续

（二）最优路径的问题

不同行业、不同起步方式的企业将形成特征各异的主流与新流创新路径。那么究竟什么样的路径是企业进行主流与新流创新的最优路径？

在制度背景和社会经济发展的影响下是否会对路径选择产生影响？

改革开放初期，中国工业发展程度不及欧美发达国家，国内企业想要掌握行业内的先进技术必须向发达国家看齐，引进、吸收、再创新技术，进行适应性选择和消化，成为众多国内企业在短时间内实现技术赶超的绝佳路径。在国内企业品牌拥有较高的海外知名度和国际影响力的情况下，通过并购入股等资本运作手段可以获取更为核心的产品先进技术，加上与自身已有的产品技术研发系统融合，更容易产生新兴领域的技术突破，引领产业升级。案例中雪人在制冰设备行业拥有较为先进的技术，后来选择了与行业内的国际龙头企业展开合作，注资换取压缩机核心技术。然而大多数中小企业在自身实力不足的情况下，为了打破技术壁垒，利用地理优势，通常采取与国外资本合资经营的方式，以国内的广大市场换取国外先进的技术经验，例如沿海地区企业。案例中友谊产品创新过程中台企起到重要的作用，台企是国内企业跨越技术壁垒、接近欧美先进技术的窗口，大陆和台湾合资或是收购台企则意味着学习和掌握行业领先技术的可能。在国家间技术差距客观存在的前提下，学习和借鉴发达国家的发展经验能够帮助中国在较短的时间内实现技术后发赶超。

改革开放40多年来，中国崛起为举世瞩目的泱泱大国，经济体量快速扩张。中美贸易摩擦升级，美国的征税清单直指"中国制造2025"，试图遏制中国高科技产品的发展。以市场换技术固然能够缩短产品技术酝酿发展的探索时间，完成技术赶超，但是真正能够保证产品源源不断产生的是自主创新的硬实力。"中兴事件"的爆发给我们敲响警钟，这一"清醒剂"让中国企业意识到与美国等发达国家之间的技术差距仍然存在，短时间内的赶超易使技术轨迹的依赖性过强，难以在新兴领域实现进一步的技术突破。中国企业如九阳一样凭借技术发明在世界范围内站稳脚跟的太少，阿里巴巴等知名企业依旧缺乏原发性的技术创新，多是整合已有的技术、凭借中国巨大的市场经济规模实现的快速扩张。只有根植于中国本土的市场，满足广大群众日益增长的消费需求，加速产品的更新换代，实现新兴领域的重大技术突破和应用，以更加先进的技术手段创造更多的新产品，才能以产品创新适应市场消费需求的升级，带动我国产业的升级。因此，现阶段中国更需要企业在已有产品上持续创新和微创新，同时深度开发战略性新兴技术，加快新旧技术的集成和综合应用，在新的市场领域和行业范围内实现跨越式升级。

本章小结

本章从路径的概念入手，确立了以市场驱动为主导的内在作用方向，构建了主流与新流创新四象限矩阵对理论演绎进行抽象归纳。通过四象限矩阵分析发现，路径依赖会导致主流创新陷入刚性，新流创新受阻，而汇流创新可以同时实现主流创新的不断改进以及新流创新的成功突破。根据主流与新流实现汇流创新的条件，基于主流与新流创新四象限给出了基本的四条汇流路径选择，企业创新管理实践中可能表现出多种可能的主流与新流创新路径。

通过案例分析，使用产品技术路线图分别对主流产品与新流产品在技术、产品、市场上的发展路径进行描绘，发现三家企业都采用了顺轨路径与越轨路径相结合的方式来实现主流与新流产品的汇流：主流产品的顺轨路径有微创新迭代与适应性选择两类，新流产品的越轨路径有跨代式升级与差异式组合两类。通过企业的案例分析，可总结出三条企业主流与新流创新路径：微创新迭代与跨代式升级相结合的路径、适应性选择与跨代式升级相结合的路径、适应性选择与差异式组合相结合的路径。随着产品技术轨迹建立后企业进入各自的技术循环周期，不同的产品技术发展轨迹决定了企业产品的市场领域跨度以及形成的产品结果类型的不同。最优路径的选择要结合当下社会制度背景和经济发展状况来考虑，当前我国最应该发展主流产品持续创新、新流产品跨越升级相结合的路径，提升我国企业产品的国际竞争力。

第十三章　企业主流与新流创新协同演进能力与效率评价研究

为了突破企业持续发展的瓶颈，不仅要挖掘潜在技术和新兴市场，实现主流与新流创新的更新迭代，还必须提升企业主流与新流创新协同演进的能力与效率。本章首先构建企业主流与新流创新能力指标体系，并运用熵值法和 TOPSIS 法进行实证研究；其次，建立企业主流与新流创新效率指标体系，运用 DEA 交叉效率方法开展实证分析；最后，基于耦合协调度模型，对企业主流与新流创新协同演进能力和效率的协调度进行归类与分析。

第一节　企业主流与新流创新能力和效率相关理论研究

一　企业主流与新流创新能力的理论研究

（一）企业主流与新流创新能力的内涵

Bums 和 Stalker（1961）首次提出创新能力的概念，用来表示"组织成功采纳或实施新思想、新工艺及新产品的能力"，并赋予其经济学、管理学的意义。部分学者通过对 Nokia、Intel、Sony、Seiko、Corning、Motorola、SSIH、Oticon 等企业的实证分析研究，指出一个企业的成功有赖于长期驾驭创新流的能力（Tushman and Rosenkopf，1992；Tushman et al.，2002，2010；Gulati et al.，2012）。Lawson 和 Samson（2001）将创新能力定义为不断将知识和想法转化为新产品、新流程和新系统的能力，亦是成功地经营新业务或者管理主流的能力，以产生新的收益并保持市场核心竞争力，造福于公司及利益相关者。朱斌和欧伟强（2017b）认为，创新能力包括战略选择能力、价值实现能力和创新支持能力。战略选择能力是企业协同、整合各种创新资源，制定创新战略，发现和评价创新机会的能力；价值实现能力是主流与新流创新研发成果成功转化为市场需求的新产品，并挖掘新市场价值的能力；创新支持能力是企业内外部获取、协调、整合创新要素，进而支持主流创新与新流创新活动以及防范、控制创新风险的能力。

基于主流与新流创新的特点与概念，结合创新能力的内涵，本书认为：主流创新能力是指为发展和支撑当前企业的主营业务、巩固当前企业主流市场、满足企业现有的市场竞争，依靠现存的知识对当前企业技术架构的主要产品、服务、工艺、材料设备以及市场渠道进行渐进性的改善和优化的能力；新流创新能力是指为适应和满足企业技术发展趋势和企业技术革新的需要、改变传统的竞争体系规则、扭转企业现有市场地位而开发和推出新产品、新技术、新服务或新商业模式的能力。

（二）企业主流与新流创新能力的影响因素

企业主流与新流创新能力是对企业现有业务经营过程中创新活动的表现，因此受到多种因素的影响。

主流创新能力体现了企业现有主营业务创新活动过程中所具备的能力，并受到如下因素的影响：第一，主流创新能力受到管理者的创新意识和前瞻性影响，企业是员工最主要的工作场所，管理者的创新意识和前瞻性激励员工提升现有的技术水平、改善目前的工艺流程；第二，主流创新能力是现阶段主流创新活动执行过程的体现，受到主流创新研发人员、研发资金投入程度的影响，二者体现了主流技术创新活动的规模和能力；第三，主流创新活动是一个渐进、持续的过程，所以主流创新能力受到主流知识积累水平、主流技术积累资源的影响；第四，主流创新能力是对企业现阶段创新结果表现的描述，受到主流技术专利数、主流科研团队创新效率的影响。

新流创新能力是企业应对未来发展市场的创新活动所具备的能力，是企业对未来不确定市场机会的把控能力，受到如下因素的影响：第一，新流创新能力受到管理者对新兴技术高度敏感性的影响，公司是员工最主要的工作场所，管理者对新兴技术的高度敏感性必然会激励员工不断探索新兴领域的技术，挖掘潜在的新兴市场；第二，新流创新能力是企业挖掘新兴市场的新流创新活动执行过程所具备的能力，受到新流创新研发人员、研发资金投入程度的影响，二者体现了新流技术创新活动的规模和能力；第三，新流创新属于突破性创新，通过主流技术创新跃迁至新流技术创新，所以新流创新能力受到新流知识积累水平、新流技术积累资源的影响；第四，新流创新能力是对企业现阶段创新结果表现的描述，受到新流创新产品的高端性、新流科研团队创新效率的影响。

综上所述，主流与新流创新能力的影响因素如表 13 - 1 所示。

表 13 - 1　　主流与新流创新能力的影响因素

维度	主流创新能力影响因素	新流创新能力影响因素
管理者	管理者的创新意识与前瞻性	管理者对新兴技术的高度敏感性
研发投入	主流创新研发人员与研发资金投入程度	新流创新研发人员与研发资金投入程度
创新基础	主流知识积累水平、主流技术积累资源	新流知识积累水平、新流技术积累资源
科研团队	主流技术专利数、科研团队创新效率	新流产品的高端性、科研团队创新效率

（三）企业主流与新流创新能力的多维度比较

企业主流与新流创新能力属于不同的能力类型，因此在主体、目标、效果以及特征方面的表现均有所不同。

主流创新能力是企业目前的主营业务创新活动所具备的能力，其主体是现有的主流技术、产品和工艺。具有如下特征：第一，主流创新能力反映了企业在短期内主流创新活动过程中的整体能力，具有巩固加强现有市场的特点；第二，主流创新能力是现阶段主流创新活动执行的结果，用以提高企业主流创新的核心竞争力，表现为显性特征；第三，主流创新属于渐进性创新，主流创新能力体现在主流创新活动过程的每一个环节，具有线性成长的特征。

新流创新能力是企业探索潜在市场与客户过程中具备的能力，是企业对未来不确定市场机会的把控能力，其主体是潜在的新流技术、产品、工艺，表现为探索和试验新的技术、产品、工艺，帮助企业研发全新技术工艺、开发新产品或新服务。具有以下特点：第一，新流创新能力主要表现为企业不断挖掘新兴技术和潜在客户所能够带来的创新价值，为企业注入新鲜血液，是一个长期的过程；第二，企业新流创新活动是突破性创新，对新流创新成果和效果的衡量没有固定的标准，更多是为企业长期发展打下基础，以提高新流创新的核心竞争力，且具有隐性特征；

第三，新流创新属于突破性创新，新流创新能力体现在新流创新活动的每一个环节，具有非线性成长的特征。

综上所述，主流与新流创新能力的多维度比较如表 13 - 2 所示。

表 13 - 2　主流与新流创新能力的多维度比较

维度	主流创新能力	新流创新能力
主体	现有的主流技术、产品、工艺	潜在的新流技术、产品、工艺
目标	巩固加强现有的市场	开发新兴市场
效果	提高主流创新的核心竞争力	提高新流创新的核心竞争力
特征	短期、显性、线性成长	长期、隐性、非线性成长

（四）企业主流与新流创新能力的衡量方法

企业主流与新流创新能力代表了企业创新活动过程中的表现，对企业主流与新流创新能力进行评价的方法有许多。一般方法涉及各指标的权重确定和综合评价。

对指标赋权主要有以下几种方法。常用的主观赋权法有层次分析法、专家评价法（常用德尔菲法）。客观赋权法有变异系数赋权法、因子分析法、主成分分析法、熵值法、复相关系数法。客观赋权法反映评价指标的真实情况，但必须有足够的样本数据，且计算方法比较复杂，有时计算的权重与实际权重相差较大。组合赋权法有层次分析法 - 熵值法、熵值修正 G1 法。它既克服了主观赋权法主观臆断的缺点，又弥补了客观赋权法过于依赖样本的不足。

在确定指标权重的同时，需要对企业主流与新流创新能力进行综合评价，常用的综合评价方法有 BP 神经网络法、数据包络分析法、可拓综合评价法、TOPSIS 法、模糊综合评价法。

综上所述，主流与新流创新能力的衡量方法如表 13 - 3 所示。

表 13 - 3　主流与新流创新能力的衡量方法

	主观赋权法	客观赋权法	组合赋权法	综合评价方法
衡量方法	层次分析法、专家评价法（常用德尔菲法）	变异系数赋权法、因子分析法、主成分分析法、熵值法、复相关系数法	层次分析法 - 熵值法、熵值修正 G1 法	BP 神经网络法、数据包络分析法、可拓综合评价法、TOPSIS 法、模糊综合评价法

二　企业主流与新流创新效率的理论研究

（一）企业主流与新流创新效率的内涵

"效率"在科学社会中意为投入与产出的比例，Afriat（1972）率先提出创新效率的概念，创新效率主要从创新速度和创新能力的提高来衡量创新绩效。赵晶等（2019）将企业创新效率定义为企业专利申请数量与上一年份研发投入之比，并未考虑不同种类专利之间的差异。企业的主流与新流创新资源是有限的，如何高效分配资源，获得最大化的主流与新流创新产出，为企业带来高效收益显得尤为重要。

目前鲜有对企业主流与新流创新效率的研究，结合创新效率定义的相关研究，本章界定主流创新效率和新流创新效率为：主流创新效率是主流创新投入与主流创新产出的转换效率，新流创新效率是新流创新投入与新流创新产出的转换效率。

（二）企业主流与新流创新效率的影响因素

主流与新流创新是一种范围广、流程复杂的技术创新活动，因此，影响主流与新流创新效率的因素较多。

主流创新效率衡量企业现有主营业务创新活动过程的结果，影响因素为：第一，主流创新效率受到政府法律环境的影响，政府法律环境为企业主流创新活动的开展提供了创新生态环境；第二，主流创新属于渐进性创新，所以主流创新效率受到主流技术前瞻性的影响；第三，主流创新效率受到主流产品研发成功率的影响，主流产品研发成功率意味着主流产品成功转化为商业价值的效率，通过影响主流创新产出影响主流创新效率。

新流创新效率衡量企业未来发展潜力市场的创新活动，影响因素为：第一，新流创新效率受政府法律环境的影响，政府法律环境为企业新流创新活动的开展提供创新生态环境；第二，新流创新属于突破性创新，通过主流技术创新跃迁至新流技术创新，在新的技术领域与新兴市场进行的创新活动，所以新流创新效率受到新流技术的突破性与新颖性的影响；第三，新流创新效率受到生产产品高端性的影响，因为新流产品的高端性加大了产品模仿难度，为企业扩大新市场提供优势，因此能影响企业新流创新效率。

综上所述，主流与新流创新效率的影响因素如表 13 - 4 所示。

表 13 - 4　主流与新流创新效率的影响因素

维度	主流创新效率影响因素	新流创新效率影响因素
法律	政府法律环境	政府法律环境
技术	主流技术的前瞻性	新流技术的突破性与新颖性
产品	主流产品研发成功率	生产产品的高端性

（三）企业主流与新流创新效率的多维度比较

企业主流与新流创新效率属于不同种类的效率，因此在多个维度上存在差异，如在衡量范围、目标市场、代表能力、客户需求方面的表现均有所不同。

主流创新效率是对现阶段主营业务创新活动与创新结果的客观描述。主流创新效率用来衡量主流产品的市场效益、主流创新成果转化和运营效果。因此，主流创新效率是目前现有的主流技术和工艺的定量测度，能够有效反映当前阶段创新效率情况，有效衡量主流创新核心竞争力，为满足当前显性客户需求提供参考依据。

新流创新效率是对企业新兴技术与市场创新活动过程的客观描述，在创新过程中，新流创新效率是企业新流创新投入与产出的比例。新流创新效率用来衡量新流产品的市场效益、新流创新成果转化以及新流技术的高端性和新颖性，并有效衡量新流创新可持续竞争力，为挖掘未来隐性客户需求提供参考依据。

综上所述，主流与新流创新效率的多维度比较如表 13 - 5 所示。

表 13 - 5　主流与新流创新效率的多维度比较

维度	主流创新效率	新流创新效率
衡量范围	企业现有的主流业务	企业战略新兴业务
目标市场	当前成熟的市场	未来新兴市场
代表能力	核心竞争力	可持续竞争力
客户需求	满足现有显性用户的需求	挖掘未来隐性客户的需求

（四） 企业主流与新流创新效率的衡量方法

企业主流与新流创新效率衡量的是企业创新活动的效果，对企业主流与新流创新效率的评价可以直观体现企业主流与新流创新效率的高低，并分析其原因。但由于企业主流与新流创新效率的评价仍没有相关文献依据，故结合企业创新效率评价方法和企业主流与新流创新相关理论，选择企业主流与新流创新效率的评价方法。

对企业创新效率进行衡量常用两种方法。一是参数法，从研究方法上看，研究基本上采用了基于参数的随机前沿生产函数（SFA）方法，与 DEA 方法相比，不会出现多个效率值为 1 的情况，且充分利用每个样本信息，具有计算结果稳定、可比性强和可靠性高的优点。二是非参数法，基于非参数的数据包络分析（DEA）方法，与其他评价方法相比，对投入、产出的数据不需要进行标准化处理，且不需要考虑市场函数的形态，适应复杂生产关系的多投入、多产出单元的效率评价，具有客观性的优点。

综上所述，主流与新流创新效率的衡量方法如表 13 - 6 所示。

表 13 - 6 主流与新流创新效率的衡量方法

	非参数法	参数法
衡量方法	DEA	SFA
衡量方法的特点	对投入、产出的数据不需要进行标准化处理，且不需要考虑市场函数的形态，适应复杂生产关系的多投入、多产出单元的效率评价，具有客观性的优点	不会出现多个效率值为 1 的情况，且充分利用每个样本信息，具有计算结果稳定、可比性强和可靠性高的优点

三 企业主流与新流创新能力与效率的关系

依据系统论观点，创新能力与创新效率包含于创新的"二象"系统，创新能力表示状态子系统，创新效率表示过程子系统，二者相互协调、相互影响，共同助力创新系统的平衡发展。

企业主流与新流创新能力反映了企业创新系统的整体实力。企业主流与新流创新效率是衡量企业创新投入与产出的成绩与效果，反映了企业创新投入与产出的转换效率。因此，企业主流与新流创新能力、企业主流与新流创新效率是体现企业创新系统整体实力的两个维度，二者之间既有区别又有联系。

（一）企业主流创新能力与效率的关系

企业主流创新能力与效率之间相互影响，既有联系又有区别。从二者的区别来看，它们的定义不同。企业主流创新能力是对现有要素资源进行改进，对主流产品性能、生产工艺、生产流程、技术工艺、服务进行升级优化，提升产品在市场中核心竞争力的能力；主流创新效率是主流创新投入与产出的转换效率。从二者的联系来看，主流创新能力是由前一年企业主流创新能力的社会效益积累及当年创新效率所产生的经济效益共同构成的。企业主流创新能力的形成是一个循环往复的过程，该过程连续不断地发生创新行为，形成和增强企业的创新能力。主流创新效率反映的是每一次创新的资源从开始投入到最终产出整个过程的流动性创新和资源配置的情况，它也是企业主流创新能力在创新过程中的具体表现。企业主流创新效率的高低对企业资源要素的合理规划有着举足轻重的作用，影响着企业主流创新能力的高低。

（二）企业新流创新能力与效率的关系

企业新流创新能力与效率之间相互影响，既有联系又有区别。从二者的区别来看，它们的定义不同。企业新流创新能力是挖掘新的知识和技术，并将新知识或新技术转化为满足客户需求的产品的能力；新流创新效率是指新流创新投入与新流创新产出的转换效率。从二者的联系来看，新流创新能力是由前一年企业新流创新能力的社会效益积累及当年新流创新效率所产生的价值共同构成的。企业新流创新能力的形成是一个循环往复的过程，该过程连续不断地发生创新行为的目的在于形成和增强企业的新流创新能力。新流创新效率主要反映的是每一次创新技术中的资源从开始投入到最终产出整个过程的技术创新和资源配置的情况，它也是企业新流创新在每次创新过程和应用中创新能力的表现。企业新流创新能力与资源的效率协同发展，共同促进企业创新持续发展，推动企业技术能级跃迁。

（三）企业主流与新流创新能力与效率的协调性

企业主（新）流创新效率是企业主（新）流创新能力在企业内每次

创新过程的表现，企业主（新）流创新能力与企业主（新）流创新效率之间的协调性反映了企业创新活动开展的情况。企业主（新）流创新能力与企业主（新）流创新效率之间的协调性表现为企业主（新）流创新能力与企业主（新）流创新效率之间关系的不同，本书将其分为企业主（新）流创新能力与企业主（新）流创新效率发展趋势相同、企业主（新）流创新能力与企业主（新）流创新效率发展趋势相异两种情况。

1. 企业主流与新流创新能力与效率发展趋势相同

当企业主（新）流创新能力与主（新）流创新效率发展趋势相同时，二者发展趋势一致，有利于提升企业主（新）流创新能力与效率的耦合协调度。从创新生命周期的萌芽期、成长期、成熟期和衰退期四个阶段分析企业主流与新流创新能力与效率发展趋势相同的情况（见图 13－1）。

企业主流创新处于创新生命周期的萌芽期时，新流创新尚未产生。主流创新资源匮乏，主流创新投入不足，主流创新环境不完善，无法独自支撑创新活动的开展，导致主流创新能力弱、主流创新效率低。原有的主流技术已经进入衰退期，蓄势已久的新一轮主流技术引领新一轮创新生命周期。

企业主流创新处于创新生命周期的成长期时，此时企业经过萌芽期创新要素的积累，处于快速成长期，主流业务收益不断增加，主流创新要素不断积累，创新主体所处环境不断完善，主流创新能力强，主流创新效率高。与此同时，企业不断探索新兴技术和潜在市场，新流创新处于创新生命周期的萌芽期。

企业主流创新处于创新生命周期的成熟期时，主流技术已经成熟，形成稳定的主流技术体系，主流创新要素配置趋于成熟。主流创新能力强、效率高。主流创新创造的收益在反馈主流创新能力的同时，又为新流创新能力提供资源，新流创新处于创新生命周期的成长期，新流创新能力强，新流创新效率高。

企业主流创新处于创新生命周期的衰退期时，企业主流技术与工艺流程难以进一步提升、优化和改进，主流技术和市场已经达到饱和，主流技术很难进行突破性创新，主流创新能力弱。由于主流市场达到饱和，客户对主流产品的需求量减少，同时，主流技术很难进行颠覆式创新，使得主流成果产出下降，导致主流创新产出下降，主流创新效率低。此时，新流创新处于创新生命周期的成熟期，新流创新资源丰富，新流创新环境逐渐完善，新流创新能力强，新流创新效率高。

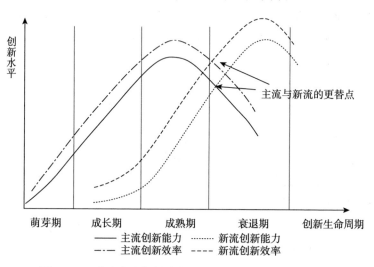

图 13 - 1　企业主流与新流创新能力与效率发展趋势相同

2. 企业主流与新流创新能力与效率发展趋势相异

当企业主（新）流创新能力与主（新）流创新效率发展趋势相异时，二者发展趋势不一致，降低了企业主（新）流创新能力与效率的耦合协调度。从创新生命周期的萌芽期、成长期、成熟期和衰退期四个阶段分析企业主流与新流创新能力与效率发展趋势相异的情况（见图 13 - 2）。

企业主流创新处于创新生命周期的萌芽期时，新流创新尚未产生。主流创新资源匮乏，主流创新投入不足，主流创新环境不完善。主流创新能力弱，但是创新活动密集，主流创新效率高。原有的主流技术已经进入衰退期，蓄势已久的新一轮主流技术引领新一轮创新生命周期。

企业主流创新处于创新生命周期的成长期时，企业经过萌芽期技术等资源的积累，处于快速成长期，主流业务收益不断增加，主流创新要素不断积累，创新主体所处环境不断完善，主流创新能力强。由于产品在完善与升级，主流产品尚未定型，需要充足的资源维持，因此主流创新效率低。与此同时，企业在不断探索新兴技术和潜在市场，新流创新处于创新生命周期的萌芽期，由于新流创新所处的环境仍未完善，创新要素不足，导致新流创新能力弱，但新流创新活动密集，使得新流创新效率高。

企业主流创新处于创新生命周期的成熟期时，主流技术已经成熟，形成稳定的主流技术体系，主流创新要素的配置趋于成熟，主流创新能力强。主流产品销售达到最高峰，之后主流产品销售收入减少，导致主流创新效率低。主流创新创造的收益在反馈主流创新能力的同时，又为新流创新能力提供资源，新流创新处于创新生命周期的成长期，新流创新能力强；由于产品在完善与升级，新流产品尚未定型，需要充足的资源维持，因此新流创新效率低。

企业主流创新处于创新生命周期的衰退期时，企业主流技术与工艺流程很难进一步提升、优化和改进，主流技术和市场已经达到饱和，主流技术很难进行突破性创新，主流创新能力弱。此时的管理层在资源分配时，若将重点放在新流创新的资源投入上，主流创新的投入将减少，当主流创新产出基本不变，则其创新效率升高。此时，新流创新处于创新生命周期的成熟期，新流创新资源丰富，新流创新环境逐渐完善，新流创新能力强，新流创新效率高。

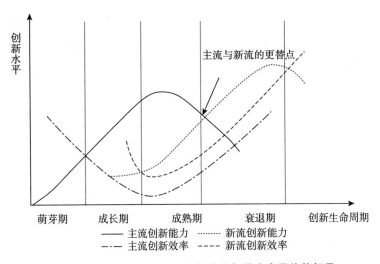

图 13 – 2 企业主流与新流创新能力与效率发展趋势相异

第二节 企业主流与新流创新协同演进能力评价

本节将对企业主流与新流创新能力进行初步的测量、评价和比较。本节将钢铁企业作为主流创新能力评价的研究对象，将新一代人工智能行业的企业作为新流创新能力评价的研究对象，使用公开的上市公司年报对上市公司的典型企业进行主流与新流创新能力评价。

一 企业主流与新流创新协同演进能力评价指标体系的构建

（一）评价指标体系设计的原则

1. 整体评价与个体评价相结合

企业主流与新流创新能力评价指标体系构建过程中，应围绕指标本质特征。

在构建企业主流创新能力评价指标体系时，应充分体现企业主流创新具有先发性、主导性和累积性的特征，对 R&D 能力、创新管理能力、创新营销能力、创新环境、创新产出能力五个方面进行研究分析。其中，R&D 能力突出研发团队的技术水平，创新管理和营销能力着重于创新模式和维持市场营销能力，创新产出能力关注如何提升创新收益和科研成果。

在构建企业新流创新能力评价指标体系时，应充分体现企业新流创新具有前瞻性、新颖性、高端性的特征，对 R&D 能力、创新管理能力、创新营销能力、创新环境、创新产出能力五个方面进行研究分析。其中，R&D 能力突出研发团队技术的前瞻性，创新管理能力注重对创新的高度敏感性，创新产出能力关注如何提升创新成果和新流技术的新颖性和高端性。

2. 指向性与可行性相结合

指向性是指企业主流与新流创新能力评价指标体系的选择要在统计口径和范围方面尽可能保持一致，具有一定的针对性，能够真实客观地反映企业主流与新流创新能力的影响因素，为提高企业主流与新流创新能力提供新方法、新观点和新思路。可行性主要包括三个方面的含义：首先，所获取的指标包括定量化和定性化指标，并保证所选指标的真实性；其次，所选指标必须可以通过问卷调查获得，对于无法获得的指标，在构建的指标体系中不要涉及；最后，评价指标体系应层数适中，简单易操作。

3. 科学性与目标性相结合

科学性是指企业主流与新流创新能力的评价要符合客观实际情况。只有建立在科学的指标选择上才能保证评价结果的准确性。因此，评价指标的选取要有理论依据，能够系统、全面、完整地体现出企业主流与新流创新能力演进趋势与影响因素。目标性是指从指标体系设计的角度，将评估企业主流与新流创新能力作为出发点和落脚点。衡量评价指标体系合理、可行和有效的关键是能否实现评估的目标，因此，指标的选择要有利于企业开展主流与新流创新工作。构建企业主流与新流创新能力评价指标体系的目标，是使企业主流与新流创新工作实现标准化，从而对企业主流与新流创新工作进行指导和监督。

（二）评价指标体系的构建

Meyer 和 Utterback（1993）认为，企业创新能力是开发能力、市场制造能力和营销能力的有机整合。Burgelman 等（1996）认为，企业创新能力是由技术开发能力、战略管理能力、组织结构和文化条件等构成的一系列企业综合创新能力。Lawson 和 Samson（2001）认为，创新能力是一种更高层次的"整合能力"，由愿景和战略、能力基础、组织职能、创造力和管理、组织结构和系统、文化和气候、技术管理这七个要素构成。Leifer 等（2001）认为，企业战略、组织结构技术范式和资源整合影响企业新流创新能力。朱斌和陈巧平（2015）研究发现，企业主流与新流创新系统与外界进行物质、能量和信息的交换，可以提高企业的创新能力、创新成果与经济收益。湛军和王照杰（2017）指出，外部技术获取能力、企业文化支撑能力、技术研发能力等八个要素是企业创新能力的重要组成部分。江洪等（2017）在企业创新能力维度下划分出 R&D 投入能力、创新产出能力、创新管理能力、创新营销能力这四个更高的维度。孔祥豆（2018）用层次分析法（AHP）分析科技型企业创新能力构成要素，分别选取创新投入能力、创新营销能力、创新管理能力和环境支撑能力等指标构建企业创新能力评价指标体系。在创新能力研究基础上，朱斌和欧伟强（2017b）、欧伟强和朱斌（2018）认为，主流与新流创新能力包括战略选择能力、价值实现能力和创新支持能力。吴赐联和朱斌（2019）在对企业主流与新流创新绩效的研究中，指出主流创新能力受到外购技术、政府创新激励、主流创新激励机制、创新 R&D 人员占比、科研团队创新效率的影响，新流创新能力受到外购技术、科研团队创新效率、创新 R&D 人员占比、新流创新激励机制的影响。综上所述，总结相关学者选取的企业创新能力评价指标（见表13－7）。

表13－7 企业创新能力评价指标

学者	年份	评价指标
廖开际和易聪	2010	创新管理能力、创新研发能力、创新生产能力、创新营销能力和社会效益能力
方金城等	2011	创新技术能力、创新要素投入能力、创新要素产出能力、创新要素管理能力、创新要素营销能力
杨梅	2012	技术创新、管理创新、市场创新、制度创新
张军等	2014	研发能力、生产制造、市场营销能力、战略管理能力等
Ashtianipour 和 Zandhessami	2015	研发能力、学习能力、资源分配能力、制造能力、营销能力以及组织战略、规划能力
肖黎明和杨赛楠	2016	创新投入、创新产出、创新扩散、创新环境
孔祥豆	2018	创新投入能力、创新实施能力、创新营销能力、创新管理能力和环境支撑能力

在企业创新能力评价研究成果的基础上，结合企业主流与新流创新的特征，从 R&D 能力、创新管理能力、创新营销能力、创新环境和创新产出能力五个维度构建了企业主流与新流创新能力评价指标体系（见表13－8）。

表13－8 企业主流与新流创新能力评价指标体系

维度	主流创新能力	新流创新能力
R&D 能力	主流技术研发人才、资金	新流技术研发人才、资金、科研团队的前瞻性和擅长领域的新颖性
创新管理能力	管理效率	对新兴技术的高度敏感性
创新营销能力	主流产品营销人才、资金、库存周转率	新流产品营销人才、资金、库存周转率
创新环境	主流创新劳动者素质、政府补助	新流创新劳动者素质、政府补助
创新产出能力	主流创新成果、主流产品产出	新流创新成果、新流技术的高端性和新颖性

（三）评价指标体系的确定

1. 企业主流创新能力评价指标体系的确定

（1）主流创新能力评价指标体系

主流创新是以企业当前的发展和市场需求为导向，利用现有的资源，优化工艺流程，提升技术水平。通过开展主流创新提高持续创新能力，是决定企业竞争优势的关键。

企业主流 R&D 能力。R&D 能力是企业主流创新能力的重要组成部分，是企业进行主流创新的前提和基础。为了对 R&D 能力进行评价，张和平等（2003）认为 R&D 能力表现为 R&D 人才的投入、R&D 资金的投入。肖岳峰和张敏（2008）将 R&D 能力衡量为：创新人员素质、创新经费投入强度、新服务开发成功率、自主开发新服务能力。董锋等（2009）选取了 R&D 资金投入强度、R&D 人员投入强度等 24 个指标反映 R&D 能力。赵湘莲和刘玎琳（2013）认为 R&D 能力包括 R&D 人员全时当量、R&D 经费等。据此，本书选取以下指标衡量企业主流 R&D 能力：主流技术创新 R&D 人员全时当量、主流创新高级职称技术研发人员、研发人员人均培训费用。

企业主流创新管理能力。企业主流创新的过程也是管理创新的过程。赵玉林（2006）指出，创新成功的关键是需要管理者对创新和创新流进行管理，而对技术创新流的管理不仅体现在创新流的关键技术管理上，还体现在预先主动变革组织结构和创新流塑造两个方面。为了对创新管理能力进行定性的测量，唐现杰和陈旭（2007）在评价创新管理能力时，采用主营业务收入与管理费用的比值即管理费用贡献度衡量管理效率。赵文彦和曾月明（2011）在构建创新管理能力指标体系时，将管理人员比例、管理费用占营业收入的比例等作为创新管理能力的三级指标。卞冉冉（2014）将创新管理能力用管理费用率表示。杨春和于婷婷（2019）对企业创新管理能力的评价采用管理费用贡献度、管理费用等指标来衡量。由此，本书选取职工教育经费投入率、管理费用投入程度衡量主流创新管理能力。

企业主流创新营销能力。企业的创新营销能力决定了企业是否可以将产品源源不断地推向市场和客户，是衡量企业创新能力的主要指标。为了对创新营销能力有更为直观的衡量，毕克新等（2011）认为企业自主创新营销能力包括新产品营销费用投入强度、市场调研水平、新产品销售收入和售后服务水平等。石薛桥和齐晓秀（2016）认为企业创新营销能力由营销费用投入强度和销售收现率构成。李素英等（2017）将创新营销能力指标划分为市场营销强度、销售人员人均创利、销售人员比重。钟巍等（2018）认为衡量创新营销能力的强弱，主要是通过新产品的销售收入、新产品销售收入占比、相关的销售费用和销售团队等指标。孙晖和尹子民（2019）将新产品营销费用占新产品销售收入的比重作为创新营销能力的指标。据此，本节选取以下指标衡量企业主流创新营销能力：主流产品营销人员人均创利、主流产品存货周转率、主流产品营销人才投入强度、主流产品营销费用投入强度。

企业主流创新环境。企业发展离不开良好的创新发展环境。企业创新发展环境既包括政府提供的软硬件和服务，也包括企业内部创新管理环境；主流创新能力受到主流创新文化认同度、主流创新文化氛围等内部环境因素影响，也受到法律环境、税收政策、知识产权保护政策、金融扶持政策等外部因素影响。毛立军（2007）认为企业创新环境指标可以表示为一个企业所处国家和地域的经济信息化发展水平、市场竞争的激烈程度、政府部门的产业政策扶持与金融机构的产业政策支持等。Hussinger（2008）发现德国政府的补助对提高企业的研发创新投入水平具有积极的作用。李静（2019）认为创新环境作为创新能力的一个组成部分，由经济景气、研发基础、人才支撑、政策支持四个维度构成。由此，本节选取劳动者素质（本科及以上人数）和政府补助反映企业主流创新环境。

企业主流创新产出能力。企业主流创新产出能力反映出各种创新要素相互组合后产生的实际成效，因此创新产出能力指标也是评价一个企业创新能力最直接、最重要的综合性指标。创新产出包括专利申请数、拥有发明专利数以及新产品销售收入。蒋洋和鲁若愚（2011）将专利数、专利发明数、新产品销售收入占主营业务的比重等作为衡量创新产出能力的重要指标。王敏和辜胜阻（2015）将专利申请数和专利发明数作为衡量创新产出能力的指标。李学森等（2020）将专利申请量、新产品数量和技术获奖数量作为衡量创新产出能力的指标。因而，本节选取主流技术专利授权量、主流技术已获专利数、主流技术产品研发成功率、主流产品出口成交额衡量企业主流创新产出能力。

　　综上所述，企业主流创新能力可以从 R&D 能力、创新管理能力、创新营销能力、创新环境和创新产出能力五个方面构建出一套评价指标体系，即企业主流创新能力 = R&D 能力 + 创新管理能力 + 创新营销能力 + 创新环境 + 创新产出能力（见表 13 - 9）。

表 13 - 9　企业主流创新能力评价指标体系

一级指标	二级指标	指标代码	三级指标	单位
企业主流创新能力	R&D 能力	MA_1	主流技术创新 R&D 人员全时当量	人年
		MA_2	主流创新高级职称技术研发人员	千人
		MA_3	研发人员人均培训费用	万元
	创新管理能力	MB_1	职工教育经费投入率	%
		MB_2	管理费用投入程度	%
	创新营销能力	MC_1	主流产品营销人员人均创利	亿元
		MC_2	主流产品存货周转率	次
		MC_3	主流产品营销人才投入强度	%
		MC_4	主流产品营销费用投入强度	万元
	创新环境	MD_1	本科及以上人数	千人
		MD_2	政府补助	百万元
	创新产出能力	ME_1	主流技术专利授权量	项
		ME_2	主流技术已获专利数	项
		ME_3	主流技术产品研发成功率	%
		ME_4	主流产品出口成交额	亿元

　　表 13 - 9 体现了主流创新能力具有累积性、主导性的特征，R&D 在创新能力方面突出研发创新团队的专业技术水平，创新管理能力着重考察管理团队创新商业模式及其团队建设与管理能力，创新营销能力注重提升创新市场客户关系的维系能力和营销团队的营销水平，创新环境注重企业内部环境和外部环境对创新能力的影响，创新产出能力关注提升主流产品经济效益及延长产品的创新生命周期。

　　（2）主流创新能力评价指标体系的核心指标

　　主流创新能力的核心指标是主流创新能力的特征性指标，其符合以下要求：第一，核心指标体现主流创新能力的内涵；第二，核心指标突出主流创新的先发性、主导性和累积性的特征；第三，核心指标突出研发团队的技术水平与互补性；第四，核心指标注重主流技术的优化与改进，提升主流产品社会效益，延长主流产品生命周期。主流创新能力评价指标体系的核心指标有以下方面。

一是主流创新高级职称技术研发人员。主流创新高级职称技术研发人员是指具有较强主流技术创新能力、较强领悟力以及优化与改造现有产品或技术的人员，是实施主流创新的核心资源，企业主流创新活动的成功与否依赖企业研发人员的主流创新能力。由于企业主流创新研发人员对主流创新有着直接的促进作用，企业应该充分调动主流研发人员的创新积极性，提高主流创新能力。

二是职工教育经费投入率。职工教育经费投入率反映企业在主流创新活动中对职工教育的资金投入力度，也反映企业安排与实施主流创新的能力。合理分配职工教育经费投入不仅仅能促进企业职工主流研发能力与专业技能的提升，更有利于企业的可持续创新与核心竞争力的提升。

三是主流产品营销人才投入强度。主流产品营销人才投入强度反映了企业对营销人才的重视，企业在增强产品自身竞争力的同时，需要合理分配主流产品营销人才的投入，优质的主流产品营销人才能为主流产品进行精确的市场定位，突出主流产品特征，为企业带来更丰厚的利润，推动企业的可持续创新。

四是主流产品出口成交额。主流产品出口成交额反映了企业主流创新产出能力，主流产品出口成交额递增代表企业在国际市场的竞争力与市场份额不断提升与扩大，表明主流研发成果能够通过有形资产的形式表现出来。企业开展主流创新活动的直接目的是获取利润最大化，因此，主流产品出口成交额更加直观地体现了主流创新产出能力。

2. 企业新流创新能力评价指标体系的确定

（1）新流创新能力评价指标体系

新流创新是企业以潜在市场为突破口，利用新的技术、知识、研发团队等资源开发新的市场和客户。新流创新是企业发展的必要条件，更是其发展动力，也是其核心竞争力所在。Tushman 等人通过对 Nokia、Intel、Sony、Seiko、Corning、Motorola、SSIH、Oticon 等创新企业的相关数据进行实证分析，研究结果表明，企业的可持续发展和能够驾驭企业创新流的能力，有利于企业在激烈的市场竞争中取胜。第一，企业在新流创新的过程中，R&D 能力是提升企业新流创新能力的核心要素之一。R&D 能力不仅仅要投入创新的资金，更注重的是研发团队的前瞻性和动态能力。第二，新流创新的过程也是管理新的创新流的过程，新流创新管理能力体现的不仅仅是对新流创新人员的合理分配、合理利用主流创新创造的利润和资源来孵化新流创新，更体现在培养新流创新的研发人员和管理者对新兴领域的敏感度和前瞻性。第三，新流创新的目的是开拓新市场，将开发的新产品销售给潜在客户。故创新营销能力是企业新流创新得以建立和维持的主要因素之一，亦是企业新流创新能力的构成要素之一。第四，新流创新的开展离不开良好的创新环境，创新环境包括企业内部环境和企业外部环境。新流创新能力受到新流创新文化认同度、新流创新文化氛围等内部环境因素影响，也受到法律环境、税收政策、知识产权保护政策、金融扶持政策等外部因素影响。第五，新流创新的最终目的是实现新流创新产出的最大化，新流创新产出和效益方面关注新流技术的高端性、新颖性和风险性等特征，突出企业通过跨越技术发展轨道催生新流技术产业、缩短新流技术产品研发周期和产生可持续创新流的目的。

结合新流创新能力的特点，把企业新流创新能力分为 R&D 能力、创新管理能力、创新营销能力、创新环境和创新产出能力五个方面，构建出一套企业新流创新能力评价指标体系，即企业新流创新能力 = R&D 能力 + 创新管理能力 + 创新营销能力 + 创新环境 + 创新产出能力（见表 13－10）。

表 13－10 充分体现了新流创新能力的后发性、伴生性、突破性和不确定性等特征，R&D 能力突出研发团队的前瞻性和擅长领域的新颖性，强调对新流研发人员的培训。创新管理能力着重考察管理团队对新兴技术的敏锐感知能力，着重考察对新流管理人员的培训。创新营销能力注重新兴市场的挖掘能力和营销团队的营销水平。创新环境注重企业内部环境和外部环境对创新能力的影响。创新产出能力关注提升新流技术的高端性和新颖性，促进新技术、新产品的研发和持续技术创新。

表 13 – 10　企业新流创新能力评价指标体系

一级指标	二级指标	指标代码	三级指标	单位
企业新流创新能力	R&D 能力	NA_1	新流技术创新 R&D 人员全时当量	人年
		NA_2	新流创新高级职称技术研发人员	千人
		NA_3	科研团队的前瞻性和擅长领域的新颖性	%
	创新管理能力	NB_1	新流创新中技术部门对新兴技术的高度敏感性	%
		NB_2	管理费用投入程度	%
	创新营销能力	NC_1	新流产品营销人员人均创利	亿元
		NC_2	新流产品存货周转率	次
		NC_3	新流产品营销人才投入强度	%
		NC_4	营销费用投入强度	万元
	创新环境	ND_1	本科及以上人数	千人
		ND_2	政府补助	百万元
	创新产出能力	NE_1	新流技术专利授权量	项
		NE_2	新流技术已获专利数	项
		NE_3	新流技术产品研发成功率	%
		NE_4	新流技术的高端性和新颖性	%

（2）新流创新能力评价指标体系的核心指标

新流创新能力的核心指标是新流创新能力的特征性指标，其符合以下原则性要求：第一，核心指标体现新流创新能力的内涵；第二，核心指标突出研发团队对新兴技术的高度敏感性；第三，核心指标突出新流技术的高端性与新颖性；第四，核心指标突出企业通过技术轨道跃迁，实现持续创新流的目的。新流创新能力评价指标体系的核心指标有以下方面。

一是新流创新高级职称技术研发人员。新流创新高级职称技术研发人员是指具有较强新流技术创新能力、较强领悟力以及对前沿技术发展方向有较准确判断力的人员，是实施新流创新的核心资源，企业新流创新活动的成功与否依赖企业研发人员的新流创新能力。由于企业新流创新研发人员对新流创新有着直接的促进作用，企业应该充分调动新流研发人员的创新积极性，强化新流创新能力。

二是新流创新中技术部门对新兴技术的高度敏感性。新流创新中技术部门对新兴技术的高度敏感性反映了企业对新兴技术和未知领域的探索能力，以及公司领导新流创新战略的正确性。随着产品和技术生命周期的不断缩短，新流创新的加速对技术管理形成巨大的挑战，因此研究新流创新中技术部门对新兴技术的高度敏感性具有重大意义。

三是新流产品存货周转率。新流产品存货周转率指某段时间的出库总金额与该时间段库存平均金额的比值。提高新流产品存货周转率对提高资金周转、提高资金利用率和变现能力具有举足轻重的作用。

四是新流技术的高端性和新颖性。新流技术的高端性和新颖性反映了企业关注新流技术的高端性和新颖性对新流创新能力的影响，突出企业新流创新能力的演进与更新迭代，催生新技术与新产品，进而缩短产品研发周期并形成持续创新流的目的。企业对新兴技术的探索与挖掘，保持对新技术的高度敏感性，进而使新流技术具有高端性和新颖性，对提高企业的核心竞争力和新流创新能力具有举足轻重的作用。

二　样本选择及数据来源

（一）主流创新企业的样本选择

中国钢铁工业经过 20 年的飞速发展，钢铁企业的规模不断扩张。2013 年起，钢铁产品市场进入瓶颈期。随着钢铁行业供给侧结构性改革的深入推进，"减量提质"将倒逼钢铁企业向特钢转型升级。由此可见，中国钢铁企业已经度过了主流创新生命周期的成熟期。在 2019 年第四届中国钢铁工业智能制造高峰论坛召开时，提出建立钢铁企业云计算、大数据、人工智能等数字化解决方案以实现钢铁设备配件的互联网 + 采购。郭运桥（2016）认为大型钢铁企业伴随工业 4.0 的到来，大数据、云计算等技术推动传统钢铁企业向智能化、数字化方向发展。大数据等新流技术的兴起，为钢铁制造业的转型升级提供了良好的创新环境和技术优势，同时为钢铁企业挖掘新兴市场和潜在技术创造了条件。由此可见，钢铁企业正在从主流创新向新一轮创新生命周期跨越。由于钢铁企业智能制造、数字化、网络化目前处于萌芽期，因而选择钢铁制造业企业作为主流创新的代表企业，其中选取 8 家钢铁企业进行研究。8 家钢铁企业的代表产品名称、产品分类、产品用途以及冷轧钢、热轧钢和 H 型钢的工艺流程如表 13 – 11、图 13 – 3、图 13 – 4、图 13 – 5 所示。

表 13 – 11　钢铁企业主要产品及典型企业

代表产品名称	产品分类	产品用途	典型企业
冷轧钢、热轧钢	中厚板、热轧宽带钢、热轧窄带钢、热轧无缝管、冷轧宽带钢、冷轧窄带钢	热轧钢主要用于食品工业、外科手术器材、航天、石油、化工等行业以及生产冷轧产品；冷轧钢主要用于冰箱、洗衣机、产业设备和各种建筑材料	安阳钢铁
			鞍钢股份
			宝钢股份
			南钢股份
			华菱钢铁
			新钢股份
H 型钢	H 型钢梁、H 型钢柱、H 型钢桩、极厚翼缘 H 型钢梁	民用、工业建筑、桥梁、高速公路、造船、机器构件等	马钢股份
			山东钢铁

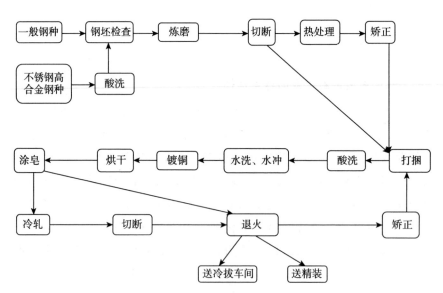

图 13 – 3　冷轧钢工艺流程

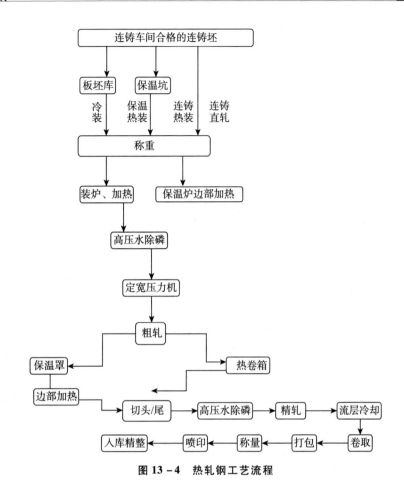

图 13-4　热轧钢工艺流程

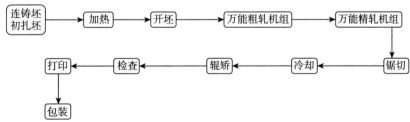

图 13-5　H 型钢工艺流程

（二）　新流创新企业的样本选择

1956 年，在由达特茅斯学院举办的一次会议上，计算机专家约翰·麦卡锡提出了"人工智能"一词。人工智能发展先后经历了第一次人工智能热潮（1956～1976 年）、第二次人工智能热潮（1976～2006 年）、第三次人工智能热潮（2006 年以来）。国务院于 2017 年 7 月 8 日印发了《新一代人工智能发展规划》，提出了面向 2030 年我国新一代人工智能发展的指导思想、战略目标、重点任务和保障措施，部署构筑我国人工智能发展的先发优势，加快建设创新型国家和世界科技强国。2017 年 12 月 13 日，工业和信息化部印发《促进新一代人工智能产业发展三年行动计划（2018—2020 年）》。随后，中国电子学会等编制了《新一代人工智能发展白皮书（2017 年）》，明确人工智能在新时期、新形势下的技术框架、关键环节、应用前景，为推动人工智能关键技术进步和产业化应用推广提供措施与建议，进一步推动我国与智能相关的前沿新兴产业持续健康快速发展。

《新一代人工智能发展白皮书（2017 年）》指出，新一代人工智能产业划分为基础层、技术层和应用层，如表 13 - 12 所示。

表 13 - 12　人工智能核心产业链

应用层	智能安防	智能金融	智能教育	智能医疗	智能家居	智能制造	智能零售
	整体解决方案			消费类终端产品			
技术层	通用技术	机器学习	深度学习	计算机视觉功能		语音技术	知识计算
	算法模型	各种神经网络模型		支持向量机		决策树	聚类
	操作系统	Torch	DMTK	Theano	Caffe		
基础层	计算	数据集	结构化	标注	数据量		
	计算力平台	处理器/芯片	CPU	GPU	神经网络芯片	硬件加速器	
	传感系统	传感器	雷达				

基础层分为硬件和软件。硬件即具备储存、运算能力的芯片，以及获取外部数据信息的传感器，如智能传感器、智能芯片；软件则逐渐转化为用以分析和计算的大数据，如算法以及模型。

技术层主要包括人工智能语音、视频识别等人工智能产业，其中图像、语音、视频识别已经从技术层延展到图像语义识别层。随着我国及全球移动人工智能基础设施技术的成熟和快速发展以及应用领域的不断丰富，人工智能视频识别技术层中各种智能产业未来将保持快速增长的态势。

应用层可以分为整体解决方案和消费类终端产品。整体解决方案主要有终端的智能安防、智能制造等。智能安防主要集中于终端行业的应用和终端的政府采购，市场集中度相对较高；终端智能机器人和智能人居终端产品尚未进一步完善，市场正在逐步加大培育力度；终端的智能机器人和医疗涉及审批管理机制，市场尚未逐步放量。

同时，《新一代人工智能发展白皮书（2017 年）》揭示出新一代人工智能开辟了新流市场，引领新流创新。新一代人工智能企业可以作为新流创新的代表企业，因而从基础层、技术层、应用层选取 8 家企业进行分析，如表 13 - 13 所示。

表 13 - 13　新一代人工智能产业主要产品及典型企业

产业链层次	代表产品名称	主要功能	典型企业
应用层	硬件和系统	各类安防装置及联动系统	海康威视
	底层零部件	智能化零部件及相应解决方案	盛路通信
	智能驾驶	通过车上搭载传感器和算法模型识别、计算	万安科技
技术层	名片识别	自动分类识别拍摄的名片，判断名片上的各联系人栏位信息	汉王科技
	云计算	通过服务器组成的系统处理和分析这些小程序，得到结果并返回给用户	易华录
基础层	温度传感器	能感受温度并转换成可用输出信号	华工科技
	压力传感器	可以感受压力信号，并按照一定的规律将压力信号转化成可用输出信号的器件或装置	中航电测
	红外热成像仪	可以用来侦测红外辐射能量，生成高清红外图和温度数据红外热成像	高德红外

（三）数据来源

根据企业主流与新流创新能力评价指标体系，从上市企业的年报评估中，选取 16 家企业作为研究对象。企业 2014～2019 年的数据来源于巨潮资讯网、Wind 数据库、上海市知识产权公共服务平台检索系统、佰腾专利官网。

三　评价方法

（一）评价方法的比较与选择

目前，对企业创新能力评价有以下两种方法：一是通过层次分析法、专家评价法等对各指标进行主观赋权；二是通过客观赋权法对各指标权重进行测算。

1. 主观赋权法

目前对企业创新能力进行主观权重计算的方法有很多种，陈广宇等（2009）基于 AHP 方法求企业创新能力权重，张晓明（2014）用属性层次模型（AHM）求装备制造业企业创新能力评价指标权重，刘利平等（2017）用 AHP 方法求企业创新能力权重，采用主观权重计算分析方法容易受专家主观臆断影响，有时难以客观地反映实际情况。企业创新能力主观赋权法如表 13 - 14 所示。

表 13 - 14　企业创新能力主观赋权法

方法		原理	优点	缺点
主观赋权法	AHP	将决策有关的元素分解成目标、准则、方案等层次，在此基础之上进行定性和定量分析的决策方法	能够在指标设计中结合客观情况，使指标的权数更具有现实意义	带有个人主观随意性，有时不能反映客观实际情况
	AHM	将一个决策总是与其结果有关的每一个关键元素层次分解成与决策目标、准则、方案等关键层次，在此基础之上对各关键元素层次进行不确定性和定量分析的一种综合决策分析方法。与 AHP 方法相比，AHM 方法对一致性要求低		
	专家打分	通过匿名方式广泛征询有关机构和专家的建议、意见，对有关专家意见和数据进行统计、处理、分析、整理归纳，充分综合多数机构和专家的经验与主观判断，对大量难以掌握或者采用科学方法进行定量分析的影响因素做出合理准确的估算		

2. 客观赋权法

另一些学者提出基于客观数据的企业创新能力权重计算方法，白俊红等（2008）运用因子分析法对企业创新能力进行了测度和定量评价。宁连举和李萌（2011）利用因子分析法对大中型工业企业创新能力进行了因子分析。谷炜等（2015）采用因子法分析对企业创新能力求权重。潘雄锋等（2015）构建全局熵值法模型，采用客观赋权法对企业层面的创新能力进行了动态评价与分析。陈力田和许庆瑞（2016）运用 SPSS 软件，采用客观赋权法对企业创新能力进行主成分分析。李玥等（2017）采用熵值法从知识整合的视角，求出企业技术创新能力的权重。客观赋权法克服了受专家主观因素的影响，但容易受企业样本数据选择的影响。有关企业创新能力客观赋权法如表 13 – 15 所示。

表 13 – 15　企业创新能力客观赋权法

方法		原理	优点	缺点
客观赋权法	变异系数赋权法	根据变异系数指标数值及其差异程度关系进行赋权，变异系数的指标差异程度越大，则变异系数相应的指标赋权数越大	客观赋权系数计算方法通过将一个指标的权数与指标变量值相对应的联系计算出来，是一种动态的客观赋权系数计算方法	权数有时不能体现指标在实际中的重要性，且计算方法较为烦琐。采用因子分析法和主成分分析法时，数据的标准化会丢失部分原有的信息
	因子分析法	把一些具有错综复杂关系的变量归结为少数几个无关的新综合因子的一种多变量统计分析方法		
	主成分分析法	用较少的变量代替原来较多的指标，各个主成分的权数由方差贡献率决定		
	熵值法	利用信息的效用价值确定各指标的权重		
	复相关系数法	有效避免由不同信息权数值的重复使用导致某些人在信息使用上的错误或某些信息使用权数过大，复相关系数越大则其在信息中的权数越小		

3. 组合赋权法

为了对指标评价进行客观与主观相结合并得到指标权重，一些学者将主观赋权法和客观赋权法有机结合，如张晓明（2014）采用一种基于粗糙集 – AHM 的综合计算方法对企业创新能力进行评价。该方法可以综合主观和客观两个方面的指标权重，又弥补了 AHM 方法在计算过程中需要反复调整问卷的不足。向永胜等（2016）从网络嵌入视角，采用问卷调查法与因子分析法相结合，进行组合赋权，对集群企业创新能力进行评价。杜丹丽和曾小春（2017）运用突变级数法和熵值法相结合，进行组合赋权，从速度特征的视角评价中国 31 个省区市高新技术企业的创新能力。

4. 综合评价方法

目前评价企业创新能力较为常用的几种方法为：BP 神经网络法、数据包络分析法、可拓综合评价法、TOPSIS 法、模糊综合评价法等。如 Li 等（2005）基于 BP 神经网络法对企业技术创新能力进行评价。田志康等（2008）提出了一种基于 BP 神经网络的国家创新能力评价方法。叶宝忠（2013）基于 BP 神经网络法对企业创新能力进行综合评价。邵强和林向义（2014）构建多级可拓综合评价模型，计算企业自主创新能力的综合关联度并给出评价等级。孙群英和曹玉昆（2016）运用可拓综合评价法评价企业创新能力。王洪庆和侯毅（2017）运用改进的熵值法评价中国高技术产业技术创新能力。党兴华和李全升（2017）采用熵权改进 TOPSIS 法对高新区创新发展能力进行评价。Gupta 和 Barua（2017）用 TOPSIS 法对中小企业的绿色创新能力进行综合评价。江兵和徐美波（2016）利用三角模糊数和模糊接近度对企业创新能力进行评价。

总之，BP 神经网络法、数据包络分析法、可拓综合评价法、TOPSIS 法、模糊综合评价法是几种常见的企业创新能力综合评价方法，下面对这几种方法进行优缺点分析（见表 13 - 16）。

表 13 - 16 企业创新能力综合评价方法

方法	原理	优点	缺点
BP 神经网络法	通过误差逆传播方法训练的多层前馈网络，为各层神经元之间的连接权值进行初始赋值	实现了一个从输入到输出的非线性映射计算功能，可以轻松实现任何复杂非线性映射的功能，且特别适用于求解内部计算机制复杂的神经网络问题	受到所需选取的机器学习对象样本的数量和质量的诸多因素影响，BP 神经网络法的机器学习分析能力与计算的效率不易得到保证
数据包络分析法	一个对多投入、多产出的多个有效决策单元的投入和效率进行评价的方法。可广泛地应用于业绩的评价	该方法能高效率地解决多投入输出类型的问题，直观、客观和可比性强	该方法要求被投入评价决策单元的指标应尽量地多，投入和产出的指标尽可能地少，以避免有效决策单元投入产出数目过多的尴尬局面
可拓综合评价法	它采用可拓数学方法建立物元模型，将多级指标转化为综合性指标进行评价，并且能够定量地表示评价结果	具备全面性与灵活性的优点，不仅将多级指标融合成综合性指标来评价，还可以体现各级指标评价的等级分布，结果更具有科学性与可参考性	计算量大，不适合研究企业的发展情况

方法	原理	优点	缺点
TOPSIS 法	根据有限个理想化评价对象与理想化评价目标的数据接近程度对数据进行综合排序的评价方法，是在对现有评价对象中进行相对比较优劣的理想化评价	对数据分布及目标样本量、指标多少等因素无法进行严格控制，计算的方法简单，应用的范围广，具有直观的数学几何分析意义；对原始数据的综合利用比较充分，信息资源损失少	评价指标值的变化通常幅度很小或者突然之间发生改变，具有一定的局限性
模糊综合评价法	一组模糊的对象只能确定一组对象的属性，人们在评价时可以通过在属性中指明它们的属性对象来说明它们的概念，通过指明它们的对象属性来说明评价结果	通过精确的数字评价手段准确处理模糊综合评价对象，能对其中蕴藏的模糊信息做出比较科学、合理、贴近于实际的精准量化综合评价；由于综合评价结果对象所含的信息丰富，所以可以准确地刻画被指标所评价的对象	计算复杂，指标权重的计算受到主观性的影响；当指标权矢量集 U 较大，在指标权矢量和为1的系数约束下，相对隶属的高精度权矢量系数偏小，权矢量与模糊矩阵的权矢量 R 不匹配，出现超模糊的现象，分辨率很低

5. 评价方法选择

对于企业创新能力评价的研究，大多数学者普遍选用因子分析法、主成分分析法、灰色因素综合作用评价分析法等，取得了丰富的研究成果。在多指标评价中，构建评价模型的关键步骤是合理地确定各个指标的权重。一般情况下，为了使指标权重更具客观性、科学性，采用客观赋权法对指标赋权。客观赋权法是以过去的数据为依据，对指标之间的关系进行探讨和研究，常用的客观赋权法有主成分分析法、因子分析法、熵值法等。由于熵值法能充分利用信息的效用价值确定各指标的权重，在主流与新流创新能力的评价中，研究采用客观赋权法——熵值法对指标赋权。

综合评价方法是指通过一定的数学模型将评价指标体系中的多个评价指标值"合成"一个整体性的综合评价值。可用于"合成"的数学方法较多，应根据评价目标及评价系统的特点来选择较为合适的合成方法。现有研究中较常用的综合评价方法包括数据包络分析法、模糊综合评价法、TOPSIS 法等。

评价企业主流与新流创新能力是基于每家企业主流与新流创新能力

的排序与选择，根据评价标准对每个企业的各项指标进行测度，得到企业的优劣排序情况。本书认为，TOPSIS 法得出的评价结果能够作为各企业优劣评价的依据，因此选择 TOPSIS 法作为本书的综合评价方法。

（二）熵值法介绍

熵（Entropy）在热力学上是热力转化函数。随后，熵表征了一些物质层面宏观次序的指标，并由 Shannon（1948）提出了信息熵这一概念。在信息论里，熵可以衡量无序程度，信息则是衡量有序程度。熵的物理意义是表明对于做功而言，对能量有效利用的最大程度。熵的数值越大，对于做功而言能量有效利用的程度越低；熵的数值越小，对于做功而言能量有效利用的程度越高。在信息论中，熵值越小，包含的信息越丰富，其所占比重越大，对其赋权的权重越高，这种方法有效解决了指标权重赋权问题。

熵值法是一种重要的客观赋权法，是以各项主要计量指标的观测信息熵值为主，也是通过熵值评价确定权重的一种类型。熵值法的使用是以数据的变异程度为基础进行指标分析，具有客观特点。同时，熵值法分析的是不同指标之间因素的差异，要求数据的全面性、客观性及精确性。

1. 基于熵值法的样本数据无量纲化处理

熵值法进行数据评价的第一步工作就是数据的无量纲化处理，是根据指标与数据间的差异性来确定数据中指标的大小和权重，因此，熵值法对数据无量纲化后差异性的要求较高，既要符合数据保留中原有的无量差异性，同时要符合数据熵值法的评价计算条件。

常用的无量纲化为线性无量纲化，计算方法如下。设有 i 个对象，j 个指标，x_{ij} 是第 i 个对象第 j 个指标的指标值。原始的数据矩阵为 $X = (x_{ij})_{m \times n}$。

那么初始判断矩阵 X：

$$X = \begin{bmatrix} x_{11} & x_{12} & \cdots & x_{1n} \\ x_{21} & x_{22} & \cdots & x_{2n} \\ \vdots & \vdots & & \vdots \\ x_{m1} & x_{m2} & \cdots & x_{mn} \end{bmatrix} \qquad (13-1)$$

将 x_{ij} 做数据标准化处理:

$$R = \begin{bmatrix} r_{11} & r_{12} & \cdots & r_{1n} \\ r_{21} & r_{22} & \cdots & r_{2n} \\ \vdots & \vdots & & \vdots \\ r_{m1} & r_{m2} & \cdots & r_{mn} \end{bmatrix} \qquad (13-2)$$

其中, $r_{ij} = \dfrac{x_{ij}}{\sqrt{\sum\limits_{i=1}^{n} x_{ij}^2}} \ (1 \leqslant i \leqslant m, \ 1 \leqslant j \leqslant n)$。

熵值法实际应用的核心思想是通过指标样本模型和数据对指标赋权。对原始数据的熵值进行无量纲化处理后,发现其中存在 0 或者 1 的特殊对数值,在用熵值形式化方法进行熵值求解的过程中包含求解熵值对数的公式化环节,因此,需要验证各个无量纲化的结果是否正确。

2. 熵值法的评价步骤

第一步,计算第 i 个对象的第 j 个指标的比重:

$$P_{ij} = \frac{r_{ij}}{\sum\limits_{i=1}^{m} r_{ij}} \qquad (13-3)$$

当 $r_{ij} = 0$ 时, $P_{ij} = 0$。

第二步,计算指标熵值:

$$e_j = -K \sum_{i=1}^{m} P_{ij} \ln P_{ij} (0 \leqslant e_j \leqslant 1) \qquad (13-4)$$

其中, $K = \dfrac{1}{\ln m}$, m 为样本数量。

第三步,计算各个指标的差异性系数:

$$h_j = 1 - e_j = 1 + \frac{1}{\ln m} \sum_{i=1}^{m} P_{ij} \ln P_{ij} \qquad (13-5)$$

第四步,计算第 j 个指标的权重:

$$w_j = \frac{h_j}{\sum\limits_{j=1}^{n} h_j} = \frac{1 + \dfrac{1}{\ln m} \sum\limits_{i=1}^{m} P_{ij} \ln P_{ij}}{\sum\limits_{j=1}^{n} \left(1 + \dfrac{1}{\ln m} \sum\limits_{i=1}^{m} P_{ij} \ln P_{ij}\right)} \qquad (13-6)$$

（三） TOPSIS 法介绍

TOPSIS 法 （Technique for Order Preference by Similarity to Ideal Solution） 是多属性决策方法，由著名学者 Hwang 和 Yoon （1981） 提出。诸多学者指出，TOPSIS 法是当前多属性决策方法中的主流方法，是逼近理想解的排序方法。TOPSIS 法有两个最基本的概念："正理想解" 和 "负理想解"。正理想解是指这个解在所有属性上都是该属性指标可能具有的最好结果，负理想解是指这个解在所有属性上都是该属性指标可能具有的最差结果。在 TOPSIS 法中，正理想解与负理想解的平均距离可以根据它们的相对接近程度进行排序。

TOPSIS 法可以评价多个对象，处理多目标决策问题，原理简单，能够准确评价多个研究对象，评价结果具有良好的科学性、客观性、理论性、使用时效性和参考价值高。TOPSIS 法的局限性在于，根据计算结果得到的相对差值贴近度误差系数只能直接反映各个最优绩效评价对象内部相对误差贴近程度，不能直接反映与理想最优绩效评价对象方案的相对误差贴近程度。

TOPSIS 法的基本步骤如下。

第一步，假设有 m 个评价对象，n 个评价指标，第 i 个评价对象的第 j 个评价指标的评估值是 x_{ij}，则初始判断矩阵 X：

$$X = \begin{bmatrix} x_{11} & x_{12} & \cdots & x_{1n} \\ x_{21} & x_{22} & \cdots & x_{2n} \\ \vdots & \vdots & & \vdots \\ x_{m1} & x_{m2} & \cdots & x_{mn} \end{bmatrix} \qquad (13-7)$$

使用 TOPSIS 法的关键步骤是求出 "理想点的相对贴近度"。

第二步，建立决策矩阵 R，并进行标准化处理，见式 （13 - 8）：

$$R = \begin{bmatrix} r_{11} & r_{12} & \cdots & r_{1n} \\ r_{21} & r_{22} & \cdots & r_{2n} \\ \vdots & \vdots & & \vdots \\ r_{m1} & r_{m2} & \cdots & r_{mn} \end{bmatrix} \qquad (13-8)$$

其中，$r_{ij} = \dfrac{x_{ij}}{\sqrt{\sum\limits_{i=1}^{n} x_{ij}^2}}$ （$1 \leqslant i \leqslant m$，$1 \leqslant j \leqslant n$）。$r_{ij}$ 指的是第 i 个评价对象

的第 j 个评价指标 x_{ij} 进行标准化处理之后的数值。

因权重 W 已由熵值法求出，在此不做赘述。

第三步，计算加权标准化矩阵，见式（13 - 9）：

$$F = RW = \begin{bmatrix} w_1 r_{11} & w_2 r_{12} & \cdots & w_n r_{1n} \\ w_1 r_{21} & w_2 r_{22} & \cdots & w_n r_{2n} \\ \vdots & \vdots & & \vdots \\ w_1 r_{m1} & w_2 r_{m2} & \cdots & w_n r_{mn} \end{bmatrix} \quad (13-9)$$

第四步，确定双基法中的最优点和最差点，见式（13 - 10）、式（13 - 11）：

$$F^* = (\max_i w_{ij} r_{ij} \mid 1 \leqslant j \leqslant n) \quad (13-10)$$

$$F^0 = (\min_i w_{ij} r_{ij} \mid 1 \leqslant j \leqslant n) \quad (13-11)$$

第五步，计算各解与最优点和最差点的距离，见式（13 - 12）、式（13 - 13）：

$$L_2^*(i) = \sqrt{\sum_{j=1}^{n} (w_j r_{ij} - f_j^*)^2} \quad (13-12)$$

$$L_2^0(i) = \sqrt{\sum_{j=1}^{m} (w_j r_{ij} - f_j^0)^2} \quad (13-13)$$

第六步，计算各个方案最优点和最差点的相对贴近度，见式（13 - 14）：

$$I_i = L_2^0(i) / [L_2^*(i) + L_2^0(i)] \quad (13-14)$$

第七步，根据相对贴近度的数据对各方案按优劣进行排序，其值在 0 和 1 之间。

四　企业主流与新流创新协同演进能力评价及分析

（一）企业主流创新能力评价及分析

1. 企业主流创新能力评价指标权重的确定

在对 2014~2019 年 8 家钢铁企业的权重进行计算时，由于各企业各指标数值的不同，所得到的各企业指标权重也不同，表 13-17 是 8 家钢铁企业主流创新能力评价指标权重。

表 13-17　8 家钢铁企业主流创新能力评价指标权重

指标代码	安阳钢铁	鞍钢股份	宝钢股份	马钢股份	南钢股份	华菱钢铁	新钢股份	山东钢铁
MA_1	0.076	0.074	0.076	0.073	0.075	0.074	0.073	0.072
MA_2	0.076	0.075	0.077	0.078	0.075	0.081	0.074	0.069
MA_3	0.076	0.074	0.075	0.081	0.075	0.075	0.073	0.071
MB_1	0.078	0.076	0.076	0.076	0.080	0.075	0.073	0.069
MB_2	0.076	0.074	0.075	0.075	0.076	0.075	0.074	0.074
MC_1	0.076	0.079	0.076	0.076	0.077	0.078	0.075	0.069
MC_2	0.076	0.081	0.088	0.077	0.075	0.078	0.075	0.071
MC_3	0.076	0.076	0.075	0.076	0.075	0.075	0.074	0.076
MC_4	0.076	0.082	0.078	0.079	0.078	0.078	0.086	0.072
MD_1	0.076	0.075	0.078	0.075	0.075	0.074	0.073	0.070
MD_2	0.079	0.080	0.077	0.076	0.086	0.079	0.075	0.102
ME_1	0.081	0.075	0.075	0.078	0.076	0.079	0.082	0.096
ME_2	0.078	0.080	0.075	0.080	0.077	0.079	0.093	0.089
ME_3	0.076	0.078	0.076	0.075	0.078	0.079	0.073	0.070
ME_4	0.092	0.074	0.077	0.078	0.076	0.076	0.075	0.075

2. 企业主流创新能力相对贴近度的确定及分析

表 13-18 是依据 2014~2019 年 8 家钢铁企业的主流创新能力权重计算的相对贴近度及其均值，将各企业相对贴近度的均值进行排名，如表 13-19 所示。

表 13 - 18 8 家钢铁企业主流创新能力评价结果

企业简称	2014 年	2015 年	2016 年	2017 年	2018 年	2019 年	均值
安阳钢铁	0.495	0.556	0.505	0.422	0.408	0.503	0.481
鞍钢股份	0.415	0.490	0.366	0.566	0.614	0.587	0.506
宝钢股份	0.323	0.469	0.538	0.643	0.662	0.647	0.547
马钢股份	0.282	0.375	0.529	0.498	0.616	0.556	0.476
南钢股份	0.243	0.275	0.460	0.554	0.712	0.697	0.490
华菱钢铁	0.443	0.376	0.412	0.317	0.461	0.614	0.437
新钢股份	0.533	0.594	0.364	0.373	0.479	0.503	0.474
山东钢铁	0.334	0.261	0.414	0.619	0.635	0.632	0.482

表 13 - 19 8 家钢铁企业主流创新能力评价均值排序

序号	股票代码	企业简称	相对贴近度均值	排名
1	600569	安阳钢铁	0.481	5
2	000898	鞍钢股份	0.506	2
3	600019	宝钢股份	0.547	1
4	600808	马钢股份	0.476	6
5	600282	南钢股份	0.490	3
6	000932	华菱钢铁	0.437	8
7	600782	新钢股份	0.474	7
8	600022	山东钢铁	0.482	4

3. 数据评价结果分析

图 13 - 6 为 8 家钢铁企业 2014～2019 年主流创新能力相对贴近度折线图，结合表 13 - 18 可以看出，8 家钢铁企业 2014～2019 年主流创新能力相对贴近度整体呈现上升趋势。

表 13 - 19 是 8 家钢铁企业 2014～2019 年主流创新能力评价均值排序：宝钢股份 > 鞍钢股份 > 南钢股份 > 山东钢铁 > 安阳钢铁 > 马钢股份 > 新钢股份 > 华菱钢铁。

（1）安阳钢铁 2014～2019 年主流创新能力整体呈现略微上升趋势

主要是企业 R&D 能力、创新管理能力、创新营销能力和创新环境均有所提升。具体表现为，主流创新高级职称技术研发人员、职工教育经费投入率、主流产品存货周转率、政府补助均有所增加。但在 2015～

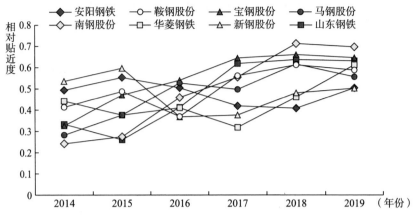

图 13 - 6　8 家钢铁企业主流创新能力相对贴近度折线图

2018 年，企业主流创新能力有小幅度下降，主要是创新产出能力有所下降，具体表现为，主流技术专利授权量、主流产品出口成交额有所减少。2014～2015 年企业主流创新能力有较大提升，主要是研发人员人均培训费用和主流技术专利授权量增加。2018～2019 年企业主流创新能力有较大提升，主要是管理费用投入程度、主流产品营销人才投入强度提升。安阳钢铁坚持"精细严实"理念，创新精益管理模式，着力打造以精益标准、精益管理、精益制造为核心的精益管理体系。加强精益标准化建设，实现"管理精益标准化、生产精益标准化"，以精益标准化催生管理创新。

（2）鞍钢股份 2014～2019 年主流创新能力整体呈现上升趋势

主要是创新营销能力和创新产出能力有所提升，虽然 R&D 能力、创新管理能力和创新环境呈现下降趋势，但不影响鞍钢股份主流创新能力的整体提升。2015～2016 年主流创新能力有所降低，而 2017 年又大幅度提升。从 R&D 能力、创新营销能力、创新环境、创新产出能力来看，主要是研发人员人均培训费用、主流产品营销人员人均创利、本科及以上人数、政府补助、主流技术专利授权量和主流技术已获专利数在 2015～2016 年减少，而在 2017 年又有所增加。鞍钢股份加强主流技术更新改造，目前焦化、烧结、炼铁、炼钢、连铸、轧钢等主流生产工艺和技术达到国内先进水平。炼焦用煤快速选择技术、低成本高炉炼铁技术、超纯净钢生产技术、无缺陷连铸坯生产技术、1700 毫米中薄板坯连铸连轧板卷生产技术、自主集成的冷轧宽带钢生产主流工艺技术、自主研发与应用的冷轧机板型控制系统主流核心技术等达到国际先进水平。

（3）宝钢股份 2014～2019 年主流创新能力总体呈现上升趋势

从 R&D 能力、创新营销能力、创新环境角度分析，主要是主流技术创新 R&D 人员全时当量、主流创新高级职称技术研发人员、主流产品营销费用投入强度、主流产品营销人员人均创利、本科及以上人数不断提高。在主流技术创新方面，宝钢股份持续实施以主流技术领先为特征的精品开发战略，加大精品技术创新投入，在精品开发、精品技术等方面不断取得进展。薄规格取向硅钢 B18P080、2205 双相不锈钢船用复合板等七项主流技术产品实现全球首发。

（4）马钢股份 2014～2019 年主流创新能力总体呈现上升的趋势

2014～2016 年，主流创新能力有所提升，主要是主流技术创新 R&D 人员全时当量、研发人员人均培训费用、职工教育经费投入率均有所增加。2018～2019 年，企业主流创新能力下降，主要是主流创新高级职称技术研发人员、研发人员人均培训费用有所减少。马钢股份在推进管理精益运行方面，全面实行目标计划值管理，铁前系统坚持"日常体检、保供预警、异常应对"工作机制，保障高炉长周期稳定顺行，铁水成本进入行业第一梯队水平；钢轧系统以增产增效为核心，坚持质量精益原则，通过持续开展主流工艺优化和主流产品质量改进，实现经济运行。

（5）南钢股份 2014～2019 年主流创新能力整体呈现上升趋势

2015～2016 年，企业主流创新能力大幅度提升，主要是管理费用投入程度、主流产品营销人才投入强度、主流产品营销人员人均创利、政府补助、主流技术产品研发成功率有所提升。在优化管理结构和创新改革方面，公司全面推行了阿米巴一体化经营管理模式，通过阿米巴组织内部结构合理分解、内部负责人独立核算、自负盈亏规范经营、量化赋权等一系列措施，鼓励员工积极参与实体企业的经营。公司始终坚持深化体制改革创新、优化公司的组织和管理，实行公司事业部制度的改革和阿米巴一体化经营管理模式，提升了组织结构和运行管理效率。

（6）华菱钢铁 2014～2019 年主流创新能力整体呈现上升趋势

在 2014～2017 年，主流创新能力总体在降低，主要是企业主流技术创新 R&D 人员全时当量、主流创新高级职称技术研发人员、管理费用投入程度、主流产品营销费用投入强度有所减少或降低。华菱钢铁建立全流程智能制造体系，实现"集约化生产、定制化服务"目标。推进"智能化车间、智能化生产线、智能化工厂"，针对"两精管理、供应链协同、系统集成"，强化硬件网络设备升级改造、关键设备自动化升级、产供销信息化、实时在线优化、生产管理精细化和智能决策科学化等，强化主流创新能力。

（7）新钢股份 2014～2019 年主流创新能力整体呈现下降趋势

2015～2016 年，主流创新能力呈较大幅度下降趋势，主要是研发人员人均培训费用、管理费用投入程度、主流产品营销人才投入强度有所下降。2016～2019 年，主流创新能力总体呈小幅度上升趋势，主要是企业主流技术创新 R&D 人员全时当量、主流创新高级职称技术研发人员、管理费用投入程度逐年增加或上升。新钢股份坚持精品战略。针对主流产品品种质量问题，开展向硅钢、电工钢孔洞降级率、优特钢酸洗卷表面质量、硬线冷拔断线率等主流品种技术与质量攻关。增强主流技术创新能力，开发高性能、高附加值的主流技术产品；同时，形成了以冷热轧薄板、中板、厚板、特厚板系列板材为主的精品钢材生产基地，形成了具有相对优势的热轧薄板、中板、厚板、特厚板系列板材结构，实现主流技术产品盈利能力的连续性和稳定性。

（8）山东钢铁 2014～2019 年主流创新能力整体呈现上升趋势

2014～2015 年，主流创新能力下降，主要是企业研发人员人均培训费用、主流产品出口成交额减少。2015～2019 年，主流创新能力总体在上升，主要是研发人员人均培训费用、主流产品营销费用投入强度有所增加。在主流 R&D 能力方面，山东钢铁建立了开放式的技术创新体系，与清华大学、中国科学院、钢铁研究总院等共建长期稳定的技术合作关系。建立能源与环境、H 型钢、中低速磁浮交通轨排等 19 个联合研究中心，提升主流研发能力和技术水平。开发生产了 LNG 储罐 9Ni 钢板、高级别管线钢、海洋工程、磁悬浮轨排、桥梁用钢等系列主流产品，其中，中低速磁浮列车轨道用 F 型钢及轨排、转底炉技术、氨法脱硫技术、转炉智能化炼钢等技术，多项研究成果达到国际领先水平。

4. 数据评价启示

（1）强化主流 R&D 能力，强化主流技术优势

新旧动能的转换是企业实现做强做优的重要基础，也是企业实现高质量发展持续创新的战略举措，企业应强化主流创新，孵化新流创新，提高企业主流创新 R&D 能力，加强对主流研发人员的培训，激发技术团队的异质性，形成企业核心竞争力，提高企业主流创新能力。

（2）加强主流创新管理能力，实现精益管理

一是加强对精益管理内涵与本质规律的研究，用精益管理消除管理短板、破解效益瓶颈，保持对主流创新的有效管理，促进企业主流创新管理水平持续提升。二是围绕企业主流生产销售中的关键环节和效益洼地，有针对性地改善运营和提升管理水平，降低生产成本和各项管理费用，拓展盈利范围，提高产出收益。三是各企业、各专业攻关团队在进行主流创新时，要以关键绩效指标为抓手，紧紧把握阶段性目标，扎实推进，促进攻关项目的完成。

（3）创新营销策略，拓展主流市场

主流产品的研发促进了主流业绩的提升，政府应促进与企业协同开展产品技术研发，创新市场营销模式，推进产品延伸与创新战略投资合作。企业应调整营销机构，整合区域销售业务，主流产品的营销对象需要保持现有的市场和客户，聚焦于细分市场，加大对产品结构、市场流向结构调整与市场价格平衡维护的力度，积极推进细分市场挖潜，提质增效，努力加强和改善市场运营。

（4）优化主流创新环境，推动持续创新

政府补助和金融机构贷款为企业提供创新资金，也为企业创业提供创新生态环境，促进企业主流创新能力的培养与提升。同时，优化主流创新生态环境，有利于传统制造业智能化改造、转型升级、高质量发展，企业依托优惠政策和各项改革措施，优化软硬件环境，实现主流技术创新效益最大化。

（5）强化主流创新产出能力，提升主流产品竞争力

由于钢铁制造业具备主流创新特征，通过高质量发展获得主流产品创造的利润和技术升级，企业通过创新战略的调整，凭借自身在钢铁制造领域创新技术、研发团队和营销人员等创新要素，优化资源配置，提高主流产品质量，实现主流产品的性能提升。

（二）企业新流创新能力评价及分析

1. 企业新流创新能力评价指标权重的确定

在对 2014～2019 年 8 家新一代人工智能企业的权重进行计算时，由于各企业各指标数值的不同，所得到的各企业各指标权重也不同，表 13－20 为 8 家新一代人工智能企业新流创新能力评价指标权重。

表 13－20　8 家新一代人工智能企业新流创新能力评价指标权重

指标代码	海康威视	盛路通信	万安科技	汉王科技	易华录	华工科技	中航电测	高德红外
NA_1	0.077	0.076	0.077	0.077	0.076	0.074	0.076	0.073
NA_2	0.082	0.082	0.078	0.074	0.077	0.073	0.079	0.074
NA_3	0.072	0.076	0.078	0.078	0.077	0.076	0.077	0.074
NB_1	0.072	0.078	0.074	0.074	0.076	0.073	0.077	0.078
NB_2	0.073	0.073	0.082	0.079	0.076	0.079	0.076	0.078
NC_1	0.073	0.077	0.074	0.075	0.076	0.077	0.076	0.078
NC_2	0.073	0.078	0.074	0.078	0.076	0.074	0.078	0.074
NC_3	0.072	0.074	0.074	0.075	0.076	0.072	0.077	0.073
NC_4	0.072	0.074	0.074	0.088	0.075	0.073	0.076	0.075
ND_1	0.076	0.077	0.076	0.075	0.074	0.073	0.077	0.078
ND_2	0.088	0.074	0.074	0.075	0.086	0.075	0.076	0.073
NE_1	0.077	0.080	0.088	0.077	0.078	0.086	0.078	0.079
NE_2	0.092	0.080	0.075	0.075	0.079	0.096	0.077	0.091
NE_3	0.073	0.074	0.074	0.075	0.076	0.072	0.077	0.074
NE_4	0.072	0.075	0.076	0.075	0.079	0.074	0.078	0.073

2. 企业新流创新能力相对贴近度的确定及分析

表 13－21 是依据 2014～2019 年 8 个样本企业的权重计算的相对贴近度及其均值，将各企业的相对贴近度均值进行相应的排名，如表 13－22 所示。

表 13－21　8 家新一代人工智能企业新流创新能力评价结果

企业简称	2014 年	2015 年	2016 年	2017 年	2018 年	2019 年	均值
海康威视	0.387	0.214	0.512	0.365	0.506	0.464	0.408
盛路通信	0.305	0.428	0.472	0.501	0.647	0.564	0.486

续表

企业简称	2014 年	2015 年	2016 年	2017 年	2018 年	2019 年	均值
万安科技	0.344	0.391	0.518	0.536	0.575	0.557	0.487
汉王科技	0.489	0.452	0.270	0.536	0.592	0.629	0.495
易华录	0.294	0.409	0.331	0.413	0.556	0.682	0.448
华工科技	0.273	0.364	0.426	0.397	0.699	0.649	0.468
中航电测	0.243	0.364	0.426	0.633	0.694	0.803	0.527
高德红外	0.291	0.281	0.563	0.424	0.405	0.542	0.418

表 13 – 22　8 家新一代人工智能企业新流创新能力评价均值排序

序号	股票代码	企业简称	产业链	贴近度均值	排名
1	002415	海康威视		0.408	8
2	002446	盛路通信	应用层	0.486	4
3	002590	万安科技		0.487	3
4	002362	汉王科技	技术层	0.495	2
5	300212	易华录		0.448	6
6	000988	华工科技		0.468	5
7	300114	中航电测	基础层	0.527	1
8	002414	高德红外		0.418	7

3. 数据评价结果分析

图 13 – 7 为 8 家新一代人工智能企业新流创新能力相对贴近度折线

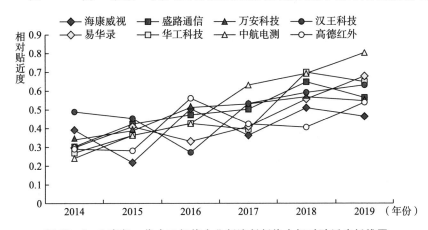

图 13 – 7　8 家新一代人工智能企业新流创新能力相对贴近度折线图

图，结合表 13 - 21 可以看出，8 家企业 2014～2019 年新流创新能力相对贴近度整体呈现上升趋势。

表 13 - 22 是 8 家企业 2014～2019 年新流创新能力评价均值排序：中航电测 > 汉王科技 > 万安科技 > 盛路通信 > 华工科技 > 易华录 > 高德红外 > 海康威视。

（1）应用层

海康威视 2014～2015 年新流创新能力下降，主要是 2015 年政府补助有所下降。2015～2016 年增长幅度最大，从创新产出能力和 R&D 能力的角度分析，2016 年海康威视新流技术已获专利数由 2015 年的 60 项上升至 435 项，同时新流创新人员人均研发费用由 30 万元增加至 33 万元。在 2014～2019 年海康威视新流创新能力虽然上下有所波动，但整体呈现上升趋势。高水平的研发投入是海康威视保持竞争力的核心驱动力。公司拥有技术平台、产品平台和方案平台三位一体的分层研发体系，各平台之间既区分功能又相互合作，技术、产品和方案持续完善，使公司得以响应和满足客户需求。公司由于较早意识到新一代人工智能的重大意义，因此在算法、软件、硬件方面提前布局，目前已具备较为成熟的人工智能技术、产品和系统。

盛路通信 2014～2019 年新流创新能力总体呈现上升趋势，其相对贴近度从 2014 年的 0.305 上升至 2019 年的 0.564。从新流 R&D 能力分析，企业新流创新高级职称技术研发人员在 6 年间逐年增加。从新流创新环境分析，本科及以上人数、政府补助普遍有所提高。从新流创新产出能力分析，新流技术产品研发成功率上升。盛路通信以技术、应用和产品创新驱动服务、管理和商业模式的创新，不断加大研发投入，重视推进研发技术成果的转化，实现产品升级和结构优化。

万安科技整体新流创新能力在 2014～2018 年呈现增长趋势。从 R&D 能力的视角分析，2014～2018 年企业新流技术创新 R&D 人员全时当量和新流创新高级职称技术研发人员的数量有所增加。从创新营销能力的视角分析，新流产品营销人员人均创利和营销费用投入强度有所增加。从创新环境的视角分析，本科及以上人数和政府补助也在逐年增加。这些有利因素促进了企业新流创新能力逐年提高。但在 2019 年，万安科技新流创新能力有所下降，主要是新流技术创新 R&D 人员全时当量、新流技术专利授权量、新流技术产品研发成功率下降。在创新营销能力方面，万安科技以战略营销目标为工作核心，加强营销队伍建设，积极开发中高端市场，建立完善的考核体系，提升公司影响力。

（2）技术层

汉王科技的新流创新能力在 2014～2016 年有所下降，主要是管理费用投入程度、营销费用投入强度和新流产品营销人员人均创利均大幅度下降。而 2016～2019 年新流创新能力呈现逐渐上升趋势，主要是企业新流产品存货周转率、新流产品营销人员人均创利有所增加。在创新营销能力方面，汉王科技实施线上与线下渠道协同发展，在保持线上主流电商平台覆盖的基础上，线下公司建立完善的营销和服务网络，并与诸多渠道合作伙伴保持紧密合作，为客户提供端对端快速、优质服务，保障营销管理体系和渠道管理体系高效运行。

易华录的新流创新能力在 2014～2019 年总体呈现上升趋势，主要是新流技术创新 R&D 人员全时当量、新流创新高级职称技术研发人员、政府补助、新流技术已获专利数逐年增加。在技术研发方面，公司重视已有产品的研发和应用。公司开发了基于数据湖生态的核心软硬件产品，并应用于数据湖基础设施建设运营中。公司不仅在传统的智慧交通和公共安全行业储备了大量的自研算法、大数据、人工智能应用和配套硬件产品，而且在以数据驱动为核心的电子政务应用服务和硬件产品上，公司自研产品占比持续提升。

（3）基础层

华工科技的新流创新能力在 2014～2017 年有小幅上升，2017～2018 年新流创新能力涨幅最大，主要是新流技术专利授权量和新流技术已获专利数由 2017 年的 87 项上升至 2018 年的 194 项。2019 年，公司新流创新能力排名上升至第 3 位。在 R&D 能力方面，华工科技高度重视技术创新工作，持续加大研发投入，建设生产制造全流程创新体系，助力智能制造产业升级，提升公司整体竞争力。依托国家企业技术中心、激光加工国家工程研究中心、国家防伪工程技术研究中心等国家级研发平台，公司与国内外科研机构、用户开展多层次的技术交流和合作，推动产业链价值提升。

中航电测的新流创新能力在 2014 年列第 8 位，到 2019 年列第 1 位。

2014～2019 年新流创新能力呈现逐渐上升趋势，主要是新流创新高级职称技术研发人员和本科及以上人数逐年增加。中航电测以"创新发展"理念推进研发体系改革，梳理完善产品和技术规划，推动集成研发管理体系优化提升，实现由"生产科研型"向"科研生产型"转变。公司强化专业分工，提升系统架构能力，以"研发流水线"为目标打造研发团队，研发体系改革取得明显成效，研发质量与效率明显提高，科技创新能力显著增强。

高德红外的新流创新能力在 2014 年列第 6 位，到 2019 年列第 7 位。2015～2016 年，企业新流创新能力大幅提升，但 2016～2018 年新流创新能力下降。2016～2018 年，高德红外创新产出能力有所下降，主要是新流技术专利授权量、新流技术已获专利数、新流技术的高端性和新颖性有所下降。在创新管理能力方面，高德红外每年积极从各大院校吸纳人才，为研发团队储备新生力量。积极攻克红外热成像领域的尖端技术，加快公司核心器件成本的降低及下游新兴领域大规模应用进程；同时对现有技术进行升级，优化工艺流程，提高产品集成度，丰富产品系列，优化产品结构，实现科研生产一体化，提高资源利用率，确保产品技术水平始终处于行业领先地位。

4. 数据评价启示

新一代人工智能企业作为新流创新的代表，从人工智能产业链的应用层、技术层和基础层 8 家企业新流创新能力的评价中，可以得到如下启示。

（1）应用层

从应用层企业数据评价发现，应用层企业将新一代人工智能新流技术向传统技术逐渐渗透、融合、改造、智能化，不断提升企业新流创新营销能力和新流创新产出能力，由此提高企业新流产品在新兴市场的份额。因此，应用层企业必须集中优势资源拓展潜在和新兴用户，以市场为导向，注重对新流产品的研发以及对热点技术产品的调整和创造，协同和有效整合新流技术资源，向"互联网＋"、智能制造等方向转型，提升新流产品的高端性与新颖性，提高企业新流产品营销能力。

（2）技术层

从技术层企业数据评价发现，技术层企业通过引进大数据、云计算等新流技术方面的研发人员，提升新流 R&D 能力，强化新流技术优势。随着新流 R&D 能力的不断提升，技术层企业能够提高新流科研团队的前瞻性和擅长领域的新颖性。技术层企业基本实现了资源布局的合理化、装备的现代化、制造的智能化和工艺流程的智能化，以新流技术、新流工艺创新为基础，以高科技含量、高附加值的新流产品为特色，推动应用层与基础层企业新流创新能力的协同提升。

（3）基础层

从基础层企业数据评价发现，基础层企业通过与行业龙头企业的合作，提升了硬件研发实力，营造了良好的新流创新环境，以及建立了主流与新流创新转换机制和平台，为企业新流技术创新奠定了基础。

（4）三层次协同提升新流创新能力

应用层、技术层和基础层的不同企业在新一代人工智能产业链中各自发挥其优势与特点，协同提升企业新流创新能力。基础层主要以软硬件为核心，是新一代人工智能产业的基础，为技术层提供技术支持。技术层是新一代人工智能发展的核心，决定着应用层的产品智能化程度。而应用层可以促进智能产品集成应用，它是新一代人工智能产业的延伸，为特定应用场景提供软硬件产品或解决方案，从而实现其商业价值。

（5）形成智能经济增长点的策略

第一，优化新流创新环境，吸引优秀人才。优化新流创新环境，有利于培育三层次企业新的经济增长点，推动新流产品结构的战略性调整，加快技术创新与产品升级。同时，新流技术的竞争是新流人才的竞争，新流人才是企业发展的不竭动力，三层次企业应建立完善的新流人才管理体系，从根本上提高企业的核心竞争力和发展后劲，促进三层次企业新流创新能力的培养与提升，以实现可持续发展。

第二，提升新流创新管理水平，增强核心竞争力。三层次企业应强化主流转换为新流的理念，强化创新活动的组织领导，聚焦企业生产经营核心目标，抓好主流与新流转化时期的资源分配；加强管理团队对新流创新的敏感性，以新兴领域的研发、潜在市场的探索为抓手，提升新流产品的核心竞争力；围绕企业新流研发生产销售过程中的关键环节和效益洼地，有针对性地改善运营和提升管理水平，降低生产成本和各项管理费用，拓展盈利范围，提高产出收益。

第三，优化人工智能产业链，协同提升新流创新能力。新一代人工智能产业链以应用驱动为主要发展特征，融合大数据、跨媒体、群体智能、自主智能系统、人机系统的应用和发展于一体，因此，应构建新一代人工智能产业生态链网络，形成新一代人工智能产业的产业链、技术链、创新链、价值链、知识链、供应链、产品链，形成"一链为主、多链延伸"的产业生态链式网络，实现新流技术增值及形成智能经济增长点。

第三节   企业主流与新流创新协同演进效率评价

一   企业主流与新流创新协同演进效率评价指标体系的构建

基于对企业主流与新流创新效率的内涵界定，根据企业年报的数据资料，本书分别选取 8 家钢铁企业和 8 家新一代人工智能企业进行了效率分析，在此基础上对企业主流与新流创新效率进行了比较研究。

（一）评价指标体系的构建

效率测算指标分为投入指标和产出指标。投入指标主要包括年末资产、固定资产投资、R&D 费用、科技活动支出等资本投入，以及科技活动人员数、中高级职称人员数、R&D 人员全时当量等人员投入。产出指标则涉及产品销售收入、净利润、专利申请量、专利授权量。各学者选取的企业创新效率评价指标如表 13 - 23 所示。

表 13 - 23   企业创新效率评价指标

学者	年份	评价指标
张宗益等	2006	创新投入指标：R&D 人员、R&D 经费 创新产出指标：专利申请量
俞立平	2007	投入变量：R&D 经费支出和 R&D 人员、消化吸收支出 产出变量：新产品销售收入、发明专利数
章仁俊和王俊峰	2010	创新投入指标：研发经费内部支出、研发人员数、企业科技开发资本存量 创新产出指标：新产品销售额和当年被授权的发明专利数
冯宗宪等	2011	创新投入变量：R&D 经费支出和 R&D 人员全时当量 创新产出变量：发明专利申请量和新产品销售收入

续表

学者	年份	评价指标
许敏和谢玲玲	2012	创新投入指标：R&D 人力投入、R&D 经费内部支出、拟增加技术经费 创新产出指标：拥有专利数、新产品销售收入、主营业务收入
刘艳春等	2013	输入指标：技术创新投入、技术创新研发、技术创新扩散 输出指标：技术创新产出
张玉臣和李晓桐	2015	创新投入变量：科技活动基本存量、科技活动人员数 创新产出变量：新产品销售收入

（二）评价指标体系的确立

1. 企业主流创新效率评价指标体系

在企业创新效率文献研究基础上，结合企业主流创新的概念，构建企业主流创新效率评价指标体系。企业主流创新投入指对现有创新活动研发人员与资金投入强度，它支撑企业主流创新活动顺利开展，推动企业主流创新效率提升。企业主流创新产出指主流产品产出与主流技术资产率，它反映企业主流创新活动的结果，也反映主流技术创新资源对主流技术创新产出的贡献程度。企业主流创新效率评价指标体系如表 13–24 所示。

（1）主流研发人力投入

研发人员是企业进行主流技术创新活动的主体，研发人员的投入强度反映了企业主流创新投入程度，企业主流创新研发人员数是重要的指标，主流研发人员投入强度具有可比性，由此选取主流技术研发人员投入强度作为企业技术研发阶段的人力投入指标。

（2）主流研发经费投入

研发经费是支撑企业主流创新的基石。研发经费是企业不断创新的资金来源和创新动力，也是提高创新产出的主要投入要素，故选取主流技术研发资金投入强度作为企业主流创新研发阶段的研发经费投入指标。

（3）主流产品产出

主流创新的目的是使企业获得最大的经济效益。实现经济效益依赖提高企业新生代产品在技术和市场创新活动中的生产力和创造力。通过改进和提升主流技术产品，企业主流产品在市场竞争中能够获得巨大的商业经济成功，从而使其在主流技术创新活动中投入更多的生产资源，促进企业生产力和创造力加速发展，以产生更大的经济效益，由此形成"技术—生产—效益—技术"的良性循环，因而选用主流产品销售收入表示主流产品产出。

（4）主流技术资产率

主流技术资产率反映企业的创新水平，体现企业在技术研发方面的能力与支持，是影响企业发展水平与盈利的核心要素之一。技术资产率表征为企业无形资产与总资产之比，代表了企业无形资产研发的效率，技术资产率显著影响创新效率。

表 13 - 24　企业主流创新效率评价指标体系

一级指标	二级指标	指标代码	三级指标	单位
企业主流 创新效率	主流创新投入	MF_1	主流技术研发人员投入强度	%
		MF_2	主流技术研发资金投入强度	%
	主流创新产出	MG_1	主流产品销售收入	亿元
		MG_2	主流技术资产率	%

2. 企业新流创新效率评价指标体系

在企业创新效率文献研究基础上，结合企业新流创新概念，构建企业新流创新效率评价指标体系。企业新流创新投入指企业投入潜在的创新活动中的人力和财力的总和，它是新流创新活动得以顺利开展和有效运行的人力保障及物质基础，决定了企业新流创新效率的变化。企业新流创新产出指新流产品产出和新流技术资产率，它反映了企业新流创新活动的新颖性与新流创新产品的高端性，也反映了企业新流创新活动的结果。企业新流创新效率评价指标体系如表 13 - 25 所示。

（1）新流研发人力投入

研发人员是企业进行新流技术创新活动的主体，研发人员的投入强度反映了企业新流创新投入程度，而新流技术研发人员投入强度具有可比性，由此选取新流技术研发人员投入强度作为企业新流技术研发阶段的人力投入指标。

（2）新流研发经费投入

研发经费是支撑企业新流创新的基础，也是提高新流创新产出的主要投入要素。新流创新是高风险、高投入的过程，需要投入研发新的技术和产品，从而开发蓝海市场和潜在客户，故选取新流技术研发资金投入强度作为企业新流创新研发阶段的经费投入指标。

（3）新流产品产出

新流产品产出常见的变量选取指标为产品的销售收入。新流产品销售收入代表着新流市场权力的占有特征与企业新流产品的经营规模特征，新流产品销售收入将发挥重要的影响作用，总体经营效率决定着企业的创新策略。

（4）新流技术资产率

新流技术资产指无形资产中以新流技术为核心的资产，反映企业无形资产研发成果的效率，是企业新流创新能力的体现。无形资产是企业创新活动所形成的非物质形态的价值创造来源，能够提升企业所提供产品及服务的差异化水平，形成核心竞争力，提升企业创新效率。

表 13 - 25　企业新流创新效率评价指标体系

一级指标	二级指标	指标代码	三级指标	单位
企业新流创新效率	新流创新投入	NF_1	新流技术研发人员投入强度	%
		NF_2	新流技术研发资金投入强度	%
	新流创新产出	NG_1	新流产品销售收入	亿元
		NG_2	新流技术资产率	%

二　企业主流与新流创新协同演进效率评价方法

（一）评价方法的选择

1. 非参数法与参数法

（1）非参数法

非参数法以 Charnes 等（1978）提出的 DEA 方法为代表，是有效评价一个企业整体经济效益的非主观参数经济评价方法。DEA 是评价决策前沿有效性的非参数法，目前被广泛研究和使用的随机优化规划、多目标优化规划、线性优化规划、具有锥结构的广义优化等多种数学规划模型，比传统的 DEA 方法更有优势，能有效处理面板数据，可充分挖掘相关数据的内在研究价值，也规避了动态方法的弊端，较好地满足了相关研究的需求。

Bannistter 和 Stolp（1995）研究了分布在墨西哥不同经济区域的中国制造业创新效率，揭示了墨西哥区域经济规模、城市实体经济与制造业技术效率的正相关关系。俞立平（2007）运用 DEA 方法结合 Malmquist 指数分析了企业性质与创新效率的关系。冯宗宪等（2011）分别采用两阶段半参数 DEA 方法，研究了中国大中型制造企业的创新活动效率。许敏和谢玲玲（2012）利用 DEA 方法中的 BCC 模型，对我国大中型制造业企业的创新活动效率进行了评价。刘艳春等（2013）基于 PCA-DEA 综合评价模型衡量企业创新效率，输入指标为技术创新投入、技术创新研发、技术创新扩散，输出指标为技术创新产出。刘钒和邓明亮（2019）运用超效率 DEA 模型测算 2013~2017 年国家高新区创新效率。

（2）参数法

参数法由 Aigner 等（1997）、Meeusen 和 Broeck（1977）提出，后由 Kumbhakar（2003）、Battese 和 Coelli（1995）等进行了不断完善和逐步拓展。以 SFA 方法为代表——该计量生产方法充分运用了计量科学方法，利用随机计量生产函数和随机计量扰动项构造随机计量生产前沿。在确定效率前沿的时候，它可以把随机因素的影响分离出来，能够较好地克服确定性模型由随机偏误带来的误差。

张宗益等（2006）用对数型柯布 - 道格拉斯（Cobb-Douglas）生产函数形式的 SFA 模型，研究我国 31 个省区市的创新效率。韩晶（2010）基于 SFA 方法对中国高技术企业创新效率进行研究。潘雄锋和刘凤朝（2010）采用基于对数型柯布 - 道格拉斯生产函数的 SFA 模型研究中国工业企业创新效率。白俊红和李婧（2011）采用基于 Cobb-Douglas 生产函数的 SFA 模型，从创新效率视角，研究政府 R&D 资助与企业技术创新。张玉臣和李晓桐（2015）依据上海 182 家大型高新技术产品生产企业的液晶面板生产数据，运用超越对数随机前沿模型测度了企业技术创新的效率。刘湘云和周铨翔（2020）利用 SFA 模型，对粤港澳大湾区 11 个城市 2006~2017 年技术创新效率进行测度。

2. 比较分析

DEA 方法具有如下优点：首先，DEA 方法不需要对数据进行标准化处理；其次，对决策单元进行评价时，不受主观因素影响，有效避免了由主观臆断造成的误差；最后，DEA 方法对投入与产出之间的关系没有严格的要求，DEA 方法还可以得出投入、产出的冗余和不足，为管理者提供治理方案。因此，本节选用 DEA 方法评价我国企业主流与新流创新效率具有合理性和可行性。

而 SFA 方法与 DEA 方法相比，其结果一般不会出现效率值相同且为 1 的情况，SFA 方法充分利用了每个样本的信息并且计算结果稳定，受特殊点影响较小，具有可比性强、可靠性高的优点。

SFA 方法与 DEA 方法的原理及优缺点比较如表 13 - 26 所示。

表 13 - 26　SFA 方法和 DEA 方法的原理及优缺点比较

方法	原理	优点	缺点
SFA	假定一个企业决策投入与市场产出之间的基本关系函数具有某个系统给定的经济函数基本形式，利用先进的系统计量经济学和现代经济数据分析计算技术对这个给定函数的一些未知影响因素以及以经济参数图的形式对其加以精确化的估计，得到最优前沿相对面，最后通过企业决策预算单元与最优前沿相对面进行比较，以两者之间的差距来界定机构的效率	考虑到干扰因素，将技术效率与统计噪声进行区分	只能有一个产出项，基于假设来构建模型
DEA	根据其中一组关于决策单元投入、产出的数据和观察值的数据来分析如何估计有效的生产前沿决策单元，然后通过比较这些决策单元投入偏离前沿面的程度来确定和评价它们的相对有效性	可以处理多输入和多产出，不需要事先制定投入产出的函数形式	不区分技术效率和统计噪声，将统计噪声也看作技术效率

综上所述，DEA 方法可以处理多输入与多产出，克服了 SFA 方法只有一个产出项的缺点，由于企业主流与新流创新效率评价有两个产出项，故选用 DEA 方法。DEA 方法包括超效率 DEA、网络 DEA、DEA-Malmquist 生产率指数、DEA 交叉效率等，其中 DEA 交叉效率方法在同行评价时避免了自评效率高的缺点，能克服 DEA 方法的自评缺陷，适用于评价多家企业的效率。

（二）交叉效率的模型分析

虽然传统 DEA 模型有很多优点，但也存在不足，容易回避缺陷，产生表面上 DEA 有效，但在互评中处于不利地位的伪有效单元。由于传统的 DEA 不具备对有效决策的单元（尤其是效率系数平均值为 1 的有效决策单元）进行分级、排序的能力。Sexton 和 Lewis（2003）在 CCR 模型的理论基础上进一步提出了对决策单元的交叉效率（cross efficiency）模型的评价方法，DEA 交叉效率方法结合了"自评"和"他评"过程，克服了传统 DEA 方法存在的自评缺陷。

1. CCR 模型

CCR 模型在规模报酬不变条件下，将决策单元（DMU）的多项投入要素与产出要素进行线性组合，投入与产出要素线性组合的比值表示各决策单元的效率值。

假设有 n 个决策单元，即 $DMU_j = \{DMU_1, DMU_2, \cdots, DMU_n\}$；使用 m 种投入要素，即 $X_j = \{X_{1j}, X_{2j}, \cdots, X_{mj}\}$；生产 s 种产出要素，即 $Y_j = \{Y_{1j}, Y_{2j}, \cdots, Y_{sj}\}$；$U_r$ 表示第 r 个产出权重；V_i 代表第 i 个产出要素的权重；Y_{rj} 代表第 j 个决策单元第 r 个产出要素；X_{ij} 表示第 j 个决策单元第 i 个投入要素。其中，$r = 1, 2, \cdots, s$；$j = 1, 2, \cdots, n$；$i = 1, 2, \cdots, m$。

所以第 k 个决策单元的效率值的线性规划为：

$$\max h_x = \frac{\sum_{r=1}^{s} U_r Y_{rk}}{\sum_{i=1}^{m} V_i X_{ik}}$$

$$\text{s. t. } \frac{\sum_{r=1}^{s} U_r Y_{rj}}{\sum_{i=1}^{m} V_i X_{ij}} \leqslant 1$$

$$U_r, V_i \geqslant \xi > 0 \qquad (13-15)$$

每个投入和产出的权重系数为正数，若为零，即投入与产出要素在线性规划式中是不存在的。其实每一个投入和产出要素的选定都有其经济学意义，不能忽略不计。考虑到求解的便利性，令式（13-15）的分母等于 1，将其转化成线性规划的模式：

$$\max g_k = \sum_{r=1}^{s} U_r Y_{rk}$$

$$\text{s. t. } \sum_{i=1}^{m} V_i X_{ik} = 1$$

$$\sum_{r=1}^{s} U_r Y_{rj} - \sum_{i=1}^{m} V_i X_{ij} \leqslant 0$$

$$U_r, V_i \geqslant \xi > 0 \qquad\qquad (13-16)$$

求得最优效率g_k与由式（13-15）求出的最优效率h_k是一致的。

2. DEA 交叉效率模型

DEA 交叉评价（cross-evaluation）主要思想是通过对 n 个 DMU 进行评价，每个 DMU 用最有利于自己的权重计算各单元效率，并使得每个 DMU 都得到 n 个评分。取这 n 个评分的均值作为该 DMU 的评价效率，评价结果具有全面客观的特点。

X_{ij}代表第 j 个 DMU 的第 i 种投入总量，Y_{rj}代表第 j 个 DMU 的第 r 种产出总量。令$V = (v_1, v_2, \cdots, v_m)^T$为投入向量 X 的权系数向量，产出向量 Y 的权系数向量为 $U = (u_1, u_2, \cdots, u_s)^T$。给定 $i = 1, 2, \cdots, n$，$k = 1, 2, \cdots, n$，解线性规划公式，即式（13-17）：

$$\min Y_k^T$$

$$\text{s. t.} \begin{cases} Y_j^T u \leqslant X_j^T v, 1 \leqslant j \leqslant n \\ Y_i^T u = E_{ii} X_i^T v \\ X_v^T v = 1 \\ u \geqslant 0, v \geqslant 0 \end{cases} \qquad (13-17)$$

得到最优权系数向量u_{ik}^*和v_{ik}^*，并求出交叉评价值$E_{ik} = Y_k^T u_{ik}^*$。由交叉评价值构成交叉评价矩阵，如式（13-18）所示：

$$E = \begin{bmatrix} E_{11} & E_{12} & \cdots & E_{1n} \\ E_{21} & E_{22} & \cdots & E_{2n} \\ \vdots & \vdots & & \vdots \\ E_{n1} & E_{n2} & \cdots & E_{nn} \end{bmatrix} \qquad (13-18)$$

由此得到决策单元DMU_j的基本交叉效率 $E_i = \dfrac{1}{n}\sum_{k=1}^{n} E_{ik}$

式（13-18）中，对角线元素E_{ii}是自我评价值，非对角线元素E_{ik}（$i \neq k$）是交叉评价值。E 的第 i 列是诸个决策单元对 DMU_i 的评价值，该列值越大，则说明 DMU_i 越优。因此，将第 i 列的均值E_i作为衡量 DMU_i 优劣的一项指标，其值越大，说明 DMU_i 越优，并依据其大小对决策单元进行排序。

CCR 模型与 DEA 交叉效率的原理及优缺点比较如表 13 - 27 所示。

表 13 - 27　CCR 模型与 DEA 交叉效率模型的原理及优缺点比较

方法	原理	优点	缺点
CCR 模型	用来研究具有多个输入，特别是具有多个输出的"生产部门"同时为"规模有效"与"技术有效"的方法	以决策单位各输入、输出的权重为变量，从最有利于决策单元的角度进行评估，避免各指标在优先意义上的权重	无法衡量全部松弛变量
DEA 交叉效率模型	主要利用互评体系来消除或者减小传统 DEA 方法中单纯依靠自评体系指定决策单元的缺陷	集合了相互评价的过程，使最终评价结果具有可行性，排序结果具有可靠性	选取不同组权重值，交叉效率评价值不同，决策单元排序会出现不一致

综上所述，DEA 交叉评价方法可以利用互评体系使最终排序结果具有可靠性，克服了 CCR 模型无法衡量全部松弛变量的缺点，故选用 DEA 交叉效率方法评价企业主流与新流创新效率。

三　DEA 交叉效率评价及分析

（一）企业主流创新效率评价及分析

在投入与产出指标样本数据基础上，运用 DEA 交叉效率模型评价样本企业主流创新效率。根据所构建的 DEA 交叉效率模型，对 8 家钢铁企业主流创新效率进行了测度。使用 Excel 软件计算主流创新交叉效率[①]，结果如表 13 - 28 所示。

表 13 - 28　8 家钢铁企业主流创新交叉效率的评价结果

企业简称	2014 年	2015 年	2016 年	2017 年	2018 年	2019 年
安阳钢铁	0.787	0.812	0.213	0.119	0.165	0.111
鞍钢股份	0.865	0.852	0.151	0.232	0.342	0.130
宝钢股份	0.897	0.830	0.248	0.154	0.157	0.111
马钢股份	0.615	0.459	0.040	0.139	0.287	0.136

---

① 　与主流创新效率含义相同。

企业简称	2014 年	2015 年	2016 年	2017 年	2018 年	2019 年
南钢股份	0.215	0.231	0.029	0.034	0.076	0.060
华菱钢铁	0.391	0.365	0.056	0.070	0.123	0.084
新钢股份	0.326	0.232	0.029	0.042	0.073	0.020
山东钢铁	0.938	1.000	1.000	1.000	1.000	1.000

1. 整体评价结果

第一，从表 13 - 28 可以看出，2014 ~ 2019 年，只有山东钢铁的主流创新效率约为 1，其他 7 家企业的主流创新效率均总体呈现下降趋势。数据评价结果表明，钢铁企业的主流创新效率亟待提升。

第二，DEA 交叉效率模型的实证结果表明，8 家钢铁企业高投入、低产出。由图 13 - 8 可知，7 家企业主流创新效率均值与 1 差距较大，只有山东钢铁主流创新交叉效率均值为 0.99，其他企业的主流创新交叉效率均值最大也不及 1 的 50%。分析表明，这一阶段钢铁企业仍需要在企业主流创新效率上投入更多管理和资源。

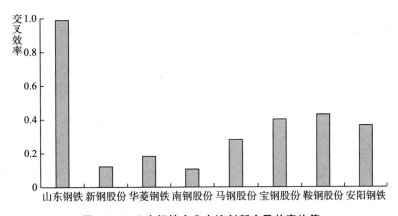

图 13 - 8　8 家钢铁企业主流创新交叉效率均值

第三，对 2014 ~ 2019 年 8 家钢铁企业的主流创新交叉效率变化趋势进行分析。由图 13 - 9 可以看出，7 家钢铁企业的主流创新交叉效率一般。从 2014 ~ 2019 年的总体变化趋势看，7 家钢铁企业的主流创新交叉效率有所下降。

2. 8 家钢铁企业评价结果

第一，安阳钢铁主流创新效率在 2014 ~ 2019 年总体呈大幅度下降趋

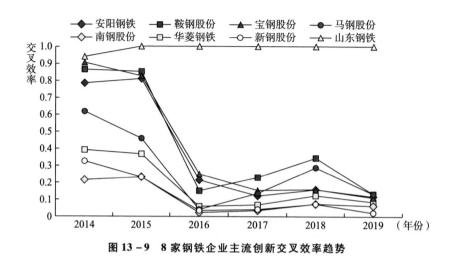

图 13 - 9   8 家钢铁企业主流创新交叉效率趋势

势，从 0.787 下降至 0.111，下降率为 85.9%。2015～2019 年，主流创新效率下降，从 0.812 下降至 0.111。一方面是主流技术研发资金投入强度虽逐年增加，从 2015 年的 2.78% 逐渐上升到 2019 年的 3.33%，但主流创新产出中主流技术资产率在逐年下降，从 2015 年的 5.75% 逐渐下降至 2019 年的 4.42%。另一方面与其他 7 家企业相比，安阳钢铁主流产品销售收入相对较低。2015～2016 年，安阳钢铁主流创新效率大幅度下降，从 0.812 下降至 0.213，下降率为 73.77%。其中主流技术资产率下降，从 2015 年的 5.75% 下降至 2016 年的 5.53%，下降了 3.83%。

第二，鞍钢股份主流创新效率在 2014～2019 年总体呈大幅度下降趋势，从 0.865 下降至 0.130，下降率为 84.97%。2015～2016 年，主流创新效率大幅度下降，从 0.852 下降至 0.151，下降了 82.28%。与其他 7 家企业相比，鞍钢股份主流技术资产率从 2015 年的 6.87% 下降至 2016 年的 6.51%，下降了 5.24%。

第三，宝钢股份主流创新效率总体呈现下降趋势，2014～2019 年的主流创新效率均值为 0.399。2015～2016 年，宝钢股份主流创新效率大幅下降，从 0.830 下降至 0.248，下降了 70.12%。与山东钢铁相比，宝钢股份主流创新投入较大，宝钢股份 2015 年主流技术研发人员投入强度、主流技术研发资金投入强度分别为 2.9% 和 2.11%，2016 年分别为 2.8% 和 2%。两家企业在主流创新产出方面，2015 年，宝钢股份的主流产品销售收入比山东钢铁低了 210.99 亿元；宝钢股份的主流技术资产率比山东钢铁高 4.95 个百分点。2016 年，宝钢股份的主流产品销售收入比山东钢铁低了 260.05 亿元；宝钢股份的主流技术资产率比山东钢铁高 0.75 个百分点。

第四，马钢股份主流创新效率在 2014～2019 年整体呈现下降趋势，从 0.615 下降至 0.136，下降率为 77.89%。与 2015 年相比，2016 年主流创新效率大幅度下降至 0.040，主要是主流产品销售收入增加 24.53 亿元，主流技术资产率下降 0.27 个百分点。

第五，南钢股份主流创新效率在 2014～2019 年总体呈现下降趋势，从 0.215 下降至 0.060，下降率为 72.09%。2016 年，南钢股份主流创新效率大幅度下降，与山东钢铁相比，山东钢铁主流技术资产率 2016 年大幅度增加，而南钢股份的主流创新投入较大，其中主流技术研发人员投入强度、主流技术研发资金投入强度分别为 11.8%、5.1%；但主流创新产出并不乐观，其中主流产品销售收入和主流技术资产率分别为 195.37 亿元、2.56%。

第六，华菱钢铁主流创新效率在 2014～2019 年变动的幅度较大，整体呈现大幅下降的趋势，从 0.391 下降至 0.084，下降率为 78.52%。主要是主流创新产出与其他 7 家企业相比，变化幅度不大。2014～2019 年，华菱钢铁主流产品销售收入和主流技术资产率分别增长了 438.67 亿元、0.31 个百分点，而主流产品销售收入和主流技术资产率的增长率分别为 79.78%、6.0%。

第七，新钢股份主流创新效率在 2014～2019 年整体呈现下降趋势，从 0.326 下降至 0.020，下降率为 93.87%，主要是主流产品销售收入变化幅度不大，均值为 270.55 亿元。2014～2016 年，主流创新效率逐年下降，从 0.326 下降至 0.029，下降率为 91.10%，主要是主流技术研发人员投入强度和主流技术研发资金投入强度有大幅增加，增幅分别为 1.78 个百分点、0.45 个百分点；主流产品销售收入和主流技术资产率下降，降幅分别为 2.67 亿元、0.84 个百分点。

第八，山东钢铁主流创新效率在 2014～2019 年变动幅度不大，从 0.938 上升至 1，增长率为 6.61%，总体效率很高，主要是主流技术研发人员投入强度逐年下降，降幅为 0.14 个百分点；主流产品销售收入逐年大幅度增加，增幅为 164.82 亿元；尤其是主流技术资产率逐年大幅度增加，增幅为 6.20 个百分点。

3. 数据评价启示

在主流创新人力与资金投入方面，企业需要合理分配资源，动态调整和优化主流创新投入与产出结构，实现主流创新效率最大化。一方面，企业必须注重主流研发人员在主流技术方面的经验积累，发挥主流研发人员技术创新先发性、主导性的作用。另一方面，在改善技术和工艺流程上投入一定的资金，强化主流创新，助力企业主流创新效率不断提升。同时，企业管理决策人员需要动态、有效地调整主流创新投入与产出比例，实现主流创新收益最大化。

（二）企业新流创新效率评价及分析

在投入与产出指标样本数据基础上，运用 DEA 交叉效率模型评价样本企业新流创新效率。根据所构建的 DEA 交叉效率模型，对 8 家新一代人工智能企业新流创新效率进行测度。使用 Excel 软件计算新流创新交叉效率，结果如表 13 - 29 所示。

表 13 - 29 　8 家新一代人工智能企业新流创新交叉效率的评价结果

企业简称	2014 年	2015 年	2016 年	2017 年	2018 年	2019 年
海康威视	0.752	0.637	0.646	0.755	0.761	0.642
盛路通信	0.143	0.143	0.100	0.088	0.286	0.393
万安科技	1.000	1.000	1.000	1.000	1.000	1.000
汉王科技	0.248	0.196	0.175	0.172	0.150	0.152
易华录	0.136	0.127	0.781	0.192	0.157	0.529
华工科技	0.420	0.346	0.418	0.358	0.290	0.312
中航电测	0.294	0.282	0.295	0.285	0.289	0.254
高德红外	0.122	0.162	0.128	0.306	0.397	0.414

由于我国人工智能技术行业已经发展了 60 年，经历了 3 次高速成长浪潮，随着新一代信息互联网技术的快速发展和移动互联网的快速普及，人工智能行业迎来第 4 次高速成长。因此，8 家新一代人工智能企业 6 年新流创新交叉效率的评价结果体现出人工智能技术行业未来发展的主要趋势情况。

1. 整体评价结果

第一，表13-29显示，2014~2019年，只有万安科技的新流创新效率值为1，其他企业的新流创新效率均小于1。评价结果反映了这一阶段新一代人工智能企业的新流创新效率亟待提升。

第二，2014~2019年，8家新一代人工智能企业的新流创新效率的变化趋势分析表明，7家企业的新流创新效率一般。2014~2019年，企业新流创新效率未呈现明显的变动，保持平稳。

第三，DEA交叉效率评价结果表明，8家新一代人工智能企业具有较高的投入与产出。由图13-10可知，企业新流创新效率相对较低，与1差距较大，万安科技的新流创新效率均值为1，海康威视的新流创新效率均值为0.7，其他企业的新流创新效率均值最大也不及1的50%。评价结果阐明了现阶段的人工智能企业亟须在市场竞争中提升新流创新效率。

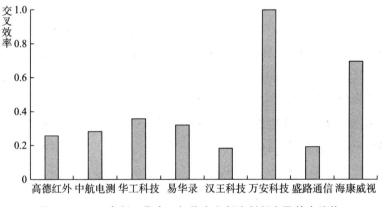

图13-10　8家新一代人工智能企业新流创新交叉效率均值

2. 8家新一代人工智能企业评价结果

第一，由图13-11发现，应用层企业海康威视的新流创新效率上下波动。2015~2019年新流创新效率上升，从0.637上升至0.642，增长率为0.78%，主要是新流产品销售收入、新流技术资产率分别增加318.88亿元、0.39个百分点。

第二，盛路通信的新流创新效率在2014~2019年呈上升趋势，从0.143上升至0.393，增幅为0.250，增长率为174.83%，主要是6年间，新流产品销售收入和新流技术资产率有所增加，增幅分别为7.83亿元、

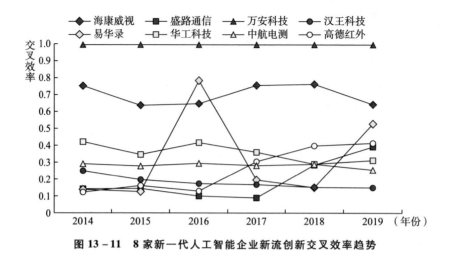

图 13-11 8家新一代人工智能企业新流创新交叉效率趋势

2.42 个百分点。而 2016~2017 年新流创新效率下降，从 0.100 下降至 0.088，下降率为 12.00%，主要是新流技术研发资金投入强度大幅增加 5.85 个百分点，新流产品销售收入减少 2.12 亿元。

第三，万安科技新流创新效率达到最大值 1。2014~2019 年新流创新效率不变。与其他 7 家企业相比，万安科技以最少的新流技术研发人员投入强度获得较高的销售收入，2014 年及 2019 年万安科技的新流产品销售收入分别为 13.11 亿元、21.85 亿元。

第四，汉王科技的新流创新效率整体呈现下降趋势，从 2014 年的 0.248 下降至 2019 年的 0.152，下降率为 38.71%。2014~2016 年，新流创新效率波动幅度较小，降幅为 0.073。2018~2019 年，新流创新效率呈上升趋势，由 0.150 上升至 0.152，增长率为 1.33%，主要是新流创新投入基本保持不变，新流产品销售收入增加了 2.85 亿元。

第五，易华录的新流创新效率在 2015~2016 年呈现大幅上升趋势，从 0.127 上升至 0.781，增长率为 514.96%，主要是新流技术研发人员投入强度下降至 20%，新流产品销售收入增加至 19.31 亿元。2016~2017 年，易华录的新流创新效率大幅度下降至 0.192，下降率为 75.42%，主要是新流技术研发人员和资金投入强度分别增加至 23%、0.32%，新流技术资产率下降至 3%。而 2018~2019 年新流创新效率呈现上升趋势，主要是新流产品销售收入和新流技术资产率分别增加至 32.76 亿元、5.67%。

第六，华工科技的新流创新效率在 2014~2019 年总体呈现下降趋势，从 0.420 下降至 0.312，下降率为 25.71%，主要是新流技术资产率总体在下降，降幅为 2.37 个百分点。

第七，中航电测的新流创新效率在 2014～2019 年总体基本保持不变，从 0.294 下降至 0.254，下降率为 13.61%。2014～2015 年新流创新效率下降了 0.012，主要是新流技术资产率减少了 0.29 个百分点。与 2016 年相比，2017 年新流创新效率下降了 0.010，主要是新流技术研发资金投入强度增加了 0.15 个百分点，新流技术资产率减少了 0.8 个百分点。2018～2019 年新流创新效率下降，下降率为 12.11%，主要是新流技术研发资金投入强度减少了 0.06 个百分点，新流产品销售收入增加了 1.89 亿元。

第八，高德红外的新流创新效率在 2014～2019 年总体呈现上升趋势，从 0.122 上升至 0.414，上升率为 239.34%，主要是新流产品销售收入和新流技术资产率总体在增加，增幅分别为 7.07 亿元、2.9 个百分点。2016～2018 年，新流创新效率上升，增幅为 0.269，主要是新流产品销售收入增加 1.08 亿元。

3. 数据评价启示

在新流创新人力与资金投入方面，企业需以高效的新流创新效率为目标，以强化新流创新为宗旨，优化投入与产出结构，合理分配资源，提高创新效率。一方面，企业需要培养新流创新研发人员对新兴技术的高度敏感性与原创精神，培养一支时刻跟踪前沿技术和新兴市场的优秀人才团队。另一方面，企业应该尽可能缩短新流创新资金的周转周期，在主流创新的成熟期中发现与塑造新流创新的萌芽，孵化企业新流创新能力。企业只有在主流创新的基础上，同时引领新流技术创新，协同提升企业主流与新流创新效率，才能持续提升企业创新的能力与核心竞争力。

第四节　企业主流与新流创新能力和效率协调性评价

一　相关概念的界定

（一）综合评价指数

综合评价指数是一种把评价结果数量化处理的计算方法。综合评价指数可以把实际数据情况量化衡量、反映实际发展情况，不仅可以反映出发展的程度，还可以体现出发展的方向变动情况。通过构建企业主（新）流创新能力与企业主（新）流创新效率的综合评价指数模型，计算主（新）流创新能力和效率两大系统的综合评价指数，数值的大小反映了企业主（新）流创新能力和主（新）流创新效率的发展方向以及总体发展水平。

（二）耦合、耦合度

耦合是指多个相互作用的系统（介质）间互相依赖对方的一个量度。实现耦合的前提是子系统之间的良性互动。子系统之间的运动一般分为两类，一种运动是相互间有序的、关联的运动，另一种运动是各自独立的混乱系统运动。耦合度是两个及以上系统的关系密切程度，耦合度越大，耦合效应越强；耦合度越小，耦合相互依赖性的效应越弱。简单来说，耦合关系是两个不同系统之间的一种相互依赖、相互影响的中立性关联和不受效应影响的关系，而耦合度便是两个系统之间互相耦合的程度。主（新）流创新能力与效率两个不同系统的耦合度体现了两个系统之间相互影响的程度。当两个系统之间的相互配合度高时，两个系统的耦合度处于高水平耦合状态。当两个系统之间的配合度低时，两个系统的耦合度处于低水平耦合状态。

（三）耦合协调发展

耦合度可以直接反映两个系统之间相互影响、相互作用的复杂程度，而耦合协调度则能综合反映系统之间相互影响的协同耦合作用及其效果，将从整体上反映出系统之间的协同发展程度。若系统之间或系统要素之间相互摩擦、相互干扰，则系统之间存在恶性耦合关系；若系统之间相互促进，则系统之间存在良性耦合关系。

二　耦合协调度评价模型

（一）功效函数

主（新）流创新能力与主（新）流创新效率由多种系统要素耦合组成，如果把要素对系统耦合协调发展的贡献和效率看作系统耦合协调发展的一个重要目标，则我们可以把系统对主（新）流创新能力与主

（新）流创新效率的耦合协调度看作一个多目标的问题。假如系统有 n 个目标 G_i（X）（$i=1$，2，$\cdots$，n），对目标要求 G_1（X）越大越好，G_2（X）越小越好；除了 G_1（X）、G_2（X）之外的 $n-2$ 个目标必须接近某一不大不小的值。目标的功效系数为 M_i，M_i 的取值范围为 $0\sim1$，当目标最满意时，M_i 等于 1；当目标最不满意时，M_i 等于 0。描述 M_i 与 G_i（X）关系的函数即为功效函数。总功效函数 $Z=Z$（M_1，M_2，$\cdots$，M_n）合理地反映了系统的总体功效，Z 值越大表示系统协调性越好。

正功效函数表达式为：

$$M(m_{ij}) = \begin{cases} 1, x_{ij} \geqslant \mu_{ij} \\ \dfrac{x_{ij} - \sigma_{ij}}{\mu_{ij} - \sigma_{ij}}, \sigma_{ij} < x_{ij} < \mu_{ij} \\ 0, x_{ij} \leqslant \sigma_{ij} \end{cases} \qquad (13-19)$$

负功效函数表达式为：

$$M(m_{ij}) = \begin{cases} 1, x_{ij} \leqslant \sigma_{ij} \\ \dfrac{\mu_{ij} - x_{ij}}{\mu_{ij} - \sigma_{ij}}, \sigma_{ij} < x_{ij} < \mu_{ij} \\ 0, x_{ij} \geqslant \mu_{ij} \end{cases} \qquad (13-20)$$

其中，x_{ij}（$i=1$，2，$\cdots$，n；$j=1$，2，$\cdots$，n）是主（新）流创新能力与效率耦合关系中第 i 个子系统的第 j 个序参量；μ_{ij} 与 σ_{ij} 为系统稳定临界点的序参量的上、下限值。

在功效函数建立的过程中，主（新）流创新能力与效率的综合评价结果在 0.1 和 1.0 之间（钱慧敏等，2019）。

（二）耦合度函数

依据物理学中耦合度的概念，得到容量耦合（capacitive coupling）系数模型：

$$C_n = \left\{ (m_1, m_2, \cdots, m_n) \middle/ \left[\prod (m_i + m_j) \right] \right\}^{\frac{1}{n}} \qquad (13-21)$$

主（新）流创新能力和主（新）流创新效率的耦合度函数可表示为：

$$C_v = \left[(E \times K) \middle/ \left(\frac{E+K}{2} \right)^2 \right]^{\frac{1}{2}} \qquad (13-22)$$

$$E = \sum_{i=1}^{n} w_i \, x_i \qquad (13-23)$$

$$K = \sum_{j=1}^{n} w_j \, y_j \qquad (13-24)$$

其中，C_v 为协调度，$0 \leqslant C_v \leqslant 1$；$E$ 为主（新）流创新能力综合指数；K 为主（新）流创新效率综合指数；n 为调节系数，$n \geqslant 2$，根据参考文献查阅结果，一般 n 取 2。C_v 能反映两系统的协调度，C_v 越大，协调状态就越好；反之，C_v 越小，越不协调，失调状态越严重。虽然协调度 C_v 能较好地反映主（新）流创新能力与主（新）流创新效率的协调关系，但不容易反映出整体的协调发展水平。

关于耦合度的等级划分，学术界目前仍未存在统一标准，依据已有研究成果，设立耦合度标准如表 13 – 30 所示。

表 13 – 30　耦合度标准

序号	耦合度 C	等级
1	0	无耦合
2	$0 < C < 0.3$	低水平耦合
3	$0.3 \leqslant C < 0.5$	拮抗
4	$0.5 \leqslant C < 0.8$	磨合向良性耦合
5	$0.8 \leqslant C < 1.0$	高水平耦合
6	1.0	耦合度最大

（三）耦合协调度函数

为了弥补耦合度函数的缺点，更加客观地反映主（新）流创新能力与主（新）流创新效率之间的实际情况，可以通过构造耦合协调度模型解决这个问题。通过耦合度函数能够判断出企业主（新）流创新能力与主（新）流创新效率两个系统之间相互耦合的协调度；通过耦合协调度函数能够反映出主（新）流创新能力与主（新）流创新效率发展水平的相对高低。耦合协调度函数可以表示为：

$$H = \sqrt{C_v \times T} \qquad (13-25)$$

$$T = \alpha E \times \beta K \qquad (13-26)$$

H 是耦合协调度；T 是主（新）流创新能力与主（新）流创新效率的综合评价指数；α、β 为待定系数，因为主（新）流创新能力与主（新）流创新效率同等重要，所以 α、β 均取 0.5。

（四）耦合度及耦合协调度的等级划分

本节进行企业主（新）流创新能力与主（新）流创新效率两大系统耦合协调度发展类型区间的划分，借鉴了相关文献定性描述耦合协调度类型的成果。如赵涛等（2017）在研究低碳城市 3E1S 系统耦合协调度时，以 0.9、0.8、0.7、0.6、0.5、0.4 分界，将耦合协调度类型划分为优质协调、良好协调、中级协调、初级协调、轻度失调、中度失调、严重失调。牛海鹏和杨肖雅（2019）研究基于耦合协调度的孟州市农村居民点布局优化中，以 0.5、0.4、0.3、0 为分界点，将耦合协调度类型分为高度协调、中度协调、低度协调、濒临失调四类。贺斌等（2020）在中国城市规模扩张与效率提升的协同发展中，以 0.8、0.7、0.6、0.5、0.4、0.3、0.2、0 为分界点，将协调等级划分为优质协调、良好协调、中等协调、勉强协调、磨合、拮抗、中度失调、极度失调。关于耦合协调度的阶段划分，学术界目前仍未存在统一标准，依据已有研究成果，建立的耦合协调度标准如表 13-31 所示。

表 13-31　耦合协调度标准

序号	耦合协调度 H	等级
1	$0 < H < 0.1$	极度失调
2	$0.1 \leqslant H < 0.2$	严重失调
3	$0.2 \leqslant H < 0.3$	中度失调
4	$0.3 \leqslant H < 0.4$	轻度失调
5	$0.4 \leqslant H < 0.5$	边缘协调
6	$0.5 \leqslant H < 0.6$	初级协调
7	$0.6 \leqslant H < 0.7$	轻度协调
8	$0.7 \leqslant H < 0.8$	中度协调
9	$0.8 \leqslant H < 0.9$	良好协调
10	$0.9 \leqslant H < 1.0$	高度协调

三　企业主流与新流创新能力与效率综合评价

（一）企业主流创新能力与效率综合评价指数动态分析

通过熵值法计算主流创新能力与效率指标权重，结合式（13-23）、式（13-24）计算出 2014~2019 年 8 家钢铁企业主流创新能力和效率两系统各自的综合评价指数，结果如表 13-32 所示。

表 13-32　8 家钢铁企业主流创新能力和效率的综合评价指数

企业简称	主流创新能力						主流创新效率					
	2014 年	2015 年	2016 年	2017 年	2018 年	2019 年	2014 年	2015 年	2016 年	2017 年	2018 年	2019 年
安阳钢铁	0.445	0.469	0.467	0.464	0.458	0.482	0.431	0.393	0.406	0.408	0.395	0.395
鞍钢股份	0.421	0.440	0.409	0.483	0.497	0.483	0.398	0.382	0.372	0.465	0.448	0.288
宝钢股份	0.432	0.438	0.457	0.477	0.484	0.482	0.408	0.411	0.423	0.406	0.414	0.367
马钢股份	0.380	0.416	0.473	0.456	0.518	0.491	0.383	0.434	0.460	0.385	0.377	0.376
南钢股份	0.394	0.406	0.440	0.473	0.527	0.520	0.409	0.449	0.430	0.364	0.371	0.374
华菱钢铁	0.435	0.430	0.441	0.406	0.470	0.545	0.396	0.387	0.403	0.399	0.416	0.435
新钢股份	0.448	0.490	0.417	0.418	0.453	0.417	0.423	0.387	0.413	0.427	0.431	0.294
山东钢铁	0.401	0.356	0.396	0.455	0.483	0.496	0.140	0.137	0.335	0.506	0.491	0.518

从表 13-32 可以看出，各个企业主流创新能力的综合评价指数，与各个企业当前的技术创新实力基本吻合。2014~2019 年，8 家钢铁企业主流创新能力的综合评价指数在 0.4 上下浮动且总体呈现上升趋势，其中 7 家钢铁企业的增加值分别为 0.037、0.062、0.050、0.111、0.126、0.110、0.095；增长率分别为 8.31%、14.73%、11.57%、29.21%、31.98%、25.29%、23.69%；而新钢股份下降了 0.031，下降率为 6.92%。主流创新能力的综合评价指数总体在提高，这与前面分析的钢

铁企业创新能力发展状况基本符合。

从表 13 −32 还可以看出各个企业主流创新效率的综合评价指数的变化情况。主流创新效率的综合评价指数在 0.4 上下浮动，与各个企业当前的技术创新情况基本吻合。2014 ~2019 年，华菱钢铁和山东钢铁的主流创新效率的综合评价指数呈小幅度上升趋势，分别增加了 0.039、0.378，增长率分别为 9.85%、270.00%；而其他 6 家钢铁企业主流创新效率的综合评价指数均有小幅度下降，安阳钢铁下降了 0.036、鞍钢股份下降了 0.110、宝钢股份下降了 0.041、马钢股份下降了 0.007、南钢股份下降了 0.035、新钢股份下降了 0.129，下降率分别为 8.35%、27.64%、10.05%、1.83%、8.56%、30.50%。这与前文 8 家钢铁企业总体分析情况相吻合。

（二）企业新流创新能力与效率综合评价指数动态分析

通过熵值法计算新流创新能力与效率指标权重，结合式（13 −23）、式（13 −24）计算出 2014 ~2019 年 8 家新一代人工智能企业新流创新能力和效率两系统各自的综合评价指数，结果如表 13 −33 所示。

表 13 −33　8 家新一代人工智能企业新流创新能力和效率的综合评价指数

企业简称	新流创新能力						新流创新效率					
	2014 年	2015 年	2016 年	2017 年	2018 年	2019 年	2014 年	2015 年	2016 年	2017 年	2018 年	2019 年
海康威视	0.389	0.374	0.455	0.459	0.501	0.477	0.201	0.321	0.359	0.386	0.504	0.552
盛路通信	0.361	0.424	0.460	0.459	0.507	0.476	0.309	0.233	0.233	0.270	0.527	0.610
万安科技	0.401	0.410	0.453	0.478	0.490	0.485	0.387	0.381	0.361	0.404	0.450	0.442
汉王科技	0.457	0.424	0.395	0.460	0.487	0.513	0.287	0.297	0.302	0.376	0.454	0.587
易华录	0.398	0.425	0.425	0.455	0.501	0.538	0.417	0.299	0.364	0.389	0.426	0.492
华工科技	0.357	0.407	0.444	0.432	0.530	0.504	0.414	0.432	0.402	0.362	0.403	0.382

企业简称	新流创新能力						新流创新效率					
	2014 年	2015 年	2016 年	2017 年	2018 年	2019 年	2014 年	2015 年	2016 年	2017 年	2018 年	2019 年
中航电测	0.399	0.420	0.446	0.494	0.507	0.529	0.439	0.436	0.404	0.385	0.385	0.369
高德红外	0.396	0.393	0.473	0.445	0.458	0.513	0.271	0.348	0.334	0.380	0.417	0.591

从表 13 – 33 可以看出，各个企业新流创新能力的综合评价指数，与各个企业当前的技术创新实力基本吻合。2014～2019 年，8 家新一代人工智能企业新流创新能力的综合评价指数在 0.5 上下浮动且总体呈现上升趋势，分别上升了 0.088、0.115、0.084、0.056、0.140、0.147、0.130、0.117，增长率分别为 22.62%、31.86%、20.95%、12.25%、35.18%、41.18%、32.58%、29.55%。新流创新能力的综合评价指数总体在提高，评价结果与前文人工智能企业发展情况相吻合。

从表 13 – 33 还可以看出，多数企业新流创新效率的综合评价指数总体在增加，与各个企业当前的技术创新情况基本吻合。2014～2019 年，8 家新一代人工智能企业中，华工科技和中航电测新流创新效率的综合评价指数总体呈现下降趋势，分别下降了 0.032、0.070，下降率分别为 7.73%、15.95%；而其他 6 家企业均总体呈现上升趋势，分别上升了 0.351、0.301、0.055、0.300、0.075、0.320，增长率分别为 174.63%、97.41%、14.21%、104.53%、17.99%、118.08%，主要是企业在新流技术研发人员和资金投入方面不断优化，保证新流产品的销售收入和利润的增加。

四　耦合度与耦合协调度分析

（一）企业主流创新能力与效率的耦合度、耦合协调度分析

1. 耦合度分析

根据耦合度模型，计算得出 2014～2019 年 8 家钢铁企业主流创新能力和效率两个系统的耦合度，具体结果及变化趋势如图 13 – 12、表 13 – 34 所示。

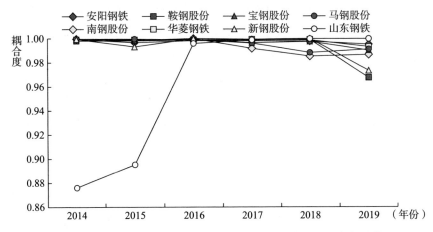

图 13 – 12　8 家钢铁企业主流创新能力和效率的耦合度变化趋势

表 13 – 34　8 家钢铁企业主流创新能力与效率的耦合度

企业简称	2014年	等级	2015年	等级	2016年	等级	2017年	等级	2018年	等级	2019年	等级
安阳钢铁	1.000	耦合度最大	0.996	高水平耦合	0.998	高水平耦合	0.998	高水平耦合	0.997	高水平耦合	0.995	高水平耦合
鞍钢股份	1.000	耦合度最大	0.997	高水平耦合	0.999	高水平耦合	1.000	耦合度最大	0.999	高水平耦合	0.967	高水平耦合
宝钢股份	1.000	耦合度最大	0.999	高水平耦合	0.999	高水平耦合	0.997	高水平耦合	0.997	高水平耦合	0.991	高水平耦合
马钢股份	1.000	耦合度最大	1.000	耦合度最大	1.000	耦合度最大	0.996	高水平耦合	0.988	高水平耦合	0.991	高水平耦合
南钢股份	1.000	耦合度最大	0.999	高水平耦合	1.000	耦合度最大	0.992	高水平耦合	0.985	高水平耦合	0.986	高水平耦合
华菱钢铁	0.999	高水平耦合	0.999	高水平耦合	0.999	高水平耦合	1.000	耦合度最大	0.998	高水平耦合	0.994	高水平耦合
新钢股份	1.000	耦合度最大	0.993	高水平耦合	1.000	耦合度最大	1.000	耦合度最大	1.000	耦合度最大	0.973	高水平耦合
山东钢铁	0.876	高水平耦合	0.896	高水平耦合	0.996	高水平耦合	0.999	高水平耦合	1.000	耦合度最大	1.000	耦合度最大

　　如表 13 - 34 所示，2014 ~ 2019 年，钢铁企业主流创新能力和效率的耦合度基本保持不变，8 家企业的耦合度接近 1，说明这些企业的主流创新能力和效率间相互影响的程度高，两者间的积极作用得到有效的加强。其中，2014 ~ 2016 年，山东钢铁的耦合度从 0.876 上升至 0.996，上升率为 13.70%，主要是山东钢铁主流创新效率的综合评价指数由 0.140 上升至 0.335，上升率为 139.29%；虽然主流创新能力的综合评价指数由 0.401 下降至 0.396，下降率为 1.25%，但是主流创新能力和效率的耦合度仍有所上升。2018 ~ 2019 年，鞍钢股份的主流创新能力与效率的耦合度有小幅度下降，主要是企业主流创新能力与效率的综合评价指数均有所下降。2018 ~ 2019 年，新钢股份主流创新能力与效率的耦合度下降了 0.027，主要是新钢股份主流创新效率的综合评价指数由 0.431 下降至 0.294，下降率为 31.79%，而主流创新能力的综合评价指数由 0.453 下降至 0.417，下降率为 7.95%。

　　2. 耦合协调度分析

　　根据耦合协调度模型，计算得出 2014 ~ 2019 年 8 家钢铁企业主流创新能力与效率两系统的耦合协调度，具体结果及变化趋势如表 13 - 35、图 13 - 13 所示。

表 13 - 35　8 家钢铁企业主流创新能力与效率的耦合协调度

企业简称	2014年	等级	2015年	等级	2016年	等级	2017年	等级	2018年	等级	2019年	等级
安阳钢铁	0.662	轻度协调	0.655	轻度协调	0.660	轻度协调	0.659	轻度协调	0.652	轻度协调	0.661	轻度协调
鞍钢股份	0.640	轻度协调	0.640	轻度协调	0.624	轻度协调	0.688	轻度协调	0.687	轻度协调	0.611	轻度协调
宝钢股份	0.648	轻度协调	0.651	轻度协调	0.663	轻度协调	0.663	轻度协调	0.669	轻度协调	0.648	轻度协调
马钢股份	0.618	轻度协调	0.652	轻度协调	0.683	轻度协调	0.647	轻度协调	0.665	轻度协调	0.656	轻度协调
南钢股份	0.633	轻度协调	0.653	轻度协调	0.660	轻度协调	0.644	轻度协调	0.665	轻度协调	0.664	轻度协调
华菱钢铁	0.644	轻度协调	0.639	轻度协调	0.649	轻度协调	0.635	轻度协调	0.665	轻度协调	0.698	轻度协调

续表

企业简称	2014年	等级	2015年	等级	2016年	等级	2017年	等级	2018年	等级	2019年	等级
新钢股份	0.660	轻度协调	0.660	轻度协调	0.644	轻度协调	0.650	轻度协调	0.665	轻度协调	0.610	轻度协调
山东钢铁	0.487	边缘协调	0.470	边缘协调	0.603	轻度协调	0.692	轻度协调	0.698	轻度协调	0.712	中度协调

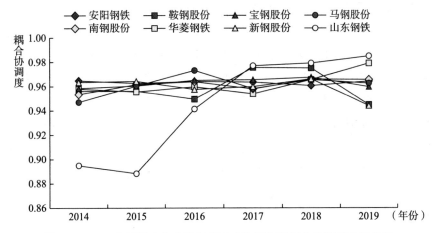

图13-13　8家钢铁企业主流创新能力和效率的耦合协调度变化趋势

3. 数据评价结果

2014～2019年，8家钢铁企业的耦合协调度分析表明，其变化区间为 [0.470，0.712]，基本处于轻度协调阶段，整体耦合状态比较平稳。由此可见，钢铁企业主流创新能力和效率的耦合协调度有待提高。

如表13-35所示，从2014～2019年8家钢铁企业主流创新能力与效率的耦合协调度对比来看，2014年，安阳钢铁的耦合协调度最大，为0.662，其主流创新能力与效率的耦合关系处于轻度协调阶段；山东钢铁的耦合协调度最小，为0.487，其主流创新能力与效率的耦合关系处于边缘协调阶段。2015年，新钢股份的耦合协调度最大，为0.660，其主流创新能力与效率的耦合关系处于轻度协调阶段；山东钢铁的耦合协调度最小，为0.470，其主流创新能力与效率的耦合关系处于边缘协调阶段。2016年，马钢股份的耦合协调度最大，为0.683，其主流创新能力与效率的耦合关系处于轻度协调阶段；山东钢铁的耦合协调度最小，为0.603，其主流创新能力与效率的耦合关系处于轻度协调阶段。2017年，山东钢铁的耦合协调度最大，为 0.692，其主流创新能力与效率的耦合关系处于轻度协调阶段；华菱钢铁的耦合协调度最小，为 0.635，其主流创新能力与效率的耦合关系处于轻度协调阶段。2018 年，山东钢铁的耦合协调度最大，为 0.698，其主流创新能力与效率的耦合关系处于轻度协调阶段；安阳钢铁的耦合协调度最小，为 0.652，其主流创新能力与效率的耦合关系处于轻度协调阶段。2019 年，山东钢铁的耦合协调度最大，为 0.712，其主流创新能力与效率的耦合关系处于中度协调阶段；新钢股份的耦合协调度，最小为 0.610，其主流创新能力与效率的耦合关系处于轻度协调阶段。其中，2015～2017 年，山东钢铁的耦合协调度从 0.470 上升至 0.692，上升率为 47.23%，主要是山东钢铁主流创新能力的综合评价指数由 0.356 上升至 0.455，上升率为 27.81%。2018～2019 年，鞍钢股份的耦合协调度由 0.687 下降至 0.611，下降率为 11.06%，主要是鞍钢股份主流创新能力的综合评价指数由 0.497 下降至 0.483，下降率为 2.82%。2018～2019 年，新钢股份的耦合协调度由 0.665 下降至 0.610，下降率为 8.27%，主要是新钢股份的主流创新能力与效率的综合评价指数分别下降了 0.036、0.137。

2014～2019 年，这 8 家企业的耦合协调度基本保持不变，上升幅度不大，说明 6 年来 8 家钢铁企业的主流创新能力与效率的耦合协调度整体状态一般。

4. 数据分析启示

由数据评价结果发现，2014～2019 年，8 家钢铁企业主流创新能力与效率的耦合协调度分别处于边缘协调、轻度协调、中度协调三个阶段。

(1) 第一阶段——失调阶段

根据表 13－31 的耦合协调度划分标准，耦合协调度划分为 10 个等级，当企业主流创新能力与效率的耦合协调度范围在 (0，0.4) 时，企业的耦合关系分别处于极度失调、严重失调、中度失调、轻度失调阶段。这一阶段的主流创新活动进入萌芽期，主流创新能力与效率独立发展，相互影响程度低，两者之间的耦合协调度低，处于失调阶段。从上述 8 家钢铁企业的数据分析可知，没有企业处于失调阶段，表明企业主流创新活动度过了萌芽期，主流创新能力与效率的耦合系统发展相对平衡。

（2）第二阶段——协调阶段

根据耦合协调度的划分标准，当企业主流创新能力与效率的耦合协调度范围在［0.4，0.8）时，企业的耦合关系分别处于边缘协调、初级协调、轻度协调、中度协调阶段。从8家钢铁企业的数据分析可见，2014～2019年，安阳钢铁、鞍钢股份、宝钢股份、马钢股份、南钢股份、华菱钢铁、新钢股份均处于轻度协调阶段；2014～2015年，山东钢铁处于边缘协调阶段，2016～2018年演化为轻度协调阶段，2019年为中度协调阶段。处于协调阶段的企业，其主流创新活动进入成长期。一方面，企业保持较高的主流创新能力，能够提高主流技术研发成功率；另一方面，企业保持较高的主流创新效率，能够提高主流创新产品效益。因此，企业主流创新能力与效率的耦合协调度不再为零，而是呈现上升的趋势。

当主流创新能力与效率的耦合协调度范围在［0.8，0.9）时，企业的耦合关系处于良好协调阶段。这一阶段的主流创新活动进入成熟期，有序度逐渐达到高水平，主流创新能力也迅速提高，主流创新效率迅速攀升。因此，这一阶段主流创新能力与效率之间的耦合协调度达到高水平，二者处于良好协调阶段，相互促进、互为补充、共生共赢。

（3）第三阶段——高度协调阶段

根据耦合协调度的划分标准，当企业主流创新能力与效率的耦合协调度范围在［0.9，1.0）时，企业的耦合关系处于高度协调阶段。8家钢铁企业均未达到高度协调阶段，这是企业今后努力的方向与目标。第一，这一目标的实现依赖良好的政策生态环境，如政府购买政策、税收政策、知识产权保护政策的完善，将推进钢铁企业主流创新能力与效率实现高度协调；第二，优化产业格局，优化产品结构，减少产能过剩，盘活钢铁行业大量结构性过剩资产，增强钢铁行业装备材料制造业市场的创新活力，增强国有资本股权的市场活力，助力企业实现主流创新能力与效率的高度协调；第三，强化主流技术产品与市场之间的转化能力，使主流技术产品及时满足客户与市场的需求，提高主流产品创新效率，催生主流创新能力与效率的高度协调。

（二）企业新流创新能力与效率的耦合度、耦合协调度分析

1. 耦合度分析

根据耦合度模型，计算得出 2014～2019 年 8 家新一代人工智能企业新流创新能力和效率两个系统的耦合度，具体结果及变化趋势如表 13-36、图 13-14 所示。

表 13-36　8 家新一代人工智能企业新流创新能力与效率的耦合度

企业简称	2014年	等级	2015年	等级	2016年	等级	2017年	等级	2018年	等级	2019年	等级
海康威视	0.948	高水平耦合	0.997	高水平耦合	0.993	高水平耦合	0.996	高水平耦合	1.000	耦合度最大	0.997	高水平耦合
盛路通信	0.997	高水平耦合	0.957	高水平耦合	0.945	高水平耦合	0.966	高水平耦合	1.000	耦合度最大	0.992	高水平耦合
万安科技	1.000	耦合度最大	0.999	高水平耦合	0.994	高水平耦合	0.996	高水平耦合	0.999	高水平耦合	0.999	高水平耦合
汉王科技	0.973	高水平耦合	0.984	高水平耦合	0.991	高水平耦合	0.995	高水平耦合	0.999	高水平耦合	0.998	高水平耦合
易华录	1.000	耦合度最大	0.985	高水平耦合	0.997	高水平耦合	0.997	高水平耦合	0.997	高水平耦合	0.999	高水平耦合
华工科技	0.997	高水平耦合	1.000	耦合度最大	0.999	高水平耦合	0.996	高水平耦合	0.991	高水平耦合	0.990	高水平耦合
中航电测	0.999	高水平耦合	1.000	耦合度最大	0.999	高水平耦合	0.992	高水平耦合	0.991	高水平耦合	0.984	高水平耦合
高德红外	0.982	高水平耦合	0.998	高水平耦合	0.985	高水平耦合	0.997	高水平耦合	0.999	高水平耦合	0.997	高水平耦合

如表 13-36 所示，2014～2019 年，新一代人工智能企业的新流创新能力和效率的耦合度基本不变，8 家企业的耦合度约为 1，说明这些企业的新流创新能力和效率相互影响的程度较高。其中，盛路通信的耦合度

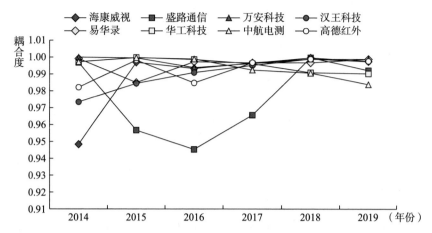

图 13 – 14 8家新一代人工智能企业新流创新能力和效率的耦合度变化趋势

从 2014 年的 0.997 下降至 2016 年的 0.945，下降率为 5.22%；从 2016 年的 0.945 上升到 2018 年的 1，上升率为 5.82%，主要是盛路通信在 2014~2016 年新流创新效率的综合评价指数由 0.309 下降到 0.233，下降率为 24.60%，而新流创新能力的综合评价指数由 0.361 上升到 0.460，上升率为 27.42%，导致新流创新能力与效率的耦合度有所下降。2016~2018 年，盛路通信新流创新能力与效率的综合评价指数均呈上升趋势，分别增加了 0.047、0.294，导致新流创新能力与效率的耦合度有所上升。2014~2015 年，海康威视的新流创新能力与效率的耦合度有大幅度增长，增长率为 5.17%，主要是海康威视新流创新效率的综合评价指数上升，上升率为 59.70%。

2. 耦合协调度分析

根据耦合协调度模型，计算得出 2014~2019 年 8 家新一代人工智能企业新流创新能力与效率两个系统的耦合协调度，具体结果及变化趋势如表 13 – 37、图 13 – 15 所示。

表 13 – 37 8家新一代人工智能企业新流创新能力与效率的耦合协调度

企业简称	2014年	类型	2015年	类型	2016年	类型	2017年	类型	2018年	类型	2019年	类型
海康威视	0.529	初级协调	0.589	初级协调	0.636	轻度协调	0.649	轻度协调	0.709	中度协调	0.716	中度协调

续表

企业简称	2014年	类型	2015年	类型	2016年	类型	2017年	类型	2018年	类型	2019年	类型
盛路通信	0.578	初级协调	0.561	初级协调	0.573	初级协调	0.593	初级协调	0.719	中度协调	0.734	中度协调
万安科技	0.628	轻度协调	0.629	轻度协调	0.636	轻度协调	0.663	轻度协调	0.685	轻度协调	0.681	轻度协调
汉王科技	0.602	轻度协调	0.596	初级协调	0.587	初级协调	0.645	轻度协调	0.686	轻度协调	0.741	中度协调
易华录	0.638	轻度协调	0.597	初级协调	0.627	轻度协调	0.649	轻度协调	0.680	轻度协调	0.717	中度协调
华工科技	0.620	轻度协调	0.648	轻度协调	0.650	轻度协调	0.629	轻度协调	0.680	轻度协调	0.663	轻度协调
中航电测	0.647	轻度协调	0.654	轻度协调	0.651	轻度协调	0.660	轻度协调	0.665	轻度协调	0.665	轻度协调
高德红外	0.572	初级协调	0.608	轻度协调	0.630	轻度协调	0.642	轻度协调	0.661	轻度协调	0.742	中度协调

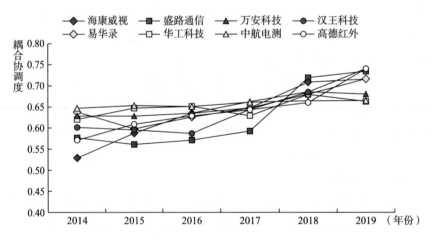

**图 13 - 15　8 家新一代人工智能企业新流创新能力和效率的耦合
协调度变化趋势**

3. 数据评价结果

通过表 13 - 37、图 13 - 15 可以发现，2014～2019 年新一代人工智能企业的耦合协调度基本上是从 2014 年的初级协调阶段上升到 2018 年的中度协调阶段，整体耦合状态比较平稳。由此可见，新一代人工智能企业新流创新能力与效率的耦合协调度总体在上升，有发展潜力。

从 2014～2019 年 8 家新一代人工智能企业新流创新能力与效率的耦合协调度对比来看，2014 年，中航电测的耦合协调度最大，为 0.647，其新流创新能力与效率的耦合关系处于轻度协调阶段；海康威视的耦合协调度最小，为 0.529，其新流创新能力与效率的耦合关系处于初级协调阶段。2015 年，中航电测的耦合协调度最大，为 0.654，其新流创新能力与效率的耦合关系处于轻度协调阶段；盛路通信的耦合协调度最小，为 0.561，其新流创新能力与效率的耦合关系处于初级协调阶段。2016 年，中航电测的耦合协调度最大，为 0.651，其新流创新能力与效率的耦合关系处于轻度协调阶段；盛路通信的耦合协调度最小，为 0.573，其新流创新能力与效率的耦合关系处于初级协调阶段。2017 年，万安科技的耦合协调度最大，为 0.663，其新流创新能力与效率的耦合关系处于轻度协调阶段；盛路通信的耦合协调度最小，为 0.593，其新流创新能力与效率的耦合关系处于初级协调阶段。2018 年，盛路通信的耦合协调度最大，为 0.719，其新流创新能力与效率的耦合关系处于中度协调阶段；高德红外的耦合协调度最小，为 0.661，其新流创新能力与效率的耦合关系处于轻度协调阶段。2019 年，高德红外的耦合协调度最大，为 0.742，其新流创新能力与效率的耦合关系处于中度协调阶段；华工科技的耦合协调度最小，为 0.663，其新流创新能力与效率的耦合关系处于轻度协调阶段。2014～2019 年，这 8 家企业的耦合协调度总体在上升，上升幅度不大，说明 6 年来新一代人工智能企业的新流创新能力与效率的耦合协调度整体状态亟待提高。

4. 数据分析启示

由以上数据评价结果得出，2014～2019 年，8 家新一代人工智能企业处于初级协调、轻度协调、中度协调三个协调阶段。

(1) 第一阶段——失调阶段

根据表 13-31 耦合协调度的划分标准，当新流创新能力与效率的耦合协调度范围在 (0, 0.4) 时，企业的耦合关系分别处于极度失调、严重失调、中度失调、轻度失调阶段。这一阶段的新流创新活动进入萌芽期，新流创新能力与效率独立发展，相互影响程度低，两者之间的耦合协调度低。从上述 8 家新一代人工智能企业的数据分析中发现，没有企业处于失调阶段。这表明 8 家新一代人工智能企业度过了新流创新活动的萌芽期，企业新流创新能力与效率的耦合系统发展相对平衡。

（2）第二阶段——协调阶段

根据耦合协调度的划分标准，当新流创新能力与效率的耦合协调度范围在［0.4，0.8）时，企业的耦合关系分别处于边缘协调、初级协调、轻度协调、中度协调阶段。这一阶段的新流创新活动进入成长期。从上述8家新一代人工智能企业的数据分析中发现，2014～2019年，万安科技、华工科技、中航电测均处于轻度协调阶段。2014～2015年，海康威视处于初级协调阶段，2016～2017年演化为轻度协调阶段，2018～2019年进入中度协调阶段。2014～2017年，盛路通信处于初级协调阶段，2018～2019年演化为中度协调阶段。2014年，高德红外处于初级协调阶段，2015～2018年进入轻度协调阶段，2019年进入中度协调阶段。分析发现，8家新一代人工智能企业中，有5家企业达到了中度协调，此阶段新流创新能力与效率的耦合协调度范围为［0.7，0.8）。由此可见，新流创新能力与效率的耦合协调度在演进中提高，在耦合中发展。

当新流创新能力与效率的耦合协调度范围在［0.8，0.9）时，企业的耦合关系处于良好协调阶段。从上述8家新一代人工智能企业的数据分析中发现，尚没有企业处于良好协调阶段。这一阶段的新流创新活动进入成熟期，有序度逐渐达到最高，新流创新能力也迅速提高，新流创新效率迅速攀升。这一阶段新流创新能力与效率之间的耦合协调度达到较优，二者形成我中有你、你中有我的共同体。

（3）第三阶段——高度协调阶段

根据耦合协调度的划分标准，当新流创新能力与效率的耦合协调度范围在［0.9，1）时，企业的耦合关系处于高度协调阶段。8家新一代人工智能企业还未进入高度协调阶段，这是新一代人工智能企业今后努力的方向。首先，新一代人工智能企业必须强化新流技术创新，不断加强新流技术创新要素集聚，进而提高企业新流创新能力与效率的耦合协调度；其次，新一代人工智能企业必须以创新管理为基石，打造激发新流创新的组织模式，形成有利于激发新流创新的特色管理模式；最后，新一代人工智能企业需要完善新流创新动力机制，加速新流创新孵化，提高新流创新边际产出，推进企业新流创新能力与效率耦合协调度的演化发展，从初级协调向轻度协调、中度协调、良好协调、高度协调迈进。

本章小结

本章首先从 R&D 能力、创新管理能力、创新营销能力、创新环境和创新产出能力五个维度，构建企业主流与新流创新能力评价指标体系，以钢铁企业为主流创新能力、新一代人工智能企业为新流创新能力的研究对象，运用熵值法确定各指标的权重，运用 TOPSIS 法对 16 家企业的主流与新流创新能力进行了实证分析，进而提出主流与新流创新能力提升的策略。

其次，从创新投入和创新产出视角，构建主流和新流创新效率评价指标体系，并运用 DEA 交叉效率方法对企业主流与新流创新效率进行实证分析，由此得到提高主流与新流创新效率的启示。

最后，运用耦合度、耦合协调度模型，实证分析企业主流与新流创新能力与效率的动态耦合关系。结果表明，一方面，企业应强化主流技术产品与市场之间的转化能力，提高主流产品创新效率，助力企业实现主流创新能力与效率的高度协调；另一方面，企业需要不断加强新流技术创新要素集聚，打造激发新流创新的组织模式，完善新流创新动力机制，加速新流创新孵化，提高新流创新边际产出，推进企业新流创新能力与效率的耦合协调度迈向高度协调阶段。

第四篇

企业主流与新流创新协同演进的绩效研究

主流与新流二元创新在企业创新战略上是辩证统一的，二者都是企业激发、维持创造性产出的有效模式，是企业技术发展和产品升级换代的重要途径，也是企业获取竞争优势、保持长盛不衰的源泉。面对竞争激烈的环境，任何一种创新所造就的优势都不可能持久，企业要维持竞争优势，就要提升创新加速度，快速进行资源重构，源源不断地进行二元创新。二元创新的效果通过创新绩效来体现，创新绩效评价是一项对企业创新进行监督管理的新制度，科学准确的绩效评价有助于把握企业二元创新中存在的突出问题。由于主流与新流创新的特征及表现形式各异，要全面综合地评价二元创新绩效比较困难。如果笼统地将主流与新流创新视为一个整体来考察，就无法准确评价二者对企业创新的实际效果，也不能精准体现二者对整体创新绩效的贡献度。此外，现有研究成果多数是对企业创新绩效的静态测评，虽然能够指出企业创新过程中存在的问题，但无法对企业未来创新趋势进行预测，存在一定缺陷。

　　为此，本篇采用理论推理与实证研究相结合的方法，首先，从投入、过程、产出和效益四个维度构建企业主流与新流创新绩效评价指标体系，通过不同的评价指标体系体现主流与新流二元创新的特征差异，使绩效评价更具针对性；其次，在比较不同评价模型的基础上，运用云模型评价企业主流与新流创新的静态绩效，测算主流与新流创新对企业整体创新绩效的贡献度，帮助决策者把握企业在传统与新兴技术领域创新绩效的差异及优化创新资源配置问题；最后，提炼出二元创新动态绩效评价指标体系，绘制体现指标间因果关系的模糊认知图，探讨企业二元创新动态绩效的演化过程及关键变量对动态绩效的影响机制，为企业制定长远创新战略提供决策参考。

第十四章 企业主流与新流创新协同演进绩效评价指标体系构建

本章结合前述理论研究，构建主流与新流创新绩效评价指标体系。首先，阐述创新绩效评价的功能定位及流程；其次，基于二元创新的特征，运用逻辑框架法对两个创新绩效评价指标体系进行理论遴选；再次，基于调查数据，运用实证研究的方法对创新绩效评价指标体系进行实证约简，删除重要性系数低、相关性较强的部分指标；最后，对构建的指标体系进行信度与效度检验，检验所构建的指标体系是否合理且有效。

第一节 主流与新流创新绩效评价的功能及流程

一 创新绩效评价的功能定位

创新是一个持续的过程，创新绩效评价能够时时诊断企业创新过程中存在的突出问题，剖析问题产生的原因，有助于指导制定创新战略，优化创新资源的投入方向。

（1）创新绩效评价有利于企业制定创新战略

一方面，根据创新绩效评价指标体系可以把企业的创新战略转化为具体的行动纲领，确保相关部门高效准确地实施创新行为；另一方面，创新绩效评价有利于诊断企业在创新过程中存在的突出问题，评估创新资源的配置效果，保证管理者能够快速、全面地把握企业的创新现状，并准确地预测未来技术轨道，适时调整创新战略。

（2）创新绩效评价可以提升企业的创新效率

一方面，绩效评价有利于创新文化的形成，为创新战略的实施营造了良好的文化氛围，有利于改变员工的创新观念并增强创新意识；另一方面，企业创新活动的顺利开展需要资源保障，资源大体可分为"硬"资源和"软"资源。"硬"资源指创新资源的投入能力，这与企业的创新实力有关。在创新资源有限的背景下，要发挥资源的协同效应以最大化创新产出，需要创新管理能力、创新激励机制等"软"资源的有效配合。绩效评价中包含对创新管理能力和创新激励机制等软实力的评价，这有助于企业有针对性地提升软实力，并间接促进创新效率的改善。

（3）创新绩效评价有助于完善企业的绩效管理体系

创新绩效评价是形成创新型企业的关键环节，绩效评价是绩效管理的前提，客观的绩效评价有利于管理者从繁杂的指标中找出制约企业发展和创新能力提升的关键因素，提出绩效改进方案，合理调配资源，做到主流与新流创新有效平衡并最终实现技术轨道跃迁。

（4）创新绩效评价能够激发员工的创新活力

创新的主体是技术员工，员工的创新热情受到薪酬水平及公平性的影响。激发技术员工的创造活力必须从制定合理的薪酬体系入手，贯彻贡献与收益成正比的薪酬管理理念。只有通过科学的绩效评价才能准确地衡量技术员工的创新产出，并通过奖惩机制规范员工的创新行为，保证员工的创新取向与企业的创新战略目标相一致，形成创新合力，提高创新效率。

（5）绩效评价结果可作为利益相关者的决策参考

绩效评价结果决定投资者是否追加创新投资，决定产业链下游企业是否继续将其纳入供应商选择范围，决定其他企业或社会组织是否与其进行战略合作，同时，也可作为政府部门制定技术创新政策以引导企业创新行为的理论依据。

二　主流与新流创新绩效评价的特殊功能

将企业的创新分为主流与新流并分别进行绩效评价，除了具备传统创新绩效评价所具有的功能特征外，还具备以下几个特殊功能。

（1）准确把握创新优势领域，认清创新中存在的突出问题

创新是提升竞争力的根本，企业的创新活动包含传统主营产品升级改造的主流创新活动和为开拓新领域而进行的新流创新活动，笼统地将二元创新视为一个整体进行绩效考察无法真正认清企业在主流与新流技术领域的创新优势和不足，并有针对性地提出解决方案。所以，将创新活动进行细分，能够更加精准把握主流与新流领域的创新效果。

（2）建立不同的评价指标体系以体现二元创新的技术差异，绩效评价更具针对性

主流创新主要沿着既有的技术轨道，通过改进主流产品性能和产品的生产工艺，以达到延长技术生命周期和提升产品市场竞争力的目的。而新流创新突破了传统的技术轨道，在主流技术步入没落期时，通过不断探索新技术、开辟新领域，为企业带来新的发展理念，保证企业具有蓬勃的生命力。正因为两种创新在形式、轨道、管理和风险方面的差异，创新绩效的评价侧重点也应有所不同。因此，将创新活动细分为主流与新流创新能够保证绩效评价更加科学准确。

（3）通过主流与新流创新绩效评价能够准确把握企业创新轨道的跃迁时机

根据二元创新技术跃迁理论，企业在创新过程中，应强化主流创新，孵化新流创新，拓展与开发新技术并重，通过汇流创新实现技术的跃迁（朱斌、吴佳音，2011）。技术轨道的变迁是创新的必然趋势，而变迁时机的选择在一定程度上决定了变迁的成败，本章通过二元创新绩效的评价体现不同技术领域的竞争力，再根据绩效变化趋势，合理确定技术跃迁时机。

（4）在供给侧改革背景下，分别评价二元创新绩效有利于指导和优化创新资源的配置效率

企业通过创新活动提升核心竞争力，在创新资源有限的条件下，既要进行传统领域的创新活动又要加快新兴领域的创新投入必然会分散创新资源。管理者必须合理高效地配置创新资源以提升创新资源的产出绩效，而二元创新绩效评价不仅体现了资源的投入产出效果，还指出了二元创新中存在的不足，对管理者优化资源配置具有指导意义。

三　主流与新流创新绩效评价的流程

绩效评价是一项系统性工程，包括评价指标体系的构建和评价模型的构建两条主线，图14-1勾画了企业主流与新流创新绩效的评价流程。

首先，结合文献研究法和逻辑框架法，初步构建二元创新绩效评价指标体系，然后结合专家评价和相关性分析进行指标的实证筛选，只有最终通过信度和效度检验的指标体系才能应用于绩效评价，否则应重新

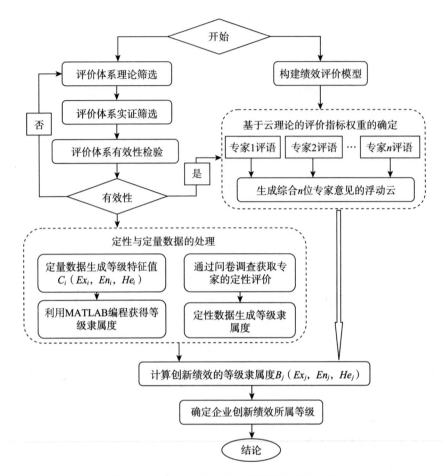

图 14－1　企业主流与新流创新绩效评价流程

注：*Ex* 表示期望值，*En* 表示熵，*He* 表示超熵。

考虑指标的合理性。

其次，构建了基于云模型的主流与新流创新绩效综合评价模型，并运用云理论对传统的层次分析法进行改进，形成二元创新绩效指标相对权重和评价步骤模型。然后，收集待评价企业的原始数据，定量指标来源于调查问卷，并运用正态云模型转化为等级隶属度；定性指标根据专家评判数据转化为等级隶属度。

最后，综合定性、定量指标的等级隶属度和绩效评价模型对待评价企业的二元创新绩效进行评价并确定绩效等级，同时可测算主流与新流创新对企业整体创新绩效的贡献度。

四　指标体系构建的程序

在创新绩效的评价过程中，指标体系选取的科学性与合理性直接决定了评价结果的准确性，评价指标体系作为评价目标和内容的反映，为评价指明了方向。在确定二元创新绩效评价指标体系的过程中，本章充分结合文献研究法和定量研究法，具体的构建步骤见图 14－2。

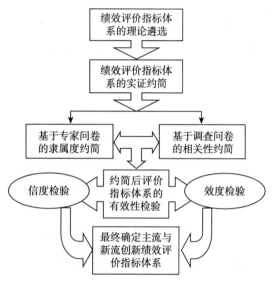

图 14－2　主流与新流创新绩效评价指标体系的构建步骤

首先，通过查阅和借鉴创新绩效评价的相关研究成果，充分考虑二元创新的特征，基于逻辑框架法的研究思路，从创新的投入、过程、产出和效益四个维度，初步构建二元创新绩效评价指标体系；其次，基于专家问卷对评价指标体系进行初步筛选，要求专家根据指标的重要性从主流与新流创新绩效评价指标体系中分别选取 30 个最重要的评价指标，根据调查数据进行隶属度分析，确定第二轮评价指标体系，并进一步通过调查问卷，对第二轮评价指标体系中指标的相关性进行测算，删除相关性较强的每对指标中的一项；最后，对构建的评价指标体系进行信度和效度检验，以检验指标体系的可行性和有效性。

第二节　企业主流与新流创新绩效评价指标
体系的理论遴选

一　企业创新绩效评价维度的设置

1. 逻辑框架法基本原理

逻辑框架法（Logic Framework Approach）是美国国际开发署开发的主要用于项目规划、实施、监督和评价的逻辑模型。其核心概念是事物之间的因果逻辑关系，即"如果"提供某种条件，"那么"将会产生某种结果，并通过一张简单的框架图清晰地体现一个复杂项目的因果关系。

企业技术创新可以由"创新活动"和"期望结果"构成，这两个阶段之间存在一定的逻辑关系。"创新活动"指在企业投入一定人、财、物等资源，并对这些资源进行有效配置的基础上，预计会产生什么结果；"期望结果"指企业活动对企业自身产品竞争力提升、技术实力增强、经济效益提升的促进作用，并且对地区乃至国家层面的贡献。利用逻辑关系模型可以明确企业技术创新投入与结果之间的关系，并进一步分析各个环节的因果关系，找出影响创新绩效的关键要素，并实现绩效评价的反馈功能。

图14-3反映了企业主流与新流创新绩效形成及反馈的逻辑框架，通过该框架图可以清晰地体现企业创新绩效的形成机制和绩效反馈的路径。为此，可以将企业技术创新评价指标体系细分为"投入—过程—产出—效益"四个维度，确定每个维度的具体表征指标，最终形成主流与新流创新绩效评价指标体系。

2. 基于逻辑框架法的创新绩效评价维度的设置

逻辑框架法通过垂直逻辑关系来表达企业创新中"投入""过程""产出""效益"之间的因果关系，其中各个维度具体的衡量指标如下。

第一，主流与新流创新中的"投入"是指企业为实现创新能力提升和技术赶超而在创新资源方面的投入，本章将"投入"维度进一步细分为人力投入、资金投入和技术投入。

第二，主流与新流创新中的"过程"是指在创新要素资源投入既定

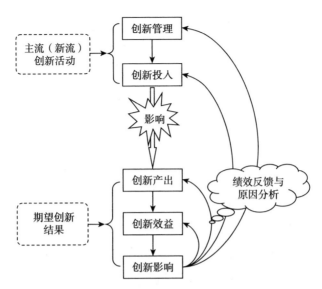

图 14 – 3 主流 (新流) 创新绩效形成及反馈的逻辑框架

的前提下，企业如何有效地配置资源，发挥要素的主观能动性，通过组织和市场的创新来实现要素到技术产出的最高转化效率。"过程"维度主要通过创新管理能力、创新激励机制和组织与市场创新三个方面来衡量。

第三，主流与新流创新中的"产出"是企业创新投入的直接结果，主要表现在产品质量和竞争力的提升、技术实力的增强等方面，因此，通过产品产出、技术产出和技术市场化潜力三个方面来体现"产出"能力。

第四，主流与新流创新中的"效益"包括企业技术创新对企业自身效益的内部影响和对社会效益提升的外部贡献，它已经超越了企业自身的范畴，关注企业的社会责任，因此，"效益"维度通过技术积累效益、经济效益和社会效益三个方面来体现。

基于逻辑框架法构建的企业主流与新流创新绩效评价指标体系层次结构模型可以用图 14 – 4 来表示。

二 企业主流创新绩效评价指标体系的构建

通过查阅中文和外文数据库，获取创新绩效评价的代表性研究成果，充分考虑主流创新的先发生、主导性、渐进性和竞争不可持续性等技术

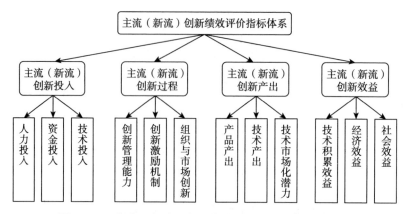

图 14 - 4　主流（新流）创新绩效评价指标体系层次结构

特征，结合第二章主流创新绩效形成机制研究过程中提出的资源集聚力、集成创新力、协同创新力、网络协调力、技术变革力和技术转化力等 6 个能力维度及主流创新能力的普适性影响要素，从创新投入、过程、产出和效益视角初步构建企业主流创新绩效评价指标体系 MTP（见表 14 - 1）。

表 14 - 1　企业主流创新绩效评价指标体系 MTP[1]

一级指标	二级指标	三级指标	四级指标	指标属性
企业主流创新绩效评价指标体系	创新投入	人力投入	主流技术创新 R&D 人员全时当量	定量
			主流创新中高级职称技术研发人员占比	定量
			科研团队技术专长的异质性	定性
			研发人员人均培训费用	定量
			研发人员人均培训时间	定量
			主流产品员工工资支出/产品销售收入	定量
		资金投入	主流技术创新总经费	定量
			主流技术创新 R&D 资金总额/产品销售收入	定量
			主流技术引进经费支出总额/产品销售收入	定量
			主流技术改造总经费/主流技术创新总经费	定量
		技术投入	主流技术研发设备的先进程度	定性
			主流产品生产工艺的技术水准	定性
			主流技术创新中外购专利项目数	定量
			主流创新中企业技术改造立项数	定量

续表

一级指标	二级指标	三级指标	四级指标	指标属性
企业主流创新绩效评价指标体系	创新过程	创新管理能力	领导的主流创新战略与要素匹配度	定性
			主流创新中各要素资源有效协同	定性
			公司领导的创新意识和前瞻性	定性
			企业技术创新文化氛围的浓厚程度	定性
			产品研发中注重采纳国内外客户的意见	定性
			发现市场机遇并付诸行动的有效程度	定性
		创新激励机制	技术员工充分领会创新战略的重要性	定性
			创新机制对员工技术创新的调动作用	定性
			公司拥有生产先进产品的创新信念	定性
			定期对员工的技术创新绩效进行评估	定性
			晋升制度对员工技术创新的促进作用	定性
			员工技术改进建议的采纳率	定量
		组织与市场创新	注重技术信息渠道的完善和情报收集	定性
			主流创新中注重组织学习能力的培养	定性
			主流创新中注重联合研发	定性
			主流创新中与上、下游企业交流的频率	定量
			通过产品质量和服务维护良好客户关系	定性
			营销中量身定做产品以符合顾客的需求	定性
			营销过程中注重新市场的创造	定性
	创新产出	主流产品产出	主流产品产值增长率	定量
			主流产品销售利润率	定量
			主流产品出口占比	定量
			主流产品税收总额	定量
		主流技术产出	主流产品和相关工艺专利授权增加量	定量
			主流产品技术诀窍、文档增加量	定量
			主流技术与同行相比的先进度	定性
			重大改进产品数	定量
		主流技术市场化潜力	主流产品技术转让合同成交额	定量
			主流技术相关产品研发的成功率	定量
			主流技术专利成果转化率	定量
			主流产品营销网络完善程度	定性

续表

一级指标	二级指标	三级指标	四级指标	指标属性
企业主流创新绩效评价指标体系	创新效益	社会效益	主流技术对社会节能减排的促进作用	定性
			主流技术更加有利于环境保护	定性
			主流新产品设计方便拆卸和回收	定性
			主流产品的就业促进作用	定性
			主流技术对社会技术进步的促进作用	定性
		技术积累效益	对企业新流产品研发的促进作用	定性
			对主流产品生命周期延长的促进作用	定性
			对研发创新立项数的促进作用	定性
			主流相关产品平均研发周期缩短率	定量
		经济效益	主营业务增长率	定量
			企业经济增加值 EVA 提升幅度	定量
			主流产品劳动生产率提升率	定量
			主流产品的用户认可程度提升率	定量
			主流产品的单位产值成本下降率	定量

三　企业新流创新绩效评价指标体系的构建

新流创新具有突破性、后发性、伴生性和不确定性等技术特征，第二章研究发现进行新流创新的企业必须具备技术识别力、技术原创力、动态创新力、协同进化力、颠覆创新力和技术驱动力等 6 个方面的能力，在绩效表现上更应关注企业动态创新和技术革新效果。为此，在对现有研究文献进行归纳和整理的基础上，充分考虑新流创新的特征，从创新投入、过程、产出和效益视角构建了企业新流创新绩效评价指标体系 NTP（见表 14 – 2）。

表 14 – 2　企业新流创新绩效评价指标体系 NTP[1]

一级指标	二级指标	三级指标	四级指标	指标属性
企业新流创新绩效评价指标体系	创新投入	人力投入	新流技术创新 R&D 人员全时当量	定量
			学术带头人数/新流技术研究人员数	定量
			科研团队的前瞻性和擅长领域的新颖性	定性
			新流技术研发人员人均培训费用	定量
			研发人员参加国际同领域学术会议次数	定量

续表

一级指标	二级指标	三级指标	四级指标	指标属性
企业新流创新绩效评价指标体系	创新投入	资金投入	新流技术创新R&D资金总额/产品销售收入	定量
			新流技术引进经费支出总额/产品销售收入	定量
			高风险性项目经费总额/新流技术创新总经费	定量
			新流技术创新总经费	定量
			政府资助资金/新流技术创新总经费	定量
		技术投入	新流技术研发设备的先进程度	定性
			新流产品生产工艺的技术水准	定性
			通过国家或国际组织认证的实验室数量	定量
			新流技术创新中企业创新立项数	定量
	创新过程	创新管理能力	新流创新中注重构建跨职能部门的团队	定性
			新流创新中技术部门对新兴技术高度敏感	定性
			公司具有偏好新兴和风险产品研发的文化	定性
			使员工的行为与组织的价值观相一致	定性
			企业注重员工技术创新动态能力的培养	定性
			公司领导具有明确的新流创新战略	定性
		创新激励机制	技术创新中注重新兴技术的标杆管理	定性
			技术创新中注重质量程序的标杆管理	定性
			公司定期对员工的技术创新绩效进行评估	定性
			工资及晋升制度对全员创新的促进作用	定性
			创新机制对员工技术创新的调动作用	定性
			员工新创意、新技术建议的采纳率	定量
		组织与市场创新	组织对外部知识的获取与吸收能力	定性
			组织内部知识能够自由分享	定性
			公司具有完善的部门或员工沟通渠道	定性
			创新中挑剔的和预示性顾客建议的采纳率	定量
			新流产品市场宣传别具一格	定性
			注重新流产品用户的培育和新市场的创造	定性
	创新产出	新流产品产出	新流产品产值增长率	定量
			新流产品销售利润率	定量
			新流产品税收总额	定量
			新流产品出口占比	定量

一级指标	二级指标	三级指标	四级指标	指标属性
企业新流创新绩效评价指标体系	创新产出	新流技术产出	新流产品和相关工艺专利增加量	定量
			新流产品技术诀窍、文档增加量	定量
			新流技术成果获国家奖励数	定量
			最近3年新流产品国家标准制定参与数	定量
		新流技术市场化潜力	新流产品技术转让合同成交额	定量
			新流技术专利成果的转化率	定量
			推出新产品和服务的平均周期缩短率	定量
			新流技术的突破性及新颖性	定性
	创新效益	社会效益	新流技术对社会节能减排的促进作用	定性
			新流产品对新兴产业的催生作用	定性
			新流技术对社会技术进步的带动作用	定性
			技术对该领域尖端技术进步的促进作用	定性
		技术积累效益	对企业主流产品技术革新的带动作用	定性
			对新流产品开发周期缩短的促进作用	定性
			产生了生产高端产品和服务的持续创新流	定性
			有效促进研发人员综合素质的提升	定性
		经济效益	新流创新投资回报率增长率	定量
			新流创新效率增长率	定量
			新流产品的用户认可程度提升率	定量
			新流产品的单位产值成本下降率	定量

四　主流与新流创新绩效评价指标体系比较

为了便于在后续实证研究时进行各维度比较，两个评价指标体系的整体框架相同，绩效的差异主要体现在指标层上。

（一）创新投入方面

由于主流创新具有渐进性特征，其研究具有先发性、主导性、继起性和累积性。在创新投入方面，选取的指标体系主要突出研发团队的技术水平及互补性，考察企业在加强和维护现有产品的市场地位过程中所进行的创新投入、技术引进和改造总经费支出情况，考察企业在优化和改造现有产品或技术过程中所进行的技术投入。

而新流创新具有突破性特征，其创新活动具有后发性、伴生性、突破性和不确定性。在创新投入方面，着重衡量科研团队的前瞻性与擅长领域的新颖性，资金投入主要以技术变轨为目标，所以重点考察风险性经费投入和政府的资助力度，技术投入突出高端研发设备和高等级实验室建设情况。

（二）创新过程方面

主流创新表现为通过技术优化与改造来维持和提高现有市场地位。所以，评价指标体系着重考察领导的主流创新战略与要素匹配度、企业现有创新要素的协同管理能力、创新激励机制的有效性、创新情报的收集能力、创新模式的有效性、市场客户关系的维系能力和新市场的再造能力。

新流创新主要突出新兴技术的高端性、新颖性和风险性等特征，评价指标体系注重考察企业对新兴技术的敏感性、信息捕捉能力及企业的研发管理能力，以及公司领导新流创新战略的正确性、创新激励机制是否有利于催生新想法，关注知识获取与吸收、知识共享、部门间的信息沟通、挑剔的顾客和预示性买方需求等要素对新流创新的影响。

（三）创新产出方面

主流创新的产品产出主要通过产值增长率、销售利润率和产品出口占比来体现。通过专利授权增加量、技术诀窍和重大改进产品数来突出技术改进成效。通过技术转让合同成交额、主流技术相关产品转化的成功率和专利成果转化率来体现主流技术的市场化潜力。

新流创新的产品产出方面的考察指标与主流相同。但新流技术产出更倾向于突出技术的新颖性和高端性，除了专利和技术诀窍等指标外，还包括技术成果获国家奖励数和国家相关标准制定参与数等只有技术实力较强的企业才能取得的项目。新流技术市场化潜力主要通过推出新产品和服务的平均周期缩短率和技术的突破性及新颖性与主流创新区分开来。

（四）创新效益方面

主流创新社会效益主要包括生态效益、就业效益和技术进步效益。技术积累效益通过对新流产品研发的促进作用、对主流产品生命周期延长的促进作用和研发周期缩短率等指标来体现。经济效益则通过经济增加值 EVA 提升幅度、成本下降率和用户认可度变化情况来度量。

新流创新社会效益除了关注传统的效益指标外，还关注企业通过技术轨道跃迁以催生新产业，促进社会尖端技术实现新跨越。技术积累效益突出缩短产品研发周期和产生持续创新流的目的。经济效益以投资回报率增长率、创新效率、成本下降率和新流产品用户认可度提升率来衡量。

第三节　企业主流与新流创新绩效评价
指标的实证筛选

经过理论遴选得到的二元创新绩效评价指标体系集中反映了众多学者的研究成果，但评价指标体系的合理性和有效性需要进一步检验。指标数量过多不仅影响评价指标体系的适用性和评价指标体系的鉴别力，而且容易出现指标之间的相关性问题。所以，需要进行指标约简，最终保证评价指标是完全的、可分解的和非冗余的。

一　绩效评价指标体系的专家咨询法筛选

1. 隶属度删减原理

评价指标体系的隶属度约简是基于专家对现有评价指标体系的评判数据。假设总共有 Q 位专家接受咨询，评价指标体系中有 n 个评价指标，对于评价指标 C_i（$i=1, 2, \cdots, n$）有 Q_i 位专家认为其应该入选，则该评价指标的隶属度为：

$$R_i = \frac{Q_i}{Q} \quad (i = 1, 2, \cdots, n) \tag{14-1}$$

隶属度 R_i 的数值越大，表明认为评价指标 C_i 很重要的专家越多，可以保留该指标作为评价创新绩效的正式指标；反之，如果 R_i 数值小于某一临界值，则不适合作为评价指标，必须将它删除。

假设各专家从 n 个评价指标中选出 x 个最重要的指标，在显著性水平 $\alpha = 0.01$ 下，$\mu = \frac{xQ}{n}$ 代表专家人数的期望值，S 代表专家选择人数的标准差，$N = xQ$，$t_{0.01}$ 表示 $\alpha = 0.01$ 时的 T 值，则选择任一评价指标的专家人数的临界值为：

$$M = \mu + \frac{S}{\sqrt{N}} t_{0.01} \qquad (14-2)$$

指标隶属度的临界值为 $R_s = \dfrac{M}{Q}$，当指标的隶属度 $R_i \geqslant R_s$ 时，则表明在显著性水平 $\alpha = 0.01$ 下，选择该评价指标的专家具有统计显著性差异，应当保留该评价指标，否则删除该评价指标。

2. 绩效评价指标的隶属度约简

基于前面的隶属度分析原理，对利用文献分析法构建的企业主流与新流创新绩效评价指标体系 $MTP^{(1)}$ 和 $NTP^{(1)}$ 进行约简。为此，分别将企业二元创新绩效评价指标体系 $MTP^{(1)}$ 和 $NTP^{(1)}$ 同时制作成一份专家咨询表（见附录六），为保证接受调查的对象既有较高的理论造诣，又有丰富的实践经验，笔者有选择性地从全国各省区市选择 200 名熟悉创新绩效评价的大学教授、科研机构专家、企业技术部门主管，分别通过访谈、电子邮件和邮寄信件等方式发放调查问卷，要求各专家学者从主流和新流创新评价指标体系中分别选出 30 个最重要的评价指标。本次研究共回收调查问卷 122 份，其中有效问卷 109 份，占发放总数的 54.5%。

（1）主流创新绩效评价指标体系约简

通过对回收的 109 份有效调查问卷进行统计分析，得到表 14-3 的主流创新绩效评价指标体系中各指标的隶属度。

表 14-3　企业主流创新绩效评价指标体系隶属度统计

单位：人，%

一级指标	二级指标	三级指标	四级指标	选择人次	隶属度
企业主流创新绩效评价指标体系	创新投入	人力投入	主流技术创新 R&D 人员全时当量	60	55.05
			主流创新中高级职称技术研发人员占比	62	56.88
			科研团队技术专长的异质性	58	53.21
			研发人员人均培训费用	60	55.05
			研发人员人均培训时间	38	34.86
			主流产品员工工资支出/产品销售收入	42	38.53
		资金投入	主流技术创新总经费	62	56.88
			主流技术创新 R&D 资金总额/产品销售收入	60	55.05

一级指标	二级指标	三级指标	四级指标	选择人次	隶属度
企业主流创新绩效评价指标体系	创新投入	资金投入	主流技术引进经费支出总额/产品销售收入	59	54.13
			主流技术改造总经费/主流技术创新总经费	61	55.96
		技术投入	主流技术研发设备的先进程度	65	59.63
			主流产品生产工艺的技术水准	56	51.38
			主流技术创新中外购专利项目数	62	56.88
			主流创新中企业技术改造立项数	61	55.96
	创新过程	创新管理能力	领导的主流创新战略与要素匹配度	58	53.21
			主流创新中各要素资源有效协同	64	58.72
			公司领导的创新意识和前瞻性	57	52.29
			企业技术创新文化氛围的浓厚程度	32	29.36
			产品研发中注重采纳国内外客户的意见	21	19.27
			发现市场机遇并付诸行动的有效程度	56	51.38
		创新激励机制	技术员工充分领会创新战略的重要性	31	28.44
			创新机制对员工技术创新的调动作用	62	56.88
			公司拥有生产先进产品的创新信念	36	33.03
			定期对员工的技术创新绩效进行评估	62	56.88
			晋升制度对员工技术创新的促进作用	57	52.29
			员工技术改进建议的采纳率	56	51.38
		组织与市场创新	注重技术信息渠道的完善和情报收集	60	55.05
			主流创新中注重组织学习能力的培养	61	55.96
			主流创新中注重联合研发	62	56.88
			主流创新中与上、下游企业交流的频率	47	43.12
			通过产品质量和服务维护良好客户关系	68	62.39
			营销中量身定做产品以符合顾客的需求	21	19.27
			营销过程中注重新市场的创造	56	51.38
	创新产出	主流产品产出	主流产品产值增长率	68	62.39
			主流产品销售利润率	66	60.55
			主流产品出口占比	57	52.29
			主流产品税收总额	32	29.36
		主流技术产出	主流产品和相关工艺专利授权增加量	70	64.22
			主流产品技术诀窍、文档增加量	69	63.30

续表

一级指标	二级指标	三级指标	四级指标	选择人次	隶属度
企业主流创新绩效评价指标体系	创新产出	主流技术产出	主流技术与同行相比的先进度	48	44.04
			重大改进产品数	65	59.63
		主流技术市场化潜力	主流产品技术转让合同成交额	66	60.55
			主流技术相关产品研发的成功率	65	59.63
			主流技术专利成果转化率	59	54.13
			主流产品营销网络完善程度	45	41.28
	创新效益	社会效益	主流技术对社会节能减排的促进作用	65	59.63
			主流技术更加有利于环境保护	52	47.71
			主流新产品设计方便拆卸和回收	32	29.36
			主流产品的就业促进作用	59	54.13
			主流技术对社会技术进步的促进作用	72	66.06
		技术积累效益	对企业新流产品研发的促进作用	65	59.63
			对主流产品生命周期延长的促进作用	62	56.88
			对研发创新立项数的促进作用	42	38.53
			主流相关产品平均研发周期缩短率	68	62.39
		经济效益	主营业务增长率	61	55.96
			企业经济增加值 EVA 提升幅度	68	62.39
			主流产品劳动生产率提升率	31	28.44
			主流产品的用户认可程度提升率	73	66.97
			主流产品的单位产值成本下降率	69	63.30

结合前述公式，计算得到选择专家人数的临界值约为 56 人，其隶属度为 51.33%，因此，当指标的隶属度小于 51.33% 时，删除该指标，从表中可以看出主流创新绩效评价指标体系中有 15 个指标隶属度小于 51.33%，删除这些指标后构成第二轮主流创新绩效评价指标体系 MTP（见表 14 - 4）。

表 14 - 4　企业主流创新绩效评价指标体系 MTP[(2)]

一级指标	二级指标	三级指标	四级指标
企业主流创新绩效评价指标体系	创新投入	人力投入	主流技术创新 R&D 人员全时当量
			主流创新中高级职称技术研发人员占比
			科研团队技术专长的异质性

一级指标	二级指标	三级指标	四级指标
企业主流创新绩效评价指标体系	创新投入	人力投入	研发人员人均培训费用
		资金投入	主流技术创新总经费
			主流技术创新 R&D 资金总额/产品销售收入
			主流技术引进经费支出总额/产品销售收入
			主流技术改造总经费/主流技术创新总经费
		技术投入	主流技术研发设备的先进程度
			主流产品生产工艺的技术水准
			主流技术创新中外购专利项目数
			主流创新中企业技术改造立项数
	创新过程	创新管理能力	领导的主流创新战略与要素匹配度
			主流创新中各要素资源有效协同
			公司领导的创新意识和前瞻性
			发现市场机遇并付诸行动的有效程度
		创新激励机制	创新机制对员工技术创新的调动作用
			定期对员工的技术创新绩效进行评估
			晋升制度对员工技术创新的促进作用
			员工技术改进建议的采纳率
		组织与市场创新	注重技术信息渠道的完善和情报收集
			主流创新中注重组织学习能力的培养
			主流创新中注重联合研发
			通过产品质量和服务维护良好客户关系
			营销过程中注重新市场的创造
	创新产出	主流产品产出	主流产品产值增长率
			主流产品销售利润率
			主流产品出口占比
		主流技术产出	主流产品和相关工艺专利授权增加量
			主流产品技术诀窍、文档增加量
			重大改进产品数
		主流技术市场化潜力	主流产品技术转让合同成交额
			主流技术相关产品研发的成功率
			主流技术专利成果转化率

续表

一级指标	二级指标	三级指标	四级指标
企业主流创新绩效评价指标体系	创新效益	社会效益	主流技术对社会节能减排的促进作用
			主流产品的就业促进作用
			主流技术对社会技术进步的促进作用
		技术积累效益	对企业新流产品研发的促进用
			对主流产品生命周期延长的促进作用
			主流相关产品平均研发周期缩短率
		经济效益	主营业务增长率
			企业经济增加值 EVA 提升幅度
			主流产品的用户认可程度提升率
			主流产品的单位产值成本下降率

（2）新流创新绩效评价指标体系约简

通过对回收的 109 份有效调查问卷进行统计分析，得到表 14 - 5 的新流创新绩效评价指标体系中各指标的隶属度。

表 14 - 5　企业新流创新绩效评价指标体系隶属度统计

单位：人，%

一级指标	二级指标	三级指标	四级指标	选择人次	隶属度
企业新流创新绩效评价指标体系	创新投入	人力投入	新流技术创新 R&D 人员全时当量	63	57.80
			学术带头人数/新流技术研究人员数	65	59.63
			科研团队的前瞻性和擅长领域的新颖性	66	60.55
			新流技术研发人员人均培训费用	39	35.78
			研发人员参加国际同领域学术会议次数	65	59.63
		资金投入	新流技术创新 R&D 资金总额/产品销售收入	62	56.88
			新流技术引进经费支出总额/产品销售收入	60	55.05
			高风险性项目经费总额/新流技术创新总经费	67	61.47
			新流技术创新总经费	60	55.05
			政府资助资金/新流技术创新总经费	67	61.47
		技术投入	新流技术研发设备的先进程度	65	59.63
			新流产品生产工艺的技术水准	38	34.86
			通过国家或国际组织认证的实验室数量	69	63.30
			新流技术创新中企业创新立项数	67	61.47

续表

一级指标	二级指标	三级指标	四级指标	选择人次	隶属度
企业新流创新绩效评价指标体系	创新过程	创新管理能力	新流创新中注重构建跨职能部门的团队	66	60.55
			新流创新中技术部门对新兴技术高度敏感	67	61.47
			公司具有偏好新兴和风险产品研发的文化	61	55.96
			使员工的行为与组织的价值观相一致	33	30.28
			企业注重员工技术创新动态能力的培养	27	24.77
			公司领导具有明确的新流创新战略	63	57.80
		创新激励机制	技术创新中注重新兴技术的标杆管理	65	59.63
			技术创新中注重质量程序的标杆管理	41	37.61
			公司定期对员工的技术创新绩效进行评估	65	59.63
			工资及晋升制度对全员创新的促进作用	28	25.69
			创新机制对员工技术创新的调动作用	68	62.39
			员工新创意、新技术建议的采纳率	61	55.96
		组织与市场创新	组织对外部知识的获取与吸收能力	63	57.80
			组织内部知识能够自由分享	41	37.61
			公司具有完善的部门或员工沟通渠道	68	62.39
			创新中挑剔的和预示性顾客建议的采纳率	66	60.55
			新流产品市场宣传别具一格	32	29.36
			注重新流产品用户的培育和新市场的创造	71	65.14
	创新产出	新流产品产出	新流产品产值增长率	66	60.55
			新流产品销售利润率	69	63.30
			新流产品税收总额	33	30.28
			新流产品出口占比	62	56.88
		新流技术产出	新流产品和相关工艺专利增加量	72	66.06
			新流产品技术诀窍、文档增加量	62	56.88
			新流技术成果获国家奖励数	65	59.63
			最近3年新流产品国家标准制定参与数	61	55.96
		新流技术市场化潜力	新流产品技术转让合同成交额	65	59.63
			新流技术专利成果的转化率	66	60.55
			推出新产品和服务的平均周期缩短率	41	37.61
			新流技术的突破性及新颖性	66	60.55

续表

一级指标	二级指标	三级指标	四级指标	选择人次	隶属度
企业新流创新绩效评价指标体系	创新效益	社会效益	新流技术对社会节能减排的促进作用	62	56.88
			新流产品对新兴产业的催生作用	60	55.05
			新流技术对社会技术进步的带动作用	42	38.53
			技术对该领域尖端技术进步的促进作用	62	56.88
		技术积累效益	对企业主流产品技术革新的带动作用	59	54.13
			对新流产品开发周期缩短的促进作用	62	56.88
			产生了生产高端产品和服务的持续创新流	64	58.72
			有效促进研发人员综合素质的提升	40	36.70
		经济效益	新流创新投资回报率增长率	60	55.05
			新流创新效率增长率	61	55.96
			新流产品的用户认可程度提升率	63	57.80
			新流产品的单位产值成本下降率	68	62.39

结合前述公式，计算得到选择专家人数的临界值约为 59 人，其隶属度为 54.03%，因此当指标的隶属度小于 54.03% 时，删除该指标，总共删除 12 个指标，余下的构成第二轮新流创新绩效评价指标体系 NTP（见表 14-6）。

表 14-6　企业新流创新绩效评价指标体系 NTP[(2)]

一级指标	二级指标	三级指标	四级指标
企业新流创新绩效评价指标体系	创新投入	人力投入	新流技术创新 R&D 人员全时当量
			学术带头人数/新流技术研究人员数
			科研团队的前瞻性和擅长领域的新颖性
			研发人员参加国际同领域学术会议次数
		资金投入	新流技术创新 R&D 资金总额/产品销售收入
			新流技术引进经费支出总额/产品销售收入
			高风险性项目经费总额/新流技术创新总经费
			新流技术创新总经费
			政府资助资金/新流技术创新总经费
		技术投入	新流技术研发设备的先进程度
			通过国家或国际组织认证的实验室数量
			新流技术创新中企业创新立项数

续表

一级指标	二级指标	三级指标	四级指标
企业新流创新绩效评价指标体系	创新过程	创新管理能力	新流创新中注重构建跨职能部门的团队
			新流创新中技术部门对新兴技术高度敏感
			公司具有偏好新兴和风险产品研发的文化
			公司领导具有明确的新流创新战略
		创新激励机制	技术创新中注重新兴技术的标杆管理
			公司定期对员工的技术创新绩效进行评估
			创新机制对员工技术创新的调动作用
			员工新创意、新技术建议的采纳率
		组织与市场创新	组织对外部知识的获取与吸收能力
			公司具有完善的部门或员工沟通渠道
			创新中挑剔的和预示性顾客建议的采纳率
			注重新流产品用户的培育和新市场的创造
	创新产出	新流产品产出	新流产品产值增长率
			新流产品销售利润率
			新流产品出口占比
		新流技术产出	新流产品和相关工艺专利增加量
			新流产品技术诀窍、文档增加量
			新流技术成果获国家奖励数
			最近3年新流产品国家标准制定参与数
		新流技术市场化潜力	新流产品技术转让合同成交额
			新流技术专利成果的转化率
			新流技术的突破性及新颖性
	创新效益	社会效益	新流技术对社会节能减排的促进作用
			新流产品对新兴产业的催生作用
			技术对该领域尖端技术进步的促进作用
		技术积累效益	对企业主流产品技术革新的带动作用
			对新流产品开发周期缩短的促进作用
			产生了生产高端产品和服务的持续创新流
		经济效益	新流创新投资回报率增长率
			新流创新效率增长率
			新流产品的用户认可程度提升率
			新流产品的单位产值成本下降率

二 绩效评价指标的相关性分析

基于隶属度分析法删减后的二元创新绩效评价指标体系代表了专家学者的主要观点，具有一定的普适性和科学性，但是仍然存在评价指标数量偏多和指标之间可能存在相关性问题。相关性指标过多不仅会增加评价工作量，还会导致信息重复，因此有必要运用相关系数分析法删去那些与其他指标存在相关性的评价指标，提高评价指标体系的实用性。

1. 评价指标体系相关性分析具体步骤

相关性分析是基于调查或收集到的数据，计算评价指标之间的相关系数及显著性水平，选出相关系数超过某一临界值的一对指标，删掉其中一个指标，具体步骤如下。

第一步，收集评价指标的原始数据，并对数据进行标准化处理。由于收集到的原始数据包含定量指标数值和定性指标评价得分，统计量纲不同，在进行相关性分析前，必须进行标准化处理，以消除量纲差异对评价结果造成的影响，本节采用 Z 标准化方法对原始数据进行标准化。

$$Z_i = \frac{(x_i - \overline{x})}{\sigma_i} \qquad (14-3)$$

其中，x_i 为各评价指标的原始值，$\overline{x}$ 和 σ_i 分别为第 i 指标的平均值和标准差，Z_i 为第 i 指标的标准化数值。

第二步，计算指标之间的相关系数。结合标准化后的指标数据，利用式（14-4），算出评价指标之间的简单相关系数 r_{ij}。

$$r_{ij} = \frac{\sum_{k=1}^{n}(Z_{ki} - \overline{Z_i})(Z_{kj} - \overline{Z_j})}{\sqrt{\sum_{k=1}^{n}(Z_{ki} - \overline{Z_i})^2(Z_{kj} - \overline{Z_j})^2}} \qquad (14-4)$$

第三步，确定一个临界值 r（$0 < r < 1$），如果 $r_{ij} > r$，则结合上面的隶属度数值，从指标 i 和 j 中删掉一个隶属度较低的评价指标，反之，如果 $r_{ij} \leqslant r$，则保留两个评价指标。借鉴陈国宏等（2008）的做法，取 $r = 0.8$ 作为临界值。

2. 绩效评价指标的相关性分析

本节基于经隶属度约简后的二元创新绩效评价指标体系 MTP 和

NTP，制成调查问卷（见附录七），其中定量指标要求调查企业根据自身的实际情况如实填写，而定性指标则采用李克特五级量表，分别用 1、2、3、4、5 表示"很差""差""一般""好""很好"。调查对象主要针对创新型企业、高新技术企业，采用电子邮件和信件邮寄等方式发放问卷，请企业相关管理人员、技术主管根据企业的实际情况，填写相关题项的具体数值或得分。总共发放问卷 300 份，回收问卷 231 份，剔除数据缺失或存在明显错误的问卷，剩余有效问卷 204 份，问卷有效率为 68%。

204 份有效问卷主要来自汽车及交通运输设备业、电子及通信设备制造业、生物制药业、机械及仪器仪表制造业、新材料和新能源业等，各类企业占比如图 14 - 5 所示。

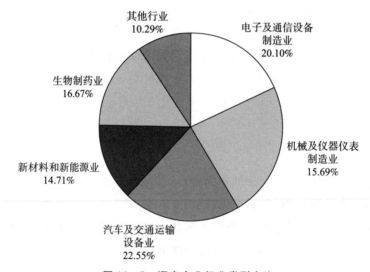

图 14 - 5   调查企业行业类型占比

（1）主流创新绩效评价指标的相关性分析

运用 SPSS 18.0 统计分析软件对主流创新绩效评价指标进行相关性分析，得到相关系数矩阵，结合研究的现实需要，表 14 - 7 中仅列出相关系数 $r > 0.8$ 的 4 对评价指标及其显著性水平。

表 14 - 7   主流创新绩效评价指标的相关性分析

评价指标 A	评价指标 B	相关系数	显著性水平	保留评价指标
主流技术创新总经费	主流技术创新 R&D 资金总额/产品销售收入	0.812	0.002	B

评价指标 A	评价指标 B	相关系数	显著性水平	保留评价指标
主流创新中企业技术改造立项数	主流技术改造总经费/主流技术创新总经费	0.903	0.000	B
主流产品产值增长率	主营业务增长率	0.883	0.001	A
主流产品技术转让合同成交额	主流技术专利成果转化率	0.801	0.103	均保留

从表 14-7 可以看出，有 3 对评价指标在显著性水平 $\alpha = 0.01$ 下高度相关，因此必须删除其中一个评价指标，结合前面隶属度统计数据，将隶属度较低的"主流技术创新总经费""主流创新中企业技术改造立项数""主营业务增长率" 3 个指标予以剔除，余下的 41 个评价指标构成主流创新绩效的第三轮评价指标体系 MTP，同时赋予各级指标相应代码及单位（见表 14-8）。

表 14-8　企业主流创新绩效评价指标体系 MTP[3]

一级指标	二级指标	三级指标	指标代码	四级指标	单位
企业主流创新绩效评价指标体系 M	创新投入 MA	人力投入 MA_1	MA_{11}	主流技术创新 R&D 人员全时当量	人年
			MA_{12}	主流创新中高级职称技术研发人员占比	%
			MA_{13}	科研团队技术专长的异质性	等级
			MA_{14}	研发人员人均培训费用	元
		资金投入 MA_2	MA_{21}	主流技术创新 R&D 资金总额/产品销售收入	%
			MA_{22}	主流技术引进经费支出总额/产品销售收入	%
			MA_{23}	主流技术改造总经费/主流技术创新总经费	%
		技术投入 MA_3	MA_{31}	主流技术研发设备的先进程度	等级
			MA_{32}	主流产品生产工艺的技术水准	等级
			MA_{33}	主流技术创新中外购专利项目数	项
	创新过程 MB	创新管理能力 MB_1	MB_{11}	领导的主流创新战略与要素匹配度	等级
			MB_{12}	主流创新中各要素资源有效协同	等级
			MB_{13}	公司领导的创新意识和前瞻性	等级
			MB_{14}	发现市场机遇并付诸行动的有效程度	等级
		创新激励机制 MB_2	MB_{21}	创新机制对员工技术创新的调动作用	等级
			MB_{22}	定期对员工的技术创新绩效进行评估	等级

续表

一级指标	二级指标	三级指标	指标代码	四级指标	单位
企业主流创新绩效评价指标体系 M	创新过程 MB	创新激励机制 MB_2	MB_{23}	晋升制度对员工技术创新的促进作用	等级
			MB_{24}	员工技术改进建议的采纳率	%
		组织与市场创新 MB_3	MB_{31}	注重技术信息渠道的完善和情报收集	等级
			MB_{32}	主流创新中注重组织学习能力的培养	等级
			MB_{33}	主流创新中注重联合研发	等级
			MB_{34}	通过产品质量和服务维护良好客户关系	等级
			MB_{35}	营销过程中注重新市场的创造	等级
	创新产出 MC	主流产品产出 MC_1	MC_{11}	主流产品产值增长率	%
			MC_{12}	主流产品销售利润率	%
			MC_{13}	主流产品出口占比	%
		主流技术产出 MC_2	MC_{21}	主流产品和相关工艺专利授权增加量	项
			MC_{22}	主流产品技术诀窍、文档增加量	项
			MC_{23}	重大改进产品数	项
		主流技术市场化潜力 MC_3	MC_{31}	主流产品技术转让合同成交额	万元
			MC_{32}	主流技术相关产品研发的成功率	%
			MC_{33}	主流技术专利成果转化率	%
	创新效益 MD	社会效益 MD_1	MD_{11}	主流技术对社会节能减排的促进作用	等级
			MD_{12}	主流产品的就业促进作用	等级
			MD_{13}	主流技术对社会技术进步的促进作用	等级
		技术积累效益 MD_2	MD_{21}	对企业新流产品研发的促进作用	等级
			MD_{22}	对主流产品生命周期延长的促进作用	等级
			MD_{23}	主流相关产品平均研发周期缩短率	%
		经济效益 MD_3	MD_{31}	企业经济增加值 EVA 提升幅度	%
			MD_{32}	主流产品的用户认可程度提升率	%
			MD_{33}	主流产品的单位产值成本下降率	%

（2）新流创新绩效评价指标的相关性分析

运用 SPSS 18.0 统计分析软件对新流创新评价指标进行相关性分析，得到相关系数矩阵，表 14-9 中仅列出相关系数 $r > 0.8$ 的 3 对评价指标及其显著性水平。

表 14-9　新流创新绩效评价指标的相关性分析

评价指标 A	评价指标 B	相关系数	显著性水平	保留评价指标
新流技术创新总经费	新流技术创新 R&D 资金总额/产品销售收入	0.831	0.003	B
新流产品销售利润率	新流创新投资回报率增长率	0.901	0.000	A
新流产品和相关工艺专利增加量	新流技术成果获国家奖励数	0.840	0.001	A

从表 14-9 可以看出，3 对评价指标在显著性水平 $\alpha = 0.01$ 下均高度相关，因此必须删除其中一个评价指标，结合前面隶属度统计数据，将隶属度较低的"新流技术创新总经费""新流创新投资回报率增长率""新流技术成果获国家奖励数"3 个指标予以剔除，余下的 41 个评价指标构成新流创新绩效的第三轮评价指标体系 NTP（见表 14-10）。

表 14-10　企业新流创新绩效评价指标体系 NTP[(3)]

一级指标	二级指标	三级指标	指标代码	四级指标	单位
企业新流创新绩效评价指标体系 N	创新投入 NA	人力投入 NA_1	NA_{11}	新流技术创新 R&D 人员全时当量	人年
			NA_{12}	学术带头人数/新流技术研究人员数	%
			NA_{13}	科研团队的前瞻性和擅长领域的新颖性	等级
			NA_{14}	研发人员参加国际同领域学术会议次数	次
		资金投入 NA_2	NA_{21}	新流技术创新 R&D 资金总额/产品销售收入	%
			NA_{22}	新流技术引进经费支出总额/产品销售收入	%
			NA_{23}	高风险性项目经费总额/新流技术创新总经费	%
			NA_{24}	政府资助资金/新流技术创新总经费	%
		技术投入 NA_3	NA_{31}	新流技术研发设备的先进程度	等级
			NA_{32}	通过国家或国际组织认证的实验室数量	项
			NA_{33}	新流技术创新中企业创新立项数	项
	创新过程 NB	创新管理能力 NB_1	NB_{11}	新流创新中注重构建跨职能部门的团队	等级
			NB_{12}	新流创新中技术部门对新兴技术高度敏感	等级
			NB_{13}	公司具有偏好新兴和风险产品研发的文化	等级
			NB_{14}	公司领导具有明确的新流创新战略	等级
		创新激励机制 NB_2	NB_{21}	技术创新中注重新兴技术的标杆管理	等级
			NB_{22}	公司定期对员工的技术创新绩效进行评估	等级

续表

一级指标	二级指标	三级指标	指标代码	四级指标	单位
企业新流创新绩效评价指标体系 N	创新过程 NB	创新激励机制 NB_2	NB_{23}	创新机制对员工技术创新的调动作用	等级
			NB_{24}	员工新创意、新技术建议的采纳率	%
		组织与市场创新 NB_3	NB_{31}	组织对外部知识的获取与吸收能力	等级
			NB_{32}	公司具有完善的部门或员工沟通渠道	等级
			NB_{33}	创新中挑剔的和预示性顾客建议的采纳率	%
			NB_{34}	注重新流产品用户的培育和新市场的创造	等级
	创新产出 NC	新流产品产出 NC_1	NC_{11}	新流产品产值增长率	%
			NC_{12}	新流产品销售利润率	%
			NC_{13}	新流产品出口占比	%
		新流技术产出 NC_2	NC_{21}	新流产品和相关工艺专利增加量	项
			NC_{22}	新流产品技术诀窍、文档增加量	项
			NC_{23}	最近3年新流产品国家标准制定参与数	项
		新流技术市场化潜力 NC_3	NC_{31}	新流产品技术转让合同成交额	万元
			NC_{32}	新流技术专利成果的转化率	%
			NC_{33}	新流技术的突破性及新颖性	等级
	创新效益 ND	社会效益 ND_1	ND_{11}	新流技术对社会节能减排的促进作用	等级
			ND_{12}	新流产品对新兴产业的催生作用	等级
			ND_{13}	技术对该领域尖端技术进步的促进作用	等级
		技术积累效益 ND_2	ND_{21}	对企业主流产品技术革新的带动作用	等级
			ND_{22}	对新流产品开发周期缩短的促进作用	等级
			ND_{23}	产生了生产高端产品和服务的持续创新流	等级
		经济效益 ND_3	ND_{31}	新流创新效率增长率	%
			ND_{32}	新流产品的用户认可程度提升率	%
			ND_{33}	新流产品的单位产值成本下降率	%

第四节　企业主流与新流创新绩效评价指标体系有效性检验

经过层层筛选，指标体系中评价指标的数量得到了高度精练，评价指标体系的适用性更强，但评价指标体系的测评结果的可靠性和有效性需要进一步验证。

一　指标体系的信度检验

（一）信度检验原理

同一指标对于不同调查对象会有不同的描述，如果描述的差异是因为被调查对象本身实际情况的差异造成的，则这种差异是可以接受的；但如果描述的差异是由指标描述模糊引起歧义造成的，则说明该指标不合理，需要进行修正。信度最早由 Spearman 于 1904 年引入心理测量，指测验结果的一致性或可靠性程度，信度包括内在信度和外在信度，信度较高的问卷能够较好地避免随机误差。本书关注评价指标体系的内在信度，即关注问卷中的一组问题是否测量的是同一概念。学术界一般采用 Cuieford 在 1965 年提出的 Cronbach's α 系数作为内在信度的衡量标准，如式（14 – 5）所示。

$$R_\alpha = \frac{k}{k-1}\left(1 - \frac{\sum_{i=1}^{k} \sigma_i^2}{\sigma_T^2}\right) \qquad (14-5)$$

其中，k 为评价指标体系中指标的总数，σ_i^2 表示第 i 个评价指标得分的方差，σ_T^2 表示全部指标总得分的方差。借鉴张玉明和段升森（2012）、刘志华（2013）的做法，以 0.7 作为门槛值，当 Cronbach's α 系数大于 0.7 时，则认为所设置的评价指标体系具有较高的信度，可靠性较好，否则应该考虑重新修订评价指标体系。

由于本书针对的二元创新绩效评价指标体系包含的评价指标较多，所以信度分析根据三级指标来分组，即探讨三级指标组间信度问题。

（二）主流与新流创新绩效评价指标体系信度检验

1. 主流创新绩效评价指标体系的信度检验

基于相关性分析的调查数据，运用 SPSS 18.0 软件测算经过隶属度和相关性分析约简后的主流创新绩效评价指标体系 MTP[(3)] 中三级指标 12 个维度的 Cronbach's α 系数，具体结果如表 14 – 11 所示。

通过计算 41 个评价指标的方差和总体方差，得到主流创新绩效评价指标体系中三级指标 12 个评价模块的 Cronbach's α 系数，其中系数最小的是"技术投入"模块，对应数值为 0.702，但符合 Cronbach's α 系数大于 0.7 的标准，说明经过隶属度分析、相关性约简后的评价指标体系 MTP[3] 具备内部一致性，指标体系比较理想。

表 14 – 11　企业主流创新绩效评价指标体系 MTP[3] 信度检验值

目标层	准则层	指标层	Cronbach's α
企业主流创新绩效评价指标体系	创新投入	人力投入	0.817
		资金投入	0.791
		技术投入	0.702
	创新过程	创新管理能力	0.764
		创新激励机制	0.845
		组织与市场创新	0.865
	创新产出	主流产品产出	0.739
		主流技术产出	0.831
		主流技术市场化潜力	0.757
	创新效益	社会效益	0.764
		技术积累效益	0.821
		经济效益	0.788

2. 新流创新绩效评价指标体系的信度检验

基于问卷调查的数据，运用 SPSS 18.0 软件测算经过隶属度和相关性分析约简后的新流创新绩效评价指标体系 NTP[3] 中三级指标 12 个维度的 Cronbach's α 系数，具体结果如表 14 – 12 所示。

表 14 – 12　企业新流创新绩效评价指标体系 NTP[3] 信度检验值

目标层	准则层	指标层	Cronbach's α
企业新流创新绩效评价指标体系	创新投入	人力投入	0.802
		资金投入	0.772
		技术投入	0.816
	创新过程	创新管理能力	0.759
		创新激励机制	0.821
		组织与市场创新	0.787

目标层	准则层	指标层	Cronbach's α
企业新流创新绩效评价指标体系	创新产出	主流产品产出	0.769
		主流技术产出	0.746
		主流技术市场化潜力	0.806
	创新效益	社会效益	0.706
		技术积累效益	0.811
		经济效益	0.808

利用新流创新绩效评价指标体系中各指标的方差和总体方差，得到绩效评价指标体系中三级指标 12 个评价模块的 Cronbach's α 系数，所有的评价模块的 Cronbach's α 系数均符合大于 0.7 的标准，说明构建的新流创新绩效评价指标体系 NTP[3] 具备内部一致性，指标体系合理。

二　指标体系的效度检验

误差分为随机误差和系统误差。信度检验能避免评价指标体系出现随机误差，而效度检验则为避免出现系统误差。效度是指观测指标测量值和真实值的接近程度，它保证评价指标体系能够真实、客观地反映指标属性的差异性。因此，一个高质量的评价指标体系必须具有较高信度和效度。

1. 效度检验模型构建

采用基于有效性指标的偏差分析法来检验指标体系的有效性。偏差分析法是基于这样的假设，即假设存在一组数据向量，该数据向量能够完全、真实地反映评价对象的本质，如果在具体评判过程中，专家给出的评判数据与该组数据越接近，则认为该专家的数据越能反映评价对象的本质。在企业主流（新流）创新绩效的评价过程中，n 个评价指标构成的评价指标集为 $U = \{u_1, u_2, \cdots, u_n\}$，总共邀请 m 个该领域的专家、技术员工参与评分，专家 j 对指标 u_i 的重要性的评价为 x_{ij}，其中 $i = 1, 2, \cdots, n$；$j = 1, 2, \cdots, m$。则可以计算出 m 位专家对指标 u_i 评价的平均得分，如式（14 - 6）所示。

$$\bar{x}_i = \frac{1}{m} \sum_{j=1}^{m} x_{ij} \tag{14-6}$$

根据统计学的思想，可以将 $\bar{x}_i$ 近似作为指标 u_i 真实值的度量，即可以将 $\bar{x}_i$ 作为指标 u_i 的实际值（Meyer and Utterback，1993）。同时，根据数值分析中的误差公式构建指标 u_i 的偏差系数 σ_i，具体如式（14 - 7）所示。

$$\sigma_i = \frac{1}{m} \sum_{j=1}^{m} \frac{|x_{ij} - \bar{x}_i|}{\bar{x}_i} \qquad (14-7)$$

再根据指标有效性的含义及灰色关联度公式，构建评价指标 u_i 的有效性指数。

$$\rho_i = \frac{1}{1 + \sigma_i} \qquad (14-8)$$

最后，根据式（14 - 9）求得整个指标体系的有效性指数 ρ。

$$\rho = \frac{1}{n} \sum_{i=1}^{n} \rho_i \qquad (14-9)$$

有效性指数 ρ 越大，代表指标体系中各指标的评价值与实际值的偏差幅度越小，意味着各专家的评价意见基本一致，指标体系具有较好的有效性。郑小雪（2015）指出，当 $\rho \geqslant 85\%$ 时，则认为指标体系的有效性有保障，此处沿用该评价标准。

笔者通过实地访谈，邀请了 10 位专家学者，采用 10 分制的方式，要求各位专家对指标的重要性进行打分（见附录八），分值越大表示指标越重要，利用访谈回收的资料，检验前面构建的二元创新绩效评价指标体系的有效性。

2. 主流与新流创新绩效评价指标体系的效度检验

（1）主流创新绩效评价指标体系效度检验

在对 10 位专家学者的问卷进行处理后，利用计算机统计软件计算得到主流创新绩效评价指标体系中各指标的均值 $\bar{x}_i$、偏差系数 σ_i、有效性指数 ρ_i 和综合有效性指数 ρ，计算结果如表 14 - 13 所示。

表中综合有效性指数 $\rho = 0.9163 \geqslant 0.85$，可见，经过多轮筛选得到的主流创新绩效评价指标体系具有较高的效度，能够作为企业主流创新绩效评价指标体系。

表 14 - 13 主流创新绩效评价指标专家评分统计

指标代码	专家代码										统计数值		
	1	2	3	4	5	6	7	8	9	10	$\bar{x}_i$	σ_i	ρ_i
MA_{11}	9	10	9	8	9	10	7	10	8	10	9.00	0.09	0.92
MA_{12}	10	9	9	10	10	9	10	8	9	8	9.20	0.07	0.93
MA_{13}	10	8	10	9	9	9	8	9	10	9	9.10	0.06	0.94
MA_{14}	7	8	6	9	7	8	9	7	7	7	7.50	0.11	0.90
MA_{21}	9	10	10	9	10	9	8	10	9	9	9.30	0.06	0.94
MA_{22}	7	8	8	7	9	7	9	7	10	8	8.00	0.10	0.91
MA_{23}	9	8	9	8	9	9	8	7	8	10	8.50	0.08	0.92
MA_{31}	10	10	9	10	9	7	10	10	7	10	9.20	0.10	0.91
MA_{32}	8	6	10	9	10	8	10	8	9	10	8.80	0.12	0.89
MA_{33}	7	8	7	7	8	10	6	10	6	8	7.70	0.14	0.88
MB_{11}	9	10	8	9	10	9	8	9	10	9	9.10	0.06	0.94
MB_{12}	10	9	9	9	10	10	8	10	9	10	9.40	0.06	0.94
MB_{13}	7	8	10	8	7	8	10	6	9	7	8.00	0.13	0.89
MB_{14}	8	9	8	10	8	9	7	9	9	9	8.60	0.08	0.93
MB_{21}	8	7	8	10	8	10	7	6	10	8	8.20	0.13	0.88
MB_{22}	10	9	9	9	10	8	9	10	9	8	9.10	0.06	0.94
MB_{23}	9	10	10	8	8	9	10	9	10	9	9.20	0.07	0.93
MB_{24}	6	7	7	9	6	10	5	7	8	10	7.50	0.19	0.84
MB_{31}	9	8	9	9	10	5	9	9	9	8	8.50	0.11	0.90
MB_{32}	10	9	10	9	7	10	8	10	8	8	8.90	0.10	0.91
MB_{33}	9	9	8	10	9	7	10	8	9	9	8.80	0.08	0.93
MB_{34}	9	10	9	9	8	8	9	9	10	9	9.00	0.04	0.96
MB_{35}	10	9	10	9	9	9	8	10	10	9	9.20	0.07	0.93
MC_{11}	8	10	9	10	9	10	8	10	9	10	9.30	0.08	0.93
MC_{12}	10	9	10	8	10	9	9	9	10	9	9.10	0.08	0.93
MC_{13}	7	8	6	9	7	6	9	7	9	6	7.40	0.15	0.87
MC_{21}	10	10	9	10	9	10	9	10	8	8	9.30	0.08	0.93
MC_{22}	9	10	8	9	9	9	10	9	10	10	9.30	0.06	0.94
MC_{23}	10	8	10	9	10	9	8	10	8	9	9.10	0.08	0.93
MC_{31}	8	9	8	9	8	10	10	8	9	9	8.80	0.07	0.93

指标代码	专家代码										统计数值		
	1	2	3	4	5	6	7	8	9	10	$\bar{x}_i$	σ_i	ρ_i
MC_{32}	9	9	8	8	8	6	9	9	10	10	8.60	0.10	0.91
MC_{33}	10	9	10	9	10	9	9	8	10	9	9.30	0.06	0.94
MD_{11}	8	9	10	8	10	8	7	8	9	10	8.70	0.10	0.91
MD_{12}	6	10	7	6	8	6	10	6	7	9	7.50	0.19	0.84
MD_{13}	10	9	9	10	9	10	9	10	10	8	9.40	0.06	0.94
MD_{21}	9	7	8	10	10	7	9	9	8	6	8.30	0.13	0.88
MD_{22}	9	9	10	8	9	10	10	8	8	9	9.00	0.07	0.94
MD_{23}	10	10	10	9	8	9	7	8	9	10	9.00	0.09	0.92
MD_{31}	10	10	9	9	10	8	9	10	10	9	9.40	0.06	0.94
MD_{32}	8	9	8	10	9	7	8	8	9	7	8.30	0.09	0.92
MD_{33}	9	8	10	9	10	9	8	6	9	10	8.80	0.10	0.91
ρ	0.9163												

（2）新流创新绩效评价指标体系效度检验

采用相同的做法，计算得到新流创新绩效评价指标体系中各指标的统计数值，如表14-14所示。

表14-14 新流创新绩效评价指标专家评分统计

指标代码	专家代码										统计数值		
	1	2	3	4	5	6	7	8	9	10	$\bar{x}_i$	σ_i	ρ_i
NA_{11}	8	10	9	10	9	10	8	10	9	8	9.10	0.08	0.93
NA_{12}	9	9	8	8	10	9	10	8	9	8	8.80	0.07	0.93
NA_{13}	10	8	10	9	9	8	10	10	8	10	9.20	0.09	0.92
NA_{14}	6	10	7	10	7	7	9	7	8	7	7.80	0.15	0.87
NA_{21}	9	8	8	10	9	7	9	7	10	8	8.50	0.11	0.90
NA_{22}	9	10	10	9	10	9	8	10	9	8	9.20	0.07	0.93
NA_{23}	10	8	10	8	9	9	8	10	8	10	9.00	0.09	0.92
NA_{24}	7	10	8	10	9	7	10	6	7	8	8.20	0.15	0.87
NA_{31}	8	9	8	9	10	9	10	8	9	10	9.10	0.08	0.93
NA_{32}	10	8	10	10	8	10	6	10	6	9	8.70	0.16	0.86
NA_{33}	9	8	8	9	10	9	8	9	10	9	8.90	0.06	0.94

续表

指标代码	专家代码										统计数值		
	1	2	3	4	5	6	7	8	9	10	$\bar{x}_i$	σ_i	ρ_i
NB_{11}	7	9	8	9	8	10	7	8	9	7	8.20	0.10	0.91
NB_{12}	10	9	9	9	10	10	8	10	9	10	9.40	0.06	0.94
NB_{13}	8	10	8	10	10	9	8	9	8	9	8.90	0.08	0.93
NB_{14}	8	7	8	10	8	8	7	7	10	8	8.10	0.09	0.91
NB_{21}	9	9	7	9	7	8	9	9	8	9	8.40	0.09	0.92
NB_{22}	10	10	10	8	9	9	10	9	10	9	9.40	0.06	0.94
NB_{23}	8	7	8	10	6	10	7	10	9	10	8.50	0.15	0.87
NB_{24}	8	8	6	7	10	5	9	7	9	8	7.70	0.15	0.87
NB_{31}	8	7	10	9	6	10	7	10	8	7	8.20	0.15	0.87
NB_{32}	7	8	8	7	9	9	10	7	9	9	8.30	0.11	0.90
NB_{33}	9	8	9	8	10	10	9	8	10	9	9.00	0.07	0.94
NB_{34}	10	10	7	10	8	7	9	8	10	10	8.90	0.13	0.89
NC_{11}	8	10	9	9	8	10	8	9	9	10	9.00	0.07	0.94
NC_{12}	10	9	8	8	10	8	10	10	8	9	9.00	0.09	0.92
NC_{13}	9	8	10	9	9	6	9	7	10	6	8.30	0.15	0.87
NC_{21}	8	10	9	10	9	10	9	10	8	10	9.30	0.08	0.93
NC_{22}	9	9	7	9	7	9	7	9	6	7	7.90	0.14	0.88
NC_{23}	10	8	10	8	10	9	10	10	10	9	9.40	0.08	0.93
NC_{31}	10	9	9	9	10	9	9	8	10	9	9.20	0.05	0.95
NC_{32}	9	10	10	8	9	6	10	9	8	10	8.90	0.11	0.90
NC_{33}	8	7	8	9	7	9	7	8	9	8	8.00	0.08	0.93
ND_{11}	7	9	8	8	6	8	9	9	9	6	7.80	0.11	0.90
ND_{12}	9	10	7	8	8	6	7	10	7	7	7.90	0.14	0.88
ND_{13}	10	9	10	10	9	9	9	9	10	9	9.40	0.05	0.95
ND_{21}	10	8	6	9	10	7	8	9	8	7	8.20	0.13	0.89
ND_{22}	9	9	10	7	9	7	10	8	10	9	8.80	0.10	0.91
ND_{23}	7	10	10	9	8	10	7	8	9	10	8.80	0.12	0.89
ND_{31}	10	9	10	9	10	8	9	10	8	10	9.30	0.08	0.93
ND_{32}	8	10	8	10	9	7	6	8	9	6	8.10	0.14	0.88
ND_{33}	7	8	9	7	8	9	9	6	9	9	8.10	0.11	0.90
ρ	0.9090												

　　表中综合有效性指数 $\rho = 0.9090 \geqslant 0.85$，可见，经过多轮筛选得到的新流创新绩效评价指标体系具有较高的效度，能够作为企业新流创新绩效评价指标体系。

本章小结

　　本章基于理论筛选法和实证筛选法构建企业主流与新流创新绩效评价指标体系。

　　首先，进行指标体系的理论筛选，逻辑框架法通过垂直逻辑关系来表达企业技术创新中"投入""过程""产出""效益"之间的因素关系，按照这种构建思路，结合目前最新的创新绩效研究成果，构建主流和新流创新绩效第一轮评价指标体系，分别包含59个和56个评价指标。

　　其次，通过问卷调查，结合专家的意见，对第一轮指标体系进行隶属度分析，对经过删减后的指标体系再进行相关性分析，去除相关性较强的各对指标中的一项，保证指标体系的精炼，避免出现冗余指标，经过两轮的实证筛选后，均得到包含41个指标的主流与新流创新绩效评价指标体系。

　　最后，为确保指标体系能够客观有效地衡量企业的创新绩效，利用Cronbach's α 系数进行信度检验，又利用综合效度指标进行有效性检验，信度和效度检验结果均表明，经过三轮筛选的两个指标体系均具有较高的信度和效度，可以应用于企业的创新绩效评价。

第十五章　企业主流与新流创新静态绩效评价模型构建及应用

本章在分析比较不同评价模型的优缺点的基础上，提出运用云模型来评价企业主流与新流创新的静态绩效。首先，阐述云的定义、数字特征、运算法则；其次，指出传统层次分析法在指标赋权中存在的缺陷，并利用云的相关理论对传统的层次分析模型进行改进，提出基于正态云的创新综合绩效评价模型；最后，以汽车企业为评价对象，开展企业主流与新流创新协同演进静态绩效的实证研究。

第一节　评价模型及赋权方法比较

一　典型评价模型比较

评价是科学决策的重要依据，由于解决问题的需要和研究的深入，综合评价方法应运而生。近年来，综合评价模型得到快速发展，表15-1中归纳了代表性综合评价方法的基本原理、优势与劣势及适用性。

表15-1　综合评价方法比较分析

评价方法	基本原理	优势	劣势	适用性
层次分析法	对复杂问题本质深入分析后，构建一个层次结构模型，按一定的标度对人的主观判断进行客观量化，再进行定性定量分析	1. 表示简单且易于操作 2. 评价结果进行了一致性检验，结果有保证 3. 定量定性分析均可	1. 精确度要求较高时，要借助其他方法 2. 要求专家对研究问题有深入的认识 3. 过分依赖专家赋权	定量定性研究
模糊综合评价法	以模糊数学为基础，应用模糊关系合成原理，将边界不清、不易定量的因素定量化，利用多个因素对评价事物的隶属度等级进行评价	1. 对多因素、多层次的复杂问题效果好 2. 数学模型简单，使用方便	1. 无法解决指标的相关性造成的评价信息重复问题 2. 隶属度函数不统一 3. 合成算法需要改进	定性研究

续表

评价方法	基本原理	优势	劣势	适用性
数据包络分析法	对于一组给定的决策单元，借助数学规划将决策单元投影到 DEA 前沿面上，求出特定决策单元的有效性系数，以评价决策单元的优劣	1. 适用范围广，可以处理大量输入输出问题 2. 无须构建数学模型，无须赋予指标权重 3. 可以分析无效的原因	1. 输出的是根据前沿面确定的相对有效率 2. 样本大小限制性很强	定量研究
BP 神经网络法	模仿生物神经网络功能，根据输入信息建立神经元，通过学习规划建立非线性数学模型，并不断修正，使输出结果与实际值差距不断缩小	1. 智能化处理，可容错性，能够处理非线性复杂系统 2. 样本训练不用考虑输入因子之间的权系数，受决策者主观因素的影响较小	1. 训练样本容量大 2. 评价模型具有隐含性，评价算法也较为复杂 3. 评价结果精度不高	定量研究
灰色关联分析法	在"贫信息"不确定性系统中，通过对部分已知信息的生成来确定系统未知信息，确定事物或因素之间的关联性，以评价对象的优劣次序	1. 用于少量观测数据项目，不要求服从任何分布 2. 数学计算严格，人的主观因素影响小 3. 计算简单且应用方便	1. 不适于直接处理定性数据 2. 选择灰色关联系数的标准可以直接影响最后结果	定量研究
云模型分析法	通过期望值、熵和超熵三个数字特征勾画出成千上万的云滴，这些云滴刻画了指标的模糊性和随机性，实现了定性概念的定量转化	1. 有效解决数据的模糊性和随机性问题 2. 定性定量数据均可处理	1. 要求样本数据服从相关分布 2. 计算比较复杂	定量定性研究

可见，传统的综合评价方法各具优劣势，数据包络分析法、BP 神经网络法和灰色关联分析法适用于定量研究，模糊综合评价法适用于定性研究，虽然层次分析法能够解决定量和定性指标问题，但其模糊性和随机性的处理能力不强，考虑到本章研究对象的特点，为解决评价指标的模糊性和随机性问题，本章将引入基于云理论的创新绩效综合评价模型。

二 传统赋权方法比较

权重是一个相对概念，它反映了指标在整个评价体系中的相对重要性，是对指标提供信息重要性的度量，权重越大表明指标的重要性越强，反之指标的重要性越弱。根据信息的来源渠道，可将赋权方法分为主观赋权法、客观赋权法和主客观赋权法三大类（见表 15 – 2）。

表 15 – 2 主观与客观赋权比较分析

赋权类型	处理方法	原理	优劣势	适用性
主观赋权法	1. 专家评分法（常用德尔菲法） 2. 层次分析法	基于专家的评价语言值，通过一定运算法则，计算各指标的主观权重	反映专家的主观判断或直觉，具有一定主观随意性，必须权衡多位专家的评价结果	定量定性指标
客观赋权法	1. 均方差法 2. 极差法 3. 熵值法	利用各定量指标的原始数值，基于相应的数学公式，计算各指标的客观权重	过分依赖数据信息，忽视了指标间重要性的现实情况，导致评价结果不切实际	定量指标
主客观赋权法	1. 线性组合 2. 非线性组合 3. 基于权重向量集的优化组合 4. 基于方案向量集的优化组合	赋权过程中充分利用组合技术，将主观赋权和客观赋权的结果通过一定的方式组合起来，形成一个更可靠的权重	既考虑到专家的知识、经验或偏好等信息，又结合了决策对象的客观信息，赋权结果比较合理	定量指标

由于本书构建的二元创新绩效评价指标体系中同时包含大量的定量指标和定性指标，鉴于客观赋权法要求指标为定量指标，故本章选择基于群体专家评判的主观赋权法，同时，运用云理论对传统的层次分析法进行改进，形成基于群决策的指标相对权重。

第二节 云理论概述

现实世界是一个多参数、非线性且复杂多变的不确定性系统，事物的不确定性通过随机性和模糊性来体现。随机性可用发生的概率来衡量，模糊性通常用模糊数学中的隶属度来度量，但是当精确的隶属函数一旦确定，隶属度便被硬化成精确的数值，系统模糊性就不存在了，这违背了模糊学的基本精神（李德毅、刘常昱，2004）。李德毅院士提出能够完美处理模糊性和随机性的云理论，并在此基础上构建了解决定性定量的不确定性转换的云模型，进而揭示了随机性与模糊性的内在联系。

一　云的相关定义

主流与新流创新绩效评价指标体系中包含大量定性和定量指标，定性指标的语言信息存在不确定性和模糊随机的特征，必须处理定性指标从定性语言值到定量值的映射问题，而云理论恰恰可以解决某个定性自然语言与数值之间的转换。

（一）云的定义

设 $U = \{x\}$ 是一个用精确数值表示的定量论域，C 是 U 上的定性概念，若定量值 $x \in U$，且 x 是定性概念 C 的一次随机实现，x 对 C 的隶属度 $u(x) \in [0, 1]$ 是具有稳定倾向的随机数，若存在：

$$u(x): U \to [0,1], \forall x \in U, x \to u(x)$$

则 x 在论域 U 上的分布称为隶属云，简称为云，每一个 x 称为一个云滴，云是从论域 U 到区间 $[0, 1]$ 的映射（Li et al., 1996）。

云由许多云滴构成，每一个云滴都是这些定性自然语言概念在数域空间中的一次具体实现，而这种实现都带有不确定性。所以，元素 x 与对应隶属度之间不再是一一对应的映射关系，而是一对多的关系。元素 x 就是主流或新流创新绩效评价指标体系中调查样本的定性或定量指标值，通过映射函数可以将定性描述转化为定量隶属度。

（二）云的数字特征

在云理论中，整个云团需要由 3 个元素构成，分别是期望值 Ex、熵 En 和超熵 He，可将云模型表示为：$C(Ex, En, He)$。在坐标系中，假设横轴表示某一概念的不确定性取值范围，纵轴表示隶属度，则云的数字特征如图 15 - 1 所示。

其中，期望值 Ex 表示云滴在论域空间分布的期望值，是论域的中心值，反映最能代表定性语言的概念值，在云图形上就是云的"最高点"，其隶属度为 1。

熵 En 是定性概念的不确定性度量，主要用来度量主流或新流创新绩效评价指标体系中定性概念的模糊度及其概率，它一方面能够代表云滴的离散程度，另一方面又能体现云滴的取值范围，在云图形上的体现就是云的"跨度"，熵值越大云的"跨度"也就越大。此外，熵也能从侧

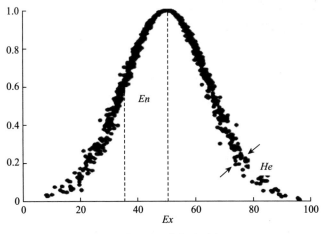

图 15 – 1 云的数字特征

面反映随机性与模糊性的关联性。

超熵 He 就是熵 En 的熵，用来表示熵的不确定性，反映了云滴的离散程度和厚度，超熵 He 值越大，云滴就越厚，表明主流或新流创新绩效评价指标体系中某评价指标的隶属度的随机性就越大。

可见，云模型通过期望值、熵和超熵三个数字特征就能勾画出由成千上万的云滴构成的整朵云，这些云滴完整地刻画了主流与新流创新绩效评价指标的模糊性和随机性，实现了定性概念的定量转化。

（三）正态云

1. 正态云的含义

设 $U = \{x\}$ 是一个用精确数值表示的定量论域，C 是 U 上的定性概念，若定量值 $x \in U$，且 x 是定性概念 C 的一次随机实现，$x \sim N(Ex, En'^2)$，其中 $En' \sim N(En, He^2)$，且 x 对 C 的确定性满足函数 $\mu = \exp[-(x-Ex)^2/2En'^2]$，则 x 在论域 U 上的分布称为正态云。

正态分布广泛存在于自然界中，现实生活中许多随机现象都服从或近似服从正态分布，正态分布是许多概率分布的极限分布，由于正态分布的密度函数和分布函数都有很好的性质和简单的数学形式，该理论应用面非常广泛，基于正态分布的正态云模型是较为基本的云模型。因此，本章在计算样本企业主流或新流创新绩效时，也假设各个评价指标均服从正态分布，利用正态分布函数来实现评价语言由定性向定量的转化，解决语言的模糊性和随机性问题。

2. 正态云的 3En 规则

在正态云模型中，处于不同区域的云滴对定性概念有不同的贡献度。假设变量 x 中的任一小区间上的元素 Δx 对定性概念 A 的贡献为 ΔC，则有 $\Delta C \approx \mu_A(x) \times \Delta x / \sqrt{2\pi} En$，那么正态论域 U 上所有元素对 A 的总贡献为：

$$C = \frac{\int_{-\infty}^{+\infty} \mu_A(x)\,\mathrm{d}x}{\sqrt{2\pi}En} = \frac{\int_{-\infty}^{+\infty} e^{\frac{-(x-Ex)^2}{2En^2}}\,\mathrm{d}x}{\sqrt{2\pi}En} = 1$$

因为 $\dfrac{\int_{Ex-3En}^{Ex+3En} \mu_A(x)\,\mathrm{d}x}{\sqrt{2\pi}En} = 99.74\%$，所以在论域 U 中对定性概念 A 有贡献的云滴有 99.74% 的概率落在区间 $[Ex-3En,\ Ex+3En]$，云滴落于区间外的概率仅占 0.26%，因此可以忽略这些云滴对定性概率的贡献，这一规则称为 $3En$ 规则。

二　云的运算法则

在主流与新流创新绩效评价指标的赋权过程中，需要对不同专家的基云进行合成，假设存在两个属于同一论域的云模型 C_1（Ex_1，En_1，He_1）和 C_2（Ex_2，En_2，He_2），则两个云模型在合成过程中遵循表 15-3 所示的四则运算法则。

表 15-3　云的四则运算法则

运算法则	合成后 Ex	合成后 En	合成后 He
加法	$Ex_1 + Ex_2$	$\sqrt{En_1^2 + En_2^2}$	$\sqrt{He_1^2 + He_2^2}$
减法	$Ex_1 - Ex_2$	$\sqrt{En_1^2 + En_2^2}$	$\sqrt{He_1^2 + He_2^2}$
乘法	$Ex_1 Ex_2$	$Ex_1 Ex_2 \sqrt{\left(\frac{En_1}{Ex_1}\right)^2 + \left(\frac{En_2}{Ex_2}\right)^2}$	$Ex_1 Ex_2 \sqrt{\left(\frac{He_1}{Ex_1}\right)^2 + \left(\frac{He_2}{Ex_2}\right)^2}$
除法	Ex_1 / Ex_2	$\frac{Ex_1}{Ex_2} \sqrt{\left(\frac{En_1}{Ex_1}\right)^2 + \left(\frac{En_2}{Ex_2}\right)^2}$	$\frac{Ex_1}{Ex_2} \sqrt{\left(\frac{He_1}{Ex_1}\right)^2 + \left(\frac{He_2}{Ex_2}\right)^2}$

三　云发生器原理

利用云模型进行主流与新流创新绩效评价时，需要建立指标定性和定量数据之间相互转化的通道，需要利用云发生器（Cloud Generator, CG）进行变换，云发生器即云的生成算法，鉴于正态云的普适性和主流与新流创新绩效评价的现实需要，本节仅介绍正向正态云发生器和逆向正态云发生器。

（一）正向正态云发生器

正向正态云发生器是最基本的云算法，可实现定性概念到定量值的转换，它可从语言值表达的定性信息中获得定量数据范围和分布规律，根据云的三个数字特征（Ex，En，He）产生相应云滴。所以，其输入的是某一定性概念的数字特征（Ex，En，He），输出的是 n 个云滴及各个云滴对应定性概念的隶属度。其工作原理如图 15-2 所示。

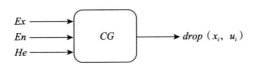

图 15-2　正向正态云发生器工作原理

借鉴李德毅和刘常昱（2004）、叶琼等（2011）的研究，可得到正向正态云的生成算法。

①生成以 Ex 为期望值，En 为标准差的正态随机数 x_i；

②生成以 En 为期望值，He 为标准差的正态随机数 En_i'；

③计算 $\mu_i = \exp\left[-(x_i - Ex)^2 / 2En_i'^2\right]$，令（$x_i$，$\mu_i$）为云滴；

④重复以上步骤，直到生成 n 个云滴为止。

（二）逆向正态云发生器

逆向正态云发生器是实现定量值到定性概念转换的模型，它可以将一定数量的云滴转换为以数字特征（Ex，En，He）表示的定性概念，其输入的是 n 个云滴的样本点 x_i，输出的是正态云的 3 个数字特征（Ex，En，He）。其工作原理如图 15-3 所示。

借鉴刘志华（2013）的研究，可得到逆向正态云的生成算法。

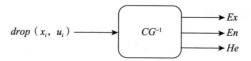

图 15 – 3   逆向正态云发生器工作原理

①依据 x_i 计算该组数据的样本均值 $\bar{X} = \dfrac{1}{n}\sum_{i=1}^{n} x_i$，一阶样本绝对中心

距 $\mu = \dfrac{1}{n}\sum_{i=1}^{n} |x_i - \bar{X}|$，样本方差 $S^2 = \dfrac{1}{n-1}\sum_{i=1}^{n} (x_i - \bar{X})^2$；

②令 $Ex = \bar{X}$；

③令 $En = \sqrt{\dfrac{\pi}{2}}\mu$；

④$He = \sqrt{S^2 - En^2}$。

在主流与新流创新绩效的评价过程中，收集到的是样本企业的指标数值，其中有些指标具有模糊性和随机性特征，可以将这些数值视为云滴，假设云滴呈正态分布，则可利用逆向正态云发生器实现主流与新流创新绩效评价指标定性概念的定量转化，根据样本数据生成期望值 Ex、熵 En 和超熵 He。

第三节   基于正态云的静态绩效评价模型构建

基于云模型的主流与新流创新绩效评价指标的赋权问题，一般采用层次分析法，但当基于多位专家的主观赋权时，专家权重如何集成至关重要。在云理论中，每位专家的意见可视为一朵基云，在不同朵云间可以生成一朵浮动云，该浮动云集合了所有专家的意见。因此，可以利用云理论对传统层次分析法进行改进。

一   传统层次分析法的缺陷

美国运筹学家 Saaty（1980）在 20 世纪 70 年代提出基于专家评价矩阵的著名层次分析法（Analytic Hierarchy Process，AHP），该方法将复杂的问题层层分解，提高了问题求解的可行性，所以 AHP 方法在管理决策中得到了广泛的应用。

判断矩阵是 AHP 工作的出发点，对于判断矩阵 $A = (a_{ij})_{n \times n}$ 的构建原则，Saaty 建议 a_{ij} 在数字 1~9 及其倒数中取值，因为将 1~9 及其倒数作为量化标度符合人们进行判断的心理习惯，并且该标准已被广泛应用。所以，沿用该评价方法，以数字 1~9 表示重要程度，数字越大表示一个指标相对于另一指标越重要，具体参考表 15-4 中的判断标度（谢家平、刘宇熹，2014）。

表 15-4　指标之间相对重要性的判断标度

标度	含义	评价说明
1	同等重要	两个评价要素比较，它们同等重要
3	稍微重要	两个评价要素比较，前者比后者重要一些
5	重要	两个评价要素比较，前者比后者重要
7	明显重要	两个评价要素比较，前者比后者重要得多
9	绝对重要	两个评价要素比较，前者比后者绝对重要
2、4、6、8	介于上述两个相邻等级之间	上述相邻判断的折中时的定量标度
倒数	反比较	两要素相比，后者比前者的重要性标度

虽然层次分析法在管理决策中得到广泛的运用，但是该理论在指标重要性的判断上存在一定的不足：①采用整数值或其倒数来表示两个指标之间的重要性，违背了两个因素的重要性之比应有随机数和模糊性的特征；②这种方法仅适用于单人决策，对于多位专家则会出现意见冲突，导致指标赋权无法客观反映指标的重要性。为此，本节运用云理论对传统的层次分析模型进行改进，保证指标赋权时既能够充分考虑指标的随机性和模糊性特征，又能够对群体专家意见进行有效集成，使评价结果更加准确。

二　基于云模型的指标重要性刻画

云的数字特征通过期望值 Ex、熵 En 和超熵 He 共同呈现，故利用云模型来改进传统的层次分析模型时，必须先将原先的评价标度 1~9 转化为用云的数字特征来表示，即将论域 $[1, 9]$ 表示为 $C_1 (Ex_1, En_1, He_1)$, $C_2 (Ex_2, En_2, He_2)$, …, $C_9 (Ex_9, En_9, He_9)$，其中期望值 $Ex_i (i = 1, 2, \cdots, 9)$ 分别等于 1、2、…、9。

云模型中的熵 *En* 和超熵 *He* 的生成方法有两种。一种是以大量数据作为支撑的数据驱动方法，通过云变换来构建云模型。另一种是黄金分割法，这是一种比较主观的方法，它是基于这样的假设：对于服从正态分布的云模型而言，越是接近论域的中心点，其云滴的凝聚度越高，熵和超熵的值越小；而越是远离论域的中心点，云滴表现得越分散，云的熵和超熵的值就越大，结合黄金分割率的数值 0.618，则有相邻云的熵和超熵值较小者是较大者的 0.618 倍。在此沿用王洪利和冯玉强（2005）的假设，即专家对 1、3、5、7、9 这 5 个等级的判断比较容易，而介于它们之间的偶数标度的判断则相对难一些。假设 x_i^{max} 和 x_i^{min} 分别表示第 i 个等级的上下边界值，结合黄金分割率法则，计算各评价标度对应的熵和超熵分别为：

$$En_1 = En_3 = En_5 = En_7 = En_9 = \frac{x}{i_{max_i^{min}}^6 \times 0.618} = 0.206$$

$$En_2 = En_4 = En_6 = En_8 = \frac{x}{i_{max_i^{min}}^6} = 0.333$$

$$He_1 = He_3 = He_5 = He_7 = He_9 = \frac{x}{i_{max_i^{min}}^{36} \times 0.618} = 0.034$$

$$He_2 = He_4 = He_6 = He_8 = \frac{x}{i_{max_i^{min}}^{36}} = 0.056$$

据此，基于云模型的指标之间相对重要性的判断标度如表 15 - 5 所示。

表 15 - 5　基于云模型的指标之间相对重要性的判断标度

重要性标度	含义	评价说明
C_1 (1, 0.206, 0.034)	同等重要	两个评价要素比较，它们同等重要
C_3 (3, 0.206, 0.034)	稍微重要	两个评价要素比较，前者比后者重要一些
C_5 (5, 0.206, 0.034)	重要	两个评价要素比较，前者比后者重要
C_7 (7, 0.206, 0.034)	明显重要	两个评价要素比较，前者比后者重要得多
C_9 (9, 0.206, 0.034)	绝对重要	两个评价要素比较，前者比后者绝对重要
C_2 (2, 0.333, 0.056)	介于上述两个相邻等级之间	上述相邻判断的折中时的定量标度
C_4 (4, 0.333, 0.056)		
C_6 (6, 0.333, 0.056)		
C_8 (8, 0.333, 0.056)		
倒数	反比较	两要素相比，后者比前者的重要性标度

将 9 朵判断云模型的相应期望值 Ex、熵 En 和超熵 He，分别代入编写好的正态云生成算法 MATLAB 程序中，得到体现要素两两重要性的刻画图，如图 15 - 4 所示。

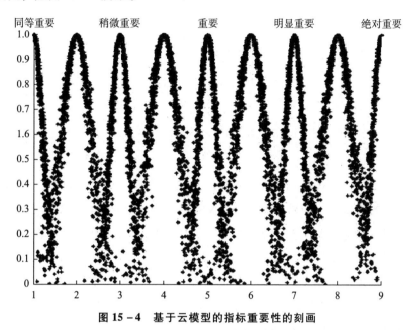

图 15 - 4　基于云模型的指标重要性的刻画

可见，利用云理论对传统层次分析模型进行改进，运用期望值、熵和超熵来共同刻画指标间的重要性，取代了传统数字 1 ~ 9，充分体现了指标的随机性和模糊性特征，同时，又能够利用浮动云对群体专家意见进行有效集成，保证权重的科学准确。

三　基于群决策的要素重要性浮动云的生成

运用主观赋权法对评价指标进行赋权时，为避免个人主观意志影响最终的评价结果，保证赋权结果客观准确，在实际操作过程中会结合多位专家的意见，故需要对多位专家的意见进行有效综合，即形成群体决策的浮动云。

利用浮动云对专家的偏好进行集成的思路如下：假设论域 U 上有两朵相邻的基云 C_1（Ex_1，En_1，He_1）和 C_2（Ex_2，En_2，He_2），则可以在这两朵基云之间生成一朵活动的浮动云 C（Ex，En，He），它表示两朵基云表达的定性概念中间的空白语言值，C 受 C_1 或 C_2 的影响大小

取决于 C 与两朵基云之间的距离大小，若 C 从 C_1 向 C_2 移动，则受 C_1 的影响越来越小，受 C_2 的影响将越来越大。基于两朵基云的数字特征计算浮动云 C 的数字特征，通过式（15-1）、式（15-2）和式（15-3）来实现。

$$Ex = \alpha_1 Ex_1 + \alpha_2 Ex_2 \qquad (15-1)$$

$$En = \frac{En_1(Ex_2 - Ex_1) + En_2(Ex - Ex_1)}{Ex_2 - Ex_1} \qquad (15-2)$$

$$He = \frac{He_1(Ex_2 - Ex_1) + He_2(Ex - Ex_1)}{Ex_2 - Ex_1} \qquad (15-3)$$

其中，α_1 和 α_2 是两位专家重要性的调节系数，其数值取决于两位专家评价的权威性，如果每位专家的权重相等，可令 $\alpha_1 = \alpha_2 = 0.5$。利用式（15-1）至式（15-3），求得的浮动云 C（Ex，En，He）就是基于两位专家判断的云模型。

假设邀请 m 位专家，则会形成 m 朵基云 C_i（Ex_i，En_i，He_i）（$i=1$，2，$\cdots$，m），m 朵基云集结后的浮动云 C（Ex，En，He）的计算公式如式（15-4）至式（15-6）所示。

$$Ex = \alpha_1 Ex_1 + \alpha_2 Ex_2 + \cdots + \alpha_m Ex_m \qquad (15-4)$$

$$En = \frac{\alpha_1 Ex_1 En_1 + \alpha_2 Ex_2 En_2 + \cdots + \alpha_m Ex_m En_m}{\alpha_1 Ex_1 + \alpha_2 Ex_2 + \cdots + \alpha_m Ex_m} \qquad (15-5)$$

$$He = \sqrt{He_1^2 + He_2^2 + \cdots + He_m^2} \qquad (15-6)$$

其中，α_1，α_2，$\cdots$，α_m 体现了 m 位专家的重要性系数，假定每位专家的重要性系数相同，故 $\alpha_1 = \alpha_2 = \cdots = \alpha_m = \frac{1}{m}$。

四　基于云的指标权重表示法

（一）集结基云形成判断矩阵

利用 m 位专家给出的衡量指标间相对重要性的 m 朵基云进行集结，可以得到评价指标体系中 n 个评价指标间两两重要性判断矩阵 A。

$$A = \begin{bmatrix} a_{11} & \cdots & a_{1n} \\ \vdots & & \vdots \\ a_{n1} & \cdots & a_{nn} \end{bmatrix}$$

$$= \begin{bmatrix} C_{11}(Ex_{11},En_{11},He_{11}) & C_{12}(Ex_{12},En_{12},He_{12}) & \cdots & C_{1n}(Ex_{1n},En_{1n},He_{1n}) \\ C_{21}(Ex_{21},En_{21},He_{21}) & C_{22}(Ex_{22},En_{22},He_{22}) & \cdots & C_{2n}(Ex_{2n},En_{2n},He_{2n}) \\ \vdots & \vdots & & \vdots \\ C_{n1}(Ex_{n1},En_{n1},He_{n1}) & C_{n2}(Ex_{n2},En_{n2},He_{n2}) & \cdots & C_{nn}(Ex_{nn},En_{nn},He_{nn}) \end{bmatrix}$$

判断矩阵 A 中对角线上的期望值 $Ex_{ii} = 1$，熵和超熵始终等于 0，判断矩阵 A 中的其他元素 $a_{ij} = \dfrac{1}{a_{ji}}$，根据云模型的运算法则，$a_{ij}$ 与 a_{ji} 之间的等式关系如下：

$$a_{ji} = C_{ji}(Ex_{ji},En_{ji},He_{ji}) = \frac{1}{a_{ij}} = C_{ij}\left(\frac{1}{Ex},\frac{En}{Ex^2},\frac{He}{Ex^2}\right) \tag{15-7}$$

（二）利用方根法计算指标相对权重向量

采用方根法计算评价指标的相对权重向量 $W = [W_1(Ex_1, En_1, He_1), W_2(Ex_2, En_2, He_2), \cdots, W_n(Ex_n, En_n, He_n)]$ 时，可以依据表 15-3 中的乘法运算法则，并结合式（15-8）至式（15-10），计算权重向量中第 i 个指标的期望值 Ex_i、熵 En_i 和超熵 He_i，其中期望值 Ex_i 即表示该指标的权重值。

$$Ex_i = \frac{Ex_i}{\sum Ex_i} = \frac{\left(\prod_{j=1}^{n} Ex_{ij}\right)^{\frac{1}{n}}}{\sum_{i=1}^{n}\left(\prod_{j=1}^{n} Ex_{ij}\right)^{\frac{1}{n}}} \tag{15-8}$$

$$En_i = \frac{En_i}{\sum En_i} = \frac{\left[\prod_{j=1}^{n} Ex_{ij}\sqrt{\sum_{j=1}^{n}\left(\frac{En_{ij}}{Ex_{ij}}\right)^2}\right]^{\frac{1}{n}}}{\sum_{i=1}^{n}\left[\left(\prod_{j=1}^{n} Ex_{ij}\right)\sqrt{\sum_{j=1}^{n}\left(\frac{En_{ij}}{Ex_{ij}}\right)^2}\right]^{\frac{1}{n}}} \tag{15-9}$$

$$He_i = \frac{He_i}{\sum He_i} = \frac{\left[\prod_{j=1}^{n} Ex_{ij}\sqrt{\sum_{j=1}^{n}\left(\frac{He_{ij}}{Ex_{ij}}\right)^2}\right]^{\frac{1}{n}}}{\sum_{i=1}^{n}\left[\left(\prod_{j=1}^{n} Ex_{ij}\right)\sqrt{\sum_{j=1}^{n}\left(\frac{He_{ij}}{Ex_{ij}}\right)^2}\right]^{\frac{1}{n}}} \tag{15-10}$$

与传统的层次分析法比较，基于群体决策的云模型将评价语言的模糊性和随机性融合进行运算，具有较大的客观性。但最终求得的云判断矩阵也必须进行一致性检验，避免出现前后矛盾的评价结果，一致性检验指标 $C.I. = \dfrac{\lambda_{max}}{n-1}$，其中 $\lambda\ \dfrac{1}{n}\sum\limits_{i=1}^{n}\left(\dfrac{\sum\limits_{j=1}^{n} Ex_{ij}\ W_j}{W_j}\right)_{max}$，考虑到一致性判断指标数值会随着 n 的增大而增大，引入表 15-6 中的同价随机判断矩阵的一致性指标平均值 $R.I.$，只要 $C.R. = \dfrac{C.I.}{R.I.} < 0.1$ 即认为符合一致性检验要求。

表 15-6　平均随机一致性指标 $R.I.$ 值

n	1	2	3	4	5	6	7	8	9	10
$R.I.$	0	0	0.52	0.89	1.12	1.26	1.36	1.41	1.46	1.49

对判断矩阵的各元素进行归一化处理，求得创新绩效评价指标体系中各指标的权重系数 W。

$$W = \begin{bmatrix} W_1(Ex_1, En_1, He_1) \\ W_2(Ex_2, En_2, He_2) \\ \vdots \\ W_n(Ex_n, En_n, He_n) \end{bmatrix}$$

五　基于正态云的静态绩效评价模型

为表述方便，将第十四章构建的主流与新流创新绩效评价指标体系统称为评价指标体系。假设评价指标体系中包含 n 个评价指标，定量和定性指标分别有 p 个和 q 个，$p + q = n$，将每个评价指标划分为 k 个等级，具体步骤如下。

步骤一：确定定量指标等级隶属度。

首先，通过查阅相关统计资料或发放问卷获取 l 个待评价企业 p 个定量指标的原始数值，记为 $X_j = \{x_{1j}, x_{2j}, \cdots, x_{pj}\}^{\mathrm{T}}$（$j = 1, 2, \cdots, l$），并将每个评价指标分成 k 个等级，即 $V = \{v_1, v_2, \cdots, v_k\}$。

其次，将各定量指标值进行等级云化。求出 l 个企业的第 i 个定量指标的最大值 $R_i^{max} = \max\{x_{i1}, x_{i2}, \cdots, x_{il}\}$，将区间 $[0, R_i^{max}]$ 分成 k

个子区间，若第 j 个子区间为 $[R_j^{min}, R_j^{max}]$，则可以输出 k 个子区间的标准云 $C_{ij}(Ex_{ij}, En_{ij}, He_{ij})$，其中：

$$Ex_{ij} = (R_j^{min} + R_j^{max})/2 \qquad (15-11)$$

$$En_{ij} = (R_j^{max} - R_j^{min})/6 \qquad (15-12)$$

超熵 He_{ij} 体现变量的随机性，一般根据经验取值，令 $He_{ij} = En_{ij}/3$。从而形成 p 个定量指标划分为 k 个等级的标准矩阵 $C = [C_{ij}(Ex_{ij}, En_{ij}, He_{ij})]_{p \times k}$。

最后，确定定量指标值的等级隶属度。假设指标服从标准正态分布，根据公式 $\mu = \exp[-(x-Ex)^2/2En^2]$ 和标准等级矩阵 C，利用 MAT-LAB 软件编程，测算指标属于各等级的隶属度。为避免随机性对隶属度的影响，用逆向云发生器重复运行 M 次，计算隶属度的平均值，并对同一评价指标的 k 个等级隶属度进行归一化处理，求得定量指标隶属度矩阵 $R_1 = (r_{ij})_{p \times k}$。

步骤二：确定定性指标等级隶属度。

首先，将 q 个定性指标划分成 k 个评价等级 $V = \{v_1, v_2, \cdots, v_k\}$，邀请相关领域的专家学者和企业负责人对被调查企业的 q 个指标进行评价。

其次，若 N 位专家中有 n 个专家认为指标 i 隶属于等级 v_j，则其隶属度 $r_{ij} = n/N$，由此确定 q 个定性指标的综合隶属度矩阵 $R_2 = (r_{ij})_{q \times k}$。

步骤三：确定指标体系的综合隶属度。

汇总定量与定性指标隶属度矩阵 $R_1 = (r_{ij})_{p \times k}$ 和 $R_2 = (r_{ij})_{q \times k}$，得到评价指标体系的综合等级隶属度矩阵 $R = (r_{ij})_{n \times k}$。

步骤四：确定指标权重向量和综合评价向量。

邀请专家给出判断矩阵，基于上述模型，将判断矩阵云化，生成基于群体决策的浮动云，求得各评价指标的权重向量 $W = [W_i(Ex_i, En_i, He_i)]_{1 \times n}$，然后结合步骤3的综合等级隶属度矩阵 $R = (r_{ij})_{n \times k}$，利用公式 $B = W \times R$，求得被评价企业隶属于各等级的综合评价向量 $B = [B_j(Ex_j, En_j, He_j)]_{1 \times k}$。

步骤五：确定评价结果。

综合评价向量 B 中各元素的 Ex_j 值即为评价对象绩效属于第 j 个等级

的隶属度，如果隶属于不同等级的 Ex_j 值差距较大，则按照最大隶属度原则确定评价等级。如果隶属度 Ex_j 值差距较小，坚持运用最大隶属度原则求得的结果不准确，应采用加权隶属度的原则，将等级指标数量化，将 $B = \left[B_j \left(Ex_j, En_j, He_j \right) \right]_{1 \times k}$ 中各元素视为权重，计算加权等级平均值，求得的结果与哪个等级最接近，即可判定属于哪个等级。

第四节 企业主流与新流创新协同演进 静态绩效的实证研究

基于主流与新流创新绩效评价指标体系和静态绩效评价模型，选择汽车行业作为绩效评价对象，将传统依靠汽柴油提供动力的创新活动视为主流创新活动，将以天然气、电力和甲醇等新能源提供动力的汽车研发活动视为新流创新活动。为了便于对比分析，选取同时使用传统动力和新能源动力的 6 家国内自主品牌汽车企业，分别是奇瑞汽车、江淮汽车、长安汽车、比亚迪汽车、吉利汽车和众泰汽车，对这些企业的主流与新流创新静态绩效进行实证分析。

一 被评价对象的简介

（一）奇瑞汽车

奇瑞汽车成立于 1997 年，公司始终坚持构建自主创新研发体系，已建成以芜湖汽车工程研究和研发总院为核心，以北京、上海以及海外研究分院为支撑的整车、动力总成、关键零部件研发体系。公司以"安全、节能、环保"为发展目标，建立了一套具有特色的品质保障管理体系，先后通过 ISO 9001、德国莱茵公司 ISO/TS16949 等国际质量管理体系认证。企业已先后在国内建成芜湖、大连和鄂尔多斯三大乘用车生产基地，具备年产 90 万辆整车、90 万台套发动机及 80 万台变速箱的生产能力。

2001 年奇瑞成立全资子公司奇瑞科技，正式走向研发之路，先后研发出 ACTECO 系列发动机、无级变速箱和双离合变速箱，2016 年推出全新的 T1X 平台，基于这些核心技术，企业先后推出奇瑞 QQ 系列、瑞虎系列和艾瑞泽系列燃油车（见表 15 – 7），2018 年燃油车销量为 66. 23 万辆。同时，为积极践行国家节能环保战略，企业十分重视新能源汽车的开发，先后攻克电机、电机驱动系统、先进动力电池、电池管理系统、整车控制器等技术难关，推出 eQ、小蚂蚁 eQ1、艾瑞泽 5e、瑞虎 3xe 等车型，2018 年累计销售 9.05 万辆，同比增长 146%。[①]

（二）江淮汽车

江淮汽车是一家集商用车、乘用车及动力总成研发、制造、销售和服务于一体的综合型汽车生产商。公司拥有一支近 4000 人的高水平研发团队，构筑了 5 层次研发体系，分别在意大利都灵、日本东京设立海外研发中心，在国内拥有国家级企业技术中心，是国家火炬计划高新技术企业。企业拥有各类先进生产设备 5200 余台/套，包括亚洲最大的 6000 吨压力机、尖端技术的德国 KUKA、瑞典 ABB 焊接机器人、德国数控加工中心、自动喷涂机器人等国际一流设备。公司产品销往南美、欧洲、非洲、中东、东南亚等 130 多个国家和地区。

公司十分注重传统领域的主流创新，自主研发具有国际先进水准的湿式双离合 6DCT 自动变速器，完成关键总成零部件 337 件，DCT 总成 18 类，掌握汽、柴油发动机核心技术，并建立一套独有的平台化软件系统，为后期产品应用、匹配和优化提升带来核心竞争优势。公司主流产品如表 15 - 7 中所示的瑞风 M6、瑞风 S7、瑞风 A60、瑞风 S3、瑞风 R3、瑞风 M4、和悦 A30 等系列车型，2018 年销量达到 40.1 万辆。此外，企业注重开拓新能源汽车市场，投入巨资研发电池成组、电机、电控三大核心技术及能量回收、驱动与制动电耦合、远程监控、电磁兼容等关键技术，共推出 5 款新能源汽车，2018 年新能源汽车销量为 6.37 万辆，同比增长 125.28%。[②]

（三）长安汽车

长安汽车拥有 34 年造车历史，全球有 19 个生产基地、36 个整车及发动机工厂。企业坚持科技创新，打造中国最强大且持续领先的研发体系，拥有研发人员 1.1 万人、高级专家 400 余人，先后 13 人入选国家"千人计划"，已在中国重庆、北京、河北、合肥，以及意大利都灵、日

---

① 《奇瑞集团 2018 年"逆势奔跑"销量增长 11%》，搜狐网，2019 年 1 月 23 日，http://www.sohu.com/a/29100 8703_100199101。

② 《江淮汽车 2018 年销量下滑 9.48%，SUV 销量大幅滑坡》，515 汽车排行网，2019 年 1 月 25 日，http://www.515fa.com/che_18250.html。

本横滨、英国伯明翰、美国底特律和硅谷建立研发中心，实现全天 24 小时不间断协同研发。

企业秉承"美誉天下、创造价值"的品牌理念，坚持"科技智能"的创新理念，注重自动驾驶、发动机、变速箱、底盘及相关零部件的设计开发，并已掌握智能互联、智能交互、智能驾驶三大类 60 余项智能化技术。成功推出一系列经典产品，如睿骋、逸动 XT、悦翔、逸动 XTRS、逸动 DT、新奔奔、CS 系列、CX70T、CX70、X70A、凌轩、欧诺 S 等车型，2018 年燃油车销量为 145.73 万辆。

长安汽车已经成立一支 1000 人的新能源汽车研发团队，并已掌握新能源汽车从整车设计、系统集成匹配到关键零部件的核心技术，先后推出新逸动 EV300、CS15EV、逸动 PHEV、新奔奔 EV260、CS75PHEV、欧尚 EV、欧尚威 EV 等车型，2017 年新能源汽车的销量为 2.9 万辆，2018 年新能源汽车呈现喷井式增长，全年累计销量达到 4.24 万辆，同比增长 46.2%。[①]

（四）比亚迪汽车

比亚迪汽车创立于 1995 年，2003 年通过收购西安秦川汽车有限责任公司正式进入汽车行业。目前已经拥有深圳坪山、西安、北京、上海、惠州、长沙、韶关等七大工业园，形成集研发设计、模具制造、整车生产、销售服务于一体的完整产业链。2005 年开始从事新能源汽车的研发，2008 年底推出全球首款不依赖专业充电站的 F3DM 双模电动车，这款双模汽车整合了汽车制造、电池技术、电机系统、车载电子技术等多项顶尖技术，是节能、环保、时尚和科技的典范。

由于企业的战略重点偏向于新能源，所以其在主流燃油车领域的表现并不抢眼。由于技术实力和品牌价值不太突出，2017 年燃油车销量仅为 29.6 万辆，2018 年仅实现 27.29 万辆的销量。而在新能源领域，经过多年积累和创新，比亚迪已经掌握了电池、电机和电控三大领域核心技术，新能源汽车运营足迹遍布全球六大洲，已累计生产 50 万台新能源汽车，2015 年新能源汽车的产值已经超越传统汽车，2017 年新能源汽车的销量达到 11.3 万辆，在国内新能源汽车领域排名第一，2018 年比亚迪以

---

① 《长安汽车 2018 全年整体销量突破 210 万》，汽车之家网站，2019 年 1 月 11 日，https://www.autohome.com.cn/news/201901/100210975.html。

24.78 万辆的新能源汽车销量，再次摘得全球电动车销量桂冠![①]

（五）吉利汽车

吉利集团于 1997 年进入汽车行业，是国家"创新型企业"和"国家汽车整车出口基地企业"。公司先后在浙江台州和宁波、湖南湘潭、四川成都、陕西宝鸡、山西晋中等地成立汽车整车和动力总成制造基地。企业在浙江杭州设有研究院，形成完备的整车、发动机、变速器和汽车电子电器的研究开发能力，并在中国上海、瑞典哥德堡成立了造型设计中心，构建了全球造型设计体系，在瑞典哥德堡设立了欧洲研发中心。截至 2017 年 12 月，企业专利申请和授权量分别达 14000 余件和 12200 余件，其中发明专利申请和授权量分别达 2700 多件和 1400 多件，被列为"中国企业知识产权自主创新十大品牌"、国家级"高新技术企业"。[②]

相对于其他汽车企业，吉利更善于利用合资并购与自主创新相结合的方法来提升技术储备，2009 年 100% 收购一家集研发、生产、制造于一体的澳大利亚专业自动变速箱生产企业 DSI 公司，借此强化吉利的变速箱研发能力。2010 年吉利控股收购隶属于福特公司的沃尔沃品牌及其全部知识产权，2013 年与沃尔沃汽车在瑞典成立中欧汽车技术中心，联合开发紧凑模块化架构。2018 年以 90 亿美元收购戴姆勒奔驰公司 9.69% 的股份。正是基于收购与知识消化、吸收再创新，吉利汽车的研发能力和生产工艺大幅度提升，2017 年汽车销量 124.8 万辆，同比增长 62.02%；步入 2018 年，销量更是持续上涨，全年累计销量达到 150.08 万辆，同比增长 20.3%。[③]

对于新能源市场，吉利汽车也有清晰规划，先后推出纯电动、混合动力、插电式混合动力和甲醇汽车等车型，力争到 2020 年形成近 40 款油电混动、插电式混动和纯电动的产品矩阵，2018 年新能源汽车销量为 5.43 万辆，同比增长 119%。

---

① 《新能源占比 48%　比亚迪 2018 年销量 52 万辆》，第一车市网，2019 年 1 月 8 日，http://www.yicheshi.com/static/kanche/20190108/866029_1.html。

② 《吉利汽车全国最详细的生产基地及四大车间细节揭秘》，搜狐网，2017 年 12 月 25 日，https://www.sohu.com/a/212914112_362550。

③ 《吉利汽车 2018 年总销量超 150 万辆　2019 年将投放多款新能源车型》，电池网，2019 年 1 月 7 日，http://www.itdcw.com/m/view.php? aid=99144。

（六）众泰汽车

众泰汽车始建于 2003 年，总部位于浙江永康，是一家以汽车整车及发动机、变速器等汽车关键零部件为核心业务的民营企业，在浙江、湖南、江苏、山东等省设有整车生产基地。企业专注创新，致力于为广大消费者营造"健康快乐汽车生活"，产品覆盖轿车、SUV、MPV 和新能源汽车市场，营销网络遍布国内各大中小城市，产品远销阿尔及利亚、智利、俄罗斯等国家和地区。

众泰汽车工程研究院是浙江省重点企业研究院，下设 17 个部门、两大技术中心，拥有 1000 余名中高级研发人员，具备传统燃油汽车、新能源汽车两大领域及发动机、变速箱、电池、电机、电控等核心零部件的研发能力。在燃油车领域先后推出 Z360、Z560、Z700、T600、T500、T700、SR7、SR9、大迈 X5 和大迈 X7 等车型，凭借实惠的价格，2017 年实现 31.9 万辆的销量，2018 年卖出 25.5 万辆，同比下滑 20%。在新能源领域共推出 Z500EV、E200pro、云 100plus、云 100、大迈芝麻等车型，2018 年的销量为 3.39 万辆。①

表 15 - 7 中列出 6 家汽车企业在以传统燃油车为代表的主流创新领域和以新能源汽车为代表的新流创新领域推出的系列车型以及企业在两个不同领域重点攻克的核心技术。这 6 家企业均从传统的燃油车发展而来，燃油车为企业带来可观利润的同时，企业逐渐投入资源用于新能源汽车的研发，研发领域涉及整车生产各个领域，相应产品也已上市销售，获得一定的市场认可度，所以选择这些企业作为实证研究对象，研究主流与新流创新绩效具有一定代表性。

表 15 - 7   6 家汽车企业主流与新流产品及技术汇总

企业简称	创新类型	主要车型	核心技术
奇瑞汽车	主流创新	QQ 系列、瑞虎 8、瑞虎 5X、瑞虎 7、瑞虎 3X、艾瑞泽 5 SPORT、艾瑞泽 5、艾瑞泽 7e 等车型	ACTECO 系列发动机、无级变速箱和双离合变速箱、T1X 平台及整车生产核心技术

---

① 《2018 年新能源车企完成率：广汽/比亚迪超额完成 知豆/众泰被打脸》，新浪网，2019 年 1 月 24 日，http://auto.sina.com.cn/news/hy/2019 - 01 - 24/detail-ihrfqzka0542112.shtml。

续表

企业简称	创新类型	主要车型	核心技术
奇瑞汽车	新流创新	eQ、小蚂蚁 eQ1、艾瑞泽 5e、瑞虎 3xe 等车型	ISG 中度混合动力，电机、电机驱动系统、先进动力电池、电池管理系统、整车控制器等
江淮汽车	主流创新	瑞风 M6、瑞风 S7、瑞风 A60、瑞风 S3、瑞风 R3、瑞风 M4、和悦 A30 等车型	6DCT 变速器，汽、柴油发动机及整车生产核心技术
	新流创新	iEAV50、iEV4、iEV7、iEV7S、iEV6E 等车型	电动汽车的电池成组、电机、电控三大核心技术及能量回收、驱动与制动电耦合、远程监控、电磁兼容等关键技术
长安汽车	主流创新	睿骋、逸动 XT、悦翔、逸动 XT RS、逸动 DT、新奔奔、CS 系列、CX70T、凌轩、欧诺 S 等车型	自动驾驶、发动机、变速箱、底盘及相关零部件的设计开发；智能互联、智能交互、智能驾驶等智能化技术
	新流创新	新逸动 EV300、CS15EV、新奔奔 EV260、CS75PHEV、欧尚 EV、欧尚威 EV 等车型	新能源汽车整车控制系统、电池管理系统、电驱动系统、整车及零部件的设计开发
比亚迪汽车	主流创新	F3、速锐、S7、F0、M6、宋 MAX 等车型	增压直喷发动机、自然进气发动机、双离合变速器、电子四驱系统
	新流创新	秦 EV450、唐 DM、宋 EV400、宋 DM、秦 100、元 EV360、e5、e6 等车型	新能源汽车电池管理技术、电机驱动技术、电机控制技术、充电配套、整车制造等核心技术
吉利汽车	主流创新	博瑞、博越、帝豪、远景轿车、远景 SUV、远景 S1、远景 X3 等车型	变速箱、发动机、自动驾驶、汽车平台研发、电子电器和关键零部件研发
	新流创新	博瑞 GE、帝豪 GSe、帝豪 PHEV、帝豪 EV450 等车型	智擎技术、电机、混动驱动系统、充电配套等
众泰汽车	主流创新	Z360、Z560、Z700、T600、T500、T700、SR7、SR9、大迈 X5、大迈 X7 等车型	发动机、变速箱、车联网、电子架构、5G 车联网、ADAS 和车内人机交互等技术领域
	新流创新	Z500EV、E200pro、云 100plus、云 100、大迈芝麻等车型	电机驱动控制系统、高压电气盒、电动汽车整车控制器、纯电动汽车用的高压电器盒

二　主流创新静态绩效评价

（一）被评价企业主流创新数据的收集

1. 数据的获取方法

主流创新绩效评价指标体系中包含定量和定性指标。定量指标通过访谈的方式由企业相应部门负责人结合企业实际情况填写（见附录九），考虑到研发活动产出的滞后性，投入数据以前一年为准，而产出数据以评价年份的数据为准。为分析各个企业主流创新绩效的变化趋势，本节以 2012 ~ 2018 年为研究区间，分别获取 6 家企业不同年份的数据。

定性指标的语言评价值采用问卷调查方式获取，有选择性地邀请对该行业较为熟悉的汽车企业技术部门负责人、研究院专家和大学教授，由受访者对各汽车企业各年份的定性指标进行评价，问卷采用李克特 5 级量表，分别用 1、3、5、7、9 代表"很差""差""一般""好""很好"五个等级。对于调查问卷的筛选，每个企业不同调查年度的问卷总量相同，表 15 - 8 中体现的是各企业各年份发放的问卷总量和 6 年的调查问卷有效率区间。

表 15 - 8　2012 ~ 2018 年各企业定性调查问卷数量及有效率区间

项目	奇瑞汽车	江淮汽车	长安汽车	比亚迪汽车	吉利汽车	众泰汽车
各年份问卷总数（份）	24	25	17	24	19	28
问卷有效率区间	83.3% ~ 87.5%	88.0% ~ 92.0%	88.2% ~ 94.1%	91.7% ~ 95.8%	89.5% ~ 94.7%	92.9% ~ 96.4%

其中 124 位被调查人员的职业类别如图 15 - 5 所示，技术部门负责人占比 41.93%，研究院专家占比 24.19%，大学教授占比 33.87%。

2. 企业主流创新原始数据

创新绩效评价指标体系中定性指标和定量指标的获取途径和表示方法不同，定量指标表示待评价企业各项指标的绝对值或指标变化率的相对值，而定性指标的原始数据表示认为属于该等级的专家人次，故表 15 - 9 中 6 家企业的主流创新定性与定量指标的表示方法不同。①

---

① 受篇幅限制，本节仅列出 2018 年相关指标，其他年份指标数值暂未列出，仅体现计算结果。

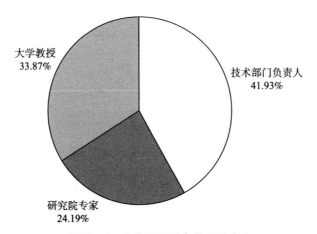

图 15 - 5　各类调查对象的职业占比

表 15 - 9　2018 年 6 家企业主流创新绩效评价指标的原始数值

指标代码	指标属性	企业简称					
		奇瑞汽车	江淮汽车	长安汽车	比亚迪汽车	吉利汽车	众泰汽车
MA_{11}	定量	5061	3113	5962	10024	2452	488
MA_{12}	定量	0.064	0.026	0.031	0.237	0.1130	0.214
MA_{13}	定性	(0, 2, 3, 8, 7)	(1, 4, 9, 5, 4)	(0, 3, 1, 3, 9)	(0, 8, 7, 6, 1)	(0, 1, 5, 7, 4)	(0, 4, 12, 6, 4)
MA_{14}	定量	32134	24367	55091	21671	34321	20468
MA_{21}	定量	0.038	0.0442	0.0392	0.047	0.0777	0.01
MA_{22}	定量	0.005	0.008	0.009	0.013	0.018	0.003
MA_{23}	定量	0.32	0.23	0.24	0.190	0.19	0.37
MA_{31}	定性	(0, 1, 1, 11, 7)	(0, 1, 9, 9, 4)	(1, 0, 1, 4, 10)	(1, 7, 9, 4, 1)	(1, 0, 5, 8, 2)	(0, 8, 11, 6, 1)
MA_{32}	定性	(0, 2, 2, 11, 5)	(0, 3, 8, 9, 3)	(0, 1, 2, 2, 11)	(0, 5, 11, 3, 3)	(0, 1, 5, 7, 3)	(0, 8, 12, 5, 1)
MA_{33}	定量	19	24	14	21	23	38
MB_{11}	定性	(1, 0, 3, 10, 6)	(0, 1, 13, 5, 4)	(0, 1, 3, 3, 9)	(0, 7, 6, 6, 3)	(0, 1, 6, 7, 2)	(0, 11, 8, 6, 1)
MB_{12}	定性	(0, 1, 3, 12, 4)	(1, 1, 9, 12, 0)	(0, 3, 1, 2, 10)	(0, 7, 9, 5, 1)	(0, 2, 2, 8, 4)	(1, 9, 13, 3, 0)
MB_{13}	定性	(0, 1, 3, 9, 7)	(0, 4, 9, 9, 1)	(0, 1, 1, 3, 11)	(0, 5, 10, 6, 1)	(0, 2, 3, 8, 3)	(0, 9, 12, 4, 1)

指标代码	指标属性	企业简称					
		奇瑞汽车	江淮汽车	长安汽车	比亚迪汽车	吉利汽车	众泰汽车
MB_{14}	定性	(1, 2, 3, 8, 6)	(0, 2, 6, 11, 4)	(0, 1, 3, 5, 7)	(0, 4, 9, 6, 3)	(1, 1, 3, 8, 3)	(0, 6, 12, 6, 2)
MB_{21}	定性	(0, 0, 9, 7, 4)	(0, 4, 8, 9, 2)	(0, 1, 0, 5, 10)	(1, 4, 10, 7, 0)	(0, 2, 2, 8, 4)	(0, 10, 10, 4, 2)
MB_{22}	定性	(0, 0, 9, 7, 4)	(1, 4, 8, 6, 4)	(1, 1, 1, 5, 8)	(0, 7, 8, 6, 1)	(1, 0, 2, 9, 4)	(1, 8, 9, 5, 3)
MB_{23}	定性	(0, 2, 7, 7, 4)	(0, 3, 10, 6, 4)	(0, 1, 2, 2, 11)	(1, 4, 8, 6, 3)	(0, 1, 4, 8, 3)	(0, 10, 8, 6, 2)
MB_{24}	定量	0.29	0.54	0.43	0.51	0.4	0.48
MB_{31}	定性	(0, 4, 2, 8, 6)	(0, 3, 6, 13, 1)	(0, 1, 0, 5, 10)	(0, 6, 12, 3, 1)	(1, 2, 3, 6, 4)	(0, 4, 16, 3, 3)
MB_{32}	定性	(1, 3, 3, 6, 7)	(0, 1, 8, 14, 0)	(1, 2, 0, 4, 9)	(0, 6, 10, 6, 0)	(0, 0, 4, 9, 3)	(0, 9, 15, 3, 1)
MB_{33}	定性	(0, 0, 3, 11, 6)	(1, 2, 9, 7, 4)	(0, 1, 0, 3, 12)	(1, 6, 11, 4, 0)	(0, 2, 3, 6, 5)	(1, 6, 11, 6, 2)
MB_{34}	定性	(0, 1, 1, 12, 6)	(0, 4, 10, 5, 4)	(0, 1, 1, 5, 9)	(1, 3, 10, 7, 1)	(0, 2, 2, 8, 4)	(0, 10, 9, 5, 2)
MB_{35}	定性	(0, 1, 2, 10, 7)	(1, 1, 13, 5, 3)	(0, 1, 2, 3, 10)	(0, 4, 10, 6, 2)	(0, 2, 2, 8, 4)	(1, 9, 9, 6, 1)
MC_{11}	定量	0.310	0.222	0.123	0.161	0.202	0.291
MC_{12}	定量	0.030	0.020	0.041	0.057	0.029	0.068
MC_{13}	定量	0.166	0.113	0.064	0.089	0.063	0.048
MC_{21}	定量	2236	2940	1944	2092	1547	314
MC_{22}	定量	1018	1354	898	781	1078	78
MC_{23}	定量	8	7	8	5	10	6
MC_{31}	定量	21214	8324	45612	24256	34679	1082
MC_{32}	定量	0.42	0.29	0.35	0.31	0.42	0.22
MC_{33}	定量	0.68	0.72	0.88	0.69	0.82	0.77
MD_{11}	定性	(1, 2, 3, 9, 5)	(1, 3, 13, 5, 1)	(0, 1, 1, 3, 11)	(1, 4, 9, 7, 1)	(0, 1, 1, 9, 5)	(1, 12, 8, 4, 1)
MD_{12}	定性	(0, 0, 1, 11, 8)	(0, 4, 12, 5, 2)	(0, 1, 3, 3, 9)	(0, 4, 11, 6, 1)	(0, 1, 2, 8, 5)	(0, 10, 9, 5, 2)
MD_{13}	定性	(0, 3, 2, 12, 3)	(0, 3, 14, 4, 2)	(0, 2, 0, 6, 8)	(0, 3, 12, 7, 0)	(0, 2, 5, 9, 0)	(0, 8, 12, 3, 3)

续表

指标代码	指标属性	企业简称					
		奇瑞汽车	江淮汽车	长安汽车	比亚迪汽车	吉利汽车	众泰汽车
MD_{21}	定性	(0, 1, 4, 10, 5)	(0, 4, 9, 5, 4)	(0, 0, 1, 5, 10)	(0, 7, 7, 7, 1)	(0, 0, 7, 9, 0)	(0, 8, 10, 6, 2)
MD_{22}	定性	(1, 2, 3, 10, 4)	(1, 2, 11, 5, 4)	(0, 1, 1, 2, 12)	(1, 4, 7, 6, 4)	(0, 1, 3, 7, 5)	(1, 8, 9, 6, 2)
MD_{23}	定量	0.23	0.11	0.28	0.18	0.28	0.11
MD_{31}	定量	0.042	0.08	0.091	0.074	0.081	0.055
MD_{32}	定量	0.23	0.11	0.08	0.071	0.046	0.027
MD_{33}	定量	0.031	0.021	0.019	0.022	0.037	0.03

注：表中定性指标表示评价隶属于各等级的专家人次。

（二）定性与定量指标的处理

1. 定性指标的等级隶属度处理

根据前述章节提出的定性指标处理方法，首先，将主流创新绩效评价指标体系中 20 个定性指标划分成 5 个评价等级，即 $V = \{$很差，差，一般，好，很好$\}$；其次，结合其隶属度计算公式 $r_{ij} = n/N$ 求得 20 个定性指标的综合隶属度矩阵，限于篇幅，仅以奇瑞汽车为例进行说明（见表 15 – 10），其他企业处理方法类似。

表 15 – 10　2018 年奇瑞汽车主流创新绩效定性指标的等级隶属度值

指标代码	指标属性	很差	差	一般	好	很好
MA_{13}	定性	0.00	0.10	0.15	0.40	0.35
MA_{31}	定性	0.00	0.05	0.05	0.55	0.35
MA_{32}	定性	0.00	0.10	0.10	0.55	0.25
MB_{11}	定性	0.05	0.00	0.15	0.50	0.30
MB_{12}	定性	0.00	0.05	0.15	0.60	0.20
MB_{13}	定性	0.00	0.05	0.15	0.45	0.35
MB_{14}	定性	0.05	0.10	0.15	0.40	0.30
MB_{21}	定性	0.00	0.00	0.45	0.35	0.20
MB_{22}	定性	0.00	0.00	0.45	0.35	0.20
MB_{23}	定性	0.00	0.10	0.35	0.35	0.20

续表

指标代码	指标属性	很差	差	一般	好	很好
MB_{31}	定性	0.00	0.20	0.10	0.40	0.30
MB_{32}	定性	0.05	0.15	0.15	0.30	0.35
MB_{33}	定性	0.00	0.00	0.15	0.55	0.30
MB_{34}	定性	0.00	0.05	0.05	0.60	0.30
MB_{35}	定性	0.00	0.05	0.10	0.50	0.35
MD_{11}	定性	0.05	0.10	0.15	0.45	0.25
MD_{12}	定性	0.00	0.00	0.05	0.55	0.40
MD_{13}	定性	0.00	0.15	0.10	0.60	0.15
MD_{21}	定性	0.00	0.05	0.20	0.50	0.25
MD_{22}	定性	0.05	0.10	0.15	0.50	0.20

2. 定量指标的等级隶属度处理

（1）等级的划分标准

定量数据等级云化的标准与定性指标处理方法相同，也分成 5 个等级。由于绩效评价中的投入指标属于负向指标，在产出相同的情况下，投入越少绩效越高，所以投入指标与正向指标的等级处理方法相反。

对于正向指标，按照上一节中定量指标的等级云化思路，先求得 6 家汽车企业各个定量指标的最大值 R_{max}，然后将区间 $[0, R_{max}]$ 划分为 5 个区间，即 $[0, R_{max}/8)$、$[R_{max}/8, 3R_{max}/8)$、$[3R_{max}/8, 5R_{max}/8)$、$[5R_{max}/8, 7R_{max}/8)$、$[7R_{max}/8, R_{max}]$，分别对应评价等级"很差""差""一般""好""很好"。正向与负向指标的等级化标准如表 15 – 11 所示。

表 15 – 11　正向与负向指标的等级化标准

指标类型	$[0, R_{max}/8)$	$[R_{max}/8, 3R_{max}/8)$	$[3R_{max}/8, 5R_{max}/8)$	$[5R_{max}/8, 7R_{max}/8)$	$[7R_{max}/8, R_{max}]$
正向指标	很差	差	一般	好	很好
负向指标	很好	好	一般	差	很差

（2）定量指标的等级云化

现假设第 j 个等级区间为 $[R_j^{min}, R_j^{max}]$，根据以下计算公式：

$$期望值\ Ex_{ij} = (R_j^{min} + R_j^{max})/2$$

$$熵\ En_{ij} = (R_j^{\ max} - R_j^{\ min})/6$$

$$超熵\ He_{ij} = En_{ij}/3$$

可以输出所有定量指标 5 个等级的标准云 C_{ij}（Ex_{ij}，En_{ij}，He_{ij}）。从而形成如表 15 - 12 所示的 21 个定量指标的等级云化结果。

（3）定量指标隶属度的计算

以奇瑞汽车为例，利用公式 $\mu = \exp[-(x - Ex)^2/2\ En^{'2}]$，结合 MATLAB 编程软件，计算指标隶属于各个等级的隶属度，为避免计算随机性对结果造成影响，重复计算 1000 次，求平均隶属度，并进行归一化处理，最终求得的等级隶属度如表 15 - 13 所示。

（4）定性与定量指标的综合隶属度

汇总表 15 - 10 和表 15 - 13，最终求得奇瑞汽车的主流创新绩效定性和定量评价指标隶属于各等级的综合隶属度矩阵（见表 15 - 14）。

（三）主流创新评价指标权重的确定

主流创新评价指标权重的确定采用经云理论改进的层次分析法来赋权，共邀请技术创新领域 10 位专家给出主流创新评价指标体系要素重要性的判断矩阵（见附录八），将原始判断矩阵转化为基于云的数字特征表示的云模型，假设专家的重要性系统相同，利用式（15 - 4）、式（15 - 5）和式（15 - 6）生成一朵综合各专家意见的浮动云，若群体决策的浮动云通过一致性检验，则可以求得各评价指标的权重向量 $W = [W_i\ (Ex_i，En_i，He_i)]_{1 \times 41}$。以主流创新评价指标体系中二级指标 MA、MB、MC 和 MD 为例，分析指标权重的计算过程。

10 位权重专家认为指标 MA 和 MB 之间的重要性系数分别为 1、2、3、5、2、2、0.5、1、2 和 4，将之转化为基于云的数字特征表示的云模型分别为 C（1，0，0）、C（2，0.333，0.056）、C（3，0.206，0.034）、C（5，0.206，0.034）、C（2，0.333，0.056）、C（2，0.333，0.056）、C（0.5，0.333，0.056）、C（1，0，0）、C（2，0.333，0.056）和 C（4，0.333，0.056），利用公式进行集结，得到综合 10 位专家意见的体现指标 MA 和 MB 间重要性的综合云模型 C（2.25，0.258，0.145），其他指标间的综合云模型的生成方法相同，最终可求得描述指标 MA、MB、MC 和 MD 之间相对重要性的综合判断矩阵。

表15-12　2018年奇瑞汽车主流创新绩效定量指标的等级云化结果

指标代码	指标属性	很差			差			一般			好			很好		
		Ex	En	He	Ex	En	He	Ex	En	He	Ex	En	He	Ex	En	He
MA11	负向	10024	418	139	7518	418	139	5012	418	139	2506	418	139	0	418	139
MA12	负向	0.237	0.010	0.003	0.178	0.010	0.003	0.119	0.010	0.003	0.059	0.010	0.003	0	0.010	0.003
MA14	负向	55091	2295	765	41318	2295	765	27546	2295	765	13773	2295	765	0	2295	765
MA21	负向	0.078	0.003	0.001	0.058	0.003	0.001	0.039	0.003	0.001	0.019	0.003	0.001	0	0.003	0.001
MA22	负向	0.018	0.001	0.000	0.014	0.001	0.000	0.009	0.001	0.000	0.005	0.001	0.000		0.001	0.0003
MA23	负向	0.370	0.015	0.005	0.278	0.015	0.005	0.185	0.015	0.005	0.093	0.015	0.005	0	0.015	0.005
MA33	负向	38.000	1.583	0.528	28.500	1.583	0.528	19.000	1.583	0.528	9.500	1.583	0.528	0	1.583	0.528
MB24	正向	0	0.023	0.008	0.135	0.023	0.008	0.270	0.023	0.008	0.405	0.023	0.008	0.540	0.023	0.008
MC11	正向	0	0.013	0.004	0.078	0.013	0.004	0.155	0.013	0.004	0.233	0.013	0.004	0.310	0.013	0.004
MC12	正向	0	0.003	0.001	0.017	0.003	0.001	0.034	0.003	0.001	0.051	0.003	0.001	0.068	0.003	0.001
MC13	正向	0	0.007	0.002	0.042	0.007	0.002	0.083	0.007	0.002	0.125	0.007	0.002	0.166	0.007	0.002
MC21	正向	0	122.5	40.8	735.0	122.5	40.8	1470.0	122.5	40.8	2205.0	122.5	40.8	2940.0	122.5	40.8
MC22	正向	0	56.4	18.8	338.5	56.4	18.8	677.0	56.4	18.8	1015.5	56.4	18.8	1354.0	56.4	18.8
MC23	正向	0	0.417	0.139	2.500	0.417	0.139	5.000	0.417	0.139	7.500	0.417	0.139	10.000	0.417	0.139
MC31	正向	0	1901	634	11403	1901	634	22806	1901	634	34209	1901	634	45612	1901	634
MC32	正向	0	0.018	0.006	0.105	0.018	0.006	0.210	0.018	0.006	0.315	0.018	0.006	0.420	0.018	0.006
MC33	正向	0	0.037	0.012	0.220	0.037	0.012	0.440	0.037	0.012	0.660	0.037	0.012	0.880	0.037	0.012
MD23	正向	0	0.012	0.004	0.070	0.012	0.004	0.140	0.012	0.004	0.210	0.012	0.004	0.280	0.012	0.004
MD31	正向	0	0.004	0.001	0.023	0.004	0.001	0.046	0.004	0.001	0.068	0.004	0.001	0.091	0.004	0.001
MD32	正向	0	0.010	0.003	0.058	0.010	0.003	0.115	0.010	0.003	0.173	0.010	0.003	0.230	0.010	0.003
MD33	正向	0	0.002	0.001	0.009	0.002	0.001	0.019	0.002	0.001	0.028	0.002	0.001	0.037	0.002	0.001

表 15 – 13　2018 年奇瑞汽车主流创新绩效定量指标的等级隶属度

指标代码	指标属性	很差	差	一般	好	很好
MA_{11}	定量	0.00	0.00	0.98	0.02	0.00
MA_{12}	定量	0.00	0.00	0.00	0.86	0.14
MA_{14}	定量	0.00	0.00	0.96	0.04	0.00
MA_{21}	定量	0.00	0.00	1.00	0.00	0.00
MA_{22}	定量	0.00	0.00	0.00	0.98	0.02
MA_{23}	定量	0.00	0.93	0.07	0.00	0.00
MA_{33}	定量	0.00	0.44	0.56	0.00	0.00
MB_{24}	定量	0.00	0.00	1.00	0.00	0.00
MC_{11}	定量	0.00	0.00	0.98	0.02	0.00
MC_{12}	定量	0.00	0.03	0.97	0.00	0.00
MC_{13}	定量	0.00	0.00	0.00	0.00	1.00
MC_{21}	定量	0.00	0.00	0.00	1.00	0.00
MC_{22}	定量	0.00	0.00	0.00	1.00	0.00
MC_{23}	定量	0.00	0.00	0.47	0.53	0.00
MC_{31}	定量	0.00	0.00	0.98	0.02	0.00
MC_{32}	定量	0.00	0.00	0.00	0.03	0.97
MC_{33}	定量	0.00	0.00	0.00	0.01	0.99
MD_{23}	定量	0.00	0.00	0.06	0.94	0.00
MD_{31}	定量	0.00	0.04	0.96	0.00	0.00
MD_{32}	定量	0.00	0.00	0.00	0.02	0.98
MD_{33}	定量	0.00	0.00	0.00	0.02	0.98

表 15 – 14　2018 年奇瑞汽车主流创新绩效评价指标的等级隶属度

指标代码	指标属性	很差	差	一般	好	很好
MA_{11}	定量	0.00	0.00	0.98	0.02	0.00
MA_{12}	定量	0.00	0.00	0.00	0.86	0.14
MA_{13}	定性	0.00	0.10	0.15	0.40	0.35
MA_{14}	定量	0.00	0.00	0.96	0.04	0.00
MA_{21}	定量	0.00	0.00	1.00	0.00	0.00
MA_{22}	定量	0.00	0.00	0.00	0.98	0.02
MA_{23}	定量	0.00	0.93	0.07	0.00	0.00
MA_{31}	定性	0.00	0.05	0.05	0.55	0.35
MA_{32}	定性	0.00	0.10	0.10	0.55	0.25

指标代码	指标属性	很差	差	一般	好	很好
MA_{33}	定量	0.00	0.44	0.56	0.00	0.00
MB_{11}	定性	0.05	0.00	0.15	0.50	0.30
MB_{12}	定性	0.00	0.05	0.15	0.60	0.20
MB_{13}	定性	0.00	0.05	0.15	0.45	0.35
MB_{14}	定性	0.05	0.10	0.15	0.40	0.30
MB_{21}	定性	0.00	0.00	0.45	0.35	0.20
MB_{22}	定性	0.00	0.00	0.45	0.35	0.20
MB_{23}	定性	0.00	0.10	0.35	0.35	0.20
MB_{24}	定量	0.00	0.00	1.00	0.00	0.00
MB_{31}	定性	0.00	0.20	0.10	0.40	0.30
MB_{32}	定性	0.05	0.15	0.15	0.30	0.35
MB_{33}	定性	0.00	0.00	0.15	0.55	0.30
MB_{34}	定性	0.00	0.05	0.05	0.60	0.30
MB_{35}	定性	0.00	0.05	0.10	0.50	0.35
MC_{11}	定量	0.00	0.00	0.98	0.02	0.00
MC_{12}	定量	0.00	0.03	0.97	0.00	0.00
MC_{13}	定量	0.00	0.00	0.00	0.00	1.00
MC_{21}	定量	0.00	0.00	0.00	1.00	0.00
MC_{22}	定量	0.00	0.00	0.00	1.00	0.00
MC_{23}	定量	0.00	0.00	0.47	0.53	0.00
MC_{31}	定量	0.00	0.00	0.98	0.02	0.00
MC_{32}	定量	0.00	0.00	0.00	0.03	0.97
MC_{33}	定量	0.00	0.00	0.00	0.01	0.99
MD_{11}	定性	0.05	0.10	0.15	0.45	0.25
MD_{12}	定性	0.00	0.00	0.05	0.55	0.40
MD_{13}	定性	0.00	0.15	0.10	0.60	0.15
MD_{21}	定性	0.00	0.05	0.20	0.50	0.25
MD_{22}	定性	0.05	0.10	0.15	0.50	0.20
MD_{23}	定量	0.00	0.00	0.06	0.94	0.00
MD_{31}	定量	0.00	0.04	0.96	0.00	0.00
MD_{32}	定量	0.00	0.00	0.00	0.02	0.98
MD_{33}	定量	0.00	0.00	0.00	0.02	0.98

$$
\begin{array}{c}
 \quad MA \qquad\qquad MB \qquad\qquad MC \qquad\qquad MD \\
\begin{array}{c} MA \\ MB \\ MC \\ MD \end{array}
\left[
\begin{array}{cccc}
(1,0,0) & (2.550,0.258,0.145) & (0.950,0.123,0.112) & (0.691,0.224,0.145) \\
(0.444,0.051,0.029) & (1,0,0) & (0.691,0.176,0.134) & (0.842,0.209,0.152) \\
(1.053,0.136,0.124) & (1.447,0.369,0.281) & (1,0,0) & (0.683,0.132,0.130) \\
(1.447,0.470,0.304) & (1.188,0.294,0.215) & (1.464,0.283,0.278) & (1,0,0)
\end{array}
\right]
\end{array}
$$

利用云判断矩阵，结合式（15-4）、式（15-5）、式（15-6）和传统层次分析法的求解原理，计算云判断矩阵中各行四个元素的乘积并开四次方根，得到 C_1（1.102，0.859，0.947）、C_2（0.713，0.660，0.610）、C_3（1.010，0.769，0.741）、C_4（1.26，1.133，0.855），并利用式（15-4）计算四个二级指标相对于一级指标的相对权重向量，计算结果为：

$$
\begin{bmatrix} W_{MA} \\ W_{MB} \\ W_{MC} \\ W_{MD} \end{bmatrix}
=
\begin{bmatrix}
(0.270,0.251,0.300) \\
(0.175,0.193,0.194) \\
(0.247,0.225,0.235) \\
(0.308,0.331,0.271)
\end{bmatrix}
$$

求得的云模型判断矩阵也须进行一致性检验，以避免出现前后矛盾的评价结果。由于 $\lambda \dfrac{1}{n}\sum_{i=1}^{n}\left(\dfrac{\sum_{j=1}^{n}Ex_{ij}W_j}{W_j}\right)_{max}$，$C.I. = \dfrac{\lambda_{max}}{n-1}$，结合表15-6中同价随机判断矩阵的一致性指标平均值 $R.I.$，求得 $C.R. = \dfrac{C.I.}{R.I.} = 0.0378 < 0.1$，所以符合一致性检验要求。

采用相同的计算方法，求得主流创新绩效评价指标体系中各评价维度相对于上一级指标的相对权重，具体如表15-15~表15-30所示。

表15-15　创新投入 MA 维度各指标的相对权重

$MA - MA_i$	C_i （Ex_i，En_i，He_i）	W_i	一致性检验
MA_1	C_1（1.079，0.699，0.602）	（0.359，0.358，0.360）	$\lambda_{max} = 3.026$
MA_2	C_2（1.009，0.660，0.562）	（0.335，0.338，0.337）	$C.R. = 0.025 < 0.1$
MA_3	C_3（0.919，0.591，0.506）	（0.306，0.303，0.303）	检验结论：通过

表 15-16　创新过程 *MB* 维度各指标的相对权重

$MB-MB_i$	C_i (Ex_i, En_i, He_i)	W_i	一致性检验
MB_1	C_1 (0.898, 0.561, 0.533)	(0.295, 0.306, 0.316)	$\lambda_{max}=3.100$
MB_2	C_2 (1.275, 0.774, 0.664)	(0.418, 0.422, 0.393)	$C.R.=0.096<0.1$
MB_3	C_3 (0.874, 0.499, 0.492)	(0.287, 0.272, 0.291)	检验结论：通过

表 15-17　创新产出 *MC* 维度各指标的相对权重

$MC-MC_i$	C_i (Ex_i, En_i, He_i)	W_i	一致性检验
MC_1	C_1 (1.071, 0.659, 0.582)	(0.356, 0.358, 0.364)	$\lambda_{max}=3.023$
MC_2	C_2 (1.040, 0.632, 0.540)	(0.346, 0.344, 0.337)	$C.R.=0.022<0.1$
MC_3	C_3 (0.897, 0.548, 0.480)	(0.298, 0.298, 0.300)	检验结论：通过

表 15-18　创新效益 *MD* 维度各指标的相对权重

$MD-MD_i$	C_i (Ex_i, En_i, He_i)	W_i	一致性检验
MD_1	C_1 (0.961, 0.585, 0.540)	(0.320, 0.320, 0.326)	$\lambda_{max}=3.005$
MD_2	C_2 (0.994, 0.606, 0.535)	(0.331, 0.332, 0.323)	$C.R.=0.004<0.1$
MD_3	C_3 (1.047, 0.634, 0.583)	(0.349, 0.347, 0.352)	检验结论：通过

表 15-19　创新人力投入 *MA*₁ 维度各指标的相对权重

MA_1-MA_{1i}	C_i (Ex_i, En_i, He_i)	W_i	一致性检验
MA_{11}	C_1 (1.041, 0.787, 1.018)	(0.260, 0.242, 0.337)	
MA_{12}	C_2 (0.974, 0.711, 0.647)	(0.243, 0.219, 0.214)	$\lambda_{max}=4.077$
MA_{13}	C_3 (1.100, 0.780, 0.739)	(0.274, 0.240, 0.245)	$C.R.=0.029<0.1$
MA_{14}	C_4 (0.896, 0.974, 0.614)	(0.223, 0.300, 0.203)	检验结论：通过

表 15-20　创新资金投入 *MA*₂ 维度各指标的相对权重

MA_2-MA_{2i}	C_i (Ex_i, En_i, He_i)	W_i	一致性检验
MA_{21}	C_1 (1.003, 0.643, 0.585)	(0.334, 0.341, 0.346)	$\lambda_{max}=3.071$
MA_{22}	C_2 (0.981, 0.598, 0.512)	(0.327, 0.318, 0.303)	$C.R.=0.068<0.1$
MA_{23}	C_3 (1.016, 0.641, 0.593)	(0.339, 0.340, 0.351)	检验结论：通过

表 15 - 21　创新技术投入 MA_3 维度各指标的相对权重

$MA_3 - MA_{3i}$	C_i (Ex_i, En_i, He_i)	W_i	一致性检验
MA_{31}	C_1 (1.363, 0.752, 0.641)	(0.443, 0.437, 0.437)	$\lambda_{max} = 3.037$
MA_{32}	C_2 (0.870, 0.485, 0.410)	(0.283, 0.282, 0.279)	$C.R. = 0.036 < 0.1$
MA_{33}	C_3 (0.844, 0.484, 0.417)	(0.274, 0.281, 0.284)	检验结论：通过

表 15 - 22　创新管理能力 MB_1 维度各指标的相对权重

$MB_1 - MB_{1i}$	C_i (Ex_i, En_i, He_i)	W_i	一致性检验
MB_{11}	C_1 (1.059, 0.773, 0.913)	(0.264, 0.221, 0.308)	
MB_{12}	C_2 (1.038, 0.757, 0.703)	(0.259, 0.217, 0.237)	$\lambda_{max} = 4.026$
MB_{13}	C_3 (0.929, 0.698, 0.666)	(0.232, 0.200, 0.225)	$C.R. = 0.010 < 0.1$
MB_{14}	C_4 (0.979, 1.264, 0.683)	(0.244, 0.362, 0.230)	检验结论：通过

表 15 - 23　创新激励机制 MB_2 维度各指标的相对权重

$MB_2 - MB_{2i}$	C_i (Ex_i, En_i, He_i)	W_i	一致性检验
MB_{21}	C_1 (0.790, 0.610, 0.815)	(0.190, 0.197, 0.275)	
MB_{22}	C_2 (1.325, 0.854, 0.811)	(0.319, 0.276, 0.274)	$\lambda_{max} = 4.008$
MB_{23}	C_3 (1.294, 0.832, 0.809)	(0.312, 0.269, 0.273)	$C.R. = 0.0029 < 0.1$
MB_{24}	C_4 (0.739, 0.799, 0.529)	(0.178, 0.258, 0.178)	检验结论：通过

表 15 - 24　组织与市场创新 MB_3 维度各指标的相对权重

$MB_3 - MB_{3i}$	C_i (Ex_i, En_i, He_i)	W_i	一致性检验
MB_{31}	C_1 (1.029, 0.852, 0.785)	(0.205, 0.178, 0.205)	
MB_{32}	C_2 (1.095, 0.910, 0.844)	(0.219, 0.190, 0.220)	$\lambda_{max} = 5.053$
MB_{33}	C_3 (0.967, 0.784, 0.738)	(0.193, 0.164, 0.192)	$C.R. = 0.012 < 0.1$
MB_{34}	C_4 (0.904, 1.100, 0.691)	(0.180, 0.230, 0.180)	检验结论：通过
MB_{35}	C_5 (1.106, 1.142, 0.778)	(0.203, 0.239, 0.203)	

表 15 - 25　主流产品产出 MC_1 维度各指标的相对权重

$MC_1 - MC_{1i}$	C_i (Ex_i, En_i, He_i)	W_i	一致性检验
MC_{11}	C_1 (0.978, 0.643, 0.577)	(0.326, 0.331, 0.338)	$\lambda_{max} = 3.064$
MC_{12}	C_2 (1.020, 0.655, 0.546)	(0.340, 0.337, 0.320)	$C.R. = 0.061 < 0.1$
MC_{13}	C_3 (1.003, 0.643, 0.586)	(0.334, 0.331, 0.343)	检验结论：通过

表 15-26　主流技术产出 MC_2 维度各指标的相对权重

$MC_2 - MC_{2i}$	C_i (Ex_i, En_i, He_i)	W_i	一致性检验
MC_{21}	C_1 (1.452, 0.832, 1.787)	(0.464, 0.446, 0.557)	$\lambda_{max} = 3.005$
MC_{22}	C_2 (0.724, 0.448, 0.892)	(0.232, 0.240, 0.278)	$C.R. = 0.005 < 0.1$
MC_{23}	C_3 (0.951, 0.588, 0.527)	(0.304, 0.315, 0.164)	检验结论：通过

表 15-27　主流技术市场化潜力 MC_3 维度各指标的相对权重

$MC_3 - MC_{3i}$	C_i (Ex_i, En_i, He_i)	W_i	一致性检验
MC_{31}	C_1 (1.232, 0.705, 0.674)	(0.391, 0.369, 0.361)	$\lambda_{max} = 3.012$
MC_{32}	C_2 (0.626, 0.383, 0.373)	(0.198, 0.200, 0.200)	$C.R. = 0.012 < 0.1$
MC_{33}	C_3 (1.296, 0.822, 0.821)	(0.411, 0.430, 0.439)	检验结论：通过

表 15-28　社会效益 MD_1 维度各指标的相对权重

$MD_1 - MD_{1i}$	C_i (Ex_i, En_i, He_i)	W_i	一致性检验
MD_{11}	C_1 (1.110, 0.723, 0.607)	(0.369, 0.369, 0.361)	$\lambda_{max} = 3.00$
MD_{12}	C_2 (0.919, 0.601, 0.520)	(0.305, 0.307, 0.309)	$C.R. = 0.0004 < 0.1$
MD_{13}	C_3 (0.980, 0.633, 0.556)	(0.326, 0.324, 0.330)	检验结论：通过

表 15-29　技术积累效益 MD_2 维度各指标的相对权重

$MD_2 - MD_{2i}$	C_i (Ex_i, En_i, He_i)	W_i	一致性检验
MD_{21}	C_1 (1.115, 0.686, 0.588)	(0.371, 0.372, 0.370)	$\lambda_{max} = 3.00$
MD_{22}	C_2 (0.964, 0.603, 0.520)	(0.320, 0.327, 0.327)	$C.R. = 0.0004 < 0.1$
MD_{23}	C_3 (0.930, 0.553, 0.483)	(0.309, 0.300, 0.304)	检验结论：通过

表 15-30　经济效益 MD_3 维度各指标的相对权重

$MD_3 - MD_{3i}$	C_i (Ex_i, En_i, He_i)	W_i	一致性检验
MD_{31}	C_1 (1.076, 0.685, 0.594)	(0.358, 0.360, 0.366)	$\lambda_{max} = 3.020$
MD_{32}	C_2 (1.020, 0.655, 0.536)	(0.339, 0.344, 0.331)	$C.R. = 0.019 < 0.1$
MD_{33}	C_3 (0.911, 0.564, 0.492)	(0.303, 0.296, 0.303)	检验结论：通过

表 15-15～表 15-30 的权重系数体现了相对于上一级指标的相对权重，根据式（15-8）、式（15-9）和式（15-10）可以求得四级指标相对于一级指标的权重向量（见表 15-31）。

表 15-31 主流创新绩效评价指标的相对权重

一级指标	二级指标	三级指标	四级指标	指标权重 W
企业主流创新绩效评价指数 M	创新投入 MA	人力投入 MA_1	主流技术创新 R&D 人员全时当量	(0.025, 0.042, 0.051)
			主流创新中高级职称技术研发人员占比	(0.024, 0.038, 0.042)
			科研团队技术专长的异质性	(0.027, 0.043, 0.048)
			研发人员人均培训费用	(0.022, 0.041, 0.039)
		资金投入 MA_2	主流技术创新 R&D 资金总额/产品销售收入	(0.030, 0.052, 0.057)
			主流技术引进经费支出总额/产品销售收入	(0.030, 0.050, 0.054)
			主流技术改造总经费/主流技术创新总经费	(0.031, 0.052, 0.058)
		技术投入 MA_3	主流技术研发设备的先进程度	(0.037, 0.061, 0.067)
			主流产品生产工艺的技术水准	(0.023, 0.039, 0.043)
			主流技术创新中外购专利项目数	(0.023, 0.039, 0.042)
	创新过程 MB	创新管理能力 MB_1	领导的主流创新战略与要素匹配度	(0.014, 0.024, 0.029)
			主流创新中各要素资源有效协同	(0.013, 0.023, 0.027)
			公司领导的创新意识和前瞻性	(0.012, 0.021, 0.025)
			发现市场机遇并付诸行动的有效程度	(0.013, 0.027, 0.026)
		创新激励机制 MB_2	创新机制对员工技术创新的调动作用	(0.014, 0.025, 0.032)
			定期对员工的技术创新绩效进行评估	(0.023, 0.040, 0.045)
			晋升制度对员工技术创新的促进作用	(0.023, 0.039, 0.045)
			员工技术改进建议的采纳率	(0.013, 0.027, 0.026)
		组织与市场创新 MB_3	注重技术信息渠道的完善和情报收集	(0.010, 0.017, 0.021)
			主流创新中注重组织学习能力的培养	(0.011, 0.019, 0.022)
			主流创新中注重联合研发	(0.010, 0.016, 0.020)
			通过产品质量和服务维护良好客户关系	(0.009, 0.018, 0.019)
			营销过程中注重新市场的创造	(0.010, 0.019, 0.021)

续表

一级指标	二级指标	三级指标	四级指标	指标权重 W
企业主流创新绩效评价指数 M	创新产出 MC	主流产品产出 MC₁	主流产品产值增长率	(0.029, 0.049, 0.047)
			主流产品销售利润率	(0.030, 0.050, 0.048)
			主流产品出口占比	(0.029, 0.049, 0.048)
		主流技术产出 MC₂	主流产品和相关工艺专利授权增加量	(0.040, 0.066, 0.069)
			主流产品技术诀窍、文档增加量	(0.020, 0.034, 0.034)
			重大改进产品数	(0.026, 0.044, 0.035)
		主流技术市场化潜力 MC₃	主流产品技术转让合同成交额	(0.029, 0.047, 0.045)
			主流技术相关产品研发的成功率	(0.015, 0.025, 0.024)
			主流技术专利成果转化率	(0.030, 0.052, 0.050)
	创新效益 MD	社会效益 MD₁	主流技术对社会节能减排的促进作用	(0.036, 0.065, 0.058)
			主流产品的就业促进作用	(0.030, 0.054, 0.048)
			主流技术对社会技术进步的促进作用	(0.032, 0.057, 0.052)
		技术积累效益 MD₂	对企业新流产品研发的促进作用	(0.038, 0.067, 0.060)
			对主流产品生命周期延长的促进作用	(0.033, 0.059, 0.052)
			主流相关产品平均研发周期缩短率	(0.032, 0.056, 0.049)
		经济效益 MD₃	企业经济增加值 EVA 提升幅度	(0.038, 0.068, 0.062)
			主流产品的用户认可程度提升率	(0.036, 0.065, 0.058)
			主流产品的单位产值成本下降率	(0.033, 0.057, 0.052)

（四）主流创新绩效评价结果分析

结合表 15 - 14 的综合等级隶属度矩阵 R 和表 15 - 31 的指标相对权重 W，利用公式 $B = W \times R$，求得 6 家汽车企业 2018 年主流创新隶属于各评价等级的综合评价向量，结果如表 15 - 32 所示。

表 15 - 32　2018 年 6 家汽车企业主流创新绩效值

企业简称	很差	差	一般	好	很好
奇瑞汽车	(0.005, 0.005, 0.004)	(0.073, 0.054, 0.059)	(0.320, 0.142, 0.142)	(0.353, 0.142, 0.142)	(0.247, 0.122, 0.115)

企业简称	很差	差	一般	好	很好
江淮汽车	(0.010, 0.006, 0.006)	(0.196, 0.101, 0.099)	(0.399, 0.156, 0.152)	(0.241, 0.108, 0.111)	(0.155, 0.091, 0.095)
长安汽车	(0.024, 0.040, 0.038)	(0.162, 0.103, 0.099)	(0.167, 0.111, 0.114)	(0.239, 0.097, 0.099)	(0.408, 0.160, 0.153)
比亚迪汽车	(0.050, 0.056, 0.065)	(0.217, 0.010, 0.097)	(0.383, 0.145, 0.146)	(0.293, 0.132, 0.127)	(0.057, 0.046, 0.044)
吉利汽车	(0.004, 0.012, 0.018)	(0.081, 0.060, 0.064)	(0.202, 0.101, 0.104)	(0.346, 0.167, 0.156)	(0.367, 0.147, 0.157)
众泰汽车	(0.190, 0.121, 0.124)	(0.222, 0.104, 0.100)	(0.231, 0.091, 0.089)	(0.176, 0.077, 0.074)	(0.181, 0.103, 0.101)

鉴于表 15 - 32 中部分汽车企业的各个评价等级隶属度 Ex 值差距较小，故需要运用加权隶属度公式计算各企业加权创新绩效值，并根据绩效值进行排序，计算结果如表 15 - 33 所示。

表 15 - 33　2018 年 6 家汽车企业主流创新的加权绩效值及排序

企业简称	主流创新加权绩效	绩效排序
吉利汽车	(6.982, 1.824, 1.861)	1
长安汽车	(6.690, 1.715, 1.671)	2
奇瑞汽车	(6.516, 1.649, 1.611)	3
江淮汽车	(5.675, 1.393, 1.413)	4
比亚迪汽车	(5.180, 1.282, 1.251)	5
众泰汽车	(4.872, 1.212, 1.183)	6

再基于 2012 ~ 2018 年 6 家企业不同年份的定量与定性指标数据，依据表 15 - 31 的主流创新绩效评价指标相对权重值，采用相同的计算方法，求得 6 家企业 2012 ~ 2018 年的主流创新加权绩效值及演化趋势（见图 15 - 6）。

实证分析结果表明，得益于庞大的汽车消费市场和国家汽车产业政策的调整，我国自主品牌汽车企业迎来了黄金发展时期，以传统燃油车为代表的主流创新绩效明显提升。2018 年 6 家自主品牌汽车企业中有 5 家企业的创新绩效介于等级"一般"和"好"之间（$5 \leqslant Ex_i \leqslant 7$），其中

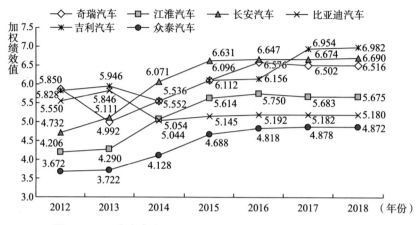

图 15 - 6   6 家汽车企业 2012 ~ 2018 年主流创新绩效演化趋势

3 家企业的绩效值超过 6，排名第 1 的吉利汽车的绩效值达到 6.982，而排名第 6 的是众泰汽车，由于较晚涉足该行业，缺乏技术积累，产品的市场认可度不高，市场占有率和利润表现一般，创新绩效值仅为 4.872。

图 15 - 6 描绘了 6 家企业 7 年间创新绩效的演化趋势，2012 ~ 2018 年国内自主品牌汽车企业主流创新加权绩效变化趋势呈两种类型。其中，江淮汽车、长安汽车和众泰汽车的变化趋势比较明显，总体呈上升趋势，特别是长安汽车的绩效变化最为明显，由 2012 年的 4.732 跃升到 2018 年的 6.690，这与该企业 30 多年的造车历史所积累的雄厚技术有关；而奇瑞汽车、比亚迪汽车和吉利汽车三家企业的主流创新绩效值呈波动上升趋势，由于战略转型，奇瑞汽车在 2013 年的销量大幅度下滑，从 2012 年的 53.8 万辆下跌到 2013 年的 42.32 万辆，造成当年绩效的下降，同样 2013 年吉利汽车和比亚迪汽车也因销量和利润双双下滑，影响了当年的主流创新绩效。而后，由于中国汽车市场的快速发展和国内消费者对国产品牌的信任度提升，6 家自主品牌汽车企业均步入快速发展时期，特别是吉利汽车 2015 ~ 2018 年销量的快速增长带来绩效的快速提升。可见，随着中国乘用车市场的快速发展，合资车主导市场的局面正在被自主品牌的崛起打破，自主品牌只会模仿、技术含量低、质量差的传统形象正在被自主创新、质量可靠、安全性高的品牌形象取代，自主品牌汽车企业的主流创新能力显著提升。在市场占有率方面，自主品牌汽车的市场占有率已经接近 50%，说明用户的认可度在逐年提升。根据 2018 年

的创新绩效值，将 6 家企业的创新绩效分成三个梯队。

绩效领先型企业是指绩效值 $Ex_i > 6$ 的企业，该类企业的绩效等级接近于"好"的标准，包括长安汽车、奇瑞汽车和吉利汽车。这三家汽车企业是国产汽车品牌中能够与合资品牌一较高下的代表性企业。吉利汽车绩效位列第 1，自从 2009 年收购沃尔沃之后，吉利汽车的造车技术、产品质量和用户认可度显著提升。虽然该企业的研发团队只有 2300 名成员，但是能够借助沃尔沃的研发团队，研发团队的异质性比较突出，加上研发资金的投入力度较大，达到销售总额的 7.77%，2018 年借助多款新车上市，销量达到 150 万辆，同比增长 20%。长安汽车的绩效值排名第 2，它有着与国外多家汽车企业组建合资公司的背景，具有获取技术溢出的优势，该企业的研发设备和生产工艺技术水准较高，企业创新管理能力比较强、创新激励机制比较到位，2018 年专利申请量为 706 项，2018 年全年燃油车销量达到 145.73 万辆。奇瑞汽车主流创新绩效位列第 3，主要得益于其在创新投入、创新管理能力、组织与市场创新、技术积累效益、社会效益和经济效益方面的突出表现。在专利申请方面，奇瑞汽车 2018 年专利申请量达到 674 项，燃油车销量达 66.23 万辆，产品出口达 12.7 万辆，位居 6 家汽车企业之首。

绩效追赶型企业是指主流创新绩效值 Ex_i 介于 5 和 6 之间，创新绩效处于"一般"水平，包括江淮汽车和比亚迪汽车两家企业。江淮汽车在创新资源的协同效应、领导创新战略、信息收集渠道和组织学习能力培养方面绩效较高，2018 年专利申请量达到 1491 件，位居 6 家企业之首，但是在其他方面表现一般，整体创新绩效排名第 4。比亚迪汽车 2003 年才正式进军汽车领域，其优势是新能源领域，在以传统燃油为动力的主流创新领域表现一般，企业产品竞争力不足，2018 年燃油车销量仅为 27.29 万辆。

绩效追随型企业是指主流创新绩效值 $Ex_i < 5$ 的企业，该类企业各项评价指标的绩效等级较差，总体达不到"一般"水平。只有众泰汽车属于该类型，其 Ex 值只有 4.872，创新绩效低于"一般"水平，因为该企业 2003 年才进入汽车行业，企业成长初期采取模仿的发展战略，缺乏技术积累，研发能力一般，产品品牌价值低，2018 年专利申请量仅 180 项，燃油车销量为 25.5 万辆，总体绩效较差。

三　新流创新静态绩效评价

（一）被评价企业新流创新数据的收集

新能源汽车属于新兴行业，各大汽车企业由于战略差异推出新能源汽车的时间点不同，考虑到研究的可行性，新流创新绩效考察期间为 2014~2018 年，表示方法与表 15-9 类似，定量指标用绝对值或指标变化率的相对数表示，定性指标用选择隶属于该等级的专家人次表示，具体数据如表 15-34 所示。

表 15-34　2018 年 6 家企业新流创新指标的原始数值

指标代码	指标属性	企业简称					
		奇瑞汽车	江淮汽车	长安汽车	比亚迪汽车	吉利汽车	众泰汽车
NA_{11}	定量	1479	1321	2997	5032	1642	1243
NA_{12}	定量	0.062	0.021	0.048	0.193	0.249	0.267
NA_{13}	定性	(0, 0, 13, 6, 1)	(1, 7, 9, 5, 1)	(0, 6, 6, 3, 1)	(0, 2, 7, 12, 1)	(0, 3, 5, 7, 1)	(0, 4, 8, 12, 2)
NA_{14}	定量	241	187	221	283	198	128
NA_{21}	定量	0.015	0.021	0.022	0.046	0.024	0.008
NA_{22}	定量	0.006	0.004	0.03	0.022	0.015	0.006
NA_{23}	定量	0.09	0.07	0.09	0.18	0.13	0.14
NA_{24}	定量	0.003	0.006	0.003	0.025	0.021	0.04
NA_{31}	定性	(0, 1, 12, 7, 0)	(0, 1, 12, 8, 2)	(1, 6, 7, 1, 1)	(1, 4, 7, 9, 1)	(0, 2, 5, 8, 1)	(0, 6, 8, 11, 1)
NA_{32}	定量	14	14	20	29	16	17
NA_{33}	定量	42	23	83	112	73	47
NB_{11}	定性	(0, 2, 13, 5, 0)	(0, 3, 11, 6, 3)	(0, 6, 6, 1, 3)	(0, 3, 5, 11, 3)	(0, 2, 5, 7, 2)	(0, 4, 9, 12, 1)
NB_{12}	定性	(0, 1, 10, 6, 3)	(0, 6, 13, 3, 0)	(0, 6, 6, 1, 3)	(0, 2, 6, 11, 3)	(0, 1, 6, 8, 1)	(0, 5, 11, 9, 1)
NB_{13}	定性	(0, 1, 11, 5, 3)	(1, 1, 12, 9, 0)	(0, 8, 4, 3, 1)	(0, 2, 7, 12, 1)	(0, 2, 7, 6, 1)	(1, 2, 10, 13, 0)
NB_{14}	定性	(0, 1, 12, 6, 1)	(0, 4, 13, 5, 1)	(0, 6, 7, 2, 1)	(0, 5, 6, 10, 1)	(0, 2, 3, 8, 3)	(0, 2, 11, 12, 1)

续表

指标代码	指标属性	企业简称					
		奇瑞汽车	江淮汽车	长安汽车	比亚迪汽车	吉利汽车	众泰汽车
NB_{21}	定性	(1, 2, 9, 4, 4)	(0, 2, 11, 6, 4)	(1, 6, 5, 1, 3)	(0, 0, 7, 12, 3)	(1, 1, 6, 6, 2)	(0, 4, 8, 12, 2)
NB_{22}	定性	(0, 0, 12, 4, 4)	(0, 4, 12, 5, 2)	(0, 7, 7, 2, 0)	(1, 1, 7, 13, 0)	(0, 2, 6, 6, 2)	(0, 2, 12, 10, 2)
NB_{23}	定性	(0, 0, 11, 6, 3)	(1, 4, 11, 6, 1)	(1, 6, 7, 1, 1)	(0, 1, 8, 9, 4)	(1, 2, 6, 5, 2)	(1, 3, 8, 11, 3)
NB_{24}	定量	0.34	0.41	0.39	0.42	0.36	0.42
NB_{31}	定性	(1, 1, 8, 8, 2)	(0, 1, 14, 8, 0)	(1, 6, 5, 4, 0)	(0, 2, 9, 11, 0)	(0, 2, 5, 6, 3)	(0, 3, 12, 10, 1)
NB_{32}	定性	(0, 0, 11, 6, 3)	(1, 2, 13, 3, 4)	(0, 6, 7, 2, 1)	(1, 1, 5, 11, 4)	(0, 2, 7, 6, 1)	(1, 6, 9, 8, 2)
NB_{33}	定量	0.21	0.15	0.14	0.37	0.3	0.27
NB_{34}	定性	(0, 2, 10, 7, 1)	(0, 6, 10, 5, 2)	(0, 6, 5, 2, 3)	(1, 1, 5, 13, 2)	(0, 2, 7, 5, 2)	(0, 6, 10, 8, 2)
NC_{11}	定量	0.184	0.265	0.118	0.274	0.210	0.311
NC_{12}	定量	0.030	0.029	0.025	0.065	0.036	0.057
NC_{13}	定量	0.071	0.038	0.038	0.123	0.092	0.041
NC_{21}	定量	184	207	289	612	324	113
NC_{22}	定量	275	213	149	841	425	84
NC_{23}	定量	15	10	12	23	18	12
NC_{31}	定量	4328	6895	9805	34144	14674	987
NC_{32}	定量	0.38	0.35	0.38	0.49	0.33	0.34
NC_{33}	定性	(1, 2, 9, 5, 3)	(1, 5, 13, 3, 1)	(0, 7, 7, 1, 1)	(1, 4, 7, 9, 1)	(0, 1, 8, 7, 0)	(1, 4, 12, 8, 1)
ND_{11}	定性	(0, 0, 11, 7, 2)	(0, 6, 12, 4, 1)	(0, 6, 6, 1, 3)	(0, 1, 7, 13, 1)	(0, 1, 8, 6, 1)	(0, 5, 10, 9, 2)
ND_{12}	定性	(0, 2, 13, 3, 2)	(0, 3, 14, 4, 2)	(0, 7, 7, 2, 0)	(0, 3, 6, 12, 1)	(0, 2, 6, 8, 0)	(0, 3, 11, 9, 3)
ND_{13}	定性	(0, 2, 10, 7, 1)	(0, 4, 9, 5, 4)	(0, 7, 8, 0, 1)	(0, 3, 3, 14, 2)	(0, 0, 9, 7, 0)	(0, 4, 13, 7, 2)
ND_{21}	定性	(1, 2, 8, 7, 2)	(1, 5, 11, 3, 3)	(0, 6, 5, 1, 4)	(1, 1, 3, 13, 4)	(0, 1, 7, 6, 2)	(1, 6, 9, 8, 2)
ND_{22}	定性	(0, 2, 13, 5, 0)	(0, 4, 10, 5, 4)	(0, 6, 7, 2, 1)	(1, 1, 8, 11, 1)	(0, 2, 6, 7, 1)	(0, 5, 11, 8, 2)

指标代码	指标属性	企业简称					
		奇瑞汽车	江淮汽车	长安汽车	比亚迪汽车	吉利汽车	众泰汽车
ND_{23}	定性	(0, 1, 10, 7, 2)	(1, 1, 13, 6, 2)	(0, 6, 6, 2, 2)	(0, 3, 3, 14, 2)	(0, 2, 8, 6, 0)	(1, 6, 11, 7, 1)
ND_{31}	定量	0.036	0.043	0.039	0.193	0.143	0.085
ND_{32}	定量	0.069	0.088	0.074	0.074	0.062	0.052
ND_{33}	定量	0.054	0.037	0.042	0.058	0.051	0.034

（二）定性与定量指标的处理

新流创新定性与定量指标的处理方法与主流创新相同，定性指标根据公式 $r_{ij} = n/N$ 计算综合隶属度矩阵，定量指标先进行等级云化，然后利用 MATLAB 编程软件，计算指标隶属于各个等级的隶属度，表 15 - 35 中仅列出经过处理后奇瑞汽车的指标等级隶属度值，其他企业处理过程类似。

表 15 - 35　2018 年奇瑞汽车新流创新评价指标的等级隶属度值

指标代码	指标属性	很差	差	一般	好	很好
NA_{11}	定量	0.00	0.00	0.87	0.13	0.00
NA_{12}	定量	0.00	0.00	0.00	1.00	0.00
NA_{13}	定性	0.00	0.00	0.65	0.30	0.05
NA_{14}	定量	0.51	0.49	0.00	0.00	0.00
NA_{21}	定量	0.00	0.00	0.02	0.98	0.00
NA_{22}	定量	0.00	0.00	0.00	0.83	0.17
NA_{23}	定量	0.00	0.00	0.02	0.98	0.00
NA_{24}	定量	0.00	0.00	0.00	0.16	0.84
NA_{31}	定性	0.00	0.05	0.60	0.35	0.00
NA_{32}	定量	0.00	0.00	0.92	0.08	0.00
NA_{33}	定量	0.00	0.00	0.99	0.01	0.00
NB_{11}	定性	0.00	0.10	0.65	0.25	0.00
NB_{12}	定性	0.00	0.05	0.50	0.30	0.15
NB_{13}	定性	0.00	0.05	0.55	0.25	0.15
NB_{14}	定性	0.00	0.05	0.60	0.30	0.05

续表

指标代码	指标属性	很差	差	一般	好	很好
NB_{21}	定性	0.05	0.10	0.45	0.20	0.20
NB_{22}	定性	0.00	0.00	0.60	0.20	0.20
NB_{23}	定性	0.00	0.00	0.55	0.30	0.15
NB_{24}	定量	0.00	0.00	0.04	0.96	0.00
NB_{31}	定性	0.05	0.05	0.40	0.40	0.10
NB_{32}	定性	0.00	0.00	0.55	0.30	0.15
NB_{33}	定量	0.00	0.00	0.98	0.02	0.00
NB_{34}	定性	0.00	0.10	0.50	0.35	0.05
NC_{11}	定量	0.00	0.00	0.88	0.12	0.00
NC_{12}	定量	0.00	0.00	0.01	0.99	0.00
NC_{13}	定量	0.00	0.00	0.95	0.05	0.00
NC_{21}	定量	0.00	0.91	0.09	0.00	0.00
NC_{22}	定量	0.00	0.00	0.97	0.03	0.00
NC_{23}	定量	0.00	0.00	0.00	1.00	0.00
NC_{31}	定量	0.00	0.50	0.50	0.00	0.00
NC_{32}	定量	0.00	0.00	0.00	0.76	0.24
NC_{33}	定性	0.05	0.10	0.45	0.25	0.15
ND_{11}	定性	0.00	0.00	0.55	0.35	0.10
ND_{12}	定性	0.00	0.10	0.65	0.15	0.10
ND_{13}	定性	0.00	0.10	0.50	0.35	0.05
ND_{21}	定性	0.05	0.10	0.40	0.35	0.10
ND_{22}	定性	0.00	0.10	0.65	0.25	0.00
ND_{23}	定性	0.00	0.05	0.50	0.35	0.10
ND_{31}	定量	0.00	0.99	0.01	0.00	0.00
ND_{32}	定量	0.00	0.00	0.00	1.00	0.00
ND_{33}	定量	0.00	0.00	0.00	0.00	1.00

（三）新流创新评价指标权重的确定

新流创新评价指标权重的确定所邀请的专家与主流创新相同（见附录八），通过对专家评价矩阵的浮动云集结，形成指标重要性综合判断矩阵，并结合式（15-4）求得指标的相对权重，最后进行一致性检验，计算原理与主流创新权重计算过程完全相同，故省略计算过程，表 15 – 36 中仅列出最终的权重值。

表 15 – 36　新流创新绩效评价指标的相对权重值

一级指标	二级指标	三级指标	四级指标	指标权重 W
企业新流创新绩效评价指数 N	创新投入 NA	人力投入 NA_1	新流技术创新 R&D 人员全时当量	$(0.028, 0.046, 0.053)$
			学术带头人数/新流技术研究人员数	$(0.026, 0.041, 0.046)$
			科研团队的前瞻性和擅长领域的新颖性	$(0.029, 0.046, 0.052)$
			研发人员参加国际同领域学术会议次数	$(0.016, 0.032, 0.030)$
		资金投入 NA_2	新流技术创新 R&D 资金总额/产品销售收入	$(0.028, 0.046, 0.052)$
			新流技术引进经费支出总额/产品销售收入	$(0.017, 0.029, 0.032)$
			高风险性项目经费总额/新流技术创新总经费	$(0.024, 0.038, 0.043)$
			政府资助资金/新流技术创新总经费	$(0.012, 0.026, 0.023)$
		技术投入 NA_3	新流技术研发设备的先进程度	$(0.036, 0.062, 0.067)$
			通过国家或国际组织认证的实验室数量	$(0.032, 0.055, 0.059)$
			新流技术创新中企业创新立项数	$(0.030, 0.050, 0.055)$
	创新过程 NB	创新管理能力 NB_1	新流创新中注重构建跨职能部门的团队	$(0.010, 0.018, 0.023)$
			新流创新中技术部门对新兴技术高度敏感	$(0.015, 0.027, 0.031)$
			公司具有偏好新兴和风险产品研发的文化	$(0.015, 0.026, 0.030)$
			公司领导具有明确的新流创新战略	$(0.012, 0.025, 0.025)$
		创新激励机制 NB_2	技术创新中注重新兴技术的标杆管理	$(0.017, 0.031, 0.037)$
			公司定期对员工的技术创新绩效进行评估	$(0.024, 0.041, 0.046)$

续表

一级指标	二级指标	三级指标	四级指标	指标权重 W
企业新流创新绩效评价指数 N	创新过程 NB	创新激励机制 NB_2	创新机制对员工技术创新的调动作用	(0.021, 0.036, 0.040)
			员工新创意、新技术建议的采纳率	(0.013, 0.026, 0.026)
		组织与市场创新 NB_3	组织对外部知识的获取与吸收能力	(0.008, 0.015, 0.019)
			公司具有完善的部门或员工沟通渠道	(0.010, 0.018, 0.020)
			创新中挑剔的和预示性顾客建议的采纳率	(0.016, 0.026, 0.031)
			注重新流产品用户的培育和新市场的创造	(0.014, 0.025, 0.029)
	创新产出 NC	新流产品产出 NC_1	新流产品产值增长率	(0.025, 0.042, 0.041)
			新流产品销售利润率	(0.025, 0.042, 0.040)
			新流产品出口占比	(0.027, 0.046, 0.045)
		新流技术产出 NC_2	新流产品和相关工艺专利增加量	(0.041, 0.069, 0.071)
			新流产品技术诀窍、文档增加量	(0.024, 0.041, 0.041)
			最近 3 年新流产品国家标准制定参与数	(0.025, 0.043, 0.035)
		新流技术市场化潜力 NC_3	新流产品技术转让合同成交额	(0.032, 0.052, 0.050)
			新流技术专利成果的转化率	(0.021, 0.036, 0.034)
			新流技术的突破性及新颖性	(0.019, 0.032, 0.031)
	创新效益 ND	社会效益 ND_1	新流技术对社会节能减排的促进作用	(0.031, 0.054, 0.049)
			新流技术对新兴产业的催生作用	(0.029, 0.051, 0.046)
			技术对该领域尖端技术进步的促进作用	(0.038, 0.068, 0.062)
		技术积累效益 ND_2	对企业主流产品技术革新的带动作用	(0.037, 0.066, 0.059)
			对新流产品开发周期缩短的促进作用	(0.035, 0.063, 0.057)
			产生了生产高端产品和服务的持续创新流	(0.034, 0.061, 0.054)
		经济效益 ND_3	新流创新效率增长率	(0.036, 0.063, 0.057)
			新流产品的用户认可程度提升率	(0.036, 0.065, 0.057)
			新流产品的单位产值成本下降率	(0.033, 0.058, 0.052)

（四）新流创新绩效评价结果分析

结合表 15 - 35 的综合等级隶属度矩阵 R 和表 15 - 36 的指标相对权重 W，利用公式 $B = W \times R$，求得 6 家汽车企业 2018 年新流创新隶属于对应评价等级的综合评价向量，结果如表 15 - 37 所示。

表 15 - 37   2018 年 6 家汽车企业新流创新绩效值

企业简称	很差	差	一般	好	很好
奇瑞汽车	(0.012, 0.017, 0.016)	(0.122, 0.095, 0.092)	(0.429, 0.155, 0.160)	(0.348, 0.136, 0.134)	(0.089, 0.066, 0.059)
江淮汽车	(0.008, 0.005, 0.004)	(0.199, 0.104, 0.106)	(0.365, 0.129, 0.128)	(0.280, 0.117, 0.116)	(0.148, 0.089, 0.086)
长安汽车	(0.011, 0.021, 0.019)	(0.198, 0.132, 0.128)	(0.341, 0.137, 0.136)	(0.327, 0.112, 0.114)	(0.123, 0.072, 0.069)
比亚迪汽车	(0.012, 0.021, 0.020)	(0.127, 0.088, 0.096)	(0.119, 0.052, 0.053)	(0.293, 0.126, 0.119)	(0.449, 0.179, 0.173)
吉利汽车	(0.032, 0.048, 0.050)	(0.161, 0.073, 0.071)	(0.309, 0.132, 0.131)	(0.395, 0.163, 0.163)	(0.103, 0.072, 0.065)
众泰汽车	(0.074, 0.071, 0.075)	(0.174, 0.099, 0.100)	(0.329, 0.136, 0.129)	(0.291, 0.109, 0.111)	(0.132, 0.078, 0.082)

鉴于表 15 - 37 中奇瑞汽车、江淮汽车、长安汽车、吉利汽车和众泰汽车 5 家企业的评价等级隶属 Ex 值差距较小，运用加权隶属度公式计算加权创新绩效，并根据绩效值进行排序，具体结果如表 15 - 38 所示。

表 15 - 38   2018 年 6 家汽车企业新流创新加权绩效值及排序

企业简称	新流创新加权绩效	绩效排序
比亚迪汽车	(7.080, 1.866, 1.809)	1
奇瑞汽车	(5.762, 1.391, 1.373)	2
吉利汽车	(5.752, 1.486, 1.461)	3
江淮汽车	(5.722, 1.351, 1.330)	4
长安汽车	(5.705, 1.288, 1.279)	5
众泰汽车	(5.465, 1.280, 1.287)	6

采用同样的计算方式，根据 2014 ~ 2018 年各汽车企业的定量及定性指标数值，分别计算各年份的新流创新加权绩效值，最终形成如图 15 - 7 所

示的新流创新加权绩效演化趋势。

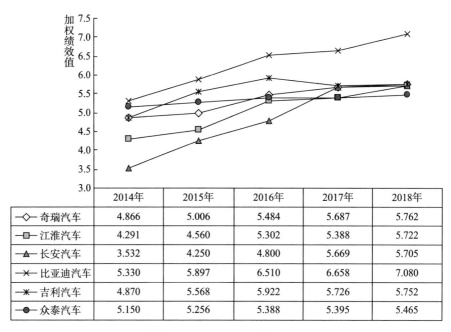

	2014年	2015年	2016年	2017年	2018年
◇ 奇瑞汽车	4.866	5.006	5.484	5.687	5.762
■ 江淮汽车	4.291	4.560	5.302	5.388	5.722
▲ 长安汽车	3.532	4.250	4.800	5.669	5.705
✕ 比亚迪汽车	5.330	5.897	6.510	6.658	7.080
✳ 吉利汽车	4.870	5.568	5.922	5.726	5.752
● 众泰汽车	5.150	5.256	5.388	5.395	5.465

图 15 – 7　6 家汽车企业 2014～2018 年新流创新绩效演化趋势

图 15 – 7 表明 2014 年各大企业的新流创新绩效值差异较大，且均处于较低水平，6 家企业新流创新绩效均值仅为 4.673。与传统燃油车不同，新能源汽车属于新兴产业，产品研发处于起步阶段，缺乏技术积累，资金投入大，同时存在产品续航里程短、售价和后期维护成本高昂、产品的市场认可度不高、消费者需要时间去培育等问题。所以，新能源汽车的市场份额较小，规模经济效应无法显现，发展初期企业利润空间有限，甚至出现亏损，创新绩效值偏低。

2014～2018 年随着国家能源政策的调整，政府从企业和消费者角度对新能源汽车的生产和销售进行补贴，加上企业创新带来的产品性能改进和市场价格下降，新能源汽车的市场认可度逐渐提升，2018 年全年新能源汽车销量达到 101.6 万辆，同比增长 90.9%。在研究的 6 家企业中，比亚迪汽车表现最为抢眼，5 年间新能源汽车的销量实现年均 326.9% 的增长率，2018 年只有该企业的创新绩效超过 7，达到 7.080，达到"好"的标准，但仍有 5 家企业的绩效值介于 5 和 6 之间。可见，对于企业和消费者而言，新能源产品均处于探索和适应阶段，产品质量和性能的提升尚需时日，消费者对产品的认可度和接受度有待提升，新流创新绩效总体表现比较逊色。根据 6 家企业 2018 年新流创新绩效值，借鉴前面主流创新绩效的划分标准，将其分成两个梯队。

绩效领先型企业（$Ex_i > 7$）只有比亚迪汽车。由于在电池领域的技术领先，2006 年起比亚迪汽车将新能源汽车作为企业的发展重点，并已经逐渐成为我国新能源汽车领域的领军企业，其在新能源领域掌握着大量创新资源，包括专家团队、高端研发设备和高等级研发实验室，再加上该公司以新能源领域为重点的市场战略，关注产品客户群的培养，注重吸纳挑剔性顾客和预示性顾客的建议。2018 年，该企业的纯电动车销量达到 24.78 万辆，占国内新能源汽车销量的 24.39%。

绩效追赶型企业（$5 \leq Ex_i \leq 7$）包括奇瑞汽车、吉利汽车、长安汽车、众泰汽车和江淮汽车 5 家企业。奇瑞汽车在新能源领域的表现比较突出，虽然 2016 年的新流创新绩效值为 5.484，排名第 3，但步入 2018 年，该企业的新能源汽车销量达到 9.05 万辆，创新绩效值为 5.762，排名第 2。吉利汽车在新能源领域的表现也比较突出，这主要得益于其收购沃尔沃汽车后进行的技术转移并能够共享沃尔沃的高端研发平台，同时，公司领导层明确的新能源战略和注重用户口碑的积累也为吉利新能源汽车市场的拓展打下坚实基础，产品的用户认可度大幅提升，该企业 2018 年的新能源汽车销量达到 5.43 万辆，创新绩效达到 5.752。长安汽车的新流创新绩效提升表现最为抢眼，2014 年由于企业创新资源配置偏向于主流创新，在新能源领域起步较晚，市场反响平淡，新流创新绩效仅有 3.532，然而，随着企业战略的调整和企业拥有雄厚的技术积淀，在新能源领域很快崭露头角，2018 年新能源汽车销量突破 4.24 万辆，创新绩效达到 5.705，排名第 5。长期以来，江淮汽车将研究的重点放在重型卡车和发动机领域，在新能源领域起步较晚，2017 年全年新能源车销量只有 2.83 万辆，但是步入 2018 年，受益于销量的增长，该企业新流创新绩效呈明显的上升趋势，绩效值为 5.722，排名第 4。众泰汽车在传统燃油动力领域的创新绩效较低，但在新能源领域的绩效表现却比较抢眼，2018 年新能源汽车销量达到 3.39 万辆，创新绩效达到 5.465。

四 主流与新流创新对企业创新绩效的贡献度分析

（一）主流与新流创新绩效贡献率测算模型

企业的整体创新绩效源于在主流和新流领域的创新活动，由于企业的创新阶段和战略差异，不同汽车企业的传统燃油车和新能源汽车对企业整体创新绩效的贡献度不同，为衡量二元创新对企业整体创新绩效的贡献率，本节构建了创新绩效贡献率模型。

假设主流创新绩效评价指标体系中包含 n 个评价维度，基于云模型确定的第 i（$i = 1, 2, \cdots, n$）个指标最大隶属于第 l（$l = 1, 3, 5, 7, 9$）个等级，其最大隶属度为 $Ex_i^l = \max\{Ex_i\}$，则主流创新绩效的综合隶属度用 $MEx = \sum_{i=1}^{n} i \times Ex_i^l$ 来衡量。

假设新流创新绩效评价指标体系中包含 m 个评价维度，基于云模型确定的第 j（$j = 1, 2, \cdots, m$）个指标最大隶属于第 l（$l = 1, 3, 5, 7, 9$）个等级，其最大隶属度为 $Ex_j^l = \max\{Ex_j\}$，则新流创新绩效的综合隶属度用 $NEx = \sum_{j=1}^{m} j \times Ex_j^l$ 来衡量。

基于主流与新流创新绩效的综合隶属度值，利用式（15-13）和式（15-14）测算主流与新流创新对企业整体创新绩效的贡献度。

$$MCR = \frac{MEx}{MEx + NEx} \times 100\% = \frac{\sum_{i=1}^{n} i \times Ex_i^l}{\sum_{i=1}^{n} i \times Ex_i^l + \sum_{j=1}^{m} j \times Ex_j^l} \times 100\% \quad (15-13)$$

$$NCR = \frac{NEx}{MEx + NEx} \times 100\% = \frac{\sum_{j=1}^{m} j \times Ex_j^l}{\sum_{i=1}^{n} i \times Ex_i^l + \sum_{j=1}^{m} j \times Ex_j^l} \times 100\% \quad (15-14)$$

式（15-13）和式（15-14）在测算企业主流与新流创新绩效的贡献度时，充分考虑到二元创新的人力投入、资金投入、技术投入、创新管理能力、创新激励机制、组织与市场创新、产品产出、技术产出、技术市场化潜力、社会效益、技术积累效益和经济效益等 12 个维度。对于任何一个二元创新企业，不论其主流与新流创新处于何种阶段、企业业务性质如何，只需收集这 12 个维度的评价数据，利用云模型进行等级云化，再利用式（15 - 13）和式（15 - 14）即可测算主流与新流创新的贡献度，该模型具有一定的普适性，其适用范围不受其他因素的影响。

（二）奇瑞汽车主流与新流创新绩效贡献度分析

奇瑞汽车在二元创新中主要采取的是平衡型发展战略，即在主流技术积累和主流产品的市场占有率达到一定阶段后，以新流最终替代主流为目标，企业利用主流产品发展所积累的大量原始资本开始进行新能源领域的技术创新，在新流领域投入较多资源，同时也取得较好的创新成果。虽然奇瑞汽车 2018 年的主流和新流创新绩效分别位列第 3 和第 2，根据式（15 - 13）、式（15 - 14）测算的主流和新流创新绩效的贡献度分别为 56.94% 和 43.06%，但是企业目前的创新经济效益主要来自主流创新，2018 年全年传统燃油动力汽车的销量达到 66.23 万辆，而新能源汽车的销量仅有 9.05 万辆。

在各个维度的绩效贡献方面，将隶属度最大作为判断指标隶属度等级的标准。根据表 15 - 39 的数据①，2012 ~ 2018 年奇瑞汽车在主流创新领域绝大多数指标的绩效逐渐提升，其中技术投入、创新管理能力、组织与市场创新、技术产出、技术市场化潜力、社会效益和技术积累效益均从"一般"等级跨入"好"的等级，其中经济效益达到"很好"的等级。反观新流创新各维度的绩效等级隶属度，2014 年大多数指标介于"差"和"一般"等级之间，但到 2018 年，已有 7 个指标达到"一般"等级，其中人力投入、资金投入和技术市场化潜力 3 个指标的绩效隶属于"好"的等级，新流创新的技术产出和经济效益尚处于"差"的等级，可见，目前该企业的创新绩效主要来自传统业务的创新，新流创新的技术产出和经济效益尚未显现。

---

① 由于篇幅限制，本书仅列出 2018 年奇瑞汽车的主流与新流创新各维度绩效等级隶属度，其他年份的数据省略，其他 5 家汽车企业也类似。

表 15 – 39　2018 年奇瑞汽车主流与新流创新各维度绩效
等级隶属度

评价维度	奇瑞汽车主流创新各维度绩效等级隶属度					奇瑞汽车新流创新各维度绩效等级隶属度				
	很差	差	一般	好	很好	很差	差	一般	好	很好
人力投入	0.000	0.028	0.566	0.333	0.075	0.082	0.079	0.436	0.389	0.015
资金投入	0.000	0.315	0.360	0.320	0.007	0.000	0.000	0.011	0.830	0.159
技术投入	0.000	0.199	0.277	0.343	0.153	0.000	0.018	0.825	0.158	0.000
创新管理能力	0.025	0.049	0.150	0.490	0.286	0.000	0.060	0.566	0.276	0.098
创新激励机制	0.000	0.031	0.516	0.288	0.164	0.011	0.023	0.454	0.361	0.151
组织与市场创新	0.011	0.093	0.112	0.463	0.321	0.009	0.039	0.649	0.241	0.062
产品产出	0.000	0.010	0.649	0.008	0.333	0.000	0.000	0.621	0.379	0.000
技术产出	0.000	0.000	0.143	0.855	0.001	0.000	0.413	0.296	0.291	0.000
技术市场化潜力	0.000	0.000	0.143	0.855	0.001	0.013	0.246	0.338	0.291	0.111
社会效益	0.018	0.086	0.103	0.529	0.263	0.000	0.069	0.560	0.290	0.081
技术积累效益	0.016	0.051	0.141	0.636	0.157	0.017	0.084	0.515	0.317	0.067
经济效益	0.000	0.014	0.344	0.013	0.629	0.000	0.340	0.005	0.344	0.313

（三）江淮汽车主流与新流创新绩效贡献度分析

江淮汽车在 6 家汽车企业中表现并不突出，采取的也是平衡型发展战略，注重传统燃油车与新能源汽车同步发展，2018 年主流和新流创新绩效的贡献度分别为 55.83% 和 44.17%，创新绩效排名均位列第 4。5 年间，企业的主流创新绩效等级隶属度变化不大，但新流创新在资金投入、创新管理能力、创新激励机制、组织与市场创新、社会效益、技术积累效益和经济效益等维度的创新绩效有较大的提升，从原先隶属于"差"上升到"一般"等级。

表 15 – 40 的数据展现了 2018 年各个维度的绩效贡献，企业在资金投入、创新管理能力、创新激励机制、组织与市场创新、社会效益和技术积累效益方面的二元创新整体绩效相当，均处于"一般"等级。但在

技术产出和技术市场化潜力方面，主流创新的优势明显大于新流创新，这与企业当前主流产品与新流产品的实际市场份额基本一致，2018年江淮汽车的乘用车共销售40.1万辆，而在纯电动乘用车领域，全年销量仅实现6.37万辆。可见，虽然企业在二元创新中的众多指标绩效相当，但在创新产出和创新效益方面，主流创新的绩效明显高于新流创新的绩效。

表15－40　2018年江淮汽车主流与新流创新各维度绩效
等级隶属度

评价维度	江淮汽车主流创新各维度绩效等级隶属度					江淮汽车新流创新各维度绩效等级隶属度				
	很差	差	一般	好	很好	很差	差	一般	好	很好
人力投入	0.010	0.046	0.334	0.332	0.281	0.010	0.249	0.119	0.347	0.275
资金投入	0.000	0.023	0.859	0.117	0.000	0.000	0.012	0.619	0.226	0.143
技术投入	0.021	0.308	0.274	0.284	0.114	0.003	0.456	0.384	0.125	0.032
创新管理能力	0.011	0.085	0.415	0.391	0.098	0.012	0.154	0.538	0.247	0.048
创新激励机制	0.014	0.131	0.313	0.243	0.299	0.012	0.124	0.409	0.207	0.249
组织与市场创新	0.017	0.093	0.408	0.381	0.110	0.009	0.104	0.665	0.151	0.071
产品产出	0.000	0.448	0.218	0.334	0.001	0.000	0.352	0.329	0.303	0.016
技术产出	0.000	0.006	0.295	0.008	0.691	0.013	0.868	0.110	0.010	0.000
技术市场化潜力	0.000	0.006	0.292	0.012	0.690	0.010	0.498	0.150	0.330	0.011
社会效益	0.015	0.141	0.566	0.207	0.071	0.000	0.188	0.497	0.191	0.107
技术积累效益	0.017	0.308	0.393	0.159	0.123	0.029	0.144	0.497	0.205	0.126
经济效益	0.000	0.000	0.547	0.424	0.029	0.001	0.009	0.345	0.311	0.334

（四）长安汽车主流与新流创新绩效贡献度分析

从长安汽车的主流与新流创新绩效变化过程可以看出，企业战略正由激进型向平衡型转变，2014年企业的主流和新流创新绩效排名分别为第1和第6，直到2016年企业的创新绩效主要来自传统燃油车，当年燃油车销量达到114.9万辆，而新能源汽车销量只有4000多辆。然而，在国家鼓励节能减排的宏观战略下，企业也将业务重心逐渐向新能源汽车转移，随着技术的累积和新产品投放速度的加快，2018 年主流创新绩效排名第 2，而新流创新绩效排名上升至第 5，企业的新流产品销量快速增长，主流和新流创新绩效的贡献度分别为 59.51% 和 40.49%。

表 15 - 41 体现了各个维度的绩效贡献，将隶属度最大作为判断指标隶属度等级的标准，从 2012 年开始，长安汽车的主流创新各维度的绩效隶属度等级均有较大提升，特别是在人力投入、技术投入、创新管理能力、创新激励机制、组织与市场创新、社会效益、技术积累效益和经济效益方面均达到"很好"等级，其余各评价维度都介于"好"和"很好"等级之间。然而，2016 年以前新流领域各指标的创新绩效表现却很一般，多数指标隶属于等级"差"与"一般"之间。2017 年以后，新流创新的技术积累效益逐渐显现，产品的市场认可度迅速提升，2018 年新流产品销量达到 4.24 万辆，企业的资金投入、技术投入、创新激励机制、技术产出、社会效益和技术积累效益已经达到"好"的绩效等级。

表 15 - 41　2018 年长安汽车主流与新流创新各维度绩效等级隶属度

评价维度	长安汽车主流创新各维度绩效等级隶属度					长安汽车新流创新各维度绩效等级隶属度				
	很差	差	一般	好	很好	很差	差	一般	好	很好
人力投入	0.019	0.161	0.267	0.221	0.332	0.002	0.060	0.566	0.112	0.260
资金投入	0.000	0.000	0.026	0.964	0.010	0.010	0.130	0.007	0.557	0.287
技术投入	0.025	0.074	0.284	0.146	0.471	0.023	0.105	0.138	0.584	0.115
创新管理能力	0.000	0.093	0.126	0.202	0.579	0.000	0.021	0.410	0.456	0.112
创新激励机制	0.020	0.049	0.062	0.371	0.498	0.031	0.106	0.229	0.434	0.200
组织与市场创新	0.014	0.071	0.042	0.253	0.621	0.011	0.069	0.527	0.287	0.106
产品产出	0.001	0.053	0.291	0.655	0.000	0.000	0.000	0.968	0.032	0.000
技术产出	0.000	0.000	0.133	0.732	0.135	0.005	0.000	0.268	0.727	0.000

评价维度	长安汽车主流创新各维度绩效等级隶属度					长安汽车新流创新各维度绩效等级隶属度				
	很差	差	一般	好	很好	很差	差	一般	好	很好
技术市场化潜力	0.000	0.000	0.033	0.815	0.152	0.000	0.016	0.560	0.112	0.312
社会效益	0.000	0.080	0.082	0.250	0.588	0.000	0.083	0.408	0.455	0.054
技术积累效益	0.000	0.021	0.042	0.164	0.773	0.000	0.148	0.360	0.390	0.103
经济效益	0.001	0.010	0.248	0.372	0.396	0.008	0.016	0.564	0.271	0.141

（五）比亚迪汽车主流与新流创新绩效贡献度分析

比亚迪汽车采用的是激进型发展战略，该战略的特征是在主流创新技术积淀比较有限的背景下，将创新资源直接投向风险性更大、市场前景不明朗的新流创新领域。比亚迪汽车采用激进型创新战略的初衷是克服自身在传统能源领域起步晚、品牌竞争力弱和技术储备不足的劣势，依托其在电池领域的技术优势，将研发重心转向新能源汽车，该企业是新能源汽车产业的标杆企业，新能源产品涉及家用轿车、公交车、客车和货车，产品线非常丰富，并且取得了良好的经济效益。2018 年该企业的电动汽车销量世界排名第 1 位，在评价企业中新流创新绩效排名第 1，而传统燃油车的市场表现一般，市场占有率仅有 1.2%，创新绩效排名第 5，主流和新流创新绩效的贡献度分别为 31.34% 和 68.63%。

由于企业创新资源的配置偏向于新流领域，比亚迪汽车在 2012 ~ 2018 年的主流创新绩效提升不明显，在产品产出和技术产出方面表现逊色，其他指标也仅处于"一般"的等级，只有技术市场化潜力有较大提升，但由于缺乏有竞争力的核心技术和产品，主流产品的销量一直未能有较大突破。比亚迪汽车在新流领域的表现却异常突出，表 15-42 的数据表明，2018 年该企业的整体创新绩效主要来自新流创新，在人力投入、资金投入、技术投入、创新管理能力、创新激励机制、组织与市场创新、产品和技术产出、社会效益、技术积累效益和经济效益方面，新流创新的贡献完全超越主流创新的贡献，2015 年该企业的新能源汽车产值已经超越传统燃油汽车的产值。

表 15 – 42　2018 年比亚迪汽车主流与新流创新各维度绩效
等级隶属度

评价维度	比亚迪主流创新各维度绩效 等级隶属度					比亚迪新流创新各维度绩效 等级隶属度				
	很差	差	一般	好	很好	很差	差	一般	好	很好
人力投入	0.102	0.241	0.495	0.149	0.014	0.150	0.122	0.286	0.438	0.004
资金投入	0.004	0.340	0.523	0.131	0.002	0.000	0.008	0.010	0.823	0.015
技术投入	0.023	0.201	0.596	0.121	0.059	0.011	0.067	0.117	0.169	0.636
创新管理 能力	0.000	0.265	0.383	0.261	0.092	0.000	0.131	0.277	0.502	0.089
创新激励 机制	0.020	0.193	0.319	0.234	0.234	0.015	0.027	0.263	0.445	0.250
组织与 市场创新	0.015	0.230	0.484	0.235	0.036	0.010	0.028	0.194	0.377	0.391
产品产出	0.007	0.664	0.010	0.305	0.014	0.000	0.000	0.000	0.046	0.956
技术产出	0.010	0.756	0.234	0.000	0.000	0.000	0.000	0.000	0.074	0.926
技术市场化 潜力	0.000	0.011	0.377	0.508	0.104	0.009	0.046	0.087	0.111	0.748
社会效益	0.011	0.167	0.488	0.304	0.031	0.000	0.108	0.234	0.597	0.061
技术积累 效益	0.014	0.191	0.509	0.211	0.075	0.001	0.075	0.242	0.575	0.107
经济效益	0.000	0.164	0.347	0.318	0.171	0.000	0.002	0.005	0.342	0.651

（六）吉利汽车主流与新流创新绩效贡献度分析

吉利汽车是近几年国产汽车中表现最好的企业，也采用平衡型发展战略，2012～2018 年传统燃油车销量年均增长 34.21%，在新能源汽车市场也表现突出，2014～2018 年新能源汽车销量年均增长 133.58%，2018 年主流和新流创新绩效分别排名第 1 和第 3，主流和新流创新绩效的贡献度分别为 56.28% 和 43.72%，但是不同维度对企业整体绩效的贡献有差别。

相对于其他汽车企业，吉利汽车更善于利用合资并购与自主创新相结合的方式来提升技术储备，2009 年收购变速箱生产企业 DSI 公司，2010 年收购沃尔沃品牌及其全部知识产权，2018 年以 90 亿美元收购戴姆勒奔驰公司 9.69% 的股份。正是基于收购与知识消化、吸收再创新，吉利汽车 2012～2018 年在燃油车领域的研发能力和生产工艺大幅度提升，在创新管理能力、创新激励机制、组织与市场创新、产品产出、技术产出、技术市场化潜力、社会效益、技术积累效益和经济效益等方面均已达到"好"的等级。

表 15-43 的数据表明，2018 年该企业在人力投入、技术投入和组织与市场创新方面的新流创新绩效隶属于较高的等级，说明这些维度对企业整体效益的贡献较大，然而在技术市场化潜力、社会效益和技术积累效益方面，主流创新表现比较突出，可见，企业目前的创新经济效益主要来自主流创新。2018 年吉利汽车实现燃油车销量 145.73 万辆，同比增长 20%；2018 年新能源汽车销量 5.43 万辆，对于新能源市场，吉利汽车也有清晰规划，即力争到 2020 年形成近 40 款油电混动、插电式混动和纯电动的产品矩阵。

表 15-43　2018 年吉利汽车主流与新流创新各维度绩效
等级隶属度

评价维度	吉利汽车主流创新各维度绩效等级隶属度					吉利汽车新流创新各维度绩效等级隶属度				
	很差	差	一般	好	很好	很差	差	一般	好	很好
人力投入	0.001	0.102	0.464	0.365	0.068	0.221	0.238	0.106	0.417	0.018
资金投入	0.003	0.341	0.523	0.133	0.004	0.098	0.446	0.312	0.144	0.000
技术投入	0.011	0.018	0.616	0.247	0.108	0.000	0.041	0.231	0.597	0.131
创新管理能力	0.015	0.093	0.124	0.686	0.081	0.000	0.106	0.327	0.464	0.104
创新激励机制	0.016	0.043	0.146	0.620	0.175	0.030	0.089	0.312	0.456	0.113
组织与市场创新	0.009	0.098	0.179	0.568	0.146	0.000	0.082	0.273	0.254	0.391
产品产出	0.000	0.001	0.142	0.633	0.225	0.000	0.000	0.323	0.672	0.005
技术产出	0.000	0.000	0.215	0.484	0.301	0.000	0.000	0.513	0.212	0.274
技术市场化潜力	0.000	0.000	0.003	0.786	0.211	0.007	0.030	0.558	0.404	0.001
社会效益	0.000	0.081	0.161	0.645	0.113	0.000	0.067	0.487	0.417	0.020
技术积累效益	0.000	0.021	0.221	0.654	0.104	0.000	0.132	0.438	0.366	0.064
经济效益	0.001	0.015	0.125	0.303	0.556	0.000	0.001	0.010	0.662	0.327

（七）众泰汽车主流与新流创新绩效贡献度分析

众泰集团 2003 年正式进军汽车行业，开始时仅生产传统燃油车，在完成技术和资金积累后逐步涉足新能源汽车市场，实现二元创新平衡发展。众泰汽车的发展路线与国内众多自主品牌汽车企业基本相同，通过模仿、借鉴再进行创新，由于企业起步较晚，虽然在售车型较多，但消费者对产品质量和安全性的认可度不高，产品竞争力不足。2018 年，众泰汽车主流与新流创新绩效排名均位列第 6，主流和新流创新绩效的贡献度分别为 52.57% 和 47.43%，二元创新对企业绩效的贡献比较平均。

在主流创新方面，2012～2018 年企业主流创新各维度的绩效提升并不明显，在技术产出、技术市场化潜力、社会效益、技术积累效益和经济效益维度表现较差，这与该企业主要采用模仿创新战略有关，技术突破性不强，但在模仿创新的基础上，产品推陈出新速度较快，产品产出绩效表现较好。同样，2014～2018 年，企业在新流创新领域的技术产出和技术市场化潜力方面表现较差，其他指标介于"一般"和"好"等级之间。从表 15-44 可以看出，直到 2018 年，众泰汽车在传统动力领域的创新绩效依旧表现一般，在技术产出、技术市场化潜力和创新社会效益、技术积累效益和经济效益方面表现较差。相反，新流创新在要素投入和创新过程方面的绩效表现较好，可见，该企业注重实施多元化的发展战略，二元创新对企业创新绩效的贡献相当。

表 15-44　2018 年众泰汽车主流与新流创新各维度绩效
等级隶属度

评价维度	众泰汽车主流创新各维度绩效等级隶属度					众泰汽车新流创新各维度绩效等级隶属度				
	很差	差	一般	好	很好	很差	差	一般	好	很好
人力投入	0.028	0.154	0.149	0.569	0.100	0.041	0.261	0.251	0.304	0.143
资金投入	0.000	0.000	0.226	0.628	0.147	0.000	0.291	0.139	0.398	0.172
技术投入	0.254	0.127	0.436	0.157	0.026	0.000	0.112	0.475	0.398	0.015
创新管理能力	0.010	0.138	0.631	0.183	0.038	0.011	0.125	0.378	0.459	0.027
创新激励机制	0.009	0.094	0.181	0.601	0.116	0.011	0.094	0.293	0.358	0.244

评价维度	众泰汽车主流创新各维度绩效等级隶属度					众泰汽车新流创新各维度绩效等级隶属度				
	很差	差	一般	好	很好	很差	差	一般	好	很好
组织与市场创新	0.013	0.286	0.460	0.173	0.068	0.008	0.134	0.265	0.531	0.063
产品产出	0.001	0.342	0.644	0.013	0.000	0.000	0.324	0.479	0.178	0.019
技术产出	0.011	0.687	0.296	0.006	0.000	0.259	0.636	0.105	0.000	0.000
技术市场化潜力	0.007	0.691	0.294	0.008	0.000	0.036	0.458	0.117	0.195	0.194
社会效益	0.011	0.491	0.370	0.053	0.075	0.000	0.154	0.445	0.312	0.088
技术积累效益	0.012	0.625	0.240	0.069	0.053	0.021	0.218	0.408	0.290	0.063
经济效益	0.000	0.628	0.114	0.081	0.177	0.000	0.108	0.586	0.306	0.000

（八）企业二元创新绩效贡献度变化趋势分析

由于新能源汽车属于新兴产业，2013 年以前部分被评价企业尚未有新能源汽车上市，鉴于研究数据的可获取性，现仅将 2014～2018 年 6 家企业的主流与新流创新绩效的贡献度占比数据进行汇总，具体如表 15 - 45 所示。

表 15 - 45　2014～2018 年 6 家企业二元创新贡献度占比汇总

单位：%

企业简称	项目	2014 年	2015 年	2016 年	2017 年	2018 年	创新战略
奇瑞汽车	主流占比	68.23	64.41	60.23	57.10	56.94	防守型→均衡型
	新流占比	31.77	35.59	39.77	42.90	43.06	
江淮汽车	主流占比	69.17	63.67	58.45	56.19	55.83	防守型→均衡型
	新流占比	30.83	36.33	41.55	43.81	44.17	
长安汽车	主流占比	73.42	70.78	65.44	59.70	59.51	防守型→均衡型
	新流占比	26.58	29.22	34.56	40.30	40.49	
比亚迪汽车	主流占比	51.46	44.71	35.32	32.28	31.37	防守型→进攻型
	新流占比	48.54	55.29	64.68	67.72	68.63	
吉利汽车	主流占比	66.62	61.48	57.62	55.91	56.28	防守型→均衡型
	新流占比	33.38	38.52	42.38	44.09	43.72	

续表

企业简称	项目	2014 年	2015 年	2016 年	2017 年	2018 年	创新战略
众泰汽车	主流占比	59.13	57.62	54.31	52.87	52.57	防守型→均衡型
	新流占比	40.87	42.38	45.69	47.13	47.43	

从表中可以看出，伴随国家扶持政策的出台，新能源汽车产业从无到有，逐渐成长壮大，其对企业创新绩效的贡献度呈快速上升趋势。虽然目前新能源汽车的销量远不及传统燃油车，但由于有政策补贴，其单位产品较高的增加值能为企业创造更多的利润，并且其创新社会效益远超燃油车，有效解决了能源需求和环境污染等社会问题，这是传统燃油车所无法比拟的，所以 2014~2018 年 6 家汽车企业的主流创新贡献度在下降，新流创新的贡献度快速上升。

表 15-45 亦表明所有企业的创新战略正紧跟国家战略需要进行调整，但不同企业采用的战略转型方式不同。相对于传统的燃油车，新能源汽车属于全新的创新领域，电池、电机和电控技术是三大核心技术。如果没有一定的技术基础，创新失败的概率较大，因此转型过程中奇瑞汽车、江淮汽车、长安汽车、吉利汽车和众泰汽车等企业均从防守型战略向均衡型战略转变，新能源汽车起步较晚，转型过程比较保守。而比亚迪汽车由于掌握电池领域的核心技术，具备新能源汽车的研发基础，在涉足燃油车行业不久就开始布局新能源汽车产业，战略转型比较激进，采用进攻型战略，在评价的 6 家汽车企业中，比亚迪汽车的新流创新绩效贡献度最大，已经取代主流创新成为企业利润的主要来源。

五 基于绩效贡献度的创新战略划分及特征分析

企业创新战略通过影响创新资源配置方向进而影响企业的主流与新流创新绩效，鲍新中等（2014）的研究发现，竞争战略与创新研发投入的相互作用会对企业绩效产生影响。洪进等（2015）通过对我国航空航天产业的研究发现，创新绩效受到企业技术战略的影响。罗明新（2018）发现创新战略与创新绩效之间的正向关系。所以，创新绩效是企业创新战略的反映。本部分利用前述计算得到的 6 家汽车企业主流与新流创新绩效贡献度数据，结合主流与新流创新的演化规律，即始于主流创新、伴生新流创新、形成汇流创新、终于新流对主流的完全替代，将企业的创新战略划分为防守型创新战略、均衡型创新战略和进攻型创新战略。

（一）防守型创新战略

防守型创新战略（$MCR \geqslant 60\%$，$NCR \leqslant 40\%$）是指企业为提升主流产品的技术水平、延长主流产品的生命周期、巩固主流产品的市场地位，而将大部分创新资源用于主流产品的研发，用于新流创新资源相对有限的创新模式开发。其特点是企业注重深耕传统技术领域。其主流产品具有市场优势，已经实现规模经济，积累了大量的用户并拥有较好的口碑，企业采取以守为攻、安全经营的宗旨，不愿冒创新失败的风险，只有等到新流产品逐渐被市场接受时才愿涉足。

防守型创新战略适用于处于成长期的企业，企业在该阶段一般不具备较强的技术实力和资金实力，创新战略的重点是深耕现有技术领域，先集中精力进行主流产品的研发，以提升主流产品的竞争力并通过用户的口碑来提升产品的市场占有率。另外，处于成熟期的企业也有可能采用防守型的创新战略，这与企业领导者对产品的市场预期有直接关系。

2015 年以前的长安汽车、江淮汽车、吉利汽车和奇瑞汽车均实施防守型创新战略，它们的 NCR 均小于 0.4，主流创新绩效远大于新流创新绩效，虽然这些汽车企业也从事新能源汽车的研发、生产和销售，但与其传统燃油动力汽车的销量相比，新能源汽车的贡献微乎其微，企业仍注重以传统动力为主的发展战略。

（二）均衡型创新战略

均衡型创新战略（$40\% < MCR < 60\%$，$40\% < NCR < 60\%$）是指企业在传统主流产品达到一定规模后，根据企业内部发展或外部环境的现实需要，加大对新流领域创新资源的投入力度，同时实现主流产品性能的改进和新流产品市场占有率的提升，通过二元创新共同促进企业发展。其特点是通过多元化创新，分散产品的市场风险，但是在企业创新资源有限的条件下，均衡型创新战略不利于集中优势资源进行关键产品研发，从而影响了产品的推广与品牌的打造。

均衡型创新战略适用于处于成熟期或主流产品接近衰退期的企业，

处于该阶段的企业一般具备较强的创新能力，并且已经拥有一支配合默契、有效互补的研发队伍，主流产品已为企业带来丰厚的利润，保证企业有能力在新兴领域进行持续的资金投入，企业决策者已经意识到主流产品竞争进入白热化阶段，必须通过产品差异化来拓展市场，避免在传统领域过度竞争，但是又出于风险考量，只是将部分创新资源投入新流领域，主流创新依然不敢松懈，企业处于主流与新流创新并存并逐渐更替的过程中。

2016 年以来，奇瑞汽车、江淮汽车、长安汽车、吉利汽车和众泰汽车的创新战略逐渐由防守型向均衡型创新战略转变，它们均满足 $0.4 < MCR < 0.6$、$0.4 < NCR < 0.6$ 的指标要求，同时关注传统动力和新能源动力汽车的研发，创新效益的提升是二元创新共同作用的结果。虽然主流创新与新流创新对企业整体绩效的贡献不一致，但是两种创新对企业总体绩效的提升均具有显著的促进作用。由于以新能源为动力的汽车属于新兴产品，产品的用户认可度还有待进一步提升，目前其对各企业的利润贡献率较低。

（三）进攻型创新战略

进攻型创新战略（$MCR \leqslant 40\%$，$NCR \geqslant 60\%$）是指企业在现有主流产品的资金支持下，汇聚企业大部分创新资源，全力以赴开发或引入新产品，保证新产品或工艺具备新颖性和较高的技术水准，以抢占新兴市场并保持在新兴市场的技术领先地位。其特点是创新过程具有高度的不确定性，产品市场化风险大，但潜在的收益率较高。

采用该创新战略的企业要具备开拓创新精神，勇于冒险并具备较高的抗风险能力，企业领导者要有较高的未来市场潜在需求预见能力，并能开发出适销对路的新产品，企业在新兴领域具备较强的研究开发能力，拥有一定的技术储备，只有这样才能实现技术跃迁。

采取进攻型创新战略的企业在新流领域的创新绩效大于主流领域创新绩效，代表性企业是比亚迪汽车（$MCR = 31.37\%$，$NCR = 68.63\%$），该企业依托自身在电池领域掌握的核心技术，更加专注于新能源领域的汽车研究与开发，在创新管理能力、创新激励机制、组织与市场创新、产品和技术产出、技术市场化潜力和社会效益、技术积累效益和经济效益方面，新流创新的贡献完全超越主流创新的贡献。

六 结论与启示

（一）结论

第一，得益于中国汽车市场的快速发展，自主品牌汽车企业迎来了黄金发展时期，2012～2018 年，6 家自主品牌汽车企业的主流创新绩效上升趋势明显，绩效平均值由 2012 年的 4.973 上升到 2018 年的 5.986。2018 年 6 家自主品牌汽车企业中有 5 家企业的创新绩效介于等级"一般"和"好"之间（$5 \leqslant Ex_i \leqslant 7$），其中 3 家企业的绩效值超过 6，排名第 1 的吉利汽车绩效值达到 6.982。可见，随着中国乘用车市场的快速发展，合资车占主导的局面正在被自主品牌的崛起打破，自主品牌汽车的市场占有率和创新能力正逐步提升。

第二，与主流创新相比，新流创新绩效总体表现一般，且均处于较低水平，2014 年 6 家企业新流创新绩效均值仅为 4.673。随着国家能源政策的调整，政府从企业和消费者角度对新能源汽车的生产和销售进行补贴，加上企业技术创新带来的产品性能的改进和市场价格的下降，新能源汽车的市场份额将逐渐提升，但截至 2018 年，6 家企业中只有比亚迪汽车的创新绩效超过 7，达到"好"的等级标准，有 5 家企业的绩效值介于 5 和 6 之间。

第三，主流与新流创新绩效的贡献度分析结果表明，虽然不同企业的主流与新流创新对企业整体绩效的贡献度不同，但除了比亚迪汽车外，其余 5 家企业的主流创新绩效贡献度均高于新流创新，这表明与传统燃油动力车相比，新能源汽车尚属朝阳产业，企业和消费者均处于探索和适应阶段，产品质量和性能的提升尚需时日，消费者对产品的认可度和接受度有待提升。

第四，根据各大汽车企业的主流与新流创新的贡献度差异，在划分标准的基础上将 6 家企业的技术创新战略分为防守型、均衡型和进攻型。其中，长安汽车、奇瑞汽车、江淮汽车和吉利汽车在 2015 年之前采用的是防守型创新战略，创新资源偏向于传统燃油车领域；2016 年以后，在国家能源政策的影响下，企业的战略重心开始转移，同时关注传统动力汽车和新能源动力汽车的研发，实施均衡型创新战略。而比亚迪汽车在传统燃油车的技术储备和市场份额有限的情况下，专注于新能源汽车的研发，并且新流创新绩效明显高于主流创新绩效，实施进攻型创新战略。

（二）启示

第一，主流与新流创新绩效评价是提升企业创新资源配置效果的关键。优胜劣汰是市场调节资源配置的重要手段，在经济进入新常态背景下，2015年11月10日，国家主席习近平在中央财经领导小组会议上提出旨在提高企业供给质量、矫正要素配置扭曲、扩大资源有效供给、提升投入要素全要素生产率的供给侧结构性改革。而矫正要素配置扭曲、提升创新资源配置效果的前提是把握企业创新过程中资源投入、企业管理、产品产出及效益等方面的绩效问题，在条件允许的情况下还应将创新活动细化并分别进行绩效评价。所以，将企业的技术创新细分为主流与新流创新，能够更加精准地把握企业在实施多元化创新战略时创新资源配置的状态和效果，发现创新中存在的不足，认清企业在本行业本技术领域的实力，在供给侧结构性改革的背景下，通过优化创新资源配置方式和管理模式实现技术赶超。

第二，我国汽车企业依旧处于主流创新主导阶段，实行平衡型创新战略，加快新流创新步伐、实现对主流的完全替代是汽车企业的根本出路。在创新绩效的贡献方面，汽车企业依旧呈现主流贡献为主、新流贡献为辅的特征。分析结果表明，奇瑞汽车、长安汽车、江淮汽车、吉利汽车和众泰汽车等5家企业的主流创新对企业整体绩效的贡献较大，只有比亚迪汽车的新流创新贡献较大。可见，在新能源汽车的市场接受度不高的背景下，汽车企业的创新效益主要来自主流创新。在技术和市场竞争力本就薄弱的国产汽车领域，企业应该将主要的创新资源投向主流创新领域，通过主流创新活动丰富产品线，提高国产燃油汽车的技术水准，改变消费者对国产汽车的不良印象，提高传统主流产品的市场竞争力。

当然，新能源汽车更符合国家低碳发展、绿色发展的要求，其创新的社会效益远大于传统汽车。随着国家政策的引导和扶持，消费者的消费观念也将发生变化，通过主流产品实现资本和技术积累的汽车企业一定会将创新的触须延伸到新流创新领域。

第三，主流创新要素的高效配置能提升主流创新绩效，并促进新流创新的萌芽和主流向新流的跃迁。汽车行业的发展历史清晰地体现了技术的变迁过程。由于企业间的竞争和市场的需要，汽车研发部门努力改善汽车的性能，丰富汽车的科技配置，提升汽车的主动和被动安全性，开展改善发动机转化效率及各种零部件的质量等一切与汽车生产有关的主流创新活动，实践证明，国内汽车品牌从无到有、由弱到强离不开传统领域的主流创新活动。在主流产品让各大汽车企业赢得了口碑和积累了技术后，企业为创造新的利润增长点，尝试开展以绿色能源为动力的新流创新活动，而这需要主流产品创造的利润和技术的支撑。所以，在创新过程中，企业通过强化主流创新，可以孵化新流创新，注重主流技术拓展与新流技术开发，最终通过汇流创新实现技术跃迁。

第四，进攻型创新战略是企业提升新流创新绩效的战略保障。新流创新的技术轨道有别于传统主流创新，其创新领域新颖，创新投入大，技术等级高，技术产出具有高度的不确定性，所以，敢于突破传统进行新流创新的企业必然具有进攻型的创新文化。如前所述，以生产二次充电电池起家的比亚迪汽车在行业初期由于缺乏技术积累，依靠模仿和廉价产品来占领市场，但这并不具有可持续性，产品销量很快就下滑了。由于企业领导具备坚定的新流创新信念，比亚迪汽车迅速调整创新战略，随着战略重心的转移，凭借自身在电池领域掌握的过硬技术，新能源汽车很快投入市场，在新流创新领域进行持续的创新投入，产品的性能和质量得以改善。

企业创新战略的选择是一个不断演化的过程，企业在不同的发展阶段由于具有不同的技术积淀，创新资金投入能力和抗风险能力不同。因此，初创期企业一般采取防守型创新战略，注重现有主流产品的研发，通过不断改进产品的性能提升市场份额，保证企业的生存和成长壮大；伴随企业的成长和主流创新的逐渐没落，企业必须通过技术变迁来实现技术跨越，通过新技术研究开拓新兴市场，此时主流产品可为新流创新提供充足的资金和技术资源，企业处于均衡型创新战略中；当企业的技术积累足以满足新流创新的技术需求时，企业的创新战略将会变得更加激进，新流创新的资源占比会迅速提升，创新重心转移到更新颖的技术领域，此时将采取进攻型创新战略。可见，采用进攻型创新战略需要技术积淀。

本章小结

　　本章首先阐述了云的定义、数字特征和运算法则，指出云模型在绩效评价中的可行性。其次，指出传统层次分析法在指标赋权中存在的缺陷，并利用云的相关理论对传统的层次分析模型进行思路改进，指出利用云的数字特征的指标重要性的刻画方法、基于群体决策的要素重要性浮动云的生成过程和最终评价指标权重的表示方式等，说明基于正态云的创新综合绩效评价步骤。最后，在建立的主流与新流创新绩效评价指标体系基础上，以奇瑞汽车、江淮汽车、长安汽车、比亚迪汽车、吉利汽车和众泰汽车为研究对象，结合正态云综合绩效评价思路，测算被评价企业主流与新流创新绩效，并研究二元创新对企业整体创新绩效的贡献度。

第十六章 企业主流与新流创新动态绩效
评价模型构建及应用

本章首先阐明创新静态与动态绩效评价的差异，模糊认知图的知识表达、推理机制和模糊认知图模型在创新动态绩效评价中的可行性问题；其次，通过半结构式访谈法，对长期从事技术创新领域研究的专家学者或企业研发人员进行深度访谈，获取创新动态绩效变化的影响因素，在此基础上提炼出主流与新流创新动态绩效评价指标体系，并绘制体现指标间因果关系的模糊认知图；再次，提出创新动态绩效演化模拟的具体操作程序；最后，选择吉利汽车作为动态绩效的实证研究对象，模拟该企业主流与新流创新动态绩效的演化趋势及动态绩效演化过程中关键因素的作用机制。

第一节 创新静态与动态绩效评价的差异

一 绩效评价指标体系不同

指标体系的构建原则和方法因评价目标不同而异，在创新静态绩效评价中，主要采用文献法和逻辑框架法对二元创新绩效评价指标体系进行理论遴选，为保证评价指标的科学合理性，在实证筛选方面主要运用隶属度分析法和相关性分析法，最终构建出具备较高信度和效度的评价指标体系。在静态评价指标体系中，指标之间不一定要满足因果关系，只要能够体现创新绩效在某方面的特征即可。

在动态绩效评价指标体系构建过程中主要运用半结构式访谈法，它没有正式的结构，围绕一个主题，通过对创新利益相关者的深度访谈，提炼出主流与新流创新动态绩效的主要影响因素，并要求受访人员绘制一张基于个体认知的认知图，再汇总形成群体认知图，最终形成一个体现指标之间因果关系的主流与新流创新动态绩效评价指标体系，所以，创新静态与动态绩效评价指标来源有别。

二　绩效评价方法不同

为解决评价指标的模糊性和随机性问题，主流与新流创新绩效的静态测评主要采用云模型，利用期望值、熵和超熵来体现变量的模糊性和随机性特征，采用基于云理论改造的层次分析法进行指标赋权，将各指标划分为"很差""差""一般""好""很好"五个等级，然后基于被评价企业的调查数据，将评价指标等级云化，确定指标的等级隶属度，最后结合指标权重向量计算综合评价向量，最终确定评价等级。

创新绩效的动态评价则是基于指标之间的因果关系，绘制体现指标间因果关系的认知图，以此为创新系统演化模拟的逻辑基础，综合专家给出的认知图和指标间因果关系影响系数，确定由专家意见形成的邻接矩阵，再以非线性 Hebbian 权值学习公式，对群体专家给出的邻接矩阵进行修正，以修正后的邻接矩阵为迭代的基础，再通过 MATLAB 程序进行迭代运算，研究在某一初始状态下创新系统中各要素的相互作用、各指标达到稳态的过程。

三　绩效评价价值不同

主流与新流创新静态绩效评价主要考察的是企业在某一特定年份由创新投入、创新过程、创新产出和创新效益四个维度共同呈现的创新绩效值，该评价指标体系的功能定位是对企业过去和现在的创新活动进行评价，体现企业已有创新的绩效走势、企业创新竞争力、企业投入产出过程中存在的不足等问题；静态绩效评价的是现实的可预知的范围，其缺陷是无法对绩效的未来变化趋势做出科学预测，也缺乏有效的更新与反馈机制。

动态绩效评价立足于企业现有的静态绩效评价，基于指标之间的因果关系和正负影响系数，通过专家访谈法构建邻接矩阵，在此基础上运用计算机软件进行模拟仿真，重点模拟能够体现创新绩效的核心变量的演化趋势，并借此对企业未来的创新绩效进行预测。它与静态绩效评价的差异在于，能预测创新绩效的未来变化趋势，静态与动态绩效评价形成有效互补。同时，动态绩效评价模型可通过变量赋值的变化来模拟创新绩效的关键影响因素，具有良好的更新和反馈机制，可作为创新决策的依据。

第二节　基于模糊认知图的动态绩效
评价模型构建

一　模糊认知图的知识表达

美国密西根大学教授 Axelrod（1976）提出知识的"因果结构"可以通过结构化的方式来表达，他构建了由节点和有向弧组成的表示因果关系的认知图。他认为节点表示系统中的一个概念、指标或属性，节点通过状态值来刻画，节点 A 和 B 之间的因果关系通过连接两个概念节点的有向弧表示，最初的有向弧只包含正弧、零弧和负弧，分别用数字 1、0、-1 表示。其中正弧表示原因节点 A 对结果节点 B 具有正向的促进作用，零弧表示节点 A 与 B 之间不存在因果关系，负弧表示原因节点 A 对结果节点 B 具有负向影响。

1986 年，Kosko 教授在 Axelrod 的研究基础上，提出了模糊认知图（Fuzzy Cognitive Map，FCM）的概念，并对模糊认知图中的概念节点和有向弧进行重新界定，所有概念节点的状态值处于 [0，1]，数值大小表示概念节点的活跃程度，还将 Axelrod 提出的基于 -1、0、1 三值表示的逻辑关系模式扩展到用区间 [-1，1] 表示的模糊关系模式，区间 [-1，1] 内任一数值（权值）反映了概念间因果关系的强弱。

定义 1　假设 $C = (c_1，c_2，\cdots，c_n)$ 是创新系统中 n 个概念节点的集合，节点 c_i 到 c_j 之间存在因果关系弧，其权值用 w_{ij} 表示且 $w_{ij} \in$ [-1，1]，则称由节点、弧和体现节点间因果关系的权值共同构成的有向图为模糊认知图。

权值符号和数值分别体现影响方向和力度。当 $w_{ij} > 0$，表示概念节点 c_i 对 c_j 具有正向的促进作用，权值越大，促进作用越强；当 $w_{ij} = 0$，表示概念节点 c_i 与 c_j 之间不存在因果关系；当 $w_{ij} < 0$，表示概念节点 c_i 对 c_j 具有负向的抑制作用，数值越小，抑制作用越强。

图 16 - 1 即为一个包含 7 个概念节点的模糊认知图，节点间若存在因果关系，则通过一条带箭头的线将其相连，其影响权值由箭线边的权

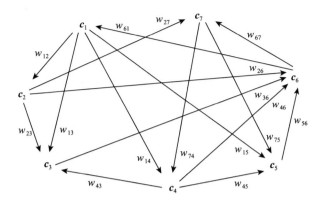

图 16 - 1　模糊认知图实例

重系数 w_{ij} 体现。

定义 2　假设 $C = (c_1, c_2, \cdots, c_n)$ 是创新系统中 n 个概念节点的集合，节点 c_i 到 c_j 之间存在因果关系弧，其权值用 w_{ij} 表示且 $w_{ij} \in [-1, 1]$，则将权值元素构成的矩阵 $W = (w_{ij})_{n \times n}$ 称为邻接矩阵。

图 16 - 1 中 7 个概念节点形成的因果关系可以用一个 7 阶的邻接矩阵 W 唯一表述，W 表达式为：

$$W = \begin{bmatrix} 0 & w_{12} & w_{13} & w_{14} & w_{15} & 0 & 0 \\ 0 & 0 & w_{23} & 0 & 0 & w_{26} & w_{27} \\ 0 & 0 & 0 & 0 & 0 & w_{36} & 0 \\ 0 & 0 & w_{43} & 0 & w_{45} & w_{46} & 0 \\ 0 & 0 & 0 & 0 & 0 & w_{56} & 0 \\ w_{61} & 0 & 0 & 0 & 0 & 0 & w_{67} \\ 0 & 0 & w_{74} & w_{75} & 0 & 0 & 0 \end{bmatrix}$$

二　模糊认知图的推理机制

（一）模糊认知图的迭代原理

模糊认知图具备模拟系统动态运行的能力，当给定系统各个概念节点的初始状态后，各节点在任何时间点下的状态值都可以利用邻接矩阵和转换函数求得。

假设 $C = (c_1, c_2, \cdots, c_n)$ 是创新系统中 n 个概念节点的集合，A_i^t

为概念节点 c_i 在 t 时刻的状态值，A_i^{t+1} 为 $t+1$ 时刻的状态值，w_{ji} 表示节点 c_j 对 c_i 的影响程度，概念节点 c_i 状态值的动态变化可由转换函数式（16 - 1）来刻画：

$$A_i^{t+1} = f\left(A_i^t + \sum_{j=1, j \neq i}^{n} A_j^t w_{ji}\right) \qquad (16 - 1)$$

函数 $f(\cdot)$ 称为阈值函数，将迭代的结果转化到区间 [0，1] 或 [-1，1] 内，不同的阈值函数有不同的输出范围，常用的阈值函数有如下几种（张燕丽，2012）：

①二值阶跃函数：

$$f(x) = \begin{cases} 0, x \leqslant 0 \\ 1, x > 0 \end{cases} \qquad (16 - 2)$$

②三值阶跃函数：

$$f(x) = \begin{cases} -1, x \leqslant -0.5 \\ 0, -0.5 < x < 0.5 \\ 1, x \geqslant 0.5 \end{cases} \qquad (16 - 3)$$

③S 形曲线函数 I：

$$f(x) = \frac{1}{1 + e^{-cx}} \qquad (16 - 4)$$

④S 形曲线函数 II：

$$f(x) = \frac{e^{2x} - 1}{e^{2x} + 1} \qquad (16 - 5)$$

⑤双曲正切函数：

$$f(x) = \tanh(x) = (1 - e^{-x})(1 + e^{-x}) \qquad (16 - 6)$$

不同的阈值函数具有不同的映射功能，二值阶跃和三值阶跃函数只能将函数 x 映射到数值 {0，1} 或 {-1，0，1} 上，这两种函数均无法体现节点在动态变化过程中增强或减弱的趋势。S 形曲线和双曲正切函数可以将概念节点的值映射到区间 [0，1] 或 [-1，1] 内的任意值，同时通过曲线图还可以清楚地表示出概念节点活动状态的变化趋势，所以，式（16 - 4）、式（16 - 5）、式（16 - 6）应用面较广。

（二）邻接矩阵权值确定方法

FCM 模型的准确性很大程度上取决于邻接矩阵的确定，权值确定方法有基于领域专家经验知识的主观赋权法，也有基于历史数据自动或半自动学习的客观赋权法，各种算法均存在一定的优势和不足。

1. 主客观权值确定方法比较及优劣分析

基于专家经验知识构建的 FCM 模型，完全凭借专家的经验或主观认识，绘制认知图并对存在因果关系的指标进行赋权，以体现指标间的相互影响程度。该方法对领域专家具有高度的信赖性，存在以下几点不足：一是选择构建 FCM 模型的专家对所研究的领域必须相对专业，并且对 FCM 模型的表示方法和推理原理比较熟悉；二是 FCM 模型的复杂度随着指标数量的增加而提升，工作量大且专家的可信性会降低。

针对主观赋权法存在的不足，学者们致力于从历史数据中学习 FCM 模型，如 Hebbian 算法、遗传算法、粒子群优化算法和最小平方技术等。Dickerso 和 Kosko （1993） 提出基于微分 Hebbian 学习 （DHL） 方法，该方法关注节点状态值变化速度，将概念节点间因果关系的权值与节点状态值的变化速度联系起来，逐步更新 FCM 模型中的所有权值直到模型迭代达到稳定极限环的状态。DHL 方法的不足之处在于计算两个概念节点之间的权值时只考虑到该节点的变化，未能关注其他节点变化带来的影响。为此，Huerga （2002） 提出平衡微分算法 （BDA），将概念节点之间的影响关系拓展到在同一时期内发生变化的所有节点。Koulouriotis 等（2001） 提出运用遗传策略来学习 FCM 模型概念节点的因果关系，该方法完全根据状态矢量序列构成的历史数据，经过染色体的选择、交叉、变异及适应度函数计算等步骤自动计算 FCM 的关联矩阵，得到较理想的结果，但计算量较大，运算速度较慢。Parsopoulos 和 Papageorgiou（2004） 受动物群体觅食方式的启发，提出基于群体智能的粒子群优化 FCM 权值学习法 （PSO 法），PSO 法是一种在空间中随机搜索的方法，因而有可能仅获得局部最优状态，无法获得全局最优状态。Papageorgiou 和 Groumpos （2005） 提出非线性 Hebbian 非监督式学习法，通过学习率和衰减系数共同调节专家给出的初始权重矩阵。张燕丽 （2012） 提出了基于最小平方技术的 FCM 权值学习法，该方法无须多次迭代，只需求解一个简单的线性方程即可求得关联矩阵，但是该方法需要求逆矩阵，若矩阵无法求逆，则该方法失效。胡运杰和邓燕妮（2018）提出基于蚁群优化的学习算法，同时为避免陷入局部最优问题，还引入变异算子以改进蚁群算法，得到的模型更加准确。

可见，针对 FCM 权值学习法存在较多研究成果，权值学习法各具特色，由于基于历史数据的权值学习法也需要由领域专家事先给出认知图包含的概念节点之间的因果关系，所以基于专家经验和基于历史数据的学习法可以相互融合。

2. 权值确定方法的选择

如前所述，两种赋权模式各具特色，基于领域专家经验的指标赋权能够结合创新系统的客观变化规律进行绘图并确定指标的因果关系，但是对专家的专业性要求较高；基于历史数据的自动或半自动学习算法运用现实数据反推指标间的因果关系，但是太依赖现实数据也容易出现与实际情形相悖的结果。因此，将基于专家经验的主观赋权与基于历史数据的客观赋权相结合，能够规避各自的不足。

（1）专家评价法确定 FCM 框架和初始邻接矩阵

总共邀请 m 位专家参与 FCM 模型的构建，具体的程序如下。

Step 1：采用半结构式访谈法，对 m 位专家单独进行访谈，要求专家列出影响企业二元创新动态绩效的关键因素，即确定模糊认知图的概念节点。

Step 2：详细解释模糊认知图的绘图规则，要求专家指出概念节点之间的因果关系，用箭线表示自变量对因变量的影响。

Step 3：每位专家根据自身的专业知识和被调查企业的实际情况，确定概念节点间影响权值 w_{ij}，权值 w_{ij} 位于区间 [-1，1] 上。

Step 4：根据专家的知识水平和经验，为每位专家确定可信度 p_k，p_k 数值越大表示该专家的观点越有代表性，然后综合所有专家给出的认知图，确定一张集所有专家观点的体现企业创新动态绩效演化过程的 FCM 结构图。

Step 5：根据 FCM 结构图，求出基于群体专家意见的初始邻接矩阵 W^0。

（2）运用非线性 Hebbian 学习算法修正初始邻接矩阵

非线性 Hebbian 学习算法（Nonlinear Hebbian Learning，NHL）是一

种无监督的权值学习算法，2003 年 Papageorgiou 基于式（16 – 1）的转换函数，选择 S 形曲线函数 I 作为阈值函数，提出考虑历史数据并包含学习率 η 的 NHL 权值学习公式：

$$w_{ji}^t = w_{ji}^{t-1} + \eta \, A_j^{t-1} \times (A_i^{t-1} - A_j^{t-1} \, w_{ji}^{t-1}) \qquad (16-7)$$

其中，t 表示迭代第 t 时刻，w_{ji}^t 表示第 t 期概念节点 c_j 对节点 c_i 的影响权值，A_j^t 表示概念节点 c_j 在第 t 期的状态值，A_j^{t-1} 为 $t-1$ 期状态值，学习率 η 为非常小的正数，通常 $0 < \eta < 0.1$。2005 年 Papageorgiou 对式（16 – 7）进行改进，引入了衰减系数 γ 和符号函数 $sgn\,(w_{ji}^0)$。

$$w_{ji}^t = (1 - \gamma) \, w_{ji}^{t-1} + \eta \, A_j^{t-1} \times [A_i^{t-1} - sgn(w_{ji}^0) \, w_{ji}^{t-1} \, A_j^{t-1}] \qquad (16-8)$$

式（16 – 8）中，$\gamma < 0.1$ 表示每次迭代的衰减程度，w_{ji}^0 是专家指定的初始权值，即邻接矩阵 W^0 中的元素，基于群体专家意见给出。$sgn\,(w_{ji}^0)$ 是符号函数，表达式为：

$$sgn(w_{ji}^0) = \begin{cases} 1, w_{ji}^0 > 0 \\ 0, w_{ji}^0 = 0 \\ -1, w_{ji}^0 < 0 \end{cases} \qquad (16-9)$$

采用 NHL 方法进行权值迭代，迭代终止的标准有 2 种。

标准 1：$F_1 = \sqrt{\sum_{i=1}^{n}(DOC_i - T_i)^2}$，其中 n 是系统概念节点的个数，DOC_i 表示第 i 个概念节点 c_i 的期望输出值，T_i 是节点 c_i 的期望状态均值，当 F_1 达到最小值时则认为 FCM 达到最终平衡点。

标准 2：$F_2 = |DOC_i^{t+1} - DOC_i^t| < e$，即前后两次迭代结果差的绝对值小于 $e = 0.02$ 时，迭代终止。

只有同时满足标准 1 和标准 2，权值学习才能达到最优结果，可以终止迭代，输出最终邻接矩阵 W^T。此时的邻接矩阵同时融合专家的观点和创新要素间演化的客观规律，实现了主客观相结合，更贴合创新系统的实际情况。

（三）模糊认知图的结构分析

FCM 模型中包含的概念节点的重要性系数可以通过输出端数、输入端数和中心度来刻画。假设 $C = (c_1, c_2, \cdots, c_n)$ 是系统中 n 个概念节点的集合，$W = (w_{ij})_{n \times n}$ 是体现节点间因果关系的邻接矩阵。

定义 3　邻接矩阵 W 中各行系数绝对值之和，即 $od(c_i) = \sum_{j=1}^{n} |w_{ij}|$ 称为输出端数。

定义 4　邻接矩阵 W 中各列系数绝对值之和，即 $id(c_j) = \sum_{i=1}^{n} |w_{ij}|$ 称为输入端数。

定义 5　邻接矩阵 W 中各变量的输出端数 $od(c_i)$ 和输入端数 $id(c_j)$ 之和，即 $M_i = od(c_i) + id(c_j)$ 称为变量的中心度。

变量的输出端数体现该变量作为原因变量对其他结果变量的影响强度；输入端数则体现该变量作为结果变量，受到其他原因变量的影响强度；变量的中心度同时综合原因和结果，体现变量在认知图中的活跃程度。

三　模糊认知图的稳定性分析

模糊认知图是一个动态反馈系统，通过各个阶段的概念节点和邻接矩阵进行重复迭代，系统多次迭代的结果具有不确定性，最终会出现如下三种情形（许庆瑞，2007）。

第一种情形，通过数次迭代，系统终止于一个平衡状态，系统中各概念节点的数值不再随着时间的变化而变化。

第二种情形，通过数次迭代，系统进入极限循环状态，系统中各概念节点呈现周期性反复循环状态。

第三种情形，通过数次迭代，系统进入混沌状态，系统中各概念节点的状态值进入非周期的无限不循环状态。

若系统迭代能够达到平衡状态或极限循环状态，则称此模糊认知图为稳定的，否则为不稳定的。

四　模糊认知图在动态绩效评价中的可行性

创新动态绩效评价的思路是基于关键绩效评价指标之间的逻辑因果关系，通过构建指标间的因果关系网络，并结合专家经验或现实数据，确定指标之间的影响系数，基于指标的初始值，通过系统的多次迭代模拟绩效的动态变化轨迹，最终确定绩效稳定值。FCM 模型恰恰具有知识表达和数值推理能力，能够精确地描述创新绩效评价指标之间的逻辑关系并模拟创新系统的运行状态，在二元创新动态绩效评价过程中，它能够解决如下问题。

第一，FCM 模型具有符号推理和数值推理能力，它能够清晰体现创新动态绩效评价指标之间的因果关系，并通过推理和演化模拟绩效的变化趋势。

第二，影响 FCM 模型模拟效果的关键是指标间影响权值的确定，专家评价法和基于现实数据的自动学习技术相结合是最可靠的权值确定方法，而 FCM 模型能够有效融合这两种方法。

第三，FCM 模型本身具有反馈机制，使其在动态模拟过程中具备信息反馈能力，能够模拟关键指标变化对创新绩效的影响，具有决策参考价值。

第四，FCM 模拟过程中没有明确的输入与输出端，方便系统在不同的初始状态下模拟概念节点在任何时刻的状态值。

可见，模糊认知图具备模拟创新绩效的变化过程、反馈创新绩效关键影响因素的能力，将之应用于二元创新动态绩效评价具有可操作性。

第三节　创新动态绩效评价指标体系的构建

一　创新动态绩效评价指标体系的构建流程

（一）半结构式访谈法

半结构式访谈法是一种参与式且十分开放的调查方法，其没有固定的框架，围绕同一主题，通过交谈的方式获取调查者需要的关键信息。

由于本节是为了研究企业主流与新流创新的动态绩效评价，调查对象限定在企业研发人员、高层管理人员和擅长技术创新领域研究的大学教授，在充分说明模糊认知图的绘图原理后，每位受访者都被要求列出"主流或新流创新动态绩效评价的关键因素"，并在调查人员指引下按模糊认知图的绘图规则绘制一张认知图，给予每位受访者给出的合格认知图相同的重视度，将调查所得的所有认知图按照定性聚类的方法进行综合，得到综合所有专家意见的群体认知图。

（二）基于战略地图原理构建动态绩效评价指标体系

罗伯特·卡普兰和大卫·诺顿（2005）共同创立了平衡计分卡，总共包括财务维度、客户维度、内部维度、学习与成长维度，但在应用时发现其无法全面描述企业战略，为此，两人在专著《战略地图——化无形资产为有形成果》中正式提出战略地图完整框架，该框架包括战略地图的基本构成要素和它们之间的关联性，如图 16-2 所示。

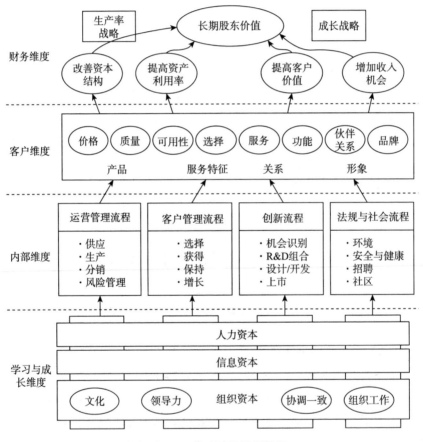

图 16-2　战略地图逻辑框架

战略地图法应用于创新动态绩效评价中具有以下优点。一是有效实现了组织内外部的平衡。战略地图法关注财务指标和非财务指标的统一、前置指标与滞后指标的统一、长期指标与短期指标的统一，这有效解决了动态绩效评价因果关系推理和绩效的多目标性问题。二是便于构建战略地图四个维度之间的因果关系图。战略地图通过指标间的图示来表达，与模糊认知图的知识表达有异曲同工之妙，两种理论可以有效融合，共同解决创新动态绩效的评价问题。

（三）基于群体认知的动态绩效评价指标的合成

首先，基于半结构式访谈法收集调查问卷，列出专家问卷中提及的所有变量；其次，将所有变量按照定性聚类的方法，根据战略地图的四个维度进行归类，提炼出代表性评价指标；最后，变量之间的影响权重采用等权加权平均法计算，若变量之间的因果关系未被提及，则其权值为零，最终合成的体现指标之间因果关系及其影响权重的模糊认知图即为综合了所有专家意见的群体认知图。

二　主流创新动态绩效评价指标体系的构建

（一）主流创新动态绩效评价指标的半结构式访谈

为准确遴选出体现企业主流创新绩效形成过程的关键指标，利用半结构式访谈法，与企业科研部门负责人、高层管理人员、高等院校中主要从事技术创新研究的专家学者进行开放式沟通。首先，明确研究的主要目的，介绍主流与新流创新的含义和特征差异，说明模糊认知图的原理与绘图规则；其次，调查者提问"企业主流创新动态绩效评价的关键因素是什么？它们之间哪些存在因果关系？影响系数多大？"，由受访者根据自身的经验，列出主流创新动态绩效评价的关键指标；最后，调查者根据受访者给出的关键指标绘制模糊认知图，考虑到不同行业不同企业创新绩效评价指标之间影响力度有别，此次访谈仅要求专家给出指标之间是否存在正向促进或负向抑制作用，并分别用数值 1 和 -1 来体现，若两指标间无因果关系，则无须绘制箭线图。

本次总共与 73 位受访者进行深度访谈，回收访谈问卷 73 份，剔除无效问卷 4 份，共得到 69 份有效的访谈问卷，各类调查对象的占比情况如图 16 - 3 所示。

以 69 份有效的访谈问卷为基础，对提及的评价指标进行归类整理，得到如图 16 - 4 所示的反映指标数量与专家数量间关系的走势图。评价指标数量随着受访者数量的增加而增加，当增加访谈对象而被提及的指标不再增加则认为指标的数量达到了研究的要求。图 16 - 4 表明，起初被提及的指标增加速度较快，当受访者的数量增加到 19 人指标增速放缓，当增加到 48 人时，被提及的指标基本不再增加，说明调查收集的指标达到了研究的要求。

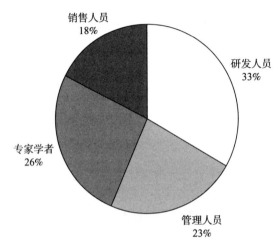

图 16 - 3　主流创新访谈对象统计

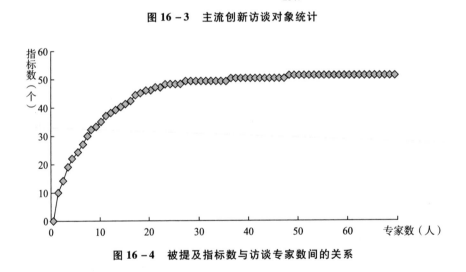

图 16 - 4　被提及指标数与访谈专家数间的关系

（二）主流创新动态绩效评价指标归类

基于 69 份调查问卷中提到的主流创新动态绩效评价指标，考虑到模糊认知图的简洁性要求，对指标进行归类。表 16 - 1 中的三级指标是访谈专家提及的变量，采用定性聚类法进行归类汇总得到二级指标，并将二级指标按照战略地图的框架进行归类，即按照学习与成长、内部流程、客户关系和财务绩效分别归入四个一级指标。

表 16－1　企业主流创新动态绩效评价指标体系

一级指标	二级指标	指标代码	三级指标
学习 与 成长 DMA	科研团队创新效率	DMA_1	员工知识水平、培训费用、技术专长差异
	外部市场竞争	DMA_2	市场竞争对创新促进作用、竞争对市场份额影响、竞争对成本影响
	产学研合作	DMA_3	产学研合作力度、创新体系的完备性
	外购技术	DMA_4	技术源渠道、技术引进量、技术合作频率
	政府创新激励	DMA_5	政府创新资助额
	主流创新激励机制	DMA_6	创新意识和战略、创新机制灵活性和激励作用、员工建议采纳率
内部 流程 DMB	企业家创新意识	DMB_1	创新战略、创新意识
	主流创新 R&D 人员占比	DMB_2	创新 R&D 人员数量和质量
	主流创新 R&D 经费占销售收入比	DMB_3	研发投入力度
	主流创新能力	DMB_4	员工创新能力、创新资源融合产出能力、技术改造立项数、重大产品改进数
	主流创新频率	DMB_5	创新氛围、创新活跃度及员工创新效率
	主流产品管理创新	DMB_6	研发管理、要素协同
	生产工艺技术水准提升	DMB_7	新产品生产工艺、新产品原材料质量
	主流产品质量提升率	DMB_8	产品合格率、新产品成果量、污染减少量
客户 关系 DMC	潜在顾客获得率	DMC_1	产品用户接受度、口碑提升、认可度提升
	顾客满意度	DMC_2	投诉反应时间、投诉量下降率
	顾客建议吸收率	DMC_3	顾客建议采纳量
	营销网络完善程度	DMC_4	营销网点数、提供售后服务
	营销强度	DMC_5	营销广告量、广告投入数额
财务 绩效 DMD	创新新增专利和技术诀窍数	DMD_1	对社会技术进步贡献率
	主流产品单位成本下降率	DMD_2	创新经济效率、成本下降率
	主流产品市场份额提升率	DMD_3	产品竞争力、产品市场份额
	主流产品销售收入	DMD_4	新产品数量、新产品商品化程度
	利润增长率	DMD_5	主流产品营业利润、投资回报率

（三）主流创新动态绩效评价指标间模糊认知图

表 16－1 对专家给出的概念节点进行定性归类，寻找容易量化且最具代表性的二级指标，根据调查回收的模糊认知图原始问卷，绘制出集合群体专家意见的体现主流创新绩效形成过程的模糊认知图。

图 16－5 体现了企业主流创新动态绩效的形成过程，各变量之间的

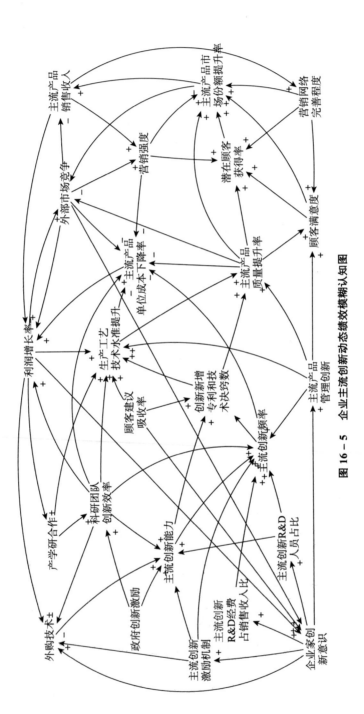

图 16 - 5　企业主流创新动态绩效模糊认知图

联系比较复杂，考虑到不同企业指标间影响权值存在差异，图中仅体现指标间的正向促进或负向抑制作用，并未体现权值大小，具体权值在第七章实证分析时根据被调查企业的实际情况进行赋值。

三 新流创新动态绩效评价指标体系的构建

（一） 新流创新动态绩效评价指标的半结构式访谈

与主流创新动态绩效做法类似，依旧采用半结构式访谈法，调查者提问"企业新流创新动态绩效评价的关键因素是什么？指标之间哪些存在因果关系？影响系数多大？"，由受访者列出动态绩效评价的关键指标，并构建模糊认知图。

本次总共与 62 位受访者进行深度访谈，回收访谈问卷 62 份，剔除无效问卷 5 份，共得到 57 张有效的、体现企业新流创新动态绩效评价指标之间因果关系的认知图，各类调查对象的占比情况如图 16 - 6 所示。

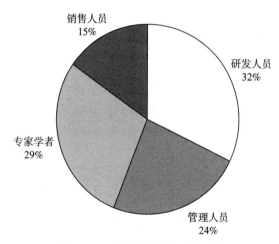

图 16 - 6 新流创新访谈对象统计

以 57 份有效的访谈问卷为基础，对提及的评价指标进行归类整理，得到如图 16 - 7 所示的反映指标数量与专家数量间关系的走势图。起初被提及的指标增加速度较快，当受访者的数量增加到 21 人指标增速放缓，当增加到 48 人时，被提及的指标基本不再增加，说明收集的指标达到了研究的要求。

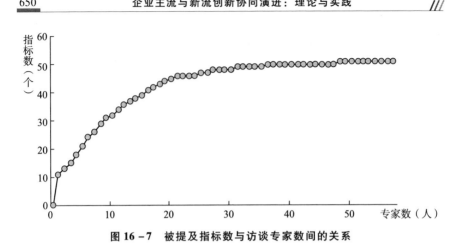

图 16 - 7　被提及指标数与访谈专家数间的关系

(二)　新流创新动态绩效评价指标归类

基于 57 份调查问卷中提及的新流创新动态绩效评价指标，根据指标的含义，对表 16 - 2 中的三级指标采用定性聚类法进行归类，处理方法与主流创新类似。

表 16 - 2　企业新流创新动态绩效评价指标体系

一级指标	二级指标	指标代码	三级指标
学习与成长 DMA	研发团队的前瞻性	DNA_1	员工知识水平、擅长领域新颖性
	研发团队动态能力	DNA_2	动态创造性、技术变更能力、技术拓展
	新流产品市场竞争度	DNA_3	竞争的创新促进作用、竞争对市场份额影响、竞争对成本影响、竞争对营销影响
	企业内外部门间合作渠道	DNA_4	产学研合作力度、企业内部部门间合作
	尖端技术引进	DNA_5	尖端技术引进量、技术合作频率
	新流创新政府补贴	DNA_6	政府创新财政补贴、税收减免
内部流程 DNB	偏好风险的企业文化	DNB_1	创新战略、创新意识
	新流创新 R&D 人员占比	DNB_2	创新 R&D 人员数量和质量
	新流创新 R&D 经费占销售收入比	DNB_3	研发投入力度
	新流创新技术基础	DNB_4	员工创新能力、创新资源融合产出能力、技术改造立项数、重大产品改进数
	新流创新频率	DNB_5	创新氛围、创新活跃度及员工创新效率
	管理模式创新	DNB_6	研发管理、要素协同、生产管理
	生产工艺技术水准提升	DNB_7	新产品生产工艺、新产品生产条件
	新流产品质量提升率	DNB_8	产品合格率、新产品成果量、污染减少量

一级指标	二级指标	指标代码	三级指标
客户关系 DNC	新流产品市场认可度	DNC_1	口碑提升、认可度提升
	新流产品销售财政补贴	DNC_2	产品财政补贴、税收减免、配额取消
	新用户培育	DNC_3	产品用户接受度
	预示性顾客建议采纳率	DNC_4	顾客建议采纳量
	产品营销强度	DNC_5	营销广告量、营销网点数、提供售后服务
财务绩效 DND	创新新增专利和技术诀窍数	DND_1	对社会技术进步贡献率
	新流产品单位成本下降率	DND_2	成本下降率
	新流产品市场份额提升率	DND_3	产品竞争力、产品市场份额
	新流产品销售收入	DND_4	新产品数量、新产品商品化程度
	利润增长率	DND_5	主流产品营业利润、投资回报率

（三）　新流创新动态绩效评价指标间模糊认知图

表 16 - 2 对专家给出的概念节点进行定性归类，寻找容易量化且最具代表性的二级指标，根据调查回收的模糊认知图原始问卷，绘制出集合群体专家意见的体现新流创新绩效形成过程的模糊认知图。图 16 - 8 中仅仅体现新流创新动态绩效指标间的正向促进或负向抑制作用，并未体现权值大小。在后续实证分析过程中，我们将根据被调查企业的实际情况进行赋值。

四　主流与新流创新动态绩效模拟步骤

（一）　创新动态绩效的模拟程序

企业主流与新流创新动态绩效的模拟过程完全相同，以下统称为"创新动态绩效模拟"，创新动态绩效模拟涉及模糊认知图的构建、指标间影响权重的计算、计算机编程和绩效动态变化模拟等环节，图 16 - 9 体现了具体的模拟程序。

1. 建立创新动态绩效评价指标体系

采用半结构式访谈法，基于相关领域专家学者的反馈意见，以战略地图体现的因果关系为研究框架，最终确定主流与新流创新动态绩效评价指标体系，并明确相关指标的含义和计算方法。

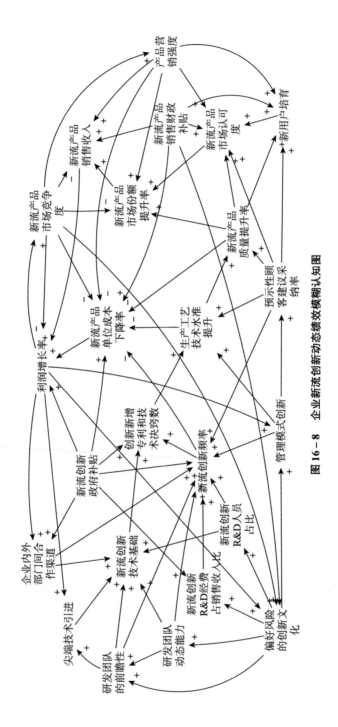

图 16 - 8　企业新流创新动态绩效模糊认知图

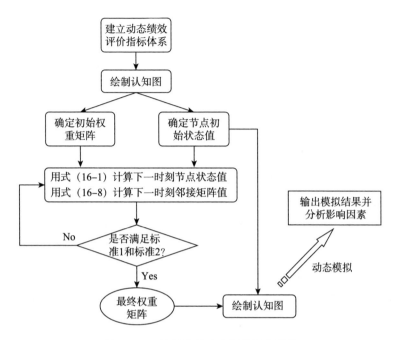

图 16 - 9　创新绩效动态评价逻辑结构

　　定性指标数据采用专家评价法给出，设置五个评价等级"很差、差、一般、好、很好"，分别对应数值"1、2、3、4、5"，由评判专家根据自身对企业的认识进行评价。假设针对第 i 个定性指标，回收的问卷中认为属于"很差、差、一般、好、很好"等级的专家数分别为 N_1、N_2、N_3、N_4、N_5，则该指标标准化后的原始评价值由式（16 - 10）给出（陈友玲等，2011）。

$$x_i = \frac{1 \times N_1 + 2 \times N_2 + 3 \times N_3 + 4 \times N_4 + 5 \times N_5}{5 \times \sum_{j=1}^{5} N_j} \qquad (16-10)$$

　　在定量指标标准化处理过程中，需要选取一些标准数值，对于缺少国家标准的指标，选择同行业中最优企业相应指标的最大值 x_i^{max} 与最小值 x_i^{min} 作为参照标准再进行归一化，其中正向指标用式（16 - 11）处理，负向指标用式（16 - 12）处理。

$$x_i^{'} = \frac{x_i}{x_i^{max/min}} \qquad (16-11)$$

$$x_i' = \frac{x}{i_{\max}^{x_{\max}}}\qquad\qquad (16-12)$$

2. 构建体现节点间因果关系的认知图

确定了动态绩效评价指标体系后，可以通过专家咨询、实地调研或查阅文献等方式，厘清概念节点间是否存在因果关系，再绘制认知图以清晰体现企业创新绩效的动态形成过程。

3. 建立邻接矩阵

采用专家评价法和非线性 Hebbian 学习算法相结合的方法，将第二节确定的二元创新动态绩效评价模糊认知图交由被调查企业的研发部门、生产部门和销售部门管理人员来填写。根据调查数据，采用等权重加权求和的方法，确定指标间影响权重，据此确定反映概念节点间相互关系的初始邻接矩阵。然后结合被调查企业各指标的历史状态值，采用非线性 Hebbian 权值学习公式，运用计算机编程软件进行迭代计算，将标准 1 和标准 2 作为迭代终止条件，确定结合历史数据学习得到的最终邻接矩阵。

4. 编写程序及模拟仿真

基于专家评价法与非线性 Hebbian 学习算法共同构建的邻接矩阵，运用 MATLAB 软件进行编程，以评价企业的基期数据为基础，运用计算机进行迭代运算，求出企业创新绩效动态变化的稳定结果，模拟企业创新动态绩效的变化路径，模拟创新绩效的演化趋势和关键因素对绩效变化的影响机制。

（二）创新动态绩效关键影响因素模拟

基于群体专家给出的 FCM 权值和非线性 Hebbian 学习算法共同构建的邻接矩阵，可以确定评价指标体系中的核心变量，并探讨核心变量对企业主流或新流创新动态绩效的影响。

1. 确定变量的中心度

FCM 模型中变量之间存在互为因果的逻辑关系，但不同变量的活跃程度却各不相同，输出端数体现该变量对其他变量的影响强度，输入端数体现该变量作为结果变量受其他原因变量的影响程度，基于输出端数和输入端数计算而得的中心度可以反映该变量在认知图中的整体影响力。

确定模糊认知图的最终邻接矩阵后，可以分别计算各变量对应的输

出端数 od（c_i）和输入端数 id（c_j），然后运用公式 $M_i = od$（c_i）$+ id$（c_j）计算各变量的中心度，并按照相应的标准确定核心变量。

2. 核心变量对创新绩效影响的模拟

绩效变化受各变量的影响，变量的影响程度和影响机制可以通过情景模拟来体现，即通过设定与绩效相关的核心变量的期望值来预测该变量对创新绩效的影响。对于正向指标，希望增加该变量在系统中的权值，则在每次迭代时将该变量的状态值设为 1；对于负向指标，希望减少该变量在系统中的权值，则在每次迭代时将该变量的状态值设为 0。反复运算，可以模拟出系统中所有的核心变量对创新动态绩效稳定状态值的影响。

第四节 企业主流与新流创新协同演进动态绩效的实证研究

基于第三节构建的主流与新流创新动态绩效模糊认知图和变量之间邻接矩阵权值的确定思路，选择吉利汽车作为动态绩效的实证研究对象，将其依靠传统燃油提供动力的汽车及相关配套产品的研发视为主流创新活动，将依靠新兴能源提供动力的汽车的研发视为新流创新活动，分别模拟该企业主流与新流创新动态绩效的演化趋势及动态绩效演化过程中关键因素的作用机制，为企业管理者制定长远的创新战略提供决策参考。

一 被评价对象的选择

（一）被评价企业简介

主流与新流创新是基于企业创新领域的技术特征差异来划分的，它们具有不同的创新特征且分别处于不同的创新轨道，为比较同一企业在不同创新领域的动态绩效演化差异，本节以吉利汽车为实证研究对象，该企业自从收购沃尔沃之后，汽车研发及生产制造能力得到显著提升，随着产品的升级，用户认可度直线上升，2018 年累计汽车销量达 150.08 万辆，同比增长 20.3%。与此同时，企业也关注新能源汽车研发及生产，2018 年新能源汽车销量为 5.43 万辆，新能源汽车市场占有率为

5%，公司计划到 2020 年新能源汽车销量占吉利汽车整体销量的 90% 以上。[①] 可见，该企业在传统燃油车和新能源汽车领域均取得较好的成绩，案例比较具有代表性。

（二）样本数据的收集

企业主流与新流创新动态绩效评价需要收集吉利汽车评价基期各指标的初始状态值，以 2017 年的年份数据为基期数据，由于本章构建的二元创新动态绩效评价指标体系既包含定性指标又包含定量指标，数据的来源渠道有所不同（见附录十一）。

定性指标数据通过专家评价的方式给出，设置"很差、差、一般、好、很好"五个评价等级，分别对应数值"1、2、3、4、5"，由评判专家根据自身对企业的认识进行评价，并根据式（16-10）计算各定性指标的初始状态值。

定量指标数据则通过与企业研发部门、生产部门和销售部门主管的密切沟通，要求部门主管根据 2017 年的实际情况如实填写，同时收集汽车行业内其他企业的指标值，根据指标性质的差异，分别利用式（16-11）或式（16-12）对指标进行归一化处理。

二　主流创新动态绩效评价

（一）初始状态数据收集

遵循定量指标和定性指标数据的获取和处理方法，获取吉利汽车 2017 年传统燃油车领域各指标的初始状态值，如表 16-3 所示。

表 16-3　吉利汽车主流创新动态绩效评价指标初始状态值

一级指标	二级指标	指标代码	指标性质	初始状态值
学习与成长 DMA	科研团队创新效率	DMA_1	高优定性指标	0.544
	外部市场竞争	DMA_2	高优定性指标	0.635
	产学研合作	DMA_3	高优定性指标	0.560

[①] 《吉利发布新能源战略　2020 年新能源销量占比将超 90%》，搜狐网，2015 年 11 月 20 日，http://www.sohu.com/a/42886753_115798。

续表

一级指标	二级指标	指标代码	指标性质	初始状态值
学习与成长 DMA	外购技术	DMA_4	高优定量指标	0.420
	政府创新激励	DMA_5	高优定量指标	0.230
	主流创新激励机制	DMA_6	高优定性指标	0.456
内部流程 DMB	企业家创新意识	DMB_1	高优定性指标	0.605
	主流创新 R&D 人员占比	DMB_2	高优定量指标	0.488
	主流创新 R&D 经费占销售收入比	DMB_3	高优定量指标	0.518
	主流创新能力	DMB_4	高优定性指标	0.430
	主流创新频率	DMB_5	高优定量指标	0.530
	主流产品管理创新	DMB_6	高优定性指标	0.590
	生产工艺技术水准提升	DMB_7	高优定性指标	0.360
	主流产品质量提升率	DMB_8	高优定性指标	0.510
客户关系 DMC	潜在顾客获得率	DMC_1	高优定量指标	0.450
	顾客满意度	DMC_2	高优定量指标	0.434
	顾客建议吸收率	DMC_3	高优定量指标	0.446
	营销网络完善程度	DMC_4	高优定量指标	0.441
	营销强度	DMC_5	高优定量指标	0.523
财务绩效 DMD	创新新增专利和技术诀窍数	DMD_1	高优定量指标	0.557
	主流产品单位成本下降率	DMD_2	高优定量指标	0.213
	主流产品市场份额提升率	DMD_3	高优定量指标	0.622
	主流产品销售收入	DMD_4	高优定量指标	0.511
	利润增长率	DMD_5	高优定量指标	0.419

（二）模糊认知图邻接矩阵的确定

首先，邀请 10 位专家，其中 6 位为吉利汽车研发部门、生产部门和销售部门的负责人，4 位为大学和科研机构对汽车研发与生产比较熟悉的专家，根据图 16-5 中构建的企业主流创新动态绩效模糊认知图，要求专家按照箭头的指向，根据自身的判断，借助区间 [-1, 1] 内的数值给出变量之间的相互影响系数，共收集 10 张认知图。

其次，假设 10 位专家的信度相同，采用等权重加权平均的方式求得集成 10 位专家群体意见的变量之间相互影响系数，进而确定第一轮邻接矩阵 W_M^0。

最后，根据第一轮邻接矩阵 W_M^0 和变量的初始状态值构成的向量 A^0，同时收集各指标的历史数据，运用非线性 Hebbian 权值学习公式（16 – 8）进行权值学习，设学习率 $\eta = 0.04$，衰减系数 $\gamma = 0.005$，通过计算机进行自动迭代，当同时满足标准 1 和标准 2 时停止迭代，输出综合考量专家意见和历史数据的模糊认知图邻接矩阵 W_M^T。

（三）主流创新动态绩效模拟仿真

根据表 16 – 3 给出的吉利汽车主流创新动态绩效各指标的初始状态值和综合考量群体专家意见与非线性 Hebbian 学习模型给出的邻接矩阵 W_M^T，以式（16 – 1）为迭代函数，采用 S 形曲线函数 I 作为阈值函数，其中 $c = 1$，通过 MATLAB 软件进行模拟仿真，经过 8 次迭代，系统进入循环状态，各变量数据变化趋势如表 16 – 4 所示。

从表 16 – 4 中的模拟数值可以看出，吉利汽车在今后几年的主流创新绩效总体趋势向好，在创新绩效的最终体现——财务维度方面，除了"单位产品成本下降率"指标的变化趋势比较一般外，"创新新增专利和技术诀窍数""主流产品市场份额提升率""主流产品销售收入""利润增长率"等指标的上升趋势明显，但变化的速率有别（见图 16 – 10）。

第一，主流创新新增专利和技术诀窍数（DMD_1）增长趋势明显。最近几年国内汽车产业不断发展，自主品牌汽车企业的创新战略发生根本变化，从传统依靠模仿的发展模式转变为通过产品和工艺创新来提升市场竞争力。截至目前，吉利集团已拥有 4 所大学和 1 个汽车研究院，强大的科研基地再加上 2000 多位专业的汽车高级工程师，为企业技术创新提供了坚强的后盾。截至 2018 年底，吉利累计专利授权量为 16008 项，每年新增专利在 1000 项左右。通过 FCM 模型的仿真，该企业的技术创新能力和技术产出在今后依旧保持较快的发展态势。

第二，短期内企业单位产品成本下降率（DMD_2）变化不大。该企业在短期内成本下降比较困难，首先，规模经济效应短期内无法实现；其次，国内汽车企业在实现跨越式发展过程中，要不断增加研发投入，加强新工厂的建设；最后，要加大营销的投入力度，要提供更优质、更长久的售后服务等，这些均导致企业的生产成本下降趋势不明显。

第三，主流产品市场份额提升率（DMD_3）变化趋势明显。该指标在 5 个指标中的表现最为抢眼，从 2011 年开始，吉利汽车的市场份额就

$$W_M^0 = \begin{bmatrix}
0 & 0 & 0 & -0.12 & 0 & 0 & 0 & 0 & 0 & 0.814 & 0.411 & 0 & 0.115 & 0 & 0 & 0 & 0 & 0 & 0 & 0 & 0.131 & 0 & 0 & 0.141 \\
0 & 0 & 0 & 0 & 0 & 0 & 0.312 & 0 & 0 & 0 & 0 & 0 & 0 & 0 & 0 & 0 & 0 & 0 & 0.374 & 0 & -0.21 & -0.36 & -0.3 & -0.47 \\
0.72 & 0 & 0 & 0 & 0 & 0 & 0 & 0 & 0 & 0 & 0 & 0 & 0.281 & 0 & 0 & 0 & 0 & 0 & 0 & 0 & 0 & 0 & 0 & 0 \\
0 & 0 & 0 & 0 & 0 & 0 & 0 & 0 & 0 & 0.373 & 0 & 0 & 0 & 0 & 0 & 0 & 0 & 0 & 0 & 0 & 0 & 0 & 0 & 0 \\
0.103 & 0 & 0 & 0 & 0 & 0 & 0 & 0 & 0 & 0.221 & 0 & 0 & 0 & 0 & 0 & 0 & 0 & 0 & 0 & 0 & 0 & 0 & 0 & 0 \\
0 & 0 & 0 & -0.21 & 0 & 0 & 0 & 0 & 0 & 0.822 & 0.311 & 0 & 0 & 0 & 0 & 0 & 0 & 0 & 0 & 0 & 0 & 0 & 0 & 0 \\
0 & 0 & 0 & 0.292 & 0 & 0.701 & 0 & 0.212 & 0.306 & 0 & 0 & 0.241 & 0 & 0 & 0 & 0 & 0 & 0 & 0 & 0 & 0 & 0 & 0 & 0 \\
0 & 0 & 0 & 0 & 0 & 0 & 0 & 0 & 0 & 0.303 & 0.213 & 0 & 0 & 0 & 0 & 0 & 0 & 0 & 0 & 0 & 0 & 0 & 0 & 0 \\
0 & 0 & 0 & 0 & 0 & 0 & 0 & 0 & 0 & 0 & 0.301 & 0 & 0 & 0 & 0 & 0 & 0 & 0 & 0 & 0 & 0 & 0 & 0 & 0 \\
0 & 0 & 0 & 0 & 0 & 0 & 0 & 0 & 0 & 0 & 0.102 & 0 & 0 & 0 & 0 & 0 & 0 & 0 & 0 & 0.304 & 0 & 0 & 0 & 0 \\
0 & 0 & 0 & 0 & 0 & 0 & 0 & 0 & 0 & 0 & 0 & 0 & 0 & 0 & 0 & 0 & 0 & 0 & 0 & 0.389 & -0.31 & 0 & 0 & 0 \\
0 & 0 & 0 & 0 & 0 & 0 & 0 & 0 & 0 & 0 & 0.374 & 0 & 0.201 & 0.145 & 0 & 0.261 & 0 & 0 & 0 & 0 & 0 & 0 & 0 & 0 \\
0 & 0 & 0 & 0 & 0 & 0 & 0 & 0 & 0 & 0 & 0 & 0 & 0 & 0.221 & 0 & 0 & 0 & 0 & 0 & 0 & -0.13 & 0 & 0 & 0 \\
0 & -0.22 & 0 & 0 & 0 & 0 & 0 & 0 & 0 & 0 & 0 & 0 & 0 & 0 & 0.19 & 0.117 & 0 & 0 & 0 & 0 & -0.19 & 0.245 & 0 & 0 \\
0 & 0 & 0 & 0 & 0 & 0 & 0 & 0 & 0 & 0 & 0 & 0 & 0 & 0 & 0 & 0 & 0 & 0 & 0 & 0 & 0.312 & 0 & 0 & 0 \\
0 & 0 & 0 & 0 & 0 & 0 & 0 & 0 & 0 & 0 & 0 & 0 & 0 & 0 & 0.41 & 0 & 0 & 0 & 0 & 0 & 0.449 & 0 & 0 & 0 \\
0 & 0 & 0 & 0 & 0 & 0 & 0.107 & 0 & 0 & 0 & 0 & 0 & 0.103 & 0 & 0 & 0 & 0 & 0 & 0 & 0.064 & 0 & 0 & 0 & 0 \\
0 & 0 & 0 & 0 & 0 & 0 & 0 & 0 & 0 & 0 & 0 & 0 & 0 & 0 & 0.21 & 0.181 & 0 & 0 & 0 & 0 & 0.289 & 0 & 0 & 0 \\
0 & 0 & 0 & 0 & 0 & 0 & 0 & 0 & 0 & 0 & 0 & 0 & 0 & 0 & 0.23 & 0 & 0 & 0 & 0 & -0.51 & 0.479 & 0 & 0 & 0 \\
0 & 0 & 0 & 0 & 0 & 0 & 0 & 0 & 0 & 0 & 0 & 0 & 0.401 & 0.381 & 0 & 0 & 0 & 0 & 0 & 0 & 0 & 0 & 0 & 0 \\
0 & 0 & 0 & 0 & 0 & 0 & 0 & 0 & 0 & 0 & 0 & 0 & 0 & 0 & 0 & 0 & 0 & 0 & 0 & 0 & 0 & 0 & 0 & 0.462 \\
0 & 0 & 0 & 0 & 0 & 0 & 0 & 0 & 0 & 0 & 0 & 0 & 0 & 0 & 0 & 0 & 0 & 0 & 0 & 0 & 0 & 0 & 0.721 & 0 \\
0 & 0 & 0 & 0 & 0 & 0 & 0 & 0 & 0 & 0 & 0 & 0 & 0 & 0 & 0 & 0 & 0.384 & 0.413 & 0 & 0 & 0 & 0 & 0 & 0.489 \\
0 & 0.413 & 0.311 & 0.327 & 0 & 0 & 0.612 & 0 & 0 & 0 & 0 & 0 & 0.28 & 0 & 0 & 0 & 0 & 0 & 0 & 0 & 0 & 0 & 0 & 0
\end{bmatrix}$$

$$
W_M^T = \begin{bmatrix}
0 & 0.014 & 0.012 & -0.11 & 0.005 & 0.01 & 0.013 & 0.01 & 0.011 & 0.81 & 0.416 & 0.013 & 0.121 & 0.011 & 0.01 & 0.009 & 0.01 & 0.01 & 0.011 & 0.005 & 0.133 & 0.011 & 0.01 & 0.149 \\
0.012 & 0 & 0.014 & 0.01 & 0.006 & 0.012 & 0.321 & 0.012 & 0.013 & 0.011 & 0.013 & 0.015 & 0.009 & 0.013 & 0.011 & 0.011 & 0.011 & 0.011 & 0.379 & 0.004 & -0.21 & -0.36 & -0.29 & -0.47 \\
0.718 & 0.013 & 0 & 0.009 & 0.004 & 0.01 & 0.013 & 0.011 & 0.011 & 0.01 & 0.012 & 0.013 & 0.284 & 0.011 & 0.01 & 0.01 & 0.01 & 0.01 & 0.012 & 0.008 & 0.005 & 0.011 & 0.011 & 0.009 \\
0.008 & 0.01 & 0.009 & 0 & 0.004 & 0.008 & 0.01 & 0.008 & 0.009 & 0.376 & 0.009 & 0.01 & 0.006 & 0.009 & 0.008 & 0.007 & 0.007 & 0.007 & 0.009 & 0.006 & 0.004 & 0.009 & 0.008 & 0.007 \\
0.107 & 0.006 & 0.005 & 0.004 & 0 & 0.004 & 0.006 & 0.004 & 0.005 & 0.224 & 0.005 & 0.005 & 0.003 & 0.005 & 0.004 & 0.004 & 0.004 & 0.004 & 0.005 & 0.003 & 0.002 & 0.005 & 0.004 & 0.004 \\
0.009 & 0.011 & 0.01 & -0.21 & 0.004 & 0 & 0.009 & 0.009 & 0.009 & 0.819 & 0.317 & 0.011 & 0.007 & 0.009 & 0.008 & 0.008 & 0.008 & 0.008 & 0.01 & 0.006 & 0.004 & 0.009 & 0.009 & 0.008 \\
0.013 & 0.015 & 0.012 & 0.296 & 0.006 & 0.698 & 0 & 0.219 & 0.317 & 0.01 & 0.013 & 0.25 & 0.009 & 0.012 & 0.011 & 0.01 & 0.011 & 0.011 & 0.013 & 0.002 & 0.005 & 0.012 & 0.012 & 0.01 \\
0.01 & 0.012 & 0.011 & 0.008 & 0.004 & 0.009 & 0.012 & 0 & 0.01 & 0.307 & 0.22 & 0.011 & 0.007 & 0.01 & 0.009 & 0.008 & 0.008 & 0.008 & 0.01 & 0.006 & 0.004 & 0.01 & 0.009 & 0.008 \\
0.011 & 0.013 & 0.01 & 0.009 & 0.005 & 0.009 & 0.012 & 0.01 & 0 & 0.009 & 0.307 & 0.012 & 0.007 & 0.01 & 0.009 & 0.009 & 0.009 & 0.009 & 0.011 & 0.007 & 0.004 & 0.01 & 0.01 & 0.008 \\
0.008 & 0.011 & 0.01 & 0.007 & 0.004 & 0.008 & 0.01 & 0.008 & 0.009 & 0 & 0.11 & 0.01 & 0.006 & 0.009 & 0.008 & 0.007 & 0.008 & 0.008 & 0.009 & 0.306 & 0.004 & 0.009 & 0.008 & 0.007 \\
0.01 & 0.012 & 0.012 & 0.006 & 0.005 & 0.01 & 0.013 & 0.01 & 0.011 & 0.009 & 0 & 0.013 & 0.008 & 0.011 & 0.01 & 0.009 & 0.009 & 0.009 & 0.011 & 0.39 & 0.005 & 0.011 & 0.01 & 0.009 \\
0.013 & 0.015 & 0.013 & 0.01 & 0.004 & 0.011 & 0.012 & 0.011 & 0.012 & 0.01 & 0.379 & 0 & 0.206 & 0.154 & 0.011 & 0.266 & 0.01 & 0.01 & 0.012 & 0.002 & 0.005 & 0.012 & 0.011 & 0.01 \\
0.007 & 0.009 & 0.008 & 0.006 & 0.003 & 0.007 & 0.009 & 0.007 & 0.007 & 0.006 & 0.008 & 0.008 & 0 & 0.226 & 0.006 & 0.006 & 0.006 & 0.006 & 0.008 & 0.005 & -0.13 & 0.007 & 0.007 & 0.006 \\
0.011 & -0.21 & 0.011 & 0.009 & 0.005 & 0.009 & 0.012 & 0.01 & 0.01 & 0.009 & 0.011 & 0.012 & 0.007 & 0 & 0.196 & 0.124 & 0.009 & 0.009 & 0.011 & 0.007 & -0.19 & 0.252 & 0.01 & 0.008 \\
0.009 & 0.011 & 0.01 & 0.008 & 0.004 & 0.008 & 0.011 & 0.009 & 0.009 & 0.008 & 0.01 & 0.011 & 0.006 & 0.009 & 0 & 0.008 & 0.008 & 0.008 & 0.009 & 0.006 & 0.004 & 0.317 & 0.009 & 0.007 \\
0.009 & 0.008 & 0.009 & 0.007 & 0.005 & 0.008 & 0.01 & 0.007 & 0.009 & 0.007 & 0.009 & 0.01 & 0.006 & 0.009 & 0.413 & 0 & 0.008 & 0.008 & 0.009 & 0.006 & 0.004 & 0.452 & 0.008 & 0.007 \\
0.01 & 0.011 & 0.01 & 0.006 & 0.004 & 0.008 & 0.116 & 0.008 & 0.009 & 0.008 & 0.009 & 0.01 & 0.108 & 0.009 & 0.008 & 0.008 & 0 & 0.008 & 0.009 & 0.069 & 0.004 & 0.009 & 0.008 & 0.007 \\
0.01 & 0.011 & 0.01 & 0.007 & 0.004 & 0.008 & 0.011 & 0.008 & 0.009 & 0.008 & 0.009 & 0.01 & 0.006 & 0.009 & 0.215 & 0.186 & 0.008 & 0 & 0.009 & 0.006 & 0.004 & 0.294 & 0.008 & 0.007 \\
0.01 & 0.013 & 0.011 & 0.009 & 0.005 & 0.01 & 0.013 & 0.01 & 0.011 & 0.009 & 0.011 & 0.012 & 0.008 & 0.011 & 0.236 & 0.009 & 0.009 & 0.009 & 0 & 0.003 & -0.51 & 0.482 & 0.01 & 0.009 \\
0.008 & 0.009 & 0.008 & 0.006 & 0.003 & 0.006 & 0.008 & 0.007 & 0.007 & 0.006 & 0.007 & 0.008 & 0.402 & 0.384 & 0.006 & 0.006 & 0.006 & 0.006 & 0.007 & 0 & 0.003 & 0.007 & 0.007 & 0.006 \\
0.005 & 0.005 & 0.005 & 0.004 & 0.002 & 0.004 & 0.005 & 0.004 & 0.004 & 0.004 & 0.005 & 0.005 & 0.003 & 0.004 & 0.004 & 0.004 & 0.004 & 0.004 & 0.004 & 0.003 & 0 & 0.004 & 0.004 & 0.462 \\
0.011 & 0.013 & 0.01 & 0.009 & 0.005 & 0.009 & 0.012 & 0.01 & 0.01 & 0.009 & 0.011 & 0.012 & 0.007 & 0.01 & 0.009 & 0.009 & 0.009 & 0.009 & 0.011 & 0.003 & 0.004 & 0 & 0.72 & 0.008 \\
0.01 & 0.012 & 0.011 & 0.008 & 0.004 & 0.009 & 0.012 & 0.009 & 0.01 & 0.008 & 0.01 & 0.011 & 0.007 & 0.01 & 0.009 & 0.008 & 0.008 & 0.387 & 0.397 & 0.005 & 0.004 & 0.01 & 0 & 0.49 \\
0.009 & 0.419 & 0.317 & 0.33 & 0.004 & 0.008 & 0.615 & 0.008 & 0.008 & 0.007 & 0.009 & 0.01 & 0.283 & 0.008 & 0.007 & 0.007 & 0.007 & 0.007 & 0.009 & 0.006 & 0.004 & 0.008 & 0.008 & 0
\end{bmatrix}
$$

表16-4　吉利汽车主流创新 MATLAB 模拟动态绩效变化趋势

迭代次数	DMA_1	DMA_2	DMA_3	DMA_4	DMA_5	DMA_6	DMB_1	DMB_2	DMB_3	DMB_4	DMB_5	DMB_6	DMB_7	DMB_8	DMC_1	DMC_2	DMC_3	DMC_4	DMC_5	DMD_1	DMD_2	DMD_3	DMD_4	DMD_5
1	0.544	0.635	0.560	0.420	0.230	0.456	0.605	0.488	0.518	0.430	0.530	0.590	0.360	0.510	0.450	0.434	0.446	0.441	0.523	0.557	0.213	0.622	0.511	0.419
2	0.745	0.694	0.691	0.658	0.569	0.725	0.772	0.672	0.692	0.843	0.820	0.702	0.760	0.729	0.736	0.693	0.632	0.675	0.743	0.726	0.444	0.789	0.703	0.651
3	0.809	0.728	0.742	0.725	0.655	0.801	0.835	0.727	0.747	0.938	0.899	0.743	0.860	0.806	0.832	0.770	0.683	0.746	0.807	0.805	0.458	0.874	0.769	0.749
4	0.828	0.742	0.760	0.745	0.675	0.822	0.855	0.743	0.763	0.953	0.916	0.757	0.883	0.828	0.856	0.791	0.696	0.766	0.824	0.827	0.448	0.897	0.791	0.774
5	0.833	0.747	0.766	0.751	0.680	0.827	0.861	0.747	0.768	0.956	0.920	0.761	0.888	0.834	0.862	0.796	0.700	0.771	0.829	0.832	0.442	0.902	0.797	0.780
6	0.835	0.748	0.767	0.752	0.681	0.828	0.862	0.748	0.769	0.956	0.920	0.762	0.889	0.835	0.863	0.798	0.701	0.773	0.830	0.834	0.439	0.903	0.799	0.781
7	0.835	0.748	0.767	0.753	0.682	0.829	0.862	0.749	0.770	0.957	0.921	0.762	0.890	0.836	0.863	0.798	0.701	0.773	0.831	0.834	0.438	0.903	0.799	0.781
8	0.835	0.748	0.767	0.753	0.682	0.829	0.863	0.749	0.770	0.957	0.921	0.763	0.890	0.836	0.864	0.798	0.701	0.773	0.831	0.834	0.438	0.903	0.799	0.781

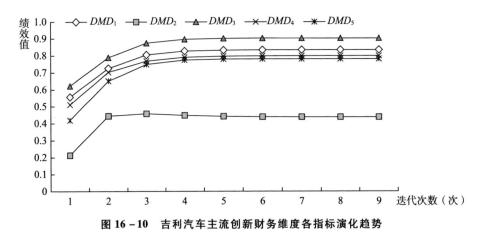

图 16 - 10　吉利汽车主流创新财务维度各指标演化趋势

快速增长，从 43.28 万辆的年销量一路上升到 2018 年的 150.08 万辆，年均增长率达到 19.44%，[①] 这主要得益于产品品质的提升、产品线的延长和用户认可度的提升。随着吉利 3.0 产品的陆续上市，后续市场份额提升趋势将更加明显。进入 2018 年，中美贸易摩擦影响到很多行业，但吉利汽车出口市场中不包括美国，所以其对吉利汽车的销售影响不大。

第四，主流产品的销售收入（DMD_4）随着市场份额的提升而增加。吉利汽车 2011~2017 年年均销售收入增长 57.08%，进入 2018 年销售增势依旧明显，增长 20%。图 16 - 10 表明，销售收入的变化趋势与市场份额的提升趋势基本一致，未来销售收入将保持一个较明显的增长态势。

第五，主流产品利润增长率（DMD_5）增长依旧抢眼。该企业在 2018 年实现利润 130 亿元，与合资车企相比利润总额相对较少，这是因为国产汽车受到价格"天花板"的影响，同时，国内汽车品牌在发展初期必须加大研发与营销投入以提升产品质量和市场认可度，国内汽车企业的单车利润远低于合资汽车，利润上涨的空间较小。但是随着市场份额的快速提升，产品销量快速增长必然促进企业利润的提升。

（四）主流创新关键变量影响模拟分析

1. 关键变量的确定

根据邻接矩阵 W_M^T 求得各变量的输入和输出端数，并据此计算各变量

---

①　资料来源：作者整理。

的中心度，由于研究的目的是探讨绩效的主要影响因素，表 16 - 5 中仅列出学习与成长、内部流程和客户关系三大维度中中心度大于 2 的变量。

表 16 - 5　吉利汽车主流创新动态绩效的关键影响变量

变量	输出端数	输入端数	中心度
科研团队创新效率	1.690	1.028	2.718
外部市场竞争	2.209	0.863	3.072
主流创新激励机制	1.104	0.981	2.085
企业家创新意识	1.968	1.264	3.232
主流创新能力	0.584	2.682	3.266
主流创新频率	0.602	1.909	2.511
营销强度	0.974	1.419	2.393

2. 关键变量影响情景模拟

表 16 - 5 中共有 7 个变量被确定为影响主流创新动态绩效的关键变量，且均为正向指标，现根据前面提出的核心变量影响机制的模拟方法，分别增加这 7 个关键变量在系统中的状态值，在每次迭代时都将该变量的状态值设为 1，邻接矩阵不变，进行重复迭代，最终求得的稳态值变化量如表 16 - 6 所示。

表 16 - 6　吉利汽车主流创新动态绩效关键变量影响模拟

指标代码	初始稳定状态	稳态值变化量						
		科研团队创新效率↑	外部市场竞争↑	主流创新激励机制↑	企业家创新意识↑	主流创新能力↑	主流创新频率↑	营销强度↑
DMA_1	0.8352	0.0216	0.0001	0.0002	0.0004	0.0000	0.0002	0.0003
DMA_2	0.7484	0.0011	0.0423	0.0004	0.0006	0.0001	0.0002	0.0003
DMA_3	0.7674	0.0009	-0.0014	0.0003	0.0005	0.0000	0.0002	0.0002
DMA_4	0.7527	-0.0038	-0.0013	-0.0083	0.0086	0.0000	0.0001	0.0002
DMA_5	0.6817	0.0003	0.0003	0.0001	0.0003	0.0000	0.0001	0.0002
DMA_6	0.8289	0.0004	0.0013	0.0229	0.0153	0.0000	0.0002	0.0003
DMB_1	0.8626	0.0008	0.0081	0.0002	0.0156	0.0000	0.0002	0.0001
DMB_2	0.7488	0.0005	0.0009	0.0003	0.0070	0.0000	0.0002	0.0004
DMB_3	0.7698	0.0005	0.0011	0.0003	0.0093	0.0000	0.0002	0.0004

指标代码	初始稳定状态	稳态值变化量						
		科研团队创新效率↑	外部市场竞争↑	主流创新激励机制↑	企业家创新意识↑	主流创新能力↑	主流创新频率↑	营销强度↑
DMB_4	0.9567	0.0054	0.0001	0.0055	0.0009	0.0017	0.0001	0.0001
DMB_5	0.9208	0.0053	0.0003	0.0042	0.0011	0.0003	0.0056	0.0002
DMB_6	0.7625	0.0006	0.0011	0.0004	0.0076	0.0000	0.0002	0.0005
DMB_7	0.8898	0.0024	-0.0008	0.0001	0.0004	0.0001	0.0003	0.0001
DMB_8	0.8358	0.0005	0.0004	0.0002	0.0006	0.0001	0.0005	0.0003
DMC_1	0.8636	0.0003	0.0007	0.0003	0.0003	0.0000	0.0001	0.0053
DMC_2	0.7983	0.0004	0.0004	0.0002	0.0008	0.0000	0.0002	0.0003
DMC_3	0.7012	0.0005	0.0006	0.0003	0.0005	0.0000	0.0002	0.0004
DMC_4	0.7734	0.0004	-0.0009	0.0002	0.0004	0.0000	0.0002	0.0005
DMC_5	0.8309	0.0004	0.0139	0.0002	0.0004	0.0000	0.0002	0.0225
DMD_1	0.8339	0.0007	0.0001	0.0007	0.0002	0.0021	0.0049	0.0001
DMD_2	0.4381	0.0070	-0.0194	0.0001	0.0003	0.0000	-0.0280
DMD_3	0.9034	0.0002	-0.0083	0.0001	0.0003	0.0000	0.0001	0.0077
DMD_4	0.7990	0.0003	-0.0157	0.0002	0.0004	0.0000	0.0002	0.0014
DMD_5	0.7805	0.0057	-0.0295	0.0003	0.0004	0.0001	0.0002	-0.0023

（1）提升科研团队创新效率的情景模拟

在迭代过程中，始终将科研团队创新效率的状态值设为1，通过重复运算求得稳态值的变化量。从数值变化量可以看出，科研团队创新效率提升可以大大减少企业对外购技术的依赖，有效降低成本，同时企业的主流创新能力、创新频率、生产工艺的技术水准、创新新增专利和技术诀窍数等核心变量都会随着科研团队创新效率的提升而提升。因此，企业管理者要注重引进高素质科研人才，注重研发人员的培训，鼓励研发信息共享，实现创新资源的高效协同，设置科学的创新激励机制，提升团队的创新效率。

（2）提升外部市场竞争程度的情景模拟

一方面，外部市场竞争越激烈越有利于激发企业的创新意识，进而提升企业的 R&D 经费占比和营销强度；另一方面，也正是由于市场竞争，企业的研发与营销成本大幅度提升，阻碍了单车成本的下降，影响了市场份额的提升。这说明在竞争环境下，企业管理者除了通过研发与宣传来提升产品竞争力外，还要尽可能通过诸如用户口碑、产品形象等低成本的营销方式来提升市场份额，努力降低生产成本，提升企业利润水平。

（3）提升创新激励的情景模拟

富有成效的创新激励机制能够调动各类创新资源，实现创新资源的有效互补，通过资源的协同效应带动创新能力的提升，吉利汽车的情景模拟证明了这一结论，在迭代过程中始终将创新激励机制的状态值设为1，最终主流创新能力值提升了 0.0055。同时，由于存在高效的激励机制，员工的创新积极性强，创新氛围浓厚，以创新立项数为特征的创新频率会显著提升，稳态值变化量为 0.0042，从模糊认知图可以看出，创新能力和创新频率直接影响技术产出。所以，管理者要注重创新激励机制的设计，真正实现机制的激励效果。

（4）增强企业家创新意识的情景模拟

增强企业家的创新意识能够提升创新激励机制的效果，会更加注重 R&D 资金的投入和完善 R&D 人员的构成，会通过管理创新来提升主流创新频率和顾客的满意度。因此，面对中国这个庞大同时竞争也异常激烈的市场环境，管理者一定要有高度的创新意识，要保证创新资源的投入力度和优化资源的配置，唯有在产品、技术、外观和销售模式上不断创新，才能在国产汽车处于弱势的大环境中获得突破。

（5）提升主流创新能力的情景模拟

创新能力指标充当中间变量，它既是创新要素有效融合的结果，又是创新产出的影响要素，但该变量主要充当的是输入变量的角色，其输入端数为 2.682，而输出端数仅为 0.584。表 16-6 中的数据表明，提升主流创新能力主要影响创新新增专利和技术诀窍数，并以此为中介促进企业生产工艺技术水准和产品质量的提升。所以，管理者要注重创新能力的培育，通过产学研合作、激励机制的设计、内部创新经费投入和优化创新人员的构成等渠道，迅速夯实创新基础。

（6）提升主流创新频率的情景模拟

创新频率体现企业创新的活力，包括创新立项数、创新氛围等体现创新活跃度的指标，该变量主要充当的是输入变量的角色，其输入端数为 1.909，而输出端数仅为 0.602，该变量通过营造氛围及增加创新的投入来影响主流创新的专利和技术诀窍数，并以此为中介提升企业生产工艺技术水准和主流产品的质量。所以，管理者首先要在企业内部营造一个全员创新的企业文化，借鉴丰田汽车模式，鼓励员工提出合理化建议以优化产品设计与生产流程，要保证创新资源的投入，加大创新立项数，鼓励在传统燃油车领域进行技术攻关，实现技术突破。

（7）提升营销强度的情景模拟

营销强度属于客户关系范畴，其对创新动态绩效的影响比较直接，吉利汽车销售业绩的增长与其密集的营销宣传是分不开的，高营销强度有效地刺激了产品需求的增长，2014～2018 年实现了年均 15.39% 的市场增长率，从而带动产品销售收入的提升。当然，高强度的营销必然提升企业的成本，会对企业的利润产生影响。所以，企业在重视营销的同时，必须对宣传渠道进行筛选，通过市场调研，准确评估各种营销模式的成本与收益，合理确定宣传媒介，在提升产品占有率的同时，适当控制营销成本以提升企业利润水平。

三　新流创新动态绩效评价

（一）初始状态数据的收集

遵循定量指标和定性指标数据的获取和处理方法，获取吉利汽车 2017 年新能源汽车领域各指标的初始状态值，如表 16-7 所示。

表 16-7　吉利汽车新流创新动态绩效评价指标初始状态值

一级指标	二级指标	指标代码	指标性质	初始状态值
学习与成长 DNA	研发团队的前瞻性	DNA_1	高优定性指标	0.476
	研发团队动态能力	DNA_2	高优定性指标	0.420
	新流产品市场竞争度	DNA_3	高优定性指标	0.515
	企业内外部门间合作渠道	DNA_4	高优定性指标	0.570
	尖端技术引进	DNA_5	高优定量指标	0.532
	新流创新政府补贴	DNA_6	高优定量指标	0.481

续表

一级指标	二级指标	指标代码	指标性质	初始状态值
内部流程 DNB	偏好风险的企业文化	DNB_1	高优定性指标	0.630
	新流创新 R&D 人员占比	DNB_2	高优定量指标	0.368
	新流创新 R&D 经费占销售收入比	DNB_3	高优定量指标	0.498
	新流创新技术基础	DNB_4	高优定性指标	0.411
	新流创新频率	DNB_5	高优定量指标	0.528
	管理模式创新	DNB_6	高优定性指标	0.472
	生产工艺技术水准提升	DNB_7	高优定性指标	0.371
	新流产品质量提升率	DNB_8	高优定性指标	0.521
客户关系 DNC	新流产品市场认可度	DNC_1	高优定量指标	0.329
	新流产品销售财政补贴	DNC_2	高优定量指标	0.611
	新用户培育	DNC_3	高优定量指标	0.340
	预示性顾客建议采纳率	DNC_4	高优定量指标	0.529
	产品营销强度	DNC_5	高优定量指标	0.604
财务绩效 DND	创新新增专利和技术诀窍数	DND_1	高优定量指标	0.334
	新流产品单位成本下降率	DND_2	高优定量指标	0.201
	新流产品市场份额提升率	DND_3	高优定量指标	0.332
	新流产品销售收入	DND_4	高优定量指标	0.312
	利润增长率	DND_5	高优定量指标	0.241

（二）模糊认知图邻接矩阵的确定

首先，邀请 10 位专家，其中 6 位为吉利汽车研发部门、生产部门和销售部门的负责人，4 位为大学和科研机构对汽车研发与生产比较熟悉的专家，根据本章第三节图 16-8 构建的新流创新动态绩效模糊认知图，要求专家按照箭头的指向，根据自身的判断，借助区间 [-1，1] 内的数值给出变量之间的相互影响系数，共收集 10 张认知图。

其次，假设 10 位专家的信度相同，采用等权重加权平均的方式求得集成 10 位专家群体意见的变量之间相互影响系数，从而确定第一轮邻接矩阵 W_N^0。

最后，根据第一轮邻接矩阵 W_N^0 和变量的初始状态值构成的向量 A^0，同时收集各指标的历史数据，运用非线性 Hebbian 权值学习公式（16-8）

进行权值学习，设学习率 $\eta = 0.04$，衰减系数 $\gamma = 0.005$，通过计算机进行自动迭代，当同时满足标准 1 和标准 2 时停止迭代，输出综合考量专家意见和历史数据的模糊认知图邻接矩阵 W_N^T。

（三）新流创新动态绩效模拟仿真

根据表 16-7 给出的吉利汽车新流创新动态绩效各指标的初始状态值和综合考量群体专家意见与非线性 Hebbian 学习模型给出的邻接矩阵 W_N^T，以式（16-1）为迭代函数，采用 S 形曲线函数 I 作为阈值函数，其中 c 取 1，通过 MATLAB 软件进行模拟仿真，经过 8 次迭代，系统进入循环状态，各变量数据变化趋势如表 16-8 所示。

从表 16-8 中的动态绩效模拟仿真值可以看出，虽然吉利汽车以新能源汽车为代表的新流创新绩效总体趋势向好，但是稳定状态的指标值与该企业主流创新的稳态值差距较大，以产品市场份额提升率为例，主流稳态值为 0.903，而新流的稳态值仅为 0.596，其他指标也存在差距。在财务维度方面，除了"新流产品单位成本下降率"指标的变化趋势先升后降外，"创新新增专利和技术诀窍数""新流产品市场份额提升率""新流产品销售收入""利润增长率"等指标的长期演化均呈现上升趋势，但变化的速率有别（见图 16-11）。

第一，新流创新新增专利和技术诀窍数（DND_1）稳定增长。相对于传统汽车而言，新能源汽车属于新兴产业，加之国内汽车行业起步晚，掌握的核心技术有限，该企业该变量的初始状态值仅为 0.334，但结合模糊认知图和邻接矩阵可以看出，政府创新补贴政策、企业现有技术积累和偏好创新的企业文化等变量为新流创新提供了资金、技术和政策保障，故该指标的变化趋势明显，技术产出势头较猛。

第二，企业新流产品单位成本下降率（DND_2）变化不大。受电池成本影响，新能源汽车总体售价较高，加之受到续航里程的限制，新能源汽车的市场推广成本高，种种因素共同作用导致图 16-11 的 DND_2 曲线变化趋势不明显。可见，在推广和普及新能源汽车的同时，光靠技术进步远远不够，还要注重培育成本领先优势。

第三，市场份额提升率（DND_3）变化趋势明显。2014~2018 年新能源汽车呈爆发式增长，年均市场增长率达到 393%，2018 年新能源汽

$$
W_N^0 =
\begin{bmatrix}
0 & 0.701 & 0 & 0 & 0 & 0.379 & 0.417 & 0 & 0 & 0 & 0 & 0 & 0 & 0 & 0 & 0 & 0 & 0 & 0 & 0 & 0 & 0 & 0 & 0 \\
0 & 0 & 0 & 0 & 0 & 0 & 0 & 0.2 & 0.601 & 0.417 & 0 & 0 & 0 & 0 & 0 & 0 & 0 & 0 & 0 & 0 & 0 & 0 & 0 & 0 \\
0 & 0 & 0 & 0 & 0 & 0 & 0 & 0.312 & 0.413 & 0.612 & 0 & 0 & 0 & 0 & 0 & 0 & 0 & 0 & 0 & 0 & 0 & 0 & 0 & 0 \\
0 & 0 & 0 & 0 & 0.106 & 0 & 0 & 0 & 0.313 & 0.301 & 0 & 0 & 0 & 0 & 0 & 0 & 0 & 0 & 0 & 0.172 & 0 & 0 & 0 & 0 \\
0 & 0 & 0 & 0 & 0 & 0 & 0 & 0 & 0.208 & 0 & 0 & 0 & 0 & 0 & 0 & 0 & 0 & 0 & 0 & 0 & 0 & 0 & 0 & 0 \\
0 & 0 & 0 & 0.301 & 0 & 0 & 0 & 0.437 & 0 & 0.314 & 0 & 0 & 0 & 0.209 & 0.472 & 0 & -0.21 & -0.32 & 0 & 0 & 0 & 0.389 & 0 & 0 \\
0 & 0.379 & 0.417 & 0 & 0 & 0.387 & 0.312 & 0 & 0.312 & 0.411 & 0 & 0 & 0 & 0 & 0 & 0 & 0 & 0 & 0 & 0 & 0 & 0 & 0 & 0 \\
0 & 0 & 0 & 0 & 0 & 0 & 0 & 0 & 0 & 0.302 & 0 & 0 & 0 & 0.212 & 0 & 0 & 0 & 0 & 0 & 0 & 0 & 0 & 0 & 0 \\
0 & 0 & 0 & 0 & 0 & 0 & 0 & 0 & 0 & 0 & 0 & 0 & 0 & 0.202 & -0.31 & 0 & 0 & 0 & 0 & 0 & 0 & 0 & 0 & 0 \\
0 & 0 & 0 & 0 & 0 & 0 & 0 & 0 & 0.104 & 0 & 0.089 & 0.402 & 0 & 0 & 0 & 0.214 & 0 & 0 & 0 & 0 & 0 & 0 & 0 & 0 \\
0 & 0 & 0 & 0 & 0 & 0 & 0 & 0 & 0 & 0 & 0 & 0 & 0.215 & 0 & 0 & 0 & -0.11 & 0 & 0.217 & 0 & 0 & 0 & 0 & 0 \\
0 & 0 & 0 & 0 & 0 & 0 & 0 & 0 & 0 & 0 & 0 & 0 & 0 & 0 & 0 & 0 & -0.13 & 0.278 & 0 & 0 & 0 & 0 & 0 & 0 \\
0 & 0 & 0 & 0 & 0 & 0 & 0 & 0 & 0 & 0 & 0 & 0 & 0 & 0 & 0 & 0 & 0 & 0.203 & 0 & 0 & 0 & 0 & 0 & 0 \\
0 & 0 & 0 & 0 & 0 & 0 & 0 & 0 & 0.211 & 0 & 0.411 & 0 & 0 & 0.618 & 0 & 0 & 0 & 0 & 0.514 & 0 & 0.398 & 0 & 0 & 0 \\
0 & 0 & 0 & 0 & 0 & 0 & 0 & 0 & 0 & 0 & 0.211 & 0 & 0 & 0 & 0 & 0 & 0 & 0 & 0 & 0 & 0 & 0 & 0 & 0 \\
0 & 0 & 0 & 0 & 0 & 0 & 0 & 0 & 0 & 0 & 0.506 & 0.272 & 0 & 0 & 0 & 0 & 0 & 0 & 0.512 & 0 & 0 & 0 & 0 & 0 \\
0 & 0 & 0 & 0 & 0 & 0 & 0 & 0 & 0 & 0 & 0.209 & 0.301 & 0 & 0 & 0 & 0 & 0 & 0 & 0.167 & 0 & 0 & 0 & 0 & 0 \\
0 & 0 & 0 & 0 & 0 & 0 & 0 & 0 & 0 & 0 & 0 & 0.401 & 0 & 0 & 0 & 0 & 0 & 0 & 0 & 0 & 0 & 0 & 0 & 0 \\
0 & 0 & 0 & 0 & 0 & 0 & 0 & 0 & 0 & 0 & 0 & 0 & 0 & -0.41 & 0.316 & 0.219 & 0 & 0 & 0 & 0 & 0 & 0 & 0 & 0 \\
0 & 0 & 0 & 0 & 0 & 0 & 0 & 0 & 0 & 0 & 0 & 0 & 0 & 0 & 0 & 0 & 0 & 0 & 0 & 0 & 0.414 & 0.278 & 0 & 0 \\
0 & 0 & 0.321 & 0 & 0.207 & 0 & 0 & 0 & 0 & 0.209 & 0 & 0 & 0 & 0 & 0 & 0 & 0 & 0 & 0 & 0 & 0 & 0 & 0 & 0.273 \\
0 & 0 & 0.217 & 0 & 0 & 0 & 0 & 0 & 0 & 0 & 0 & 0 & 0 & 0 & 0 & 0 & 0 & 0 & 0 & 0 & 0 & 0 & 0 & 0 \\
0 & 0 & 0.301 & 0 & 0 & 0 & 0 & 0 & 0 & 0 & 0 & 0 & 0 & 0 & 0 & 0 & 0 & 0 & 0 & 0 & 0 & 0 & 0 & 0 \\
0 & 0 & 0 & 0 & 0 & 0 & 0 & 0 & 0 & 0 & 0 & 0 & 0 & 0 & 0 & 0 & 0 & 0 & 0 & 0 & 0 & 0 & 0 & 0
\end{bmatrix}
$$

$$W_N^T =$$

$$
\begin{bmatrix}
0 & 0.008 & 0.01 & 0.005 & 0.004 & 0.009 & 0.012 & 0.007 & 0.009 & 0.6 & 0.421 & 0.009 & 0.007 & 0.002 & 0.006 & 0.005 & 0.007 & 0.006 & 0.006 & 0.01 & 0.011 & 0.006 & 0.005 & 0.006 & 0.004 & 0.006 & 0.005 \\
0.69 & 0 & 0.009 & 0.01 & 0.008 & 0.008 & 0.01 & 0.006 & 0.008 & 0.415 & 0.613 & 0.008 & 0.006 & 0.009 & 0.005 & 0.006 & 0.006 & 0.005 & 0.009 & 0.01 & 0.006 & 0.005 & 0.003 & 0.006 & 0.005 & 0.005 & 0.004 \\
0.005 & 0.006 & 0 & 0.012 & 0.002 & 0.01 & 0.012 & 0.007 & 0.008 & 0.008 & 0.011 & 0.01 & 0.008 & 0.001 & 0.007 & 0.007 & 0.007 & 0.011 & 0.007 & 0.011 & 0.182 & 0.007 & -0.21 & -0.31 & -0.31 & -0.21 & -0.31 \\
0.007 & 0.009 & 0.012 & 0 & 0.012 & 0.004 & 0.011 & 0.008 & 0.01 & 0.317 & 0.308 & 0.01 & 0.008 & 0.001 & 0.008 & 0.007 & 0.008 & 0.01 & 0.008 & 0.01 & 0.011 & 0.007 & 0.005 & 0.008 & 0.007 & 0.007 & 0.005 \\
0.008 & 0.009 & 0.011 & 0.002 & 0 & 0.01 & 0.011 & 0.008 & 0.011 & 0.213 & 0.011 & 0.01 & 0.008 & 0.011 & 0.007 & 0.007 & 0.007 & 0.007 & 0.01 & 0.011 & 0.013 & 0.007 & 0.004 & 0.007 & 0.007 & 0.006 & 0.005 \\
0.009 & 0.008 & 0.01 & 0.308 & 0.01 & 0 & 0.012 & 0.007 & 0.008 & 0.008 & 0.01 & 0.009 & 0.007 & 0.01 & 0.006 & 0.007 & 0.007 & 0.006 & 0.012 & 0.01 & 0.012 & 0.212 & 0.469 & 0.006 & 0.006 & 0.006 & 0.388 \\
0.382 & 0.417 & 0.308 & 0.014 & 0.013 & 0.012 & 0 & 0.388 & 0.19 & 0.008 & 0.441 & 0.009 & 0.006 & 0.01 & 0.009 & 0.009 & 0.009 & 0.008 & 0.015 & 0.013 & 0.002 & 0.008 & 0.005 & 0.008 & 0.008 & 0.008 & 0.006 \\
0.007 & 0.006 & 0.008 & 0.008 & 0.006 & 0.007 & 0 & 0 & 0.318 & 0.01 & 0.013 & 0.007 & 0.01 & 0.011 & 0.008 & 0.005 & 0.009 & 0.005 & 0.009 & 0.008 & 0.005 & 0.005 & 0.003 & 0.005 & 0.004 & 0.004 & 0.003 \\
0.009 & 0.008 & 0.073 & 0.008 & 0.007 & 0.01 & 0.009 & 0.007 & 0 & 0.315 & 0.414 & 0.007 & 0.005 & 0.009 & 0.005 & 0.006 & 0.005 & 0.006 & 0.012 & 0.01 & 0.009 & 0.003 & 0.004 & 0.005 & 0.003 & 0.006 & 0.003 \\
0.008 & 0.007 & 0.009 & 0.008 & 0.01 & 0.012 & 0.006 & 0 & 0.008 & 0 & 0.308 & 0.008 & 0.007 & 0.01 & 0.006 & 0.007 & 0.006 & 0.01 & 0.01 & 0.012 & 0.006 & 0.215 & 0.003 & 0.007 & 0.005 & 0.005 & 0.004 \\
0.01 & 0.009 & 0.012 & 0.011 & 0.009 & 0.008 & 0.012 & 0.006 & 0.01 & 0.009 & 0 & 0.01 & 0.008 & 0.001 & 0.009 & 0.005 & 0.007 & 0.008 & 0.013 & 0.013 & 0.215 & 0.205 & -0.31 & 0.007 & 0.006 & 0.006 & 0.005 \\
0.009 & 0.008 & 0.011 & 0.01 & 0.008 & 0.007 & 0.015 & 0.009 & 0.009 & 0.008 & 0.01 & 0 & 0.01 & 0.013 & 0.006 & 0.007 & 0.006 & 0.006 & 0.011 & 0.011 & 0.205 & 0.006 & 0.004 & 0.006 & 0.006 & 0.006 & 0.005 \\
0.007 & 0.006 & 0.069 & 0.008 & 0.008 & 0.007 & 0.009 & 0.007 & 0.007 & 0.006 & 0.113 & 0.007 & 0.096 & 0.403 & 0.214 & 0.005 & 0.005 & 0.005 & 0.009 & 0.009 & 0.007 & 0.005 & -0.11 & -0.13 & 0.281 & 0.202 & 0.004 \\
0.01 & 0.009 & 0.011 & 0.01 & 0.013 & 0.01 & 0.007 & 0.005 & 0.009 & 0.009 & 0.008 & 0.01 & 0.008 & 0 & 0 & 0.008 & 0.221 & 0.011 & 0.013 & 0.007 & 0.007 & 0.007 & 0.006 & 0.006 & 0.006 & 0.005 & 0.005 \\
0.006 & 0.005 & 0.007 & 0.006 & 0.008 & 0.006 & 0.009 & 0.008 & 0.005 & 0.005 & 0.008 & 0.005 & 0.008 & 0.007 & 0 & 0.004 & 0.004 & 0.008 & 0.008 & 0.013 & 0.004 & 0.004 & 0.003 & 0.004 & 0.003 & 0.003 & 0.003 \\
0.008 & 0.009 & 0.001 & 0.011 & 0.012 & 0.012 & 0.121 & 0.009 & 0.01 & 0.01 & 0.001 & 0.009 & 0.005 & 0.001 & 0.411 & 0.611 & 0.512 & 0.015 & 0.008 & 0.006 & 0.008 & 0.398 & 0.006 & 0.004 & 0.005 & 0.006 & 0.006 \\
0.006 & 0.006 & 0.007 & 0.008 & 0.007 & 0.007 & 0.009 & 0.005 & 0.006 & 0.007 & 0.01 & 0.007 & 0.009 & 0.007 & 0.213 & 0 & 0 & 0.008 & 0.007 & 0.008 & 0.004 & 0.004 & 0.005 & 0.004 & 0.004 & 0.004 & 0.003 \\
0.01 & 0.009 & 0.012 & 0.011 & 0.012 & 0.01 & 0.013 & 0.008 & 0.01 & 0.009 & 0.219 & 0.01 & 0.304 & 0.276 & 0.505 & 0.51 & 0 & 0.013 & 0.013 & 0.013 & 0.007 & 0.004 & 0.007 & 0.006 & 0.005 & 0.006 & 0.005 \\
0.009 & 0.01 & 0.011 & 0.011 & 0.011 & 0.012 & 0.01 & 0.007 & 0.012 & 0.01 & 0.013 & 0.012 & 0.009 & 0.01 & 0.213 & 0.172 & 0.013 & 0.015 & 0 & 0.008 & 0.008 & -0.41 & 0.318 & 0.222 & 0.004 & 0.004 & 0.006 \\
0.007 & 0.006 & 0.007 & 0.007 & 0.004 & 0.006 & 0.008 & 0.005 & 0.006 & 0.005 & 0.007 & 0.006 & 0.402 & 0.01 & 0.004 & 0.004 & 0.007 & 0.008 & 0.007 & 0 & 0 & 0.003 & 0.004 & 0.004 & 0.003 & 0.003 & 0.003 \\
0.01 & 0.009 & 0.005 & 0.004 & 0.005 & 0.008 & 0.004 & 0.003 & 0.005 & 0.003 & 0.004 & 0.004 & 0.003 & 0.007 & 0.003 & 0.003 & 0.004 & 0.005 & 0.004 & 0.008 & 0.008 & 0.003 & 0.003 & 0.003 & 0 & 0.002 & 0.278 \\
0.006 & 0.003 & 0.008 & 0.005 & 0.008 & 0.007 & 0.008 & 0.004 & 0.007 & 0.005 & 0.007 & 0.004 & 0.005 & 0.004 & 0.004 & 0.005 & 0.004 & 0.008 & 0.006 & 0.008 & 0.008 & 0.003 & 0 & 0.004 & 0.003 & 0.414 & 0.003 \\
0.006 & 0.005 & 0.007 & 0.007 & 0.006 & 0.006 & 0.008 & 0.004 & 0.006 & 0.005 & 0.006 & 0.005 & 0.005 & 0.008 & 0.004 & 0.004 & 0.003 & 0.004 & 0.008 & 0.007 & 0.007 & 0.004 & 0.002 & 0.004 & 0.004 & 0 & 0.274 \\
0.005 & 0.004 & 0.324 & 0.221 & 0.304 & 0.005 & 0.212 & 0.003 & 0.005 & 0.004 & 0.005 & 0.005 & 0.004 & 0.003 & 0.003 & 0.003 & 0.003 & 0.005 & 0.005 & 0.006 & 0.006 & 0.003 & 0.003 & 0.002 & 0.003 & 0.003 & 0
\end{bmatrix}
$$

表 16 – 8　吉利汽车新流创新 MATLAB 模拟动态绩效变化趋势

迭代次数	DNA_1	DNA_2	DNA_3	DNA_4	DNA_5	DNA_6	DNB_1	DNB_2	DNB_3	DNB_4	DNB_5	DNB_6	DNB_7	DNB_8	DNC_1	DNC_2	DNC_3	DNC_4	DNC_5	DND_1	DND_2	DND_3	DND_4	DND_5
1	0.476	0.420	0.515	0.570	0.532	0.481	0.630	0.368	0.498	0.411	0.528	0.472	0.371	0.521	0.329	0.611	0.340	0.529	0.604	0.334	0.201	0.331	0.312	0.241
2	0.646	0.583	0.542	0.587	0.540	0.522	0.569	0.577	0.547	0.717	0.799	0.581	0.600	0.588	0.706	0.526	0.701	0.549	0.547	0.587	0.499	0.573	0.611	0.552
3	0.671	0.582	0.573	0.614	0.569	0.528	0.591	0.576	0.546	0.766	0.847	0.598	0.631	0.616	0.720	0.533	0.698	0.561	0.556	0.621	0.468	0.594	0.626	0.597
4	0.673	0.585	0.577	0.618	0.573	0.529	0.596	0.578	0.549	0.772	0.850	0.603	0.636	0.620	0.724	0.534	0.702	0.563	0.558	0.627	0.462	0.595	0.628	0.594
5	0.674	0.585	0.577	0.618	0.573	0.529	0.596	0.579	0.549	0.773	0.851	0.603	0.637	0.621	0.724	0.535	0.703	0.563	0.559	0.627	0.462	0.595	0.628	0.594
6	0.674	0.585	0.577	0.618	0.573	0.529	0.596	0.579	0.549	0.773	0.851	0.603	0.637	0.621	0.725	0.535	0.703	0.564	0.559	0.627	0.462	0.595	0.628	0.594
7	0.674	0.585	0.577	0.618	0.573	0.529	0.596	0.579	0.549	0.773	0.851	0.603	0.637	0.621	0.725	0.535	0.703	0.564	0.559	0.627	0.462	0.596	0.628	0.594
8	0.674	0.585	0.577	0.618	0.573	0.529	0.596	0.579	0.549	0.773	0.851	0.603	0.637	0.621	0.725	0.535	0.703	0.564	0.559	0.627	0.462	0.596	0.628	0.594

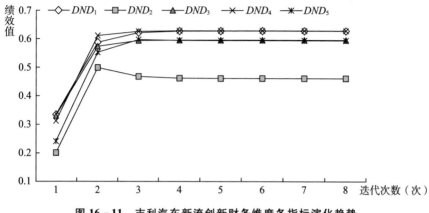

图16-11　吉利汽车新流创新财务维度各指标演化趋势

车销量达到125.6万辆，同比增长61.7%，[①] 2020年计划产销200万辆。随着博瑞GE、帝豪GSe、帝豪PHEV、帝豪EV450等车型的推出，在国家销售补贴政策的刺激下，产品的用户认可度逐渐提高，产品的市场竞争力更强，市场份额上升趋势明显。

第四，新流产品的销售收入（DND_4）随着市场的扩大而增加。图16-11表明，随着新能源汽车研发的深入，续航里程短和电池成本高的问题将逐步解决，伴随企业营销宣传的加强、国家购买现金补贴政策和实行机动车摇号地区的新能源汽车免摇号政策的实施，消费者环保意识提升，消费者的消费目光必然会向新能源转移，销售收入将保持一个较明显的增长态势。

第五，企业新流产品利润增长率（DND_5）增长逊色于销售收入的增长，但也呈现明显的上升趋势。对比表16-4和表16-8可以发现，在利润方面，该企业主流与新流创新绩效稳态值分别为0.781和0.594，主流创新稳态值稍大一些，虽然该企业宣布到2020年新能源汽车车型占比要达到90%，战略调整会带来业务重心的转移和利润增长点的变化，但国家尚未出台燃油车退市时间表，新能源汽车的绩效完全超越传统燃油车尚需时日。

---

① 《中汽协：2018年新能源汽车产销　今年销量预测》，威帅车市网，2019年1月16日，http://www.wsche.com/news/1901/80680_1.html。

（四）新流创新关键变量影响模拟分析

1. 关键变量的确定

根据邻接矩阵 W_N^T 求得各变量的输入端数和输出端数，并计算各变量的中心度，表 16 – 9 中列出了中心度大于 2 的变量。

表 16 – 9　吉利汽车新流创新动态绩效的关键影响变量

变量	输出端数	输入端数	中心度
研发团队的前瞻性	1.018	1.080	2.098
研发团队动态能力	1.726	0.417	2.143
新流创新政府补贴	2.012	0	2.012
偏好风险的企业文化	1.809	0.419	2.228
新流创新技术基础	0.212	1.847	2.059
新流创新频率	0.514	2.795	3.309
新流产品销售财政补贴	2.047	0	2.047
预示性顾客建议采纳率	1.802	0.214	2.016

2. 关键变量影响情景模拟

表 16 – 9 中共有 8 个变量被确定为新流创新动态绩效的关键影响变量，现根据核心变量影响机制的模拟方法，分别增加这 8 个关键变量在系统中的状态值，每次迭代时都将该变量的状态值设为 1，邻接矩阵不变，进行重复迭代，最终求得的稳态值变化量如表 16 – 10 所示。

表 16 – 10　吉利汽车新流创新动态绩效关键变量影响模拟

指标代码	初始稳定状态	稳态值变化量							
		研发团队的前瞻性↑	研发团队动态能力↑	新流创新政府补贴↑	偏好风险的企业文化↑	新流创新技术基础↑	新流创新频率↑	新流产品销售财政补贴↑	预示性顾客建议采纳率↑
NA_1	0.6741	0.0161	0.0200	0.0005	0.0125	0.0001	0.0001	0.0009	0.0005
NA_2	0.5852	0.0003	0.0376	0.0007	0.0186	0.0001	0.0001	0.0013	0.0006
NA_3	0.5768	0.0003	0.0004	0.0025	0.0008	0.0001	0.0001	0.0006	0.0007
NA_4	0.6184	0.0002	0.0004	0.0170	0.0010	0.0001	0.0001	0.0012	0.0009
NA_5	0.5732	0.0002	0.0004	0.0024	0.0008	0.0001	0.0001	0.0012	0.0008
NA_6	0.5290	0.0004	0.0005	0.0589	0.0009	0.0002	0.0001	0.0011	0.0008

指标代码	初始稳定状态	稳态值变化量							
		研发团队的前瞻性 ↑	研发团队动态能力 ↑	新流创新政府补贴 ↑	偏好风险的企业文化 ↑	新流创新技术基础 ↑	新流创新频率 ↑	新流产品销售财政补贴 ↑	预示性顾客建议采纳率 ↑
NB_1	0.5959	0.0004	0.0005	0.0019	0.0344	0.0002	0.0001	0.0074	0.0009
NB_2	0.5788	0.0003	0.0003	0.0006	0.0179	0.0001	0.0001	0.0013	0.0006
NB_3	0.5490	0.0004	0.0005	0.0144	0.0167	0.0002	0.0001	0.0015	0.0008
NB_4	0.7731	0.0060	0.0075	0.0006	0.0018	0.0050	0.0000	0.0004	0.0003
NB_5	0.8515	0.0022	0.0051	0.0047	0.0013	0.0000	0.0013	0.0003	0.0021
NB_6	0.6031	0.0003	0.0004	0.0017	0.0133	0.0001	0.0001	0.0009	0.0007
NB_7	0.6370	0.0002	0.0003	0.0012	0.0008	0.0003	0.0002	0.0006	0.0126
NB_8	0.6212	0.0001	0.0003	0.0006	0.0007	0.0001	0.0000	0.0003	0.0132
NC_1	0.7246	0.0001	0.0002	0.0003	0.0004	0.0001	0.0000	0.0120	0.0129
NC_2	0.5346	0.0005	0.0007	0.0010	0.0011	0.0002	0.0001	0.0567	0.0010
NC_3	0.7030	0.0002	0.0002	0.0004	0.0005	0.0001	0.0000	0.0162	0.0144
NC_4	0.5635	0.0004	0.0005	0.0009	0.0015	0.0002	0.0001	0.0011	0.0451
NC_5	0.5589	0.0004	0.0006	0.0010	0.0004	0.0002	0.0001	0.0012	0.0009
ND_1	0.6273	0.0005	0.0007	0.0115	0.0006	0.0029	0.0014	0.0006	0.0005
ND_2	0.4615	0.0000	-0.0001	0.0420	0.0005	0.0001	-0.0036	0.0532	-0.0007
ND_3	0.5955	0.0002	0.0003	0.0004	0.0005	0.0001	0.0001	0.0011	0.0017
ND_4	0.6279	0.0002	0.0002	0.0003	0.0005	0.0001	0.0001	0.0194	0.0005
ND_5	0.5939	0.0002	0.0002	0.0248	0.0004	0.0001	-0.0002	0.0045	0.0003

（1）提升研发团队前瞻性的情景模拟

新流创新具有后发性、伴生性和突破性特征，要求创新团队具备超前的创新意识并擅长新颖的创新领域。在迭代过程中，始终将研发团队前瞻性的状态值设为1，通过重复运算求得新的稳定状态，从数值变化可以看出，研发团队的前瞻性直接影响创新技术基础和创新频率，进而对政府财政补贴和企业新流技术产出产生正向促进作用。可见，在新流创新过程中研发团队的创造力与团队的创新思维和擅长的领域息息相关。所以，企业应引进尖端科研团队，加大研发团队的培训力度，拓宽研发团队的视野，保证新流技术的新颖性。

（2）提升研发团队动态能力的情景模拟

动态能力是指企业在技术创新过程中对现有的创新内外要素资源、知识和创新能力进行整合，实现资源的最优匹配以提升企业技术创新能力。表 16-10 表明，动态能力影响企业通过外部渠道获取知识并进行资源整合的能力，进而影响研发团队的技术战略和技术新颖性，夯实企业研发团队的新流创新基础，促进企业 R&D 投入和创新立项数的增长，带动新流创新技术产出和产品竞争力的提升。

（3）提升新流创新政府补贴的情景模拟

创新补贴政策是政府为加快相关领域技术进步步伐，通过各种激励政策激发创新主体的创新动力并引导其创新方向，新能源汽车的创新补贴政策主要体现在政府对新能源汽车及相关配套产品研究与开发的补贴。一方面，创新补贴政策激励企业引进尖端技术，加强与外部研发部门的合作，并通过增加新流创新的 R&D 投入来提升企业的新流创新频率并实现管理模式的创新，促进新增专利和技术诀窍数的增长；另一方面，创新补贴政策降低企业的创新成本和创新风险，实现新流产品单位成本的下降和企业利润的增长。

当然，创新补贴的利益诱惑容易出现遍地开花、为了"骗补"而造成量多质低的局面。政策制定者要把控好补贴这把"双刃剑"，合理设置补贴门槛，通过补贴实现优胜劣汰，促进有实力的企业优先发展以带动行业整体创新实力的提升。

（4）营造风险创新文化的情景模拟

创新文化是一种精神激励，是一种以挑战、冒险和创造性为价值观，以技术进步为导向的创新氛围。实证分析结果表明，风险导向型创新文化对优质科研团队的培育、员工动态创新能力的培养、企业研究开发的人力和资金投入、企业管理模式创新等变量都具有较强的激励作用，同时，良好的创新文化也强调加强与顾客的沟通，并通过预示性顾客的建议来改进产品性能，所以，创新文化正成为推动企业技术进步的又一内在力量。

（5）提升新流创新技术基础和创新频率的情景模拟

新流创新技术基础和创新频率在模糊认知图中主要充当的是输入变量的角色，它们的输入端数分别为 1.847 和 2.795。创新资金的投入、研发团队的能力和前瞻性、创新合作方式、偏好风险的企业文化和政府创新补贴等变量直接影响企业的创新技术基础并决定创新频率，在此基础上影响企业的新增专利和技术诀窍数，专利和技术决定企业生产工艺的技术水准和产品的技术含量，影响了新流产品的市场份额。表 16－10 也表明，创新技术基础和创新频率的提升会造成企业成本的上升，从而影响企业利润的增长。所以，企业管理者要根据自身的实际情况，准确把握影响创新技术基础和创新频率的关键因素，既提升技术产出又能控制创新成本。

（6）提升政府销售补贴的情景模拟

新能源汽车的短板是造价高、续航里程短且电池更换成本高，这严重制约了产品的市场接受度。为推广新能源产品，政府从 2010 年开始实施购买补贴政策，对用户购买纯电动、混合动力汽车进行数额不等的补贴；同时，实施机动车限制的城市，新能源汽车不受摇号限制，这些利好政策有效地刺激了新能源汽车销量的增长。动态模拟结果也表明，在顾客层面，销售补贴培育了大量客户，转变了消费者的消费理念和产品偏好，提高了新能源汽车的市场认可度；在企业层面，政府销售补贴政策通过产品销量的增长来影响企业的创新战略，促进研发投入和创新资源的协同增长，带来利润的增长。

（7）提升顾客建议采纳率的情景模拟

挑剔的顾客建议对新产品研发与性能改进具有明确的导向作用，20世纪 50 年代丰田汽车能够在技术落后的背景下成功进军美国市场，关键在于摸清了美国消费者的偏好，提供适销对路的汽车产品。模拟结果表明，采纳顾客的建议可以提升创新频率，可以提升产品的生产工艺和技术水准，通过提升产品的质量以培育新客户并锁定老顾客。

四　结论与启示

（一）结论

第一，吉利汽车在传统燃油车领域的动态创新绩效变化趋势总体向好，但变化的速率有别。这表现在主流创新新增专利和技术诀窍数增长趋势明显；短期内企业主流产品单位成本下降率变化不大；市场份额的提升率趋势明显，并带动主流产品销售收入的增长；主流产品利润增长比较抢眼。

第二，采用与主流创新一样的数据收集方法和模拟仿真思路，对企业的新流创新动态绩效进行模拟仿真。实证分析结果表明，新流创新指标的稳态值与主流创新的稳态值差距较大。在财务维度方面，除了"新流产品单位成本下降率"指标的变化趋势先升后降外，"创新新增专利和技术诀窍数""新流产品市场份额提升率""新流产品销售收入""利润增长率"等指标的演化趋势均处于上升趋势，但变化的速率有别。

第三，根据邻接矩阵 W_M^T，计算主流与新流创新绩效评价指标体系中各变量的中心度，探讨中心度大于 2 的变量变化对主流与新流创新绩效的影响机制。研究结果表明，企业的主流创新动态绩效主要受科研团队创新效率、外部市场竞争、主流创新激励机制、企业家创新意识、主流创新能力、主流创新频率和企业营销强度等 7 个核心变量的影响。而新流创新动态绩效变化主要受研发团队的前瞻性、研发团队动态能力、新流创新政府补贴、偏好风险的企业文化、新流创新技术基础、新流创新频率、新流产品销售财政补贴和预示性顾客建议采纳率等 8 个核心变量的影响。

可见，除了成本下降较为困难外，吉利汽车的主流与新流创新动态绩效的总体趋势向好，企业市场占有率、利润、品牌竞争力等将逐渐提升。当然，企业主流与新流创新动态绩效变化的影响因素有差异，管理者必须充分认识到不同因素的作用机制，根据不同的影响要素采取有针对性的创新绩效提升策略。

（二）启示

第一，主流创新应注重研发团队的互补性以提升创新效率，新流创新绩效受研发团队前瞻性的影响较大。主流创新绩效的动态提升取决于研发团队的技术产出和技术市场化潜力。主流创新的先发性和主导性特征决定了主流技术在企业整体技术体系中的基础性地位，技术体系的构建不但影响主流技术的进步，也影响新流创新的萌芽和发展。夯实企业主流技术基础要求创新团队具有高度的互补性，互补性团队不仅有助于实现研发成员间优势互补，还能提升企业的主流创新能力、创新频率并增加创新新增专利和技术诀窍数，并据此改善产品的生产工艺，提升技术水准，提高产品市场竞争力和企业主流创新绩效。技术进步日新月异，新流技术的新颖性决定了新流产品的市场价值，唯有具备引领性的新流创新才能凸显产品的差异性，实现更高的附加值。因此，在企业新流创新中只有拥有一支具备超前创新思维、能准确把握未来技术走向、富有远见创新战略的创新技术团队，才能保证企业的新流技术走在行业的前沿，新流产品产业化速度更快、效益更佳。

第二，具备善于创新与冒险的企业文化是推动企业主流与新流技术进步的内在动力源。创新型企业文化是根植于企业组织内部的特定创新价值观和信念，这种价值观与信念能够为企业创新提供行为准则并指导企业的创新活动。朱兵等（2010）的实证研究表明，创新型企业文化通过探索式学习对企业创新绩效产生显著正向影响。孙丽华（2016）发现，创新型企业文化对创新绩效具有正向影响。高传贵和辛杰（2018）指出，企业文化是企业创新的内生驱动因素，打造灵活式企业文化是提升企业绩效的关键。本章基于吉利汽车的案例研究也表明，企业家创新意识的高低影响主流创新激励机制的效果，影响 R&D 资金的投入和 R&D 人员的构成，并通过管理创新来提升主流创新频率和顾客的满意度。新流创新绩效影响因素模拟也表明，风险导向型创新文化对优质科研团队的培育、员工动态创新能力的培养、企业研究开发的人力和资本投入、企业管理模式创新等变量都具有较强的激励作用。

第三，管理者要注重创新激励机制的设计，更应关注主流与新流创新动态能力的培养。主流与新流创新动态绩效模拟结果均表明，富有成效的创新激励机制能有效调动各种创新资源，提升员工的创新积极性，活跃内部创新氛围，实现创新资源的有效互补，通过资源的协同效应带动企业创新能力的提升。动态能力是企业在创新过程中对现有的创新要素资源、知识和能力进行整合，并通过进入新市场、开发新产品来保证企业能够及时应对市场、顾客和技术的变化。吉利汽车新流创新的模拟结果表明，动态能力的提升有助于提升企业通过外部渠道获取知识并进行资源整合的能力，进而影响研发团队的技术战略和技术产出。Ettlie 和 Pavlou（2006）通过对 72 家汽车企业的问卷调查指出，创新动态能力对企业新产品研发和新产品商业化具有正向促进作用。吴航（2016）将动态能力划分为机会识别和机会利用，发现机会识别能力与创新绩效正相关。杜俊义等（2017）构建动态能力、环境动态性和创新绩效的理论框架，实证分析表明，中小企业动态能力对创新绩效具有显著的正向作用。

第四，主流与新流创新应注重创新链与采购链的整合，充分考虑顾客的建议以改进产品性能。创新的目标是改进产品并通过产品市场化实现创新效益。创新绩效的大小取决于产品的市场化程度，取决于消费者的接受程度，取决于产品能在多大程度上迎合消费者的偏好。因此，在新产品研发阶段，必须通过采购链对市场和消费者进行认真的调研，弄清消费者想要什么产品，其对产品的功能和设计有何要求，并转化为产品设计编码，以此为基础研发新产品；在产品升级换代阶段，企业部门负责人要经常与经销商、顾客沟通，要完善沟通机制，认真倾听经销商与顾客对产品的各种反馈意见，在充分考虑顾客的意见后对产品进行改进，以提高产品的市场接受度。

第五，创新补贴只有设置补贴门槛才能真正促进主流和新流技术进步。主流与新流创新的模糊认知图中均体现政府创新激励对企业创新投入和创新能力的影响，特别是在新流创新中，创新补贴成为影响新流创新绩效的关键变量，有效引导和促进企业在新流领域的创新投入，实现新兴领域的技术突破。然而，长期补贴不仅容易使企业患上"政策依赖症"，而且导致了许多不具备研发能力的企业为补贴而强行上马，低水平重复建设的"骗补"事件时有发生。所以，一要提高补贴门槛，强化对新流技术进步、规范守信企业的正向激励作用，促进企业做大做强；二是实施补贴退坡机制，倒逼企业进行新流技术革新；三是健全监管体系，明确主体责任，严防"骗补"现象发生。

本章小结

首先，本章阐明创新绩效静态与动态评价在指标体系构建、评价方法和评价价值方面的差异，分析了模糊认知图的知识表达、推理机制、邻接矩阵权值的确定方式和模糊认知图在创新动态绩效评价中的可行性等问题。

其次，通过半结构式访谈法，与长期从事技术创新研究的专家学者和企业研发人员进行深度访谈，获取企业主流与新流创新动态绩效的影响变量，考虑到模糊认知图的简洁性要求，对收集的指标进行归类，三级指标是访谈专家提及的变量，采用定性聚类法进行归类汇总得到二级指标，并将二级指标按照战略地图的框架进行归类，即按照学习与成长、内部流程、客户关系和财务绩效四个维度分别归入四个一级指标中，最终形成主流与新流创新动态绩效评价指标体系，在此基础上绘制集合群体专家意见并体现主流与新流创新绩效形成过程的模糊认知图。

再次，提出创新绩效动态演化模拟的具体操作程序，阐明如何利用输出端数、输入端数和中心度确定动态绩效变化的核心影响要素，如何模拟这些核心要素对动态绩效变化的影响机制。

最后，基于构建的主流与新流创新动态绩效模糊认知图和变量间邻接矩阵权值的确定思路，选择吉利汽车作为实证研究对象，将其依靠传统燃油提供动力的汽车及相关配套产品的研发视为主流创新，将该企业依靠新能源提供动力的研发视为新流创新，在收集指标的初始状态值和确定邻接矩阵后，运用 MATLAB 软件进行动态模拟。

第五篇

企业主流与新流创新协同演进的政策研究

主流与新流创新协同演进是关系企业持续创新的重要内容。创新政策作为一个重要的创新要素，在推动主流与新流创新协同演进过程中发挥怎样的作用？现有的创新政策在实施过程中，存在怎样的问题？这些成为重要的研究课题。当前，国内外学者关于创新政策的研究主要集中在创新政策历史演进、创新政策工具、创新政策类别等方面，缺乏对主流与新流创新政策的研究，两者在创新结合度和研究深度上存在不足。政府应认识到制定主流与新流创新政策的重要性，充分发挥政策导向作用，为企业主流与新流创新协同演进提供保障，推进企业可持续创新。

　　本篇基于政策需求与供给匹配的思路，首先，开展政策需求分析，探讨创新生成期、变异期、选择期和协同期下企业运行特点及其创新政策需要，运用问卷调查法对企业主流与新流创新政策需求展开调查，对政府制定、形成切实有效的主流与新流创新政策，从而支撑企业主流与新流创新协同演进和实现企业持续创新具有重要意义。其次，进行政策供给分析。运用内容分析法剖析主流与新流创新的相关政策文件，结合政策工具视角、关键词频数分布统计等政策文本计量方法，对国家层面到地方层面的创新政策做出现状梳理和特征提取，找出创新政策实施的现实差距，有针对性地提出阶段性政策和保障性政策，为促进主流与新流创新协同演进提供政策参考。

第十七章　企业主流与新流创新协同演进的政策需求分析

本章将主流与新流创新与创新政策有效结合，以主流与新流创新协同演进过程为脉络，探讨创新生成期、变异期、选择期和协同期企业运行特点及其创新政策需要，并据此设计调查问卷，对企业主流与新流创新协同演进的政策需求进行实证分析。

第一节　主流与新流创新协同演进政策需求模型

一　主流与新流创新协同演进的政策作用模型

企业主流与新流创新协同演进过程中，政府对创新的支持主要体现在创新政策上。创新政策涵盖经济、社会、科技、文化等众多领域，是政府为了促进创新活动的大规模涌现、创新效率的不断提高、创新能力的持续增强而采取的公共政策的总和（陈劲等，2010），在主流与新流创新协同演进过程中，财税、人才、产学研合作、政府采购、知识产权保护等创新政策发挥主要的政策扩散效应，引导企业主流技术生成、多元新流发展，支撑主流与新流创新替代转化，推动汇流创新、共生协同。

创新生成期，技术创新本身的不确定性和信息不对称性，增加了创新资源的投入风险。此时，企业持续发展动力机制、政府施行的财税政策和人才政策等，能有效支撑和加快推进种子期、起步期企业主流技术创新生成，政策支撑、基础保障作用凸显；创新政策包含填补企业短视行为和蓝海的部分。

创新变异期，企业主流创新产品支撑，多元新流创新暗涌、蓬勃蓄势，企业主流与新流创新处于纷乱复杂的变革阶段。政府针对性的采购支持、财政补贴等政策，能有效引导、调控企业主导设计、新市场开发和目标客户群体选择的方向、规模和强度，促使多元新流创新朝着更符合社会发展需要和更具发展潜力的技术领域发展，政策导向作用突出。

创新选择期，主流增长极限到来，帮助新流创新替代已有主流创新，成为新一轮创新主角成为关键。这一时期，政府通过财税、人才、产学研合作等创新政策调节，一方面，降低对市场反应迟钝、创新能力下降的主流创新业务的人才、财税支持，加快推进主流创新淘汰；另一方面，开展强有力的政策激励，协调、鼓励、推动蓬勃发展的新流创新科技成果生成与转化，对于主流创新与新流创新更迭替代、循环推演是一种支持，起到强有力的政策支撑作用。

创新协同期，主流与新流创新更多强调的是各创新要素的共享、交流以及整体效能的提高。此时，知识产权创新政策、产学研合作政策等创新政策的实施及其行政服务水平的提高，能加快创新要素流动，推进主流与新流创新共生协同效能提高，创新政策的整合、推广、扩散功能凸显。

总体而言，伴随主流与新流创新的生成、变异、选择、协同演进，创新政策发挥其导向、支持和推动的政策作用力，影响和推动主流创新技术、多元创新生成和新一轮主流创新发展。与此同时，主流与新流创新实践要求各创新政策不断调整和适应其演进需要，两者互为影响、协同并进，共同推进企业创新能力的提高和价值创造的实现（见图 17-1）。

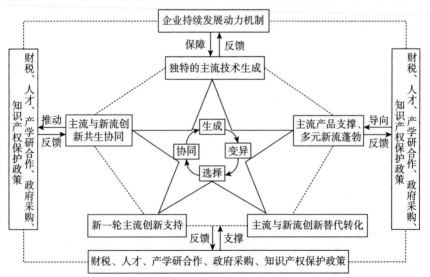

图 17-1　主流与新流创新协同演进中政策作用模型

二　政策需求模型构建

企业主流与新流创新的协同演进是主导要素发挥引领作用，实现主流创新与新流创新更替的过程。各创新要素属性不同，使得主流与新流创新协同演进中，每个要素所处的位置和作用也各不相同。因此，创新政策必须对应于各阶段的影响要素，并符合创新发展实际需求，才能真正实现政策供给与需求的平衡。

（一）主流与新流创新协同演进的影响要素

现有文献对企业技术创新影响要素研究较为深入，认为企业初创期主要影响要素为创新资源配置和市场潜在需求要素；企业成长期主要影响要素为制度要素、组织要素和技术创新支撑要素；企业衰退期主要影响要素为战略规划要素和核心技术保护要素，如表 17 – 1 所示。

表 17 – 1　企业技术创新影响要素

作者（时间）	名称	企业技术创新影响要素
Hanks 等（1993）	Tightening the Life-Cycle Construct: A Taxonomic Study of Growth Stage Configurations in High-Technology Organizations	提出技术声誉、客户关系、员工素质及结构、融资方面四种要素在企业不同生命周期发挥着不同程度的作用
Gurhan Gunday 和 Gunduz Ulusoy（2011）	Effects of Innovation Types on Firm Performance	通过对 184 个制造业公司的绩效分析，提出影响创新绩效的要素主要在于组织创新、营销创新、流程创新、产品创新
张磊（2009）	基于生命周期的中小企业技术创新战略模式研究	提出企业初创期主要为技术创新配套资源影响要素，成长期为战略定位和人才要素，成熟期为企业文化、知识产权、创新投入要素，衰退期为核心技术的保护要素
吴际等（2011）	基于企业生命周期的组织创新要素与技术创新要素协同模式研究	提出企业初生期，市场潜在需求和创新投入因素主导；成长期，组织创新和制度创新因素主导；成熟期，产品创新主导；蜕变期，长期战略规划要素主导

在前人研究基础上，综合考虑主流与新流创新协同演进各阶段的主导要素，提出主流与新流创新协同演进各阶段的主要影响要素，如表 17 – 2 所示。

表17－2   主流与新流创新各阶段主要影响要素

创新阶段	各阶段主要影响要素	各阶段主要影响要素要求
创新生成期	市场创新	与市场需求相适应的主流与新流创新技术生成
	创新人才	对主流创新生成有重要影响的创新人才及企业家
	硬件支撑	硬件支撑满足主流与新流创新的生成需要
创新变异期	战略创新	企业面临新情况相应做出创新战略调整
	技术创新	新的创新环境下相适应的多元新技术的发展
	创新人才	创新人才满足新技术发展的需要
创新选择期	技术创新	新一轮主流技术的发展
	组织创新	与技术创新发展相适应的组织结构
创新协同期	制度创新	确立协同创新稳定的制度环境
	管理创新	深化产学研协同创新适应协同期管理创新要求
	服务创新	完整政策咨询服务体系适应协同期服务创新要求

（二）各阶段影响要素与创新政策支持对接

1. 创新生成期

这一阶段，企业创新发展能力低、资源薄弱、组织管理不规范，影响企业主流与新流创新的要素主要为市场创新、创新人才、硬件支撑等。相对应的创新政策应偏向于市场准入引导、企业家扶持、基础设施和资金扶持方面（见图17－2）。第一，通过市场准入条件的把控，对未符合条件的企业严格筛选并提供相应的扶持，以促使企业对未符合的条件做出进一步改善，争取进入市场的机会，实现企业创新发展。第二，通过对企业家的扶持，实现对整个企业创新发展的扶持；企业家的坚持是企业创新发展最大的支撑，以政策激励企业家，对企业创新发展具有重要

图17－2   创新生成期影响要素与创新政策支持对接模型

作用。第三，通过基础设施和资金扶持，为企业提供必要的保障，加快企业创新技术的生成。

2. 创新变异期

此时，主流创新带给企业的利润率逐年下降并在某一时期消失，而多个新流市场凸显，给企业带来新一轮创新发展机遇。战略创新、技术创新和创新人才成为主要影响要素。由此，创新政策应侧重于战略调整引导、政府采购扶持、创新人才扶持（见图17－3）。一是通过制定相应的举措，对企业战略调整进行引导，加快促进企业实施多元新流创新战略。二是以政府采购扶持企业新技术的发展，实现新技术的市场开拓，加快推进新技术向主流技术的转化。三是通过创新人才的培育与扶持，激励创新人才服务于企业新技术的发展，推进企业持续创新。

图17－3　创新变异期影响要素与创新政策支持对接模型

3. 创新选择期

这一时期，企业通过对市场的准确定位，把握创新发展方向，确定将符合新一轮主流市场需求的新流创新转化为主流创新。由此，技术创新成为该阶段主要的影响因素。创新政策需要重点关注创新孵化载体、税收优惠、融资管理完善等方面，实现对新一轮主流创新的重点支持（见图17－4）。首先，通过创新孵化载体建设，为新一轮主流创新提供发展平台，推进创新成果转化、产品研发和衍生技术的发展。其次，以税收优惠政策促进新一轮主流技术创新，加大优惠力度，放宽优惠条件，给予更多重大的新技术创新发展的机会。最后，完善融资管理，实现企业与银行业务的对接，给予新技术创新更多资金扶持。

4. 创新协同期

在企业主流与新流创新协同阶段，无论是技术创新发展还是产品

图 17 - 4　创新选择期影响要素与创新政策支持对接模型

扩展都达到一种稳定状态，企业最重要的目标是促进创新协同发展。此时，主要影响要素为制度创新、管理创新和服务创新。因此，创新政策应注重优化科技政策、促进产学研合作和完善公共科技服务体系（见图 17 -5）。一方面，发挥政策导向作用，促进产学研合作，为企业创新发展提供良好的支撑；另一方面，完善公共科技服务体系，以信息咨询服务、信息公布服务、技术联盟和管理咨询服务等手段帮助企业了解技术最新发展情况，以促进企业实现深化技术交流与合作，形成良好的产学研协同发展环境，推进主流与新流创新协同发展。

图 17 - 5　创新协同期影响要素与创新政策支持对接模型

第二节　主流与新流创新协同演进
政策需求实证分析

一　研究方法与资料来源

（一）问卷设计

此次调查问卷设计通过企业实地调研、相关材料分析等准备，遵循客观性、逻辑性、合理性、针对性原则，设计出符合研究需求的问卷。问卷设计包括确定目的、收集资料、设计问卷类型、把握问卷结构和确定问卷内容等环节。问卷为自填式问卷调查，分为两部分，第一部分为封闭式选择题型，调查企业基本情况；第二部分为封闭式选择和顺序式题型，调查企业在主流与新流创新协同演进四个阶段的具体政策需求。

（二）问卷发放与数据处理

为了明确主流与新流创新各演进阶段企业创新政策需求情况，2016年12月至2017年4月，以直接走访、委托管理咨询公司、电话咨询和电子邮件的形式对福建、广西、湖北、辽宁、甘肃等省区164家大中型科技型企业的研发和中高层管理人员展开问卷调查。问卷设计主要基于企业主流与新流创新的阶段性特点和重点工作，围绕主流与新流创新政策需求，从政策环境、人力资本投入、资金获取、创新载体建设等方面展开。整个问卷发放经历三次试调查、反馈修改和正式发放三个阶段，历时5个月，共发放企业调查问卷254份，回收率为68.1%，其中，有效问卷164份，有效回收率为64.6%。

（三）描述性统计分析法

从回收的164份有效问卷来看，本研究所得样本行业涵盖电子及通信设备制造业、生物制药与新材料业、机械制造业、纺织服装业等；从企业性质来看，认定的高新技术企业和非高新技术企业占比分别为54.9%和45.1%，分布基本均等，且在样本企业中，民营个体企业占全部样本的73.2%，与中国民营经济发达的情况相吻合（见表17-3）；从企业成立年限来看，"1~4年""5~9年""10~15年"和"15年以上"的企业分别有26家、45家、49家、44家，所占的比例分别为15.9%、27.4%、29.9%和26.8%，在成立年限上，84%的企业成立在5年及以上。

表17-3 企业的性质、特性和基本信息分布

单位：家

	认定的高新技术企业	非高新技术企业	合计
民营个体企业	63	57	120
国有企业	16	12	28

	认定的高新技术企业	非高新技术企业	合计
中外合资企业	3	2	5
外资或港澳台投资企业	5	2	7
其他（军工企业等）	3	1	4
合计	90	74	164

二　企业主流与新流创新协同演进各阶段政策需求统计

尽管福建、广西、湖北、辽宁、甘肃五个省区的政策供给差异较大，但是，调查发现各省企业的政策需求差异很小。因此，对于政府而言，了解企业创新发展不同阶段的政策需求，是推进企业实现主流与新流创新协同演进的重要任务。

（一）企业主流与新流创新生成期

企业主流与新流创新生成是技术创新实现演进的首要环节，关系着企业能否稳固根基。竞争激烈的市场，力量弱小的企业很难依靠自身的力量实现技术创新的生成和发展，而政府政策为企业创新发展提供良好的保障。通过问卷调查，在主流与新流创新生成环节，企业对政府政策的需求主要体现在以下几方面。

1. 以制度保障企业主流技术创新生成及发展

企业主流技术生成是企业主流产品发展的支撑点。对于刚进入激烈的竞争市场、市场竞争力弱的企业而言，促进主流技术生成需得到政策支持。调查显示，在政策保障企业主流技术创新生成方面，完善的知识产权法、政府出台的专项政策支持和完善的政府服务体系占比分别为17.3%、11.5%和16.0%，而占比55.1%的企业选择维持竞争市场公平稳定的制度，如图17-6所示。由此可知，在初创期，企业主流技术的生成最需要的是保障市场公平稳定运行，由政府制定维持竞争市场公平稳定的制度成为关键。

2. 以政府创新基金重点支持企业主流技术的发展

充足的资金是企业发展主流技术的关键。提供必要的资金投入，才能在物质方面保障主流技术的发展。根据企业政策需求调查，企业发展

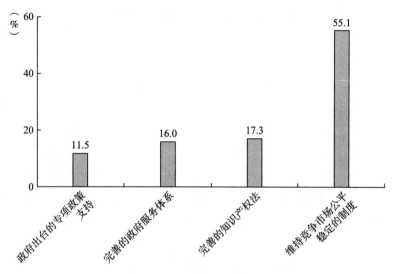

图 17 - 6　政策保障企业主流技术创新生成

主流技术面对资金困难时，61% 的企业希望得到政府创新基金支持，22% 的企业选择通过银行贷款的手段来解决，10.4% 和 5.5% 的企业分别希望以风险投资和民间借贷的方式解决，1.1% 的企业选择通过员工持股、社会资本参与等方式解决。相较而言，政府创新基金在企业发展主流技术方面发挥重要的资金支持作用，成为企业发展主流技术的重要物质需求（见图 17 - 7）。

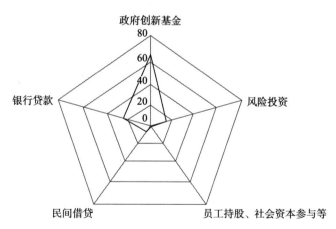

图 17 - 7　企业主流技术重点发展资金支持

3. 以组织大中型展览会拓展企业主流技术市场

主流技术的生成与发展决定企业能否在日益激烈的竞争市场中站稳脚跟，主流技术市场的开拓则是检验企业能否真正实现与市场接轨的关键。从政府角度支持企业主流技术市场开拓意义重大。根据调查结果，增设市场开拓专项资金和组织国内外大中型展览会这两方面对主流技术市场开拓进行支持，占比分别为32%和34%，累计达到66%，说明政府在增设市场开拓专项资金和组织国内外大中型展览会等方面仍需加大投入（见图17-8）。企业需要政府增设市场开拓专项资金支持主流技术市场开拓，更需要借助国内外大中型展览会给企业开拓主流技术市场提供中高端平台，促进主流技术的市场拓展。

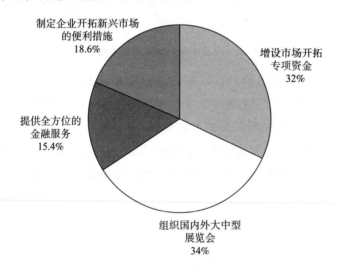

图 17-8　企业主流技术市场开拓政策需求

(二) 企业主流与新流创新变异期

1. 以政府首购政策支持企业创新项目发展

在动态复杂的市场环境中，企业以新一轮技术创新适应新的市场需求。通过创新项目的发展打通企业创新发展之路。在创新项目的发展中，企业面临信息不通畅、新技术产品进入市场困难、项目申报困难等不利因素的挑战，政府政策支持给企业发展带来机遇。调查显示，企业在创新项目发展政策支持需求中，提供创新项目申报和辅导服务平台、协助政策兑现服务、加大技术创新项目专项资金补贴占比分别为20.12%、12.80%和10.98%，而实施新技术新产品政府首购制度占比超过56%。

因此，实施新技术新产品政府收购制度，是企业创新项目发展最需要的支持举措（见图 17 - 9）。

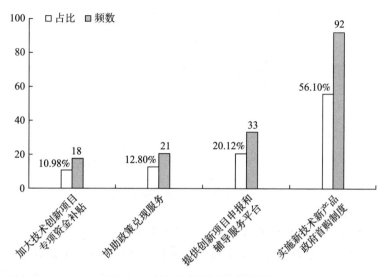

图 17 - 9　企业创新项目发展支持

2. 以高尖端技术研发人才促进企业发展新技术

在知识竞争的时代，人才是企业发展的核心竞争力，只有拥有更多适应企业发展需求的人才，才能抢占市场发展先机，拥有主动权。因此，企业持续技术创新所需的人才类型成为调查研究的重点。经过调查发现，企业发展新技术新产品最需要的是高尖端技术研发人才和专业技术骨干，比例分别为 55.8% 和 22.4%（见图 17 - 10），其中，高尖端技术研发人才占比在一半以上，说明高尖端技术研发人才在企业的技术创新中发挥着不可替代的作用，成为促进企业技术创新的需求型人才。

高尖端技术研发人才是企业研发新技术新产品的关键，如何保障技术研发人才真正推进企业技术创新是企业面临的重要问题。企业可以通过实施人才培训、人才激励的手段进行人才选拔任用或以人才保障措施等方式来鼓励更多技术研发人才服务于新技术新产品的研发。经过调查分析，在众多措施中，人才培养、人才分配机制、人才保障分别以 28%、27%、23% 排名第一、第二、第三。高尖端技术研发人才是企业发展新技术的重点需求，必须完善和保障政府加大人才培训、人才激励力度，建立完善的人才保障机制，激发他们的积极性和创造性。

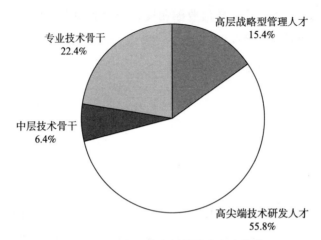

图 17 - 10   企业技术创新需求人才类型

3. 充分发挥政府功能服务于企业创新发展

主流与新流创新变异期为企业新一轮技术创新发展的关键时期，政府的作用尤其明显。对于政府角色定位的问题，经调查得出，选择政府需处理好经济发展与社会事业发展、政府与企业、改革体制与创新机制之间关系的企业占比分别为 16.7%、8.3%、5.1%，而有 69.9% 的企业认为，政府首先要处理好管理和服务的关系，从而激发企业进行多元创新（见图 17 -11）。寓管理于服务之中，开拓管理与服务的新领域，做到真诚服务、主动服务、优质服务，才能在企业进行多元技术创新时给予更好的支持。

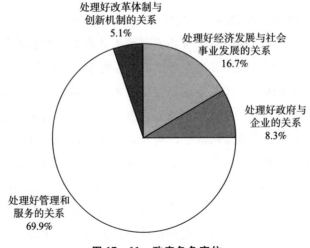

图 17 -11   政府角色定位

（三）企业主流与新流创新选择期

1. 以创新载体建设加速实现企业新一轮技术创新

以创新加速企业发展，以创新载体孕育企业技术及产品创新。经调查发现，企业新技术发展中，因政府政策支持而迅速发展的新技术仅占17.7%，因此需提高政府政策对企业发展新技术支持的有效性。而在有效措施中，建设高端化、专业化、特色化的众创空间占比在一半以上，达到67.9%。因此，推进科技成果转化的创新孵化载体建设是政府为促进企业的技术创新最需要做的事情，而建设高端化、专业化、特色化的众创空间，即以创新载体加速实现企业新一轮技术创新是政府工作的重点，如图17-12所示。

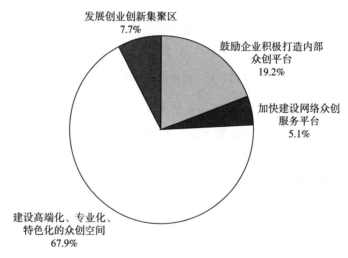

图17-12　创新载体建设需求

2. 以税收政策调整加大对企业新一轮技术创新发展的支持

调整税收支持政策，是加速推进企业主流技术及产品研发与生产的重要举措。应针对企业需求，对税收政策做出适时必需的调整。通过调查分析发现，12.2%的受访企业希望进一步规范税收优惠政策管理，20.5%的企业希望增设企业新一轮技术创新的专项税收优惠政策，22.4%的企业希望延长税收优惠政策期限，而44.9%的企业希望放宽享受税收优惠政策的条件，从而加速推进企业新一轮技术创新的重要税收政策调整（见图17-13）。税收优惠政策条件严苛意味着许多有新技术发展需求但未达到条件的企业没有享受政策优惠的机会。因此，通过放宽税收优惠政策条件能使更多企业在新技术发展方面享受到政策福利。

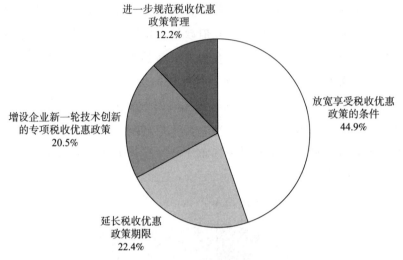

图 17 - 13　调整税收支持政策

3. 以完善的融资体系支撑企业新技术发展

新一轮技术创新给企业带来发展机遇，但同时导致企业面临资金等重要资源的匮乏。对于需要快速投入于新技术发展的企业而言，融资是重要的资金贯通渠道，而商业银行是企业融资的主渠道。但是，32.1%的被调查企业认为银行体系不健全，使得中小企业难以获得融资；28.8%的被调查企业指出融资渠道不畅通，导致企业融资困难；24.4%的被调查企业提出信用担保机制的制度性缺陷导致企业与银行之间缺乏对接；14.7%的被调查企业认为融资的法律制度不健全（见图 17 - 14）。一系列的问题都表明，针对科技型企业建立有效的担保机制，政府应不断完善银行体系，畅通融资渠道，从政策体系角度解决企业融资困境，促进企业新技术及新产品的发展。

（四）企业主流与新流创新协同期

1. 以完善的政策咨询服务体系服务于企业主流技术与新技术的发展

主流技术与新技术协同发展的阶段，政府为企业提供的支持更多偏向于公共服务方面，通过完善的服务体系促进企业主流技术与新技术的发展。在被调查企业中，一半以上，达61%的企业认为，完善的政策咨

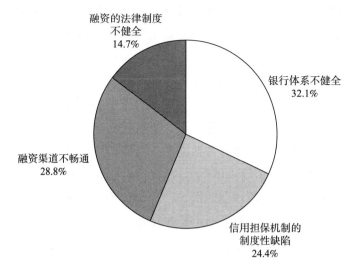

图 17-14　企业新一轮技术创新面临的融资障碍

询服务体系是企业在主流技术与新技术协同发展阶段的迫切需求。而在
具体的政策咨询服务方式方面，被调查企业认为，网络化的时代，信息
在网上公布并得到及时的回应成为最有效和快捷的方式。因此，61.5%
的企业提出，政府建立的一体化服务系统，包含信息及时并准确地发布、
对企业问题做出回应等，以完善的一体化服务系统构建政府与企业之间
的桥梁，促进企业主流技术与新技术的快速发展（见图 17-15）。

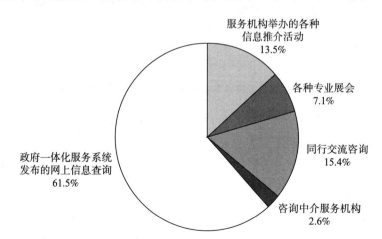

图 17-15　企业的政策咨询服务需求

2. 组织开展产学研合作活动促进企业主流技术与新技术的协同发展

企业自身力量的薄弱性决定了企业主流技术与新技术的协同发展需要依靠外部力量助力共同实现，而政府正是这种外部力量的引导者。企业最需要的政府服务中，只有 3.2% 的被调查企业认为需要发展科技中介机构，22.4% 的企业指出需要制定相关政策驱动创新发展，25.6% 的企业认为需提供产学研合作信息平台，而将近一半，达 48.1% 的被调查企业认为，组织开展产学研合作活动是政府能为企业技术创新发展提供的最有效的服务（见图 17 - 16）。与此同时，受访的企业中，认为有必要举办大规模综合对接洽谈会的占 56.7%，说明举办大规模综合对接洽谈会是组织开展产学研合作活动中最有效的方式。

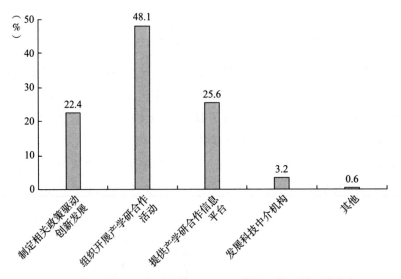

图 17 - 16　企业主流技术与新技术发展最需要得到的政府服务

3. 以及时高效的政策服务协同发展企业主流技术与新技术

利用科技政策推进主流技术与新技术协同发展是政府服务与指导功能的重要体现。但科技政策在投入过程中出现很多问题，使得企业在享受科技政策服务时面临困境。在调查中，9.6%、14.1%、15.7% 的被调查企业分别认为政策缺失、缺少配套的实施政策、政策获取渠道不通畅是企业面临的主要政策困境。而 18.9%、19.8%、21.9% 的被调查企业分别认为缺少"一站式"服务、政策门槛高、政策优惠幅度不够是企业在实际投入过程中出现的主要问题。从调查中发现，政策优惠幅度不够、政策门槛高和缺少"一站式"服务成为企业面临的政策困境中的关键问题（见表17-4）。

表17-4　企业面临政策困境

单位：个，%

企业面临困境	个案数	个案百分比	百分比
政策获取渠道不通畅，不能及时了解最新政策	69	44.2	15.7
政策门槛高，申请难度大	87	55.8	19.8
政策优惠幅度不够，吸引力不强	96	61.5	21.9
缺少配套的实施政策，可操作性差	62	39.7	14.1
政策办理手续烦琐、周期长，缺少"一站式"服务	83	53.2	18.9
政策缺失，未能真正解决企业需要解决的问题	42	26.9	9.6
总计	439	281.4	100.0

本章小结

创新政策的制定与实施归根结底是为了培育创新、加速扩散与学习。一般而言，连贯性创新政策对企业具有更强的扶持性。然而，现有创新政策的制定与实施较多地体现为多种创新工具的组合使用，在政策实施过程中难免弱化、泛化、碎片化了创新政策的实施效果，在企业层面存在"隔靴搔痒"的问题，其本质在于创新政策的制定与实施没能紧跟企业主流与新流创新动态演进实际，制定符合创新主体特点和需求的创新政策。

本章从时间维度将企业主流与新流创新演进理念引入企业创新政策研究环节，基于"创新生成—创新变异—创新选择—创新协同"逻辑，提出企业主流与新流创新政策作用模型，并根据主流与新流创新演进规律，对创新演进各阶段政策需求进行初步探讨，构建了企业主流与新流创新政策需求模型，进而开展企业主流与新流创新演进的需求政策实证研究，为后续章节主流与新流创新协同演进的政策供给分析奠定基础。

第十八章　企业主流与新流创新协同
演进的政策供给分析

　　主流与新流创新技术跃迁的动态过程扎根于社会整体的制度环境，最优路径选择取决于当下所处的制度背景，其中政策作为制度轨道中影响力最为突出的因素，对企业创新成长的扶持和影响作用颇深。企业在进行创新活动时，在市场的激励竞争下创新的节奏加快，时间维度上的变化陡然加剧，因而可以在较短的时间内呈现路径的多样化发展方向。然而制度轨道在时间维度上变化幅度小，政策在时间维度上一致性高，在空间维度上实施特征多样的情况下，多层次的空间结构事实将成为影响主流与新流创新活动的主要因素。在国家创新驱动的战略引领下，现有创新政策的颁布部门覆盖了中央政府以及各级地方政府，创新政策受到多个空间层次上的政策主体复合的影响，国家层面的政策在顶层设计上起到战略性的支持作用，地方层面的政策在落地的过程中起到具体规则约束的作用，在具体实施过程中形成了以中央文件为核心、地方政策相配套的一系列政策举措，创新已经成为供给侧发力促进产业升级的重要发展任务。

　　已有政策的内容分析对于主流与新流创新政策研究的必要性在于：主流与新流创新政策措施要从已有的创新政策文件和相应措施出发，结合现实的创新政策措施实施特征，总结当下的政策实施存在的问题，提出主流与新流创新视角下的政策措施。为了深入分析企业主流与新流创新相关的现有政策文件，本章主要通过内容分析法，搜集中央至地方政府历年来与"创新"有关的政策文本，从不同的分析视角如政策工具、政策文本结构，对关键词进行分类编码及统计，进而以福建省为例，深入研究特定区域内扶持企业进行创新的具体措施实施效果，采用问卷调查的方法获得企业对创新扶持政策的重要性及满意度评价，了解政策措施在实施中的现实差距，为主流与新流创新视角下的政策建议提供现实依据。

第一节　主流与新流创新协同演进的多层次政策分析

一　国家层面创新政策的基本情况

(一)　国家层面创新政策分析的研究方法

现有的创新政策分析研究集中使用的研究方法相类似，基本上是从政策文本量化的角度入手，分析政策工具的使用对企业创新的影响和现阶段政策存在的问题。政策工具的分类由 Rothwell 和 Zegveld（1981）提出，政策工具的使用以不同的方式作用于科技活动，可以划分为供给型、环境型和需求型三类基本政策工具。黄萃等（2011）应用政策工具的分析视角，结合内容分析法对我国政府颁布的风能政策进行了量化分析和统计，建立了样本选择、制定分析框架、定义分析单元、统计分析等研究范式。汪涛和谢宁宁（2013）研究了 2006~2012 年的科技发展规划政策，孙蕊和吴金希（2015）则分析了 2010~2013 年的战略性新兴产业政策，皆是从时间的纵向维度探讨政策的演变特点；胡赛全等（2013）分析了全国 31 个省（自治区、直辖市）的战略性新兴产业政策文本，霍慧智（2015）则重点梳理了京、鄂、皖、苏四个地区的创新驱动政策。政策文本量化分析成为许多学者分析政策群、产业政策、特定文件内容的主要框架。

当前不少学者采取了多重维度相结合的视角进行政策分析，李良成（2016）在政策工具分类的基础上，构建了创新发展战略的政策三维分析框架，即政策工具维度、创新驱动主体维度以及创新驱动发展阶段维度。李丹和王欣（2017）指出以往关于创新驱动发展政策的研究是基于宏观视角的研究，因而存在宽泛、结论不客观、针对性不强等问题，故尝试运用以政策工具和创新驱动过程为基础的二维政策分析框架对具体政策文本进行微观视角的分析。杨薇和栾维新（2018）基于政策工具 - 产业链视角，按照政策数量、发布形式、政策主体、政策内容四个维度，选取中国 1995~2015 年 125 份海洋可再生能源产业政策文本，对政策内容进行了量化分析。同时期国外对于政策工具的研究则偏重环境污染治理（Drevno，2016）、交通监管方式和手段（Mercier et al.，2016），主要关注公共管理领域的政策实践。

总体而言，关于政策对科技活动的影响已经有了一定的分析范式，基于已有的研究成果，可以得出的主要结论有以下方面。

（1）内容分析法是目前主要的政策分析研究方法

内容分析法（Content Analysis）是一种对研究对象的文献内容进行"量"的分析，找出能反映文献内容的一定本质又易于计数的特征的研究方法，从而能克服定性研究的主观性和不确切性的缺陷，达到对文献"质"的更深刻、更精确的认识（邱均平、邹菲，2004）。内容分析法被广泛应用于情报学、传播学、社会学等多个学术领域，在公共管理研究领域的应用成果逐渐增多，在海量的政策文献中提取信息，通过合理的统计手段来实现对政策的有效推断和系统分析。

（2）政策研究中内容分析法最初与政策工具理论关联紧密

Rothwell 和 Zegveld（1981）三种类型的政策工具分类为确立政策内容分析单元提供了依据和归类标准，因此近年来越来越多的学者采用政策工具视角下的内容分析法来进行政策文本的定量分析，基本遵循了黄萃等（2011）所建立起来的分析框架，包括样本选择、制定分析框架、定义分析单元、统计分析等分析步骤。

（3）目前鲜有关于创新政策的文本内容分析研究

现有研究尚少针对企业的创新活动，探析相关政策内容的政策工具使用、区域政策特点以及具体的实施情况。国家层面的创新政策偏为宏观，相关性强的政策文本数量不多，因此，将运用以相对成熟的政策工具理论为基础的单向度内容分析法进行国家层面的创新政策基本现状分析。

（二）国家层面创新政策样本分布

改革开放以来，科教兴国战略为科学技术的发展插上腾飞的翅膀，变革与创新成为社会进步的重要推动力。进入 21 世纪后，为了推进创新这一经济发展的驱动力，国务院于 2006 年 2 月 9 日颁布《国家中长期科学和技术发展规划纲要（2006—2020 年）》，首次将自主创新上升为国家战略，以增强自主创新能力，构建国家创新体系，奠定了我国中长期的创新政策基石。从科教兴国战略到自主创新战略，再到创新驱动战略的指引，中国企业通过引进消化吸收再创新，各个行业都实现了不同程度的技术追赶。然而，核心技术和高水平制造工艺仍然由欧美发达国家掌握，我国企业在技术创新方面仍需发力，但目前中央政府并未出台完整的创新专项文件，只是散见于各个创新相关的政策文件中。

国家层面最早出现"创新"内容的政策文本是国家经济贸易委员会于1996年8月16日颁布的《国家经贸委印发〈关于大力开展技术创新工作的意见〉的通知》，其中提到"积极引导企业围绕市场需求，大力进行创新、工艺创新，开发具有自主知识产权的产品和技术，大力进行引进技术的消化吸收和创新，提高产品的附加值和技术含量，增强市场竞争能力"。

样本筛选以1996年至2018年6月为时间段，以"创新"为关键词，从中华人民共和国中央人民政府门户网站、中国政府公开信息整合服务平台以及北大法宝法律数据库三个主要网站，筛选了国家层面与"创新"有关的政策文件共计33个，作为国家层面创新政策分析的目标样本。33个政策文件的发布单位以国务院为主，占总数的比例为45.45%，其次是工业和信息化部占27.27%，科学技术部和国家发展和改革委员会分别占9.09%和6.06%，全国人民代表大会、国家知识产权局、国家经济贸易委员会以及国家认证认可监督委员会所占比例皆为3.03%，具体情况如图18-1所示。

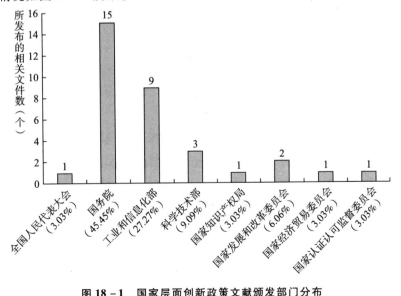

图18-1　国家层面创新政策文献颁发部门分布

（三）国家层面创新政策工具分类

Rothwell 和 Zegveld（1981）将政策工具分为环境面政策工具、供给面政策工具和需求面政策工具三类，认为只有这三种类型的政策工具平衡使用，张弛有力，才能保证政策的合理性与科学性。虽然政策工具理论并未将政策细化到创新政策的维度，但创新政策具有政策实践活动的一般共性，因此应用已有的政策分析研究成果中对政策工具的详细分类，可将创新政策工具分类细化为创新供给型政策工具、创新需求型政策工具、创新环境型政策工具三类，作为国家层面33个政策文件内容分析的主要衡量维度。借助已有研究对各类政策工具的具体定义，将其延伸到创新层面，定义三类创新政策工具各要素的具体内涵。

创新供给型政策工具从企业创新的前端入手，提供创新活动所需要的各类必备生产要素，如人才、资金、基础设施等，具体包括资金投入、基础建设、公共服务、人才培养、科技信息共五项内容。

创新需求型政策工具作用于企业创新活动的结果，支持购买企业产品，降低市场不确定性，包括政府采购、贸易管制、外包和海外机构管理四项内容。

创新环境型政策工具通过提升企业创新活动的外部环境质量产生积极影响，并非作用于企业创新的直接决定要素，包括目标规划、法规管制、策略性措施、金融支持和税收优惠。创新政策工具对企业创新活动的作用不同，如图18-2所示，创新供给型政策工具推动创新活动得以

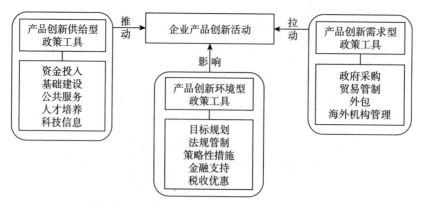

图 18-2　创新政策工具对企业创新活动的作用

开展，创新需求型政策工具拉动创新的生产需求，创新环境型政策工具以整体政策环境氛围影响创新活动。

（四）国家层面创新政策分类频数统计

首先，对筛选出的政策文本以时间降序编号。将国家层面 33 个创新相关政策文件按照时间发布顺序由近及远排序，进行编号。

其次，进行政策内容编码。逐字逐句研读每份政策文件，分别提取涉及"创新"的内容段落，识别其描述内容所使用的政策工具，参照已有的政策工具维度对该部分内容进行分类，并归入供给型、需求型和环境型三个大类中，按照"政策工具－类型"的形式进行编码。

最后，统计各类政策工具使用频数。将编码材料整理为 Excel 工作表，借助表格的汇总计算统计各类目的频数总和，统计结果如表 18－1 所示。

表 18－1　国家层面创新政策工具使用统计

类型	要素	具体内涵	频次
创新供给型政策工具 50.00%	资金投入	发挥现有财政资金引导作用，加大新产品投入	4
	基础建设	创新平台、科研机构、重点实验室等设施建设	8
	公共服务	为企业提供需求定制、产品质量管理等服务	1
	人才培养	创新有关的人才培训、引进落地政策等	13
	科技信息	建设信息网络、数据库等，提供产品信息服务	8
创新环境型政策工具 38.24%	目标规划	对创新的发展目标和方向的总体规划	9
	法规管制	规范创新主体行为，营造有序产品市场环境	4
	策略性措施	为了激励企业创新的一系列具体措施	5
	金融支持	金融机构为企业创新提供融资服务	3
	税收优惠	新产品税率优惠、减免、补贴等	5
创新需求型政策工具 11.76%	政府采购	使用财政资金对企业产品进行购买	1
	贸易管制	进出口产品关税、贸易协定、目录管理等措施	2
	外包	政府将产品研发活动委托给科研机构	0
	海外机构管理	支持企业海外设立的产品研发销售机构	5

资料来源：霍慧智（2015）。

从国家层面创新政策文本的统计结果来看，中央部门在创新方面的政策工具以供给型为主，所占比例达到 50.00%，环境型所占比例为

38.24%，而需求型政策工具数量最少，仅为11.76%，如图18－3所示，现有的创新政策工具使用还不够全面，并未实现供给型、环境型以及需求型的完全覆盖。从时间序列角度整理供给型、环境型以及需求型创新政策工具使用情况，2015年至今的政策工具使用较为集中，如图18－4所示。

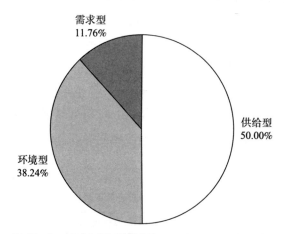

图18－3　国家层面创新政策工具类型频数占比情况

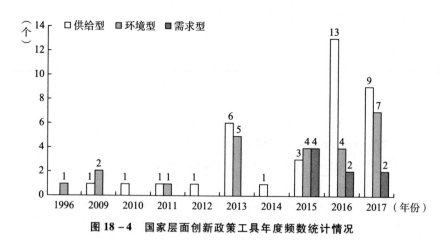

图18－4　国家层面创新政策工具年度频数统计情况

（五）国家层面创新政策分析结论

1. 供给面政策工具短期内使用频数增多

供给面的政策工具占比最大，存在内部失衡问题。国家层面创新供给面的政策工具始于2009年《工业和信息化部关于加强工业产品质量工作的指导意见》（工信部科〔2009〕180号），提出加大创新投入，充分协调运用国家各项财政金融政策，创新产品品种和提升产品质量，经济增长方式从数量驱动转向创新驱动。2012 年国际金融危机爆发以后，国家层面出台多项政策鼓励创新活动，刺激创新要素投入。进入"十三五时期"以来，关于科技信息化发展以及人才培养方面的内容出现频数大量增多，核心技术突破创新成为政策的焦点，足见国家层面对人才以及信息技术发展的高度重视。为了实现企业创新活动中关键技术的突破，以人才的培养输送、科技信息服务的拓展以及创新平台、科研机构、重点实验室等基础设施建设为主，能够帮助企业在创新上形成协同创新网络。

然而，企业在公共技术服务方面缺乏一定的政策支持。在供给面的政策工具中，政府的公共服务功能稍显薄弱，对于企业产品的相关业务办理、需求定制、产品质量管理等政府公共服务相关的政策工具不足，相较于供给面其他政策工具而言，存在结构性失衡，未能深入企业在创新方面自身无法解决的困境和难题。

2. 环境面政策工具偏重于宏观规划指导

环境面的政策工具持续性强，以目标规划为主。相对于供给面以及需求面而言，环境面的创新政策工具在时间上的分布更为均衡，以专项规划居多，例如《国务院关于印发新一代人工智能发展规划的通知》（国发〔2017〕35 号）、《工业和信息化部关于印发〈信息化发展规划〉的通知》（工信部规〔2013〕362 号）。然而从环境面政策工具内部各类分布来看，整体布局规划与具体的策略性措施在数量上不够匹配，配套措施和具体细则相对较少。国家层面的环境面政策工具多是以发展规划、专项规划的形式做出整体上的方向指导，具体的政策实施主要由地方政府结合区域的实际情况制定细则。

国家层面创新政策工具在环境面上，注重市场环境的法规管制和公平的维护，并没有过多的管制政策限制企业创新活动。国家层面倾向于提供宏观的法制框架，有利于企业创新活动的灵活开展。2019 年 2 月 16 日，国家主席习近平在《求是》杂志上发表重要文章《加强党对全面依法治国的领导》，提到"要紧紧抓住全面依法治国的关键环节，完善立法体制，提高立法质量"，随着我国依法治国的方针不断深入落实，将为企业创新活动提供更为周全的法制环境保护。

3. 需求面政策工具类型单一且数量不足

需求面的政策工具使用量少，并且类型单一。需求面创新政策工具于早期政策文本中并未提及，21 世纪初中国加入 WTO 后，现代企业制度的建立以及自主创新经历了较长的探索阶段，中国企业的产品走向国际化的节点上，对于企业在创新活动中的主体地位支持不够。目前出现频数较多的是贸易管制以及海外机构管理方面的政策，集中出现在 2015 年以后，契合了中国不断崛起赶超的经济实力以及不断提高的国际地位，助力我国的产品跨出国门，走向世界舞台。

然而创新方面政府采购以及外包形式的需求面政策工具支持不足。对于创新活动来说，需求面的拉动作用必不可少。不论是政府采购还是外包，都为企业的创新活动直接创造收益，激发企业的主体积极性。企业在激烈的市场竞争中艰难生存，费尽心力生产产品，需求不足意味着滞销，对企业产品而言是致命的打击，政府在需求方面的拉动作用不足，加上对外贸易市场的风险叠加，对企业的支持维护不到位。

总体而言，国家层面现有的创新政策工具缺乏统一专项的指导内容，散见于制造业转型、企业创新、供需升级、新兴产业发展规划等相关的政策文件，以人才培养、科技信息、基础设施建设的供给型政策工具和目标规划、税收优惠、策略性措施的环境型政策工具为主，需求型政策工具类型单一且数量不足，对政府采购与外包方面的内容较少涉及。国家层面的创新政策注重战略规划和中长期发展目标制定，并没有对具体的实施细则加以规定，创新的相关内容并未有主流产品与新流创新之分。由于真正落实创新政策的是各地区的政府，所出台的相关政策围绕环境面的策略性措施展开，政策工具理论的分类不能很好地反映空间维度上各地区创新政策的特点。因此，针对具体的创新政策措施和执行情况，需要进一步聚焦地区政府的各项创新有关政策，从政策内容本身的角度出发挖掘现阶段的区域创新政策特征。

二　不同地区创新政策的总体特征

（一）不同地区创新政策分析的研究方法

对于我国各个省份不同地区的创新政策分析，同样采用内容分析法为主要研究方法，在面对不同地区海量的创新政策文件时，在其方法论基础上，需要借助质性分析软件来实施庞大数据资料的编码与统计工作。

建立在内容分析法基础上，关键词词频分析法通过统计核心词汇在某一类学术文献中所出现的频次，可以判别该学术领域的研究热点、知识结构和发展趋势。关键词词频分析法与之前分类频数统计最大的区别在于，前者划分类目的依据在于已有的理论基础和人工识别判断，后者根据文本中已有的关键词和词语组合来设置分类。由于可选择的软件数量众多，借鉴已有的研究成果（姜雅婷、柴国荣，2017；文华，2017），选择 NVivo 11.0 质性分析软件完成关键词的提取和内容编码工作。

（二）不同地区创新政策样本筛选

各地区省级及市级政府文件涉及创新的内容更加细化，显示区域发展特点，多以具体指导意见和专项行动为主。从 31 个省（自治区、直辖市）政府官网、科技厅（局）网站以及北大法宝法律数据库中，以"创新"为关键词进行检索，仔细阅读相关段落并剔除无关文件，整理出303 个与创新关联最深的实施意见文件，时间跨度为 1999 年到 2018 年 6月，作为地区创新政策内容分析的样本。

筛选样本文件中包含创新相关内容的部分，列表制成一份包含28779 个字符的文档，导入 NVivo 11.0 质性分析软件进行内容分析。为了找出创新政策文件所涉及的核心关键词，使用 NVivo 11.0 查询功能的词频分析，设定显示单词的最小长度为 2，并显示前 50 个出现频率最高的单词。尽量保留名词及属性的描述，去掉"推动""促进""鼓励"这类动词后，结果如表 18－2 所示，频数最高的除了"企业""产品""创新"以外，还包括了生产要素中的"技术""市场""管理""平台""人才""机构""政策"等关键词，将作为下一步分析维度设置的参考。

表 18－2 各地区创新政策内容词频查询汇总

单词	频数（个）	加权百分比（%）
创新	884	7.15
产品	611	4.94

单词	频数（个）	加权百分比（%）
企业	507	4.10
技术	426	3.45
产业	123	0.99
服务	111	0.90
品牌	106	0.86
市场	106	0.86
管理	92	0.74
科技	87	0.70
质量	79	0.64
需求	74	0.60
能力	63	0.51
工业	56	0.45
平台	51	0.41
人才	50	0.40
改造	48	0.39
作用	47	0.38
机构	45	0.36
政策	44	0.36
信息	43	0.35
水平	43	0.35

（三）不同地区创新政策 X－Y 二维分析框架构建

1. X－Y 二维分析框架构建及其功能

政策分析研究中分析框架的构建基础，一方面来自相对成熟的理论研究，如政策工具理论及其应用；另一方面来自研究对象自身的特点，如对于特定产业的研究，则需要考虑产业活动的客观规律，结合产业价值链的视角进行分析。因此，近年来多数关于特定产业或区域政策的研究结合了至少两个维度的视角来进行政策分析，针对特定的研究对象，从政策工具、政策主体、过程维度等视角，建立 X－Y 二维分析框架、X－Y－Z 三维分析框架等。

虽然 X－Y 二维分析框架的功能在过去的研究文献中没有过多探讨，

但是综合已有的研究来看，X－Y二维分析框架一方面提供了相对多样的研究思路，弥补了单向维度分析的不足，适用于组成内容丰富、形成过程复杂的研究对象；另一方面双重维度的交叉分析呈现了研究对象的多面性，了解其在各个维度上的横纵分布情况，深入分析现象背后存在的规律特征。

各地创新政策承接了国家层面创新政策的规划和举措，以实施意见和方案居多，从政策工具分类上集中在策略性措施一类，为了更加细化分析内容，本部分立足文献深度挖掘，从创新政策"内容维度"和"结构维度"双向视角，构建X－Y二维分析框架进行不同地区创新政策分析。

2. X维度：政策内容维度

在政策内容维度上，通过关键词频数统计归类各地区创新政策所涉及的具体内容。

根据初步的单词频数统计，仔细阅读样本内容，使用NVivo 11.0的节点编码功能，对文本中的内容进行分类编码。把样本内容中出现的关键词归入各级节点，按照关键词出现频数高低，同类归置8个一级编码节点，包括创新体系、供给质量、关键技术、行政管理、激励政策、平台建设、人才培养以及适应市场。根据编码的结果，进一步整合汇总后产生了政策内容维度的八大关键词组，定义为X维度。X维度上的关键词及其编码字母分别设立为技术创新T：技术改造T1、技术引进T2、关键技术突破T3（包括人工智能、信息化、绿色化新兴技术等）；供给升级S：自主品牌S1、供给质量S2、工匠精神S3；市场开发K：消费需求升级K1、适销对路K2、拓展市场K3；平台建设P：双创平台P1、服务平台P2、供应链平台P3；人才引培H：人才培养H1、人才引进H2；创新体系C：研发机构C1、产学研用C2、产业联盟C3；奖励激励I：财政金融I1、政府采购I2、奖励规定I3；行政扶持G：监管监督G1、知识产权维护G2。

3. Y维度：政策结构维度

在政策结构维度上，以政策文本一级标题作为关键词，判断、分类、归纳各地区创新政策所处的层次结构。

由于地方政府创新的相关文件以指导意见为主，在政策结构层次上的分布基本一致，一级标题涵盖了政策目标、重点任务、保障措施等方面内容。根据政策文本的结构特点，可以分为政策目标、重点任务、措施给予三大类，将其定义为 Y 维度，编码为政策目标 A、重点任务 M、措施给予 D。结合 X－Y 双向维度构建地方创新相关政策文件的二维分析框架，如图 18－5 所示。

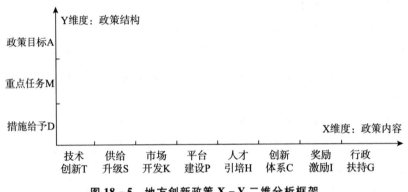

图 18－5　地方创新政策 X－Y 二维分析框架

（四）不同地区创新政策关键词分类统计

将全国 31 个省（自治区、直辖市）分为东北地区、东部地区、中部地区以及西部地区（谷体芳、陈培安，2012）。东北地区包括辽宁省、吉林省、黑龙江省；东部地区包括：北京市、天津市、河北省、上海市、江苏省、浙江省、福建省、山东省、广东省、海南省；中部地区包括山西省、安徽省、江西省、河南省、湖北省、湖南省；西部地区包括重庆市、四川省、贵州省、云南省、陕西省、甘肃省、青海省、内蒙古自治区、广西壮族自治区、西藏自治区、宁夏回族自治区、新疆维吾尔自治区。

应用 X－Y 二维分析框架对四大板块地区的政策文件内容的关键词进行分类统计，得到关键词分布情况如表 18－3 所示，以此了解各地区政府创新政策促进企业创新的发展重点和总体特征。

（五）不同地区创新政策分析结论

1. 政策内容更侧重奖励激励

对各地区创新政策关键词的统计中，对企业进行创新的财政金融、政府采购和奖励规定的奖励激励类政策居多，这类政策多为新产品的研

表 18 - 3　全国东中西部及东北地区创新政策文件在 X - Y 维度上关键词分布情况

分析维度		技术创新			供给升级			市场开发			平台建设			人才引培		创新体系			奖励激励			行政扶持	
		T1	T2	T3	S1	S2	S3	K1	K2	K3	P1	P2	P3	H1	H2	C1	C2	C3	I1	I2	I3	G1	G2
东北地区	政策目标																						
	重点任务	8			3	2										4	2	1	1			1	
	措施给予				1	1	1	2							1		3	1	5	1	5	6	
东部地区	政策目标	3		6	2	2					1			4	2	2	1			1	1	2	3
	重点任务	5	2	7	3	8	2		1		3	1		1	1	4	6	2	4			3	1
	措施给予	6		1	4	3	4	3	1	2	2	4	1	3	3	6	1		9	9	8	12	6
中部地区	政策目标		1		1			1		1						1	1	1			1		
	重点任务	2	1	3	1	1	1	2	3	1	5	3		6	2	4	3	1	10	2	8	2	2
	措施给予	2		3	4	2		1	2					1		4							3
西部地区	政策目标	2	1			2				1	5	1		6	1	1	3	1					1
	重点任务	4	4	6	5	4	2	2	1	2		3	3	3	1	2	3	1	2		2		1
	措施给予	2	1	1	2	2	6	1	1	3	1	2	3	3	1	2	5	3	10	3	13	6	2

发费用补贴、创新奖的奖励规定以及自主创新产品的政府采购实施细则，占八类关键词总数的比例为20%（见图18-6）。其次是指导企业进行技术创新的相关举措，占总数的15%，包括传统制造业的技术改造和产品升级换代、从海外引进先进技术、设备以及加快技术的集成应用，实现重点领域的技术突破，如人工智能技术、环保新材料技术等。创新体系的建设也是政策的侧重点，同样也有15%的关键词涉及企业研发机构的建设、推进产学研用深度合作以及建立产业技术联盟，联动区域的集聚力量来加速企业的创新进程。

在所涉及的创新政策关键词中，市场开发、人才引培以及平台建设方面没有引起足够的关注，所占的频数比例不足10%。不论是双创平台、技术服务平台还是供应链平台，都是企业创新过程中信息的重要流转渠道，市场和人才更是企业创新必不可缺的生产要素。相较而言，东部地区、东北地区、中部地区以及西部地区都在奖励激励方面给予了较多的政策措施，其主要原因在于，财政手段是政府促进创新驱动经济发展的强刺激手段，地方政府倾向于设置专项财政资金或地方新产品奖项评选，引导企业进行创新。

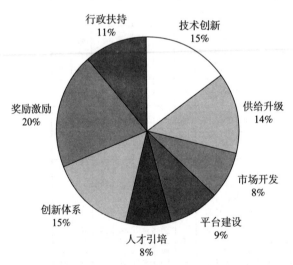

图18-6　X维度上不同省份政策文本中创新
相关内容的频数比例

2. 政策结构以具体细则为主

从各地区创新政策文本的结构来看，频数集中在措施给予上，其次是重点任务的突破，政策目标层面的内容相对较少，具体情况如图 18 - 7、表 18 - 4 所示。措施给予层面频数较多主要是因为，现有的地区创新政策集中在财政金融政策、奖励规定政策以及监管监督政策上，以具体执行细则和方案为主，最为直接的表现是政府财政资金的支持与引导，因此多数的措施给予落在了财政资金注入、优惠补贴、奖金设立上。除此之外，东部地区、西部地区、中部地区、东北地区地方政府在行政扶持方面的措施给予都比较完善，体现了我国市场监管、行业监督、产品质量检查方面的行政执法力度得到保证。

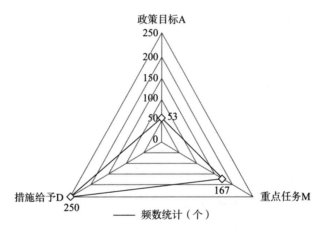

图 18 - 7　Y 维度上创新政策内容关键词频数统计雷达图

表 18 - 4　不同省份政策结构层面创新政策内容分类的频数比例

单位：%

分析维度		政策目标	重点任务	措施给予
T 技术创新	T1 技术改造	9.43	11.38	4.00
	T2 技术引进	9.43	1.80	0.40
	T3 关键技术突破	16.89	9.58	0.80
供给升级 S	S1 自主品牌	13.21	7.19	3.20
	S2 供给质量	7.55	8.98	3.20
	S3 工匠精神	0.00	1.20	4.80

分析维度		政策目标	重点任务	措施给予
市场开发 K	K1 消费需求升级	5.66	5.99	1.60
	K2 适销对路	0.00	1.80	2.40
	K3 拓展市场	0.00	1.20	3.20
平台建设 P	P1 双创平台	0.00	8.38	2.00
	P2 服务平台	3.77	6.59	2.00
	P3 供应链平台	0.00	2.40	0.00
人才引培 H	H1 人才培养	1.89	4.19	7.60
	H2 人才引进	3.77	2.99	2.00
创新体系 C	C1 研发机构	3.77	8.38	5.60
	C2 产学研用	9.43	4.19	6.80
	C3 产业联盟	1.89	2.40	2.40
奖励激励 I	I1 财政金融	0.00	4.19	13.60
	I2 政府采购	1.89	0.00	6.00
	I3 奖励规定	0.00	2.40	13.60
行政扶持 G	G1 监管监督	3.77	2.40	10.40
	G2 知识产权维护	7.55	2.40	4.40

重点任务层上的政策内容分布相对平均，东部地区和西部地区在重点任务层上以技术创新方面为主，其中重点领域的关键技术突破统计频数最高，可见东部地区和西部地区都将技术创新的关键技术突破作为下一个阶段的发展方向和迫切需要实现的任务，例如"加强'互联网+'智能装备和产品核心技术研发，促进制造业企业与互联网企业跨界合作，促进智能装备和产品应用创新"，技术创新加速实现传统制造业与新兴产业的互融互通，与供给升级是紧密相关的，能够进一步实现工业产品的质量升级，适应和满足新兴的消费需求。

政策目标层上都集中在技术创新和供给升级的层面上，关键技术突破和自主品牌的频数比例分别是 16.89% 和 13.21%，配套政策实施措施数量不多。东北地区和中部地区在政策目标层上的政策措施数量较少，东部地区和西部地区的政策目标层面上各类关键词的分布相对均衡。自主品牌的建设是为了积极响应国务院 2016 年出台的《国务院办公厅关于发挥品牌引领作用推动供需结构升级的意见》，因此涉及自主品牌创建、提升产品供给质量和弘扬工匠精神方面的内容尚未有相关配套细则。

3. 政策趋向区分产品异质性

基于主流与新流创新理论探讨，创新活动同时存在分散性与聚合性的基本属性决定了创新政策内容的异质性区分。在四大不同的地区板块中，河北省、山西省、吉林省、黑龙江省、江苏省、浙江省、福建省、江西省、广东省和青海省十个省份的政策文件中，包含少量的接近主流创新与新流创新的内容描述，如表 18 - 5 所示。

福建省、青海省、浙江省以及江西省四个省份在政策文件中明确了创新活动的异质性，《福州市人民政府关于印发福州市工业企业优秀创新产品奖评审奖励办法的通知》（榕政综〔2017〕1896 号）、《西宁市人民政府关于印发西宁市推进工业领域供给侧结构性改革工作意见的通知》（宁政〔2016〕96 号）、《金华市人民政府关于加快工业转型升级的实施意见》（金政发〔2009〕18 号）以及《江西省人民政府批转省经贸委关于切实加强和改善国有企业管理意见的通知》（赣府发〔2000〕38 号），以上政策文件在创新关键词段落区分了两种性质的创新活动，既有对传统产品的二次创新和技术改进，也有对新兴产品的品类扩张和技术突破。

吉林省、黑龙江省、江苏省、山东省、广东省、河北省六个省份涉及主流与新流创新的政策内容仅提及一方，但汇总整理以后发现其在用词上分别表现出明显的特征趋向：对于"传统产品"而言，注重已有产品的质量提升、差别化竞争、性能改进、扩大规模以及品牌效应等；对于"新产品"而言，则注重新兴产品的技术开发、规模投产、适应市场等。

表 18 - 5　各地区政策中涉及主流与新流创新的相关摘录

政策序号编码	主流产品相关内容
11 - 3	引导和支持老字号企业在做精做优传统产品的同时，加快产品创新，开发适应现代快节奏生活需要、具有地域特色、富有文化内涵、品质优良的产品和服务，延长产业链条
11 - 16	重视传统产品的二次创新，引导企业以技术创新为支撑，提高研发设计水平，在技术、工艺、款式、性能、品种、品牌、包装等方面开展差别化竞争，提高非价格竞争力
13 - 2	（创新产品）或在结构、性能、材质、技术特征等方面较原有产品有显著改进或提高的，具有自主知识产权并已产生良好经济效益的工业产品

续表

政策序号编码	主流产品相关内容
13－5	抓住新一代信息技术与传统产业加速融合的机遇，持续改进制造工艺、产品性能和品类，提高产品核心竞争力
14－7	基本适应市场需求的产品实行产品创新，从品种、款式、性能、包装、质量和服务等方面进行改进，使之上档次、上水平
15－1	促进老字号产品创新。引导老字号企业在保证产品质量和传统文化基础上，通过研发新品、优化工艺、改进包装款式等，融入更多现代元素，适应新一代消费群体的时尚消费需求
19－14	用高新技术改造传统产品，实现产品创新
27－4	对现有设施、工艺条件等进行技术改造，扩大产业规模，提高产品附加值，促进工业企业产品创新和品牌建设
	新流产品相关内容
7－16	加大新产品开发力度，鼓励企业立足国际、国内两个市场，开发新产品并实现规模化生产
8－3	支持企业增加品种。支持"原字号"企业加大技术研发投入，推动技术创新和产品创新，加快科技成果转化
10－5	加快推进企业新产品的产业化进程，每年组织实施一批新产品产业化示范项目，促进新产品项目尽快投产达效
11－16	引导企业以市场需求为导向，加快研究开发并投产一批拥有自主知识产权、自有知名品牌、较高附加值、市场竞争力的新产品
13－2	创新产品是指根据市场需求，在全市范围内首次采用新技术原理、新设计构思研制生产，具有独创性、先进性、实用性（的工业产品）
14－7	大力推进技术创新，积极采用新技术、新工艺，开发新产品，提高产品档次和质量水平
27－4	聚焦产品，着力推进新产品开发。鼓励和支持企业对符合产业政策、产品适销对路、市场前景好的项目扩大生产规模，提高市场占有率

4. 政策区域活跃程度不相同

四个区域分类中东部和西部地区涵盖了我国大部分省份（见图18－8），其中，东部地区出台的创新相关政策实施意见数量最多，占比为38.30%，其次是西部地区，占比为29.57%。从政策内容分布来看，东部地区的创新政策措施数量较多，主要侧重于奖励激励、技术创新与行政扶持，仅在平台建设上的政策措施数量相对较少。西部地区的创新政策措施分布均匀，所设置的八个维度均有涉及，主要侧重于奖励激励、技术创新与供给升级，对于市场开发与人才引进、培养重视不足。中部地区的创新政策数量相对较少,占比为 18.30%,重点措施放在了奖励激励与创新体系上,而对于供给升级关注不足,也缺乏一定程度的行政扶持。东北地区的创新政策更为集中,所占比例为 13.83%,以吉林省的政策举措最为活跃,以奖励激励与创新体系为主,而对于市场开发方面的政策举措最少。

各区域在促进创新的政策举措上各有侧重,重点不一,但东部地区表现最为活跃,这与地区的经济发展水平以及城市产业集群特性有关。东部地区大城市集中、高技术产业集聚,地方政府出台多类促进企业创新的相关政策,创新创业环境氛围更为浓厚。

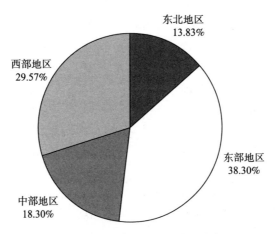

图 18 – 8　四大区域创新政策内容频数比例

在东部地区的创新政策措施中,如表 18 – 6 所示,来自福建省的政策措施频数最高,占比为 8.72%,山东省、浙江省、河北省和广东省的相关政策措施数量接近,所占比例皆超过 4.5%。吉林省、广西壮族自治区和河南省的政策关键词频数加总分别列东北地区、西部地区和中部地区的第一位。整体而言,东部地区的各个省份所出台的创新相关政策举措基本涵盖了所设置的关键词组,在全国的频数排序中多占据上位,因此所占的比重比其他三个区域更大。

综合地区创新政策的总体特征来看,各个地区创新政策所涵盖的内容丰富,以具体实施规定数量居多,保障了从中央层面到地方层面的政策落地。政策结构侧重点则顺应了国家层面创新政策的战略规划,重视产业转型升级和消费需求提升,在产品质量监督、市场监管以及行政扶持上保证了政府公共服务的积极性。福建省以 8.72% 的频数占比在创新方面的相关政策措施最为突出，并且福州市优秀创新产品奖对于创新产品的定义最为接近主流产品与新流产品的异质性区分，为了更加深入地了解创新相关政策措施在执行过程中的情况，本部分以福建省为例，探讨宏观政策与企业微观环境之间的现实差距，为政策建议提供现实基础。

表 18 - 6　全国 31 个省区市创新政策内容关键词频数占比汇总

省区市	所属区域	频数（个）	占比（%）
福建	东部地区	41	8.72
吉林	东北地区	35	7.45
广西	西部地区	27	5.74
河南	中部地区	24	5.11
山东	东部地区	23	4.89
浙江	东部地区	22	4.68
河北	东部地区	22	4.68
广东	东部地区	21	4.47
四川	西部地区	20	4.26
江西	中部地区	20	4.26
安徽	中部地区	20	4.26
新疆	西部地区	16	3.40
黑龙江	东北地区	16	3.40
湖北	中部地区	15	3.19
贵州	西部地区	15	3.19
辽宁	东北地区	14	2.98
北京	东部地区	13	2.77
上海	东部地区	11	2.34
青海	西部地区	11	2.34
重庆	西部地区	10	2.13
天津	东部地区	10	2.13
陕西	西部地区	10	2.13
宁夏	西部地区	10	2.13
江苏	东部地区	10	2.13
甘肃	西部地区	8	1.70

续表

省区市	所属区域	频数（个）	占比（%）
海南	东部地区	7	1.49
云南	西部地区	6	1.28
内蒙古	西部地区	6	1.28
山西	中部地区	4	0.85
湖南	中部地区	3	0.64
西藏	西部地区	0	0.00

三　区域创新政策的评价——以福建省为例

出于主流与新流创新政策研究的必要性与可行性，选取福建省作为深入了解创新政策措施实施情况的特定区域，将通过对福建省内企业的问卷调查，获取企业对福建省促进创新政策举措的重要性和满意度评价，从而获取创新政策实际执行过程与预期效果的差距，挖掘现有创新政策的不足。

（一）基于内容分析法的区域创新政策问卷指标提取

1. 福建省区域创新政策内容分析

在不同地区的创新政策频数统计中，政策结构以措施给予类型为主，在特定区域范围内创新政策类型单一的情况下，X－Y 二维分析框架不再适用，因此福建省区域创新政策将以标题和具体内容分类统计。从福建省及各市县的政府网站和北大法宝法律数据库中，以"创新"和"扶持政策"为搜索关键词，截止发文时间为 2018 年 6 月，搜集了福建省及各市县涉及创新内容和扶持企业的具体细则共计 44 个政策文件。将 44 个政策文件中的各级标题和创新相关段落摘出，形成一个包含 5624 个字符的文档，导入 NVivo 11.0 质性分析软件中进行节点的编码，共形成 64 个参考点，包括财税融资、成长推进、创新推动、管理服务、市场开拓五类节点，将其作为福建省扶持企业创新政策类型的具体分类，统计各地市的政策汇总情况，如表 18－7 所示。

2. 福建省区域创新政策措施分类

从表中可以看出，在 44 个政策文件中，以福建省的省级政策和福州市的政策数量领先，各地市的创新扶持政策集中在企业成长推进方面，如培育高成长企业、行业龙头企业、科技小巨人领先企业、品牌战略推进等方面的具体措施。除此之外，财税融资政策也相对集中，包括企业的研发经费分段补助、降低企业成本减轻企业负担、资金扶持和奖励措施等。

　　3. 福建省区域创新政策指标提取

　　结合已有的各地市企业创新扶持政策细则，在财税融资、市场开拓、创新驱动、成长推进以及管理服务五个方面各抽取频数较高的五项创新相关的扶持细则，组成 25 个被测的创新扶持政策指标，通过问卷调查的方法获取福建省区域内企业对这 25 个被测变量的重要性认知情况和满意度评价情况。问卷结构设计包括企业基本信息和政策重要性 – 满意度评价两个部分，评价部分采用李克特五级量表的程度问卷，重要性与满意度同时评测一个指标，二者差异越大则显示企业对该项政策细则的重要性认知与实际执行中的体会呈现越大差距。

表 18 – 7　福建省及所属各地市有关企业创新的扶持政策措施汇总

省市	财税融资政策	市场开拓政策	创新驱动政策	成长推进政策	管理服务政策	总计
福建省	3	1		5	2	11
福州市	1		3	3	3	10
厦门市				5		5
龙岩市	1			2		3
南平市				3		3
宁德市				2		2
莆田市	1	1		1		3
泉州市			1	2		3
三明市	1			1		2
漳州市				2		2

（二）区域创新政策问卷调查基本情况

　　1. 福建省区域创新政策数据收集

　　本项问卷调查研究通过走访福州软件园、洪山科技园以及高新技术开发区等地发放纸质版问卷，委托管理咨询公司以及问卷星链接回收电子版问卷等形式，共计发放问卷 250 份，其中纸质版问卷 50 份，电子版问卷 200 份；回收纸质版问卷 36 份，电子版问卷 200 份，回收率为 94.4%；有效问卷共计 154 份，样本有效率为 61.6%，被调查的企业所覆盖的行业类型多样，且以中小企业居多。调查问卷内容详见附录十。由于创新政策的评价需要由了解企业全貌并且了解地区创新扶持政策的人来填写，为了保证样本的可靠性，将已经回收却出现以下几类问题的问卷判定为无效问卷：一是企业信息填写不完整或查不到该企业的营业信息，或是企业所处区域在福建省之外；二是填写时间短于两分钟且评价数值完全雷同；三是题项中设置了填写人在公司中的职位，将除了企业所有者、高管、部门经理、主管和工程师之外的人填写的问卷判定为无效问卷。

2. 问卷调查信度与效度检验

本部分运用 SPSS 19.0 进行信度与效度检验。问卷数据信度通过检验，如表 18-8 所示，Cronbach's α 系数值为 0.940，大于等于 0.9 表明量表的信度较好，检测结果具有一贯性、一致性、再现性和稳定性的特点；问卷数据效度的检验结果 KMO 的值为 0.829，Sig. 值为 0.00，显示所测问卷数据具有较高的效度。

表 18-8 问卷数据信度与效度分析结果

可靠性统计量		
Cronbach's α 系数	项数	
0.940	50	
KMO 和 Bartlett's 球体检验		
取样足够度的 Kaiser-Meyer-Olkin 度量		0.829
Bartlett's 球体检验	近似卡方	4318.117
	df	1225
	Sig.	0.000

3. 问卷调查企业基本信息

问卷调查的第一部分涉及被调查企业的基本信息和发展情况。SPSS 19.0 统计结果显示，被调查的 154 家企业以民营企业居多，所占比例为 84.42%，企业所属行业分布广泛，基本属于科技含量较高、市场前景较好的行业，且以福建省的支柱产业电子信息产业为主。未列出的其他行业包括家具、木材、金融、新材料、塑料制品及化工，具体的行业与性质分布情况如表 18-9 所示。问卷调查的企业规模涵盖小微型企业、中型企业和大型企业，如表 18-10 所示，但总体而言，中大型企业较少，与福建以中小企业为主的经济特点趋于一致。

表 18-9　154 家企业所属行业与性质交叉制表

企业行业	国有	民营	中外合资	外资	其他	合计
文化创意	1	15	0	0	0	16
互联网和相关服务	1	25	0	0	0	26
信息软件	0	21	0	0	2	23
旅游休闲	0	5	0	2	0	7
电子商务	0	14	1	0	0	15
节能环保	2	7	0	0	0	9
先进装备制造	2	8	0	0	0	10
物联网	0	3	0	0	0	3
生物医药	1	3	2	0	0	6
新能源	2	2	1	1	0	6
科技服务	0	5	0	0	0	5
纺织服装	0	10	1	0	0	11
食品饮料	0	6	2	0	0	8
其他	0	6	1	0	2	9
合计	9	130	8	3	4	154

表 18-10　154 家企业人员数量与近两年营业收入交叉制表

企业人员数量	500 万元以下	500 万~1000 万元	1000 万~2000 万元	2000 万元及以上	合计
50 人以下	26	3	1	0	30
50~100 人	9	17	7	2	35
100~300 人	4	24	17	10	55
300~500 人	0	4	3	2	9

续表

企业人员数量	500万元以下	500万~1000万元	1000万~2000万元	2000万元及以上	合计
500~1000人	0	3	2	7	12
1000~2000人	0	0	3	2	5
2000人及以上	0	0	0	8	8
合计	39	51	33	31	154

（三）区域创新政策的 IPA 方法分析

1. 研究方法

重要性 - 满意度分析方法（Importance-Performance Analysis，IPA）最早源于 20 世纪 70 年代的多属性模型（Multi-attribute Model），近年来被广泛应用于各个领域的服务质量和绩效测量，尤以旅游领域游客的旅游偏好和满意度评价研究居多（徐萌萌等，2017）。

IPA 分析方法具体步骤包括：第一，通过调查测试获取各项评测指标的重要性和满意度两个观测值；第二，将数据导入 SPSS 19.0 软件进行配对样本 T 检验，分析比对各项评测指标的重要性和满意度均值差；第三，将各项指标在重要性和满意度两个方面的均值结果制成散点图，绘制 IPA 分析矩阵图，横坐标为满意度，自左向右满意度增强，纵坐标为重要性，自下向上重要程度增强；第四，比对数值定位分区，IPA 分析矩阵四象限分为 I 改进区、II 努力区、III 低优先区、IV 保持区（刘飞鹏，2013），分析框架如图 18 - 9 所示。

图 18 - 9　IPA 分析矩阵四象限定位图

2. 数据分析

问卷数据通过 SPSS 软件的配对样本 T 检验，分析福建省企业创新扶持政策各项指标的重要性认知 I 值与满意度表现 P 值之间是否存在显著差异。现实调查情况显示，满意度均值 P 均小于重要性均值 I，显示了企业对于创新的扶持政策实际体会不及期望值。

由于政策影响面广且公共资源有限，其结果基本符合实际情况。各项政策指标的重要性均值为 4.343，满意度均值为 3.893，样本 T 检验结果 P（Sig. 双侧）<0.05，表明每项指标的 I 值与 P 值均有显著性差异，具体结果如表 18 - 11 所示。

表 18 - 11　创新扶持政策 25 个被试指标重要性与满意度匹配差异比较

分类	变量指标	重要性均值 I	满意度均值 P	I 与 P 均值差	T 值	Sig.（双侧）
财税融资政策	降低企业生产成本，减轻企业负担	4.695	3.955	0.740	9.482	0.000
	对企业研发经费投入施行分段补助	4.455	4.006	0.448	4.814	0.000
	新产品技术开发费用在计算应纳税所得额时予以加计扣除	4.357	3.929	0.428	4.500	0.000
	按高新技术产品收入占企业同期总收入的比例分档奖励	4.331	3.981	0.350	3.556	0.001
	银行业金融机构创新金融产品和服务，加大信贷支持	4.318	3.851	0.467	4.879	0.000
市场开拓政策	借助展会和市场平台拓展市场，对参展企业予以费用补助	4.260	3.916	0.344	3.493	0.001
	支持企业开拓网上销售市场，对接国内外知名电商平台	4.156	3.734	0.422	4.037	0.000
	产品或服务获得同等条件下政府采购优先资格	4.370	3.890	0.480	4.797	0.000
	使用首台（套）重大技术装备对生产企业及用户给予补助	4.188	3.922	0.266	2.706	0.008
	支持拓展省外市场以及国际市场	4.435	3.903	0.532	5.988	0.000

续表

分类	变量指标	重要性均值 I	满意度均值 P	I 与 P 均值差	T 值	Sig.（双侧）
创新驱动政策	开展产学研合作项目，对研发及应用新产品予以奖励	4.416	3.851	0.565	5.770	0.000
	设立国家重点实验室、工程（技术）研究中心等研发机构	4.182	3.786	0.396	4.091	0.000
	企业与高校科研院所构建技术创新联盟开展关键技术研发	4.435	3.994	0.441	4.892	0.000
	建设专业园区，配套基础设施与服务	4.331	3.890	0.441	5.081	0.000
	建设孵化器、行业技术创新中心等公共服务平台	4.227	3.851	0.376	4.149	0.000
成长推进政策	对主导制定国际标准、国家和行业标准分别给予一次性奖励	4.240	3.838	0.402	4.425	0.000
	促进产品升级提质增效，优先扶持企业的战略性新兴产品	4.396	3.883	0.513	5.352	0.000
	培育有自主知识产权和市场竞争优势的产品品牌	4.318	3.909	0.409	4.517	0.000
	协调解决企业生产、项目建设、要素供给等方面存在的困难	4.325	3.909	0.416	4.518	0.000
	员工职业培训可申请补贴，引进专业人才享受相关优惠待遇	4.383	3.844	0.539	5.966	0.000
管理服务政策	实施涉企收费目录清单制度，规范涉企收费行为	4.195	3.857	0.338	3.163	0.002
	加强执法监督，依法查处各类侵犯企业合法权益的行为	4.435	3.857	0.578	5.855	0.000
	优化注册登记服务软环境，提升政府综合服务效能	4.370	3.909	0.461	5.158	0.000
	为企业提供产品质检技术服务	4.273	3.851	0.422	4.392	0.000
	加强创新产品知识产权行政、司法保护	4.481	4.006	0.474	5.301	0.000

3. 研究结果

进一步将被测的创新扶持政策指标对应的重要性 I 与满意度 P 的均值绘制成散点图，以满意度 P 和重要性 I 总体均值点（3.893，4.343）为矩阵图的交汇点，将 25 项指标分别定位分布于矩阵图四象限区域，如

图 18 - 10 所示。

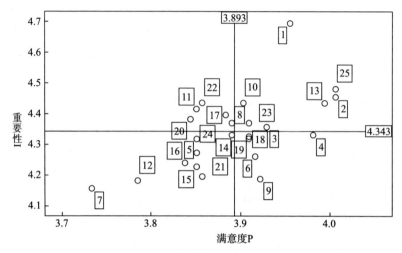

图 18 - 10　创新扶持政策的 IPA 分析矩阵散点图

Ⅰ改进区表示位于该象限对评价对象而言是重要的，但是所感知的满意度水平较低，需要重点改进；Ⅱ努力区表明高重要性、高满意度，评价对象所感知的满意度水平高且重要性高，应该继续保持目前的水平；Ⅲ低优先区表明具有低重要性，且目前而言满意度水平较低，在一定程度上可以不置于优先考虑的范畴；Ⅳ保持区表明具有的重要性不高但满意度高，资源存在过度分配的问题，无须进一步投入。

（四）区域创新政策存在的现实差距

1. 重点改进供需层面政策

处在Ⅰ改进区意味着企业对该项创新政策感知的高重要性和低满意度。改进区的政策是当下较为紧迫需要引起足够重视的政策薄弱环节，一共有 5 个指标落在了第Ⅰ象限，分别是"8 政府采购优先资格、11 产学研应用新产品奖励、17 战略性新兴产品优先扶持、20 员工职业培训补贴及人才引进优惠待遇、22 依法查处侵犯企业合法权益行为"。企业在现实生产经营过程中，高度期待政府能够在需求方面以政府采购的形式向企业购买产品，扶持企业进行创新，并且能够积极地帮助企业吸引人才、留住人才，在企业遇到棘手的合法权益被侵犯问题时予以有力援助，但目前这些方面的政策力度不足，企业普遍表示满意度不高。

2. 持续提升企业营商环境

处在Ⅱ努力区显示了企业认为该项创新政策具有高重要性，同时有着高满意度。在"1 减轻企业负担、2 研发经费投入分段补助、3 新产品税收优惠、10 拓展市场、13 建立技术创新联盟、23 注册登记等政府综合服务、25 知识产权保护"7 个方面的举措得到了企业的高满意度评价，这些举措主要是从产品研发生产的优惠补助和政府提供的管理服务方面帮助企业建立良好的营商环境，财政奖励和补助的范围更为细化和明确，例如，将补助的条目明确划定为企业的"研发经费"或是"新产品"，对于企业创新而言重要程度高，说明今后应该继续细化政府财政补助的类别，提升政府服务水平，满足企业产品生产经营基本需要。

3. 创新服务载体需求稳定

处在Ⅲ低优先区表示企业认为该项创新政策举措重要性和实施效果满意度均不高。由图 18－10 进一步分析得出，"5 金融机构服务、7 开拓网络销售市场、12 研发机构建设、14 专业园区建设、15 孵化器等公共服务平台、16 行业标准制定奖励、21 规范涉企收费、24 产品质检技术服务"8 项政策内容并不是企业创新需求最为迫切的政策。低优先区内的政策多涉及区域创新载体建设和企业创新成长的服务，处在高速成长阶段的企业对于创新载体的孵化需求更为迫切，然而已经建成的科技园区、孵化器、重点实验室等服务功能有待进一步完善，加上区域内以中小企业为主的情况下，对创新服务载体的需求较为稳定，因此此类政策举措可以暂时不置于优先考虑地位。

4. 继续贯彻各类奖补规定

处在Ⅳ保持区则代表企业认为该项政策重要性不高但却很满意的现状。企业对于"4 高新技术产品奖励、6 展会费用补助、9 首台（套）重大技术装备补助、18 产品优势品牌培育、19 解决企业生产要素供给困难"这 5 项政策实施情况的满意度高。在保持区的几项政策多涉及资金奖励和补助，在具体申请相应奖励的过程中设置了一些相对严格的申报条件，这些政策举措并非不重要，而是对于企业而言必须具备一定的实力，实现了某种程度的创新后才能凭其申领奖补，此类后补助不是企业创新首要考虑因素，但却是政策支持必不可少的表现，因此要继续保持，贯彻执行已有的政策实施细则。

对于福建省区域的创新政策评价，反映了政府在执行具体措施的时候应考虑到不同阶段企业对各类政策的不同需求。虽然被试的 25 个指标都是扶持企业进行创新的具体举措，都有利于企业的创新成长和新产品研发，从理论上衡量都必不可缺，但是现有的扶持政策在制定之时覆盖面广，具体细则执行起来需要时间去完善，企业最为迫切需要的政府采购、人才培养以及合法权益保护缺乏继续配套专项行动支持，而各地广泛兴起的双创中心、孵化载体基地建设提供的服务有限，单从吸引人才、留住人才来看并不是某个科技园区或者某个孵化器能够帮助解决的，需要地方政府足够重视改进区的几项薄弱环节，结合本地区的实际情况进一步完善配套措施，加紧制定具体实施细则。

四　总结

企业主流与新流创新是基于主流与新流创新理论提出的异质性创新活动划分，从当前政策输出的现状来看并不能具体到特定类型的创新活动。然而通过对既有创新政策措施在不同层级上的深入分析，可以在当下一个时间截面汇总从国家到地方的创新政策主要特征。主流与新流创新政策要从当下已有的政策措施出发，立足现实的政策文件基础，为主流与新流创新政策措施的确立奠定扎实的分析基础。以主流与新流创新视角，综合政策分析从中央到地方再到特定区域的分析结论可得出的研究发现如下。

第一，创新政策呈现碎片化的特征。当前从中央政府到地方政府已经出台的政策中，通过检索和研读与创新相关的内容和部分，可以发现在已有的政策体系中，虽然包含创新政策手段和具体实施细则，但是呈现碎片化的特点。迄今尚未出现中央文件指导下促进企业工业创新的专项行动规划和配套细则，现有的政策措施分散于各类创新政策和产业政策当中。已经出台创新政策专项文件的有《吉林省人民政府办公厅关于印发吉林省加快推进工业企业产品创新实施方案的通知》（吉政办发〔2014〕44 号）、上海市奉贤区《关于鼓励工业企业加快产品创新的意见》（沪奉府〔2002〕17 号）以及《松原市人民政府关于印发松原市加快推进工业企业创新实施方案的通知》（松政发〔2015〕26 号）。企业的创新活动缺乏国家层面的长期规划和专项指导意见，在国际市场争夺高端制造业话语权的重要时期，企业创新活动对于提高工业产品质量，促进技术创新进步，拓宽国际市场，实现重大关键技术突破方面有着重要的作用，因此创新政策的部署和举措对于社会主义市场经济转型和人民生活改善有着重大战略意义。

第二，地区创新政策与中央基本同步。国家层面的中央文件所包含的政策举措在不同地区的创新政策中得到响应。近年来《国务院关于进一步扩大和升级信息消费持续释放内需潜力的指导意见》（国发〔2017〕40号）、《国务院办公厅关于发挥品牌引领作用推动供需结构升级的意见》（国办发〔2016〕44号）、《国务院关于深化制造业与互联网融合发展的指导意见》（国发〔2016〕28号）、《国务院关于积极发挥新消费引领作用加快培育形成新供给新动力的指导意见》（国发〔2015〕66号）这四个中央文件都可以在各地区创新政策中找到对应，可见创新政策在消费升级、供需升级以及品牌培育方面受到中央政府以及地方政府的高度重视，促进创新和消费升级将成为下一个经济发展阶段的重点任务。

第三，先进省市对产品的定义已有区分。在已有的政策文件中并没有将主流产品与新流产品正式区分，但是十个省市、地区的政策文本中已经出现了类似的对产品的异质性区分。例如，福州市定义创新产品时认为"创新产品是指根据市场需求，在全市范围内首次采用新技术原理、新设计构思研制生产，具有独创性、先进性、实用性，或在结构、性能、材质、技术特征等方面较原有产品有显著改进或提高的，具有自主知识产权并已产生良好经济效益的工业产品"，明显区分了改进型的传统产品和独创型的新兴产品。基于主流创新与新流创新的理论探讨，聚合性的主流创新活动与分散性的新流创新活动需要企业重新组合要素投入，产品上的异质性区分也在政策内容上得到了充分的反映。虽然现有的政策文本难以从学术研究的角度对产品做出定义，但是在具体实施过程中反映了主流与新流创新活动的不同特性。

第四，创新政策的支撑力度不足。基于现有的碎片化的创新政策，对于企业创新的支持力不够充足。在进行政策分析的过程中，从国家层面到不同地区的创新政策措施内容在分析维度上的覆盖并不完善，企业创新被看作技术创新的其中一个层面，或是被归置到创新活动的范畴。实际上企业创新有着内在的技术轨道发展规律和产品生命周期，企业在不同发展阶段，主流创新和新流创新的侧重点不同，某些特定行业的产业政策并不能切实保证企业创新活动的有效开展，不能够聚焦创新活动中的特点提供具有针对性的政策扶持。因此，主流与新流创新政策体系的形成能够整合现行有效的政策工具，从企业创新的技术规律出发，给予产品全生命周期的政策扶持。

第五，创新政策未能凸显阶段性区分。在创新政策具体实施的过程中，企业对于相关措施的感知程度并未能达到政策设计理想状态下的效果，表现为企业对创新扶持政策的满意度低于重要性程度。对于特定区域的创新政策企业问卷调查可以发现，企业对于创新政策举措的感知程度不同。虽然已经出台的政策都是基于企业的政策需求有针对性地制定、实施、推广，都是本着对企业重要性程度较高的方面进行支持，但是由于企业所处的发展阶段不同，对于政策的重要性认知程度不同。例如，规模小、刚起步的中小企业正在努力推广主打产品，需要平台和宣传渠道，这个阶段还无法达到政策中所要求的增加创新产品数量；扩张速度较快的企业需要投入更多的生产要素创造新的产品系列，总体而言，遵循着产品生命周期的阶段性发展规律。政策体系如果不能体现阶段性特点，有针对性地按照创新活动的规律提供政策支持，则无法有效满足企业在具体创新中的需求。

第二节　主流与新流创新协同演进的政策实效性分析

通过对我国现有的企业创新政策进行分析汇总，可以发现促进企业创新的相关政策措施与产业政策息息相关。产业政策是国家为促进经济发展，由政府对产业内资源配置进行科学、必要、适度和适时的引导和调控，推进产业结构调整和经济发展方式转变的经济政策（王喜文，2017）。发达国家在经济发展的早期都使用过产业政策来扶持产业创新成长（Chang，2002），产业政策在中国也得到了大量而广泛的应用。产业政策的选择性是最显而易见且饱受争议的特征，由政府针对特定行业、特定企业实行税收优惠、补贴以及行政干预手段，容易造成政府的过度干预，形成市场的不公平竞争，也容易引起国际市场的贸易摩擦。2018

年连续升级的中美贸易战将产业政策的争议再次放大，中国政府鼓励制造业发展的思想被美国认为是保护主义的产业政策。对于中国而言，所关注的焦点并不是要不要实施产业政策，而是我们需要什么样的产业政策。产业政策不应该仅仅针对某些产业和企业，而应该转向普惠性的创新政策，立足于改善企业创新的宏观环境和维护公平的市场秩序，鼓励创新活动本身，保证开放、公平的市场竞争。

从产业政策到创新政策的转向，意味着政策目标从促进某个产业发展向促进企业创新转变，这种转向契合了创新政策的发展需要。从企业创新的角度出发协调各个要素的资源配置，可以突破特定行业、特定企业对象的限制，将社会资源集中于激发企业创新能力本身，实现供需结构升级、促进产业发展的目的。然而当前我国的创新政策未形成政策体系，分散的政策措施针对性不强，导致实现企业创新的政策目标的作用过程非常缓慢。因此，要深入理解产品生命周期的演进逻辑，有针对性地根据企业所处的主流产品树立期、新流产品伴生期以及多元产品汇流期的阶段特征，制定能够分别促进主流创新、新流创新以及汇流创新的对应政策措施，构建起主流与新流创新的政策体系，聚焦企业在面对不同产品阶段中的重点，激发企业创新活力，从而促进产业结构升级。

一 主流与新流创新协同演进的政策体系

（一）当前创新政策存在的内在问题

在33个国家层面的创新相关政策中，有12个是关于工业、制造业、加工贸易、人工智能的产业政策，所占比例为36.36%；在303个地区创新相关政策中，有77个是关于工业、制造业、消费品工业、传统产业的产业政策，占总数比例为25.41%。创新立足于有形的工业产品，是解决产品供需矛盾、促进产业发展升级的重要途径，因此与工业、制造业相关的产业政策中包含促进企业创新的相关政策举措。

当前涉及创新内容方面的政策手段来自产业政策常见的激励措施，如减免税收、财政补贴、低息贷款等特殊优惠和强刺激手段，并且由地方政府来贯彻执行。地区层面创新政策中，以财政金融、政府采购、奖励规定为主要内容的政策关键词出现频数最高。产业政策的强激励手段在促进中国经济结构调整、规模扩张、产业升级、国际化等方面起到很大的作用，然而随着社会主义市场机制的完善，产生了诸如刺激过度投资、加剧产能过剩、降低资源配置效率、弱化公平竞争原则等的负面影响，已有的创新政策难以避免地出现了一些产业政策的通病，存在的问题主要集中反映在以下三个方面。

1. 创新政策出现供求失衡

创新政策供给端的严重缺失，导致创新政策的供求失衡。从政策工具角度来统计国家层面创新政策时，需求型创新政策数量远远不及供给型创新政策，其中对于主流与新流创新重要程度较高的政府采购政策、海外机构管理政策相对不足。创新政策需求端的短缺使企业偏重产品的生产领域，而非消费领域，所带来的消极影响是，在供给端的政策引导下大量的社会生产资源流向政府所选择的特定行业，会造成行业产能过剩和企业创新力低下。

2. 各区域落实政策存在选择性

具体落实到地区层面时，地方政府偏重选择发展区域内的某些产业。目前国家层面并没有出台促进企业创新的实施细则，具体的细则主要由地方政府根据中央文件的精神来加紧制定配套实施。在区域间的竞争中，各级地方政府会选择性地制定特定行业的扶持政策，而非完全地向所有行业企业自由开放。选择区域内优势产业加以重点发展，增加区域竞争优势本无可厚非，前提是地方政府对行业前景和经济发展能够做出有效的预判。然而政府自身往往不具有这种预测能力，对于产业发展的敏感度不够，出台的政策存在一定的滞后性。

3. 直接补贴容易引起贸易摩擦

直接的财政补贴对企业创新的激励效果不明显。在对福建省 154 家企业进行创新政策满意度与重要性评价调查中，多数受访企业认为高新技术产品收入奖励、参加展会补助以及首台（套）重大技术装备补助对企业创新的重要程度不高，但却是目前政策最集中、满意度较高的财政手段。民营中小企业更需要产品研发环节的前端支持，直接的产品生产补贴和后补助更倾向于国有、资源型和规模以上企业。我国政府对于国内企业的直接财政补贴成为美国贸易保护主义借题发挥的理由，美国不断采取反倾销和反补贴的方式为中美贸易设置障碍（林雪萍，2018；葛立宇、王峰，2018）。

（二）主流与新流创新政策的架构

当前创新政策内部的结构性问题在纷繁复杂的国际环境激荡冲击的影响下更为凸显，中国政府采取何种方式激励企业创新与发展引起国内外广泛的关注。中美贸易摩擦使得国内外媒体争议焦点集中在我国产业政策选择上，为了适度规避激烈冲突和外部矛盾，我国的产业政策需要转向更加普惠性的创新政策（葛立宇、王峰，2018）。产业政策与创新政策的区别在于：产业政策面向国家产业发展，注重运用行政力量干预要素资源配置；而创新政策重点则是面向企业，创新制度设计必须以有利于企业家重新组织及自由调配生产要素为出发点，减少体制或政策因素对生产要素合理流动的阻碍作用，发挥生产要素对企业创新的支撑作用（陈志，2018）。在当下中国，产业政策转向创新政策并且正走向高度融合（UK Government，2015），普惠性的创新政策将以促进企业创新和技术发展为目标，以市场化的措施手段关注企业创新的本身。

立足产品生命周期构建主流与新流创新政策体系，是普惠性的创新政策得以实现的重要途径。针对主流与新流创新而建立起来的创新政策体系，有利于从产品发展的角度促进主流产品与新流产品开发，充分发挥政府政策工具的功能，给予市场竞争下的企业公正的发展机会。本章所要提出的主流与新流创新政策体系，是政府立足于企业创新活动所经历的主流创新—新流创新—汇流创新发展历程，结合各阶段产品生产要素投入的需求特点，所形成的相应政策规划、政策工具以及具体扶持措施的总和。主流与新流创新政策体系主要包括阶段性的政策措施以及保障性的政策措施，目的是实现"点－面"结合，直击各个阶段企业创新的难点，影响产品领域新技术的发展，促进产品供需结构的升级。

为了确定主流与新流创新中各个阶段起作用的相应政策措施有哪些，参考王喜文（2017）从横向、纵向、内向三个方向建立的政策制定参考架构（Fumi 模型），结合本章第一节政策分析中创新政策工具的实施情况和存在的现实差距，我们从产品发展阶段、产品生产要素以及政策实施手段三个方面建立了主流与新流创新政策制定架构，如图 18-11。纵向代表产品发展阶段轴，定位企业当前创新所处的阶段，重点是为了建立主流产品，尝试培育新流产品同时运营多元产品；横向代表政策实施手段轴，列出可以用以激励创新的扶持政策措施，主要来自政策分析后，对现有的扶持企业创新的政策归类；内向代表产品生产要素轴，是从产品技术轨道的运行出发，分析酝酿—主导设计形成—持续创新—技术突破的循环更替所需要的生产要素。在确定哪一项政策措施能够促进主流、新流或者汇流创新的时候，可以从三个方向的参考轴出发聚焦到某一个方格，从而能够聚焦关键点来确定政策措施的选择。

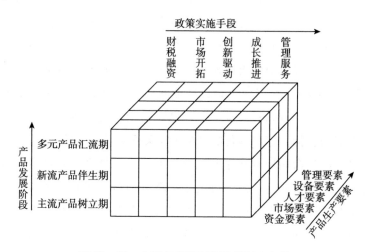

图 18 – 11　主流与新流创新政策制定架构

资料来源：王喜文（2017）。

1. 主流产品树立期：适应市场，建立主营业务

从纵向产品发展阶段轴开始，当企业处在主流产品树立期时，为了适应市场，建立主营业务，实现主流创新，需要大量的生产要素投入，面临的主要问题是如何促进主流产品持续优化，逐渐成为行业标准的主流产品设计，并克服主流创新惯性进行持续的改进；在产品生产要素轴上，由于此时主流产品尚未实现稳定的盈利目标，企业规模较小，在资金要素、市场要素和管理要素上的困难更为突出；对应到政策实施手段轴上，由于主流产品的成熟度较高，在财税融资政策、市场开拓政策以及管理服务政策中，财政补贴对企业研发经费的补助更为有效，政府采购能够从生产需求方面帮助企业开拓市场，尽快走上加速发展的轨道。

2. 新流产品伴生期：循环创新，开发潜力产品

当企业处在新流产品伴生期时，为了循环创新，开发潜力产品，实现新流创新，需要注入新的生产要素，所面临的主要问题是如何度过新流产品前期开发的高度不确定性风险期，冲破新流创新阻力，促进新技术应用和新项目落地；在产品生产要素轴上，为了开发新的产品研发和生产线，人才要素、设备要素以及管理要素都将分流出不同于主流产品的发展方向；对应到政策实施手段轴上，由于新流产品技术发展成熟度不高，为了保证新流产品顺利度过开发期，政府要以成长推进政策和创新驱动政策为重点支持新产品基础研发和规模化生产，财税融资政策引导集中区域创新资源实行基础研究开发活动，支持企业新流技术落地，促进新流产品开发试制并且投入批量生产。

3. 多元产品汇流期：突破技术，产品协同升级

当企业处在多元产品汇流期时，为了突破技术，产品协同升级，实现汇流创新，在要素投入方面要面临继续主流产品投入还是新流产品扩张的选择，此时所面临的主要问题是如何协调主流产品与新流产品之间的矛盾冲突，带动多个产品系列实现上下游产业链配套、协同升级；在产品生产要素轴上，资金要素、市场要素、人才要素、设备要素以及管理要素分散流动在不同的产品技术轨迹上，技术突破的方向取决于企业对市场内外部环境的自主判断；对应到政策实施手段轴上，要综合使用各类政策措施为企业营造公平有序、鼓励创新的市场环境，结合财政奖励手段完善相应的企业外部资源支持体系，将技术难题攻关交给产业技术创新联盟，同等重视传统产业改造升级和新兴产业发展壮大，使产业链上下游发挥联动作用，带动全产业链突破升级。

经过主流与新流创新政策制定架构分析，不同阶段产品生产要素与政策实施手段的分布特点如表18－12所示，由此生成的主流与新流创新政策体系泛化了行业和企业对象，而是以技术的内生需求和产品的实际发展情况作为政策依据，在产品技术轨道上协调要素匹配，有利于将重点转移到鼓励技术创新和创新上。

表 18 - 12　主流与新流创新不同阶段要素、政策分布及特点

阶段	阶段性突出的问题	产品生产要素	政策实施手段	政策特点
主流创新	如何成为行业领先的主导设计、克服主流创新惯性持续创新	资金要素、市场要素、管理要素需求突出	以财税融资政策、市场开拓政策、管理服务政策支持为主	适应市场、标准生产、提高效能
新流创新	如何度过前期开发的高风险期、冲破新流创新阻力促进新项目落地	资金要素、设备要素、管理要素分流	财税融资政策、成长推进政策、创新驱动政策加速推进	开发新流、保持探索、推广应用
汇流创新	如何协调主流产品与新流产品之间的冲突、带动产品之间的协同升级	资金要素、市场要素、人才要素、设备要素、管理要素多方向流动	财税融资政策、市场开拓政策、成长推进政策、创新驱动政策、管理服务政策综合使用	协同发展、产业联动、突破升级

二　主流与新流创新协同演进的阶段性政策

为了促进主流与新流创新实现汇流演进，不断实现技术路径的跃进，政府应针对创新在每个阶段突出的重点问题，集中采取一系列政策措施加以扶持。主流与新流创新政策的阶段性并不意味着不同阶段相应政策措施之间的相互独立与分离，相反，是通过集中解决阶段性突出问题，超越线性叠加的单个政策效应，形成政策合力，促进从企业到行业的产品技术路径跃进。

（一）促进主流创新：适应市场，标准生产

在以主流创新为主的发展阶段中，主流产品从众多潜力产品中脱颖而出并占主导地位，是初创企业必定要经历的一个时期，也是后期新兴产品成长壮大后，替代原主流产品进入新一轮周期演进后的一个时期。企业创新活动的主要问题包括：一是主流创新路径依赖惯性导致的难以保持竞争力、快速适应市场变化；二是主流创新如何提高收益、降低成本规模化生产。

因此，为了促进主流创新，这一阶段的政策目标是支持处在主流产品树立期的企业适应市场，顺利建立起主营业务。主流产品是由市场和消费者所选择的，标准化的优质产品更容易被消费者和政府采购，尤其是符合国际标准的主流产品更容易进入国外市场，在国际关系变化的形

势下仍然能够凭借主流产品的影响力，赢得国际市场竞争的领先地位。因此政府要引导企业在市场中建立起稳定产生现金流的主营业务，要发挥创新型企业家的引领作用，以市场为导向，贴近市场需求，找到可以发挥的创新点，促进主流产品的技术标准化。在主流产品成为行业标准的主导设计之前，企业需要前期资金、设备、人才要素的大量投入，促进主流产品的政策措施应该重点把握主流产品的高效生产、市场拉动和管理服务方面，提供全方位的政策服务。

1. 以企业家精神打造主流产品持续创新力

主流产品能够实现持续创新，延缓衰退期的到来，其中关键的内在驱动力在于企业家的创新精神。企业家从逐利型转向创新型意味着充分践行创新精神，以习惯化的创新思维引领主流产品的持续创新，而非在短暂的逐利行为之后终止主流产品的持续创新活动。中共中央、国务院印发的《关于营造企业家健康成长环境弘扬优秀企业家精神更好发挥企业家作用的意见》（中发〔2017〕25 号）中，勾勒了新时期我国优秀企业家精神的核心内涵，即弘扬企业家爱国敬业、遵纪守法、艰苦奋斗的精神，弘扬企业家创新发展、专注品质、追求卓越的精神，弘扬企业家履行责任、敢于担当、服务社会的精神。

政府要大力培育创新型的企业家，发挥企业家在创新中的灵魂作用，引领企业走向基业长青的内生增长模式。一是要建立完善的创新型企业家培育制度。政府通过定期举办培训班、交流会等形式不断提升企业家的战略眼光和创新思维，集中组织企业家学习国外创新管理的成功案例和经营管理经验，反思差距和不足，培养职业化的创新型企业管理领军人才。通辽市在这方面出台了《通辽市企业和企业家培育工程实施意见》（通政办字〔2017〕152 号），通过企业家培训计划、一对一帮扶机制、联席会议制度等培育措施，为创新型企业家营造良好的成长发展环境。二是要弘扬和保护企业家精神。宣扬行业中优秀创新型企业家事迹典范，加大宣传报道力度，肯定企业家的创造性和积极性，引领社会创新走向新的高度。厦门市为了进一步发挥企业家精神的作用，在《进一步支持中小企业发展若干措施》（厦府〔2019〕110 号）中明确了企业家精神的地位和价值，由厦门市发改委和厦门市委统战部牵头落实相关工作，营造关心、重视企业家的社会氛围。三是重点扶持主流产品龙头企业。以自由申报、定期评选的方式培养主流创新龙头企业，树立行业标杆。创新型企业家容易在资金、文化等方面遇到信息受阻的障碍，导致企业家丧失预判市场风险的能力或错误判断市场风险，因此要整合政府的职能部门，为企业提供专业、畅通、定制化的咨询服务，以相对完善的政府公共服务尽可能消除创新型企业家在创新活动中遇到的信息渠道障碍，同时充分发挥企业家的创新意识和市场预见力，例如，海南省政府于 2019 年首次召开"政府企业家咨询会议"，确定阿里巴巴董事局主席马云、腾讯董事会主席马化腾等企业家为首届咨询会议成员，为区域经济发展贡献企业家智慧。

2. 以行业标准制定强化主流产品标杆效应

主流产品的建立要取得长远而稳定的市场收益，在市场上站稳脚跟意味着企业要取得该产品行业标准的话语权，才能占据市场最高点，延缓主流产品衰退期的到来。案例研究中的三家企业在主流产品的行业领域中都较早地参与了行业标准的制定，因此政府要鼓励企业参与制定国际与国家标准，推动企业成为行业标准的制定者，使企业的主流产品成为行业内的标杆产品，形成具有显著定价优势的标杆效应。一是要设置行业标准参与修订奖励。政府要从财政预算中设置专项的标准化制定奖励经费，如宁波市近期出台的《宁波市工业标准化补助经费管理办法》（甬质联发〔2017〕2 号），对于主持制定、修订国际标准、国家标准的企业分别给予最高 100 万元、最低 20 万元的补助，激励企业带头制定产品行业标准。二是加强标准化制定的宣传工作。政府要广泛地宣传、强化企业的标准化制定意识，主要的职能部门如国家质量技术监督局应该定期组织专业的技术专家深入企业座谈，指派专业技术人员负责咨询以及服务工作，指导企业参与标准化制定的实施流程。三是鼓励市场自主制定团体标准。由于国际以及国家标准制定周期较长，所制定的标准处于行业的基准水平，为了进一步提升主流产品的市场竞争力，应该大力发挥行业团体、商会、协会等组织的作用，鼓励企业自愿参与团体标准制定工作的先行先试。对技术变化快、发展方向尚不明确的重点领域，支持相关社会团体先期开展团体标准的制定与实施，为行业标准的制定探索道路、积累经验。政府要畅通团体标准转化为国家标准的实施机制，明确具体转化过程的程序条例，出台相关的具体实施细则进一步推进行业标准的有效供给。

3. 以供应链融资模式提高主流产品附加值

主流产品凭借相对较高的产品成熟度和市场接受度，能够建立起稳定的现金收益流，为了提升主流产品在供应链条上的影响力，优化资源配置降低成本，政府应该大力推广供应链融资模式，加强主流产品在物流、信息流和资金流方面的全面管理，促进主流产品内在价值的提升。供应链融资是以供应链上的核心企业为主体，为其上游供应商和下游分销商获取信用贷款的融资模式。2015 年英国政府在《加强英国制造业供应链政府和产业行动计划》中，大力实施了制造业供应链融资计划，该计划在英国的劳斯莱斯、沃达丰等大型企业中得到良好效果，帮助这些大型企业改进现金流并且降低了产品生产流通成本（郭运桥，2016）。

借鉴英国政府在供应链融资方面的具体实施，以现阶段国有四大银行以及平安银行已有的供应链金融产品来看，主要形成的供应链融资模式包括存货融资、应付或预付款融资和应收账款融资等，在国家经济转型时期，中国政府可以从以下几方面发挥核心企业在供应链上的整合作用。一是鼓励银行加大借贷放款力度。支持银行等金融机构开发灵活的金融产品，针对核心企业上游供应商和下游经销商设计融资解决方案，盘活供应商应收账款，缓解核心企业应付账款压力，同时经销商通过融资可扩大订货的规模，帮助核心企业增加预收账款，扩大主流产品的销售规模。二是利用信息化手段打造供应链融资线上平台。例如，平安银行于 2014 年正式推出"橙 e"平台，其基本定位是"搭建线上供应链综合服务平台"，并与多家企业集团组成战略合作伙伴。类似的金融服务平台还有工商银行的"工银聚平台"，将核心企业与各层级供应商间的采购资金流与贸易流集成到平台，有利于形成融合发展的叠加效应。通过科技金融赋能供应链融资平台，可以突破地域的限制实现供应链一体化，整合供应链资源为不同区域的上下游企业提供贷款支持。在线供应链融资平台可通过网络完成交付操作，并通过大数据等技术手段整理、挖掘链条内的企业数据，帮助核心企业更好地掌握供应链行业内的运营状态，而且能实现主流产品信息全生命周期的管理，提高主流产品的附加值与核心竞争力。

4. 以多样补助形式支持主流产品自主研发

主流产品核心技术是否由中国企业自主掌握，是决定产品能否在国际市场上保证核心竞争力的关键。在主流产品技术尚未稳定之前，研发环节的经费补贴比起直接的产品生产补贴更为重要。福建省出台了《福建省企业研发经费分段补助实施办法（试行）》（闽政〔2017〕8号）、《福建省企业研发经费分段补助实施细则（修订）》（闽科计〔2018〕14号），获得企业较高的满意度评价。为了使企业不局限于并购投资国外资产获得产品核心技术的获取途径，转向提升自主创新能力，要从研发环节加大财政经费的投入和补贴力度。一是加大地方政府的研发经费投入。由省、市、县政府按照比例设置专项补助经费，省级资金由省发改委、经信委、科技厅、财政厅共同承担，补助范围惠及区域内依法注册登记、已开展研发活动并具有自主研发经费投入的企业。二是采取预补助和后补助相结合的形式。将研发经费分段补助分为预补助和年度研发经费后补助两种，预补助又进一步分为年中研发经费和高研发经费两个具体项目，在同一年度企业仅可选择年中研发经费或是高研发经费中的一项申请预补助，企业需根据实际情况通过申报系统报送申请材料。三是合理制定具体的补贴额度比例。适当调整研发经费补贴的标准，例如，福建省研发经费分段补助设置了增长额补助，按照企业年度研发经费支出较上一年度增加额的6%计算企业可以得到的补助额度，对企业自主研发、改进主流创新活动提供有力支持。

5. 以政府采购导向刺激主流产品市场需求

政府采购从产品生产的需求端提供政策扶持，支持名优主流产品，帮助企业树立行业影响力。被纳入政府采购产品清单是企业提升品牌价值、扩大市场份额的重要手段。然而中小企业在主流产品生产之初，即使拥有较高的技术水平和制造工艺，在市场上的表现也不及同类的名牌企业。政府应该从以下几方面加大政府采购的实施力度。一是增加中小企业获得政府采购合同的机会。在符合政府预算的前提下，中小企业可以承担政府采购项目中非专业部分相关的分包合同。对技术创新、战略新兴、节能环保、先进制造和现代服务业等中小企业参与政府采购给予报价优惠。二是优先采购拥有自主知识产权的主流产品。加大对自有知识产权的产品供应商的扶持力度，在坚持一般公认的采购标准之外，在政府采购项目评审中对拥有自主知识产权的产品予以倾斜。三是合理引入技术合作机制促进创新。现阶段政府采购政策中缺乏国际技术合作机制的引入，主要是针对本地企业的配套合作，如沈阳市出台了《沈阳市人民政府办公厅关于印发沈阳市鼓励政府采购和招标采购本地优质产品的措施以及沈阳市重点工业优质产品支持办法和名录管理办法的通知》（沈政办发〔2015〕84号），鼓励和支持企业间上下游配套合作、组建企业联盟、组织开展配套对接活动、参加各类产品促销活动、搭建配套信息对接服务平台等。对于国内技术匮乏或尚未形成国际竞争力的领域，可以要求中标或成交的企业与国内外同类企业建立合作机制，共同致力于主流产品的开发和生产。

6. 以产品供给优化提升主流产品生产效能

主流产品的规模效益直接决定了企业的收益，为了保证企业拥有持续稳定的现金流，需要在主流产品生产环节严加把控，从源头提升产品的质量。主流产品的质量代表了企业的基本生产能力和水平，为了提升单位时间内产品生产数量、品种、规格，政府应该从以下几方面促进企业优化主流产品供给质量。一是大力引导企业节能减排，清洁生产。鼓励企业加强主流产品的技术改进，淘汰技术落后、质量不佳、污染严重的工艺设备和初代产品，提高主流产品的质量水平。二是推进主流产品的信息化、智能化升级改造。抓住新一代信息技术与传统产业加速融合的机遇，持续改进主流产品的性能水平和制造工艺，支持企业增强质量安全控制能力，提升生产检测、控制数字化水平，实现主流产品全生命周期管理。三是强化检验检测技术服务。为提升主流产品可靠性水平，政府对企业主流产品的研发和质量检测控制等各环节提供技术服务支持。对于已经建成的检验检测服务平台，鼓励开展预约服务，采用电话预约、网上预约等方式，优先满足中小微企业的检测需求。例如，重庆市质量技术监督局出台了《关于进一步发挥质监技术优势助推全市创新驱动发展的意见》（渝质监发〔2017〕1号），将检验检测服务作为提升产品质量的重要抓手，使检验检测技术服务企业产品生产的全过程，帮助企业加强对主流产品质量的严格把控。

7. 以技术标准监督完善主流产品采标登记

主流产品技术标准化是企业走向国际市场、提升核心竞争力的关键。

采标是指企业采用国际标准和国外先进标准，采标标志是企业对产品质量达到国际先进水平或国际水平的自我声明形式。为了进一步推进主流产品技术标准化，一要引导企业采用国际产品技术标准。政府职能部门要加强日常的监督检查，通过走访企业建档登记了解区域内企业产品标准化建设情况，强化采标登记监督管理，加强企业按照国际标准和最佳生产手段的意识，定期开展产品标准登记督查工作，积极推广世界先进的产品技术标准。二是开展企业产品标准自我公开声明。政府应实行企业产品标准书面备案和自我声明公开并行的管理办法，动员和指导辖区内的企业在全国性网站"企业产品标准信息公共服务平台"上公开企业相关信息，并做出相应的自我承诺，鼓励引导企业参与产品标准的制定与修订，申报标准化项目。质检总局、国家标准委出台了《关于在部分省市开展企业产品标准自我声明公开试点工作的通知》（国质检标联〔2014〕660 号），已经在上海市、浙江省、福建省、山东省、重庆市、广东深圳市、四川成都市 7 个省市开展的企业产品标准自我声明公开制度的试点工作结束，将加快在全国范围内推广企业产品标准自我声明公开制度。目前上海市、山西省等地已经出台《企业产品标准自我声明公开和监督管理办法》，有利于充分激发和释放市场主体创新活力，更好地落实企业标准化主体责任。

（二）促进新流创新：保持探索，应用推广

在以新流创新为主的阶段，主流产品的发展相对稳定，新流产品尚在试制阶段，前期投入巨大且不确定性强，要经历无数个失败才可能开发一个新产品，以新流创新为主的阶段企业面临的主要问题有：一是新流产品开发不确定性强，企业面临失去前期研发成本的风险；二是新流产品要实现从技术研究成果向批量化产品的跨越，企业要在扩大生产规模之后维持产品的性能水平。

因此，为了促进新流创新，本阶段的政策目标是帮助处于新流产品伴生期的企业实现新技术的应用推广，开发出更多的潜力产品。新流产品伴生期有着一个或者多个新产品开发项目与主流创新同步进行，主流产品经过第一阶段的发展保质保量地生产并建立起市场品牌效应，政策应该集中关注新流创新如何实现"婴儿期"的平稳过渡问题，实现新流产品的持续探索开发。促进新流创新的政策要从鼓励企业进行重大技术的基础性研究、加快新流产品的应用和产业化过程等方面提供相应的措施，塑造技术重大突破的原始力量与创新生态，从内生发出颠覆行业乃至颠覆世界的新流创新原动力，应对国际市场变化以及美国的技术封锁，推进我国新流产品从自主研发走向市场应用。

1. 以国际化研究院催生新流产品颠覆力量

新流创新要冲破路径依赖的阻力，攻克产品核心的技术，成功的企业往往分流出独立的组织单位集聚创新资源展开技术攻关，在案例研究中九阳股份有限公司专门设立了独立的研究院集中攻克人工智能、物联网技术等前沿技术难关。

为了开发具有颠覆行业特性的新流产品，政府要出台相关政策措施大力支持企业设立具有原始性技术研发能力的研究院，一是要出台企业研究院管理具体实施办法。各省、市的科技主管部门须承担起企业研究院的指导建设与管理工作，按照"先建设、后认定"的评定机制，组织有条件的企业自主申报并认定一批行业重点企业研究院，例如深圳市于2021年推行的《深圳市重点企业研究院资助管理办法》。二是要鼓励企业"走出去"建立海外研究院。2019年浙江省在《关于推动创新创业高质量发展打造"双创"升级版的实施意见》（浙政发〔2019〕9号）中指出"要打造高端创新载体，建设国际合作平台，深度参与'一带一路'建设科技合作，探索建立二十国集团（G20）国际技术转移中心，加强国际产业科技合作基地建设，鼓励建设海外创新孵化中心、创业投资孵化机构等载体"。为了跟踪世界领先的前沿技术，政府要鼓励企业将研究院设在海外创新资源集聚的区域，以华为公司在欧洲的研究院为例，通过把研究院设立在靠近法国电信、沃达丰等国外运营商的区域，可以充分了解国际市场需求，配置前沿的技术研发人才，催生新流产品颠覆性的创新形态。在中美贸易摩擦的影响下中国企业将更加审慎投资美国市场，但可以合理开拓共建"一带一路"国家新兴市场。政府要设立企业海外研究院项目支持经费，鼓励企业申报认定，根据其投资规模、研发投入及成效等情况给予一次性的资金奖励，在评选核查过程中向创新程度高、成果突出的海外研究院倾斜。三是建立企业研究院技术合作交流机制。例如《广州市人民政府关于印发广州市加强基础与应用基础研究实施方案的通知》（穗府〔2019〕6号）的政策文件中，提出要"支持广州地区科研机构与港澳地区科研单位、高校科研机构合作，联合开展基础与应用研究攻关，共建粤港澳联合实验室或创新中心"。政府部门应帮助企业研究院引入国家重点实验室、博士后流动站、大学院校技术合作机制，与国内外的相关单位成立联合实验室，通过技术购买、成立合作实体、委托研发等方式将企业内部的研究院打造成开放式的国际化研发平台，共同致力于新兴技术的项目研究，吸收创新前沿的资源，形成驱动新流创新的颠覆性力量。

2. 以战略型科学家引领新流创新生态

新流创新挣脱已有产品框架束缚、开拓新市场领域的关键在于实现科学技术原理的重大突破，然而进行原发的技术基础原理探索存在高度的不确定性，自由无序的探索方向既意味着更多的可能性，又象征着探索过程的艰巨性。中国现阶段仍然缺少在高精尖领域取得重大突破的新流产品，整体的创新氛围较为浮躁，为了塑造中国未来科技创新的基础力量，政府要重视全社会创新土壤的培育，造就一批在各自领域有着前瞻性思想和专业性水平的战略型科学家。战略型科学家是在科学技术领域中拥有创新性的思维和创造性的知识的学术群体，广东省东莞市政府近三年共引进十个具备颠覆性、变革性技术水平的战略型科学家团队，并对引进的十大战略型科学家团队给予全方位的资助和跟踪服务，对获立项的团队给予最高1亿元资助，推动了一个或多个产业整体升级，给东莞市带来了重大经济效益和社会效益。

为了整合全社会的资源造就一批战略型科学家队伍，发挥关键性少数对时代的引领作用，政府应该从以下几方面加大支持力度。一是要加大对高精尖实验室设备的投入与支持力度。在国家已有的重点实验室基础上，对于在尖端科技领域具有研究优势的实验室予以重点支持，加大单位的基础研发投入，对外引进先进的研发实验设备，吸引国际优秀的科学家共同参与研究，建成一批具有国际影响力的研究中心与科学家队伍。二是要倡导开放、远视的研究价值取向。各类重点实验室、高校、技术研究中心要在先进的设备基础上，革新思维观念，在课题申报和研究开展的过程中转变成果导向的研究机制，不过分强调经济效益，鼓励自由创造和前沿探索，重视自由探索项目的学术价值和人才培养作用，形成创新氛围良好的学术生态。三是要大力吸引国内外具有影响力和突出成就的科学家，组建一支拥有全球视野和前沿创造力的战略型科学家队伍。2017 年科技部在《科技部关于印发〈"十三五"国家科技人才发展规划〉的通知》（国科发政〔2017〕86 号）中明确指出，要"加快推进科学家工作室建设，采取自组团队、自主管理、自由探索、自我约束的管理制度，使科学家及其团队能够潜心从事科学研究，提升我国科学家在国际上的影响力"。政府要给予战略型科学家充分的研发资金、队伍支配权，引领新流产品技术发展趋势，培育新流创新丰厚的科学积淀。

3. 以科技创新基金应对新流产品融资难题

新流产品技术成熟度和市场接受度都不够高，在企业规模效益较大、主流产品较为成熟的情况下可以依赖主流创新的资源补给，然而在主流产品的技术积累下，要凭借自身实力实现重大技术突破较为困难，能够颠覆行业的新流产品往往由一些小企业、创业团队主导，并在主流市场的边缘生成，因此不能忽视拥有重大创新潜力的各类创新主体对于新流创新的贡献，在这方面德国政府在 2011 年设立了高科技创业基金（High-Tech Gründerfonds），在已有的财政政策普适性资助项目之外，专门针对高风险、高新技术的企业和创业团队，以更大的规模、更大的支持力度设立专项基金，该基金在促进德国高新技术领域发展方面起到了关键的作用。现阶段北京市政府也同样采用了科创基金的形式支持新兴领域技术发展，"北京市科技创新基金"于 2017 年成立，股权投资母基金由政府主导，专注于科技创新领域投资，分为原始创新、成果转化、"高精尖"产业三个投资阶段，母基金投资比例按照 5∶3∶2 安排，政府出资部分设计了利益让渡政策，原则上以"本金 + 利息"的方式退出，为原始创新和科技成果转化注入了新动力。

我国政府要在多个省份推广科技创新基金，可以借鉴德国政府高科技创业基金的运作方式。一是在基金来源上采取公私合作的运作方式。德国高科技创业基金设立之初大部分资金来自德国联邦政府财政投入，另外一部分来自银行、大型企业的资金投入。政府应该发挥财政资金引导作用，鼓励社会资本对具有原发性重大新流技术突破加大投入支持。二是以股权投资的方式取代直接的资金补贴。德国高科技创业基金是以股权投资的方式，占有被资助企业 15% 的名义股权，并向被资助企业提供后续的风险投资贷款，我国政府应该将科技创新基金的资助方式区别于贷款贴息、无偿资助等财政补贴方式，避免与已有的企业创新财税补贴政策重复。三是严格规定基金所面向的主体与领域。科技创新基金重点支持原始科技创新的企业、研发团队、高校创业者等，重点资助前沿技术开发领域拥有自主知识产权成果的申请对象，应对主流市场边缘以及全新市场领域的新流产品初期所面临的资金问题，在源头上扶持高端技术原始创新和应用研究。

4. 以基础研究支持探索新流产品关键技术

新流产品的产生建立在新技术、新原理的应用上，基础研究才能够产生重大的新技术原理突破。然而基础研究历时长久，研究过程并不能为企业带来稳定的现金流。为了引导企业重视基础研究开发，夯实产品技术基础，一是要鼓励企业加大需求导向的基础研究投入。政府应该向企业开放基础研究基金申报渠道，引导企业内部形成需求导向的技术问题库，整合企业现阶段新流产品的重大技术需求，加大基础研究投入，结合自身需求参与国家基础研究项目。二是建立目标型的项目课题立项机制。深圳市出台了《深圳市关于加强基础科学研究的实施办法》（深府规〔2018〕25号），在组织实施重大基础研究专项方面建立了政府与专家联合决策机制，以发现和解决重大科学问题为目的，创新项目评审制度。参考深圳市的举措，政府应吸引行业龙头企业参与基础研究项目计划编制过程，使基础研究解决企业最为紧迫的发展需求。三是引导社会力量支持重大基础研究工作。加大地方省、市、区三级财政对基础科学研究的支持力度，探索共建新型研发机构、联合资助、慈善捐赠等措施，动员社会资本流向基础科学研究，形成"财政支持＋社会筹资"的基础科研经费来源，解决企业遇到的制度障碍，打通社会资源通道，进一步激发新流产品技术创新活力。

5. 以产品中试环节鼓励新流产品开发试制

新流产品的成长要经历市场考验，从研究成果到产品要经历反复的试验环节，才能批量生产投放市场。新流产品中试环节是连接技术原理研究突破与新流产品产业化的中间环节，为了提高企业对中试环节的重视程度，一要设立新流产品中试专项资金。政府要扭转成果导向的项目管理机制，不仅通过基础研究项目投入以及新产品奖的设置来鼓励企业加大新流产品开发力度，还要通过中试环节的资助保证科研与应用之间不断层。参考《贵州省企业新产品暂行管理办法》中关于中试专项资金的政策条例，中试专项资金的来源可以有五个方向，分别是企业按规定从留利中提取的新产品试制基金；企业按留存的其他产品开发经费；新产品试销期减免税款；联合体各方多种渠道筹集款项；政府拨付的技术开发费。二要加强中试基础设施平台的建设。科技企业加速器是承载产品中试功能的重要孵化场所，科技企业加速器区别于面向初创企业的孵化器，以高效益、高增值的高成长企业为主要服务对象，政府可以在众创空间、孵化器集聚的产业园区内建设加速器，以收取场地租赁费或是有偿服务的方式，为这些企业提供产品中试、生产配套、投资融资、技术培训等配套服务。例如，黑龙江省出台《黑龙江省人民政府关于印发黑龙江省新一轮科技型企业三年行动计划（2018—2020年）的通知》（黑政规〔2018〕18号），提出要推进企业加速器建设，完善加速器产品中试等配套服务功能，根据加速器功能、投入强度和高科技企业数量等指标提供补贴支持。

6. 以新产品产业化加快新流产品推广应用

新流产品产业化是创新成果应用推广的主要途径，为了促进新流产品的技术成果转化和应用，政府要发挥重要的引导作用。一是要引导企业加快新流产品的产业化步速。政府要大力扶持新流产品产值率高的企业，将新流产品产值情况作为申报企业技术中心、创新项目的重要参考因素。二是定期组织评选新流产品产业化示范项目。地方政府应每年组织实施一批新产品产业化示范项目，以促进新产品项目尽快投产、形成规模，及时占据市场的制高点，提高新流产品在销售收入中的比重。江苏省淮安市出台《淮安市人民政府办公室关于印发加强技术新产品推广应用促进企业转型升级实施方案的通知》（淮正班发〔2014〕115号），推出"每年应用新技术开发百种关键新产品"有效措施，采取企业倡议、市场拉动和政府推动相结合的方式，重点支持新技术和新产品在市场上的推广和应用。三是建立企业技术需求征集公布制度。天津市科学技术委员会在2012年为了大力鼓励企业与高等院校的项目合作，创新实施企业技术需求征集公布制度，在线征集企业的技术需求编制汇总表格，在政府官网、科技局网站上公布信息，组织企业与高校、科研院所进行对接，签订产学研合作开发协议，并将签订协议的项目列为科技开发的重点项目继续跟进。项目研发结束后通过产学研应用新产品奖励规则，对项目成果制成的新产品加以奖助，不断推进新流产品的产业化进程。

7. 以严格执法监管落实新流产品统计制度

新流产品进入市场流通离不开政府服务支持以及有效的市场监督管理，为了加大政府对新流产品的监管力度，一是打造新流产品鉴定的快速通道。新技术和新产品证书作为具有法律约束力的文件，经批准用于生产、组织、技术推广、应用和转让，是企业申请生产许可证、参与重大项目招标、申报奖励、申请国家相关政策扶持的依据。各地方经济和信息化委员会要发挥政府部门的牵头服务作用，进一步优化新产品的鉴定、申请、受理服务工作流程，邀请专家组成鉴定委员会，通过会议鉴定、检测鉴定或是合同验收等方式，为企业新产品申报鉴定提供便捷高效的服务。二是加强新流产品的统计与排查工作。新流产品的统计工作应落实到区县政府，加大对重点行业企业的统计和调查力度，保证产品统计数据的准确性、真实性和及时性。三是对合格的新流产品加大奖励力度。政府的支持对于企业推广新流产品起到关键的推动作用，例如，河北省廊坊市在 2016 年为了提升工业企业创新和研发水平，对于质监部门检验合格的新产品，优先考虑纳入"廊坊市重点工业产品目录"，并在各种展览会上予以推广，对于填补市场空白的新产品和新技术给予研发团队 20 万元的研发补贴。政府要通过奖励评定手段推进新流产品的市场应用，引导和鼓励企业进行新流创新。

（三）促进汇流创新：产业联动，协同突破

汇流创新阶段是企业所能达到的理想阶段，经过前两个阶段的充分发展，此时既存在维持企业生存的主流产品，又存在新兴发展方向的新流产品。在汇流创新阶段，企业的战略版图高速扩张，产品种类丰富，应用场景多样，此时主要面临的问题有：一是把握多个创新活动各自的节奏，寻求合适的时机实现新一轮重大突破；二是从产业发展的长远视角提升主流产品与新流产品之间的协同程度，实现主流产品与新流产品的协同配套和共同升级。

因此，为了促进汇流创新，本阶段的政策目标是引导多元产品汇流期的企业实现技术突破，促进多个产品之间的协同升级。多元产品汇流期是多个产品系列交织的结果，主流产品成长的同时，新流产品也进入良好的技术轨道，此时企业的产品系列丰富，主营业务构成相对多元。企业拥有多项优势产品的技术积累，人才、资金、市场等诸多要素在众多的产品技术轨道上交织，要素流动方向不同可能带来资源分配的矛盾。主流与新流的汇流成长帮助企业规模实现迅速扩张，促进汇流创新的政策应该着力于解决行业产品技术轨道如何突破的难题，帮助企业拓展空间集聚可以借助的外部资源，把握国际形势的变化，寻求与国际龙头品牌协同合作，形成企业内部与外部协同创新的格局，如并购国外高端品牌、组建行业战略联盟、拓展产业链上下游合作等，发挥政策的行业导向作用，帮助企业实现产品系列的全线升级。

1. 以汇流协同机制激发多元产品汇流绩效

在主流创新与新流创新的汇流阶段，企业要抓住多元产品汇流期的机遇期提高主流产品与新流产品之间的协同作用，在主流产品与新流产品资源互利互补的基础上形成协同机制，降低企业创新的成本，激发多元产品的创新绩效。

政府要强化外部资源整合的功能，通过合理的制度安排促进主流与新流产品实现协同创新，汇流并行。一是要支持企业获取外部技术资源，实现主流产品与新流产品技术上的协同。引导企业通过资本运作、技术并购、上下游企业合作等方式促进内外部技术资源的交流，开展主流技术与新流技术的联合攻关。政府应通过财政补助的形式支持企业并购国外高端品牌，案例研究中雪人通过并购国外龙头企业获取了上游压缩机的核心技术，并且强化自身技术积累与外部技术的交汇融合，使企业多个产品系列取得跨领域的突破应用。在促进内外部技术合作交流方面，由杭州市科委会、杭州经济技术开发区管委会分别指定下属全资国企创办的"硅谷杭州中心"于2018年10月正式运营，作为"资源中转站"对接海外的创新研发资源，为浙江企业发起海外并购和产业链整合提供金融等全方位支撑服务。企业内部和外部技术交流协作能力的提高，将有效促成多元产品技术跨领域的集成突变。二是鼓励企业加强内部数字化管理平台建设，实现主流产品与新流产品工艺流程上的协同。2017年国务院出台《关于深化"互联网＋先进制造业"发展工业互联网的指导意见》，鼓励企业通过工业互联网平台整合资源，构建设计、生产与供应链资源有效组织的协同制造体系，充分利用工业互联网平台的研发设计、生产管理和运营优化软件，实现业务系统向云端迁移，降低数字化、智能化改造成本。政府要鼓励企业运用现代的科学手段改造主流产品与新流产品的生产流程，建设包括设计、工艺、制造在内的产品数据管理与协同仿真公共服务平台，共享产品之间的设计数据和工艺数据资源，促进主流产品与新流产品在制造工艺流程上的优势互补、数据共享以及流程优化。三是建立多元产品研发投入跟踪机制，实现主流产品与新流产品发展上的协同。主流产品与新流产品在各自发展中都需要研发资源持续支持，在争夺有限的研发补中主流产品与新流产品之间的矛盾凸显、协同度降低。为了平衡主流产品与新流产品在资源上的矛盾，提高资源投入与产出效率，提升多元产品之间的资源利用水平，政府应该建立研发补助数额与研发成果的动态长效调节机制，根据企业主流与新流创新的研发实际情况和产品绩效水平动态调整当年的研发补助额度（邢斐、董亚娇，2017），促进企业不断平衡主流产品与新流产品的研发投入，激励企业提高多元产品之间的协同程度。

　　2. 以创新城区战略拓展多元产品空间载体

　　在主流产品与新流产品实现汇流的阶段，产品系列的成长期叠加产生巨大的动能加速企业创新的内生动力，然而企业产品扩张对于空间的拓展需求旺盛，企业不得不选择将需要拓展的产品生产线扩建项目分类投放在生产要素成本低、运输设施便利的地区，这实际上不利于实现空间层面上主流产品与新流产品之间资源的互补共享。美国布鲁斯金政策研究机构于2014年提出"创新城区"的新型空间载体概念，将创新城区（Innovation Districts）定义为区别于传统城市空间，集聚科技创新主体机构和各类辅助服务机构，创新活动旺盛且无明显空间分界的新型城市空间，一般出现在城市中心城区或者大都市区边缘，具有多种功能区混合布局、公共服务完善的特点（Katz and Wagner，2014）。从已有研究来看，创新城区与产业园区的最大区别在于，改善产业园区偏远、生活设施不完善的不足，将有限的城市空间转化为充满创意活力的创新生态系统。

　　我国可以借鉴美国创新城区的建设经验，一是推进城市中心的更新改造。避免传统城市建设中推倒重建的方式，以小型的"创新街区"为主要突破口，吸引创新创业企业要素在小范围内的街区集聚，为城市街区增加创新创意的文化和内涵。例如，上海市杨浦区在国内率先提出创新创业街区的概念，自 2016 年开始规划建设一批开放便捷的创新创业街区，重点推动了创智天地、国定东路、长阳路、环上海理工大学四大创新创业街区建设，营造更加自由开放的创新文化环境。二是补充郊区的产业园区的城市功能。在现有产业集聚的基础上，弥补产业园区生活、休闲娱乐功能的不足，提供通达的交通、便利的住房、便捷的网络以及大量的就业机会，实现创新活动与生活娱乐的空间融合，例如，成都高新区、西安高新区、深圳高新区等地都很注重地理空间资源的运用。为了促进多元创新要素的集聚和共享，未来我国政府应该致力于创新城区的相关规划设计工作，以多元化城市空间助推多元产品的汇流创新。

3. 以创新战略联盟推进多元产品技术发展

处在多元产品汇流期的企业要强化外部资源的整合利用能力，技术创新战略联盟是由龙头企业、核心企业和新型研发机构牵头，联合产业链上下游和高校、科研机构成立的合作组织，覆盖了产业价值形成过程中的各个节点，能够推动创新资源向全产业链集中，促进相关产业的技术创新（张吉昌等，2018）。

政府应积极组建产业技术创新战略联盟，形成以政府投入为先导、联盟企业共同进行基础和共性技术研发、各自进行技术成果的应用研发的创新格局。一是由政府以及各级单位牵头，积极组织技术创新战略联盟的组建和申报，出台相关的认定程序和细则规定，专设技术创新战略联盟建设计划，将通过认定的技术创新战略联盟纳入建设计划进行长期管理。例如，辽宁省鞍山市近期出台技术联盟牵头单位补助政策（鞍科发〔2018〕36 号），对建立国家级、省级、市级产业技术创新战略联盟牵头单位，按三个层级分别给予 50 万元、20 万元、10 万元补助资金。二是依托产业技术创新战略联盟实现优势整合。为了实现产业关键技术的进一步突破和升级，在产业技术创新联盟的基础上建设开放、共享的新型产品研发机构，打造协同发展的产业协同创新中心，承接国家相关部门及地方、企业单位的专项课题，研究、探索产业跨界多元创新的新理论、新思路、新方法、新机制。三是发挥产业技术创新战略联盟作用，制定产业发展规划。2013 年国务院出台的《关于强化企业技术创新主体地位全面提升企业创新能力的意见》（国办发〔2013〕8 号）中，提出要"以企业为主导发展产业技术创新战略联盟，支持联盟按规定承担产业技术研发创新重大项目，制订技术标准，编制产业技术路线图，构建联盟技术研发、专利共享和成果转化推广的平台及机制"。政府应积极引导产业技术联盟研究规划产业技术开发路线图，提出产业发展建议，参与制定国家、行业和地区相关产业规划，促进主流产品升级的同时引领新流产品发展方向。

4. 以增加产品品种拓展多元产品系列组合

多元产品汇流阶段企业形成两个以上的产品系列，主流产品与新流产品在成长期叠加的情况下，企业产品的品种和数量得到进一步增加。2016 年国务院从供给侧和需求侧两端发力，发布了《关于开展消费品工业"三品"专项行动营造良好市场环境的若干意见》（国办发〔2016〕40 号），着力提高消费品有效供给能力和水平。青岛市作为"三品"战略示范城市之一，以海尔、海信、青岛啤酒等企业为龙头，引领行业企业聚焦增品种、提品质、创品牌，持续加大研发投入，创新渠道营销模式，全面提升产品质量和核心竞争力，涌现了一大批"三品"示范典型，在推进产业转型升级的进程中发挥了重要的引领作用。

为促进企业在汇流阶段增加产品的多样性，满足市场的多方面需求，一是发挥创意设计对产品拓展的重要作用。政府要促进创意设计产业自身的发展，以创意设计带动工业产品的二次创新，在工艺包装、风格设计、品牌种类等方面实施差异化的竞争策略。二是发挥技术创新对丰富产品品类的作用。2015 年国务院出台《关于积极发挥新消费引领作用加快培育形成新供给新动力的指导意见》（国发〔2015〕66 号），强调了要"高度重视颠覆性技术创新与应用，以技术创新推动创新，更好满足智能化、个性化、时尚化消费需求，引领、创造和拓展新需求"。因此要鼓励企业在创新的过程中加速新流产品的研发生产，做好技术基础研究储备，建立批量生产和逐步淘汰的主流产品供应体系，在多元产品汇流期间对资源做出合理的配置和规划，增加产品组合的深度。三是培育企业的品牌意识。2016 年中共贵州省委、贵州省人民政府在《关于推进供给侧结构性改革提高经济发展质量和效益的意见》（黔党发〔2016〕6号）中提出"推动工业创新，以增品种、提品质、创品牌为抓手，积极引导企业开展个性化定制、柔性化生产，加快品质提升和供给创新，优化产品结构，推动初级产品向精深、中间产品向终端、一般产品向品牌转变"。政府在培育企业品牌意识的同时，还应支持建立一系列专业的品牌开发与维护的第三方服务机构，提供品牌创意设计与广告营销投放，积极引导企业走向个性化产品灵活生产的模式，加快供给质量改善和创新。

5. 以产业链延伸促进多元产品协同式发展

多元产品汇流期为了实现产业发展长远视角下的协同演进，政策要引导全行业的产品协同增值，保证主流产品与新流产品之间的相互促进，充分发挥汇流阶段的高度协同效应。对于企业而言，兼并重组是企业拓展产业链上下游的重要途径，为了在主流产品与新流产品拓展上实现产业链资源集聚效应，一是要支持企业依托主流产品优势发展新流产品。政府要重点聚焦兼并重组来整合产业链资源，例如，东莞市出台《东莞市人民政府办公室关于印发〈实施重点企业规模与效益倍增计划行动方案〉的通知》（东府办〔2017〕11 号），支持企业实施产业链的纵向兼并整合或横向协同发展，推动企业通过优势互补、强强联合、多元发展实现做大做强。二是确保生产资源对区域关键产业链的供应。对于产业链中行业优先的投资项目，在土地规划、金融贷款、交通运输、煤电动力等生产要素配置上优先分配。例如，在《市政府关于批转市经委市发改委〈南京市工业十大产业链发展行动纲要〉的通知》（宁政发〔2006〕159 号）的政策文件中，首次提出"坚持资源向十大产业链集中，优先确保十大产业链投资项目的布局规划和土地计划，优先安排金融贷款，优先提供煤电油运等各种生产要素配置"。2015 年许昌市政府在《许昌市人民政府关于印发许昌市加快推进十大产业链建设若干政策措施的通知》（许政〔2015〕17 号）中，特别采取"一事一议""特事特办"的办法，对于入驻产业集聚区的产业链重大项目予以政策倾斜，在前期手续办理、要素配置等方面给予大力支持。三是加强产业链上下游的沟通对接。2018 年宁波市推进"中国制造 2025"工作领导小组办公室和宁波市经济和信息化局共同制定了《宁波市"四基"重点领域单项冠军产品产业链培育实施方案》，根据辖区内的核心企业和配套企业情况制定工作推进方案，推进核心企业与全市上下游企业开展配套应用，使配套企业主动对接核心企业，并且主动与高等院校和科研院所合作开展技术攻关。

政府应支持大企业通过任务众包、生产协作、平台开放、资源共享、标准开放等方式带动产业链上下游中小微企业实现技术创新，引导企业围绕主流产品开展专业化分工协作，促进新流产品的技术交流与合作。

6. 以合理产业规划引导多元产品发展方向

多元产品系列的发展方向要符合现阶段国际科技发展现状和国家的战略导向，当前国家对于战略性新兴产业的规划中指出要进一步发展新一代信息技术、高端装备、新材料、生物、新能源汽车、新能源、节能环保、数字创意等战略性新兴产业，企业要及时调整产品的投入和生产方向，改革落后的主流产品，着力开发适应战略性新兴技术发展的新流产品。在调整产业规划布局方面，北京市政府一方面推动新技术、新产业、新业态蓬勃发展，例如，政府参与组建5G产业专项基金，重点投资5G产业链上中下游国内外技术领先的高科技企业，构筑北京科技发展新高地；另一方面注重改善交通拥堵、大气污染等"大城市病"，用"互联网＋"等新技术、新业态全面改造提升传统产业。

政府要统筹兼顾传统产业和新兴产业的发展，把握产品发展的内在规律，在政策倾斜、行业监管以及市场准入方面引导企业多元产品的发展方向，一是向符合国家战略发展方向的产业和新产品倾斜。在具体实施过程中，在科技项目立项、奖项申报、企业奖评选等方面提高评选覆盖的比例。二是促进传统产业的转型升级。结合区域内产业发展实际情况，减少政府对特定产业的直接干预，做好产业政策的评估与动态调整工作，清理不合时宜的产业政策。2017年国务院出台《国务院关于印发"十三五"市场监管规划的通知》（国发〔2017〕6号），明确指出要"推动产业政策从选择性向功能性转型，建立产业政策与竞争政策的协调机制，开展公平竞争审查制度效应分析，对政策制定机关开展的公平竞争审查成效进行跟踪评估，及时总结经验并发现问题，推动制度不断完善"。政府还应该兼顾传统制造业等非重点行业企业的发展需求，扶持企业技术改造，以多元创新助推传统产业的优化升级。三是实施市场准入负面清单机制。2018年国家发展改革委、商务部出台《关于印发〈市场准入负面清单（2018年版）〉的通知》（发改经体〔2018〕1892号），将禁止和限制在中国投资业务的行业、领域和企业明确列在清单中。政府要维护宽松开放的市场环境，对处在市场准入负面清单以外的行业允许各类市场主体依法平等进入，消除各种隐性壁垒，发挥市场在资源配置中的决定性作用，维护多元产品在市场上的公平竞争。

三　主流与新流创新协同演进的保障性政策

（一）强化知识产权保护提升维权意识

尽管近年来中国知识产权维权意识有所提升，但在执法强度、商业机密保护、版权保护等方面依然与美国等发达国家存在较大差距，在贸易摩擦升级的影响下中美知识产权的冲突加剧。政府应该加大知识产权的维权和相关服务力度，全面推进企业实施商标战略，加强知识产权保护重要性的宣传教育，提醒企业要更加重视技术创新。一是加强对企业知识产权的法律保护。严厉打击产品侵权、盗版等违法行为，进一步加强在版权、商标、商业机密等方面的保护，加大执法力度，降低维权难度，提高违法成本，坚定清除假冒伪劣产品的市场空间，保护创新创造的市场价值，以良好的法制环境促进市场导向的企业产品研发和新产品发展。2019年广东省出台了《广东省人民政府关于印发广东省举报侵犯知识产权和制售假冒伪劣商品违法行为奖励办法的通知》（粤府〔2019〕40号），建立起规范、便民的举报奖励机制，充分调动社会公众举报侵犯知识产权和制售假冒伪劣商品违法行为的积极性。二是引导企业加强专利战略布局。政府要帮助企业找准产业链中各个位置的知识产权重点，利用专利布局形成优势，培育高价值核心专利和知识产权密集型企业，对符合条件的企业加大奖励力度。例如，华为公司注重核心专利技术布局，实施标准专利战略，积极参与国际标准的制定，推动自有技术方案纳入标准，积累基本专利。三是做好进出口产品的海关备案。政府应该引导具有自主知识产权的企业在海关做好知识产权备案，建议企业注册登记知识产权信息后，向海关总署网上申请知识产权备案。例如，《南京市知识产权促进和保护条例》中指出，鼓励单位和个人依法将其拥有的专利权、商标专用权、著作权及与著作权有关的权利等知识产权向海关总署备案，防范或者制止侵权货物进出境。加大海关打击进出口环节知识产权侵权行为的力度，尽量规避专利风险，有利于企业合理布局多元产品专利池。

（二）建设人才公寓吸引创新人才

企业不论进行主流创新还是新流创新，都需要投入大量的人力资源，然而现阶段高房价和低工资是社会性问题，一时间难以得到有效解决，而政府为企业建设人才公寓能够切实帮助企业吸引新流创新人才并留住人才。山东省青岛市在人才公寓建设方面有着相对完善的配套政策措施，如出台了《青岛市人才公寓建设和使用管理规定（试行）》（青政发〔2013〕17号），专门成立了人才公寓建设工作领导小组，对于人才公寓采取租赁和出售两种方式，主要面向符合"青岛英才211计划"中确定的引进人才、经认定符合规定条件的创新人才、投资创业人员和创客。为了完善地区的人才公寓建设工作，一是出台人才公寓建设管理办法。政府应开展多地区人才公寓基地的实地考察，了解人才公寓使用面积的合理设计，按照轮候补租、契约管理、只租不售的原则加以管理。二是加强人才公寓建设的科学配比。政府要结合本地企业集中区建筑面积，按照建筑面积与公寓面积合理配比，确定人才公寓的建设数量。三是明确人才公寓申请对象。在申请对象的要求上不限制单位性质，重点向攻克各领域重大专业性新兴技术难题的高层次、高技术人才倾斜，增强区域整体环境氛围对新兴技术人才的吸引力。

（三）合理安排用地满足产品扩张需求

在生产要素供给方面，政府应该给予企业用电、用水、用气的优惠支持，其中最为关键的是用地支持。对于有着实体产品的企业而言，在产品的批量化生产阶段面临生产线扩张的问题，为了降低生产成本企业会选择偏离市区的地段建设新的生产线项目，然而由于地段偏远对于企业员工而言通勤成本过高，高房价和郊区的低配置让企业发展空间受到束缚。政府要在用地规划上切实照顾企业的实际情况，一是提高土地利用率，出让回购低效闲置用地。鼓励企业改造低容积率厂房，将其纳入标准厂房管理范围，在不改变工业用途的前提下，提高土地利用效率和增加容积率的，不再增收土地价款或租金，切实减轻企业负担。二是科学规划工业园区，集中集约安排用地。按照"功能互补，资源共享，集约经营，一区多园"的原则，进行统筹规划，合理布局产业园区，集约安排工业项目用地，实行工业用地分类集中布局。在科学规划用地方面，湖北省十堰市作为汽车产业集聚的"车城"，十堰经济技术开发区以超前的思维实施"千亿工业园区"发展战略，令开发区内的五大园区整体上形成相互关联、协调互动、全面开发、梯次推进的网状发展格局，以合理完备的新型产业结构体系和汽车产业相关创新推动了区域发展速度和规模显著提升。

（四）创建政策服务平台推进政策落地

为了实现政策细则的有效传达，落实具体实施方案，避免企业找不到相关文件延误奖补申报时间，进一步整合政策服务项目，推动各项政策落地，加强政策精准推送。一是对于不同部门发布的政策文件，考虑创建统一性政策发布网站或是政策服务一体化服务平台，统一发布和集中管理各类创新政策与实施细则，方便企业查询和跟进。广东省广州市目前已经成功建设并运营"广州科技资源公共服务平台"，由广州市科技创新委员会重点支持、广州生产力促进中心牵头组织建设，聚集广州地区政府部门、企业和科技中介机构的科技信息资源以及科技服务资源，已经探索出"共建共享服务站 + 服务联盟"服务模式，将平台建设成一个共享平台向服务机构或个人开放。二是设立政策咨询服务台或窗口。围绕重大经济决策、重要产业政策、重点工作举措和一般性政策等，设立服务台、窗口或开通咨询服务热线电话和自动语音查询服务电话等渠道。三是提供有效的政策项目申报咨询服务。政府应通过政策解读报告、政策解读会等方式，做好政策项目申报的宣讲、咨询和对接服务工作，努力将政策项目信息传递到区域内企业，形成重点政策广泛咨询、专业政策定向咨询、一般政策个别咨询等模式，帮助企业理解政府政策、措施以及各实施细则，实现主流产品项目申报渠道畅通。

（五）政务综合服务优化企业营商环境

政府综合服务是营商环境的重要因素，也是企业生产经营必不可少的支持。政府要注重改善企业的营商环境，提高政务服务的效能。一是及时清理改革落后的管制政策。2018 年国务院出台的《国务院办公厅关于聚焦企业关切进一步推动优化营商环境政策落实的通知》（国办发〔2018〕104 号）中，明确指出要"清理地方保护和行政垄断行为，清理废除妨碍统一市场和公平竞争政策文件，坚决纠正滥用行政权力排除、限制竞争的行为"。各级政府应该及时清理各类选择性的优惠政策，减少行政审批和干预，改革投资审批、核准、市场准入等管制政策。二是设立一站式行政服务中心。政府应在企业集聚的科技园区、技术开发区等地设立登记注册、商标包含、行政执法、消防保护、维权执法的一站式的行政服务中心，打通后台数据壁垒，缩短开办事项的流转时间，尽可能实现网络线上操作，及时提供企业查询进度的窗口。山东省寿光市在优化政府行政综合服务方面专门成立了行政审批服务局，将25个部门的217项行政许可及其关联事项划转行政审批服务局办理，并开通了营业执照办理网上预约服务，实行企业登记全程电子化，突破了地域空间和办公时间的限制，业务办理最快在30分钟内完成，营业执照立等可取，同时实行"多证合一"，整合25个部门45项涉企证照合并到营业执照，节省了企业申请的时间和办事成本。三是加大行政执法维权力度。及时处理侵害企业合法权益的投诉，积极协调处理可能发生的劳工纠纷，维持公平公正的市场秩序，保证企业有序的日常生产经营。

本章小结

企业进行主流与新流创新活动离不开政策的支持，通过对从国家层面到地方层面已有政策的搜集和内容分析，可以了解现阶段从国家层面到地方层面的政策实施情况，通过分析得出企业创新政策的侧重点和实施内容，继而以特定区域福建省为例，评价相关创新政策的具体实施情况和执行中存在的不足。

企业主流与新流创新的政策源于产业政策，产业政策对于中国而言有其必要性，在制度历史的长期发展中形成相对功能性强的干预产业力量，但在具体政策手段执行中也存在供给失衡、不够自由开放以及补贴过度的问题。应该从选择性产业政策转向普惠性创新政策，侧重于激发企业自主创新意识，促进全行业的创新；构建主流与新流创新政策体系，提供贯穿整个产品技术生命周期的保障性政策措施，加速产品技术轨道的循环交替。

参考文献

安德鲁·坎贝尔，凯瑟琳·萨姆斯·卢克斯.战略协同（第2版）［M］.
  任通海，龙大伟译.北京：机械工业出版社，2000.

白俊红，陈玉和，李婧.企业内部创新协同及其影响要素研究［J］.科
  学学研究，2008（2）：409-413.

白俊红，江可申，李婧，林雷芳.企业技术创新能力测度与评价的因子
  分析模型及其应用［J］.中国软科学，2008（3）：108-114.

白俊红，李婧.政府R&D资助与企业技术创新——基于效率视角的实证
  分析［J］.金融研究，2011（6）：181-193.

白少君，白冬瑞，耿紫珍.中国企业创新驱动典型案例分析［J］.科技
  进步与对策，2015，32（22）：88-92.

白杨，刘新梅，韩骁.市场导向与组织创造力——技术知识、市场知识的
  获取路径分析［J］.科学学与科学技术管理，2014，35（4）：87-95.

鲍新中，孙晔，陶秋燕等.竞争战略、创新研发与企业创新绩效的关系
  研究［J］.中国科技论坛，2014（6）：63-70.

贝京，王超.企业技术路线图建设思考［J］.中国科技投资，2018
  （33）：178-179.

毕克新，王筱，高巍.基于VIKOR法的科技型中小企业自主创新能力评
  价研究［J］.科技进步与对策，2011，28（1）：113-119.

卞冉冉.我国中小上市公司创新能力对经营绩效的影响［J］.重庆理工
  大学学报（社会科学），2014，28（5）：78-82.

［比利时］伯努瓦·里豪克斯，查尔斯·C.拉金.QCA设计原理及应用
  ［M］.杜运周等译.北京：机械工业出版社，2017.

蔡巧福，林迎星.基于基因视角的企业技术创新变异机制研究［J］.价
  值工程，2008（12）：48-50.

曹素璋，高阳，张红宇.企业技术能力与技术创新模式选择：一个梯度
  演化模型［J］.科技进步与对策，2009，26（1）：79-83.

陈传明. 核心能力刚性、影响及其超越 [J]. 现代管理科学，2002 (12)：3-5.

陈德智，胡代平. 技术跨越的旋进路径分析 [J]. 中国管理科学，2006，14 (6)：144-148.

陈功玉，钟祖昌，邓晓岚. 企业技术创新行为非线性系统演化的博弈分析 [J]. 南方经济，2006 (4)：110-118.

陈广宇，张国政，高丽萍. 基于 AHP 的企业创新能力相关因素分析 [J]. 工业技术经济，2009，28 (10)：108-110.

陈国宏，肖细凤，李美娟. 区域技术创新能力评价指标识别研究 [J]. 中国科技论坛，2008 (11)：67-71.

陈劲，陈凤华，朱学彦. 学术型创业家特质要素、人力资本作用路径与创业环境分析——中国的案例发现 [J]. 科研管理，2005 (2)：203-206.

陈劲，桂彬旺，陈钰芬. 基于模块化开发的复杂产品系统创新案例研究 [J]. 科研管理，2006 (11)：69-71.

陈劲，俞湘珍等. 有中国特色的自主创新之路与政策 [J]. 管理工程学报，2010 (2)：409-413.

陈久美，刘志迎. 基于产品生命周期的二元创新与商业模式动态匹配——多案例比较研究 [J]. 管理案例研究与评论，2018 (6)：592-611.

陈力田，许庆瑞，吴志岩. 战略构想、创新搜寻与技术创新能力演化——基于系统动力学的理论建模与仿真研究 [J]. 系统工程理论与实践，2014 (7)：1705-1719.

陈力田，许庆瑞. 转型经济情境下中小型制造企业创新能力测量与比较评价研究：基于"柔性-效率"均衡视角 [J]. 管理工程学报，2016，30 (3)：1-8.

陈力田. 企业技术创新能力演化研究述评与展望：共演和协同视角的整合 [J]. 管理评论，2014，26 (11)：76-87.

陈收，邹增明，刘端. 技术创新能力生命周期与研发投入对企业绩效的影响 [J]. 科技进步与对策，2015，32 (12)：72-78.

陈晓萍，徐淑英，樊景立. 组织与管理研究的实证方法 [M]. 北京：北京大学出版社，2008.

陈勇星，屠文娟，杨晶照．基于技术能力的企业技术创新模式选择及其演进研究 [J]．科技进步与对策，2012，29 (14)：83-89.

陈勇星，杨晶照，屠文娟．企业技术创新模式选择与能力的匹配性研究 [J]．统计与决策，2010 (20)：174-177.

陈友玲，胡春花，彭锦文．基于 FCM 的企业供应链绩效动态评价方法研究 [J]．计算机应用研究，2011，28 (1)：185-188.

陈雨露．引领新常态需克服"转型焦虑" [J]．决策探索月刊，2015 (3)：14-14.

陈月梅，徐康宁．技术特性与企业技术创新模式选择 [J]．技术经济与管理研究，2014 (3)：19-23.

陈悦，刘则渊．悄然兴起的科学知识图谱 [J]．科学学研究，2005，23 (2)：149-154.

陈志．论产业政策向创新政策的演进 [J]．科技中国，2018 (8)：45-47.

陈珠成，陈伟．浅论在科研探索活动中出现的伴生性科技成果 [J]．中国卫生质量管理，2001，1 (38)：49.

程开明．城市体系中创新扩散的空间特征研究 [J]．科学学研究，2010，28 (5)：793-799.

池仁勇．企业技术创新效率及其影响因素研究 [J]．数量经济技术经济研究，2003，20 (6)：105-108.

戴亦兰，张卫国．动态能力、商业模式创新与初创企业的成长绩效 [J]．系统工程，2018，36 (4)：40-50.

单汨源，李果，陈丹．基于生态位理论的企业竞争战略研究 [J]．科学学与科学技术管理，2006，27 (3)：159-163.

党兴华，李全升．基于熵权改进 TOPSIS 的陕西国家级高新区创新发展能力评价 [J]．科技管理研究，2017，37 (3)：75-83.

邓少军，焦豪，冯臻．复杂动态环境下企业战略转型的过程机制研究 [J]．科研管理，2011，32 (1)：60-67.

丁继锋．技术创新中路径依赖的成因及破解分析 [J]．技术经济与管理研究，2010 (5)：42-45.

丁云龙，远德玉．试析演化观中的技术创新问题 [J]．中国软科学，2001 (9)：79-82.

董锋，谭清美，周德群．多指标面板数据下的企业 R&D 能力因子分析 [J]．研究与发展管理，2009，21（3）：50－56.

董洁林，李晶．企业技术创新模式的形成及演化——基于华为、思科和朗讯模式的跨案例研究 [J]．科学学与科学技术管理，2013，34（3）：3－12.

董玉华．金融创新与基于价值管理战略 [J]．农村金融研究，2005（4）：6－10.

杜丹丽，曾小春．速度特征视角的我国高新技术企业创新能力动态综合评价研究 [J]．科研管理，2017，38（7）：44－53.

杜俊义，熊胜绪，王霞．中小企业动态能力对创新绩效的影响—基于环境动态调节效应 [J]．科技管理研究，2017（1）：25－31.

杜跃平，高雄，赵红菊．路径依赖与企业顺沿技术轨道的演化创新 [J]．研究与发展管理，2004，16（4）.

杜跃平，夏筱萌．基于技术轨道的制造企业服务化机理研究 [J]．科技进步与对策，2018，35（10）：94－99.

杜运周，贾良定．组态视角与定性比较分析（QCA）：管理学研究的一条新道路 [J]．管理世界，2017（6）：155－167.

方金城，朱斌，张岐山．基于三角白化权函数的企业创新能力评估及其实证研究 [J]．西南民族大学学报（人文社会科学版），2011，32（1）：101－104.

方金城，朱斌．标杆学习对企业主流与新流创新的影响 [J]．中国流通经济，2016，30（1）：104－113.

方敏，金春鹏，顾为东．大规模非并网风电产业体系图谱研究 [J]．资源科学，2009，31（11）：1870－1879.

方欣．企业战略管理 [M]．北京：科学出版社，2008.

冯军政．环境动荡性、动态能力对企业不连续创新的影响作用研究 [D]．浙江大学，2012.

冯宗宪，王青，侯晓辉．政府投入、市场化程度与中国工业企业的技术创新效率 [J]．数量经济技术经济研究，2011，28（4）：3－17＋33.

傅家骥．技术经济学科发展前沿问题探讨 [J]．科技和产业，2004，4（1）：18－20.

傅家骥. 技术经济学前沿问题 [M]. 北京：经济科学出版社，2003.

高传贵，辛杰. 企业文化对企业自主创新绩效的影响—组织学习能力的中介作用 [J]. 东岳论丛，2018，39（4）：68－75.

高建，魏平. 新兴技术的特性与企业的技术选择 [J]. 科研管理，2007，28（1）：47－52.

高伟凯，徐力行，魏伟. 中国产业链集聚与产业竞争力 [J]. 江苏社会科学，2010（2）：80－88.

葛立宇，王峰. 从产业政策到创新政策的制度基础——比较政治经济学视角的考察 [J]. 科技进步与对策，2018（9）：100－107.

耿楠. 基于产业国际竞争力的技术轨道演进机制与中国自主技术创新模式选择 [J]. 工业技术经济，2007，26（2）：99－101.

谷体芳，陈培安. 中国四大板块区域经济差异分析 [J]. 山东师范大学学报（自然科学版），2012，27（1）：81－84.

谷炜，杜秀亭，卫李蓉. 基于因子分析法的中国规模以上工业企业技术创新能力评价研究 [J]. 科学管理研究，2015，33（1）：84－87.

顾问君. 柯达：被 IT 击倒的巨人 [J]. 上海经济，2012（5）：25－26.

郭建. 论混沌状态下企业系统中混沌吸引子的确定 [J]. 现代商贸工业，2011（23）：277.

郭炬. 区域技术创新周期与经济周期的关系研究 [J]. 长春师范大学学报，2018，37（3）：73－76.

郭咸纲. 企业创新驱动模式 [M]. 北京：清华大学出版社，2005.

郭颖，朱东华，汪雪峰等. 科学技术可视化 [J]. 科学学与科学技术管理，2011，32（12）：36－44.

郭媛媛，冯玉强，刘鲁宁等. 企业文化对 ERP 消化吸收作用机理的多案例研究 [J]. 科研管理，2016，37（7）：89－96.

郭运桥. 钢铁工业 4.0 创新模式的设计与应用 [J]. 有色冶金设计与研究，2016，37（3）：23－25.

哈肯. 高等协同学 [M]. 郭治安译. 北京：科学出版社，1989.

哈肯. 协同学——大自然构成的奥秘 [M]. 凌复华译. 上海：上海译文出版社，2001.

韩晨，高山行. 战略柔性、战略创新和管理创新之间关系的研究 [J].

管理科学，2017，30（2）：16-26.

韩晶.中国高技术产业创新效率研究——基于SFA方法的实证分析［J］.
科学学研究，2010，28（3）：467-472.

韩楠.产业结构调整对环境污染影响的系统动力学仿真预测［J］.中国
科技论坛，2016（10）：53-58.

何巨峰，谢卫红.技术生态位与技术能力演化关系实证研究［J］.系统
工程，2008，26（5）：36-41.

何清华，王歌，谢坚勋等.建筑业低碳技术创新图谱分析及政策启示
［J］.科技管理研究，2016，36（9）：216-220.

何园，张峥.基于战略地图与系统动力学的技术创新能力模拟［J］.系
统管理学报，2016（1）：185-191.

和矛，李飞.行业技术轨道的形成及其性质研究［J］.科研管理，2006，
27（1）：35-39.

贺斌，袁晓玲，房玲.中国城市规模扩张与效率提升的协同发展［J］.
当代经济科学，2020，42（1）：120-134.

贺小刚，朱丽娜，杨婵等.经营困境下的企业变革："穷则思变"假说检
验［J］.中国工业经济，2017（1）：137-156.

宏智.经济机制小议［J］.社会科学研究，1982（1）：107.

洪进，洪嵩，赵定涛.技术政策、技术战略与创新绩效研究——以中国航
空航天器制造业为例［J］.科学学研究，2015，33（2）：195-204.

洪涛，魏熹，段传敏.还原海尔［J］.南风窗，2002（12）：35-38.

胡峰，陈勇.内部化技术转移的特点及对发展中国家的利弊分析［J］.
江西广播电视大学学报，2003（1）：24-26.

胡畔，于渤.中国制造企业技术跨越的现实困境及路径选择［J］.内蒙
古社会科学（汉文版），2017，38（3）：114-119.

胡畔.企业技术跨越过程中的创新能力演化机理研究［D］.哈尔滨工业
大学，2017.

胡赛全，詹正茂，钱悦等.战略性新兴产业发展的政策工具体系研究——基
于政策文本的内容分析［J］.科学管理研究，2013，31（3）：66-69.

胡运杰，邓燕妮.基于变异算子改进蚁群算法学习的模糊认知图［J］.
科学技术与工程，2018，18（7）：203-207.

黄萃，苏竣，施丽萍等．政策工具视角的中国风能政策文本量化研究 [J]．科学学研究，2011，29（6）：876 - 882.

黄海霞，陈劲．主要发达国家创新战略最新动态研究 [J]．科技进步与对策，2015，32（7）：102 - 105.

黄胜，周劲波，丁振阔．国际创业能力的形成、演变及其对绩效的影响 [J]．科学学研究，2015，33（1）：106 - 117.

黄中伟，孟秀兰，张胜男．后发企业技术创新模式选择模型研究——以浙江铭道公司实证分析为例 [J]．科技与管理，2016，18（1）：33 - 39.

霍慧智．京鄂皖苏等地创新驱动政策分析——基于内容分析法的探讨 [J]．科技进步与对策，2015（12）：114 - 118.

贾根良．进化经济学：开创新的研究程序 [J]．经济社会体制比较，1999（3）：67 - 72.

江兵，徐美波．基于三角模糊数及其接近度的小微企业创新能力评价 [J]．中国管理科学，2016，24（S1）：685 - 692.

江洪，张晓丹，杜妍洁．技术机会识别中企业匹配度探索性因子分析 [J]．知识管理论坛，2017，2（1）：9 - 21.

江小涓．中国推行产业政策中的公共选择问题 [J]．经济研究，1993（6）：3 - 18.

姜劲，徐学军．技术创新的路径依赖与路径创造研究 [J]．科研管理，2006，27（3）：36 - 41.

姜雅婷，柴国荣．安全生产问责制度的发展脉络与演进逻辑——基于169份政策文本的内容分析（2001 - 2015）[J]．中国行政管理，2017（5）：126 - 133.

蒋春燕．中国新兴企业自主创新陷阱突破路径分析 [J]．管理科学学报，2011，14（4）：36 - 51.

蒋国平．基于隐性知识创造的突破性技术创新机理研究 [D]．南开大学，2010.

蒋洋，鲁若愚．四川省大中型企业自主创新能力分析评价 [J]．软科学，2011，25（2）：89 - 93.

蒋玉石，康宇航．基于专利地图的技术创新可视化研究 [J]．科研管理，2013，34（10）：50 - 57.

焦豪，魏江，崔瑜．企业动态能力构建路径分析：基于创业导向和组织学习的视角 [J]．管理世界，2008 (4)：91 – 106.

金相郁．中国区域经济不平衡与协调发展 [M]．上海：上海人民出版社，2007.

孔伟杰．制造业企业转型升级影响因素研究——基于浙江省制造业企业大样本问卷调查的实证研究 [J]．管理世界，2012 (9)：120 – 131.

孔祥豆．上海市科技型企业创新能力评价与提升路径 [J]．科技与创新，2018 (16)：81 – 82.

库林特·辛格等．战略管理：竞争与全球化 [M]．张国萍等译．北京：机械工业出版社，2012.

李柏洲，董媛媛，赵刚．基于 SD 大型企业原始创新系统动态模型研究 [J]．科研管理，2011，32 (4)：26 – 36.

李勃昕，惠宁，周新生．企业创新陷阱的衍生逻辑及有效规避 [J]．科技进步与对策，2013，30 (20)：63 – 66.

李长青，张术丹．演化经济学的演化与企业技术创新分析的新思路 [J]．经济问题探索，2006 (10)：84 – 87.

李丹，王欣．政策工具视阈下中国创新驱动发展政策研究 [J]．中国科技论坛，2017，5 (7)：19 – 27.

李德毅，刘常昱．论正态云模型的普适性 [J]．中国工程科学，2004，6 (8)：28 – 34.

李冬花．基于技术轨道的企业产品创新战略研究 [D]．西安电子科技大学，2010.

李飞，王高，杨斌等．高速成长的营销神话——基于中国 10 家成功企业的多案例研究 [J]．管理世界，2009 (2)：138 – 151.

李海斌，王琼海．波士顿矩阵分析法的局限、修正及应用 [J]．科技创新导报，2009 (33)：199.

李红红，罗芳，韩婧雯．试论路径依赖形成原因的分析框架 [J]．中国集体经济，2014 (13)：62 – 66.

李怀祖，刘益．从技术生命周期看高技术及其产品的市场特点 [J]．科研管理，1993，14 (3)：31 – 33.

李建钢，李秉祥．创新型企业成长过程中创新演化的阶段特征及仿真模

拟 [J]. 运筹与管理，2015，24（3）：227 – 233.

李剑力 . 探索性创新、开发性创新与企业绩效关系研究 [M]. 北京：经济管理出版社，2010.

李金生，宋丹丹 . 技术范式演进下企业动态创新能力模型研究 [J]. 科技进步与对策，2016，33（11）：73 – 79.

李静 . 广西工业企业创新能力分析 [J]. 梧州学院学报，2019，29（1）：6 – 14.

李俊华 . 双元性组织——创新与平衡 [M]. 北京：经济科学出版社，2015.

李良成 . 政策工具维度的创新驱动发展战略政策分析框架研究 [J]. 科技进步与对策，2016，33（11）：95 – 102.

李培楠，赵兰香，万劲波 . 创新要素对产业创新绩效的影响——基于中国制造业和高技术产业数据的实证分析 [J]. 科学学研究，2014，32（4）：604 – 612.

李乾文 . 熊彼特的创新创业思想传播及其评述 [J]. 科学学与科学技术管理，2017，8（8）：76 – 81.

李仁芳，李建宏 . 是创新的两难，还是组织的两难：以柯达数位相机为例 [J]. 科技管理学刊，2012，17（2）：1 – 30.

李锐，鞠晓峰，刘茂长 . 基于自组织理论的技术创新系统演化机理及模型分析 [J]. 运筹与管理，2010，19（1）：145 – 151.

李素英，王贝贝，冯雯 . 基于 AHP-BP 的科技型中小企业创新能力评价研究——以京津冀创业板上市公司数据为样本 [J]. 会计之友，2017（24）：60 – 64.

李伟 . 以创新驱动"十三五"新常态 [J]. 新经济导刊，2016（3）：6 – 9.

李向东，马玉洁，汪丽云，刘青卓 . 企业产品规划技术路线图制定流程研究 [J]. 制造业自动化，2015，37（4）：57 – 63.

李学森，李占雷，刘颖辉，杨金廷 . 创新型企业创新能力传导路径研究 [J]. 科技和产业，2020，20（1）：63 – 68.

李雪凤，仝允桓，谈毅 . 技术路线图和技术路线图思维 [J]. 科学学与科学技术管理，2005，26（8）：26 – 28 + 59.

李丫丫，赵玉林 . 全球生物芯片产业技术发展阶段比较研究 [J]. 科技进步与对策，2016，33（10）：44 – 48.

李玉刚. 非核心技术创新战略——当前中国企业的一种战略选择 [J]. 中国工业经济，2001 (11)：18 – 21.

李玥，张雨婷，郭航，徐玉莲. 知识整合视角下企业技术创新能力评价 [J]. 科技进步与对策，2017，34 (1)：131 – 135.

李章吕. 论演绎法与新知 [J]. 科学咨询，2008 (11)：42.

李正卫. 技术动态性、组织学习与技术追赶：基于技术生命周期的分析 [J]. 科技进步与对策，2005，22 (7)：8 – 11.

李自珍，韩晓卓，李文龙. 具有生态位构建作用的种群进化动力学模型及其应用研究 [J]. 应用数学和力学，2006，27 (3)：293 – 299.

李佐军. 创新驱动要发挥好企业的主体作用 [J]. 中国民商，2016 (4)：9.

梁飞豹等. 应用统计方法 [M]. 北京：北京大学出版社，2010.

梁秀娟. 科学知识图谱研究综述 [J]. 图书馆杂志，2009 (6)：58 – 62.

廖开际，易聪. 基于 TRIZ 的企业技术创新能力评价模型 [J]. 软科学，2010，24 (10)：76 – 80.

林德格伦，C. R. S.，斯拉比，S. M. 四维画法几何学 [M]. 谢申鉴译. 北京：清华大学出版社，1981.

林文进，江志斌，余红旭. 基于案例研究的服务型制造管理框架应用分析 [J]. 工业工程与管理，2018，23 (6)：1 – 7 + 15.

林雪萍. 超越贸易战 "冷箭战" 是美国第二战场 [J]. 中国经济周刊刊，2018 (49)：71 – 73.

林云. 基于演化视角的内生技术创新 [J]. 预测，2008，27 (5)：45 – 48.

林智，吕铁. 技术范式与中国新兴技术的演进路径 [J]. 学习与探索，2013 (11)：79 – 85.

凌鸿，赵付春，邓少军. 双元性理论和概念的批判性回顾与未来研究展望 [J]. 外国经济与管理，2010，32 (1)：25 – 32.

刘昌年，马志强，张银银. 全球价值链下中小企业技术创新能力影响因素研究——基于文献分析视角 [J]. 科技进步与对策，2015，32 (4)：57 – 61.

刘昌年，梅强. 我国高技术企业基于技术轨道的自主创新能力提升途径研究 [J]. 科学管理研究，2006，24 (5)：5 – 8.

刘钒，邓明亮．国家高新区对外贸易、高新技术企业占比影响创新效率的实证研究 [J]．科技进步与对策，2019（24）：37－44.

刘飞鹏．基于 IPA 方法的三亚市游客满意度调查研究 [J]．陕西教育（高教），2013（Z2）：17－18.

刘峰，宋艳，黄梦璇等．新兴技术生命周期中的"峡谷"跨越——3G 技术的市场发展研究 [J]．科学学研究，2011，29（1）：64－71.

刘海兵，许庆瑞．后发企业战略演进、创新范式与能力演化 [J]．科学学研究，2018，36（8）：1142－1454.

刘建国．技术间断点及其障碍跨越分析 [J]．科技进步与对策，2013，30（1）：11－15.

刘利平，江玉庆，李金生．基于组合赋权法的企业技术创新能力评价 [J]．统计与决策，2017（13）：176－179.

刘楠．基于系统动力学的企业创新观点 [J]．科技与管理，2007，9（3）：18－20.

刘秋岭，张雷，徐福缘．技术系统多层级共同演化的动力机制 [J]．科学学与科学技术管理，2010（9）：9－14.

刘湘云，周铨翔．粤港澳大湾区技术创新效率评价研究——基于面板 SFA 随机前沿模型实证 [J]．科技管理研究，2020，40（7）：67－74.

刘艳春，韩孺眉，孙博文．基于 PCA-DEA 综合评价模型的大中型工业企业技术创新效率评价 [J]．技术经济，2013，32（8）：9－14＋74.

刘耀彬，白彩全，李政通等．环鄱阳湖城市体系规模结构变动——基于距离、规模、创新扩散的解释 [J]．经济地理，2015，35（4）：62－69.

刘友金，黄鲁成．技术创新与产业的跨越式发展——A—U 模型的改进及其应用 [J]．中国软科学，2001（2）：37－41.

刘则渊．科学知识图谱：方法与应用 [M]．北京：人民出版社，2007.

刘志华．区域科技协同创新绩效的评价及提升途径研究 [D]．湖南大学，2013.

刘志迎，谭敏．纵向视角下中国技术转移系统演变的协同度研究——基于复合系统协同度模型的测度 [J]．科学学研究，2012，30（4）：534－542.

刘自新．技术创新中的组织文化管理 [J]．科学学与科学技术管理，

2002，23（9）：49－51.

柳卸林．不连续创新的第四代研究开发：兼论跨越发展［J］．中国工业经济，2000（9）：53－58.

柳卸林．技术轨道和自主创新［J］．中国科技论坛，1997（2）：30－33.

鹿峰，李竞成．科技——经济系统协同度模型及实证分析：1998－2003［J］．太原理工大学学报（社会科学版），2007，25（3）：5－9.

吕玉辉．生态学视角下的企业技术创新生态域［J］．科技管理研究，2010（16）：189－191.

罗伯特·卡普兰，大卫·诺顿．战略地图——化无形资产为有形成果［M］．刘俊勇、孙薇译．广州：广东经济出版社，2005.

罗明新．创新战略与创新绩效实证研究—基于政治关联的调节作用［J］．技术经济与管理研究，2018（3）：44－54.

马超群，兰秋军，周忠宝．运筹学［M］．长沙：湖南大学出版社，2010.

马洁，王永伟，吴湘繁，刘胜春．新技术导入、组织惯例更新、企业竞争力研究——基于诺基亚、苹果案例对比研究［J］．科学学与科学技术管理，2016，34（3）：87－95.

马庆国．管理统计：数据获取、统计原理、SPSS 工具与应用研究［M］．北京：科学出版社，2002.

毛荐其，刘娜．技术生态对技术生成的作用研究［J］．科研管理，2015，2（36）：19－25.

毛荐其，余光胜，徐艳红．产品创新中的技术变异研究－交互式输入设备创新分析［J］．科技进步与对策，2014，13（31）：88－90.

毛荐其．技术创新进化原理、过程与模型［M］．北京：经济管理出版社，2006.

毛立军．企业创新衡量指标及实现途径［J］．特区实践与理论，2007（3）：48－50.

毛湛文．定性比较分析（QCA）与新闻传播学研究［J］．国际新闻界，2016，38（4）：6－25.

孟捷．熊彼特的资本主义演化理论，一个再评价［J］．中国人民大学学报，2003，2（2）：87－94.

孟庆松，韩文秀．科技—经济系统协调模型研究［J］．天津师大学报

（自然科学版），1998（4）：8-12.

缪苗. 基于全面创新管理视角的传统中小企业创新能力提升机制研究
[J]. 攀枝花学院学报，2010（4）：33-36.

宁连举，李萌. 基于因子分析法构建大中型工业企业技术创新能力评价
模型[J]. 科研管理，2011，32（3）：51-58.

牛海鹏，杨肖雅. 基于耦合协调度的孟州市农村居民点布局优化[J].
农业机械学报，2019，50（2）：153-162.

欧伟强，朱斌. 四维理论模型下主流与新流创新要素优化配置研究[J].
科技进步与对策，2018，35（18）：34-41.

潘教峰. 科学结构地图[M]. 北京：科学出版社，2010.

潘雄锋，刘凤朝. 中国区域工业企业技术创新效率变动及其收敛性研究
[J]. 管理评论，2010，22（2）：59-64.

潘雄锋，刘清，彭晓雪. 基于全局熵值法模型的我国区域创新能力动态
评价与分析[J]. 运筹与管理，2015，24（4）：155-162.

庞博慧. 中国生产服务业与制造业共生演化模型实证研究[J]. 中国管
理科学，2012，20（2）：176-183.

平力群. 技术经济范式转换与日本国家创新系统的重构[J]. 日本学刊，
2015（4）：70-92.

齐丽云，汪克夷，张芳芳等. 企业内部知识传播的系统动力学模型研究
[J]. 管理科学，2008，21（6）：9-20.

齐旭高，吕波. 产品创新视角下制造企业自主创新路径研究——基于多
案例的分析[J]. 科技进步与对策，2013，30（16）：85-90.

钱慧敏，何江，关娇. "智慧+共享"物流耦合效应评价[J]. 中国流
通经济，2019，33（11）：3-16.

乔治·泰奇. 研究与开发政策的经济学[M]. 苏竣，柏杰译. 北京：清
华大学出版社，2002.

秦德智，赵德森，姚岚. 企业文化、技术创新能力与企业成长——基于
资源基础理论的视角[J]. 学术探索，2015（7）：128-132.

秦海. 制度、演化与路径依赖：制度分析综合的理论尝试[M]. 北京：
中国财政经济出版社，2004.

秦辉，傅梅烂. 渐进性创新与突破性创新：科技型中小企业的选择策略

[J]. 软科学，2005，19（1）：78－80.

邱建华. 企业技术协同创新的运行机制及绩效研究——以铝企业为例 [D]. 中南大学，2013.

邱均平，邹菲. 关于内容分析法的研究 [J]. 中国图书馆学报，2004，30（2）：12－17.

任大帅，朱斌，史轩亚. 高层管理者风格对企业主流与新流创新影响实证研究 [J]. 中国科技论坛，2018（3）：91－99.

任大帅，朱斌. 主流创新生态系统与新流创新生态系统：概念界定及竞争与协同机制 [J]. 技术经济，2018，37（2）：28－38.

任锦鸾，顾培亮. 基于复杂系统理论的技术系统演化分析 [J]. 天津大学学报（社会科学版），2002，4（3）：228－232.

任露泉，梁云虹. 生物耦合生成机制 [J]. 吉林大学学报，2011，5（41）：1348－1357.

任宗强，吴志岩，许庆瑞. 技术创新能力的解构与动态演化：基于制造型企业的 SD 模型 [J]. 现代管理科学，2011（11）：3－5.

阮汝祥. 创新制胜 [M]. 北京：中国宇航出版社，2007：284－285.

邵强，林向义. 石油装备制造企业自主创新能力评价研究 [J]. 中国石油大学学报（社会科学版），2014，30（6）：6－10.

沈志渔，孙婧. 基于破坏性创新的新兴企业成长路径研究 [J]. 首都经济贸易大学学报，2014，16（1）：90－96.

盛昭瀚，蒋德鹏. 演化经济学 [M]. 上海：上海三联书店出版社，2002.

石俊国，郁培丽，孙广生. 颠覆性创新行为、消费者偏好内生与市场绩效 [J]. 系统管理学报，2017，26（2）：287－294.

石薛桥，齐晓秀. 山西上市公司技术创新能力评价——基于改进熵权 TOPSIS 法 [J]. 经济问题，2016（9）：112－115.

司海静. 中小企业技术创新选择研究 [D]. 郑州大学，2015.

宋程成. 领导人背景、商业联系与非营利组织理性化 [D]. 浙江大学，2017.

宋辉，倪自银. 显性化与隐性化商业技术创新的组织基础比较研究——以工业企业的节能减排为例 [J]. 科技管理研究，2015（18）：184－188.

宋艳，银路. 基于不连续创新的新兴技术形成路径研究 [J]. 研究与发展管理，2007，19（4）：31-35.

苏敬勤，崔淼．探索性与验证性案例研究访谈问题设计：理论与案例
[J]．管理学报，2011，8（10）：1428-1437.

苏敬勤，林海芬，李晓昂．产品创新过程与管理创新关系探索性案例研
究 [J]．科研管理，2013，34（1）：70-78.

苏敬勤，刘建华，王智琦等．颠覆性技术的演化轨迹及早期识别——以
智能手机等技术为例 [J]．科研管理，2016，37（3）：13-20.

眭纪刚，陈芳．范式转换期的企业能力积累与重构 [J]．科学学研究，
2015，33（2）：287-294.

孙冰．基于演化经济学的技术创新相关研究综述 [J]．管理评论，2011，
23（12）：56-62.

孙晖，尹子民．装备制造企业技术创新能力评价研究 [J]．辽宁工业大
学学报（自然科学版），2019，39（4）：260-265.

孙丽华．战略人力资源管理、企业文化对创新绩效的影响 [J]．国际商
务，2016（6）：137-147.

孙群英，曹玉昆．基于可拓关联度的企业绿色技术创新能力评价 [J]．
科技管理研究，2016，36（21）：62-67.

孙蕊，吴金希．我国战略性新兴产业政策文本量化研究 [J]．科学学与
科学技术管理，2015，36（2）：3-9.

谭敏．突破技术创新陷阱——创新二元性的前因、后果及调节 [D]．中
国科学技术大学，2014.

汤伟钢，李炅珉．技术范式创新周期与扩展的芝加哥范式 [J]．科技进
步与对策，2013，8（15）：10-13.

唐强荣，徐学军，何自力．生产性服务业与制造业共生发展模型及实证
研究 [J]．南开管理评论，2009，12（3）：20-26.

唐现杰，陈旭．企业自主创新能力的财务评价 [J]．财务与会计，2007
（20）：21-23.

滕吉文，赵彬彬．世界科技革命的机遇和自主创新的轨迹与以德为先振
兴中华 [J]．地球物理学进展，2015（2）：471-481.

田红娜，毕克新．基于自组织的制造业绿色工艺创新系统演化 [J]．科
研管理，2012，33（2）：18-25.

田志康，赵旭杰，童恒庆．中国科技创新能力评价与比较［J］．中国软科学，2008（7）：155-160.

Tushman，M. L.，O'Reilly，C. A. Ⅲ．创新制胜-领导组织的变革与振兴实践指南［M］．孙连勇等译．北京：清华大学出版社，1998.

万劲波．路线图方法的发展及其在创新管理中的应用［J］．科学学研究，2009，27（10）：1454-1459.

汪丁丁．知识沿时间和空间的互补性以及相关的经济学［J］．经济研究，1997（6）：70-77.

汪涛，谢宁宁．基于内容分析法的科技创新政策协同研究［J］．技术经济，2013，32（9）：22-28.

王传吉．基于波士顿矩阵的产品组合分析［J］．商，2015（35）：115.

王大洲，关士续．企业技术创新与制度创新的互动机制研究［J］．自然辩证法通讯，2001，23（1）：38-47.

王大洲，关士续．我国国有大中型企业技术创新与制度创新现状分析［J］．中国软科学，2000（4）：32-37.

王德保．公共技术平台分析、评价与规划的创新方法——产业链图谱技术关联性分析［J］．科技管理研究，2006，26（4）：222-224.

王德华，刘戒骄．国家创新系统中政府作用分析［J］．经济与管理研究，2015（4）：31-38.

王凤彬，江鸿，王璁．央企集团管控架构的演进：战略决定、制度引致还是路径依赖？——一项定性比较分析（QCA）尝试［J］．管理世界，2014（12）：92-114.

王洪利，冯玉强．基于云模型标度判断矩阵的改进层次分析法［J］．中国管理科学，2005（10）：32-37.

王洪庆，侯毅．中国高技术产业技术创新能力评价研究［J］．中国科技论坛，2017（3）：58-63.

王金红．案例研究法及其相关学术规范［J］．同济大学学报（社会科学版），2007，18（3）：87-95.

王立宏．企业技术创新路径依赖的演化分析［J］．山东社会科学，2013（3）：154-157.

王敏，辜胜阻．中国高技术产业技术创新能力的实证分析［J］．中国科技论坛, 2015 (3): 67-73.

王敏, 银路. 技术演化的集成研究及新兴技术演化 [J]. 科学学研究, 2008, 26 (3): 466-471.

王敏. 基于二元组织的企业颠覆性和维持性创新研究 [D]. 上海交通大学, 2009.

王其藩. 系统动力学 [M]. 北京: 清华大学出版社, 1994.

王喜文. 新产业政策 [M]. 北京: 新华出版社, 2017.

王霞, 黄鲁成. 基于 T-Plan 技术路线图的知识整合与产品创新研究 [J]. 情报科学, 2012, 30 (2): 259-263.

王旭阳. 合则两利, 斗则俱伤——中美经贸关系在摩擦中前行 [J]. 现代管理科学, 2018 (2): 54-56+93.

王耀德. 从技术进化论看技术创新 [J]. 理论学刊, 2008 (12): 74-77.

王毅. 我国企业复杂技术创新能力研究: 基于三维模型的成长路径 [J]. 管理工程学报, 2011, 25 (4): 203-212.

王颖. 高新技术企业成熟期业绩评价指标体系研究 [D]. 中国地质大学, 2009.

王永伟, 马洁. 基于组织惯例、行业惯例视角的企业技术创新选择研究 [J]. 南开管理评论, 2011, 14 (3): 85-90.

王志玮, 叶凌峰, 吴清等. 转型经济下破坏性技术创业及其合法性演化研究——MX 公司纵向案例分析 [J]. 科学学与科学技术管理, 2018, 39 (8): 100-114.

王忠福. 城市居民旅游环境影响与社会文化影响感知问卷量表的开发 [J]. 管理评论, 2011, 23 (8): 36-45.

王子龙, 谭清美, 许箫迪. 企业集群共生演化模型及实证研究 [J]. 中国管理科学, 2006, 14 (2): 141-148.

卫晶和. 四维画法几何学 [M]. 重庆: 重庆大学出版社, 1989.

魏江. 企业技术能力研究的发展与评述 [J]. 科学管理研究, 2000, 18 (10): 20-23+33.

温桂兵. 技术战略与企业竞争优势研究 [D]. 天津大学, 2005.

文华. 乡镇政府压力研究文献综述——基于 NVivo11.0 的关键词分析

[J]. 改革与开放, 2017 (7): 73 – 75.

吴赐联, 朱斌. 基于 FCM 的企业主流与新流创新动态绩效评价 [J]. 科研管理, 2019, 40 (11): 111 – 122.

吴航. 动态能力的维度划分及对创新绩效的影响——对 Teece 经典定义的思考 [J]. 管理评论, 2016 (3): 76 – 83.

吴佳音, 朱斌. 中小企业复杂性创新机理研究 [J]. 科技进步与对策, 2011, 1 (28): 88 – 92.

吴明隆. 结构方程模型: AMOS 的操作与应用 [M]. 重庆: 重庆大学出版社, 2009: 212 – 213.

吴巧生, 成金华, 苏晓燕. "路径依赖理论" 与企业核心竞争力 [J]. 科技进步与对策, 2001, 18 (7): 23 – 24.

吴伟伟, 于渤, 吴冲. 基于技术生命周期的企业技术管理能力评价研究 [J]. 科学学与科学技术管理, 2012, 33 (5): 115 – 121.

吴晓波, 耿帅. 区域集群自稔性风险成因分析 [J]. 经济地理, 2003, 23 (6): 726 – 730.

吴晓波. 大败局 (修订版) [M]. 杭州: 浙江人民出版社, 2007.

吴晓波. 二次创新的进化过程 [J]. 科研管理, 1995, 16 (2): 27 – 35

武光, 欧阳桃花, 姚唐. 战略性新兴产业情境下的企业商业模式动态转换: 基于太阳能光伏企业案例 [J]. 管理评论, 2015, 27 (11): 217 – 230.

武兰芬. 专利视角下美国云计算技术发展研究及启示 [J]. 科学管理研究, 2014 (2): 113 – 116.

武瑞娟, 王承璐, 杜立婷. 沉没成本、节俭消费观和控制动机对积极消费行为影响效应研究 [J]. 南开管理评论, 2012, 15 (5): 114 – 128.

习近平. 在十八届中央政治局第九次集体学习时的讲话 [N]. 人民日报, 2013 – 9 – 30.

夏保华. 技术间断, 技术创新陷阱与战略技术创新 [J]. 科学学研究, 2001, 19 (4): 81 – 86.

夏保华. 企业持续技术创新: 本质、动因和管理 [J]. 科学技术与辩证法, 2003 (2): 78 – 80.

夏若江, 徐承志, 黄聘. 基于行业技术轨道差异性的创新机会分布特征

研究 [J]. 科技进步与对策, 2010, 27 (24): 5 – 11.

夏志琼. 让"市场导向"取代"技术导向" [J]. 管理与财富, 2001 (8): 77.

向东. 普赖斯逻辑增长律的证明与推论 [J]. 科学学与科学技术管理, 1987 (6): 13 – 18.

向永胜, 魏江, 郑小勇. 多重嵌入对集群企业创新能力的作用研究 [J]. 科研管理, 2016, 37 (10): 102 – 111.

肖黎明, 杨赛楠. 生态文明视域下资源型区域技术创新能力评价 [J]. 科技管理研究, 2016, 36 (16): 250 – 255.

肖岳峰, 张敏. 第三方物流企业服务创新能力浅析 [J]. 商场现代化, 2008 (3): 114.

谢家平, 刘宇熹. 管理运筹学—管理科学方法 (第二版) [M]. 北京: 中国人民大学出版社, 2014.

邢斐, 董亚娇. 企业产品多样化对研发补贴政策绩效的影响 [J]. 科学学研究, 2017 (9): 92 – 99.

熊鸿儒, 吴贵生, 王毅. 基于市场轨道的创新路径研究——以苹果公司为例 [J]. 科学学与科学技术管理, 2013 (7): 124 – 132.

熊鸿儒, 吴贵生, 王毅. 市场轨道理论溯源: 技术轨道与市场颠覆 [J]. 技术经济, 2012, 31 (7): 7 – 13.

徐崇温. 中国道路与科技创新战略 [J]. 求索, 2016 (10): 4 – 12.

徐浩鸣, 徐建中, 康姝丽. 中国国有电子通信设备制造业系统协同度模型及实证分析 [J]. 工业技术经济, 2003 (2): 43 – 46.

徐娟. 技术多元化、核心技术能力与企业绩效——来自新能源汽车行业上市公司的面板数据 [J]. 经济管理, 2016, 38 (12): 74 – 88.

徐力行, 高伟凯. 产业创新与产业协同 – 基于部门间产品嵌入式创新流的系统分析 [J]. 中国软科学, 2007 (6): 131 – 134.

徐萌萌, 张攀, 吴建南. 基于重要性 – 绩效分析的创新驱动发展战略实施重点任务识别研究——以西安为例 [J]. 中国科技论坛, 2017 (11): 28 – 35.

徐学军, 唐强荣, 樊奇. 中国生产性服务业与制造业种群的共生——基于 Logistic 生长方程的实证研究 [J]. 管理评论, 2011, 23 (9):

152 - 159.

许晖，邓伟升，冯永春等. 品牌生态圈成长路径及其机理研究——云南白药 1999 ~ 2015 年纵向案例研究 [J]. 管理世界，2017 (6)：122 - 140.

许敏，谢玲玲. 基于 DEA 的我国大中型工业企业技术创新效率评价研究 [J]. 科学管理研究，2012，30 (3)：74 - 76.

许庆瑞，吴志岩，陈力田. 转型经济中企业自主创新能力演化路径及驱动因素分析——海尔集团 1984 ~ 2013 年的纵向案例研究 [J]. 管理世界，2013 (4)：121 - 134 + 188.

许庆瑞，朱凌，王方瑞. 从研发——营销的整合到技术创新——市场创新的协同 [J]. 科研管理，2006 (2)：22 - 28.

许庆瑞. 全面创新管理—理论与实践 [M]. 北京：科学出版社，2007.

许庆瑞. 研究、发展与技术创新管理 [M]. 北京：高等教育出版社，2000.

许婷，杨建君. 企业间信任、合作模式与合作创新绩效 [J]. 华东经济管理，2017，31 (12)：35 - 43.

许小年. 创新何需高科技 [J]. 财新周刊，2016 (40)：8.

严汉平. 斯密、马克思、熊彼特经济发展理论比较研究 [J]. 中南财经政法大学学报，2003 (2)：37 - 43.

严进，殷群. 企业自主创新能力三大研究热点述评 [J]. 江苏社会科学，2014 (6)：260 - 266.

杨春，于婷婷. 中国制造业企业管理创新能力研究 [J]. 工业技术经济，2019，38 (7)：114 - 118.

杨绩，高长春. 创新：一种基于主动变异的演化博弈策略 [J]. 天津商学院学报，2006，6 (26)：7 - 11.

杨丽君. 基于组织惯例视角的企业技术创新选择 [J]. 企业经济，2015，1 (14)：58 - 62.

杨梅. 企业技术创新能力评价指标体系构建研究 [J]. 科技进步与对策，2012，29 (7)：139 - 141.

杨薇，栾维新. 政策工具 - 产业链视角的中国海洋可再生能源产业政策研究 [J]. 科技管理研究，2018 (10)：36 - 43.

杨勇华. 演化经济学视角下的技术创新机制与政策研究 [M]. 北京：社会科学文献出版社，2015.

杨玉秀．演化经济视角下的企业创新分析［J］．社科纵横，2007，22（8）：59 – 61.

姚明明，吴晓波，石涌江等．技术追赶视角下商业模式设计与技术创新战略的匹配——一个多案例研究［J］．管理世界，2014（10）：149 – 162.

姚志坚，吴翰，程军．技术创新 AU 模型研究进展及展望［J］．科研管理，1999，20（4）：28 – 13.

姚志坚．技术跨越的理论与实证［M］．北京：科学出版社，2005.

叶宝忠．基于 BP 神经网络的企业技术创新能力综合评价体系研究［J］．中国社会科学院研究生院学报，2013（2）：32 – 36.

叶金国．技术创新与产业系统的自组织演化及演化混沌［D］．天津大学，2003.

叶琼，李绍稳，张友华等．云模型及应用综述［J］．计算机工程与设计，2011，32（12）：4198 – 4201.

叶雯．破坏性创新扩散路径及其效应研究［D］．南开大学，2009.

易先忠，彭炳忠．"两型技术"生成机制与培育体制［J］．湖南社会科学，2010（3）：40 – 43.

殷俊杰．企业联盟组合管理能力对合作创新绩效的影响机制研究［D］．电子科技大学，2018.

尤莉．三问技术路线图：是什么、做什么、如何做［J］．创新科技，2013（3）：18 – 20.

余序江，许志义，陈泽义．技术管理与技术预测［M］．北京：清华大学出版社，2008.

俞立平．企业性质与创新效率——基于国家大中型工业企业的研究［J］．数量经济技术经济研究，2007（5）：108 – 115.

袁勇志，周可真．企业家对创新流的管理［C］．东北老工业基地振兴与管理现代化研讨会暨中国企业管理研究会 2004 年年会论文集，2004.

臧树伟，胡左浩．动态能力视角下的企业转型研究：从市场驱动到驱动市场［J］．科学学与科学技术管理，2017，38（12）：84 – 96.

翟运开．面向企业创新的区域创新平台及其结构模型研究［J］．当代经济管理，2010（3）：62 – 67.

湛军，王照杰．供给侧结构性改革背景下高端服务业创新能力与绩效——基于整合视角的实证研究 ［J］．经济管理，2017，39（6）：53 - 68.

张驰，郑晓杰，王凤彬．定性比较分析法在管理学构型研究中的应用：述评与展望 ［J］．外国经济与管理，2017，39（4）：68 - 83.

张大鹏，孙新波，钱雨．领导风格与组织创新战略导向匹配对企业转型升级的影响 ［J］．技术经济，2017，36（3）：79 - 88.

张方华，陶静媛．企业内部要素协同与创新绩效的关系研究 ［J］．科研管理，2016，37（2）：20 - 28.

张凤武．基于核心竞争力的企业技术创新决策系统研究 ［J］．科技管理研究，2005，25（3）：50 - 51 +112.

张福增．四维哲学的几个基本问题 ［J］．山西大学学报（哲学社会科学版），2003，26（4）：4 - 9.

张国强．企业技术创新动力机制研究 ［D］．西安科技大学，2010.

张海丰．技术变迁与制度变迁中的路径依赖理论及其超越 ［J］．开发研究，2015（4）：71 - 74.

张海锋，张卓．技术生命周期阶段特征指标构建及判定 ［J］．技术经济，2018（2）：108 - 112.

张和平，张承谦，罗家发．技术进步型企业运行机制研究 ［J］．合肥工业大学学报（社会科学版），2003（6）：39 - 46.

张洪石．突破性创新及其组织 ［M］．北京：知识产权出版社，2013.

张吉昌，谢少东，蒋峦．我国产业技术创新战略联盟研究进展——基于CSSCI（2007—2016 年）期刊论文的科学计量分析 ［J］．科技与经济，2018（6）：26 - 30.

张建宇．企业探索性创新与开发性创新的资源基础及其匹配性研究 ［J］．管理评论，2014，26（11）：88 - 98.

张敬文．企业战略网络演化机理研究 ［M］．北京：经济管理出版社，2013.

张军，龚建立．企业如何实施持续创新 ［J］．软科学，2002（1）：74 - 77.

张军，金露．企业动态能力形成路径研究——基于创新要素及创新层次迁移视角的案例研究 ［J］．科学学研究，2011，29（6）：939 - 948.

张军，许庆瑞，张素平．动态环境中企业知识管理与创新能力关系研究

［J］．科研管理，2014，35（4）：59－67．

张军，许庆瑞．企业知识积累与创新能力演化间动态关系研究——基于系统动力学仿真方法［J］．科学学与科学技术管理，2015（1）：128－138．

张俊娟，李景峰．基于时间与空间互补性的企业知识演进分析［J］．科技进步与对策，2010，27（9）：123－127．

张蕾．中国创新驱动发展路径探析［J］．重庆大学学报（社会科学版），2013，19（4）：107－111．

张立超，刘怡君．技术轨道的跃迁与技术创新的演化发展［J］．科学学研究，2015，33（1）：137－145．

张丽娟，石超英．韩国国家创新体系的特点及启示［J］．世界科技研究与发展，2014，36（1）：89－92．

张璐，齐二石，长青．基于CNKI数据库的我国管理创新方法研究知识图谱［J］．科技进步与对策，2015，32（13）：26－32．

张敏．企业自主创新动力系统协同度测度模型及实证分析［J］．工业技术经济，2011（5）：69－74．

张培富，李艳红．技术创新过程的自组织进化［J］．科学管理研究，2000（6）：1－4．

张鹏，王娟．全球生产网络中国产业升级结构封锁效应及突破［J］．科学学研究，2016，34（4）：520－527＋557．

张晓明．基于粗糙集－AHM的装备制造业企业创新能力评价指标权重计算研究［J］．中国软科学，2014（6）：151－158．

张艳芬，范雪晖，刘莹．空间环境对生物遗传物质的影响［J］．生物学通报，2009，44（6）：9－10．

张燕航．基于技术轨道视角的技术创新演化机制研究［J］．科技进步与对策，2015，32（11）：10－14．

张燕丽．基于模糊认知图的动态系统的建模与控制［D］．大连理工大学，2012．

张玉臣，李晓桐．中国高新技术改造传统产业企业技术创新效率测算及其影响因素——基于超越对数随机前沿模型的实证分析［J］．技术经济，2015，34（3）：18－26＋111．

张玉明，段升森．中小企业成长能力评价体系研究［J］．科研管理，
　　2012，33（7）：98 – 105．

张煜，龙勇．技术集成下模块化产品创新实现路径研究［J］．科技进步
　　与对策，2018，35（13）：110 – 117．

张泽一．自主创新：引领北京的高端发展内生增长［J］．兰州学刊，
　　2014（1）：113 – 118．

张宗益，周勇，钱灿，赖德林．基于 SFA 模型的我国区域技术创新效率
　　的实证研究［J］．软科学，2006（2）：125 – 128．

章仁俊，王俊峰．中国工业企业自主创新效率评价：基于 DEA 方法的研
　　究［J］．中国科技论坛，2010（5）：52 – 57．

赵晶，李林鹏，和雅娴．群团改革对企业创新的影响［J］．管理世界，
　　2019，35（12）：152 – 163 + 189．

赵立龙，魏江．制造企业服务创新战略与技术能力的匹配——华为案例
　　研究［J］．科研管理，2015（5）：118 – 126．

赵涛，于晨霞，潘辉．我国低碳城市发展影响机制研究——基于 35 个副
　　省级以上城市样本的实证分析［J］．经济问题，2017（8）：111 –
　　116．

赵文彦，曾月明．创新型企业创新能力评价指标体系的构建与设计［J］．
　　科技管理研究，2011，31（1）：14 – 17 + 9．

赵湘莲，刘玎琳．企业 R&D 能力与绩效协调发展比较研究［J］．软科
　　学，2013，27（9）：47 – 50 + 59．

赵晓庆，许庆瑞．企业技术能力演化的轨迹［J］．科研管理，2002，23
　　（1）：70 – 76．

赵欣，吴晓春，王然良．江苏省绿色建筑产业发展研究［J］．建设科技，
　　2014（16）：33 – 36．

赵玉林．创新经济学［M］．北京：中国经济出版社，2006．

郑长江，谢富纪，崔有祥．技术差距、制度差异与技术赶超路径分析
　　［J］．软科学，2017（6）：1 – 5．

郑姝敏．产业升级视角下产品质量提升路径研究［J］．闽南师范大学学
　　报（哲学社会科学版），2016，30（1）：51 – 57．

郑小雪．面向网络舆情的政府知识管理关键问题研究［D］．福州大

学，2015.

郑燕，张术丹，魏哲研等.企业技术创新的演化分析框架［J］.科技管理研究，2007，27（8）：18－21.

钟巍，王淑梅，彭咏梅.我国装备制造业技术创新能力评价指标体系构建研究［J］.经营与管理，2018（9）：74－77.

钟永光，贾晓菁，钱颖.系统动力学（第2版）［M］.北京：科学出版社，2013.

钟玉芳.企业技术创新系统协同度评价研究—以铝企业为例［D］.中南大学，2008.

朱斌，陈巧平.企业主流与新流创新系统研究［J］.哈尔滨学院学报，2015，36（5）：43－46.

朱斌，陈艳华，陈丽霞.企业主流与新流创新演进机理研究——中兴通讯和无锡尚德创新演进案例分析［J］.科技进步与对策，2018，35（1）：88－95.

朱斌，欧伟强.基于系统动力学的企业主流与新流创新动态演进研究［J］.科技进步与对策，2017a（1）：66－74.

朱斌，欧伟强.主流与新流创新演进的四维理论模型构建及其应用研究［J］.中国科技论坛，2017b（2）：17－24.

朱斌，吴赐联.主流创新与新流创新协同性研究——福建海源自动化机械有限公司的创新管理案例［J］.科技进步与对策，2016，33（12）：86－91.

朱斌，吴佳音.自主创新进程探索：主流与新流的动态演进—基于福建省两家制造型企业的案例研究［J］.科学学研究，2011，29（9）：1389－1396.

朱斌.中小企业自主创新道路探索［M］.北京：社会科学文献出版社，2016.

朱兵，王文平，王为东.企业文化、组织学习对企业创新绩效的影响［J］.软科学，2010，24（1）：65－69.

朱忠孝，邹成效.绿色社会技术的生成机理分析——兼与自然技术生成的比较［J］.自然辩证法通讯，2010，6（190）：69－75.

卓越，张珉.全球价值链中的收益分配与"悲惨增长"——基于中国纺

织服装业的分析 [J]. 中国工业经济，2008（7）：131 – 140.

宗蕴璋，方文辉. 企业技术创新能力的演化分析——基于知识的视角
　　[J]. 经济管理，2007，29（22）：64 – 68.

邹波，郭峰，郭津毓等. 市场波动下吸收能力与创新绩效的动态演化
　　[J]. 科学学与科学技术管理，2015，36（8）：118 – 127.

邹成效. 技术生成的分析 [J]. 自然辩证法研究，2004，3（20）：82 – 85.

Abernathy, W. J. , Utterback, J. M. Patterns of Industrial Innovation [J].
　　Technology Review, 1978, 80（7）: 40 – 47.

Afriat, S. N. Efficiency Estimation of Production Functions [J]. International
　　Economic Review, 1972, 13（3）: 568 – 598.

Agarwal, R. , Selen, W. Dynamic Capability Building in Service Value Net-
　　works for Achieving Service Innovation [J]. Decision Sciences, 2009,
　　40（3）: 431 – 475.

Aigner, D. , Lovell, C. A. L. , Schmidt, P. Formulation and Estimation of
　　Stochastic Frontier Production Function Models [J]. Journal of Economet-
　　rics, 1997, 6（1）: 21 – 37.

Ambrosini, V. , Bowman, C. What Are Dynamic Capabilities and Are They a
　　Useful Construct in Strategic Management? [J]. International Journal of
　　Management Reviews, 2010, 11（1）: 29 – 49.

Anderson, P. , Tushman, M. L. Technological Discontinuities and Dominant
　　Designs: A Cyclical Model of Technological Change [J]. Administrative
　　Science Quarterly, 1990, 35（4）: 604 – 633.

Arrow, K. , Bolin, B. , Costanza, R. , et al. Economic Growth, Carrying
　　Capacity, and the Environment [J]. Science, 1995, 268（5210）:
　　520 – 521.

Arthur, W. B. Competing Technologies, Increasing Returns, and Lock-In by
　　Historical Event [J]. Economic Journal, 1989, 99（394）: 116 – 131.

Artz, K. W. , Norman, P. M. , Hatfield, D. E. , et al. A Longitudinal Study
　　of the Impact of R&D, Patents, and Product Innovation on Firm Perform-
　　ance [J]. Journal of Product Innovation Management, 2010, 27（5）:
　　725 – 740.

Ashtianipour, Z. , Zandhessami, H. An Integrated ISM-DEMATEL Model for Evaluation of Technological Innovation Capabilities Impact on the Competitiveness of Small&Medium Size Enterprises (SMEs) [C]. Portland International Conference on Management of Engineering and Technology. IEEE, 2015.

Atoche, C. Capability Lifecycles: An Insight from the Innovation Capability Evolution in Emerging Economies [J]. Innovation & Development, 2007, 1 (2): 326 –327.

Augier, M. , Teece, D. J. Dynamic Capabilities and the Role of Managers in Business Strategy and Economic Performance [J]. Organization Science, 2009, 20 (2): 410 –421.

Axelrod, R. Structure of Decision: The Cognitive Maps of Political Clites [M]. Princeton University Press, 1976.

Ayres, R. U. Barriers and Breakthroughs: An "Expanding Frontiers" Model of the Technology-Industry Life Cycle [J]. Technovation, 1988, 7 (2): 87 –115.

Badguerahanian, L. , Abetti, P. A. The Rise and Fall of the Merlin-Gerin Foundry Business: A Case Study in French Corporate Entrepreneurship [J]. Journal of Business Venturing, 1995, 10 (16): 477 –493.

Bannistter, G. , Stolp, C. Regional Concentration and Efficiency in Mexican Manufacturing [J]. European Journal of Operational Research, 1995, 80 (3): 672 –690.

Battese, G. E. , Coelli, T. J. A Model for Technical Inefficiency Effects in a Stochastic Frontier Production Function for Panel Data [J]. Empirical Economics, 1995, 20 (2): 325 –332.

Bauer, M. , Leker, J. Exploration and Exploitation in Product and Process Innovation in the Chemical Industry [J]. R&D Management, 2013, 43 (3): 196 –212.

Bedford, D. S. Management Control Systems across Different Modes of Innovation: Implications for Firm Performance [J]. Management Accounting Research, 2015, 28 (12): 12 –30.

Benner, M. J. , Tushman, M. L. Exploitation, Exploration, and Process Management: The Productivity Dilemma Revisited [J]. Academy of Management Review, 2003, 28 (2): 238 – 256.

Benner, M. J. , Tushman, M. L. Process Management and Technological Innovation: A Longitudinal Study of the Photography and Paint Industries [J]. Administrative Science Quarterly, 2002, 47 (4): 676 – 707.

Benner, M. J. , Tushman, M. L. Reflections on the 2013 Decade Award—"Exploitation, Exploration, and Process Management: The Productivity Dilemma Revisited" Ten Years Later [J]. Academy of Management Review, 2015, 40 (4): 497 – 514.

Blomström, M. , Sjöholm, F. Technology Transfer and Spillovers: Does Local Participation with Multinationals Matter? [J]. European Economic Review, 1999, 43 (4 – 6): 915 – 923.

Bood, R. Leading the Innovation [EB/OL]. 2012. [2016. 1. 11] http://www. iclif. org/leading-business-innovation/.

Bot, S. D. Process Ambidexterity for Entrepreneurial Firms [J]. Technology Innovation Management Review, 2012 (4): 21 – 27.

Bourgeois, L. J. On the Measurement of Organizational Slack [J]. Academy of Management Review, 1981, 6: 29 – 39.

Bower, J. L. Managing the Resource Allocation Process [M]. Cambridge, MA: Harvard University Press, 1970.

Brantle, T. F. , Fallah, M. H. Complex Knowledge Networks and Invention Collaboration [M]. Berlin: Springer, 2011.

Brix, J. , Peters, L. S. The Performance-Improving Benefits of a Radical Innovation Initiative [J]. International Journal of Productivity & Performance Management, 2015, 64 (3): 356 – 376.

Buller, P. F. , Napier, N. K. , McEvoy, G. M. Popular Prescriptions: Implications for HR in the 1990s [J]. Human Resource Management, 1991, 30 (2): 259 – 267.

Bums, T. E. , Stalker, G. M. The Management of Innovation [M]. Oxford University Press, 1961.

Burg, E. V. , Jager, S. D. , Reymen, I. M. M. J. , et al. Design Principles for Corporate Venture Transition Processes in Established Technology Firms [J]. R&D Management, 2012, 42 (5): 455 –472.

Burgelman, E. A. Intraorganizational Ecology of Strategy Making and Organizational Adaptation: Theory and Field Research [J]. Organization Science, 1991 (2): 239 –262.

Burgelman, R. A. , Christensen, C. M. , Wheelwright, S. C. Strategic Management of Technology and Innovation [M] . New York: Mc Graw-Hill Inc, 1996.

Carlos, E. A. K. Capability Lifecycles: An Insight from the Innovation Capability Evolution in Emerging Economies [J]. Innovation & Development, 2007, 1 (2): 326 –327.

Chang, H. J. Kicking Away the Ladder: Development Strategy in Historical Perspective [M]. London: Anthem Press, 2002.

Charnes, A. , Cooper, W. W. , Rhodes, E. Measuring the Efficiency of Decision Making Units [J] . European Journal of Operational Research, 1978, 2 (6): 429 –444.

Chen, H. S. , Tsai, B. K. , Hsieh, C. M. The Effects of Perceived Barriers on Innovation Resistance of Hydrogen-Electric Motorcycles [J]. Sustainability, 2018, 10 (6): 1 –15.

Cherniss, C. , Caplan, R. D. A Case Study in Implementing Emotional Intelligence Programs in Organizations [J]. Journal of Organizational Excellence, 2001, 21 (1): 73 –85.

Christensen, C. M. The Innovator's Dilemma [M]. Boston: Harvard Business School Press, 1997.

Claudy, M. C. , Peterson, M. , Pagell, M. The Roles of Sustainability Orientation and Market Knowledge Competence in New Product Development Success [J] . Journal of Product Innovation Management, 2016, 33 (S1): 72 –85.

Coccia, M. The Theory of Technological Parasitism for the Measurement of the Evolution of Technology and Technological Forecasting [J]. Technological

Forecasting and Social Change, 2019, 141 (4): 289 – 304.

Cohen, W. M. , Levinthal, D. A. Absorptive Capacity: A New Perspective on Learning and Innovation [J]. Strategic Learning in a Knowledge Economy, 1990, 35 (1): 39 – 67.

Collins, J. , Porras, J. Organizational Vision and Visionary Organizations [J]. California Management Review, 2008, 50 (2): 117 – 137.

Crilly, D. Predicting Stakeholder Orientation in the Multinational Enterprise: A Mid-Range Theory [J]. Journal of International Business Studies, 2011, 42 (5): 694 – 717.

Cronbach, L. J. Coefficient Alpha and the Internal Structure of Tests [J]. Psychometrika, 1951, 16 (3): 297 – 334.

Damanpour, F. , Gopalakrishnan, S. Dynamics of Adoption of Product and Process Innovations in Organizations [J] . Journal of Management Studies, 2001, 38 (1): 45 – 65.

Daria, P. , Eric, K. S. , Monika, P. , et al. Developing a Competency Model for Open Innovation [J]. Management Decision, 2018, 56 (6): 1306 – 1335.

David, P. A. Clio and the Economics of Qwerty [J]. American Economic Review, 1985, 75 (2): 332 – 337.

Dawkins, R. Evolution from Molecules to Men [M]. Cambridge: Cambridge University Press, 1983.

Desai, A. V. India's Technological Capability: An Analysis of Its Achievements and Limits [J]. Research Policy, 1984, 13 (5): 303 – 310.

Dickerso, J. A. , Kosko, B. Virtual Worlds as Fuzzy Cognitive Maps [C]. In: IEEE Virtual Reality International Symposium. IEEE Computer Society, 1993: 471 – 477.

Dikmen, I. , Birgonul, M. T. , Artuk, S. U. Integrated Framework to Investigate Value Innovations [J] . Journal of Management in Engineering, 2005, 21 (2): 81 – 90.

Dolfsma, W. , Leydesdorff, L. Lock-in and Break-out from Technological Trajectories: Modeling and Policy Implications [J]. Technological Forecasting & Social Change, 2009, 76 (7): 932 - 941.

Dosi, G. Sources, Procedures, and Microeconomic Effects of Innovation [J]. Journal of Economic Literature, 1988, 26 (3): 1120 - 1171.

Dosi, G. Technological Paradigms and Technological Trajectories: A Suggested Interpretation of the Determinants and Directions of Technical Change [J]. Research Policy, 1982, 11 (3): 147 - 162.

Drevno, A. Policy Tools for Agricultural Nonpoint Source Water Pollution Control in the U. S. and E. U. [J]. Management of Environmental Quality an International Journal, 2016, 27 (2): 106 - 123.

Dunn, M. J., Harnden, B. M. Interface of Marketing and R&D Personnel in the Product Innovation Stream [J]. Journal of the Academy of Marketing Science, 1975, 3 (1): 20 - 33.

Eisenhardt, K. M. Building Theory From Case Study Research [J]. Academy of Management Review, 1989, 14 (4): 532 - 550.

Ettlie, J. E., Pavlou, P. A. Technology-Based New Product Development Partnerships [J]. Decision Sciences, 2006, 37 (2): 117 - 147.

Fiss, P. C. Building Better Causal Theories: A Fuzzy Set Approach to Typologies in Organization Research [J]. Academy of Management Journal, 2011, 54 (2): 393 - 420.

Forrester, J. W., Collins, J. F. Urban Dynamics [M]. Cambridge, MA: MIT Press, 1969.

Forrester, J. W. Industrial Dynamics [M]. Cambridge, MA: MIT Press, 1961.

Forrester, J. W. Principles of Systems [M]. Cambridge, MA: Wright-Allen press, 1976.

Foster, R. N. Working the S-Curve: Assessing Technological Threats [J]. Research Management, 1986 (7): 17 - 22.

Fransman, M., King, K. Technological Capability in the Third World [M]. London: Macmillan, 1984.

Frederiksen, L., Davies, A. Vanguards and Ventures: Projects as Vehicles for Corporate Entrepreneurship [J]. International Journal of Project Management, 2008, 26 (5): 487 - 496.

Fulop, L. Middle Managers: Victims or Vanguards of the Entrepreneurial Movement? [J]. Journal of Management Studies, 1991, 28 (1): 25 – 44.

Gassmann, O., Widenmayer, B., Zeschky, M. Implementing Radical Innovation in the Business: the Role of Transition Modes in Large Firms [J]. R&D Management, 2012, 42 (2): 120 – 132.

Geiger, S. W., Makri, M. Exploration and Exploitation Innovation Processes: The Role of Organizational Slack in R&D Intensive Firms [J]. Journal of High Technology Management Research, 2006, 17 (1): 97 – 108.

Geum, Y., Lee, S., Kang, D., et al. Technology Roadmapping for Technology-Based Product-Service Integration: A Case Study [J]. Journal of Engineering and Technology Management, 2011, 28 (3): 128 – 146.

Ghemawat, P., Costa, J. The Organizational Tension between Static and Dynamic Efficiency [J]. Strategic Management Journal, 1993, 14 (52): 59 – 73.

Gnyawali, D. R., Grant, J. H. Enhancing Corporate Venture Performance through Organizational Learning [J]. International Journal of Organizational Analysis, 1997, 5 (1): 74 – 98.

Goertz, G., Mahoney, J. A Tale of Two Cultures: Qualitative and Quantitative Research in the Social Sciences [M]. Princeton: Princeton University Press, 2012.

Goertz, G. Assessing the Trivialness, Relevance, and Relative Importance of Necessary or Sufficient Conditions in Social Science [J]. Studies in Comparative International Development, 2006, 41 (2): 88 – 109.

Gong, G. Endogenous Technical Change: The Evolution from Process Innovation to Product Innovation [M]. Asada T, Ishikawa T. (eds) Time and Space in Economics. Tokyo: Springer, 2007.

González-Fernández, M., González-Velasco, C. Innovation and Corporate Performance in the Spanish Regions [J]. Journal of Policy Modeling, 2018, 40 (5): 998 – 2021.

Govindarajan, V., Kopalle, P. K., Danneels, E. The Effects of Mainstream and Emerging Customer Orientations on Radical and Disruptive Innovations [J]. Journal of Product Innovation Management, 2011, 28 (s1):

121 – 132.

Greenhalgh, C. , Longland, M. Running to Stand Still? —The Value of R&D, Patents and Trade Marks in Innovating Manufacturing Firms [J]. International Journal of the Economics of Business, 2005, 12 (3): 307 – 328.

Gulati, R. , Garino, J. Get the Right Mix of Bricks & Clicks [J]. Harvard Business Review, 2000, 78 (3): 107 – 114.

Gulati, R. , Puranam, P. , Tushman, M. Meta-Organization Design: Rethinking Design in Interorganizational and Community Contexts [J]. Strategic Management Journal, 2012, 33 (6): 571 – 586.

Gupta, H. , Barua, M. K. Supplier Selection among SMEs on the Basis of Their Green Innovation Ability Using BWM and Fuzzy TOPSIS [J]. Journal of Cleaner Production, 2017 (152): 242 – 258.

Hamel, G. , Prahalad, C. K. Strategy as Stretch and Leverage [J]. Harvard Business Review, 1993, 71 (2): 75 – 84.

Hansen, U. E. , Lema, R. The Co-Evolution of Learning Mechanisms and Technological Capabilities: Lessons from Energy Technologies in Emerging Economies [J]. Technological Forecasting and Social Change, 2019, 140 (3): 241 – 157.

Harvey, M. G. Application of Technology Life Cycles to Technology Transfers [J]. Journal of Business Strategy, 1984, 5 (2): 51 – 58.

He, Z. L. , Wong, P. K. Exploration vs. Exploitation: An Empirical Test of the Ambidexterity Hypothesis [J]. Organization Science, 2004, 15 (4): 481 – 494.

Helfat, C. E. , Peteraf, M. A. The Dynamic Resource-Based View: Capability Lifecycles [J]. Strategic Management Journal, 2003, 24 (10): 997 – 1010.

Helling, R. Driving Innovation Through Life-Cycle Thinking [J]. Clean Technologies and Environmental Policy, 2015, 7 (18): 1 – 21.

Henderson, R. M. , Gulati, R. , Tushman, M. L. Leading Sustainable Change: An Organizational Perspective [M]. New York: Oxford University Press, 2015.

Hernández-Pinto, R. J., Sborlini, G. F. R., Rodrigo, G. Towards Gauge Theories in Four Dimensions [J]. Journal of High Energy Physics, 2016 (2): 1-14.

Herriott, R. E., Firestone, W. A. Multisite Qualitative Policy Research in Education: Some Design and Implementation Issues [J]. Data Analysis, 1983 (4): 42-42.

High-Tech Gründerfonds Management GmbH. Leitbild 2.0 des High-Tech Gründerfonds [R]. Berlin: HTGF Management GmbH, 2012.

Hill, C. W., Rothaermel, F. T. The Performance of Incumbent Firms in the Face of Radical Technological Innovation [J]. Academy of Management Review, 2003, 28: 257-274.

Hippel, R. A. Intraorganizational Ecology of Strategy Making and Organizational Adaptation: Theory and Field Research [J]. Organization Science, 1991 (2): 239-262.

Holland, J. Hidden Order: How Adaptation Builds Complexity [M]. MA: Addision-Wesley Publishing Company, 1995.

Huerga, A. V. A Balanced Differential Learning Algorithm in Fuzzy Cognitive Maps [C]. In: Proceedings of the Sixteenth International Workshop on Qualitative Reasoning, 2002.

Hussinger, K. R&D and Subsidies at the Firm Level: An Application of Parametric and Semiparametric Two step Selection Models [J]. Journal of Applied Econometrics, 2008, (23): 729-747.

Hwang, C. L., Yoon, K. Multiple Attributes Decision Making Methods and Applications: Methods and Applications [M]. New York: Spring-Verlag, 1981.

Ireland, R. D., Webb, J. W. Strategic Entrepreneurship: Creating Competitive Advantage through Streams of Innovation [J]. Business Horizons, 2007, 50 (1): 49-59.

Iwai, K. A Contribution to the Evolutionary Theory of Innovation, Imitation and Growth [J]. Journal of Economic Behavior & Organization, 2000, 43 (2): 167-198.

Jager, S. Venture Transition Processes at High-Tech Established Firms [D]. Eindhoven: Eindhoven University of Technology, 2009.

Jaworski, B. J. , Kohli, A. K. Market Orientation: Antecedents and Consequences [J]. Journal of Marketing, 1993, 57 (3): 53 –71.

Jenkins, M. , Floyd, S. Trajectories in the Evolution of Technology: A Multi-Level Study of Competition in Formula One Racing [J]. Organization Studies, 2001, 22 (6): 945 –969.

Jensen, M. C. The Modern Industrial Revolution, Exit, and the Failure of Internal Control Systems [J]. The Journal of Finance, 1993, 48 (3): 831 – 880.

Jin, J. , Zedtwitz, M. V. Technological Capability Development in China's Mobile Phone Industry [J]. Technovation, 2008, 28 (6): 327 –334.

Jonassen, D. H. What Are Cognitive Tools? [M]. Berlin: Springer-Verlag Berlin, 1992.

Kanter, R. M. , North, J. , Richardson, L. , et al. Engines of Progress: Designing and Running Entrepreneurial Vehicles in Established Companies: Raytheon's New Product Center, 1969 – 1989 [J]. Journal of Business Venturing, 1991a, 6 (2): 145 – 163.

Kanter, R. M. , Richardson, L. , North, J. , et al. Engines of Progress: Designing and Running Entrepreneurial Vehicles in Established Companies: the New Venture Process at Eastman Kodak, 1983 – 1989 [J]. Journal of Business Venturing, 1991b, 6 (1): 63 –82.

Kanter, R. M. , Richardson, L. Engines of Progress: Designing and Running Entrepreneurial Vehicles in Established Companies—The Enter-Prize Program at Ohio Bell, 1985 – 1990 [J]. Journal of Business Venturing, 1991c, 6 (3): 209 –229.

Kanter, R. M. Swimming in Newstreams: Mastering Innovation Dilemmas [J]. California Management Review, 1989, 31 (4): 45 –69.

Kanter, R. M. The Change Masters: Innovation and Entrepreneurship in the American Corporation [J]. Evolution, 1983, 48 (6): 1799 –1809.

Kanter, R. M. Three Tiers for Innovation Research [J]. Communication Research, 1988, 15 (5): 516 – 517.

Kanter, R. M. What Makes Great Companies Great [J]. Nursing Economics, 2008, 6 (7): 1067 – 1069.

Kask, J., Linton, G. Business Mating: When Start-ups Get It Right [J]. Journal of Small Business & Entrepreneurship, 2013, 26 (5): 511 – 536.

Katila, R., Chen, E. L., Piezunka, H. All the Right Moves: How Entrepreneurial Firms Compete Effectively [J]. Strategic Entrepreneurship Journal, 2012, 6 (2): 116 – 132.

Katz, B., Wagner, J. The Rise of Innovation Districts: A New Geography of Innovation in America [R]. Brookings Institution-Metropolitan Policy Program, 2014.

Khalil, T. M. Management of Technology: the Key to Competitiveness and Wealth Creation [M]. New York: McGraw-Hill, 2000.

Khanna, T., Gulati, R., Nohria, N. The Dynamics of Learning Alliances: Competition, Cooperation, and Relative Scope [J]. Strategic Management Journal, 1998, 19 (3): 193 – 210.

Kiernan, M. J. Get Innovative or Get Dead [J]. California Management Review, 1996, 331 (1): 9 – 26.

Knight, E., Harvey, W. Managing Exploration and Exploitation Paradoxes in Creative Organisations [J]. Management Decision, 2015, 53 (4): 809 – 827.

Kong, C. E. A. Capability Lifecycles: An Insight from the Innovation Capability Evolution in Emerging Economies [J]. Innovation & Development, 2011, 1 (2): 326 – 327.

Kosko, B. Fuzzy Cognitive Maps [J]. International Journal of Machine Studies, 1986 (24): 65 – 75.

Koulouriotis, D. E., Kiakoulakis, I. E., Emiris, D. M. A Fuzzy Cognitive Map Based Stock Market Model: Synthesis, Analysis and Experimental Results [C]. In: Proceedings of the 10th International Conference on Fuzzy Systems, 2001 (1): 465 – 468.

Kumbhakar, S. C. Stochastic Frontier Analysis [M]. MA: Cambridge University Press, 2003.

Lacey, R. , Fiss, P. C. Comparative Organizational Analysis across Multiple Levels: A Set-theoretic Approach [J]. Research in the Sociology of Organizations, 2009, 26 (26): 91 – 116.

Laland, K. N. , Odling-Smee, F. J. , Feldman, M. W. The Evolutionary Consequences of Niche Construction: A Theoretical Investigation Using Two-Locus Theory [J]. Journal of Evolutionary Biology, 1996, 9 (3): 293 – 316.

Lanny, V. Innovation Midwives: Sustaining Innovation Streams in Established Companies [J]. Research Technology Management, 2005, 48 (1): 41 – 49.

Lawson, B. , Samson, D. Developing Innovation Capability in Organizations: A Dynamic Capabilities Approach [J]. International Journal of Innovation Management, 2001, 5 (3): 377 – 400.

Lawson, B. Innovator's Dilemma [M]. New York: John Wiley & Sons, Ltd, 2015.

Lee, K. , Lim, C. Technological Regimes, Catching-up and Leapfrogging: Findings from the Korean Industries [J]. Research Policy, 1999, 30 (3): 459 – 483.

Lee, T. L. , Von Tunzelmann, N. A Dynamic Analytic Approach to National Innovation Systems: The IC Industry in Taiwan [J]. Research POlicy, 2005 (34): 425 – 440.

Leifer, R. , O'Connor, G. C. , Rice, M. Implementing Radical Innovation in Mature Firms: The Role of Hubs [J]. The Academy of Management Executive, 2001, 15 (3): 102 – 113.

Leifer, R. Reducing the Uncertainty in Managing Breakthrough Technological Innovations [C]. Technology and Innovation Management. PICMET'99. Portland International Conference, 1999: 25 – 29.

Lengacher, D. , Hurst, D. K. , Carini, G. , et al. Leading Change When Disruption Is the Norm: Interaction [J]. Harvard Business Review,

2013, 91 (1 - 2): 16 - 16.

Leoncini, R. , Maggioni, M. A. , Montresor, S. Intersectoral Innovation Flows and National Technological Systems: Network Analysis for Comparing Italy and Germany [J]. Research Policy, 1996, 25 (3): 415 - 430.

Levinthal, D. A. , Marino, A. Three Facets of Organizational Adaptation: Selection, Variety, and Plasticity [J]. Organization Science, 2015, 26 (3): 743 - 755.

Levitt, B. , March, J. G. Organizational Learning [J]. Annual Review of Sociology, 1988, 14 (1): 319 - 340.

Li, D. Y. , Shi, X. , Gupta, M. M. Soft Inference Mechanism Based on Cloud Models [C]. Proc of the 1st International Workshop on Logic Programming and Soft Computing, 1996: 38 - 63.

Lin, Y. , Wu, L. Y. Exploring the Role of Dynamic Capabilities in Firm Performance under the Resource-Based View Framework [J]. Journal of Business Research, 2014, 67 (3): 407 - 413.

Li, X. F. , Xu, J. P. , Wu, M. The Establishment of Evaluation Model of Enterpriset-Echnological Innovation Ability Based on BP Neural Network Method and Its Application [J]. Journal of Systems Science and Information, 2005, 3 (1): 127 - 134.

March, J. G. Exploration and Exploitation in Organizational Learning [J]. Organization Science, 1991, 2 (1): 71 - 87.

Markides, C. C. , Geroski, P. A. Fast Second: How Smart Companies Bypass Radical Innovation to Enter and Dominate New Markets [J]. Journal of Product Innovation Management, 2004, 23 (4): 382 - 384.

Martinelli, A. An Emerging Paradigm or Just another Trajectory? Understanding the Nature of Technological Changes Using Engineering Heuristics in the Telecommunications Switching Industry [J]. Research Policy, 2012, 41 (2): 414 - 429.

Marx, A. Crisp-Set Qualitative Comparative Analysis (csQCA) and Model Specification: Benchmarks for Future csQCA Applications [J]. International Journal of Multiple Research Approaches, 2010, 4 (2): 138 - 158.

Meeusen, W. , Broeck, J. V. D. Efficiency Estimation from Cobb-Douglas Production Functions with Composed Error [J]. International Economic Review, 1977, 18 (2): 435 – 444.

Menke, J. Working the S-Curve: Assessing Technological Threats [J]. Research Management, 1986 (7): 17 – 22.

Mercier, J. , Carrier, M. , Duarte, F. , et al. Policy Tools for Sustainable Transport In Three Cities of the Americas: Seattle, Montreal and Curitiba [J]. Transport Policy, 2016, 50: 95 – 105.

Metz, I. , Terziovski, M. , Samson, D. Development of an Integrated Innovation Capability Model [M]. World Scientific Publishing Co. Pte. Ltd. , 2007.

Meyer, H. M. , Utterback, J. M. The Product Family and the Dynamic of Core Capability [J]. Sloan Management Review, Spring, 1993: 29 – 47.

Meyer, P. Bi-Logistic Growth [J]. Technological Forecasting & Social Change, 1994, 47 (1): 89 – 102.

Meyer, P. S. , Yung, J. W. , Ausubel, J. H. A Primer on Logistic Growth and Substitution: The Mathematics of the Loglet Lab Software [J]. Technological Forecasting & Social Change, 1999, 61 (3): 247 – 271.

Miller, D. , Chen, M. J. Sources and Consequences of Competitive Inertia: A Study of the U. S. Airline Industry [J]. Administrative Science Quarterly, 1994, 39 (1): 1 – 23.

Miller, D. , Shamsie, J. The Resource-Based View of the Firm in Two Environments: The Hollywood Film Studios from 1936 to 1965 [J]. Academy of Management Journal, 1996, 39 (3): 519 – 543.

Miller, D. Toward a New Contingency Approach the Search for Organizational Gestalts [J]. Journal of Management Studies, 1981, 18 (1): 1 – 26.

Mitchell, T. R. , Erez, M. Why People Stay: Using Job Embeddedness to Predict Voluntary Turnover [J]. Academy of Management Journal, 2001, 44 (6): 1102 – 1121.

Moore, G. A. Crossing the Chasm: Marketing and Selling High-Tech Products to Mainstream Customers [M]. New York: Harper Paperbacks, 2002.

Mukoyama, T. Innovation, Imitation, and Growth with Cumulative Technology [J]. Journal of Monetary Economics, 2003, 50 (2): 361 –380.

Olin, T. , Shani, A. B. NPD as a Sustainable Work Process in a Dynamic Business Environment [J]. R&D Management, 2003, 33 (1): 1 – 13.

Ota, M. , Hazama, Y. , Samson, D. Japanese Innovation Processes [J]. International Journal of Operations & Production Management, 2013, 33 (3): 275 –295.

O' Reilly, C. A. , Tushman, M. L. The Ambidextrous Organization [J]. Harvard Business Review, 2004, 82 (4): 74.

O'Reilly, C. A. , Tushman, M. L. Organizational Ambidexterity in Action: How Managers Explore and Exploit [J]. California Management Review, 2011, 53 (4): 5 –22.

Pan, B. , Zhang, F. , Smith, D. L. Genistein Addition to the Rooting Medium of Soybean at the Onset of Nitrogen Fixation Increases Nodulation [J]. Journal of Plant Nutrition, 1998, 21 (8): 1631 – 1639.

Papageorgiou, I. , Groumpos, P. A Weight Adaptation Method for Fuzzy Cognitive Map Learning [J]. Springer-Verlag, 2005, 9 (11): 846 –857.

Parsopoulos, K. E. , Papageorgiou, E. A First Study of Fuzzy Cognitive Maps Learning Using Particle Swarm Optimization [C]. In: The 2003 Congress on Evolutionary Computation, 2003. CEC'03. IEEE, 2004: 1440 – 1447 Vol. 2.

Patel, P. , Pavitt, K. The Technological Competencies of the World's Largest Firms: Complex and Path-Dependent, but Not Much Variety [J]. Research Policy, 1997, 26 (2): 141 – 156.

Petrick, I. J. , Echols, A. E. Technology Roadmapping in Review: A Tool for Making Sustainable New Product Development Decisions [J]. Technological Forecasting & Social Change, 2004, 71 (1): 81 – 100.

Porter, A. L. Technology Futures Analysis: Toward Integration of the Field and New Methods Technology Futures Analysis Methods Working Group [J]. Technological Forecasting & Social Change, 2003, 71 (3): 287 – 303.

Price, D. J. D. S. , Page, T. Science Since Babylon [M]. Connecticut: Yale

University Press, 1975.

Ragin, C. The Comparative Method: Moving beyond Qualitative and Quantitative Strategies [M]. Berkeley: University of California Press, 1989.

Ragin, C. User's Guide to Fuzzy-set/Qualitative Comparative Analysis [M/OL]. California: [s. n.], 2017 [2018 - 06 - 27]. http://www. socsci. uci. edu/ ~ cragin/fsQCA/download/fsQCA Manual. pdf.

Rantisi, N. M. The Local Innovation System as a Source of 'Variety': Openness and Adaptability in New York City's Garment District [J]. Regional Studies, 2002, 36 (6): 587 - 602.

Ren, L. Q. Progress in the Bionic Study on Anti-Adhesion and Resistance Reduction of Terrain Machines [J]. Science China Technological Science, 2009, 52 (2): 273 - 284.

Ricós, C. Biologic Variation Approach to Daily Laboratory [J]. Cambridge, MA: Harvard University Press, 1970: 67.

Roe, M. J. Chaos and Evolution in Law and Economics [J]. Harvard Law Review, 1996, 109 (3): 641 - 668.

Roehrich, J. K. , Davies, A. , Frederiksen, L. , et al. Management Innovation in Complex Products and Systems: the Case of Integrated Project Teams [J]. Industrial Marketing Management, https://doi. org/10. 101 6/j. Indmarman. 2018. 10. 006.

Romijn, H. , Albaladejo, M. Determinants of Innovation Capability in Small Electronics and Software Firms in Southeast England [J]. Research Policy, 2002, 31 (7): 1053 - 1067.

Rothwell, R. , Zegveld, W. Ndustrial Innovation and Public Policy: Preparing for the 1980s to1990s [M]. France Printer, 1981: 88.

Rothwell, R. Successful Industrial Innovation: Critical Factors for the 1990s [J]. R&D Management, 1992, 22 (3): 221 - 240.

Roussel, P. A. , Saad, K. N. , Erikson, T. J. Third Generation R&D [M]. New York: Harvard Business School Press, 1991.

Roussel, P. A. Technological Maturity Proves a Valid and Important Concept [J]. Journal of Science Policy & Research Management, 1984, 27 (1):

29 - 34.

Roy, R. Role of Relevant Lead Users of Mainstream Product in the Emergence of Disruptive Innovation [J]. Technological Forecasting and Social Change, 2018 (129): 314 - 322.

Romanelli, E., Tushman, M. L. Organizational Transformation as Punctuated Equilibrium: an Empirical Test [J]. Academy of Management Journal, 1994, 37 (5): 1141 - 1166.

Saaty, T. L. The Analytic Hierarchy Process [M]. New York: Mc Gtaw Hill, 1980.

Sauer, P. S. Channeling the Innovation Stream: A Decision Framework for Selecting Emerging Technologies [D]. Maryland: University of Maryland, 2010.

Schneider, J. W. Mapping Scientific Frontiers: The Quest for Knowledge Visualization [J]. Journal of the Association for Information Science and Technology, 2004, 55 (4): 363 - 365.

Scholz, L. The Innovation Flow in the German Economy: an Input-Output Analysis on the IFO Innovation Survey Data Base [J]. Economic Systems Research, 1990, 2 (3): 313 - 320.

Schumpeter, J. A. The Theory of Economic Development: An Inquiry into Profits, Capital, Credit, Interest, and the Business Cycle [M]. Transaction publishers, 1934.

Sexton, T. R., Lewis, H. F. Two-Stage DEA: An Application to Major Leagne Baseball [J]. Journal of Productivity Analysis, 2003 (19): 227 - 249.

Shannon, C. E. A Mathematical Theory of Communication [J]. Bell System Technical Journal, 1948, 27: 379 - 423.

Shapiro, C., Varian, H. R. Information Rules [M]. New York: McGraw-Hill Professional, 1998.

Sheremata, W. A. Centrifugal and Centripetal Forces in Radical New Product Development under Time Pressure [J]. Academy of Management Review, 2000 (5): 389 - 408.

Sherif, K., Tsado, L., Zheng, W., et al. An Exploratory Study of Organization Aarchitecture and the Balance between Exploration and Exploitation of Knowledge [J]. VINE: The Journal of Information and Knowledge Management Systems, 2013, 34 (4): 442 – 461.

Shih, H. Y. The Application of Network Analysis To Exploring Intersectoral Innovation Flows: The Unit Value Approach [J]. Berliner Und Münchener Tierrztliche Wochenschrift, 2015, 84 (5): 92 – 94.

Silverberg, G., Dosi, G., Orsenigo, L. Innovation, Diversity and Diffusion: A Self-Organisation Model [J]. Economic Journal, 1988, 98 (393): 1032 – 1054.

Simon, F., Tellier, A. Balancing Contradictory Temporality during the Unfold of Innovation Streams [J]. International Journal of Project Management, 2016, 34 (6): 983 – 996.

Skaaning, S. E. Assessing the Robustness of Crisp-set and Fuzzy-set QCA Results [J]. Sociological Methods & Research, 2011, 40 (2): 391 – 408.

Smith, W. K., Tushman, M. L. Managing Strategic Contradictions: A Top Management Model for Managing Innovation Streams [J]. Organization Science, 2005, 16 (5): 522 – 536.

Soetanto, D., Jack, S. L. Slack Resources, Exploratory and Exploitative Innovation and the Performance of Small Technology-Based Firms at Incubators [J]. The Journal of Technology Transfer, 2016, 43 (5): 1213 – 1231.

Solomou, S. Economic Cycles: Long Cycles and Business Cycles Since 1870 [M]. Manchester: Manchester University Press, 1998.

Solomou, S. Innovation Clusters and Kondratieff Long Waves in Economic Growth [J]. Cambridge Journal of Economics, 1986: 101 – 112.

Stevens, G. A., Burley, J. 3000 Raw Ideas = 1 Commercial Success [J]. Research Technology Management, 1997, 40 (3): 16 – 27.

Stolyarchuk, N. Evolution of Technology Transfer Models [J]. Accounting and Finance, 2018 (1): 176 – 180.

Swanson, J. Business Dynamics—Systems Thinking and Modeling for a Complex World [J]. Journal of the Operational Research Society, 2002, 53 (4): 472 – 473.

Tan, J. , Peng, M. W. Organizational Slack and Firm Performance During E-conomic Transitions: Two Studies from An Emerging Economy [J]. Strategic Management Journal, 2003, 24: 1249 – 1263.

Terziovski, M. Achieving Performance Excellence through an Integrated Strategy of Radical Innovation and Continuous Improvement [J]. Measuring Business Excellence, 2002, 6 (2): 5 – 14.

Terziovski, M. Building Innovation Capability in Organization [M]. London: Imperial College Press, 2007.

Terziovski, M. The Relationship between Innovation Management Practice and Innovation Performance in the Mainstream and the Newstream: An Empirical Study of Australian Organisations [J]. Organization Science, 2010: 1 – 21.

Tichy, N. M. Capability Lifecycles: An Insight from the Innovation Capability Evolution in Emerging Economies [J]. Cladea's Annual Assembly, 1997, 23 (2): 69 – 71.

Tushman, M. , et al. Innovation Streams and Ambidextrous Organizational Designs: On Building Dynamic Capabilities [EB/OL]. (2002 – 12 – 2) [2016. 3. 3] http://web. mit. edu/sloan/osg-seminar/f02_ docs/TushmanEtAl_2002. pdf.

Tushman, M. , Smith, W. K. , Wood, R. C. , et al. Organizational Designs and Innovation Streams [J]. Industrial & Corporate Change, 2010, 19 (5): 1331 – 1366.

Tushman, M. L. , Anderson, P. Technological Discontinuities and Organizational Environments [J]. Administrative Science Quarterly, 1986, 31 (3): 439 – 465.

Tushman, M. L. , Rosenkopf, L. Organizational Determinants of Technological Change: Towards a Sociology of Technological Evolution [J]. Research in Organizational Behavior, 1992 (14): 311 – 347.

UK Government. Strengthening UKManufacturing Supply Chains: An Action Plan for Governmentand Industry [R]. Industrial Strategy, 2015.

Urban, G. L. , Hippel, E. V. Lead User Analyses for the Development of New Industrial Products [J]. Management Science, 1988, 34 (5): 569 –582.

Utterback, J. M. , Abernathy, W. J. A Dynamic Model of Process and Product Innovation [J]. Omega, 1975, 3 (6): 639 –656.

Valikangas, L. , Gibbert, M. Boundary-Setting Strategies for Escaping Innovation Traps [J]. IEEE Engineering Management Review, 2005, 48 (3): 101 –101.

Vernon, R. International Investment and International Trade in the Product Cycle [J]. Quarterly Journal of Economics, 2016, (80): 190 –207.

Vincent, L. Innovation Midwives: Sustaining Innovation Streams in Established Companies [J]. Research Technology Management, 2005 (2): 41 –49.

Wilden, R. , Gudergan, S. P. The Impact of Dynamic Capabilities on Operational Marketing and Technological Capabilities: Investigating the Role of Environmental Turbulence [J]. Journal of the Academy of Marketing Science, 2015, 43 (2): 181 –199.

Winter, S. G. , Nelson, R. R. An Evolutionary Theory of Economic Change [M]. Cambridege, MA: Belknap Press of Harvard University Press, 1982.

Zani, W. M. Blueprint for MIS [J]. Harvard Business Review, 1970, 48 (6): 95 –100.

Zhang, Z. Mutualism or Cooperation among Competitors Promotes Coexistence and Competitive Ability [J]. Ecological Modelling, 2003, 164 (2): 271 –282.

Zhu, B. , Jiang, X. J. Element-Oriented Innovation and Evolvement of Mainstream and Newstream Innovation: Case Study of Fujian Haiyuan Automatic Equipments Co, Ltd. In: Dundar F. Kocaoglu, eds [C]. 2013 Proceedings of PICMET on Technology Management in the IT-Driven Services. San Jose: IEEE Computer Society, 2013, 782 –789.

Ziman, J. M. Technological Innovation as an Evolutionary Process [M]. Cambridge: Cambridge University Press, 2000.

附 录

附录一 企业调查问卷

一 企业基本信息

1. 企业名称：_____；企业创办年限：_____年。

2. 企业主营业务所在行业领域：

☐电子及通信设备制造　　　☐机械及仪器仪表制造

☐汽车及交通设备　　　　　☐新材料和新能源

☐纺织服装　　　　　　　　☐食品饮料

☐软件与信息技术服务　　　☐互联网和相关服务

☐动漫文创　　　　　　　　☐生物制药

☐节能环保　　　　　　　　☐其他

3. 除了主营业务之外，您所在企业是否提供其他产品和服务：

☐是　　　　　　　　　　　☐否

4. 这些产品和服务所属行业领域是（可多选）：

☐电子及通信设备制造　　　☐机械及仪器仪表制造

☐汽车及交通设备　　　　　☐新材料和新能源

☐纺织服装　　　　　　　　☐食品饮料

☐软件与信息技术服务　　　☐互联网和相关服务

☐动漫文创　　　　　　　　☐生物制药

☐节能环保　　　　　　　　☐其他

5. 企业性质：

☐国有　　　　　　　　　　☐民营

☐中外合资　　　　　　　　☐外资

☐其他

6. 企业员工总数：

□50 人以下　　　　　　　□50 ~ 100 人

□100 ~ 300 人　　　　　　□300 ~ 500 人

□500 ~ 1000 人　　　　　　□1000 ~ 2000 人

□2000 人及以上

7. 企业所处的发展阶段：

□种子期　　　　　　　　□初创期

□成长期　　　　　　　　□成熟期

8. 企业年销售收入为（人民币）：

□50 万元以下　　　　　　□50 万 ~ 100 万元

□100 万 ~ 500 万元　　　　□500 万 ~ 1000 万元

□1000 万 ~ 3000 万元　　　□3000 万 ~ 5000 万元

□5000 万 ~ 10000 万元　　　□10000 万 ~ 100000 万元

□100000 万元及以上

二　企业外部环境情况

请根据您所在企业近 3 年的实际情况，在相应的选项上打钩	完全不符合	比较不符合	基本符合	比较符合	完全符合
1 - 1 公司所处行业领域技术更新换代频率高	1	2	3	4	5
1 - 2 外部技术变化对公司业务发展的影响非常大	1	2	3	4	5
1 - 3 很难预测公司所在行业未来 3 年的技术发展趋势与方向	1	2	3	4	5
1 - 4 公司所在行业的大部分新产品是通过技术突破实现的	1	2	3	4	5
2 - 1 公司所处市场，顾客很容易接受新产品	1	2	3	4	5
2 - 2 公司所处市场的顾客偏好经常改变	1	2	3	4	5
2 - 3 公司新、老顾客的产品需求有较大差异	1	2	3	4	5
2 - 4 公司现在的客户群体与过去变化很大	1	2	3	4	5
3 - 1 公司所处行业的竞争异常激烈	1	2	3	4	5
3 - 2 公司所在行业中存在大量功能相近的产品/服务	1	2	3	4	5
3 - 3 新的产品/服务会很快被竞争对手模仿	1	2	3	4	5
3 - 4 价格竞争的现象在行业中普遍存在	1	2	3	4	5
3 - 5 公司业务领域，竞争对手的市场活动难以预测	1	2	3	4	5

三　企业创新实践情况

请根据您所在企业近3年创新活动的实际情况，在相应的选项上打钩	完全不符合	比较不符合	基本符合	比较符合	完全符合
4-1 公司在研发方面进行大量的投资以探索各种技术可能	1	2	3	4	5
4-2 公司经常探索和开发顾客需求或潜在顾客需求	1	2	3	4	5
4-3 公司密切监控供应商、竞争对手的创新行为	1	2	3	4	5
4-4 公司密切跟踪科技、行业领域的最新研究成果	1	2	3	4	5
5-1 公司能够灵活地调整企业的组织结构	1	2	3	4	5
5-2 公司能够适时地调整内外部关系网络和网络沟通方式	1	2	3	4	5
5-3 公司能适时地对工作流程和部门工作任务进行再设计	1	2	3	4	5
5-4 公司能够积极、主动地对外部竞争做出反应	1	2	3	4	5
6-1 公司通过整合资源提升工作效率	1	2	3	4	5
6-2 公司对资源的开发扩展很满意	1	2	3	4	5
6-3 公司对跨部门的资源共享很满意	1	2	3	4	5
6-4 公司利用资源完成跨部门任务	1	2	3	4	5
7-1 公司善于通过联盟、合作等形式向其他公司学习	1	2	3	4	5
7-2 公司经常与供应商、客户等一起探讨问题的解决方案	1	2	3	4	5
7-3 公司内部经常进行知识共享	1	2	3	4	5
7-4 公司经常开展学习或培训活动	1	2	3	4	5
8-1 公司通过技术创新，令现有产品/服务中使用的工艺、设备或知识经验过时	1	2	3	4	5
8-2 公司通过技术创新，用新产品/服务替代现有产品/服务	1	2	3	4	5
8-3 公司在资源配置上从旧产品向新产品倾斜	1	2	3	4	5
8-4 公司在资源投入上从原有业务向新业务大幅转移	1	2	3	4	5
8-5 公司在资源投入上从现有市场向新目标市场大幅转移	1	2	3	4	5

附录二　企业访谈提纲

一　企业发展情况

（1）企业成立时间、企业的发展可以大致划分为哪几个阶段，每个阶段有哪些标志性的产品或关键事件。

（2）企业当前的组织结构、各部门主要职责；企业主要分支机构、地理分布及主营业务。

（3）企业目前生产的产品、主要市场；企业当前主要生产工艺与技术概况；企业的主要竞争优势。

（4）当前企业所在行业的技术和市场变化趋势；企业发展面临哪些机遇和挑战。

二　企业创新管理实践情况

（1）企业主要通过什么方式与渠道了解把握行业技术和市场的变化？

（2）企业进行新技术或项目决策时主要考虑因素有哪些？

（3）如何建立企业不同部门、分支机构、团队间的信息互动渠道和协同作业机制，以尽可能提升企业的凝聚力和战斗力？

（4）企业是否经常与其他公司、高校或科研院所开展技术合作，主要的合作方式有哪些？

附录三　csQCA 计算的相关表格

附表 1　csQCA 事实表

序号	JS	SC	JZ	HJ	ZZ	ZY	XX	ZH	序号	JS	SC	JZ	HJ	ZZ	ZY	XX	ZH
1	0	0	1	0	0	0	0	0	11	1	1	1	1	1	1	1	1
2	1	0	1	1	0	1	1	1	12	1	1	0	1	1	0	1	0
3	1	1	0	1	1	1	1	1	13	1	1	0	1	1	1	1	1
4	1	0	1	0	0	0	0	0	14	1	0	1	1	1	1	1	1
5	0	1	0	0	1	0	0	0	15	0	1	0	0	0	0	0	0
6	1	1	0	1	0	1	0	1	16	1	0	0	1	1	1	1	1
7	0	0	1	0	0	0	0	0	17	1	0	1	1	1	1	1	1
8	1	1	1	0	1	1	1	1	18	0	1	1	0	1	0	1	0
9	1	0	1	1	1	1	0	0	19	1	0	1	0	1	1	0	0
10	1	0	1	1	1	1	1	1	20	0	0	0	1	1	1	1	0

序号	JS	SC	JZ	HJ	ZZ	ZY	XX	ZH	序号	JS	SC	JZ	HJ	ZZ	ZY	XX	ZH
21	0	0	0	0	0	1	1	0	53	0	0	0	0	0	0	0	0
22	0	0	1	1	1	1	1	0	54	0	1	1	0	1	1	0	0
23	1	1	1	1	1	0	1	1	55	1	1	1	1	1	1	1	1
24	0	1	0	0	0	0	0	0	56	0	0	1	0	0	1	0	1
25	0	0	0	0	0	0	0	0	57	1	1	0	1	1	1	1	1
26	1	0	0	1	1	1	1	1	58	0	0	0	0	0	0	0	0
27	0	0	0	1	0	0	0	0	59	1	1	1	1	1	1	1	1
28	0	0	0	0	0	0	0	0	60	0	0	1	0	0	1	0	0
29	1	1	1	1	1	1	1	1	61	1	0	0	0	0	0	0	0
30	1	0	1	1	1	1	1	1	62	0	0	0	1	1	1	1	0
31	0	0	0	0	0	1	0	0	63	1	1	1	1	1	1	1	1
32	0	1	1	0	1	1	1	1	64	0	1	1	0	1	1	1	1
33	1	0	0	1	1	0	1	1	65	0	0	1	0	1	0	0	0
34	1	0	0	0	0	0	0	0	66	1	1	1	1	1	0	0	1
35	0	0	0	0	0	0	0	0	67	1	0	1	1	1	0	1	1
36	1	0	1	0	1	1	0	1	68	0	0	0	0	1	1	1	0
37	0	0	1	0	0	0	0	0	69	1	1	1	1	1	1	0	1
38	0	0	0	0	1	0	0	0	70	0	0	1	0	0	0	0	0
39	0	1	1	0	1	1	1	1	71	1	0	0	1	1	1	0	1
40	1	0	0	1	1	1	1	1	72	1	1	0	1	1	0	1	1
41	1	0	1	1	1	1	1	1	73	1	0	1	0	0	0	0	0
42	1	0	1	1	1	1	1	1	74	0	0	0	1	0	0	0	0
43	1	1	1	1	0	0	1	1	75	1	0	0	1	1	1	1	1
44	0	0	1	0	1	1	1	1	76	1	0	0	0	0	1	1	0
45	1	0	1	1	1	0	1	1	77	1	0	0	0	0	0	0	0
46	0	0	0	1	1	1	1	0	78	1	0	1	0	1	0	1	1
47	1	1	1	1	1	0	1	1	79	1	1	0	1	1	1	1	1
48	1	0	1	1	1	1	1	1	80	0	1	0	0	0	0	0	0
49	1	1	1	0	0	0	1	1	81	1	1	1	1	1	1	1	1
50	1	0	0	1	1	1	1	1	82	0	1	1	0	1	1	1	1
51	1	0	1	0	1	0	0	0	83	1	0	1	0	1	1	1	1
52	1	1	1	1	1	1	1	1	84	1	1	1	1	1	1	1	1

续表

序号	JS	SC	JZ	HJ	ZZ	ZY	XX	ZH	序号	JS	SC	JZ	HJ	ZZ	ZY	XX	ZH
85	1	0	0	0	0	0	0	0	100	0	1	1	0	1	1	0	0
86	1	1	1	1	1	1	1	0	101	0	0	1	0	1	1	1	0
87	1	1	1	0	1	1	1	0	102	0	0	0	0	0	0	0	0
88	1	1	1	1	1	1	1	1	103	0	0	0	0	0	0	0	0
89	1	1	1	1	0	0	1	1	104	1	0	1	1	0	1	1	0
90	0	1	0	0	0	0	0	0	105	0	0	0	1	1	1	0	0
91	0	0	0	0	0	0	0	0	106	1	0	0	1	1	1	1	1
92	0	0	1	0	0	0	0	0	107	0	0	0	1	1	1	1	1
93	1	0	1	0	1	0	1	1	108	0	0	1	0	0	0	0	0
94	0	1	0	0	1	1	1	1	109	1	0	1	0	1	1	1	0
95	1	0	0	1	1	1	1	1	110	0	0	0	1	0	0	0	0
96	1	1	1	1	1	1	1	1	111	0	1	1	1	1	1	1	1
97	0	0	0	0	0	0	0	0	112	1	0	1	1	0	0	1	1
98	1	0	0	1	1	0	1	0	113	1	1	1	1	0	0	1	1
99	0	0	0	0	1	1	0	0	114	1	1	1	1	1	0	1	1

附表 2　csQCA 真值表

构型	JS	SC	JZ	HJ	ZZ	ZY	XX	ZH	个案数（个）	比例（%）
1	1	0	0	1	1	1	1	1	7	6.14
2	1	0	1	1	1	1	1	1	7	6.14
3	1	1	1	1	1	0	1	1	4	3.51
4	0	1	1	0	1	1	1	1	4	3.51
5	1	1	0	1	1	1	1	1	4	3.51
6	1	0	1	1	1	0	1	1	3	2.63
7	1	0	1	0	1	0	1	1	2	1.75
8	1	0	1	0	1	1	1	1	2	1.75
9	0	1	0	0	1	1	1	1	1	0.88
10	0	1	1	1	1	1	1	1	1	0.88
11	1	1	1	1	1	1	1	1	12	10.53
12	1	1	1	1	1	0	0	1	1	0.88
13	1	0	1	0	1	1	0	1	1	0.88

构型	JS	SC	JZ	HJ	ZZ	ZY	XX	ZH	个案数（个）	比例（%）
14	1	0	0	1	1	1	0	1	1	0.88
15	1	1	1	1	1	1	0	1	1	0.88
16	1	1	1	1	0	0	1	0	3	2.63
17	1	1	0	1	1	0	1	0	3	2.63
18	1	0	0	1	1	0	1	0	2	1.75
19	1	0	1	1	0	1	1	0	2	1.75
20	1	1	1	0	1	1	1	0	2	1.75
21	0	0	0	1	1	1	1	0	3	2.63
22	0	0	1	0	1	1	1	0	3	2.63
23	0	0	0	0	0	1	1	0	2	1.75
24	0	1	1	0	1	0	1	0	1	0.88
25	0	0	0	0	1	1	0	0	1	0.88
26	0	0	1	1	1	1	0	0	1	0.88
27	0	0	1	0	0	1	0	0	2	1.75
28	0	0	0	0	0	0	0	0	10	8.77
29	0	0	1	0	0	0	0	0	6	5.26
30	1	0	0	0	0	0	0	0	4	3.51
31	0	1	0	0	0	0	0	0	3	2.63
32	0	0	0	1	0	0	0	0	3	2.63
33	1	0	1	0	0	0	0	0	2	1.75
34	0	1	1	0	1	1	0	0	2	1.75
35	0	0	0	0	1	0	0	0	1	0.88
36	0	1	0	0	1	0	0	0	1	0.88
37	0	0	1	0	1	0	0	0	1	0.88
38	1	0	1	0	1	0	0	0	1	0.88
39	0	0	0	0	0	1	0	0	1	0.88
40	0	0	0	0	1	1	0	0	1	0.88
41	0	0	1	0	1	1	0	0	1	0.88
42	0	0	0	1	1	1	0	0	1	0.88

附表 3　修改二分法交叉点临界值后的事实表

序号	JS	SC	JZ	HJ	ZZ	ZY	XX	ZH	序号	JS	SC	JZ	HJ	ZZ	ZY	XX	ZH
1	0	0	1	0	0	0	0	0	32	0	1	1	0	1	1	1	1
2	1	0	1	1	0	1	1	1	33	1	0	0	1	1	0	1	1
3	1	1	0	1	1	1	1	1	34	1	0	0	0	0	0	0	0
4	1	0	1	0	0	0	0	1	35	0	0	0	0	0	0	0	0
5	0	1	0	0	1	0	0	0	36	1	0	1	0	1	1	0	1
6	1	1	0	1	1	0	1	1	37	0	0	1	0	0	0	0	0
7	0	0	1	0	0	0	0	0	38	0	0	0	0	1	0	0	0
8	1	1	1	0	1	1	1	1	39	0	1	1	0	1	1	1	1
9	1	0	1	1	1	0	1	1	40	1	0	0	1	1	1	1	1
10	1	0	1	1	1	1	1	1	41	1	0	1	1	1	1	1	1
11	1	1	1	1	1	1	1	1	42	1	0	1	1	1	1	1	1
12	1	1	0	1	1	0	1	0	43	1	1	1	1	0	0	1	0
13	1	1	0	1	1	1	0	1	44	0	0	1	0	1	1	1	0
14	1	0	1	1	1	1	1	1	45	1	0	1	1	1	0	1	1
15	0	0	0	0	0	0	0	0	46	0	0	0	1	1	1	1	0
16	1	0	0	1	1	1	1	1	47	1	1	1	1	1	0	1	1
17	1	1	1	1	1	1	1	1	48	1	0	1	1	1	1	1	1
18	0	1	1	0	1	0	1	0	49	1	1	1	0	0	0	1	0
19	0	0	1	0	1	1	0	1	50	1	0	0	1	1	1	1	1
20	0	0	1	0	1	1	1	0	51	1	0	1	0	1	0	0	1
21	0	0	0	0	0	1	1	0	52	1	1	1	1	1	1	1	1
22	0	0	1	1	1	1	1	0	53	0	0	0	0	0	0	0	0
23	1	1	1	1	1	0	1	1	54	0	1	1	0	1	1	0	0
24	0	1	0	0	0	0	0	0	55	1	1	1	1	1	1	1	1
25	0	0	0	0	0	0	0	0	56	0	0	1	0	0	1	0	1
26	1	0	0	1	1	1	1	1	57	1	1	0	1	1	1	1	1
27	0	0	0	1	0	0	0	0	58	0	0	0	0	0	0	0	1
28	0.	0	0	0	0	0	0	0	59	1	1	1	1	1	1	1	1
29	1	1	1	1	1	1	1	1	60	0	0	1	0	0	1	0	0
30	1	0	1	1	1	1	1	1	61	1	0	0	0	0	0	0	0
31	0	0	0	0	0	1	0	0	62	0	0	0	1	1	1	1	1

续表

序号	JS	SC	JZ	HJ	ZZ	ZY	XX	ZH	序号	JS	SC	JZ	HJ	ZZ	ZY	XX	ZH
63	1	1	1	1	1	1	1	1	89	1	1	1	1	0	0	1	1
64	0	1	1	0	1	1	1	1	90	0	1	0	0	0	0	0	0
65	0	0	1	0	1	0	0	0	91	0	0	0	0	0	0	0	0
66	1	1	1	1	1	0	0	1	92	0	0	1	0	0	0	0	0
67	1	0	1	1	1	0	1	1	93	1	0	1	0	1	0	1	1
68	0	0	0	0	1	1	1	0	94	0	1	0	0	1	1	1	1
69	1	1	1	1	1	1	0	1	95	1	0	0	1	1	1	1	1
70	0	0	1	0	0	0	0	1	96	1	1	1	1	1	1	1	1
71	1	0	0	1	1	1	0	1	97	0	0	0	0	0	0	0	0
72	1	1	0	1	1	0	1	1	98	1	0	0	1	1	0	1	0
73	1	0	1	0	0	0	0	0	99	0	0	0	0	1	1	0	0
74	0	0	0	1	0	0	0	0	100	0	1	1	0	1	1	0	0
75	1	0	0	1	1	1	1	1	101	0	0	1	0	1	1	1	0
76	0	0	0	0	0	1	1	0	102	0	0	0	0	0	0	0	0
77	1	0	0	0	0	0	0	0	103	0	0	0	0	0	0	0	0
78	1	0	1	0	1	0	1	1	104	1	0	1	1	0	1	1	0
79	1	1	0	1	1	1	1	1	105	0	0	0	1	1	1	0	0
80	0	1	0	0	0	0	0	0	106	1	0	0	1	1	1	1	1
81	1	1	1	1	1	1	1	1	107	0	0	0	1	1	1	1	1
82	0	1	1	0	1	1	1	1	108	0	0	1	0	0	0	0	0
83	1	0	1	0	1	1	1	1	109	1	0	0	1	1	1	1	0
84	1	1	1	1	1	1	1	1	110	0	0	0	1	0	0	0	0
85	1	0	0	0	0	0	0	0	111	0	1	1	1	1	1	1	1
86	1	1	1	1	1	1	1	1	112	1	0	1	1	1	0	1	1
87	1	1	1	0	0	1	1	0	113	1	1	1	1	1	0	1	1
88	1	1	1	1	1	1	1	1	114	1	1	1	1	1	0	1	1

附表 4　修改二分法交叉点临界值后的真值表

构型	JS	SC	JZ	HJ	ZZ	ZY	XX	ZH	个案数（个）	比例（%）
1	1	0	0	1	1	1	1	1	7	13.21
2	1	0	1	1	1	1	1	1	7	13.21

构型	JS	SC	JZ	HJ	ZZ	ZY	XX	ZH	个案数（个）	比例（%）
3	1	1	1	1	1	0	1	1	4	7.55
4	0	1	1	0	1	1	1	1	4	7.55
5	1	1	0	1	1	1	1	1	4	7.55
6	1	0	1	1	1	0	1	1	3	5.66
7	1	0	1	0	1	0	1	1	2	3.77
8	1	0	1	0	1	1	1	1	2	3.77
9	1	0	1	0	1	0	0	1	1	1.89
10	1	1	1	1	1	0	0	1	1	1.89
11	0	0	1	0	1	1	0	1	1	1.89
12	1	0	1	0	1	1	0	1	1	1.89
13	1	0	0	1	1	1	0	1	1	1.89
14	1	1	1	1	1	1	0	1	1	1.89
15	0	1	0	0	1	1	1	1	1	1.89
16	0	1	1	1	1	1	1	1	1	1.89
17	1	1	1	1	1	1	1	1	12	22.64
18	1	1	1	1	0	0	1	0	3	4.92
19	1	1	0	1	1	0	1	0	3	4.92
20	0	0	0	1	1	1	1	0	3	4.92
21	1	0	1	0	0	0	0	0	2	3.28
22	1	0	0	1	1	0	1	0	2	3.28
23	0	0	1	0	0	1	0	0	2	3.28
24	1	0	1	1	0	1	1	0	2	3.28
25	1	1	1	0	1	1	1	0	2	3.28
26	0	0	1	0	1	1	1	0	3	4.92
27	0	0	1	0	0	0	0	0	6	9.84
28	0	0	0	0	0	0	0	0	10	16.39
29	1	0	0	0	0	0	0	0	4	6.56
30	0	1	0	0	0	0	0	0	3	4.92
31	0	0	0	1	0	0	0	0	3	4.92
32	0	1	1	0	1	1	0	0	2	3.28
33	0	0	0	0	0	1	1	0	2	3.28

续表

构型	JS	SC	JZ	HJ	ZZ	ZY	XX	ZH	个案数（个）	比例（%）
34	0	0	0	0	1	0	0	0	1	1.64
35	0	1	0	0	1	0	0	0	1	1.64
36	0	0	1	0	1	0	0	0	1	1.64
37	0	1	1	0	1	0	1	0	1	1.64
38	0	0	0	0	0	1	0	0	1	1.64
39	0	0	0	0	1	1	0	0	1	1.64
40	0	0	0	1	1	1	0	0	1	1.64
41	0	0	0	0	1	1	1	0	1	1.64
42	0	0	1	1	1	1	1	0	1	1.64

附录四　8家钢铁企业主流创新能力
与效率原始数据

附表5　2014～2019年8家钢铁企业主流创新能力原始数据

年份	安阳钢铁													
	MA_1	MA_2	MA_3	MB_1	MB_2	MC_1	MC_2	MC_3	MC_4	MD_1	MD_2	ME_1	ME_2	ME_3	ME_4
2014	0.56	0.26	11.17	6.24	2.8	0.84	0.89	1.98	0.85	3.69	1.85	1	3	18.66	4.02
2015	0.57	0.25	12.85	6.01	3.5	0.63	1.18	1.76	0.64	3.56	2	2	5	19.1	3.5
2016	0.59	0.26	11.98	10.5	3.2	0.68	1.12	1.95	0.61	3.68	2.98	1	4	20.55	3.2
2017	0.59	0.24	12.5	11	2.6	0.82	0.95	2.08	0.73	3.6	3.66	2	5	17.98	1.07
2018	0.55	0.24	15.04	12.3	2.5	0.98	0.86	2.02	0.91	3.51	4.1	2	3	14.38	0.64
2019	0.52	0.23	13.2	11.23	2.6	0.82	0.85	2.02	0.89	4.01	3.87	3	6	13.21	0.9

年份	鞍钢股份													
	MA_1	MA_2	MA_3	MB_1	MB_2	MC_1	MC_2	MC_3	MC_4	MD_1	MD_2	ME_1	ME_2	ME_3	ME_4
2014	1.69	0.76	10.92	7.1	25	0.8	5.63	1	1.88	9.07	1.01	159	212	13	92.2
2015	1.9	0.73	9.53	7.81	34.2	0.59	6.11	1	1.4	8.7	1.23	255	286	14.17	74.3
2016	1.79	0.74	8.76	12.3	27.1	0.66	2.95	1.65	0.94	9.49	0.26	229	413	17.08	54.5
2017	1.56	0.75	11.62	12.6	19.7	0.95	7.12	0.91	2.8	9.55	0.72	233	571	23.8	64.7
2018	1.64	0.73	7.73	10.3	12	1.17	10.2	0.85	3.5	9.53	0.87	261	657	24.98	57.9
2019	1.62	0.78	7.71	10.32	13	1.19	9.83	0.98	3.01	9.64	0.86	231	532	25.21	55.2

年份	宝钢股份														
	MA_1	MA_2	MA_3	MB_1	MB_2	MC_1	MC_2	MC_3	MC_4	MD_1	MD_2	ME_1	ME_2	ME_3	ME_4
2014	0.98	0.46	7.89	9.17	25	5.84	1.08	5.37	0.92	15.1	6.37	266	439	20	211
2015	1.11	0.5	6.59	15.3	26	5.93	9.41	6.01	0.72	16.1	5.06	264	347	11.98	215
2016	1.06	0.51	7.16	13.5	30.8	5.46	9.79	6.23	1.06	15.9	3.43	392	344	11.5	238
2017	1	0.57	5.43	12	18.7	6.6	15.3	5.41	1.32	20.1	5.47	304	375	14	280
2018	1.01	0.6	5.86	13.2	19.4	6.4	17.4	3.57	1.52	23	6.19	252	379	10.4	313
2019	1.11	0.64	5.98	13.62	18.35	6.35	16.21	4.67	1.35	23	5.68	235	353	12.31	289

年份	马钢股份														
	MA_1	MA_2	MA_3	MB_1	MB_2	MC_1	MC_2	MC_3	MC_4	MD_1	MD_2	ME_1	ME_2	ME_3	ME_4
2014	3.7	0.49	3.54	9.66	21.9	0.86	13.2	0.97	1.53	4.78	2.66	30	161	10	27.8
2015	3.73	0.58	4.12	9.13	34.1	0.69	14.5	1.18	0.97	4.97	4.04	62	130	9	38.3
2016	3.79	0.52	4.7	17.1	36.9	0.75	16.2	1.45	1.04	4.4	6.21	104	95	9	36.8
2017	3.71	0.63	3.14	13.4	15.9	1.06	15.8	1.61	1.5	4.56	5.9	89	190	8	29
2018	1.75	0.88	7.89	12.88	16.8	1.1	24.3	1.44	2	4.99	3.85	75	280	8	52.64
2019	1.76	0.84	7.21	12.3	15.87	0.96	20.89	1.56	2.12	5.01	3.89	67	230	9	46.1

年份	南钢股份														
	MA_1	MA_2	MA_3	MB_1	MB_2	MC_1	MC_2	MC_3	MC_4	MD_1	MD_2	ME_1	ME_2	ME_3	ME_4
2014	0.79	0.35	12.71	12	35.9	0.73	25.1	1.33	1.32	2.01	1.6	39	92	7.2	12
2015	0.79	0.36	12.68	13.6	30	0.59	23.1	1.47	1.33	2.14	1.81	50	103	7	14.2
2016	0.79	0.36	11.05	12	36.1	0.68	25	1.66	1.91	2.01	6.01	64	71	8.1	10
2017	0.79	0.36	13.05	25.9	27.4	1.04	29.9	1.59	2.21	2.45	6.56	43	70	8.46	8.76
2018	0.8	0.36	12.3	25.8	22.5	1.11	33	1.61	2.56	2.08	7.03	37	130	14.59	15.2
2019	0.98	0.37	12.32	24.35	23.01	1.13	30.01	1.67	2.56	2.31	6.79	40	100	13.21	15.01

年份	华菱钢铁														
	MA_1	MA_2	MA_3	MB_1	MB_2	MC_1	MC_2	MC_3	MC_4	MD_1	MD_2	ME_1	ME_2	ME_3	ME_4
2014	3.25	0.4	4.66	8.59	26.3	0.77	10.1	2.24	0.87	5.4	4.38	1	1	14.45	67
2015	3.24	0.39	4.57	14.1	35.6	0.55	11.5	2.56	0.56	5.93	2.39	1	3	11.68	53.3
2016	3.31	0.37	4.11	14.1	27.3	0.68	19.3	1.88	1.09	5.4	2.34	2	3	8.38	37.7
2017	3.42	0.39	5.02	14.2	22.4	1.05	11.2	2.83	1.02	5.6	1.23	1	3	6.21	37.9
2018	3.52	0.38	6.44	12.3	24.8	1.22	23.3	2.73	1.47	5.78	2.71	1	3	5.21	39
2019	3.65	0.98	6.51	13.75	23.01	1.36	18.02	2.89	1.52	6.98	2.09	2	4	6.72	39.01

年份	新钢股份														
	MA_1	MA_2	MA_3	MB_1	MB_2	MC_1	MC_2	MC_3	MC_4	MD_1	MD_2	ME_1	ME_2	ME_3	ME_4
2014	1.8	0.15	21.03	10.3	28.4	1.04	28.1	0.77	2.05	2.96	2	9	25	6.21	23
2015	2.2	0.2	23.95	12.3	20.7	0.86	18.8	0.78	1.68	3.21	4.2	9	34	7.81	24.4
2016	2.3	0.2	20.16	11.1	15.2	1.06	21.4	0.68	2.31	3.32	2.8	8	7	8.21	25.9
2017	2.3	0.21	20.12	10.3	18	1.6	24.7	0.58	4.59	3.42	3.56	7	3	6.1	15.7
2018	2.5	0.25	19.48	11.2	19	1.52	36.8	0.43	7.13	3.8	3.66	1	14	7.1	14.1
2019	2.5	0.25	19.99	12.31	19.99	1.33	23.11	0.63	7.98	3.99	3.67	6	9	7.21	15.66

年份	山东钢铁														
	MA_1	MA_2	MA_3	MB_1	MB_2	MC_1	MC_2	MC_3	MC_4	MD_1	MD_2	ME_1	ME_2	ME_3	ME_4
2014	0.26	0.12	7.9	14.3	39.6	1.05	11	0.76	2.15	6.86	0.25	3	14	5.21	17.9
2015	0.27	0.13	5.33	13.1	35.8	0.78	10.1	1.17	1.34	6.5	0.3	9	34	6.11	10
2016	0.27	0.12	4.24	13.2	22.5	0.93	6	1.76	0.91	6.81	0.05	102	338	7.65	7.87
2017	0.13	0.12	4.99	12.5	13.9	0.86	6.06	2.7	0.97	4.61	1.94	222	297	8.62	8.41
2018	0.14	0.11	7.52	13.2	18.3	0.87	7.22	2.71	1.09	4.9	2.66	127	258	8.01	20.8
2019	0.16	0.12	7.62	12.76	16.89	1.01	8.76	3.21	1.09	5.01	2.33	123	249	8.1	23

附表 6　2014～2019 年 8 家钢铁企业主流创新效率原始数据

年份	安阳钢铁				年份	南钢股份			
	MF_1	MF_2	MG_1	MG_2		MF_1	MF_2	MG_1	MG_2
2014	3.1	3	228.65	5.92	2014	4.5	5.6	215.25	2.34
2015	2.8	2.78	179.64	5.75	2015	3.16	6.93	186.47	2.45
2016	3.19	2.84	182.6	5.53	2016	11.8	5.1	195.37	2.56
2017	3.19	2.48	246.27	5.24	2017	12.27	3.2	291.93	2.28
2018	2.02	3.23	304.94	4.93	2018	3.52	4.61	353.51	2.05
2019	2.56	3.33	268.50	4.42	2019	3.52	4.71	386.67	2

年份	鞍钢股份				年份	华菱钢铁			
	MF_1	MF_2	MG_1	MG_2		MF_1	MF_2	MG_1	MG_2
2014	4.29	2.81	528.50	6.82	2014	10.39	3.91	549.88	5.20
2015	5.02	2.52	454.08	6.87	2015	11.08	3.72	384.04	5.03
2016	5.86	1.73	534.13	6.51	2016	13.55	3.33	449.25	5.52
2017	5.39	1.62	845.02	9.95	2017	14.76	3.24	701.65	5.15

续表

年份	鞍钢股份				年份	华菱钢铁			
	MF_1	MF_2	MG_1	MG_2		MF_1	MF_2	MG_1	MG_2
2018	5.47	1.43	973.31	7.02	2018	16.29	3.25	866.29	5.28
2019	5.34	1.53	185.38	7.01	2019	16.32	3.52	988.55	5.51

年份	宝钢股份				年份	新钢股份			
	MF_1	MF_2	MG_1	MG_2		MF_1	MF_2	MG_1	MG_2
2014	2.76	2.01	147.77	5.31	2014	12.89	2.65	253.11	3.84
2015	2.9	2.11	122.67	5.23	2015	13.88	2.98	203.23	3.06
2016	2.8	2	165.80	5.64	2016	14.67	3.1	250.44	3
2017	2.35	2.01	231.2	5.22	2017	15	2.3	385.6	2.55
2018	2.2	2.3	250.1	5.1	2018	16.45	2.42	416.78	2
2019	2.31	2.23	239.44	3.5	2019	15.32	2.62	114.14	1.77

年份	马钢股份				年份	山东钢铁			
	MF_1	MF_2	MG_1	MG_2		MF_1	MF_2	MG_1	MG_2
2014	9.02	0.89	552.73	2.67	2014	0.86	0.2	426.10	0.28
2015	9.46	1.49	407.61	3.02	2015	0.68	0.22	333.66	0.28
2016	11.8	1.56	432.14	2.75	2016	0.72	0.1	425.85	4.89
2017	7.96	0.99	642.11	2.6	2017	0.73	0.16	392.83	7.88
2018	7.5	1	695.69	2.42	2018	0.73	0.32	447.26	6.3
2019	7.65	1.12	650.83	2.28	2019	0.72	0.33	590.92	6.48

附录五　8家新一代人工智能企业新流创新能力
与效率原始数据

附表7　2014~2019年8家新一代人工智能企业新流创新能力原始数据

年份	海康威视														
	NA_1	NA_2	NA_3	NB_1	NB_2	NC_1	NC_2	NC_3	NC_4	ND_1	ND_2	NE_1	NE_2	NE_3	NE_4
2014	5.33	1.18	29	10.51	8.99	5.15	8.9	21.31	674.75	7.21	84.45	135	100	3.63	29.11
2015	7.18	1.89	30.79	10.12	8.75	5.92	14.28	23.35	711.07	10.26	15.3	334	60	3.08	26.34
2016	9.37	2.54	33.17	9.32	9.71	5.61	11.82	21.76	666.09	12.85	15.18	279	435	3.64	29.32
2017	13.09	3.82	32.14	11.31	10.04	5.35	10.57	25.71	838.17	17.66	19.45	368	93	5.31	29.22

年份	NA_1	NA_2	NA_3	NB_1	NB_2	NC_1	NC_2	NC_3	NC_4	ND_1	ND_2	NE_1	NE_2	NE_3	NE_4
							海康威视								
2018	16.01	5.57	27.11	10.07	12.76	5.15	11.82	21.76	666.09	18.51	47.51	510	116	3.83	28.47
2019	15.2	5.67	26.2	11.21	13.2	3.67	12.52	20.01	673.21	16.42	36	432	127	4.02	27.91
							盛路通信								
2014	0.1	0.02	35.62	5.57	13.57	3.74	6.42	6.7	584.41	0.2	0.18	15	6	45.61	10.1
2015	0.16	0.02	42.05	4.46	11.18	3.42	5.6	7.31	784.31	0.26	0.21	10	20	57.18	16.51
2016	0.23	0.03	37.58	5.42	13.49	2.62	4.95	9.12	657.01	0.32	0.32	11	20	47.8	20.9
2017	0.23	0.04	23.19	10.83	10.65	1.74	7.43	10.55	404.22	0.43	0.3	24	7	43.55	21.3
2018	0.26	0.05	28.91	11.21	9.46	2.03	13.96	8.51	520.62	0.46	0.26	35	13	31.59	15.2
2019	0.241	0.056	17.11	10.21	11.32	1.65	11.01	9.01	501	0.55	0.289	23	12	32.01	16.09
							万安科技								
2014	0.14	0.03	89.33	12.61	9.59	3.57	6.67	5.21	1066.4	0.18	3.43	8	23	38.54	21.04
2015	0.16	0.04	88.45	10.05	18.46	4.28	5.91	5.05	1290.4	0.23	2.92	4	23	45.63	12.27
2016	0.26	0.04	67.44	10.09	16.76	4.94	6.58	4.61	1539.2	0.28	2.82	26	25	40.61	10.9
2017	0.31	0.06	65.35	12.56	8.79	4.04	6.52	4.01	1697.7	0.35	3.75	26	30	55.92	11.94
2018	0.34	0.07	37.98	10.87	5.63	3.79	6.87	4.6	1513.6	0.35	5.18	39	34	50.52	12.49
2019	0.31	0.078	39.99	11.02	6.21	3.95	6.89	4.62	1212.4	0.36	5.21	33	39	49.02	11.29
							汉王科技								
2014	0.25	0.15	47.92	12.33	33.41	2.28	18.42	11	142.96	0.44	1.49	31	48	21.23	10.75
2015	0.31	0.14	38.93	10.44	33.25	2.3	18.74	8.3	167.6	0.4	1.68	26	44	19.64	7.53
2016	0.33	0.14	36.45	10.91	10.67	2.67	6.72	13.74	90.75	0.43	1.54	35	50	20.14	8.92
2017	0.44	0.15	39.21	12.38	20.87	2.67	12.65	11.31	375.16	0.52	1.34	27	58	18.14	9.31
2018	0.48	0.16	19.82	10.5	20.6	2.74	13.76	10.57	461.29	0.42	1.74	45	67	24.94	10.1
2019	0.501	0.161	20.09	11.53	19.87	3.1	11.28	12.32	501.1	0.65	1.98	51	53	21.33	11.02
							易华录								
2014	0.47	0.22	21.94	7.43	6.58	0.76	6.14	8.8	3000	0.98	0.16	46	13	43.54	15.5
2015	0.31	0.23	39.41	11.23	7.5	0.46	7.5	9.43	2400	1.07	0.42	45	22	25.29	16.5
2016	0.51	0.26	36.59	10.05	8.31	0.52	8.18	9.88	2000	1.18	0.2	61	19	26.68	15
2017	0.52	0.27	44.68	13.67	7.81	0.56	6.56	6.7	2760	1.33	0.11	103	23	35.7	10.9

续表

年份	易华录													
	NA_1	NA_2	NA_3	NB_1	NB_2	NC_1	NC_2	NC_3	NC_4	ND_1	ND_2	NE_1	NE_2	NE_3	NE_4
2018	0.6	0.38	47.39	14.36	9.65	0.46	5.6	6.02	2600	1.49	0.4	49	28	40.73	21
2019	0.611	0.39	46.09	13.21	10.09	0.57	6.12	6.11	2301	1.11	0.56	56	38	32.1	32.1

年份	华工科技													
	NA_1	NA_2	NA_3	NB_1	NB_2	NC_1	NC_2	NC_3	NC_4	ND_1	ND_2	NE_1	NE_2	NE_3	NE_4
2014	1.05	0.79	24.45	10.89	10.86	2.47	6.66	14.99	294.78	2.78	4.57	46	9	35.91	10.01
2015	1.1	0.88	30.17	12.33	12.66	2.6	6.38	15.82	319.31	2.89	8.73	40	30	38.21	11.55
2016	1.27	0.94	27.81	11.32	10.67	3.1	6.72	16.82	350.29	3.03	10.56	59	59	43.7	14.37
2017	1.52	1.02	14.32	13.44	4.85	0.84	7.54	18	361	3.79	11.54	87	87	43.67	17.81
2018	1.64	1.06	14.85	14.31	4.65	3.38	9.5	16.77	442.34	2.81	10.36	194	194	45.12	14.88
2019	1.721	1.12	13.22	13.56	4.98	3.2	10.76	15.21	390.1	3.21	11.29	172	162	41.21	11.31

年份	中航电测													
	NA_1	NA_2	NA_3	NB_1	NB_2	NC_1	NC_2	NC_3	NC_4	ND_1	ND_2	NE_1	NE_2	NE_3	NE_4
2014	0.45	0.05	28.85	10.11	10.18	2.29	7.17	3.96	833.64	0.53	1.83	18	16	13.06	11.21
2015	0.44	0.04	30	9.01	12.92	2.15	8.05	4.32	853.33	0.53	1.49	22	12	19.85	20.15
2016	0.47	0.06	30.68	11.02	13.33	2.46	6.4	6.15	617.05	0.58	1.81	19	16	21.19	18.01
2017	0.48	0.06	38.53	12.11	14.96	2.36	11.04	5.73	721.51	0.69	1.81	25	17	19.02	19.54
2018	0.57	0.09	39.12	12.31	14.29	2.5	9.87	5.5	797.7	0.69	1.82	26	17	15.78	20.81
2019	0.512	0.089	40.01	13.22	13.21	2.39	10.35	5.69	721	0.78	1.92	35	19	16.56	21.91

年份	高德红外													
	NA_1	NA_2	NA_3	NB_1	NB_2	NC_1	NC_2	NC_3	NC_4	ND_1	ND_2	NE_1	NE_2	NE_3	NE_4
2014	0.6	0.34	21.35	4.32	32.19	0.35	7.99	6.37	406.12	0.87	0.49	3	2	80.64	10.1
2015	0.61	0.36	20.33	6.01	29.02	0.53	5.26	5.77	486.15	0.94	0.35	5	3	53.63	11.21
2016	0.61	0.34	20.01	7.29	32.91	0.55	6.19	5.58	551.02	1.18	0.55	2	12	57.2	13.22
2017	0.73	0.47	20.16	12.33	14.38	0.69	5.54	4.59	800	1.29	0.26	7	4	55.41	11
2018	0.74	0.49	30.94	12.11	14.26	0.84	6.89	4.98	797.06	2.24	0.26	4	2	49.78	10.91
2019	0.735	0.491	31.22	13.09	15.01	1.14	7.89	5.01	679	2.11	0.35	6	5	51.03	11.21

附表 8　2014~2019 年 8 家新一代人工智能企业新流创新效率原始数据

年份	海康威视				年份	易华录			
	NF_1	NF_2	NG_1	NG_2		NF_1	NF_2	NG_1	NG_2
2014	44.51	7.55	142.85	0.45	2014	23	0.34	13.06	5
2015	47.18	6.82	235.62	1	2015	24	0.12	13.33	4

续表

年份	海康威视				年份	易华录			
	NF_1	NF_2	NG_1	NG_2		NF_1	NF_2	NG_1	NG_2
2016	46.8	7.62	304.49	0.99	2016	20	0.29	19.31	4.4
2017	49.7	7.62	402.45	0.8	2017	23	0.32	26.08	3
2018	46.55	8.99	471.06	1.37	2018	30.64	0.3	25.91	2
2019	51.01	9.01	554.50	1.39	2019	32.01	0.32	32.76	5.67

年份	盛路通信				年份	华工科技			
	NF_1	NF_2	NG_1	NG_2		NF_1	NF_2	NG_1	NG_2
2014	13.7	6.33	4.02	2.4	2014	20	5.34	23.03	5.3
2015	15.26	4.02	9.00	1.4	2015	21.74	5.65	25.55	5.3
2016	19.94	6.12	11.36	1	2016	22.6	4.83	32.47	4.4
2017	19.59	11.97	9.24	1	2017	21.99	4.7	44.31	3.2
2018	20.45	8	13.79	3.85	2018	23.24	8.7	51.68	2.88
2019	19.01	8.99	11.85	4.82	2019	21.09	8.07	49.30	2.93

年份	万安科技				年份	中航电测			
	NF_1	NF_2	NG_1	NG_2		NF_1	NF_2	NG_1	NG_2
2014	5.97	3.31	13.11	7.99	2014	14.6	6.37	8.99	4.99
2015	6.21	3.01	17.54	7.1	2015	15.06	6.35	9.95	4.7
2016	5.3	3.1	19.31	5.8	2016	16.8	5.73	8.54	4.1
2017	9.15	3.4	17.94	6.8	2017	16.05	5.88	10.23	3.3
2018	10.34	3.91	22.36	6.8	2018	18.07	5.28	11.60	3.09
2019	11.01	3.89	21.85	6.45	2019	17.89	5.22	13.49	2.4

年份	汉王科技				年份	高德红外			
	NF_1	NF_2	NG_1	NG_2		NF_1	NF_2	NG_1	NG_2
2014	21	14.1	3.21	10	2014	26.85	16.86	3.95	5.6
2015	28	14.98	3.23	8.1	2015	26.85	26.55	4.92	8
2016	30	13.47	3.61	5.82	2016	23.02	27.51	5.10	6.25
2017	31	13.07	5.40	4.4	2017	26.23	24.39	5.90	7.7
2018	31.59	17.35	6.74	3.7	2018	27.02	24.72	6.18	10
2019	32.01	18.87	9.59	3.27	2019	26.7	23.01	11.02	8.5

附录六　主流与新流创新评价指标筛选调查问卷

请根据专业知识从附表 9 和附表 10 两个评价指标体系中各选择 30 项您认为最重要的评价指标，并在对应指标所在行相应位置打钩，其他指标无须标识。

附表 9　企业主流创新绩效评价指标体系

一级指标	二级指标	三级指标	四级指标	选择请打钩
企业主流创新绩效评价指标体系	创新投入	人力投入	主流技术创新 R&D 人员全时当量	
			主流创新中高级职称技术研发人员占比	
			科研团队技术专长的异质性	
			研发人员人均培训费用	
			研发人员人均培训时间	
			主流产品员工工资支出/产品销售收入	
		资金投入	主流技术创新总经费	
			主流技术创新 R&D 资金总额/产品销售收入	
			主流技术引进经费支出总额/产品销售收入	
			主流技术改造总经费/主流技术创新总经费	
		技术投入	主流技术研发设备的先进程度	
			主流产品生产工艺的技术水准	
			主流技术创新中外购专利项目数	
			主流创新中企业技术改造立项数	
	创新过程	创新管理能力	领导的主流创新战略与要素匹配度	
			主流创新中各要素资源有效协同	
			公司领导的创新意识和前瞻性	
			企业技术创新文化氛围的浓厚程度	
			产品研发中注重采纳国内外客户的意见	
			发现市场机遇并付诸行动的有效程度	
		创新激励机制	技术员工充分领会创新战略的重要性	
			创新机制对员工技术创新的调动作用	
			公司拥有生产先进产品的创新信念	

一级指标	二级指标	三级指标	四级指标	选择 请打钩
企业主流创新绩效评价指标体系	创新过程	创新激励机制	定期对员工的技术创新绩效进行评估	
			晋升制度对员工技术创新的促进作用	
			员工技术改进建议的采纳率	
		组织与市场创新	注重技术信息渠道的完善和情报收集	
			主流创新中注重组织学习能力的培养	
			主流创新中注重联合研发	
			主流创新中与上、下游企业交流的频率	
			通过产品质量和服务维护良好客户关系	
			营销中量身定做产品以符合顾客的需求	
			营销过程中注重新市场的创造	
	创新产出	主流产品产出	主流产品产值增长率	
			主流产品销售利润率	
			主流产品出口占比	
			主流产品税收总额	
		主流技术产出	主流产品和相关工艺专利授权增加量	
			主流产品技术诀窍、文档增加量	
			主流技术与同行相比的先进度	
			重大改进产品数	
		主流技术市场化潜力	主流产品技术转让合同成交额	
			主流技术相关产品研发的成功率	
			主流技术专利成果转化率	
			主流产品营销网络完善程度	
	创新效益	社会效益	主流技术对社会节能减排的促进作用	
			主流技术更加有利于环境保护	
			主流新产品设计方便拆卸和回收	
			主流产品的就业促进作用	
			主流技术对社会技术进步的促进作用	
		技术积累效益	对企业新流产品研发的促进作用	
			对主流产品生命周期延长的促进作用	
			对研发创新立项数的促进作用	
			主流相关产品平均研发周期缩短率	

一级指标	二级指标	三级指标	四级指标	选择请打钩
企业主流创新绩效评价指标体系	创新效益	经济效益	主营业务增长率	
			企业经济增加值 EVA 提升幅度	
			主流产品劳动生产率提升率	
			主流产品的用户认可程度提升率	
			主流产品的单位产值成本下降率	

附表 10　企业新流创新绩效评价指标体系

一级指标	二级指标	三级指标	四级指标	选择请打钩
企业新流创新绩效评价指标体系	创新投入	人力投入	新流技术创新 R&D 人员全时当量	
			学术带头人数/新流技术研究人员数	
			科研团队的前瞻性和擅长领域的新颖性	
			新流技术研发人员人均培训费用	
			研发人员参加国际同领域学术会议次数	
		资金投入	新流技术创新 R&D 资金总额/产品销售收入	
			新流技术引进经费支出总额/产品销售收入	
			高风险性项目经费总额/新流技术创新总经费	
			新流技术创新总经费	
			政府资助资金/新流技术创新总经费	
		技术投入	新流技术研发设备的先进程度	
			新流产品生产工艺的技术水准	
			通过国家或国际组织认证的实验室数量	
			新流技术创新中企业创新立项数	
	创新过程	创新管理能力	新流创新中注重构建跨职能部门的团队	
			新流创新中技术部门对新兴技术高度敏感	
			公司具有偏好新兴和风险产品研发的文化	
			使员工的行为与组织的价值观相一致	
			企业注重员工技术创新动态能力的培养	
			公司领导具有明确的新流创新战略	
		创新激励机制	技术创新中注重新兴技术的标杆管理	
			技术创新中注重质量程序的标杆管理	

一级指标	二级指标	三级指标	四级指标	选择 请打钩
企业新流创新绩效评价指标体系	创新过程	创新激励机制	公司定期对员工的技术创新绩效进行评估	
			工资及晋升制度对全员创新的促进作用	
			创新机制对员工技术创新的调动作用	
			员工新创意、新技术建议的采纳率	
		组织与市场创新	组织对外部知识的获取与吸收能力	
			组织内部知识能够自由分享	
			公司具有完善的部门或员工沟通渠道	
			创新中挑剔的和预示性顾客建议的采纳率	
			新流产品市场宣传别具一格	
			注重新流产品用户的培育和新市场的创造	
	创新产出	新流产品产出	新流产品产值增长率	
			新流产品销售利润率	
			新流产品税收总额	
			新流产品出口占比	
		新流技术产出	新流产品和相关工艺专利增加量	
			新流产品技术诀窍、文档增加量	
			新流技术成果获国家奖励数	
			最近 3 年新流产品国家标准制定参与数	
		新流技术市场化潜力	新流产品技术转让合同成交额	
			新流技术专利成果的转化率	
			推出新产品和服务的平均周期缩短率	
			新流技术的突破性及新颖性	
	创新效益	社会效益	新流技术对社会节能减排的促进作用	
			新流产品对新兴产业的催生作用	
			新流技术对社会技术进步的带动作用	
			技术对该领域尖端技术进步的促进作用	
		技术积累效益	对企业主流产品技术革新的带动作用	
			对新流产品开发周期缩短的促进作用	
			产生了生产高端产品和服务的持续创新流	
			有效促进研发人员综合素质的提升	

续表

一级指标	二级指标	三级指标	四级指标	选择请打钩
企业新流创新绩效评价指标体系	创新效益	经济效益	新流创新投资回报率增长率	
			新流创新效率增长率	
			新流产品的用户认可程度提升率	
			新流产品的单位产值成本下降率	

附录七　主流与新流创新投入与产出调查问卷

一　企业基本信息

1. 企业名称：_____（可不填）；企业创办年限：_____年。

2. 企业性质（　　　）。

A. 民营　　　　　　　　　　B. 三资

C. 港澳资　　　　　　　　　D. 台资

E. 国有　　　　　　　　　　F. 集体

G. 其他

3. 企业生产经营活动所涉及的行业（　　　）。

A. 电子及通信设备制造　　　B. 机械及仪器仪表制造

C. 汽车及交通运输设备　　　D. 新材料和新能源

E. 生物制药　　　　　　　　F. 其他

4. 企业员工数（　　　）。

A. 300 人以下　　　　　　　B. 300 ~ 500 人

C. 500 ~ 1000 人　　　　　　D. 1000 ~ 3000 人

E. 3000 人及以上

5. 企业年销售收入（　　　）。

A. 500 万元以下　　　　　　B. 500 万 ~ 1000 万元

C. 1000 万 ~ 3000 万元　　　D. 3000 万 ~ 5000 万元

E. 5000 万 ~ 10000 万元　　　F. 10000 万 ~ 50000 万元

G. 50000 万 ~ 100000 万元　　H. 100000 万 ~ 200000 万元

I. 200000 万元及以上

二 调查部分

本次调查问卷共包含附表 11 和附表 12，两个表中均包含定量指标和定性指标，涉及定量指标，如无特殊说明，请根据 2016 年贵企业的实际情况填写，定量指标包含 5 个等级，1、2、3、4、5 分别表示"很差""差""一般""好""很好"，根据企业实际情况填写相应等级。

附表 11　贵企业主流创新领域的投入和产出数据

三级指标	四级指标	定量指标	定性指标
人力投入	2015 年主流技术创新 R&D 人员全时当量	人年	—
	2015 年主流创新中高级职称技术研发人员占比	%	—
	2015 年科研团队技术专长的异质性	—	
	2015 年研发人员人均培训费用	万元	—
资金投入	2015 年主流技术创新总经费	万元	—
	2015 年主流技术创新 R&D 资金总额/产品销售收入	%	—
	2015 年主流技术引进经费支出总额/产品销售收入	%	—
	2015 年主流技术改造总经费/主流技术创新总经费	%	—
技术投入	2015 年主流技术研发设备的先进程度	—	
	2015 年主流产品生产工艺的技术水准	—	
	2015 年主流技术创新中外购专利项目数	项	—
	2015 年主流创新中企业技术改造立项数	项	—
创新管理能力	领导的主流创新战略与要素匹配度	—	
	主流创新中各要素资源有效协同	—	
	公司领导的创新意识和前瞻性	—	
	发现市场机遇并付诸行动的有效程度	—	
创新激励机制	创新机制对员工技术创新的调动作用	—	
	定期对员工的技术创新绩效进行评估	—	
	晋升制度对员工技术创新的促进作用	—	
	员工技术改进建议的采纳率	%	
组织与市场创新	注重技术信息渠道的完善和情报收集	—	
	主流创新中注重组织学习能力的培养	—	
	主流创新中注重联合研发	—	

三级指标	四级指标	定量指标	定性指标
组织与市场创新	通过产品质量和服务维护良好客户关系	—	
	营销过程中注重新市场的创造	—	
主流产品产出	主流产品产值增长率	%	—
	主流产品销售利润率	%	—
	主流产品出口占比	%	—
主流技术产出	主流产品和相关工艺专利授权增加量	项	
	主流产品技术诀窍、文档增加量	项	
	重大改进产品数	项	
主流技术市场化潜力	主流产品技术转让合同成交额	万元	
	主流技术相关产品研发的成功率	%	
	主流技术专利成果转化率	%	
社会效益	主流技术对社会节能减排的促进作用	—	
	主流产品的就业促进作用	—	
	主流技术对社会技术进度的促进作用	—	
技术积累效益	对企业新流产品研发的促进作用		
	对主流产品生命周期延长的促进作用		
	主流相关产品平均研发周期缩短率	%	—
经济效益	主营业务增长率	%	—
	企业经济增加值 EVA 提升幅度	%	—
	主流产品的用户认可程度提升率	—	
	主流产品的单位产值成本下降率	%	—

附表 12　贵企业新流创新领域的投入和产出数据

三级指标	四级指标	定量指标	定性指标
人力投入	2015 年新流技术创新 R&D 人员全时当量	人年	
	2015 年学术带头人数/新流技术研究人员数	%	
	2015 年科研团队的前瞻性和擅长领域的新颖性	—	
	2015 年研发人员参加国际同领域学术会议次数	项	
资金投入	2015 年新流技术创新 R&D 资金总额/产品销售收入	%	—
	2015 年新流技术引进经费支出总额/产品销售收入	%	—
	2015 年新流技术创新总经费	万	—

三级指标	四级指标	定量指标	定性指标
资金投入	2015 年高风险性项目经费总额/新流技术创新总经费	%	—
	2015 年政府资助资金/新流技术创新总经费	%	—
技术投入	2015 年新流技术研发设备的先进程度	—	
	2015 年通过国家或国际组织认证的实验室数量	个	
	2015 年新流技术创新中企业创新立项数	项	
创新管理能力	新流创新中注重构建跨职能部门的团队	—	
	新流创新中技术部门对新兴技术高度敏感	—	
	公司具有偏好新兴和风险产品研发的文化	—	
	公司领导具有明确的新流创新战略	—	
创新激励机制	技术创新中注重新兴技术的标杆管理	—	
	公司定期对员工的技术创新绩效进行评估	—	
	创新机制对员工技术创新的调动作用	—	
	员工新创意、新技术建议的采纳率	%	—
组织与市场创新	组织对外部知识的获取与吸收能力	—	
	公司具有完善的部门或员工沟通渠道	—	
	创新中挑剔的和预示性顾客建议的采纳率	%	—
	注重新流产品用户的培育和新市场的创造	—	
新流产品产出	新流产品产值增长率	%	—
	新流产品销售利润率	%	—
	新流产品出口占比	%	—
新流技术产出	新流产品和相关工艺专利增加量	项	
	新流产品技术诀窍、文档增加量	项	
	新流技术成果获国家奖励数	项	
	最近 3 年新流产品国家标准制定参与数	项	—
新流技术市场化潜力	新流产品技术转让合同成交额	万	
	新流技术专利成果的转化率	%	
	新流技术的突破性及新颖性	—	
社会效益	新流技术对社会节能减排的促进作用	—	
	新流产品对新兴产业的催生作用	—	
	技术对该领域尖端技术进步的促进作用	—	

三级指标	四级指标	定量指标	定性指标
技术积累效益	对企业主流产品技术革新的带动作用	—	
	对新流产品开发周期缩短的促进作用	—	
	产生生产高端产品和服务的持续创新流	—	
经济效益	新流创新投资回报率增长率	%	—
	新流创新效率增长率	%	—
	新流产品的用户认可程度提升率	%	—
	新流产品的单位产值成本下降率	%	—

附录八　主流与新流创新评价指标重要性调查问卷

请根据专业知识对附表 13 和附表 14 两个评价指标体系中各指标的重要性进行打分，采用 10 分制，1→10 重要性逐渐增强，并将相应评分值填入表格中。

附表 13　企业主流创新绩效评价指标体系

一级指标	二级指标	三级指标	四级指标	评分值
企业主流创新绩效评价指标体系	创新投入	人力投入	主流技术创新 R&D 人员全时当量	
			主流创新中高级职称技术研发人员占比	
			科研团队技术专长的异质性	
			研发人员人均培训费用	
		资金投入	主流技术创新 R&D 资金总额/产品销售收入	
			主流技术引进经费支出总额/产品销售收入	
			主流技术改造总经费/主流技术创新总经费	
		技术投入	主流技术研发设备的先进程度	
			主流产品生产工艺的技术水准	
			主流技术创新中外购专利项目数	
	创新过程	创新管理能力	领导的主流创新战略与要素匹配度	
			主流创新中各要素资源有效协同	

续表

一级指标	二级指标	三级指标	四级指标	评分值
企业主流创新绩效评价指标体系	创新过程	创新管理能力	公司领导的创新意识和前瞻性	
			发现市场机遇并付诸行动的有效程度	
		创新激励机制	创新机制对员工技术创新的调动作用	
			定期对员工的技术创新绩效进行评估	
			晋升制度对员工技术创新的促进作用	
			员工技术改进建议的采纳率	
		组织与市场创新	注重技术信息渠道的完善和情报收集	
			主流创新中注重组织学习能力的培养	
			主流创新中注重联合研发	
			通过产品质量和服务维护良好客户关系	
			营销过程中注重新市场的创造	
	创新产出	主流产品产出	主流产品产值增长率	
			主流产品销售利润率	
			主流产品出口占比	
		主流技术产出	主流产品和相关工艺专利授权增加量	
			主流产品技术诀窍、文档增加量	
			重大改进产品数	
		主流技术市场化潜力	主流产品技术转让合同成交额	
			主流技术相关产品研发的成功率	
			主流技术专利成果转化率	
	创新效益	社会效益	主流技术对社会节能减排的促进作用	
			主流产品的就业促进作用	
			主流技术对社会技术进度的促进作用	
		技术积累效益	对企业新流产品研发的促进作用	
			对主流产品生命周期延长的促进作用	
			主流相关产品平均研发周期缩短率	
		经济效益	企业经济增加值 EVA 提升幅度	
			主流产品的用户认可程度提升率	
			主流产品的单位产值成本下降率	

附表 14　企业新流创新绩效评价指标体系

一级指标	二级指标	三级指标	四级指标	评分值
企业新流创新绩效评价指标体系	创新投入	人力投入	新流技术创新 R&D 人员全时当量	
			学术带头人数/新流技术研究人员数	
			科研团队的前瞻性和擅长领域的新颖性	
			研发人员参加国际同领域学术会议次数	
		资金投入	新流技术创新 R&D 资金总额/产品销售收入	
			新流技术引进经费支出总额/产品销售收入	
			高风险性项目经费总额/新流技术创新总经费	
			政府资助资金/新流技术创新总经费	
		技术投入	新流技术研发设备的先进程度	
			通过国家或国际组织认证的实验室数量	
			新流技术创新中企业创新立项数	
	创新过程	创新管理能力	新流创新中注重构建跨职能部门的团队	
			新流创新中技术部门对新兴技术高度敏感	
			公司具有偏好新兴和风险产品研发的文化	
			公司领导具有明确的新流创新战略	
		创新激励机制	技术创新中注重新兴技术的标杆管理	
			公司定期对员工的技术创新绩效进行评估	
			创新机制对员工技术创新的调动作用	
			员工新创意、新技术建议的采纳率	
		组织与市场创新	组织对外部知识的获取与吸收能力	
			公司具有完善的部门或员工沟通渠道	
			创新中挑剔的和预示性顾客建议的采纳率	
			注重新流产品用户的培育和新市场的创造	
	创新产出	新流产品产出	新流产品产值增长率	
			新流产品销售利润率	
			新流产品出口占比	
		新流技术产出	新流产品和相关工艺专利增加量	
			新流产品技术诀窍、文档增加量	
			最近 3 年新流产品国家标准制定参与数	
		新流技术市场化潜力	新流产品技术转让合同成交额	
			新流技术专利成果的转化率	
			新流技术的突破性及新颖性	

一级指标	二级指标	三级指标	四级指标	评分值
企业新流创新绩效评价指标体系	创新效益	社会效益	新流技术对社会节能减排的促进作用	
			新流产品对新兴产业的催生作用	
			技术对该领域尖端技术进步的促进作用	
		技术积累效益	对企业主流产品技术革新的带动作用	
			对新流产品开发周期缩短的促进作用	
			产生生产高端产品和服务的持续创新流	
		经济效益	新流创新效率增长率	
			新流产品的用户认可程度提升率	
			新流产品的单位产值成本下降率	

附录九　汽车企业二元创新投入与产出调查问卷

一　企业基本信息

1. 企业名称：_____；企业创办年限_____年。

二　调查部分

本次调查问卷共包含附表 15 和附表 16，两个表中均包含定量指标和定性指标，涉及到定量指标，如无特殊说明，请根据 2017 年贵企业的实际填写，定量指标包含 5 个等级，1、2、3、4、5 分别表示"很差""差""一般""好""很好"，根据企业实际填写相应等级。

附表 15　贵企业传统燃油车的投入和产出数据

三级指标	四级指标	定量指标	定性指标
人力投入	2017 年主流技术创新 R&D 人员全时当量	人年	—
	2017 年主流创新中高级职称技术研发人员占比	%	—
	2017 年科研团队技术专长的异质性	—	
	2017 年研发人员人均培训费用	万元	—

三级指标	四级指标	定量指标	定性指标
资金投入	2017 年主流技术创新 R&D 资金总额/产品销售收入	%	—
	2017 年主流技术引进经费支出总额/产品销售收入	%	—
	2017 年主流技术改造总经费/主流技术创新总经费	%	—
技术投入	2017 年主流技术研发设备的先进程度	—	
	2017 年主流产品生产工艺的技术水准	—	
	2017 年主流技术创新中外购专利项目数	项	—
创新管理能力	领导的主流创新战略与要素匹配度	—	
	主流创新中各要素资源有效协同	—	
	公司领导的创新意识和前瞻性	—	
	发现市场机遇并付诸行动的有效程度	—	
创新激励机制	创新机制对员工技术创新的调动作用	—	
	定期对员工的技术创新绩效进行评估	—	
	晋升制度对员工技术创新的促进作用	—	
	员工技术改进建议的采纳率	%	—
组织与市场创新	注重技术信息渠道的完善和情报收集	—	
	主流创新中注重组织学习能力的培养	—	
	主流创新中注重联合研发	—	
	通过产品质量和服务维护良好客户关系	—	
	营销过程中注重新市场的创造	—	
主流产品产出	主流产品产值增长率	%	—
	主流产品销售利润率	%	—
	主流产品出口占比	%	—
主流技术产出	主流产品和相关工艺专利授权增加量	项	
	主流产品技术诀窍、文档增加量	项	
	重大改进产品数	项	
主流技术市场化潜力	主流产品技术转让合同成交额	万元	
	主流技术相关产品研发的成功率	%	
	主流技术专利成果转化率	%	
社会效益	主流技术对社会节能减排的促进作用	—	
	主流产品的就业促进作用	—	
	主流技术对社会技术进度的促进作用	—	

续表

三级指标	四级指标	定量指标	定性指标
技术积累效益	对企业新流产品研发的促进作用	—	
	对主流产品生命周期延长的促进作用	—	
	主流相关产品平均研发周期缩短率	%	—
经济效益	企业经济增加值 EVA 提升幅度	%	
	主流产品的用户认可程度提升率	—	
	主流产品的单位产值成本下降率	%	—

附表 16　贵企业新能源车的投入和产出数据

三级指标	四级指标	定量指标	定性指标
人力投入	2017 年新流技术创新 R&D 人员全时当量	人年	—
	2017 年学术带头人数/新流技术研究人员数	%	
	2017 年科研团队的前瞻性和擅长领域的新颖性	—	
	2017 年研发人员参加国际同领域学术会议次数	项	
资金投入	2017 年新流技术创新 R&D 资金总额/产品销售收入	%	
	2017 年新流技术引进经费支出总额/产品销售收入	%	
	2017 年高风险性项目经费总额/新流技术创新总经费	%	
	2017 年政府资助资金/新流技术创新总经费	%	
技术投入	2017 年新流技术研发设备的先进程度	—	
	2017 年通过国家或国际组织认证的实验室数量	个	
	2017 年新流技术创新中企业创新立项数	项	
创新管理能力	新流创新中注重构建跨职能部门的团队	—	
	新流创新中技术部门对新兴技术高度敏感	—	
	公司具有偏好新兴和风险产品研发的文化	—	
	公司领导具有明确的新流创新战略	—	
创新激励机制	技术创新中注重新兴技术的标杆管理	—	
	公司定期对员工的技术创新绩效进行评估	—	
	创新机制对员工技术创新的调动作用	—	
	员工新创意、新技术建议的采纳率	%	—
组织与市场创新	组织对外部知识的获取与吸收能力	—	
	公司具有完善的部门或员工沟通渠道	—	
	创新中挑剔的和预示性顾客建议的采纳率	%	—
	注重新流产品用户的培育和新市场的创造	—	

三级指标	四级指标	定量指标	定性指标
新流产品产出	新流产品产值增长率	%	—
	新流产品销售利润率	%	—
	新流产品出口占比	%	—
新流技术产出	新流产品和相关工艺专利增加量	项	—
	新流产品技术诀窍、文档增加量	项	—
	最近3年新流产品国家标准制定参与数	项	—
新流技术市场化潜力	新流产品技术转让合同成交额	万元	—
	新流技术专利成果的转化率	%	—
	新流技术的突破性及新颖性	—	
社会效益	新流技术对社会节能减排的促进作用	—	
	新流产品对新兴产业的催生作用	—	
	技术对该领域尖端技术进步的促进作用	—	
技术积累效益	对企业主流产品技术革新的带动作用	—	
	对新流产品开发周期缩短的促进作用	—	
	产生生产高端产品和服务的持续创新流	—	
经济效益	新流创新效率增长率	%	—
	新流产品的用户认可程度提升率	%	—
	新流产品的单位产值成本下降率	%	—

附录十　主流与新流创新评价指标赋权调查问卷

一　填写说明

由于研究的需要，要确定评价指标体系中各指标的权重，请您用1~9或者这些数值的倒数来体现指标间的相对重要性。具体判断标度如附表17所示。

附表17　指标之间相对重要性的判断标度

标度	定义	评价说明
1	同等重要	两个评价要素比较，它们同等重要
3	稍微重要	两个评价要素比较，前者比后者重要一些

续表

标度	定义	评价说明
5	重要	两个评价要素比较，前者比后者重要
7	明显重要	两个评价要素比较，前者比后者重要得多
9	绝对重要	两个评价要素比较，前者比后者绝对重要
2、4、6、8	介于上述两个相邻等级之间	上述相邻判断的折中时的定量标度
倒数	反比较	两要素相比，后者比前者重要性标度

填写范例：

附表 18　指标重要性填写范例

	A	B	C
A	1	5	3
B	—	1	1/3
C	—	—	1

附表 18 中对角线上 3 个 1 表示指标相对于自身来说同等重要，而 5 表示 A 比 B 指标重要，3 表示 A 比 C 稍微重要，1/3 表示 C 比 B 稍微重要，加"—"的空格无须填写。

二　调查部分

1. 主流创新部分

请根据附表 19 中主流创新绩效评价指标体系中各个评价指标名称及代码，填写附表 20 ~ 附表 36 的判断矩阵。

附表 19　企业主流创新绩效评价指标体系

一级指标	二级指标	三级指标	指标代码	四级指标
企业主流创新绩效评价指标体系 M	创新投入 MA	人力投入 MA_1	MA_{11}	主流技术创新 R&D 人员全时当量
			MA_{12}	主流创新中高级职称技术研发人员占比
			MA_{13}	科研团队技术专长的异质性
			MA_{14}	研发人员人均培训费用

一级指标	二级指标	三级指标	指标代码	四级指标
企业主流创新绩效评价指标体系 M	创新投入 MA	资金投入 MA_2	MA_{21}	主流技术创新 $R\&D$ 资金总额/产品销售收入
			MA_{22}	主流技术引进经费支出总额/产品销售收入
			MA_{23}	主流技术改造总经费/主流技术创新总经费
		技术投入 MA_3	MA_{31}	主流技术研发设备的先进程度
			MA_{32}	主流产品生产工艺的技术水准
			MA_{33}	主流技术创新中外购专利项目数
	创新过程 MB	创新管理能力 MB_1	MB_{11}	领导的主流创新战略与要素匹配度
			MB_{12}	主流创新中各要素资源有效协同
			MB_{13}	公司领导的创新意识和前瞻性
			MB_{14}	发现市场机遇并付诸行动的有效程度
		创新激励机制 MB_2	MB_{21}	创新机制对员工技术创新的调动作用
			MB_{22}	定期对员工的技术创新绩效进行评估
			MB_{23}	晋升制度对员工技术创新的促进作用
			MB_{24}	员工技术改进建议的采纳率
		组织与市场创新 MB_3	MB_{31}	注重技术信息渠道的完善和情报收集
			MB_{32}	主流创新中注重组织学习能力的培养
			MB_{33}	主流创新中注重联合研发
			MB_{34}	通过产品质量和服务维护良好客户关系
			MB_{35}	营销过程中注重新市场的创造
	创新产出 MC	主流产品产出 MC_1	MC_{11}	主流产品产值增长率
			MC_{12}	主流产品销售利润率
			MC_{13}	主流产品出口占比
		主流技术产出 MC_2	MC_{21}	主流产品和相关工艺专利授权增加量
			MC_{22}	主流产品技术诀窍、文档增加量
			MC_{23}	重大改进产品数
		主流技术市场化潜力 MC_3	MC_{31}	主流产品技术转让合同成交额
			MC_{32}	主流技术相关产品研发的成功率
			MC_{33}	主流技术专利成果转化率
	创新效益 MD	社会效益 MD_1	MD_{11}	主流技术对社会节能减排的促进作用
			MD_{12}	主流产品的就业促进作用
			MD_{13}	主流技术对社会技术进度的促进作用

续表

一级指标	二级指标	三级指标	指标代码	四级指标
企业主流创新绩效评价指标体系 M	创新效益 MD	技术积累效益 MD_2	MD_{21}	对企业新流产品研发的促进作用
			MD_{22}	对主流产品生命周期延长的促进作用
			MD_{23}	主流相关产品平均研发周期缩短率
		经济效益 MD_3	MD_{31}	企业经济增加值 EVA 提升幅度
			MD_{32}	主流产品的用户认可程度提升率
			MD_{33}	主流产品的单位产值成本下降率

附表 20　二级指标间判断矩阵

	MA	MB	MC	MC
MA	1			
MB	—	1		
MC	—	—	1	
MD	—	—	—	1

附表 21　创新投入 MA 维度各指标间判断矩阵

	MA_1	MA_2	MA_3
MA_1	1		
MA_2	—	1	
MA_3	—	—	1

附表 22　创新过程 MB 维度各指标间判断矩阵

	MB_1	MB_2	MB_3
MB_1	1		
MB_2	—	1	
MB_3	—	—	1

附表 23　创新产出 MC 维度各指标间判断矩阵

	MC_1	MC_2	MC_3
MC_1	1		
MC_2	—	1	
MC_3	—	—	1

附表 24　创新效率 MD 维度各指标间判断矩阵

	MD_1	MD_2	MD_3
MD_1	1		
MD_2	—	1	
MD_3	—	—	1

附表 25　创新人力投入 MA_1 维度各指标间判断矩阵

	MA_{11}	MA_{12}	MA_{13}	MA_{14}
MA_{11}	1			
MA_{12}	—	1		
MA_{13}	—	—	1	
MA_{14}	—	—	—	1

附表 26　创新资金投入 MA_2 维度各指标间判断矩阵

	MA_{21}	MA_{22}	MA_{23}
MA_{21}	1		
MA_{22}	—	1	
MA_{23}	—	—	1

附表 27　创新技术投入 MA_3 维度各指标间判断矩阵

	MA_{31}	MA_{32}	MA_{33}
MA_{31}	1		
MA_{32}	—	1	
MA_{33}	—	—	1

附表 28　创新管理能力 MB_1 维度各指标间判断矩阵

	MB_{11}	MB_{12}	MB_{13}	MB_{14}
MB_{11}	1			
MB_{12}	—	1		
MB_{13}	—	—	1	
MB_{14}	—	—	—	1

附表 29 创新激励机制 MB_2 维度各指标间判断矩阵

	MB_{21}	MB_{22}	MB_{23}	MB_{24}
MB_{21}	1			
MB_{22}	—	1		
MB_{23}	—	—	1	
MB_{24}	—	—	—	1

附表 30 组织与市场创新 MB_3 维度各指标间判断矩阵

	MB_{31}	MB_{32}	MB_{33}	MB_{34}	MB_{35}
MB_{31}	1				
MB_{32}	—	1			
MB_{33}	—	—	1		
MB_{34}	—	—	—	1	
MB_{35}	—	—	—	—	1

附表 31 主流产品产出 MC_1 维度各指标间判断矩阵

	MC_{11}	MC_{12}	MC_{13}
MC_{11}	1		
MC_{12}	—	1	
MC_{13}	—	—	1

附表 32 主流技术产出 MC_2 维度各指标间判断矩阵

	MC_{21}	MC_{22}	MC_{23}
MC_{21}	1		
MC_{22}	—	1	
MC_{23}	—	—	1

附表 33 主流技术市场化潜力 MC_3 维度各指标间判断矩阵

	MC_{31}	MC_{32}	MC_{33}
MC_{31}	1		
MC_{32}	—	1	
MC_{33}	—	—	1

附表 34　创新社会效益 MD_1 维度各指标间判断矩阵

	MD_{11}	MD_{12}	MD_{13}
MD_{11}	1		
MD_{12}	—	1	
MD_{13}	—	—	1

附表 35　创新技术积累效益 MC_2 维度各指标间判断矩阵

	MD_{21}	MD_{22}	MD_{23}
MD_{21}	1		
MD_{22}	—	1	
MD_{23}	—	—	1

附表 36　创新经济效益 MC_3 维度各指标间判断矩阵

	MD_{31}	MD_{32}	MD_{33}
MD_{31}	1		
MD_{32}	—	1	
MD_{33}	—	—	1

2. 新流创新部分

请根据附表 37 中新流创新绩效评价指标体系中各个评价指标名称及代码，填写附表 38 ~ 附表 53 的判断矩阵。

附表 37　企业新流创新绩效评价指标体系

一级指标	二级指标	三级指标	指标代码	四级指标
企业新流创新绩效评价指标体系 N	创新投入 NA	人力投入 NA_1	NA_{11}	新流技术创新 R&D 人员全时当量
			NA_{12}	学术带头人数/新流技术研究人员数
			NA_{13}	科研团队的前瞻性和擅长领域的新颖性
			NA_{14}	研发人员参加国际同领域学术会议次数
		资金投入 NA_2	NA_{21}	新流技术创新 R&D 资金总额/产品销售收入
			NA_{22}	新流技术引进经费支出总额/产品销售收入
			NA_{23}	高风险性项目经费总额/新流技术创新总经费
			NA_{24}	政府资助资金/新流技术创新总经费

续表

一级指标	二级指标	三级指标	指标代码	四级指标
企业新流创新绩效评价指标体系 N	创新投入 NA	技术投入 NA_3	NA_{31}	新流技术研发设备的先进程度
			NA_{32}	通过国家或国际组织认证的实验室数量
			NA_{33}	新流技术创新中企业创新立项数
	创新过程 NB	创新管理能力 NB_1	NB_{11}	新流创新中注重构建跨职能部门的团队
			NB_{12}	新流创新中技术部门对新兴技术高度敏感
			NB_{13}	公司具有偏好新兴和风险产品研发的文化
			NB_{14}	公司领导具有明确的新流创新战略
		创新激励机制 NB_2	NB_{21}	技术创新中注重新兴技术的标杆管理
			NB_{22}	公司定期对员工的技术创新绩效进行评估
			NB_{23}	创新机制对员工技术创新的调动作用
			NB_{24}	员工新创意、新技术建议的采纳率
		组织与市场创新 NB_3	NB_{31}	组织对外部知识的获取与吸收能力
			NB_{32}	公司具有完善的部门或员工沟通渠道
			NB_{33}	创新中挑剔的和预示性顾客建议的采纳率
			NB_{34}	注重新流产品用户的培育和新市场的创造
	创新产出 NC	新流产品产出 NC_1	NC_{11}	新流产品产值增长率
			NC_{12}	新流产品销售利润率
			NC_{13}	新流产品出口占比
		新流技术产出 NC_2	NC_{21}	新流产品和相关工艺专利增加量
			NC_{22}	新流产品技术诀窍、文档增加量
			NC_{23}	最近3年新流产品国家标准制定参与数
		新流技术市场化潜力 NC_3	NC_{31}	新流产品技术转让合同成交额
			NC_{32}	新流技术专利成果的转化率
			NC_{33}	新流技术的突破性及新颖性
	创新效益 ND	社会效益 ND_1	ND_{11}	新流技术对社会节能减排的促进作用
			ND_{12}	新流产品对新兴产业的催生作用
			ND_{13}	技术对该领域尖端技术进步的促进作用
		技术积累效益 ND_2	ND_{21}	对企业主流产品技术革新的带动作用
			ND_{22}	对新流产品开发周期缩短的促进作用
			ND_{23}	产生生产高端产品和服务的持续创新流

续表

一级指标	二级指标	三级指标	指标代码	四级指标
企业新流创新绩效评价指标体系 N	创新效益 ND	经济效益 ND_3	ND_{31}	新流创新效率增长率
			ND_{32}	新流产品的用户认可程度提升率
			ND_{33}	新流产品的单位产值成本下降率

附表 38　二级指标间判断矩阵

	NA	NB	NC	NC
NA	1			
NB	—	1		
NC	—	—	1	
ND	—	—	—	1

附表 39　创新投入 NA 维度各指标间判断矩阵

	NA_1	NA_2	NA_3
NA_1	1		
NA_2	—	1	
NA_3	—	—	1

附表 40　创新过程 NB 维度各指标间判断矩阵

	NB_1	NB_2	NB_3
NB_1	1		
NB_2	—	1	
NB_3	—	—	1

附表 41　创新产出 NC 维度各指标间判断矩阵

	NC_1	NC_2	NC_3
NC_1	1		
NC_2	—	1	
NC_3	—	—	1

附表 42　创新效率 ND 维度各指标间判断矩阵

	ND_1	ND_2	ND_3
ND_1	1		
ND_2	—	1	
ND_3	—	—	1

附表 43　创新人力投入 NA_1 维度各指标间判断矩阵

	NA_{11}	NA_{12}	NA_{13}	NA_{14}
NA_{11}	1			
NA_{12}	—	1		
NA_{13}	—	—	1	
NA_{14}	—	—	—	1

附表 44　创新资金投入 NA_2 维度各指标间判断矩阵

	NA_{21}	NA_{22}	NA_{23}	NA_{24}
NA_{21}	1			
NA_{22}	—	1		
NA_{23}	—	—	1	
NA_{24}	—	—	—	1

附表 45　创新技术投入 NA_3 维度各指标间判断矩阵

	NA_{31}	NA_{32}	NA_{33}
NA_{31}	1		
NA_{32}	—	1	
NA_{33}	—	—	1

附表 46　创新管理能力 NB_1 维度各指标间判断矩阵

	NB_{11}	NB_{12}	NB_{13}	NB_{14}
NB_{11}	1			
NB_{12}	—	1		
NB_{13}	—	—	1	
NB_{14}	—	—	—	1

附表 47 创新激励机制 NB_2 维度各指标间判断矩阵

	NB_{21}	NB_{22}	NB_{23}	NB_{24}
NB_{21}	1			
NB_{22}	—	1		
NB_{23}	—	—	1	
NB_{24}	—	—	—	1

附表 48 组织与市场创新 NB_3 维度各指标间判断矩阵

	NB_{31}	NB_{32}	NB_{33}	NB_{34}
NB_{31}	1			
NB_{32}	—	1		
NB_{33}	—	—	1	
NB_{34}	—	—	—	1

附表 49 新流产品产出 NC_1 维度各指标间判断矩阵

	NC_{11}	NC_{12}	NC_{13}
NC_{11}	1		
NC_{12}	—	1	
NC_{13}	—	—	1

附表 50 新流技术产出 NC_2 维度各指标间判断矩阵

	NC_{21}	NC_{22}	NC_{23}
NC_{21}	1		
NC_{22}	—	1	
NC_{23}	—	—	1

附表 51 新流技术市场化潜力 NC_3 维度各指标间判断矩阵

	NC_{31}	NC_{32}	NC_{33}
NC_{31}	1		
NC_{32}	—	1	
NC_{33}	—	—	1

附表 52　创新社会效益 ND_1 维度各指标间判断矩阵

	ND_{11}	ND_{12}	ND_{13}
ND_{11}	1		
ND_{12}	—	1	
ND_{13}	—	—	1

附表 53　创新技术积累效益 NC_2 维度各指标间判断矩阵

	ND_{21}	ND_{22}	ND_{23}
ND_{21}	1		
ND_{22}	—	1	
ND_{23}	—	—	1

附表 54　创新经济效益 NC_3 维度各指标间判断矩阵

	ND_{31}	ND_{32}	ND_{33}
ND_{31}	1		
ND_{32}	—	1	
ND_{33}	—	—	1

附录十一　燃油车与新能源车投入产出调查问卷

附表 55　企业燃油车创新动态绩效评价指标体系

一级指标	二级指标	代码	定量指标值	定性指标评价值
学习与成长 MA	科研团队创新效率	MA_1	—	
	外部市场竞争	MA_2	—	
	产学研合作	MA_3	—	
	外购技术	MA_4		—
	政府创新激励	MA_5	—	
	主流创新激励机制	MA_6	—	
内部流程 MB	企业家创新意识	MB_1		—
	主流创新 R&D 人员占比	MB_2		—
	主流创新 R&D 经费占销售比	MB_3		—

一级指标	二级指标	代码	定量指标值	定性指标评价值
内部流程 MB	主流创新能力	MB_4	—	
	主流创新频率	MB_5		—
	主流产品管理创新	MB_6	—	
	生产工艺技术准水提升	MB_7	—	
	主流产品质量提升率	MB_8		—
客户关系 MC	潜在顾客获得率	MC_1		—
	顾客满意度	MC_2	—	
	顾客建议吸收率	MC_3		—
	营销网络完善程度	MC_4		—
	营销强度	MC_5		—
财务绩效 MD	创新新增专利和技术诀窍数	MD_1		—
	主流产品单位成本下降率	MD_2		—
	主流产品市场份额提升率	MD_3		—
	主流产品销售收入	MD_4		—
	利润增长率	MD_5		—

附表 56　企业新能源汽车创新动态绩效评价指标体系

一级指标	二级指标	代码	定量指标值	定性指标评价值
学习与成长 NA	研发团队的前瞻性	NA_1	—	
	团队动态能力	NA_2	—	
	新流产品市场竞争度	NA_3	—	
	企业内外部门间合作渠道	NA_4	—	
	尖端技术引进	NA_5		—
	新流创新政府补贴	NA_6		—
内部流程 NB	偏好风险的企业文化	NB_1	—	
	新流创新 R&D 人员占比	NB_2	—	
	新流创新 R&D 经费占销售比	NB_3	—	
	新流创新技术基础	NB_4	—	
	新流创新频率	NB_5	—	
	管理模式创新	NB_6	—	

续表

一级指标	二级指标	代码	定量指标值	定性指标评价值
内部流程 NB	生产工艺技术水准提升	NB_7	—	
	新流产品质量提升率	NB_8		—
客户关系 NC	新流产品市场认可度	NC_1		—
	新流产品销售财政补贴	NC_2		—
	新用户培育	NC_3	—	
	预示性顾客建议采纳率	NC_4		—
	产品营销强度	NC_5		—
财务绩效 ND	创新新增专利和技术诀窍数	ND_1		—
	新流产品单位成本下降率	ND_2		—
	新流产品市场份额提升率	ND_3		—
	新流产品销售收入	ND_4		—
	利润增长率	ND_5		—

附录十二 福建省企业创新政策重要性与满意度调查问卷

第一部分 企业基本信息

1. 企业名称：_____企业创办年限：_____年。

2. 企业所属行业 [单选题]：

□文化创意　　　　　　　□互联网和相关服务

□信息软件　　　　　　　□旅游休闲

□金融服务　　　　　　　□电子商务

□节能环保　　　　　　　□先进装备制造

□生物医药　　　　　　　□物联网

□新能源　　　　　　　　□科技服务

□纺织服装　　　　　　　□食品饮料

□其他

3. 企业的性质 [单选题]：

□国有　　　　　　　　　□民营

□中外合资 □外资

□其他_____

4. 企业人员数量［单选题］：

□50 人以下 □50 ~ 100 人

□100 ~ 300 人 □300 ~ 500 人

□500 ~ 1000 人 □1000 ~ 2000 人

□2000 人及以上

5. 企业近两年营业收入为（人民币）［单选题］：

□500 万元以下 □500 万 ~ 1000 万元

□1000 万万 ~ 2000 万元 □2000 万元及以上

6. 您在公司的职位为［单选题］：

□企业所有者 □公司高管

□部门经理、主管 □工程师

□其他

第二部分 企业创新政策评价

以下是对政府促进企业创新的政策描述，请根据实际情况对以下两个方面做出评价。

左侧栏目：就每项政策对所在公司的重要程度进行评价，重要程度从非常不重要到非常重要，分别用 1 ~ 5 分表示，请在每一行政策对应的重要程度序号上勾选。

右侧栏目：就每项政策对所在公司起到的作用进行满意度评价，实际满意度从非常不满意到非常满意分别用 1 ~ 5 分表示，请在每一行政策对应的满意度序号上打钩。

左侧栏目					产品创新扶持政策内容陈述	右侧栏目				
非常不重要	不重要	一般	较重要	非常重要	重要程度从非常不重要到非常重要，分别用 1 ~ 5 分表示；实际满意度从非常不满意到非常满意分别用 1 ~ 5 分表示	非常不满意	不满意	一般	较满意	非常满意
1	2	3	4	5	Q1. 降低企业生产成本，减轻企业负担	1	2	3	4	5

左侧栏目					产品创新扶持政策内容陈述	右侧栏目				
非常不重要	不重要	一般	较重要	非常重要	重要程度从非常不重要到非常重要，分别用 1~5 分表示；实际满意度从非常不满意到非常满意分别用 1~5 分表示	非常不满意	不满意	一般	较满意	非常满意
1	2	3	4	5	Q2. 鼓励企业加大新产品研发投入，对研发经费投入分段补助	1	2	3	4	5
1	2	3	4	5	Q3. 用于新产品与技术开发的费用在计算应纳税所得额时予以加计扣除	1	2	3	4	5
1	2	3	4	5	Q4. 按高新技术产品（服务）收入占企业同期总收入的比例分档予以奖励	1	2	3	4	5
1	2	3	4	5	Q5. 银行金融机构创新金融产品和服务，加大信贷支持	1	2	3	4	5
1	2	3	4	5	Q6. 借助展会和市场平台拓展市场，对参展企业予以费用补助	1	2	3	4	5
1	2	3	4	5	Q7. 支持企业开拓网上销售市场，提供对接国内外知名电商平台的服务	1	2	3	4	5
1	2	3	4	5	Q8. 产品或服务获得同等条件下政府采购优先资格	1	2	3	4	5
1	2	3	4	5	Q9. 鼓励使用首台（套）重大技术装备，对生产企业及用户给予补助	1	2	3	4	5
1	2	3	4	5	Q10. 支持拓展省外市场以及国际市场	1	2	3	4	5
1	2	3	4	5	Q11. 开展产学研合作项目，对研发及应用新产品予以奖励	1	2	3	4	5
1	2	3	4	5	Q12. 设立重点实验室、工程（技术）研究中心等研发机构	1	2	3	4	5
1	2	3	4	5	Q13. 支持企业与高校、科研院所构建技术创新联盟，开展关键技术研发	1	2	3	4	5
1	2	3	4	5	Q14. 建设专业园区，配套基础设施与服务	1	2	3	4	5
1	2	3	4	5	Q15. 建设孵化器、行业技术创新中心等公共服务平台	1	2	3	4	5
1	2	3	4	5	Q16. 对主导制订国际标准、国家标准和行业标准每项分别给予一次性奖励	1	2	3	4	5
1	2	3	4	5	Q17. 对企业开发的战略性新兴产品优先予以扶持，促进产业升级	1	2	3	4	5

左侧栏目					产品创新扶持政策内容陈述	右侧栏目				
非常不重要	不重要	一般	较重要	非常重要	重要程度从非常不重要到非常重要，分别用 1～5 分表示；实际满意度从非常不满意到非常满意分别用 1～5 分表示	非常不满意	不满意	一般	较满意	非常满意
1	2	3	4	5	Q18. 培育有自主知识产权和市场竞争优势的产品品牌	1	2	3	4	5
1	2	3	4	5	Q19. 协调解决企业产品生产、经营、项目建设、要素供给等方面存在的困难	1	2	3	4	5
1	2	3	4	5	Q20. 员工参与培训可申请相应补贴，引进的专业人才享受相关优惠待遇	1	2	3	4	5
1	2	3	4	5	Q21. 实施涉企收费目录清单制度，规范涉企收费行为	1	2	3	4	5
1	2	3	4	5	Q22. 加强执法监督，依法查处各类侵犯企业合法权益的行为	1	2	3	4	5
1	2	3	4	5	Q23. 优化注册登记服务软环境，提升政府综合服务效能	1	2	3	4	5
1	2	3	4	5	Q24. 为企业提供产品质检技术服务	1	2	3	4	5
1	2	3	4	5	Q25. 加强知识产权行政、司法保护	1	2	3	4	5

后 记

2009 年，我参加了中国工程院院士许庆瑞教授主持的 IDRC 项目，并承担了子项目"Application of Total Innovation Management to Leverage Innovation Capabilities of Small & Medium Sized Enterprises in Fujian Province"的研究，学习了许庆瑞院士撰写的著作《全面创新管理——理论与实践》，进而萌发了研究主流与新流创新理论的思路。随后，课题团队相继构建出主流与新流创新演进的二维、三维、四维理论模型，并在理论研究基础上，探索开展多元量化研究与多案例研究，使主流与新流创新研究更加系统化和体系化。在研究过程中，课题团队多次赴浙江大学学习与参加国际学术研讨会，受到许庆瑞院士及浙江大学创新与发展研究中心（RCID）团队的真诚帮助与热情指导，在此致以衷心的感谢！

我受益于母校厦门大学化学系的培养。在"企业主流与新流创新协同演进"研究中，中国科学院院士、厦门大学副校长孙世刚教授带领团队，在电化学与表界面科学领域，探索、发现、突破与创新的案例，给本书以重要启迪。孙院士对本书的出版工作十分关心，并拨冗作序，在此致以深深的谢意！

本书是课题团队全体成员潜心研究、共同努力的成果。参与课题研究的主要人员有欧伟强博士、吴赐联博士、林霄博士、方金城博士、史轩亚博士、任大帅博士、吴佳音硕士、陈瑜硕士、林若鸿硕士、陈丽霞硕士、姜新杰硕士、郭宇蒙硕士、陈巧平硕士、焦丹丹硕士、罗豫硕士等。在此对他们的努力与付出表示衷心的感谢！

衷心感谢所有给予本书研究工作支持和帮助的专家、政府部门领导、企业高管，没有他们的热心帮助和大力支持，课题团队难以完成课题调研工作。特别感谢福建海源自动化机械股份有限公司、福建凤竹纺织科技股份有限公司、金天梭－鑫源机械有限公司、福建福顺微电子有限公司、福建南方路面机械股份有限公司、福耀玻璃工业集团股份有限公司、福建伊时代信息科技股份有限公司、福建省铁拓机械股份有限公司、福建福昕软件开发股份有限公司、福建省万邦光电科技有限公司、九阳股份有限公司、福建雪人股份有限公司和福建友谊胶粘带集团有限公司的领导与技术骨干为本书提供了丰富的案例材料和翔实的数据资料，并对课题团队的实地调研工作给予大力支持。

福州大学经济与管理学院公共管理研究院，以及周小亮教授、林迎星教授对本书的出版给予积极的支持与帮助，在此表示衷心的感谢！

本书付梓之际，我衷心感谢社会科学文献出版社的领导和编辑们，由于他们的辛勤劳动，本书才得以与读者见面。

朱 斌

2021 年 12 月

图书在版编目（CIP）数据

企业主流与新流创新协同演进：理论与实践／朱斌
等著．－－北京：社会科学文献出版社，2022.3
国家社科基金后期资助项目
ISBN 978 - 7 - 5201 - 9607 - 9

Ⅰ.①企…　Ⅱ.①朱…　Ⅲ.①企业创新 - 研究 - 中国
Ⅳ.①F279.23

中国版本图书馆 CIP 数据核字（2021）第 278740 号

国家社科基金后期资助项目

企业主流与新流创新协同演进：理论与实践

著　　者／朱　斌 等

出 版 人／王利民
责任编辑／吴　丹
文稿编辑／王红平　陈丽丽　张真真
责任印制／王京美

出　　版／社会科学文献出版社（010）59367235
　　　　　　地址：北京市北三环中路甲 29 号院华龙大厦　邮编：100029
　　　　　　网址：www.ssap.com.cn
发　　行／社会科学文献出版社（010）59367028
印　　装／三河市东方印刷有限公司

规　　格／开本：787mm×1092mm　1/16
　　　　　　印张：54.5　字数：861 千字
版　　次／2022 年 3 月第 1 版　2022 年 3 月第 1 次印刷
书　　号／ISBN 978 - 7 - 5201 - 9607 - 9
定　　价／198.00 元

读者服务电话：4008918866